In Erinnerung an Antalya,
mit allen guten Wünschen

R. Neuhaus
Dez. 2015

Morphologie des Staates

„Morphologie des Staates"
erschienen 11-2012, 1. Auflage
Verlagshaus Schlosser, 86316 Friedberg
Alle Rechte vorbehalten
Text: Mag. Dr. Andreas Neuberg
Umschlag, Layout & Druck: Verlagshaus Schlosser
ISBN: 978-3-86937-300-3
€: 39,00

Morphologie des Staates

Mächte, Gier, Philosophien
Konvergenz zum optimalen Staat?

A. Neuberg

Inhaltsverzeichnis

1	**Einleitung**	**9**
2	**Staatsübungen**	**15**
2.1.	Demokratische Vielfalt	18
2.2.	Autokratische Staaten	21
2.3.	Historische Trends in den Staatsformen	23
2.4.	Dynamik der Staatsformen	26
2.4.1.	Nordamerika und Westeuropa	26
2.4.2.	Asien	31
2.4.3.	Afrika	34
2.5.	Der Wille des Souveräns	37
3	**Tendenzen „demokratischer" Formen**	**39**
3.1.	Organisatorischer Wildwuchs	41
3.2.	Gemeinsamkeiten und Trends?	42
3.3.	Effizienzen demokratischer Formen?	44
4.	**Geschichtliche Entwicklung**	**55**
4.1.	Antikes Staatsdenken bis zum Mittelalter	59
4.2.	Einflüsse der Aufklärung	69
4.3.	Neuere Zeit	80
4.4.	Politik als Spiegelbild fluktuierend öffentlicher Meinungen	97
4.5.	Erwartungen, Theorien und Praxis	100
4.5.1.	Wohlstands- und Existenzsicherung	103
4.5.2.	Wirtschaftliche (und technologische) Determinanten	107
4.5.3.	Religiöse Determinanten	109
5.	**Interdependenzen**	**119**
5.1.	Historische Erkenntnisse	120
5.2.	Globale Bestimmungsgrößen	131
5.3.	Menschliche Bestimmungsgrößen	139
5.3.1.	Umfeld und Medien	139
5.3.2.	Kulturelles und Bildung	146
5.3.3.	Wachstum, Qualität und Leistungsbereitschaft	154
5.3.4.	Soziologische Komponenten in Gesellschaften	162
5.3.5.	Ethik und Moral	166
5.3.6.	Freiheit, Gerechtigkeit, Gleichheit	173
5.4.	Konvergenz oder Divergenz der Staatsformen	185

6.		**Präjudizierende Mechanismen** **189**
	6.1.	Staatliche Verwaltung und Bürokratie 192
	6.2.	Primat des globalen Umfeldes 198
	6.3.	Übergewicht lokaler Interessensgruppen – Egoismus 212
	6.4.	Beschäftigung und Soziales 214
	6.5.	Morbide Finanzpolitik 220
	6.6.	Komplexes Wissen und neue Informationstechniken 247
	6.7.	Explodierendes Anspruchsniveau 249
	6.8.	Beziehungen der Völker 251
7.		**Konsolidierungsversuche** **259**
	7.1.	Theorie und Praxis 275
	7.2.	Diktat der Persönlichkeit 280
	7.3.	Führung und Individualität der Massen 288
	7.4.	Epochale Grundsätze für den Staat (ex ante) 297
	7.5.	Trends zum optimalen Staat? 318
	7.6.	Grenzen effizienter Staatssysteme 334
	7.6.1.	Tendenzen 341
	7.6.2.	Perspektiven 344
8.		**Konsequenzen** **353**
	8.1.	Ära nach der Aufklärung 359
	8.2.	Steuerung des Wandels 361
	8.3.	Staatsphilosophische Ansätze 369

Vorwort

In Zeiten wirtschaftlicher Stagnation oder Rezession, eben existenzieller Unsicherheiten – ausgelöst durch unabsehbare Veränderungen in einer zunehmend globalisierten Welt –, im Angesicht zahlloser Revolutionen, kriegerischer Auseinandersetzungen, wirtschaftlicher Zusammenbrüche, eklatanter Einkommensunterschiede und -verschiebungen (lokal wie weltweit), wächst die Kritik an der Wirksamkeit des eigenen Staatsgebildes, der Führung unseres Gemeinwesens, der Regierungskultur, der strukturellen Gemeinsamkeit innerhalb eines Staates. Es schürt Ärger und Unzufriedenheit, über zumeist kurzsichtige Maßnahmen herrschender Politiker- und Beamtengilden, verstärkt durch wirtschaftliche Flops, ausgelöst durch gierige Finanzjongleure und über Eskapaden kapitalistisch-egoistischer Interessensgruppen – oder auch nur politische Naivität. Und das Ganze unabhängig von gerade herrschenden Couleurs und Netzwerken – egal ob grundsätzlich autoritär dominiert oder demokratisch legitimiert. Und unabhängig auch von welch immer historisch nationaler Nuancierung – so zwischen diktatorisch und republikanisch – wie sich eben das jeweilige politische Konglomerat gerade gebärdet. Gibt es die ideale Staatsform, die optimalen Strukturen? Kontinuierlich sich verbessernd, und vor allem nachhaltig?

Die Jahrtausende der Menschheitsgeschichte zeigen uns nicht nur eine Vielzahl von Zwischenformen staatlicher Organisationen, sie unterlagen auch ständigem Wandel. Wie berechtigt ist daher ein Hinterfragen des aktuellen Status, der Stabilität, der Zukunft der Regierungsformen allgemein oder der Ursachen von Zusammenbrüchen; und umso mehr, als wir uns selbst gerade einem gravierenden Wandel ausgeliefert fühlen. Viele kluge Geister beschäftigten sich mit diesen Fragen, mit ähnlichen Themen, immer wieder – von den alten Griechen bis zu den berühmten Philosophen der letzten Jahrhunderte –, mit all den vielschichtigen Vermutungen, tiefsinnigen Analysen und den Facetten menschlicher Hintergründe und doch – bis heute – mit vernachlässigbarer Akzeptanz im praktischen politischen Geschehen. So stehen wir wieder am Beginn, fangen ständig von vorne an, die für uns, für die Sicherung unserer Existenz, für unser Lebensgefühl doch so gravierenden Zusammenhänge zu hinterfragen.

Neben der Vielfalt der heute bestehenden Staaten, z.B. den mehr als 190 Mitgliedstaaten der UN, finden sich selbst innerhalb dieser Nationen unterschiedlichste Formen zur Steuerung der gesellschaftlichen Prozesse, von autoritär bis demokratisch, von traditionellen Strukturen bis zu losen Konglomeraten, ihrerseits wieder vielfach geprägt durch Persönlichkeiten oder Clans, mit jeweils in die Tiefe der Vergangenheit zurückgehenden Ritualen und Traditionen eines gewachsenen

Zusammenlebens, wie es sich eben über lange Zeiträume geformt hat, geprägt ist und bis dato wirkt.

Macht es überhaupt Sinn, ist es möglich, nicht nur bedeutende und grundsätzliche Trends und Gemeinsamkeiten zu erkennen, auch aus der Vergangenheit zu lernen? Danach konsequent steuernd einzugreifen – im gefühlten Sinne der „Grenzen des Wachstums" –, aus Sicht begrenzter Ressourcen, einer nach wie vor wachsenden, aber auch alternden Bevölkerung, den ökologischen Restriktionen und – insbesondere – den unzähligen unterschiedlichsten Mentalitäten weltweit, um eben ein Desaster zu verhindern? Um so auch menschenorientiertes Zusammenleben zu gewährleisten. Die Erkenntnisse aus dem letzten Jahrtausend beruhigen sicherlich nicht, verneinen es eindeutig. Wissen wir doch, dass es in einer zunehmend überfüllten Welt, zu ernsthaften Restriktionen kommen muss, so nicht weitergehen kann, wir im Sinne unserer Spezies handeln müssten – und zwar zwingend noch in der ersten Hälfte dieses Jahrhunderts. Wie berechtigt ist ein weiterer Versuch – dieses Mal auf allgemein Anerkanntes und Bedeutendes konzentriert, praktikabel und interdisziplinär –, aus geschichtlicher Erfahrung Wesentliches abzuleiten, mit den ungeheuren Umwälzungen des letzten Jahrhunderts zu vergleichen, um vielleicht doch Lösungsansätze zu finden, zumindest zu versuchen Hemmnisse aufzuzeigen, eventuell sogar Alternativen zur Diskussion zu stellen. Dennoch, losgelöst von der unendlichen Menge an Literatur, die sowieso keiner je erfahren kann. Jedenfalls aber mit der Absicht wertfrei an das Thema heranzugehen, sich zu bemühen weitgehend Anerkanntes heranzuziehen und Fakten zugrunde zu legen, aber doch pragmatisch zu bleiben. Durchaus mit dem Wissen, dass nichts ewig gültig ist – und schon gar nicht unsere heutige Einstellung und Überzeugung.

1. Einleitung

Schon die alten Griechen diskutierten bereits die Staats- und Herrschaftsformen nach Grundtypen wie deren wirksame Umsetzungen. Es bleibt ein ewiges Thema, je nach dem Grad gesellschaftlicher Diskrepanzen, von schöngeistigen Diskussionen bis zu brutalen, revolutionären Umbrüchen, als Kernmotiv der Weltliteratur wie auch endloser philosophischer Auseinandersetzungen. Der Vielfalt der über Jahrtausende erarbeiteten Betrachtungen ist sicherlich kaum Nennenswertes hinzuzufügen. Dennoch erzwingen Neugier und Unsicherheit sowie wachsende allgemeine Kritik an der Führung unserer Staaten, insbesondere die Erfahrungen der letzten Jahrzehnte, immer wieder den Versuch eines Durchdenkens staatspolitischer Standorte, um vielleicht doch Neues, klärende Erkenntnisse zu gewinnen, Wirkungsmechanismen und Tendenzen zu erfahren. Unsere (vielleicht) gereiften demokratischen Strukturen, mit ihren vielfältigen, sich ständig neu entwickelnden Facetten, immer wieder zu hinterfragen. Auch aus der Überzeugung, dass Wandel ständig wirkt – augenscheinlich im jetzigen Jahrhundert ganz besonders –, ein Wandel, den wir vielleicht doch noch gestalten, beeinflussen, zumindest einen Beitrag dazu leisten könnten. Oder sind wir diesen Prozessen hilflos ausgeliefert wie es sich in der allgemeinen Einstellung der Bevölkerung, zunehmend und offensichtlich, zu manifestieren beginnt?

Was ist ein Staat? Wie definiert er sich? (Wobei wir uns in weiterer Folge vor scholastischen Ansätzen, die das Thema doch nicht pragmatisch zu vertiefen helfen, hüten wollen). Staaten kommen und vergehen, verändern sich in räumlicher und politischer Struktur und unterliegen also – wie wir wissen und wie die Geschichte bestätigt – ständiger Veränderung. Versucht man den Staat (politisch) zu definieren, so zeigen schon heutige Gegebenheiten unterschiedlichste Einordnungen: Die Mitgliedsstaaten der UNO z.B. oder die Länder nach dem Department for Homeland Securities der USA (um 250) oder die Länder nach dem „E-Mail-Account" (um 240) und ähnliche Versuche. Räumliche Giganten (wie Russland) oder mit hoher Bevölkerungszahl (China, Indien), denen dann Inseln ohne Bevölkerung oder mit sehr kleinen Flächen gegenüberstehen (Vatikan, San Marino, Andorra, etc.) oder auch Länder, die nur von einer einzigen Nation anerkannt werden (Nordzypern). Verwundern einen doch die unterschiedlichen Annahmen, so erkennen wir, dass die Definition eines Staates, eines Landes, einer Nation, von jeweils individuellen Faktoren abhängt, wie z.B. eben die einzelnen Staaten unterschiedlich Anerkennung von anderen Nationen erfahren; wie auch Länder in revolutionären Umbrüchen, mit mehr oder weniger prognostizierbarem Ausgang, selbst wieder bei anderen Staaten differente Reaktionen auslösen. Faktisch gibt es weltweit unterschiedliche Grade der Anerkennung (was natürlich zur Definition des Staatsbegriffs auch nicht weiterhilft), die von voller diplomatischer Akzeptanz, bis zur massiven Ablehnung der staatlichen Existenz reichen können – als Kriterien jeweils individueller Sicht von außen.

So eindeutig der Begriff des Staates für uns auch scheinen mag, so schwierig ist er also tatsächlich zu definieren. Versucht man strukturellen Anschein und internes Verhalten mit der Realität zu vergleichen, bleiben wir tatsächlich (und oberflächlich) bei den üblichen Begriffen, von autoritär bis demokratisch, hängen. Allgemein reduziert sich der Staat auf ein von Menschen für Menschen gestütztes Herrschaftsverhältnis. Wobei schon jede weitere Differenzierung, über Steuerungs-, Regulierungs- und Koordinierungsfunktionen, bis zur Form der Willens- und Entscheidungsbildung sowie deren Durchsetzung, eine unendliche Bandbreite in ihrer Komplexität bildet. Schlussendlich bleibt dann doch nur die generelle Differenzierung wie Monarchie, Diktatur/Autokratie, Demokratie/Republik, mit vielleicht weiteren Unterscheidungen als übergeordneter Begriff des Staatssystems. Es ist, wie die Geschichte zeigt, ein temporäres, wenn auch unmerklich, aber sich ständig wandelndes Gebilde, zumeist mit geschichtlichem Ursprung und latenten Grenzen, einer häufig gemeinsamen Sprache und – aus den letzten Jahrhunderten – einem einheitlichen Währungssystem. Wobei dieses „temporär" nur aus Sicht der Staatsexistenz gilt, für die Bürger jedoch eine nachhaltige, Generationen überdauernde Nation darstellt, die sich durch patriotisches Nationalgefühl wie durch äußere Zeichen (Sprache, Grenzen, Fahne, Hymne, etc.) für sie symbolisiert.

Der Staat selbst legitimiert sich primär aus seinem Monopol Gewalt anzuwenden – so definierte schon Max Weber. Inwieweit Bevölkerungsgröße, angenommene Grenzen, politische Struktur und Stabilität, Kriterien für Staatlichkeit sind, bleibt also eine rein subjektive Frage von Politikern, Bürgern und sonstigen Interessierten und kann durch Recht, auch wenn allgemein akzeptiert (wieder nur „temporär"), alleine nicht bestimmt werden.

Als grundsätzliche Frage, im Sinne der Entscheidungsprozesse, stellt sich die Struktur dar; die Organisation des Staates – ob er sich als demokratisches oder autoritäres System präsentiert (Monarchien eingeschlossen). Und selbst diese, doch offensichtlich klare Unterscheidung, unterliegt dem Wandel. Bei den alten Griechen, hier insb. Platon, unterschied man zwischen Monarchie (als erbliche Alleinherrschaft), Tyrannis oder Diktatur (als temporäre Herrschaft Einzelner oder von Gruppen), der Aristokratie (als die Herrschaft von Eliten), der Oligarchie (als die Herrschaft einer kleinen Gruppe), der Politie (als Herrschaft vieler) und der Ochlokratie (als die Herrschaft durch den Pöbel) – bei später durchaus weiteren Unterteilungen und Definitionen. Und dann, tiefer gehend, wie der optimale Staat – immer jedoch geprägt durch aktuell gesellschaftliches Denken und Verhalten – eben geformt und geführt werden sollte. Um nun nachfolgend einer endlosen (und vermutlich zirkulären) Diskussion aus dem Weg zu gehen, scheint eine eindimensionale Unterscheidung – im Sinne der Praktikabilität und ohne Einschränkung noch unbekannter Differenzierungen – in eine reine Demokratie (als Annahme des Einflusses aller) und in eine totalitäre Autokratie (als Annahme der Bestimmung durch einen Einzigen) sinnvoll, wobei diese beiden Extrempunkte heute nicht besetzt sind, sondern nur die Eckpunkte einer unendlichen Vielfalt dazwischenliegender Staatsformen darstellen. „Keine Demokratie ist der anderen gleich, so lehrt die vergleichende Analyse politischer Systeme."[1] Eindimensionale Systeme erleichtern so das Verständnis und die gemeinsame Diskussion, und begrenzen dennoch nicht die Erweiterung um eine oder mehrere Dimensionen.

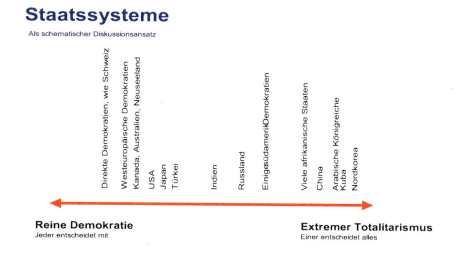

---

[1] Brodocz A. et al., in: *Bedrohungen der Demokratie*, 2009, VS Verlag für Sozialwissenschaften.

Nun lesen sich die Einlassungen, Beurteilungen und Anregungen zur Gestaltung des „richtigen" Staates, von den alten Griechen bis zum Aufbruch in die Aufklärung, wie wenn sie gerade unsere heutigen Probleme reflektieren würden. In der Kritik und in den Empfehlungen stehen einerseits Verhalten und die Qualität der Führenden, andererseits die organisatorischen Strukturen, wie sie – je nach Lage auf unserer eindimensionalen Grafik – zu gestalten wären. Alles ausgelöst – natürlich immer individuell und je nach kulturellem Hintergrund gefärbt – durch die jeweilige Interessenslage Einzelner oder von Gruppen. Und, da sie vielfach auch die Einstellungen eines mehr oder weniger größeren Teils der Allgemeinheit widerspiegeln, finden sie nicht nur Anerkennung, sondern beeinflussen auch die praktische Politik, allerdings mit vergänglichem Charakter wie uns Erfahrung und Geschichte lehren.

Von den also annähernd 200 Staaten der Welt ist nur ein geringer Prozentsatz als „Demokratie", wie wir sie in den hochzivilisierten Staaten verstehen, ausgestaltet. Der überwiegende Teil sind eher Quasi-Demokratien, mit Tendenz bis zu rein totalitären Systemen. Wobei eine Wertung, ist die Demokratie die bessere, d.h. vielleicht sozialere und effizientere Organisationsform (verglichen mit dem Totalitarismus), offen bleiben muss, sich erst im Zuge der weiteren Untersuchung vielleicht herausstellen sollte. Es gibt genügend Ansätze, tendenziell totalitäre Organisationsformen durchaus vorzuziehen, wie wir es eben, vom Beginn der Zeitrechnung bis in die Mitte der Aufklärung, auch bei namhaften Philosophen vorfinden (vermutlich auch deswegen, weil ihr persönliches Umfeld fast durchwegs totalitäre Formen aufwies). Und selbst heute bestimmt uns die Erkenntnis, dass „die Demokratie zwar eine denkbar schlechte Staatsverfassung ist, aber besser als alle anderen bislang erprobten Staatsformen."[2]

Nicht zu vergessen ist, dass in neuester Zeit (bis 1989) die Welt in zwei große politische Blöcke geteilt war, nämlich in die sozialistischen, oder besser kommunistischen Länder, die sich zwar sehr wohl als demokratisch legitimiert betrachteten, was sie aber (als heute herrschende Meinung) sicherlich nicht waren, und in die kapitalistische Welt, mit vorwiegend demokratischen Staaten. Ob nach deren Zusammenbruch schon die Demokratien westlicher Prägung den Sieg der Demokratie feiern dürften, wäre als Schluss sicherlich nicht gerechtfertigt. „Seit dem Zusammenbruch der staatssozialistischen Systeme [...] ist einerseits vom ‚Sieg' der Demokratie [...], andererseits und gleichzeitig von deren ‚Krise' und Niedergang die Rede [...], durch die verstärkte Supranationalisierung politischer Ordnung, die wachsende Abhängigkeit von globalen Finanzmärkten und den sich ausdehnenden

---

[2] Winston Churchill, in den 40ern.

internationalen Terrorismus"[3]. Zugleich gerät der demokratische Rechtsstaat auf der Ebene des Nationalstaats unter Druck. „Für sich gestellt verfügt der Nationalstaat traditioneller Prägung offenbar weder faktisch noch normativ über hinreichende Möglichkeiten, diesen Herausforderungen angemessen zu begegnen."[4] Also, alles in allem wieder einmal ein sehr skeptischer Ausblick für demokratische Systeme, diesmal im Wesentlichen geschuldet der in den letzten 20 bis 30 Jahren zunehmenden Globalisierung und internationalen Vernetzung in vielfältige finanzwirtschaftliche, wirtschaftswissenschaftliche, soziologische und politische Ebenen. Patt!?

Zu komplex sind also die Dinge. Machtpolitisches reibt sich mit Soziologischem, Psychologisches mit dem Egoismus – als natürlicher Überlebenstrieb. Sodass es eben selbst nach mehr als 2.000 Jahren noch immer nicht gelungen ist, die Gemeinsamkeit zur nachhaltigen Sicherung der Existenz der Bürger zu finden. Und, erweitert, zur persönlich freien Entfaltung des Einzelnen, als primäre Triebfeder des Menschen – wie durchaus noch latent vorhanden in der Familie (nämlich ohne zum Nachteil des Nächsten) –, nun (angestrebt) für eine größere Gemeinschaft, dem Staat. Nicht einmal über die Wissenschaften gelang es annähernd praktikable Anleitungen zu finden, so alt dieser Wunsch auch sein mag. Schon Platon wünschte sich Philosophen als Könige, und Könige mögen Philosophen sein, aus der Überzeugung, dass Wissen und Bildung, dazu noch Ethik (als ebenso noch offene Diskussion), Voraussetzungen guter Staatsführung wären. Politik, die Staatsführung, hat leider bis heute alles andere als eindeutige Pendants in den Wissenschaften. Erst in den letzten wenigen Jahrzehnten versuchte man, mehr oder weniger erfolgreich, in den verschiedensten demokratischen Staaten Lehrstühle für Politikwissenschaft zu installieren. Ein Fachgebiet, das in der Vergangenheit eher älteren Wissensgebieten, vorwiegend der Philosophie, etwas der Soziologie, Psychologie, Geschichte, Ökonomie und anderen, zugeordnet war und sich selbst heute noch nur geringer Praktikabilität rühmt. Kein Wunder, die Dinge sind eben zu komplex. Sie lassen sich nicht auf nur Wirtschaftliches, Physikalisches, etc. oder selbst Menschliches reduzieren, wobei Letzteres sicherlich dominierend bleibt – und genau das, das Wissenschaftliche, und auch im Alltag so schwierig Fassbare, ist das Kernproblem.

So ergibt sich der Versuch, noch mal diesen Zusammenhängen näherzutreten – die Wahrheit werden wir nicht finden, als bekannt philosophischer Konsens. Über die Rekapitulation wesentlicher Erkenntnisse großer Geister, der Zusammenfassung bedeutender und vielfältiger Einflüsse, denen staatliche Systeme in einer globalisierten und überfüllten Welt ausgesetzt sind, einen Ansatz zu wagen. Oder bleiben wir eben den Wirrnissen individuell menschlicher Einstellungen und

---

[3] Fuchs Dieter, Roller Edeltraut, in: *Bedrohungen der Demokratie*, 2009, VS Verlag für Sozialwissenschaften.
[4] Proelß 2005, in: *Bedrohungen der Demokratie*, 2009, VS Verlag für Sozialwissenschaften.

Wünschen „Mächtiger" ausgeliefert? Gibt es vielleicht doch Ansätze die Geschicke zu beeinflussen, trotz aller inhärenter Widersprüche und zunehmendem Unbehagen zu den Staatsführungen? Sind die Prozesse vielleicht sogar zu steuern, im Sinne einer menschenorientierten Gesellschaft, bei möglichst weitgehend persönlicher Entfaltungsfreiheit (zum Wohle der Gemeinschaft und der Umwelt)? Und all dies aus dem gefühlten Bewusstsein eines doch nur mehr begrenzt zur Verfügung stehenden Zeitraums (konfrontiert mit vielen apokalyptischen Szenarien).

Kein Buch kann jemals fertig werden,[5] und eines mit dieser komplexen Materie schon gar nicht. Während der Arbeit, bei jedem Satz, stellt man immer wieder die Allgemeingültigkeit, Wertfreiheit, die Plausibilität infrage. Auch aus der Überzeugung, bei ja individueller Färbung jeden Gedankens, entspricht eben alles „gänzlich unserer eigenen Hervorbringung".[6] Je tiefer man in die Materie eindringt, je mehr man sich mit den Erkenntnissen großer Geister und gegenwärtiger Erfahrungen auseinandersetzt, umso bescheidener wird man. Man fragt sich: Ist der Beitrag sinnvoll, nützlich, ist er nicht anmaßend? Gibt die Rekapitulation einem selbst zwar recht, bleiben Zweifel. So ist natürlich – im Sinne einer offenen Diskussion – jede Anregung, jede Kritik wünschenswert.

---

[5] Popper Karl P., *Die offenen Gesellschaft und ihre Feinde.*
[6] Feyerabend Paul K., *Probleme des Empirismus I.*

2. Staatsübungen

Die Bildung von Staaten, erster größerer Menschenansiedlungen, vermutlich aus dem Zusammenschluss von Stämmen, als Reaktion eines Verteidigungs-, eines Behauptungswillens gegenüber anderen Völkern, kann nicht mehr nachvollzogen werden. Staaten treten uns – trotz all ihren dynamischen Veränderungen – als selbstverständlich gegenüber. Sie sind also gemeinschaftlicher, immer aber nur latenter (eben nur temporärer) Wille mehrerer, sich als Gesellschaft, bei gemeinsamer Interessenskongruenz, als Zusammenfassung von Macht und Stärke, gegen andere Gesellschaften abzugrenzen. Erst bei den alten Griechen hinterfragten offensichtlich zum ersten Mal herausgehobene Geister – dank gesicherter Existenz und ausreichender Zeit zur Muse – Struktur und Sinn der Gestaltung eines Staates wie damit auch sinnvolle Führung und Machtkonstellation.

Sicherheitsüberlegungen waren es also, die aus kleinsten Gemeinschaften große schufen. Und beständig waren sie nur, wenn sie erfolgreich geführt waren. Und die Qualität der Führung sicherte Kontinuität, weiteres Wachstum – einerseits über Eroberungen anderer Gebiete, andererseits über machtvoll unterstützten Handel. Wirtschaftlich erfolgreiches Handeln war, und ist bis heute, Grundvoraussetzung nachhaltiger Existenz eines Staates, was auch neuere Untersuchungen bestätigen, „wenn sowohl materielle Interessen als auch gesellschaftliche Normen [...] einbezogen werden".[7] Offen bleibt jedoch, welche Strukturen der Organisation, des Regierungssystems, denn die nachhaltig effizientere, und zwar für alle zur Gemeinschaft gehörenden nun wäre, und wie sich – als Folge des Wachstums der Menschheit der letzten beiden Jahrhunderte – Staaten zueinander verhalten sollten. Selbst in wissenschaftlichen Untersuchungen blieb diese Frage weitestgehend noch offen. Anzeichen sind allerdings vorhanden; sie beziehen sich auf die wesentlichen Global Players, die großen Staaten, wie sie sich im wettbewerblichen Umfeld und Machtverhältnis zueinander verhalten. Jene, die bis heute noch die „industrielle" Welt dominieren, eben primär über ihr wirtschaftspolitisches Potenzial.

---

[7] Schirm Stefan A., *Internationale Politische Ökonomie*, 2007.

Zu Beginn des Aufbruchs zu den neuen Wissenschaften, im Zuge der Aufklärung, wiesen schon bedeutende Philosophen (Descartes, Malthus, A. Smith, u.a.) auf den grundsätzlichen Zusammenhang, die Bedeutung der Wirtschaftlichkeit eines Staates hin, wie auf den fördernden Antrieb eines offenen Wettbewerbs zwischen den Staaten – hautnah bestätigt im letzten Jahrhundert. Und auch die vielfältig geführten Kriege, bzw. ihre Auswirkungen – so leidvoll und bedauernswert sie auch waren –, waren immer Ausdruck wirtschaftlichen Wollens.

Neben den materiellen Erfolgen, oder besser als Hebelwirkung wirtschaftlichen Antriebs, zeigte sich, wie leistungsbewusst der Mensch bereit ist sich einzusetzen, oder noch besser, welche Voraussetzungen notwendig sind ihn zu maximaler Einsatzbereitschaft (koordiniert mit anderen) zu veranlassen. Und zwar nicht nur allgemein, welcher Freiraum, welche Freiheiten, sondern auch welche Motive dahinter stehen, und wieder besser, welche Motive gefördert und eingesetzt werden können (müssen). Die Freiheit an sich alleine jedoch, ist einerseits ein kaum präzise definierbarer Begriff (Kap. 5.3.6.) und andererseits alles andere als nachhaltig hinreichend, um „koordiniert" Leistung, d.h. (positive?) Veränderungen für den Staat insgesamt zu schöpfen.

Eine relative Freiheit ist zwar die Voraussetzung reifer politischer Gestaltung in demokratischen Strukturen, allerdings nicht alleine. Sie bedingt den politischen Willensbildungsprozess von der kleinsten Einheit eines Staates, des Einzelnen oder der Familie, bis zu den großen Gruppierungen, einschließlich der politischen Parteien mit ihren gewachsenen Gefügen aus persönlich oder wirtschaftlich bestimmten Strukturen. Und erfordert (1)ein mündiges und interessiertes Volk (d.h. gemeinsame Werte/Kultur, eben auch ähnliche politische Motive (Kap. 5.3.5. und 5.3.6.), (2)eingebunden in die wesentlichen, die Volksgemeinschaft in ihrer Entwicklung bestimmende Entscheidungen, (3)getragen durch wertfreie Auseinandersetzung (als der schwierigsten Annahme, Kap. 6.), (4)in einem weitgehend und ähnlich „sozialisierten" Rahmen (im Sinne von Wissen und Reife), bei durchaus auch emotionaler Gesinnung (die ist jedoch immer vorhanden, vielfach sogar Grundlage, geprägt durch unzählige individuelle Motive[8]).

Rationales und Logik alleine ist eben alles andere als ausreichend, vielleicht sogar weitgehend zu vernachlässigen, betrachtet man selbst die jüngste Geschichte. Oder kann diese Unzahl von Scharmützel, bis zu den beiden Weltkriegen, auch nur annähernd als rational betrachtet werden? Ist sie doch von persönlichen Interessen, von Machtgelüsten getragen, unter Einsatz medialer, wirtschaftlicher, polizeilicher und militärischer Macht. Freiheit allgemein, freier Meinungsaustausch, wird doch zunehmend erst im Zuge eines (konträren) Machtzuwachses eingeschränkt, bleibt

---

[8] Neuberg A., *Elitäre Parasiten*, 2010.

aber selbst dann noch, wenn auch verhalten und begrenzt, latent vorhanden. So wird Widerstand ausgehebelt und Denken und Verhalten werden in die gewünschte Richtung transferiert, bis eben das System wieder zusammenbricht, sofern der wachsende Freiheitswille und die politischen Konstellationen die diktatorische Hemmschwelle überschritten haben und eine freie Meinung sich wieder bilden kann. Mediales, der mehr oder weniger gesteuerte und konzentrierte Einfluss auf die Meinung der Massen, ist unbestritten das entscheidende Instrument, sowohl der Mächtigen wie auch jener mit Einfluss („die Öffentlichkeit, die freien Schriftsteller, sind die dritte Macht", nach Kant).

Die Zusammenhänge haben sich bis heute nicht verändert, nur ihre Darstellungsweise und Auswüchse ändern sich, und überwältigen uns in ihren aktuellen Erscheinungsformen. So erlebte unsere Generation noch den ganz plötzlich eintretenden Zusammenbruch eines der beiden weltumspannenden politischen Systeme, des Kommunismus, aus vorwiegend wirtschaftlichen Zwängen – aber es hätte auch anders kommen können. Und nun, kaum sind diese 50 Jahre weltweit angespannter politischer Verhältnisse in Vergessenheit geraten, tauchen wieder andere, weltweit wirkende Interessensgegensätze auf, durchaus mit Potenzial für ähnlich politische Spannungen: Die Auswüchse des Kapitalismus gegen die Grenzen des Wachstums, das westlich freiheitliche Denkmuster gegen religiösen Fundamentalismus, die Identitäten von Kulturen gegen die wirtschaftlichen Vernetzungen, die Individualität gegen die Globalisierung, und weitere (Prozesse, die eben – neben den augenscheinlich wirtschaftlichen – auch alle anderen menschlichen Interessen und Intentionen umreißen). Uralte Erfahrungen wiederholen sich leidvoll. Kulturen, Religionen, Ethnien müssen eben lernen sich gegenseitig zu achten, anderes Denken tolerieren – selbst wenn es bis heute nicht wirkt. Auch nicht angeordnet werden kann! Es würde mindestens viele Generationen konsequenter (gesteuerter!) Entwicklung benötigen, um es mit eigenem Verhalten zu akzeptieren; und dann auch noch zu üben. Es sind eben *diese Werte*, die menschliches Zusammensein schon immer geprägt haben, Religionskriege auslösten, machtpolitische Auseinandersetzungen verursachten, unendliches Leid verbreiteten, eben die Mentalitäten der Staaten bestimmen.

2.1. Demokratische Vielfalt

Demokratien unterliegen einem ständigen Wandel, keine ist der anderen gleich. Demokratien wie wir sie heute verstehen, haben ihren Ursprung nicht im Altertum (oder vielleicht im späten Mittelalter), sondern begannen ihren weltweiten Siegeszug erst mit der Französischen Revolution einerseits und der amerikanischen Unabhängigkeitserklärung andererseits. Demokratische Bestrebungen sind das Resultat der Entwicklungen der Aufklärung, der zunehmenden Verbreitung von Wissen und wachsendem Selbstvertrauen der Bildungsbürger. Primär waren es jedoch wirtschaftliche Diskrepanzen, die, politisch hochstilisiert, zum Systembruch führten. Die Feudalherrschaften haben sich so, mangels Einsichtsfähigkeit, selbst abgeschafft. Vielleicht tritt die Geldaristokratie nun an ihre Stelle. Unabhängig davon stellt sich aber die Frage der weiteren Dynamik. Sind doch selbst unsere Demokratien – nach nun jahrzehntelanger Entwicklung – alles andere als „gereift". Nimmt man an, dass dynamische Veränderungen normalerweise positive Entwicklungen in sich bergen (oder zumindest die Initiatoren es so beabsichtigen), bewirken sie in unseren Demokratien offensichtlich genau das Gegenteil. Die Identifikation mit den demokratischen Prozessen und das Vertrauen in die Regierenden nimmt im breiten Publikum im Zeithorizont ab, die Kritik zu.

Die Vielzahl der demokratischen Varianten zu diskutieren wäre hier müßig. Dazu gibt es ausreichend Literatur. Die eigentlichen Themen, die Kernfragen, werden, losgelöst von einem Gesamtkonzept, eben immer aus aktuellem Anlass, und dann unabhängig eventuell strategisch sinnvoller Ausrichtung, diskutiert und beunruhigen die Gemüter:
- Wie direkt kann/soll eine Demokratie sein? Was zwangsläufig Fragen aufwirft wie die nach der Machbarkeit (die Bevölkerung der heutigen Staaten geht nun mal in die Millionen), einer zugrunde zu legenden Vernunft und des Einflusses darauf (Kap. 5.3.), weiters der Konsistenz und Wirksamkeit im Zeithorizont. Und, insbesondere, kann damit die (zumeist treffende) Kritik aufgelöst und das Vertrauen wiederhergestellt werden?
- Soll Wirtschaftliches und Sachliches oder Menschliches (Soziales) stärker wirken? Wie sollen Mehrheitsverhältnisse zustande kommen und welche prozentualen Anteile sind politischen Entscheidungen zugrunde zu legen? Was ist im Sinne des Staates nachhaltig rational?
- Wie tief sind die staatlichen Hierarchien mit demokratischen Grundzügen auszustatten?
- Und vor allem, wer übt Macht aus und wie sind die Kontrollsysteme auszugestalten und anzuordnen? Welches Recht hat der Souverän zur Korrektur? Wann und mit welchen Instrumenten kann er eingreifen?
- Und im externen Verhältnis, im Zusammenspiel mit anderen Staaten: Wie ist die Sicherheit der Staatsbürger nachhaltig zu garantieren? Mit daraus abgeleiteten

Folgethemen, wie die der Kooperationen und Zusammenarbeit (der Unionen), der Wettbewerbsorientierung und Wirtschaftlichkeit, der militärischen Ausstattung und Diplomatie, der Ökologie, und schlussendlich der Währungspolitik.

Demokratische Systeme sind in ihrer Ausgestaltung vielschichtig, aus unterschiedlicher Geschichte und Kultur geboren. Haben sich ihre Formen dann herauskristallisiert, zumeist über viele Generationen, nach unzähligen innenpolitischen Auseinandersetzungen, und vor allem kulturellen Besonderheiten, sind sie zwangsläufig auch von anderen Staat nicht kopierbar. Sie spiegeln immer nur jeweils lokal kulturelles Denken wider, was, wie wir gesehen haben, sich eben über lange Zeiträume entwickelt. Systeme sind also das Resultat zeitraubender, vielfach schmerzvoller und langwieriger Konsenswirkungen, durchaus im Vergleich mit anderen veränderbar, allerdings wieder über längere Zeiträume. Selbst Klassifizierungen wie wir sie heute vorfinden – als Mehrheits-, Konkordanz- und Konsensdemokratie –, sind jeweils lokal, aus gewachsener Historik einer Nation zu verstehen (wie unten noch zu sehen sein wird) und daher so keinesfalls übertragbar. Anregungen zur Korrektur, anlässlich eventuell bestehender Dispute, sind zwar nützlich, aber alles andere als wie erwartet wirksam. Sie unterliegen eben anderen psychologischen und soziologischen Hintergründen, sind über viele Generationen geprägt. Und selbst alle sich individuell entfalteten Systeme unterliegen fortwährender Kritik, ändern sich daher, wenn auch marginal, ständig, unaufhaltbar. Sie sind niemals starr. Die innere Dynamik von Regierungssystemen, insbesondere der demokratischen, hat axiomatischen Charakter. Vielfältige Versuche wissenschaftlichen Hinterfragens beweisen die Logik dieser inneren Dynamik – sie ist in sich nicht fassbar. Sie ist Resultat unendlicher Handlungen, von unzähligen individuellen Einstellungen und Attitüden, die selbst wieder, je nach den Individuen, niemals statisch bleiben können – und das Ganze noch unabhängig von den unendlichen Einflüssen von außen. Der Wandel ist dem Menschen, somit auch dem Staat inhärent (wie sich eben auch der „Markt" bestimmt, s.u.).

Aus dieser Komplexität und Vielfalt der Entwicklung, der Dynamik, resultieren natürlich viele Probleme, Fragen und Erscheinungen, die sich aus den jeweiligen Änderungsprozessen ergeben:
- Die sinkende Wahlbeteiligung in Demokratien: Vielleicht als Resultat des gesichert erscheinenden Wohlstands, weiters einer breiteren und besseren Bildung und damit höheren Kritikbereitschaft, des Gefühls abnehmenden Einflusses des Wählers.
- Abnehmende Parteibindungen: Als Verwischung des Klassenbewusstseins einerseits und einer fallenden Identifizierung des relevanten Wählerpotenzials mit den Parteien andererseits.
- Fallende Bereitschaft zu politischem Engagement: Zunehmender Egoismus (aus kapitalistischem Denken), fallende Anerkennung und Prestige des Politikers,

Abneigung der inhärent bürokratischen Prozesse, Entwicklung zum Berufspolitiker und damit Auseinanderdriften der Volksmeinungen zum Regierungsgeschäft, bei fallendem Rückhalt in der Bevölkerung.
- Zersplitterung der ursprünglich wenigen Parteien (mit klaren Interessenszugehörigkeiten) in viele kleine; und damit weniger Kontinuität in den Regierungen.
- Beeinflussung der Volksmeinung durch Konzentration der Medien: Fallendes Vertrauen in sowohl Aussagen/Versprechen der Politik wie auch gegenüber den intransparenten, vermutet gesteuert öffentlichen Erklärungen und Statements.
- Sinnhaftigkeit internationaler Zusammenschlüsse, der wirtschafts- und finanzpolitischen Maßnahmen.

Auch die Wissenschaft hilft nicht weiter, bietet sie doch selbst ein zerrissenes und vielfach konträres Bild. Politikwissenschaft, als noch junge Wissenschaft – ihrerseits ein Konzentrat anderer Fachgebiete –, übt sich noch in „empirischen Erfassungen", ohne nennenswert strategische und auch greifbare Aussagen, und alles andere als mit realem Einfluss auf die Politik. So entwickeln sich die Demokratien westlichen Musters – und sie scheinen noch immer die „gereifteren" zu sein (verglichen mit den Quasi-Demokratien) – aus komplexer, jeweils individueller Dynamik, d.h. aber auch chaotisch, nach aktuellen Gegebenheiten, getrieben durch mehr oder weniger mächtige Interessensgruppen.

2.2. Autokratische Staaten

In diktatorischen Staaten entscheidet einer oder bestimmen mehrere das Staatssystem, wobei die Herrschaft durch einen Einzelnen zwar aus ihrer Präsentation geprägt sein kann, dennoch aber mehrere notwendig sind – mehr oder weniger mitherrschende Verfechter. Anders wären diktatorische Systeme nachhaltig nicht aufrechtzuerhalten. Der totalitäre Staat ist dabei, nach relativ einheitlicher Meinung, die extremste diktatorische Form. Autokratische Systeme versuchen die Bevölkerung ideologisch mit einzubinden, wie ehedem bei Stalin, Hitler und Mao, heute noch in Nordkorea, aber auch in einer Reihe anderer Staaten. Scheinen diese Formen zwar in unserem Jahrhundert nachhaltig nicht mehr lebensfähig, sind sie für die Zukunft dennoch nicht auszuschließen. Je nachdem wer individuell herrscht (s.u.), sind diktatorische Systeme eben nach dem Willen von Personen oder Personengruppen strukturiert, bei hoher Variabilität in den Entscheidungen, und nicht annähernd so einschätz- und prognostizierbar wie echte Demokratien, wenn sie sich auch nach außen bemühen als solche zu gelten. Variabel, und sich je nach Gegebenheit ändernd, bewegen sich diese Systeme von der extremsten diktatorischen Form bis hin zu den (schon) allgemein anerkannten „Demokratien". Vielfältig, über Wahlmanipulation, Einschränkung der Opposition und des Freiraums des Einzelnen, mit populistischen (verlogenen) Slogans, stringenter Medienmanipulation und Opferung von Freunden und Mitläufern (selbst Millionen Abhängiger), etc., bilden sie den Übergang zu den freiheitlichen Regierungsformen. Autokratie als Selbstherrschaft ist also gekennzeichnet durch Ausübung der Regierungsmacht ohne legitime Ableitung durch die Bevölkerung – und zwar nachhaltig. An die Macht kommen Autokraten immer mithilfe anderer, sei es durch Krieg oder Revolution. Sie setzen sich entweder bereits zu Beginn der geglückten revolutionären Veränderung autokratisch durch oder entwickeln sich dazu im Zuge ihrer Amtsführung (Napoleon, Hitler, auch andere neuerer Zeit). In weiterer Folge versuchen sie das System zu stabilisieren, natürlich im Sinne der Weiterführung durch Vertraute, sinnvollerweise über Vererbung (z.B. über die Monarchie).

Die Autokratie, als die bis ins letzte Jahrhundert weltweit herrschende Staatsform, kam erst im Zuge der Aufklärung, durch Bildung und weltweiten Informationsaustausch, ins Abseits. Die zumeist vorliegende Einheitlichkeit der Entscheidungsfindung (natürlich immer durch persönliche Interessen der Herrschenden bestimmt) prägt die Entwicklung der jeweiligen Nation, bestimmte Krieg und Frieden, die interne Wohlstandsverteilung und Gerechtigkeit, je nach Macht und Geldgelüste des diktatorischen Apparats. Dennoch blieb die Entwicklung des Landes „kalkulierbar", als Orientierung sowohl für die Bevölkerung wie auch für das ausländische Umfeld. Autokraten setzen sich über die individuellen Bedürfnisse ihrer Untertanen hinweg (deren sowieso eingeschränkter Blickwinkel nur wenig Vergleichbarkeit ermöglicht und vorwiegend die eigene Existenz, die wesentlichen Grundbedürfnisse absichern soll) und bestimmen über die relative „Einheitlichkeit" der Willensbildungsprozesse die wirtschaftliche und menschliche Entwicklung. Ob für die Allgemeinheit positiv oder negativ, ist eben eine andere Frage, waren doch die Massen sowohl in ihrem Freiraum als auch wirtschaftlich, immer abhängig. Sind eigentlich die, die persönliche Entwicklung und damit den Wohlstand hemmenden Elemente einer Autokratie systeminhärent? Schließen autokratische Staatssysteme sie generell aus? Aktuell beobachten wir durchaus erfolgreiche Entwicklungen einzelner autoritärer Staaten – jedenfalls für eine Anzahl privilegierter. Also dürfen wir Autokratien für prosperierende Entwicklungen, vielleicht auch nur für bestimmte Phasen (s.u.), grundsätzlich nicht ausschließen.

Abgesehen von der primären Zuordnung zu einer der beiden Staatsformen in der Beurteilung ihrer „Effizienz", der Demokratie oder der Autokratie – wer eben politisch entscheidet, Einzelne oder Alle –, weisen sich Diktaturen auch durch ein gewisses Maß an Kontinuität, selbst bei Wechsel der Personengruppe an der Spitze, aus. Kennzeichnend für Demokratien ist der häufige Wechsel der Verantwortlichkeiten, eben der nur temporären Dominanz politischer Couleurs wie sie sich in den Regierungen zusammensetzen, was aber auch – wie noch zu erarbeiten ist – Strukturbrüche in der politischen Philosophie, in der praktischen Umsetzung der Entscheidungen im Sinne gerade herrschender Interessensgruppen, mit sich bringt. Ein entscheidender Nachteil, sofern es u.a. um Kontinuität staatlicher Entwicklung im internationalen Wettbewerb geht. Autokratische Systeme hingegen versuchen naturgemäß familiäre oder ideologische Interessen über den Führungswechsel hinwegzuretten, was zwar unserem (demokratischen) Werturteil persönlicher Teilhabe am Staatsgeschehen widerspricht, aber durchaus – wie vielfach die Praxis in der Entwicklung der Staaten zeigt, und zwar offensichtlich in bestimmten Phasen (s.u.) – nicht nur die Effizienz und Stärke des Landes entscheidend fördern kann, sondern auch den allgemeinen Wohlstand seiner Bevölkerung.

Selbst große Staaten der Erde führen vor, wie mächtige Interessensgruppen oder Ideologien sich nachhaltig die Regierungsgewalt sichern, nicht nur eine bevorzugte Klientel fördern, sondern durchaus auch erfolgreich als Regierung bestehen können. In Russland z.B. kristallisierte sich die Führungsriege aus geheimdienstlichen Strukturen und Kadern der alten Nomenklatur heraus und in China wird sorgfältig über Jahrzehnte hinweg der Nachwuchs trainiert, selektiert, bis er schlussendlich mit höchsten Weihen, selbst in der Staatsführung, ausgezeichnet wird, mit durchaus hoher Kontinuität und Stabilität, wie wir es auch schon über Jahrtausende von den alten Herrscherhäusern erfahren haben.

2.3. Historische Trends in den Staatsformen

Nun zeigt uns die vielfältige Literatur zum Thema der Staatsformen, dass zwischen den beiden Extremen – dem totalitären Staat, der extremen Diktatur, sowie einer angenommen reinen Demokratie – sich eine unendliche Vielfalt von Ausprägungen, und dazu noch in ständigem Wandel, entfaltet hat. Sie bestimmt die staatlichen Prozesse, nämlich die „politische Ansammlung" von Menschen, wobei uns beide Extreme, die beiden Dipole, die Diktatur einerseits und die Demokratie andererseits, selbst in ihren reinen Ausprägungen niemals eindeutig gegenübertreten oder auch nur definierbar sind. Gehen wir weiterhin von einem offensichtlichen Konsens aus, dass nämlich demokratische Systeme durch allgemeine, freie und geheime Wahlen, durch Gewaltenteilung in der Führung des Staates sowie ergänzende (wieder nicht eindeutig definierbare) Bürgerrechte bestehen und die Diktatur gerade dies generell und in dem von uns „empfundenen" Ausmaß nicht gewährt. Bei ihr liegen die Entscheidungen bei einer kleinen Gruppe, die selbst wieder durch charismatische (oder mächtige) Personen geprägt ist[9]. Dennoch erzwingen organisatorische und Sicherheitsgründe ebenfalls zu demokratischen Grundlagen (zwar stark, und auf einen innersten Kreis, reduziert).

Danach verlangt eigentlich nur eine der beiden Seiten, nämlich die Demokratie, grundsätzlich inhärente Faktoren, wie
- Gerechtigkeit: Nun bleibt selbst dieser Begriff sehr schwammig. Versuchen wir Ideale einer gerechten Gesellschaft zu bestimmen, so kann selbst dann nur ein aus unserem aktuellen Umfeld geprägter Maßstab gewonnen werden, da in anderen Kulturen der Begriff der Gerechtigkeit auch anderer Einstellung unterliegt, nämlich welche politischen Kriterien (wieder individuell) als mehr oder weniger gerecht eingestuft werden. Gerechtigkeit bleibt somit ein stark subjektiver Begriff, je nach gerade hier und jetzt wirkenden Bedingungen. Eine Frage, die ja bereits jahrhundertalt ist, ungelöst bleibt und sich insbesondere auch im Zeithorizont demokratischer Prozesse der letzten beiden Jahrhunderte immer wieder unterschiedlich darstellt, selbst aus soziologischer oder psychologischer Sicht nie eindeutig definierbar ist, sich immer wiederholt, denken wir nur an die moralphilosophischen Erkenntnisse Adam Smiths. Aber dazu später mehr (Kap. 5.3.6.).
- Freiheit: Wiederum ein je nach Kultur, ja selbst je nach Individuum, unterschiedlich verstandener Begriff. Dass selbst in einer Demokratie, zur Wahrung der Rechte anderer, persönliche Freiheit begrenzt werden muss, versteht sich von selbst. Wo die Grenzen zu ziehen sind, bestimmt in der Demokratie die aktuelle Gesetzgebung, jedoch nicht nur diese. Es treten

---
[9] Neuberg A., *Elitäre Parasiten*, 2010.

ethisch/moralische Fronten hinzu, neben eine Reihe anderer. Dazu ebenfalls später mehr (Kap. 5.3.6.).
- Wahrung der Eigentumsrechte: als Grundelement des demokratischen Zusammenseins. Aber auch hier begrenzen die Interessen der Allgemeinheit den individuell „freiheitlichen" Gebrauch.
- Rechtssicherheit: als Fundament des Rechtsstaates, als Garant der Gleichheit aller Bürger. Dennoch unterliegt auch das Gesetzeswerk, zumeist abgeleitet aus einer Verfassung, ständiger Änderung. Und wie bekannt, nimmt auch hier, im Zeithorizont einer Demokratie, die Dynamik der Veränderung zu (ebenfalls Kap. 5.3.6.), und dies natürlich unabhängig von der tatsächlichen Handhabung durch die Exekutive.

So wirken diese grundsätzlichen, allgemein eigentlich den Demokratien zugeordneten Begriffe, doch in allen Systemen, allerdings unterschiedlich nuanciert, je nach Kultur, je nach demokratischer oder autoritärer Struktur, je nach Reife und Entwicklung des Staatssystems, und verändern sich zusätzlich dynamisch im Zeithorizont. Nach dem ersten Auftreten demokratischer Ansätze, im Altertum, einer Wiederholung im Mittelalter in den mediterranen Stadtstaaten, schlussendlich nun mit Ende des 17. Jahrhunderts, wird über die Inhalte und Darstellung dieser Begriffe in den demokratischen Systemen gerungen, als *die* entscheidenden Parameter des Zusammenlebens in einer Gemeinschaft.

So selbstverständlich diese Zusammenhänge sind – egal ob für Bevölkerungen in autoritären oder demokratischen Systemen, diese Werte scheinen allgemein nun „menscheninhärent" (s.u.) –, haben sich die gesellschaftlichen Elemente doch über lange Zeiträume entwickelt, sind sowohl evolutionären wie auch religiösen Ursprungs und kulminieren sich nun – nuanciert je nach System – in dem übergeordneten Begriff der Menschenwürde, als die Entfaltung von Menschenrechten, als Resultat eines langen Zivilisationsprozesses. Sind zwar demokratische Staaten (wie wir sie heute verstehen) weltweit noch in der Minderheit, scheint der Trend zur Demokratie (noch) ungebrochen. Mit Kontinuität? Ist er umkehrbar? Die Geschichte prägt in uns massive Ablehnung gegen jede Form der Diktatur, des Totalitarismus. Erfahrungen gibt es mit ihnen zuhauf, und zwar durchwegs negative. Aber auch der Reifeprozess der Demokratie scheint alles andere als abgeschlossen. Im Gegenteil, die Kritik nimmt zu.

Über eines besteht jedenfalls Konsens: Jede Gesellschaft benötigt Gemeinsamkeiten. Vor allem sind es kulturelle und religiöse Wurzeln. Über viele Generationen entwickelt, tragen sie die Gesellschaft. Abgeleitet aus den „erfahrenen" Regeln des Zusammenlebens – mit und vor allem gemeinsamem Denken und Verhalten – sind sie Basis geistig-kultureller Grundlagen und kulturspezifisch ethischer Haltung. Sie waren und sind das Fundament der Nationen, des nationalen Bewusstseins, der Gemeinsamkeit. Als ein Wir-Gefühl. Trefflich ließen sich nach diesen Werten Nationen steuern und selbst in unseren Demokratien sind sie inhärentes Fundament. Erst die wachsende Globalisierung der Welt des letzten Jahrhunderts, stellt die Gesellschaften, mit nun völlig neuen Fragen, vor die Gültigkeit dieser Werte, nämlich die Gültigkeit von nationalen Werten in einer vernetzten Welt. Es sind genau diese nationalen Werte, die nun einerseits sowohl erhalten, aber andererseits auch in kooperativem Zusammenleben mit anderen Nationen gepflegt und dennoch (auch die der anderen) erlernt und geübt werden müssen. Ein Generationenprozess! Wie identifizieren sich Gesellschaften den? Doch immer in Bezug auf andere (Ch. Taylor). Finden wir eine „rationale oder ethische oder religiöse Weltformel, auf die sich alle einigen können" (Ratzinger/Habermas), die es ja als „gemeinsamen Verständigungshorizont" noch nicht gibt?

2.4. Dynamik der Staatsformen

Natürlich ist es in diesem Rahmen müßig – wenn nicht sogar wenig nützlich aufgrund der Variabilität und Dynamik – herrschende demokratisch legitimierte Staaten zu analysieren und zu vergleichen, jedoch fördert ein globaler Überblick der nahen Vergangenheit von derzeit politisch oder wirtschaftlich führenden Nationen, durchaus Einsichten über Trends demokratischer Verhaltensformen, eventuell sogar wesentliche Widersprüche zu den grundsätzlich und allgemein anerkannten demokratischen Spielregeln.

Bis Ende des 16. Jahrhunderts dominierten weltweit monarchische, feudale oder totalitäre Staatsformen (wenn man von den „quasi-demokratischen" Stadtstaaten des Mittelalters und der Antike absieht). Mit Beginn der Aufklärung, der Verbreitung von Schrifttum, der zunehmenden Säkularisierung und damit des Loslösens von der klerikalen Dominanz im staatlichen Zusammenleben, regte sich – ausgelöst vorwiegend durch wirtschaftliche Schieflagen zwischen Herrschenden und Beherrschten – erste Kritik an den feudalen Strukturen, stellten sie grundsätzlich infrage. Und zwar einerseits durch die Wirren der Französischen Revolution und andererseits durch die (in Europa damals von der breiten Bevölkerung eigentlich weniger beachtete) Ausrufung der Unabhängigkeit der Vereinigten Staaten als Demokratie. Beide lösten eine Lawine philosophischen und politischen Denkens in Europa aus und waren letztendlich auch Ursachen für den Niedergang der monarchischen Staatsformen in Europa im Zuge des 19. Jahrhunderts.

2.4.1. Nordamerika und Westeuropa

Klammern wir einmal die letzten 60 Jahre aus, so herrschte während mehr als 1.000 Jahren irgendwo in Europa immer Krieg. Erst das letzte halbe Jahrhundert – Resultat der katastrophalen Ereignisse der beiden Weltkriege im 20. Jahrhundert und mit hoher Wahrscheinlichkeit auch aus einem gut 200 Jahre geübten Prozess verbreitert allgemeiner Bildung und damit einhergehender Verhaltensänderung – bescherte der europäischen Bevölkerung ungeahnt lange Friedenszeiten, damit auch Wohlstand. Aus dem geistigen Erwachen breiter Bevölkerungsteile im Zuge der Aufklärung, begann die Wiedergeburt demokratischen Denkens. Und erreichte – nach langwierigen, schmerzvollen Auseinandersetzungen – ihren Höhepunkt fast gleichzeitig; in Frankreich mit der Französischen Revolution (1789-1799) und in den Vereinigten Staaten mit der Unabhängigkeitserklärung, der Verfassung und der Bill of Rights (1776-1789), als den ersten echten demokratischen Staatsformen. Beide Ereignisse prägten Europa in der Zeit danach politisch zutiefst. Nirgendwo in der weltweiten Entwicklung – eben in der Phase demokratischen Aufbruchs – waren so viele unterschiedliche Kulturen auf engstem Raum mit revolutionär demokratischem Denken konfrontiert, was schlussendlich im Zuge eines weiteren Jahrhunderts zur Auflösung aller europäischen feudalen Systeme führte. Einerseits befruchtet durch nachbarschaftlich enge Beziehungen, zunehmender Reisetätigkeit in räumlich nahe und dicht besiedelte Räume, und andererseits doch unterschiedlich bestimmt durch die verschiedenen Kulturen, durch Historiken und Sprachen. So formten sich differente und sich nach wie vor dynamisch verändernde demokratische Systeme in Europa.

Fassen wir die Länder Westeuropas zusammen, erkennen wir eine Tendenz zur Nivellierung demokratischen Verhaltens und demokratischer Organisationen, wenn sich auch individuelle Grundsätze herausgebildet haben, die für die einzelnen Staatsformen auf lange Zeit prägend wirken. Völlig unabhängig davon ob monarchische Relikte in einzelnen Staaten vorhanden blieben, bestimmten dennoch nun demokratische Grundsätze. Abweichungen sehen wir vorwiegend in den Unterschieden der Gewaltenteilung, der Bandbreite zwischen direkter und indirekter Demokratie oder an der verhältnismäßigen Beteiligung der Parteien an der Regierungsgewalt. Gehen wir von der klassischen Dreiteilung aus (wenn wir das vielleicht vierte, das Neue dieses Jahrhunderts, das Soziale, vorläufig vernachlässigen), so sind nicht nur die jeweiligen Entscheidungsgremien mit unterschiedlichem Einfluss ausgestattet (auch wenn sie sich schlussendlich demokratisch zu ergänzen versuchen), sondern auch unterschiedlich föderal gegliedert, was den Einfluss von Regionen, aber auch von Ständen betrifft. So können z.B. die Regierungen Großbritanniens und Frankreichs, bei denen die Macht aufgrund kultureller Entwicklung und Traditionen stärker zentralisiert ist sowie aus ihrer kolonialen Vergangenheit, konsequenter entscheiden als z.B. im föderalen Deutschland. Dazu kommt noch, dass Deutschland mit seiner nahen und selbst zu verantwortenden Kriegsvergangenheit, aber auch aus der besonderen, sich erst im letzten Jahrhundert ergebenen Stellung zwischen West und Ost und der noch jungen Wiedervereinigung der beiden deutschen Staaten, bei Weitem noch nicht – was nach Wirtschaftskraft und wirtschaftlicher Außenverflechtung eigentlich zu erwarten wäre – seinen „Standort" in der Weltöffentlichkeit verhältnisgemäß einsetzt. Dennoch war sein Einfluss für die Bildung der Europäischen Union und der gemeinsamen Währung mit entscheidend. Eine Union, die ebenfalls alles andere als schon gefestigt erscheint und ihren Weg in der Geschichte noch finden muss, mit (eventuellem) Trend in Richtung Föderalismus – und damit gemeinsam schwieriger Entscheidungsfindung und zunehmendem Souveränitätsverlust der Mitgliedstaaten (Kap. 7.6.2.)

So haben sich die Länder zwar bis zum Ende des Zweiten Weltkriegs aus territorialen und Machtansprüchen einerseits und Verteidigungsüberlegungen andererseits in Beistandspakten und Koalitionen zusammengeschlossen, aber ernsthafte Überlegungen zu überregionalen Unionen selbst, haben nie stattgefunden. Zusammenschlüsse – wie die des Völkerbundes, eine Initiative des amerikanischen Präsidenten während des Ersten Weltkriegs zur Sicherung des Friedens – waren zwar regional durchaus erfolgreich, aber für weltweite Auseinandersetzungen, mangels Teilnahme und Bereitschaft der damals entscheidenden Mächte, nicht ausreichend handlungsfähig, verloren zunehmend internationales Ansehen. Auch nach dem Zweiten Weltkrieg haben sich Regierungsformen und Verwaltungsorganisationen, was Nationalbewusstsein und kulturelle Internas betrifft, weiterhin unterschiedlich entwickelt. Durchaus mit später sich angleichender Tendenz in vielen Bereichen, gesteuert einerseits durch die europäischen Gremien und andererseits aus einem europäischen Kooperationsgeist der Mitgliedstaaten, beeinflusst durch die sich verdichtenden internationalen wirtschaftlichen Verflechtungen. Anhaltender Wohlstand und Sicherheit lassen allerdings die historischen Ereignisse, dieses seit nun gut 50 Jahren doch kontinuierlichen (und friedlichen) Prozesses nach dem Zweiten Weltkrieg, bei der Bevölkerung (und den Politikern) langsam in Vergessenheit geraten und scheinen nun den weiteren Zusammenschluss eher zu bremsen, als zu fördern. Erwachende nationale Egoismen keimen wieder auf.

Sieht man die geschichtliche Entwicklung des letzten Jahrtausends mit etwas Abstand, so sind die gemeinsamen Wurzeln jedoch unverkennbar. Staaten und Mächte haben sich ausgedehnt, sind wieder zerbrochen, haben sich zusammengeschlossen, kooperiert und dann doch wieder anders geordnet. Trotz unterschiedlicher Kulturen und Sprachen, sich gegenseitig befruchtet und durchaus vertiefend in der Bevölkerung das Verständnis für andere Kulturen gefördert, so trat das „Fremde" immer mehr in den Hintergrund. Gleiches gilt für die Rechtsgrundlagen, mit ihrer europäisch-ethischen Basis (geformt durch christliche Werte), auch wenn die Verfassungen unterschiedlich formuliert sind (oder gar keine besitzen wie z.B. Großbritannien). Keine Frage, erst die katastrophalen Auseinandersetzungen, mit unzähligem Leid und ungeheuren Menschenverlusten, aber auch die gemeinsame Vergangenheit, ermöglichten zum ersten Mal europäisches Gedankengut zu formulieren und eine Union (so locker sie auch noch sein möge) zu bilden. Nun zeigen sich allerdings Hemmnisse weiterer Integration (wie immer, durch wirtschaftliche Verwerfungen ausgelöst). Sie zu lösen wäre wiederum eine gemeinsame Aufgabe, stellt aber auch Umfang, Macht und Ausgestaltung der Union, wie es bereits in den gedanklichen Auseinandersetzungen seit den griechischen Philosophien über den Staat der Fall war, grundsätzlich infrage. Es ist *das* Kernthema: Wie ist – bei zwangsläufigem Souveränitätsverlust der Einzelstaaten – die Gemeinsamkeit auf kontinentaler Ebene zu gestalten? Irgendwann jedoch in der europäischen Perspektive wird sich eine stabilere Phase finden (müssen), auch wenn es zwischenzeitlich, als ganz natürlich „staatsevolutionärer" Prozess, Rückschläge geben wird.

Die Französische Revolution hat den Feudalismus hinweggefegt und dem Menschen die Freiheit gebracht (er hat den Staat „übernommen"). Eine Freiheit von Ausbeutung und Tyrannei, wobei sich aber, über Jahrzehnte eines schmerzvollen Anpassungsprozesses, demokratische Verhaltensmuster wie wir sie heute sehen, erst über viele Generationen entwickeln mussten. Der andere Teil der westlichen Welt, die USA, zwar auch demokratisch bestimmt, ist aus ganz anderen Ursachen geformt. Sie haben sich mit ihrer Unabhängigkeitserklärung vom Mutterland losgelöst und einen Staat gebildet, in dem die Freiheit und Unterdrückung des Einzelnen nicht das Thema war, sondern die Loslösung vom Mutterland (und den europäischen Strukturen). Die grundlegende Sicherung, erst der Aufbau der Existenz, die Lebensumstände – in der Weite des Landes und eingebunden in lokale (religiöse) Gemeinschaften – zwangen den Einzelnen sich selbst, ohne den umfassenden Schutz des Staates, zu behaupten, d.h. bedingte eben ein anderes Verständnis von der Eigenständigkeit des Individuums. Die kontinental-europäischen Gesetze, ihre Auslegungen und Anwendungen, unterscheiden sich daher grundsätzlich von der Rechtsausübung und Rechtsauffassung nach der Unabhängigkeitserklärung, der Bill of Rights und weiterer Zusatzartikel. Nicht in einer strengen Hierarchie abgeleiteter Rechtsregularien, mit Ergänzungen und Interpretationen, die einen relativ präzisen Rahmen bilden, in dem sich der Einzelne einordnen kann – wie sie mehr oder weniger in Europa zugrunde gelegt sind –, sondern es ist ein Erkämpfen der jeweiligen (Rechts-) Auffassung, der ständigen Weiterentwicklung „fairer" Behandlung eines individuellen Rechtsfalles. „Das US-Recht stellt gegenüber Europa (Anm.: eingeschränkt Großbritannien) eine Streitkultur dar."[10] Transatlantische Kooperationen kämpfen daher häufig genug mit der inhärent differenten Rechtsauffassung, besonders den daraus resultierenden Denk- und Verhaltendiskrepanzen, insbesondere bei bilateralen Abkommen und gemeinsamen militärischen Aktionen (die sowieso immer noch von den USA dominiert werden). Das geht so weit, dass die USA selbst im demokratischen Umfeld klar machen, „dass sie nicht bereit [sind], eine internationale Rechtsordnung aufkommen zu lassen, an welche sich auch diese Großmacht binden ließe".[11] Sie ziehen Provisorien vor die es ihnen ermöglichen, jederzeit – ändern sich die Konstellationen – das Rechtsverhalten der jeweiligen Situation anpassen zu können. Eine grundsätzliche, und wie wir gesehen haben, über Jahrhunderte entwickelte Verhaltenseinstellung, völlig konträr zum europäischen Rechtsverständnis, was auch in Zukunft eine enge und nachhaltige Verbindung des „Westens", geschweige denn mit annäherndem Unionscharakter, wenn vielleicht auch nur in eingeschränkt speziellen Fachbereichen, in sich ausschließt.

---

[10] Haller G., *Die Grenzen der Solidarität*, Aufbau-Verlag, 2003. Eine überaus präzise, vergleichende Übersicht beider Rechtsauffassungen.
[11] Vgl. ebd.

Trotzdem die USA sich per se als *die* Vertreter der Freiheit sehen, bei hoher Selbstbestimmung des Einzelnen (als Voraussetzung der persönlichen Entfaltung), ist der Anteil derjenigen die am Rande des Existenzminimums leben, größer als in Europa. So sind auch der Unterschied zwischen Arm und Reich und der Anteil der Strafgefangenen um ein Vielfaches höher als in den europäischen Staaten. Das mag an der noch jungen Geschichte dieses riesigen Landes liegen, in der Durchsetzungswille, die Behauptung von Leben und Existenz, andere Ansprüche stellte, als im staatsgetragenen Europa. Das gut 200 Jahre geübte differente Rechtssystem (selten ergänzt durch Zusatzartikel, weitergeführt und angewendet nach jeweiliger Rechtsprechung) bedarf also jeweils individueller Durchsetzung, aufwändiger Verteidigung persönlicher Interessen – im sozialen Europa nicht annähernd so stark ausgeprägt. So bestimmt auch kurzfristiges (damit stärker erfolgsorientiertes) Denken das (Rechts-)Verhalten, der möglichst schnell zu realisierende Gewinn, dass Nachhaltiges eher in den Hintergrund drängt – als Grundprinzip amerikanischer Einstellung, „im Interesse Amerikas" (oder auch aus Gründen „nationaler Sicherheit"). „Nicht nur im Kongress, sondern in allen Bevölkerungsschichten [...], welches alles oder fast alles rechtfertigt, insbesondere heiligt dieses Zauberwort praktisch alle denkbaren Mittel."[12]

Ob diese Strukturen, dieses Denkverhalten, auch in der explodierenden Vernetzung der Welt, bei rigoroser Verschiebung wettbewerbender Kräfte, zur Aufrechterhaltung von Macht und Hegemonialbestreben sowie gewohntem Lebensstandard, noch genügen kann, wird zunehmend im eigenen Land schon skeptisch betrachtet. Der schleichende Verfall der Staaten ist zu augenscheinlich: Die Infrastruktur verfällt, die Verschuldung steigt, der Konsum lebt zunehmend auf Pump und die Bildung für die Allgemeinheit kommt auch zu kurz. In Klimafragen verweigert sich das Land internationalen Bestrebungen und verhält sich merkantilistisch im Welthandel. Das Land stagniert nicht nur, sondern es besteht die Gefahr eines langsamen Siechtums und der Vereinsamung im diplomatischen Weltgeschehen.

---

[12] Ebd.

2.4.2. Asien

In Asien finden wir die mit Abstand bevölkerungsreichsten Länder. Wobei bei den beiden größten, Indien und China, gewaltige kulturelle und politische Unterschiede bestimmen. Indien, über mehr als 200 Jahre von den Engländern als Kolonialmacht kontrolliert (davor schon von anderen europäischen Mächten), ist bis heute in seiner Struktur, im politischen System, europäisch orientiert, wenn auch auf Grundlage tiefer eigener kultureller und religiöser Kultur. Nach dem friedlichen Übergang in eine Demokratie 1947 – sie ist die größte der Welt – scheinen die demokratischen Verhältnisse doch etwas gereifter, wenn auch Familienclans ganz entscheidend die politischen Geschicke bestimmen.

Konträr dazu China. Die bis heute durch eine kleine politische Elite straff geführte, sich noch kommunistisch nennende Nation, konnte – nachdem der „Große Führer" Mao abgetreten war – in einer beispiellosen, straff geführten, wirtschaftlich orientierten Aufholjagd zum Westen, innerhalb von 30 Jahren die Wende von einen annähernd mittelalterlich strukturierten Land zu einer nun nicht nur wirtschaftlich und politisch anerkannten Großmacht, sondern, mit einer Bevölkerung von 1,3 Milliarden, auch zunehmend gefürchteten Nation entwickeln. Wachstumsraten von um die 10 % prägten die letzten Jahrzehnte, führten zwar zu einigen Schieflagen (ökologisch und sich spreizende soziale Unterschiede), dennoch begleitet von einem allgemeinen Wohlstandszuwachs – wenn auch nach Region und urbanen Gebieten einerseits und den ländlichen anderseits, gravierend unterschiedlich sich entfaltend. Das System selbst, sowohl wirtschaftlich wie für viele Lebenslagen autoritär bestimmend, scheint generell gefestigt, was sicherlich dem allgemeinen Wohlstandzuwachs zu danken ist.

Allerdings zeichnet sich für China eine Trendwende ab. Wenn auch nicht übersehen werden darf, dass es dem Land – dank seiner Aufgeschlossenheit für wirtschaftliche Zusammenhänge, dem sensiblen Erkennen landesspezifischer Besonderheiten und Neigungen, einem präzise angepassten politischen und wirtschaftlichen Verhalten gegenüber mächtigen internationalen Wettbewerbern, gepaart mit dynamischer und straffer Umsetzung seit „Deng Xiaopings-Wende" (Kap.6.5.), immer gelungen ist seine Stärken dosiert einzusetzen und kontinuierlich Wohlstand, und damit selbst innen noch Stabilität zu sichern und seine Macht auf der internationalen Weltbühne zu mehren. Vieles spricht dafür, dass das System auch die nächsten Jahrzehnte überstehen wird, wenn auch mit gebremsten Wachstumsraten, politischen Auseinandersetzungen und Konzentration auf die Stabilisierung interner Verhältnisse. Weltweit kauft es sich in Technologie- und Rohstoffkonzerne ein, sichert sich nachhaltig für die wohlstandshungrige Bevölkerung die Lebensmittelversorgung, Energie, Grundmaterialien und Märkte, baut politische Abhängigkeiten auf und bietet – extrem kapitalistisch, bei purem Nationalegoismus – ausländischen Unternehmen nicht annähernd ähnliche Freiheiten; Fair Play hin oder her. Das Land nützt die Freihandelsabkommen der WTO voll, wobei es nur widerwillig und zeitverzögert – zum Ärger der anderen Mitgliedstaaten – seinen vertraglichen Verpflichtungen nachkommt. Ungezügeltes Wachstum hat allerdings seine natürlichen Grenzen, und zwar umso deutlicher, je stärker sich der Abstand zu den wettbewerbenden Ländern verringert, aber das Anspruchsniveau der eigenen Bevölkerung weiterhin wächst. Kopieren fremder Technologien, das rücksichtslose Abschöpfen externen Wissens, erreicht dann seine Grenzen, wenn die Rentabilitäts- und Rationalisierungsunterschiede marginal werden, und weiter, wenn auch geringeres Wachstum plötzlich breite interne Erfahrung und Bildung und eine „reife Wirtschaftsstruktur" voraussetzt. Und dann, und genau dann, beginnen sich die internen Konflikte hochzuschaukeln, treten Schwächen über-deutlich hemmend hervor. Langsam, schleichend, fast unmerklich und zunehmend schmerzlich, werden korrigierende Prozesse wirken.

Sicherlich zählt China zu den ältesten Kulturen der Erde und war, soweit wir es historisch nachvollziehen können, zwar mit wechselndem Geschick, aber immer autoritär regiert. Brutale Auseinandersetzungen sind uns bekannt, machtvolle und rücksichtslose Tyranneien. Ein dichtes, ausgeklügelt bürokratisches Netz sicherte die Macht; über eine Verwaltung, geschult und ausgewählt nach konfuzianischen Ideen, mit hoher Stabilisierungswirkung. Vermutlich sind die Erfolge jetziger Generationen ebenso auf die über Jahrtausende „erlernte Untertänigkeit", gepaart mit konfuzianisch/taoistischem Denken, zurückzuführen, als inhärent grundlegender Erfolgsfaktor einer autoritär gesteuerten Volkswirtschaft. Bereits heute ist China wirtschaftlich die zweitstärkste Nation, war es schon einmal vor mehr als einem Jahrhundert. Hält die Entwicklung an, was aus den derzeitigen weltwirtschaftlichen Zusammenhängen und der Konsequenz des Systems anzunehmen ist, hat das Land durchaus Potenzial in 20 bis 30 Jahren selbst die USA zu überholen (und wie schnell vergeht doch die Zeit). Nicht auszudenken der wirtschaftliche, vielleicht auch militärische Einfluss, den das Land dann weltweit auszuüben in der Lage wäre. Und das alles als Resultat straffer und konsequenter (autoritärer) Führung!

Wenn auch nicht in dieser Größe und mit dieser weltwirtschaftlichen Durchschlagskraft, aber doch ähnlich strukturiert durch die eigene Geschichte, Kultur und Mentalität, ergänzt durch religiöse Grundlagen, findet sich in Japan eine fast parallele Entwicklung. Die wirtschaftliche Explosion dieses Staates hat – mit aus westlicher Sicht asiatisch-ähnlicher Kultur, aber auch vergleichbar wirtschaftlichem Expansionsdrang – um gut 30 Jahre früher eingesetzt als in China, ebenfalls auf Basis westlichen Know-hows. Japan hat dann genauso über Jahrzehnte westlichen Industrien das Fürchten gelernt, steckt nun aber seit mehr als einem Jahrzehnt in wirtschaftlicher Stagnation fest; allerdings – und, auch logischerweise – auf hohem Lebenshaltungsniveau, d.h. mit einer vergleichbaren Wettbewerbsfähigkeit, bei hohen Lohn- und Lohnnebenkosten, nach dem Aufbau teils modernster Industrien und Infrastruktur, gefolgt dann von ökologischen Anforderungen. Nicht ableiten dürfen wir jedoch ein ähnliches (wenn auch nicht ausbleibendes) Schicksal in China, da es einerseits autoritär regiert wird und andererseits die neunfache Bevölkerung besitzt, mit einem Aufholbedarf, der ungeahnte nachhaltige Dynamik freisetzen kann. Logischerweise nicht unendlich. Nach gut 30 Jahren kontinuierlicher Entwicklung nach oben zeichnen sich erste Bremsspuren ab. Ökonomische Blasen (Immobilien, Versorgung, überzogene Infrastruktur und Produktionskapazitäten, u.a.) bilden sich fast periodisch. Die gewaltigen internen Einkommens- und Lebensstandardunterschiede und die eben für eine reife Industriegesellschaft historisch notwendige Basis an Erfahrung und breiter Infra- und Bildungskultur wird die Grenzen setzen.

Das Kolonialverhalten europäischer Staaten beeinflusste die asiatischen Staaten politisch wie wirtschaftlich zwar während des letzten halben Jahrtausends, allerdings wirken die westlichen Kulturen nur oberflächlich, aufgesetzt auf landesspezifische Mentalitäten (bei jedoch bleibend beinhartem Kapitalismus). Uralte, sich über viele Generationen entwickelte kulturelle und religiöse Verhaltensweisen bestimmen eben n.w.v. das tägliche Leben und die Einstellungen (Kap. 5.3.4.).

Ganz anders Russland, mehrheitlich eher europäisch, von der Größe des Landes asiatisch. So vermischen sich, wie selten in einem anderen Land, der gut mehr als 300 Jahre lange Einfluss europäischer Zivilisation mit vielfältigen asiatischen Kulturen, von mongolisch bis islamisch, von christlich-orthodox bis buddhistisch. Abgesehen von dem kurzen Intermezzo nach 1917, war das Land immer autoritär regiert – kulturell wie historisch bedingt –, heute aber weder demokratisch noch autoritär, wenn auch Zweites überwiegen dürfte. Warum blieb dann (wie in China oder Japan), nach dem Zusammenbruch des kommunistischen Regimes 1990, die wirtschaftliche Dynamik aus? In Japan standen die USA der wirtschaftlichen Expansion zur Seite, und die hatten durchaus dabei ihre ökonomischen und militärischen Interessen. In China fehlte zwar die begleitende Assistenz, aber es wirkten fähige Persönlichkeiten (s.u.). Vielleicht vermisst Russland beides. Noch bestimmen in China fähige, aufgeschlossene, vor allem illusionäre charismatische Persönlichkeiten, offensichtlich auch im Sinne des Wohles der Nation, die dazu noch lang genug regieren (konnten), somit in der Lage waren nachhaltig mehr Wohlstand für die Bevölkerung zu generieren als demokratisch (oder semi-demokratisch) geführte Nationen. Der autoritäre Ansatz kommunistischer Regimes jedenfalls ist – als überwiegender Konsens – in seiner Ideologie zum Scheitern verurteilt gewesen, da die persönlichen Interessen der Nomenklatur alles andere als ideologiekonform waren (was übrigens nicht nur bei ihnen gilt), frönte man doch bevorzugt Motive persönlicher Bereicherung. Mangelhafte Infrastruktur, niederes Ausbildungsniveau, die Weite des Landes, fehlende finanzielle Mittel und Ressourcen, können es jedenfalls nicht sein die einen Aufschwung verhindern. Die fehlten z.B. China in weit höherem Maße.

2.4.3. Afrika

Obwohl Afrika, mit derzeit 53 eigenständigen Nationen, als die Wiege der Menschheit gilt – irgendwo so begonnen im Großraum des Viktoriasees, ausgebreitet in Jahrhunderten über Ägypten bis Mesopotamien und dann sowohl über Asien wie auch nach Europa – ist es, und nicht nur was die Regierungsformen betrifft, einer der rückständigsten Kontinente, wenn auch die ersten überlieferten und stabilen Regierungsformen sich genau hier, den uralten nordafrikanischen Kulturen bildeten. Über Jahrhunderte stabile Kulturen, wie die der ägyptischen oder mesopotamischen, haben sich – selbst noch in der Übergangszeit griechischer und römischer Herrschaft bis zum Islam – weitestgehend gehalten und offenbar immer auch die alten Kulturen integriert. Selbst bis in die Kolonialzeit hinein haben sich weit verstreute Stammeskulturen erhalten. Erst europäische wirtschaftliche Interessen – vorerst an Rohstoff- und im Sklavenhandel, dann zur Sicherung eigener Niederlassungen und damit verbreiteter Ausbeutung – lösten bei den europäischen Mächten militärische und politische Interventionen aus, zur Sicherung lukrativer außereuropäischer Gebiete, im Wettlauf der Kolonisierung um die letzten verbleibenden weißen Flecken der Welt. Rücksicht auf althergebrachte Verhaltens- und Stammeskulturen gab es auch dieses Mal keine. Im Gegenteil, zwei völlig verschiedene Welten, mit extrem konträren Kulturen, trafen aufeinander. Die unglaubliche Übermacht an militärischer Disziplin und Technologie, an Kapital und Wissen, ermöglichten wirtschaftliche Ausbeutung in kürzester Zeit, und in überwiegendem Falle bar jeglicher humanitärer und ökologischer Rücksicht.

Diese Herrschaft der damals Reichen und Übermächtigen, hat sich zwar so gegen Ende des 18. Jahrhunderts grundsätzlich gewandelt, zeigt sich heute nur in anderer Form. Die Einflüsse und Veränderungen waren vielfältig, zu fundamental und zu schnell, als dass sich lokale Kulturen an die neuen gesellschaftlichen Verhältnisse anpassen konnten. Sie bleiben bis heute dem Diktat westlicher Übermacht und ausländischer Investoren, insbesondere den egozentrischen und gewinnorientierten Machenschaften, schutzlos ausgeliefert. Langsam aber sicher lösen sich die uralten, über Generationen überlieferten Verhaltensweisen auf. Die Menschen verlieren die Orientierung, den familiären und Stammeszusammenhalt, die soziale Grundlage des Bestehens einer Gemeinschaft; insbesondere in rudimentären Kulturen, in einer bisher durch die Natur geprägten Gesellschaft. Überwältigt von den westlichen Technologien, in Kenntnis des Wohlstands der Welt, nimmt der Drang nach Konsum, nach Besitz, eben nach kapitalistischen Tugenden (sic!) zu. Die Motivationen haben sich rapide verändert. Nun sind dies die primären Triebfedern, die nun bewährte alte Gesellschaften auflösen und das Individuelle in den Vordergrund drängen. Besonders auf dem schwarzen Kontinent, nach kolonialer Ausbeutung und weitgehender

Auflösung der Stammesgesellschaften, stellen sich die Verhältnisse – verglichen mit der westlichen, aber auch der asiatischen Welt – ganz anders dar:

- Die (annähernd ad hoc´e) Konfrontation einfachster Jagd- und Bauerngemeinschaften mit modernsten Technologien und unglaublichem Konsumluxus weckten zwangsläufig Begehrlichkeiten, die, ergibt sich die Möglichkeit über Macht und Gewalt straflos Befriedigung zu erreichen, natürlich genützt werden; mit Brutalität und Gräueltaten, wie sie möglicherweise bei uns nur noch bis ins Mittelalter stattgefunden haben.
- Daraus heben sich wieder Potentaten hervor, wie schon immer in der Menschheitsgeschichte, die Position, Stärke und Einfluss weidlich zur persönlichen Bereicherung ausnutzen – eben ähnlich dem rudimentären Denken ihrer Stammesgemeinschaft –; insbesondere aber aus Macht- und Prestigebewusstsein, was wir verniedlichend als eben in diesen Ländern übliche, weit verbreitete und nicht auszumerzende Korruption abtun. Allerdings bleibt es eine Verhaltenseinstellung, die sich von selbst nur über viele Generationen, falls überhaupt – wie wir es aus unserer Geschichte kennen –, in verantwortliches Verhalten überführen lässt.
- Gewachsene Stammeskulturen sind nicht in der Lage den natur- und geisteswissenschaftlichen Rückstand, und dann über die gesamte Bevölkerung, in kurzer Zeit aufzuholen, ganz unabhängig von den dazu notwendigen gewaltigen Investitionen und bei stringenter professioneller Führung als Voraussetzung.
- Die ursprünglichen Kolonialmächte haben zwar ihren überregionalen Einfluss verloren, ihn dafür aber an weltweit agierende Konzerne und Finanzjongleure abgegeben. Und die gehen mit gleicher, nein, zwar nicht körperlich brutalerer, aber im Endeffekt noch desaströserer Philosophie konzentriert und systematisch vor, mit Einflüssen auf Menschen, Kulturen und Ökologie. Die maximale Rendite ist nachhaltiges Ziel. Die Heimatstaaten verhalten sich neutral oder unterstützen – aus selbst kapitalistisch geprägtem Verhalten. Sind deren Regierungen dazu noch besonders wirtschaftlich orientiert (wie z.B. die USA und jetzt auch China), wird auch politisch, gegebenenfalls militärisch massiv unterstützt.

Die Staatsführungen der alten Kolonialstaaten haben sich im Zuge der letzten Jahrhunderte immer stärker demokratisch legitimiert und der Einfluss eines nun gebildeteren und damit aufgeschlosseneren und toleranteren Publikums, bei wachsendem Wohlstand, drückt zunehmend das Gewissen im Angesicht des über die Medien verbreiteten Elends fast aller afrikanischer Staaten. Wohlmeinend bemüht man sich den uralten Kulturen demokratische (kapitalistische) Strukturen überzustülpen, was zwangsläufig im Widerspruch zu den über viele Generationen gereiften sozialen Verhaltensmustern stehen muss. Resultat: Nicht ein einziges dieser Länder war in der Lage annähernd ähnliche demokratische Muster einzuführen, geschweige denn zur Wirkung und intern zu genereller Anerkennung zu bringen. Demokratie wird hier selbst noch in Generationen nicht „gelebt" werden. Zumeist herrschen beide

Strukturen vor, die alten Stammesverhältnisse und die rudimentär demokratischen, wobei überwiegend die Ersteren das praktische Leben bestimmen. Unabhängig davon, dass die (vielleicht?) wohlmeinenden (und überheblichen) Ratschläge westlicher Borniertheit eben nur die eigene kulturelle und soziale Erfahrung widerspiegeln. Stellt sich doch selbst für die alten Demokratien die Frage nach der Qualität ihrer Systeme, stecken sie doch selbst noch in der Entwicklung, in einem dynamischen Prozess in Richtung eines vielleicht optimalen Systems.

Afrika zeigt allgemein daher wenige Tendenzen sich in Richtung Demokratie – so wie wir sie verstehen – zu entwickeln. Ob zum Nachteil, können wir heute nicht beurteilen, wenn auch die Entwicklung derzeitiger Autokratien alles andere als Hoffnung gibt. Sind diese Länder doch durchwegs Despoten mittelalterlichen Denkens ausgeliefert. Waren schon mal demokratische Ansätze zu erkennen, werden sie im Zuge von ein bis zwei Legislaturperioden schon wieder ad absurdum geführt. Allerdings wird Afrika – im Vergleich zur übrigen Welt – besondere Bedeutung einzuräumen sein. Es ist der Kontinent, der nach dem wirtschaftlichen und politischen Aufbruch großer Völker des letzten Jahrhunderts (Japan, China, Indien, Südamerika, Russland), weder wirtschaftlich noch politisch, schon gar nicht sozial Anschluss gefunden hat, bei dem Aufbruchsignale noch offen sind. Besonderen Stellenwert wird Afrika alleine schon wegen der Bevölkerungsentwicklung haben müssen, wird sie doch von heute von einer Milliarde auf mehr als drei Milliarden bis zum Ende des Jahrhunderts ansteigen. Und zwar alleine schon aus der Tatsache, dass die Bevölkerung in Ländern in denen die Menschen sehr arm sind, besonders schnell wächst. So kann das Land eine Bevölkerungsexplosion erleben, die selbst die heutigen großen Nationen, China und Indien, noch in den Schatten stellen kann. Sieht man dazu noch den Reichtum an Natur und Bodenschätzen, die noch offenen Weiten dieser 54 selbständigen Staaten, die besondere Lage am Äquator, aber insbesondere die katastrophalen politischen Verhältnisse und die vielen ungelösten kriegerischen Auseinandersetzungen sowie die schon heute dramatische Ernährungslücke, wird Afrika zwangsläufig zum Mittelpunkt des Weltgeschehens der nächsten Jahrzehnte werden (müssen).

Wir sehen schon, dass die Entwicklung demokratischer Strukturen ein Generationen dauernder Prozess ist, der – je nach außen- oder innenpolitischer oder wirtschaftlicher Veränderung – niemals ein kontinuierlicher, sondern ein vielfach unterbrochener, wenn nicht sogar reversibler Prozess ist, der erst nach über Jahrzehnte dauernder Reifung zu einer gewissen Kontinuität gelangen kann.

2.5. Der Wille des Souveräns

Als systeminhärentes Fundament der Demokratie gilt der Wille des Souveräns. Und Souverän ist, nach moderner Auffassung, jeder volljährige und mündige Bürger eines Staates, der in freier, gleicher und geheimer Wahl seinen Willen zur Führung und Gestaltung des Staates kundtun darf. Übersetzt und zur Wirkung kommt sein Wille über Institutionen, die ihrerseits im gesetzlichen Fundament des Staates, in der Verfassung, als eben Mehrheitswille des Souveräns, festgelegt sind. Alleine aus Praktikabilitätsgründen wird der Wille des Souveräns am politischen Geschehen über politische Parteien umgesetzt, die seines Erachtens seine Interessen am besten vertreten. Voraussetzung ist natürlich, dass der Einzelne fähig ist sich eine (eigene) Meinung und ein Urteil zu bilden. Soweit die theoretische und wünschenswerte Grundlage einer Demokratie.

Wie alle Wünsche und Ziele, einmal initiiert und in die Praxis umgesetzt, reifen und verändern sie sich im Zeithorizont. Und natürlich auch, wie wir schon mehrmals gesehen haben, die jeweils individuelle Demokratie in sich selbst auch, wünschenswerterweise im Sinne des Souveräns, in der Förderung demokratischer Grundlagen. Aber genau dem widerspricht die Praxis. Gehen wir offenen Sinnes durch die Welt und beobachten insbesondere politische Prozesse, bestätigt uns eine neuere Studie die erkennt: Nicht überall, wo Demokratie drauf steht, ist auch Demokratie drin. Der Studie zufolge hat sich zwar formal die Zahl der demokratischen Staaten weltweit erhöht, doch in der Praxis wandeln sich immer mehr zu heimlichen Autokratien. Eine wachsende Zahl von Staaten manipuliert Wahlen und wird autoritär regiert. So haben nur 23 der untersuchten Demokratien keine gravierenden Mängel. 41 Staaten werden als „defekte Demokratien" bezeichnet, zehn sogar als „stark defekte Demokratien".[13] Zwar nimmt die Zahl der Demokratien weltweit zu, doch gleichzeitig entwickeln sich immer mehr von ihnen zu heimlichen Autokratien. Und die Studie zeigt ferner, dass der Anteil, in denen freie Wahlen durchgeführt werden, noch wesentlich geringer ist.

So zeigen also zwei Jahrhunderte Aufbruch der Demokratie die Gefahr, dass der Scheitelpunkt ihrer Reife bereits überwunden ist. Der schleichende Trend zur Autokratie scheint ungebrochen. Und selbst bei dem Vorzeigebeispiel einer funktionierenden Demokratie wie z.B. Deutschland, erkennen wir Tendenzen, dass schon mal Regierungen versuchen Entscheidungen an den Kammern vorbei zu manövrieren – zwar durch äußere Ereignisse ausgelöst, aber auch interessensgesteuert verbrämt (Kriegsgefahr, Währungs- und Finanzkrisen); selbst für Entscheidungen, die nach jedermanns Verständnis so gravierenden Einfluss auf den Staat und seine

---

[13] Bertelsmann Studie in *Welt Online*. Viele Länder haben eine „defekte" Demokratie, 30. Oktober 2011.

Zukunft haben könnten, dass die Volksvertretungen sie grundsätzlich akzeptieren müssten. Es war schon eine glückliche Intuition der Gründungsväter der Verfassung der Bundesrepublik Deutschland, dass sie – so quasi als vierte Kraft – ein unabhängiges Verfassungsgericht installiert haben, dem es bisher gelungen ist das Grundgesetz relativ „sortenrein" abzusichern. Viele andere demokratische Systeme verfügen über kein die Verfassung sicherndes Korrektiv. Also bestehen die die Grundgesetze sichernden Kontrollen ebenfalls nicht; daher ist anzunehmen, dass eine über viele Jahrzehnte schleichende Beeinflussung der „Entscheidungsusancen" durch die Regierenden durchaus nicht verhindert werden kann, ganz im Gegenteil, stattfindet.

So schleicht sich eben über lange Zeiträume auch in den sogenannten Demokratien unbemerkt aber ständig ein „Regierungsverhalten" ein, dass demokratische Grundlagen, demokratische Mindeststandards (und auch die unterliegen einer Konsensentwicklung), sich langsam verwischen und eine Grauzone zur Autokratie geöffnet wird. Ähnliches haben wir auch schon mal in Deutschland erlebt, z.B. durch die Ermächtigungsgesetze, insbesondere jenes von 1933, mit dem gleich der Wechsel in die Diktatur vollzogen wurde. Dabei muss es gar nicht so offensichtlich sein, sondern die Prozesse – immer gefördert und getrieben durch Machtmenschen – finden durchaus über mehrere Legislaturperioden statt (Beispiele Russland, Thailand, Venezuela, u.a.). Viele Staaten die sich Demokratie nennen, erfüllen nicht mal demokratische Minimalkriterien. Und wie oft sind wir – dank internationaler Medien – konfrontiert mit Regierungsentscheidungen diverser Demokratien, bei denen die obersten Gremien wenig demokratisches Verständnis ausstrahlen.

Der Wille selbst, die zu einem bestimmten Zeitpunkt gerade wirkende Motivation eines (mächtigen) Entscheiders – wie er sich eben gerade jetzt zu diesem Zeitpunkt politisch orientieren will – hängt von vielfältigen individuellen und noch mehr externen Faktoren ab.[14] Ob die Entscheidung schlussendlich richtig ist, wird (ihm) die Zukunft zeigen, allerdings nicht mehr vergleichbar mit den Einflussgrößen des damaligen zeitlichen Umfelds. Er wird daher immer Abweichungen aus aktueller Sicht erfahren und auch seine ursprüngliche Entscheidung verändernd dazu interpretieren, für ihn „vernünftig" rationalisieren. Allerdings ist sein Wille tatsächlich nur für ihn objektiv, generell aber subjektiv. Er ist eben auch überwiegend fremdbestimmt (s. Kap. 6.3.). Und genau an diesem Punkt entscheidet sich die Frage demokratischer Reinheit, und noch tiefer, wo hört Demokratie auf und wo beginnt Totalitarismus?

---

[14] Neuberg A., *Elitäre Parasiten*, 2010.

3. Tendenzen „demokratischer" Formen

Neben totalitären und monarchischen Strukturen, herrschen dennoch weltweit, zumindest als solche gekennzeichnete „demokratische" Gesellschaftsformen vor. Und innerhalb dieser demokratischen, teilmonarchischen und quasi-demokratischen Formen finden wir – je nach historischem Hintergrund – unterschiedliche Ausprägungen, mit mehr oder weniger starkem Einbezug des Individuums in den staatlichen Entscheidungsprozess.

Dass eine Demokratie einerseits Resultat eines revolutionären Wandels ist und andererseits ein anhaltender, sich ständig verändernder Prozess, also kontinuierlichem Wandel unterliegt, haben wir diskutiert. Demokratien spiegeln zumeist nicht nur jahrhundertealte Kulturen wider, sondern sind auch durch vorherrschende Religionen (Kap. 4.5.3.), durch ethische Eigenheiten, aber auch durch den Zeitgeist oder gerade aktuell wirkende geistige Strömungen, also schwankenden Philosophien und Verhalten bestimmt. So bestehen in Ländern in denen der Islam vorherrscht, zwar auch Demokratiebestrebungen, allerdings zwangsläufig – aufgrund der Kultur und je nachdem wie stringent der Koran ausgelegt wird –, mit anderen Nuancierungen (zumindest rudimentär, ein struktureller Vergleich findet in der Masse ja selten statt). Jedenfalls wird eine Liberalität wie sie im Westen vorherrscht, vorerst nicht gefordert. Die Demokratie hat für den Islam eben einen anderen Inhalt, in den Anfangsphasen (wie im Westen gegen Ende des 19. Jahrhunderts) mit noch etwas blauäugiger, aber euphorischer Aufbruchstimmung.

Sind diese Prozesse dann in den Schwellenländern einmal initiiert, haben sich vielleicht auch stabilisiert und den Freiraum des Einzelnen erweitert, und so auch weitgehend Wohlstand generiert, treten zwangsläufig andere Interessen hervor. Der Mensch unterliegt eben einer Motivationshierarchie. Scheinen die primären Bedürfnisse allgemein und weitgehend gedeckt, treten Vorsorgeüberlegungen und die Frage nach der Selbstverwirklichung stärker hervor. Der Einzelne vergleicht sich mit dem Umfeld, die Nation mit den anderen Ländern. Kommerzielle Überlegungen beginnen die religiös-ideologischen zu überlagern (Kap. 4.5.3.). Nicht nur intern akzelerieren sich politische Streitigkeiten, sondern der Wandel in Richtung westlich kapitalistisch orientiertes Verhalten beginnt zu dominieren. Der weitere Wandel wird sich dann nach den jeweils internen Kräfteverhältnissen bestimmen; entweder als Rückschritt, mit wieder latenten Demokratiebestrebungen (vielleicht auch liberaler orientiert), mit durchaus auch totalitären Tendenzen, oder eben in Anlehnung an die dz. westlich demokratischen Prozesse. Und spätestens dann stehen sie vor der gleichen Frage wie wir sie hier stellen.

Beginnen wirtschaftlichen Determinanten vorzuherrschen (Kap. 4.5.2.), bestimmen Wohlstand und Erfolg des Einzelnen sein Verhalten primär. Es sind eben die treibenden Kräfte einer freien Wirtschaft (als Voraussetzung des Gedeihens eines Regierungssystems), die eben die finanziellen Ressourcen eines Staates gewährleisten. Erst dann ist der Staat in der Lage, seine von der Gesellschaft erwarteten Aufgaben zu erfüllen. Kommt er an die Grenzen der Finanzierbarkeit – sei es aus Gründen politischen oder unternehmerischen Unvermögens, überbordender Sozialleistungen, politischer Auseinandersetzungen, einseitiger Bevorzugung oder Korruption, u.a. –, stellt sich die Regierung selbst wieder, und mit ihr sogar die Regierungsform infrage. Nicht umsonst haben die Gründungsväter so mancher Verfassung den Regierenden „den Wohlstand zu mehren" als Grundgesetz in die Bücher geschrieben. Übersehen haben sie möglicherweise – oder vielleicht als Selbstverständlichkeit vorausgesetzt –, dass, wie der Familienvater versucht mittelfristig die Existenz seiner Familie zu sichern, der Unternehmer langfristig seine Aktivitäten und Investitionen strategisch ausrichtet, ein Staat noch viel längerer Planung, einer außerordentlichen strategischen Umsicht bedarf. Und zwar konträr der üblichen, überaus hektischen Ad-hoc-Politik eines nur Reagierens auf nationale und wirtschaftliche Prozesse (s.u.). Zwar wirkt nach wie vor Adam Smiths „unsichtbare Hand", und zwar heute als klassischer, neoklassischer, liberaler oder neoliberal kapitalistischer Ansatz, und der ist mehr als 200 Jahre alt, aber genauso verlangte er die moralisch ordnende Hand des Staates, als Gesellschaftstheorie der „civil society", was vielfach übersehen wird. Eben eine strategische Ausrichtung, trotz aller international und chaotisch erscheinender Interdependenzen, die dennoch nachhaltig bestimmten Regeln unterliegen – aber die erfordern Weitsicht, eben Nachhaltigkeit.

3.1. Organisatorischer Wildwuchs

Eine moderne Gesellschaft ist durch organisierte Komplexität gekennzeichnet, als Ergebnis vielfältiger Wechselwirkungen.[15] Eine Komplexität, die auch voll auf Staatssysteme, auf die Entscheidungen der Politik durchschlägt. Sind dazu noch – wie in aller Regel – die strategischen Rahmenbedingungen nicht bekannt, zumindest in den wesentlichen, sich gegenseitig beeinflussenden Ansätzen, ist eben keine strategische Planung vorhanden, vervielfachen sich Abweichungen aus Entscheidungen zwangsläufig gegen exponentiell. Zwar verhindert auch eine strategische Planung nicht Abweichungen, sie schränken sie aber jedenfalls ein und verhindert insbesondere unzählige Schlachten für Detailfragen, die fast ausschließlich populistisch hochgezogen und alles andere als in ein Gesamtkonzept eingebunden sein können. So wird nicht nur viel Zeit und Geld verloren, selbst das Potenzial der Ausgangsbedingungen (z.B. für die strategische Ausrichtung) wird komplett, und zwar unbemerkt, ausgehebelt, völlig neue Voraussetzungen werden geschaffen – besonders aus der Komplexität der niemals endgültig absehbaren Nebenwirkungen wie auch in ihrer zeitlichen Reichweite. Es ist eben ein chaotisches System. Dies schlägt sich nieder in allen Fachrichtungen der Staatsführung: In der Komplexität der Gesetze und Verordnungen, aber auch in den Gewohnheiten, Verhalten und Usancen. Zunehmend bildet sich Widersprüchliches, und das erfordert dann kontinuierlich Korrekturen.

Demokratien scheinen so, je länger sie bestehen, stärker diesen wuchernden Prozessen ausgesetzt zu sein als autoritäre Systeme, in denen ja – per definitionem – wenige politisch entscheiden, daher zwangsläufig auch die Komplexität nicht so ausgeprägt ist. In demokratischen Prozessen hingegen akzelerieren sich diese Prozesse im Zeithorizont unbestimmt, sind vielfach nicht mehr umkehrbar.

Bürokratisches Denken und Verhalten ist ein Virus der seit Jahrzehnten die Nationen infiziert. Herrscher in Staaten wie auch in den Demokratien, benötigen immer einen loyalen und treu ergebenen administrativen Apparat, der konsequent bis in den letzten Winkel – eben als Verwaltung – den Willen des Gesetzgebers durchsetzt. Das Dilemma reifer Demokratien ist, dass die Möglichkeit strategisch nachhaltig (und konsensgetragen) zu regieren, nur beschränkt, nein, nicht vorhanden ist (s.u.) und damit auch eine demokratieinhärente Umverteilungspolitik zwangsläufig nur in prosperierenden Zeiten (eventuell noch einige Perioden danach, bis zur Überschuldensgrenze) funktionieren kann. Im demokratischen Prozess, zumeist in Legislaturperioden von vier bis sechs Jahren, ist die Handlungsfähigkeit des Staates alleine schon dadurch eingeschränkt.

---

[15] Neuberg A., *Elitäre Parasiten*, 2010. In Anlehnung an Maynatz, Renate, *Fluch der Komplexität,* in: Handelsblatt, 10. September 2006.

3.2. Gemeinsamkeiten und Trends?

In den hochindustrialisierten Staaten Westeuropas und Nordamerikas messen wir eine wachsende Staatsquote, des Staatsanteils am Bruttoinlandsprodukt (seit den Sechzigerjahren mit annähernd einer Verdoppelung in den westeuropäischen Staaten). Die zunehmende Gegenreaktion aus dem Publikum, der Versuch sich aus der starren und immer höheren Abgabenquote zu befreien (trotz allen Solidaritätsverhaltens, das umgekehrt zur steigenden Quote abnimmt), lassen stagnierende Wachstumsraten vermuten; wenngleich der Trend nach oben durchaus ungebrochen bleiben kann. Die Staaten bemühen sich zwar redlich, aber wie die langjährige Praxis zeigt wenig erfolgreich, Kosten zu sparen, zu rationalisieren. Was bleibt, sind seitliche Verschiebungen. Bisherige staatliche Aufgaben und Serviceleistungen werden zunehmend privatisiert, d.h., nicht die Effizienz per se wird verbessert, sondern Leistungen an eigenständige Gesellschaften und Institutionen ausgelagert oder eben an untergeordnete politische Organisationen weitergegeben (Länder, Kommunen). Mit dem paradoxen Effekt, dass der gesamte Aufwand für den Bürger – allerdings nun unter anderem Titel – steigt, auch wenn die ausgelagerte Leistung möglicherweise nun einem Wettbewerb unterliegt (wobei die volkswirtschaftliche Wirksamkeit sowieso zu bezweifeln wäre – der Einfluss des Staates bleibt doch). Und als weiteres Paradoxon, gehen diese „Beiträge" nun als Leistungen der Bürger in das BIP, als volkswirtschaftlicher Beitrag ein und zählt damit als „Wachstum"; dabei sind es doch nur zusätzliche Umlagen und Verwaltungsgebühren, Beiträge an halbstaatliche Institutionen, verdeckte Subventionen für Energie und Gesundheit, für Alten- und Pflegeheime, Beiträge für kommunale Aufgaben und anderes mehr. Verschleiern so die tatsächlichen Transferkosten, die Subventionen, aber auch Kosten der bürokratischen Abläufe des Staates, und beeinflussen immer stärker selbst des Staates internationale Wettbewerbsfähigkeit, bzw. die Wettbewerbsfähigkeit seiner Privatwirtschaft.

So resultiert aus dem wachsenden „Leistungs"-Anteil des Staates, eine mit der steigenden Staatsquote zunehmende Regulierung über Gesetze, Verordnungen und Anweisungen; zunehmend kontraproduktiv, als ein der allgemeinen Wirtschaftsleistung gegenläufiger Trend. Mit der Gefahr, so ganz nebenbei die individuelle Freiheit des Einzelnen und der Unternehmen, nämlich der tatsächlichen Leistungsträger, zu beeinträchtigen (damit auch des Staates eigene). Lässt doch – zu den wachsenden Kosten – in fast allen Gebieten des Staates die Effizienz nach: In der Bildung, bei der Gesundheit, den Sozialaufwendungen, der Verwaltung, der Sicherheit, der Energieversorgung, der Infrastruktur, der Verteidigung, etc. Fast lässt sich populistisch folgern: Je fetter der Staat, desto weniger Freiheit bleibt für den Einzelnen, bei jedoch mehr Steuern und erweiterten finanziellen Lasten. Vergeht doch keine Legislaturperiode, ohne dass nicht neue Belastungen auf die Bevölkerung, was zwangsläufig nur über „Masse" zu generieren ist, überwälzt werden.

Bei Unternehmen ist die Hauptursache wirtschaftlichen Niedergangs einerseits die mangelnde Anpassungsfähigkeit an Marktveränderungen, andererseits die fehlende und kontinuierliche Leistungsverbesserung innerhalb des Hauses. Und noch tiefergehend, eigentlich eine mangelhafte Transparenz interner Kostenstrukturen und Sensibilität für Veränderungen in den Märkten. Gleiches gilt für den Staat. Wäre – sowohl für den Staat wie insbesondere für seine Bürger – die Transparenz der Kosten und Kostentransfers sowohl den Verantwortlichen wie auch Bürgern schmerzvoll bewusst – wie eben persönliche Ausgaben –, würde, innerhalb dieser wuchernden Wohlfahrtstaaten, mehr Verständnis für Aufwand und Kosten, mehr Verantwortungsbewusstsein geweckt werden, sich jedenfalls – wenn vielleicht auch nur marginal, aber schon dies wäre sehr viel – eine Verhaltensänderung einstellen; von „Alles ist gratis" und ständig neuer Ansprüche, zu einer bewussteren Einstellung der Anforderungen an den Staat. Schuld für dieses Fehlverhalten sind aber beide Seiten. Allerdings, der Einzelne optimiert sich selbst. Nur beim Staat, seinen Politikern und Beamten, fehlt dieses Bewusstsein einer (persönlich gefühlten) Verantwortlichkeit.

Realistisch müssen wir erkennen, dieses Leiden geht schon Jahrhunderte zurück. Nämlich seit sich die feudalen Staaten disziplinierte, hierarchisch organisierte Verwaltungen zur systematischen Erhebung von Steuern, zur Finanzierung von Kriegen und ihrer eigenen Bedürfnisse, eine loyale Bürokratie leisten mussten; Loyalität, gesichert über besondere Privilegien und lebenslange Versorgung. Allerdings war der Umfang der Verwaltung, verglichen mit der heutigen, vernachlässigbar. Grenzen setzt aber nun – wie in den meisten Staaten spürbar – die volkswirtschaftliche Gesamtleistung und der internationale Wettbewerb. Pendelt heute die Staatsquote der westeuropäischen Staaten um die 50 %-Hürde, wird die organisatorisch bedingte Wucherung der Verwaltung (Kap. 6.1.) sich über vielfältige Facetten – unter anderen Titeln – weiterhin abspalten, die Gesamtleistung der Privatwirtschaft nachhaltig belasten, ihre Wettbewerbsfähigkeit beeinträchtigen, damit dem Staat als Ganzen schaden. An eine Stabilisierung, geschweige denn Reduzierung der Steuerlast ist nicht zu denken, da in reifen Demokratien sich die grundsätzlichen Zusammenhänge eher verwischen als klären und bereits, mit wachsendem Gemeinsamkeitssinn, Parteien sich schon mal grundsätzlich gegen Steuersenkungen aussprechen, was inhärent Erhöhung bedeutet, jedenfalls nicht Belastungsreduzierung. So versorgt der Souverän zunehmend die Politik, die Verwaltung. Öffentliche Verwaltungen tendieren zu einer Eigendynamik.

3.3. Effizienzen demokratischer Formen?

Eine Staatsform ist annahmegemäß stabil, wenn die Masse ihrer Bürger (was nichts mit Mehrheitsverhältnissen zu tun hat) im Grundsatz – d.h. nachhaltig, über längere Zeiträume – den Saldo zwischen individuell empfunden positiven und negativen Einflüssen, sowohl aus Regierung wie öffentlicher Strukturen, positiv sieht, ihren Arbeiten also zustimmt. Eine zwar äußerst weiche Definition, dennoch ist staatliche Leistung schlussendlich doch eine summarische, d.h. durchaus im Zeitverlauf mit Schwankungen – eine also auch theoretisch messbare Gesamteinstellung der Bürger, ein Resultat atomistischer Akzeptanzen und Ablehnungen. Und auch praktikabel – nach allgemeinem Empfinden.

Offen bleibt vielleicht noch der Begriff „Einstellungen".[16] Zusammengefasst (nach den herrschenden Motivationstheorien) kann man vereinfacht davon ausgehen, dass – nach einer Bedürfnishierarchie – das nächsthöhere Bedürfnis für den Einzelnen primär vorherrscht, wenn das vorhergehende (nehmen wir an die Grundbedürfnisse Nahrung, Bekleidung, Wohnung, Sicherheit) weitgehend abgedeckt scheinen. Praktisch haben wir diesen Zustand in Westeuropa schon seit Jahrzehnten erreicht – dank fast lückenloser und flächendeckender Sozialgesetzgebung. Da aber nun mal die höheren Bedürfnisse, die der „Selbstverwirklichung", ausschließlich individuell gelten, ist zwangsläufig auch ihre Bandbreite, die Streuung, wesentlich größer, als wenn nur Basisbedürfnisse abzudecken wären. Somit ergeben sich vielfältige Einstellungen, Wünsche und Aktionen, die dank ihrer Vielfältigkeit auch politisch schwer unter einen Hut zu bringen sind – insbesondere in einer (saturierten) Demokratie. Wie wir gesehen haben, prägt darüber hinaus der gesellschaftliche Trend (heute unser mehr egoistisches, kapitalistisches Denken) ganz wesentlich das Gesamtverhalten; d.h. der Wunsch, besser die Gier, mehr zu besitzen, Vermögen anzuhäufen (s.u.). Und so mündet die Beurteilung der Effizienz der eigenen Staatsform in die Wahrscheinlichkeit, inwieweit die staatlichen Strukturen in der Lage sind, individuell das Einkommen zu mehren. Diese Einstellung, der Motor, tritt erst dann wieder in den Hintergrund, wenn die Basisbedürfnisse (nehmen wir an Sicherheit oder Versorgung) durch die allgemeine wirtschaftliche und rechtliche Entwicklung infrage gestellt werden.

Wir sehen schon, eigentlich ziehen die klassischen Bedürfnisse keine der beiden Staatsformen vor – sie wären regierungsformneutral. Ihnen fehlen allerdings die allgemeinen, mit der Demokratie assoziierten Grundwerte: Freiheit, Gleichheit, Gerechtigkeit. Oder wären sie der „Selbstverwirklichung" zuzuordnen? Was aber auch nicht weiterhilft, da ja gerade – wie wir es weltweit immer wieder erleben – der

---

[16] Vgl. einschlägige Literatur, u.a. Neuberg A.

Mangel bei der Sicherung der Existenzgrundlagen (in den Schwellenländern), nämlich eine ausreichende Basisversorgung, die Massen ja gerade nach diesen Grundwerten Freiheit und Gleichheit schreien lässt. Oder ist der Auslöser tatsächlich eben nur der Vergleich des Wohlstands mit anderen Ländern (also auch nur Geld, Besitz, Vermögen)? Vermutlich unterstellen in einer Mangelwirtschaft die Massen die demokratischen Grundwerte als *die* Voraussetzungen Wohnstand zu generieren, eben die Freiheit der Person, die Gleichheit mit anderen, eingebettet in ein gerechtes Umfeld. Und um gerade dadurch Möglichkeiten zu erhalten, zumindest die Grundbedürfnisse eigenständig abdecken zu können. Sind allerdings diese Grundbedürfnisse einmal befriedigt, wirken übergeordnete individuelle Bedürfnis nach mehr. Eben als *das* Problem saturierter Gesellschaften, die doch so undeutliche, nicht fassbare, aber dennoch angestrebte „Selbstverwirklichung" des Individuums .

Daraus folgt, dass nach dem gesellschaftlichen Denken (mit Beginn der Aufklärung) eben nicht die gesicherte wirtschaftliche Existenz, Einkommen und Ertrag, die Effizienz eines Staatssystems primär bestimmen, sondern doch die Wirksamkeit demokratischer Grundwerte. Und genauso wird das System selbst (demokratisch oder autoritär) wieder infrage gestellt, sofern der Staat die Basisbedürfnisse nicht nachhaltig sichern oder bereitstellen kann. Staatsform und Existenzsicherung bedingen sich also gegenseitig, jedoch die Sicherung der Existenz mit Priorität.

Was die demokratischen Grundwerte betrifft, gibt es immer wieder interessante Untersuchungen. Schlussendlich zeigen sie jedoch, wie bereits erwähnt (und unten noch zu vertiefen sein wird), dass keiner dieser drei Werte in reiner Form vorherrschen kann, und eingeschränkt alle drei in Summe auch nur in einem kleinen Teil aller Staaten; und wenn, dann nur in einem sich gegenseitig beeinflussenden Rahmen. Sind sie doch unbestritten Grundlage einer möglichst weitestgehenden Entfaltung menschlicher Fähigkeiten. Hängt doch ihr Einfluss, ihre Wirksamkeit, von grundsätzlichen Prämissen staatlicher Rahmenbedingungen ab. Z.B.:

Sicherheit: Die ständige Bereitschaft die Sicherheit der Bürger durch militärisches Potenzial gegen extern – durchaus ergänzt durch Abkommen mit anderen Ländern – und durch die Polizei intern zu gewährleisten. Die Betonung liegt auf „ständig", ergänzt mit „strategisch". Lange Zeiten des Wohlstands wie wir sie in Westeuropa erlebten, vernachlässigen die Wachsamkeit, bergen die Gefahr, zugunsten anderer hautnah empfundener Bedürfnisse militärische Sicherheit zu vernachlässigen. Die Vernachlässigung der internen Sicherheit ist weniger problematisch, da diese Mängel die Bürger hautnah erleben, dementsprechend, und mit ihnen die Politik konform reagiert.

Finanzpolitik: Als Grundlage heutiger Wirtschafts- und damit auch Gesellschaftspolitik. Seit Geld die Tauschwirtschaft weitgehend ersetzt hat, war es im Interesse des

Staates, Stabilität und Beziehungen über straffe Geldwirtschaft – in den letzten Jahrhunderten über mehr oder weniger politisch unabhängige Nationalbanken – zu sichern. Erst mit dem Aufkommen des Zinses – eine doch über lange Zeiträume religiös fundierte Verteufelung der Vergütung für die Verleihung von Werten – konnten sich die enormen Vermögensthesaurierungen, und daraus erst kapitalistisches Verhalten entwickeln. Ist Vermögen beim Einzelnen vorhanden, besteht, je nach seiner Intuition und Fähigkeit, die Möglichkeit Vermögen über Zins und Zinseszins zu mehren. Wobei für die Masse derjenigen, die nur ihre Arbeitsleistung verkaufen können, eine Kapitalanhäufung nur dann gegeben ist, wenn entweder über glückliche wirtschaftsbezogene Umstände oder eisernen Sparwillen die Anhäufung von Überschüssigem gelingt, was sich allerdings – wie die Praxis zeigt – für die überwiegende Masse ausschließt. So ermöglicht damit auch der „Zins", als Transmissionsriemen wirtschaftlicher Expansion, noch verstärkt durch rationales Denken seit der Aufklärung, die explosive Entfaltung des heutigen Lebensstandards.

So war bis vor wenigen Jahrzehnten finanzpolitisch gesehen die Welt noch in Ordnung. Und zwar so lange, solange die Nationalstaaten über ihre Zentralbanken in der Lage waren ein relativ ausgewogenes Verhältnis von real geschöpften Werten zu der von ihnen gesteuerten Geldmenge einzuhalten und diese imaginäre Scheinwelt, das Geld, in Relation zur Leistung der Nation, in stabilem Verhältnis zu halten. Nun weichten sich jedoch, im Zuge der sich globalisierenden Prozesse, die Regularien auf. Mit immer neuen Risiken, als eine Fehlentwicklung der weltweit agierenden Finanzinstitute, die genau deswegen nationale Alleingänge, bei den nun doch alle Lebensbereiche tangierenden internationalen Vernetzungen, zunehmend ausschließen (mehr Kap.6.5).

So bestimmen nun nicht nur – wie im letzten Jahrhunderten – die Notenbanken traditionell die Liquidität ihres Landes (über Geldmenge, Zinssatz und Finanzierungsangebote an die Banken) und beeinflussen somit lokales Wachstum, sondern auch eine große Zahl international operierender Banken und Finanzinstitutionen, die – weitgehend unkontrolliert – in der Lage sind über „kreative" Finanzinstrumente Liquidität, unabhängig von den nationalen Notenbanken, zu schaffen. Die Nationen verlieren ihr genuines, mit ihrer Währung verbundenes, von privaten Interessen weitgehend unabhängiges Steuerungsinstrument, nämlich die Anpassung des Geldvolumens an die Leistung der eigenen Realwirtschaft. Plötzlich, schleichend und unabsehbar, öffnen sich so Ventile, die das Vertrauen in das eigene Währungssystem schädigen und zwangsläufig hektische Transfers – von Aktien über Anleihen, von Derivaten zu Währungen, etc. – auslösen, die sich irgendwann wieder – dann aber chaotisch – auflösen müssen.

Leistungsmessung/BIP: Volkswirtschaftliche Entscheidungen beruhen weitgehend auf Fakten (hoffen wir jedenfalls). Haben auch Erhebungen und Statistiken ihre gravierenden Mängel, so schränken sie doch die Bandbreite des tatsächlichen Geschehens soweit ein, dass sie als Gesprächs-, als Entscheidungsgrundlage herangezogen werden können. Für volkswirtschaftliche Vergleiche helfen die Werte des BIP bisher noch, so sehr die Grundlagen auch in die Jahre gekommen sind und die Datenerhebung von Land zu Land variiert. Viele Versuche weitere Werte mit einzubeziehen, z.B. Bewertung ökologischer Prozesse, Glück, ethischer Faktoren, nachhaltiger Wohlfahrt, u.a., fanden bis dato weder Praktikabilität noch Konsens, werden sich aber weiterentwickeln. Sie beeinflussen jedoch unsere Thematik hier nicht grundsätzlich, alleine bisherige Basisdaten, das BIP, die Staatsquoten, Tendenzen, soziale Entwicklungen, u.a., genügen weitgehend zur nachhaltigen Steuerung (mehr Kap.5.3.3.).

Leistungsentwicklung: Historische Erfahrungen über wirtschaftlich nachhaltige Trends längerer Zeiträume in demokratischen Systemen wären subjektiv, daher nicht aussagekräftig, hätten wir doch einerseits das Problem objektiver Messbarkeit und andererseits wäre doch von intuitiv angenommenen (wiederum subjektiven) Lebenszyklen auszugehen; sofern kriegerische oder revolutionäre Prozesse sie nicht sowieso abkürzen. Da (aus gesellschaftlich aktueller Sicht) demokratische Prozesse maximal in den letzten beiden Jahrhunderten, und realistischerweise erst in den letzten 60 Jahren, aussagekräftig genug sind, müsste man für eine Vergleichbarkeit nachhaltiger Demokratien so an die 500 bis mehr als 2.000 Jahre zurückgehen, was kaum nützt. Einzig die USA wären ein lohnendes Objekt. Zweifel kommen allerdings auf, ob nicht ein autoritäres System ähnliche Wirtschaftsleistung entfaltet hätte – vergleichen wir doch nur mal die aktuelle Entwicklung in China. Also, statistische Vergleiche der Leistungsfähigkeit der beiden Hauptsysteme, der Demokratie und der Autokratie, sind in sich problematisch (ziehen wir doch intuitiv demokratische vor). Und alleine schon aus der Komplexität der Einflussfaktoren, der Frage nach der Messbarkeit und (besonders) der inhärenten Werte – weil schlussendlich ein (exakt) gleiches Objekt nicht gegenüberstehen kann –, schließt sich ein Leistungs-, ein Erfolgsvergleich von Systemen (dz.) aus.

Ganz unabhängig davon bleibt uns die subjektive Beurteilung der doch gravierenden Veränderungen ab der zweiten Hälfte der Aufklärung. Von dramatischen, flächenhaft sich infizierenden politischen Umbrüchen in Richtung Demokratie, als neues Kapitel der Menschheitsgeschichte, mit Einfluss auch auf totalitäre Systeme. Sie wirkten jedenfalls für ihre Bürger, für ihre Sicherheit, ihren Lebensstandard und ihre Lebenserwartung, überaus erfolgreich. Gravierend jedoch war der Einfluss auf das soziologische Verhalten, auf das Miteinander in einer zunehmend dichter bevölkerten und „kleiner" werdenden Welt, mit den vielen verheerenden Auseinandersetzungen. Und selbst hier bleiben Zweifel, ob die positiven Veränderungen tatsächlich demokratischem Verhalten zuzuordnen wären. Und selbst negative, wie der Zweite Weltkrieg, wurden schlussendlich doch durch ursprünglich „demokratisches

Fehlverhalten" ausgelöst. Dennoch dürfen wir vermuten, dass die demokratischen Grundlagen Emotionen und Motivationen, menschliche Kräfte freisetzen (wie wir es gerade aktuell im Nahen Osten auf breiter Front erfahren). Auch sie könnten wieder in dynamische Wirtschaftsentwicklung und Wachstum münden, in weiterer Folge Arbeitslosigkeit reduzieren und den Wohlstand einer Nation fördern. Ähnliche Beispiele sehen wir in den letzten Jahrzehnten in den Schwellenländern die mit Erfolgszahlen glänzen, ungeahnte menschliche Kräfte freisetzten und zunehmend die Weltwirtschaft beeinflussen.

Nachhaltigkeit demokratischer Systeme: In den Siebzigerjahren erlitten die Industriestaaten (vorab durchwegs die Demokratien) die ersten wirtschaftlichen Einbrüche – ausgelöst durch Oligopole (Ölpreisschocks) sowie durch neue aufstrebende Industrienationen und Produkttransfers nach Fernost, bei – seit dieser Zeit – nun langsam sinkenden Wachstumsraten und steigender Arbeitslosigkeit. Die zunehmende Globalisierung der Welt veränderte, als hautnahe und neue Erfahrung, die Wettbewerbsverhältnisse der Nationen untereinander rapider, als es früher je der Fall war. Und es folgen immer neue wirtschaftlich erfolgreiche Länder, und erstaunlicherweise in Schüben von um die 20/30 Jahre. Noch bestimmen Anpassungsgeschwindigkeit und Internationalisierung der Unternehmen der alten Industrienationen das weitere, wenn auch gebremste Wachstum der wohlhabenden Nationen, und damit zunehmend die national-interne Wohlfahrt gesamt. Unterstützt wird jedes Wachstum, jeder Handel, durch die sich gewandelten Finanzinstitute, die mit wachsendem Freiraum und Innovationsgeist (wie erwähnt), durch flexible Kreierung geldersetzender Instrumente, den monetären Gestaltungsraum der Staaten aufweichen.

Der auch gefühlt wachsende Wohlstand in den 30/40er Jahren nach dem Zweiten Weltkrieg, hatte natürlich Einfluss auf die Einstellungen und das Verhalten der westlichen Bevölkerung. Die Zeit der Mangelwirtschaft ist schon lange vergessen. Wohlstand und Konsum beherrschen das Verhalten, schlagen sich nieder im politischen Denken. Über die demokratischen Fundamente „eine Person, eine Stimme", d.h. den gleichberechtigten politischen Einfluss, zementierten sich politische Parteien über mehrere Wahlperioden – es bildete sich eine eigene Politikerkaste, der Berufspolitiker. Aus durchaus menschlich verständlichem Eigeninteresse und parteiintern gleichgesinntem Verhalten (s.u.), sichert man sich ein Mandat mit nachhaltigen Wohltaten – jedoch allgemein negativ budgetärer Wirkung auf Jahrzehnte (Gesundheitswesen, Renten, Pflege-, Arbeitslosenversicherung, etc.). Alles angehäufte langfristige Verpflichtungen, die bereits in absehbarer Zeit jede Planung ad absurdum führen müssen (mehr Kap.6.7.). Nur selten dringen in die Öffentlichkeit die tatsächlichen langfristigen Belastungen, Resultate unzähliger Einfluss- und Interessensgruppen.

Nun ist dies zwar bekannt, dennoch sind echte Korrekturen nicht umzusetzen. Demokratische Prozesse haben hier ein systembedingtes und über längere Zeiträume gravierendes Manko – sie erstarren in der Komplexität. Es erfordert eben nachhaltig langfristige Gestaltung – ähnlich wie bei großen Unternehmen –, nur sind die Zeiträume für Staaten wesentlich länger. Aufstieg und Fall von Nationen zählen sich in Generationen. In der Praxis werden die demokratischen Prozesse hingegen vom aktuellen Tagesgeschehen und den dahinter liegenden Interessensgruppen bestimmt, übersetzt über die politischen Parteien. Folgewirkungen sind oft genug kontraproduktiv und überschneiden sich mit anderen Prozessen, deren Anpassungen und Korrekturen nur über lange Zeiträume und dementsprechende Auseinandersetzungen möglich sind, als ein offensichtlich unüberwindliches Paradoxon: Wirken doch demokratische Prozesse positiv für die Bevölkerung in den Entwicklungsphasen von Demokratien, jedoch hemmend in gereifter Wohlstandsgesellschaft durch ständig neu indizierte, durchgehend interessenslastige Gesetze und Ausgaben, mit Belastungen auf Jahrzehnte, und schlussendlich dubiosen Resultaten (s.u.).

So zeigt die Geschichte, dass der Lebenszyklus, wenn auch nachhaltiger Staaten, bis zu ihrem Vergehen in Dekaden, in Einzelfällen bis zu einigen Jahrhunderten zu zählen ist, sie jedoch nie entgültig bestehen bleiben. Aber dazu später.

Einkommensverteilung und Soziales: Die zunehmende Spaltung der Einkommensentwicklung in den demokratischen Staaten, drängte in den letzten Jahren verstärkt in den Brennpunkt politischen Interesses. Fast unbemerkt wird der Einkommensabstand seit gut einem Jahrzehnt in den westeuropäischen Staaten immer größer (in den USA vergrößerte er sich schon länger). In der größten europäischen Volkswirtschaft, in Deutschland, nahm der Anteil der sogenannten „Geringfügig Beschäftigten" rapide zu (Dez. 2010 rd. 7,3 Mio.[17], mit steigendem Charakter) und der Teil der Vollbeschäftigten (Dez. 2010 rd. 28,0 Mio.) die mit ihren Arbeitseinkommen selbst ihre Existenz nicht bestreiten können, also Zuschüsse vom Staat benötigen, nimmt ebenfalls überproportional zu – als eine politische Belastung der Wettbewerbsfähigkeit des Staates. Schlussendlich aber eine Entwicklung, die nachhaltig den ursprünglichen Abstand zu den sogenannten Schwellenländern weiterhin verringern wird (als ein nicht gering zu schätzendes Kriterium für die arbeitende Bevölkerung der Hochlohnländer, mit all den sozialen und politischen Folgen für die nächsten Jahrzehnte).

Es ist ein Resultat weitgehend „befreiter", international unkontrollierbarer Finanzströme (eigentlich den dahinter stehenden Vermögen und ihren Nutznießern aus der Spekulationsszene) wie es sich zwangsläufig ökonomisch logisch ergeben musste. Neben der Finanzierung der durchaus wünschenswerten Ausweitung des

---

[17] Bundesagentur für Arbeit, Deutschland.

internationalen Handels (zum Nutzen aller) ist jedoch – durch die fast sekundengenaue Umsetzung von geschätzten wirtschaftlichen Trends über finanzpolitische Instrumente – jeder zumeist viele Jahre benötigte Anpassungsprozess betroffener Länder zum Scheitern verurteilt und verstärkt so den Abstand zwischen Arm und Reich – als Resultat ungeregelter renditeorientierter Nutzung einer maximalen Verzinsung des eingesetzten Kapitals, bei möglichst geringem Risiko. Damit verringert sich aber auch der finanzielle Freiraum der Massen, jener, die nur ihren Arbeitseinsatz vermarkten und allgemein nur eine bescheidene Existenz sichern können. Ihr Einkommen unterliegt eben der aktuellen internationalen Vergleichbarkeit, mit folglich auch fallender Einkommenstendenz für die Beschäftigten der Industriestaaten (als Ware!, siehe unten Marx).

So ist nicht abzustreiten, dass der finanzielle Spielraum für die breite Masse der Bevölkerung sich weiterhin einengen wird. Das (in Summe) real fallende, für die Lebenshaltungskosten notwendig verfügbare Einkommen, wird durch Mieten (Zinsen), öffentliche Abgaben und Steuern, steigende Kosten für Nahrungsmittel und Energie, immer mehr eingeschränkt, die Vorsorge fürs Alter und die Gesundheit wird vernachlässigt. Für die Massen der Gesellschaft gleicht sich so ihr Einkommen an internationale Maßstäben an und verstärkt – zusätzlich belastend über Jahrzehnte – die dem Staat aufgebürdeten, langfristigen Verpflichtungen. Der weltweite Handel soll zwar aus Innovationsüberlegungen nicht behindert werden, dennoch benötigt jeder Staat, mit seinen Akteuren, die zeitliche Möglichkeit politisch und wirtschaftlich – durchaus egozentrisch – reagieren zu können. Fehlt hier die politische professionelle Konsequenz, fördert es eben die Kritik an der Demokratie (und das noch ganz unabhängig von den Folgewirkungen, s.u.).

Wirtschaftspolitik: Wie schon immer in der Geschichte der Menschheit, führen gravierende Diskrepanzen (Freiheit, Gerechtigkeit, Wohlstand, etc.) zwischen Bevölkerungsgruppen eines Staates zu Auseinandersetzungen, bis hin zu Umbrüchen. Der gut geführte Staat (ausreichende Datentransparenz ist allemal vorhanden) reagiert rechtzeitig. Allerdings ist der Handlungsspielraum durch die systeminhärenten Prozesse der Demokratie eingeschränkt. Dennoch wäre abzuleiten, dass in Zeiten von Wettbewerbsverzerrungen, von nachlassender Wirtschaftsleistung, bei zwangsläufig unter Druck kommendem Lebensstandard, selbst demokratische Prozesse Kräfte so lange gebündelt freisetzen müssten (und auch können), bis im überregional wirtschaftlichen Vergleich die Nation sich ihre Wettbewerbsfähigkeit wieder zurückgewonnen hat. Und selbst dann werden sich innerhalb des Staates Verschiebungen der vielfältigen Leistungskomponenten und des monetären Erfolgs aufgrund mikroökonomisch unterschiedlicher Entwicklung, u.a. durch die demokratisch gewollten Verteilungsmechanismen, ergeben.

Diese Umverteilung ist wiederum nur so lange wirksam (und sinnvoll), solange das Niveau der gesamten Leistungsfähigkeit der Wirtschaft im internationalen Vergleich stabil bleibt und monopolistisches Verhalten auch international ausgeklammert werden kann. Da nach soziologischen wie auch nach dem herrschend kapitalistischen Verhalten, die Verzinsung des eingesetzten Kapitals weltweit die Ultima Ratio ist, ist der Prozess nur so lange zu verzögern, solange die Weltwettbewerbsfähigkeit der Nation laufend und konzertiert – im Vergleich zu den Besten – angepasst werden kann. Wie aus anderen Untersuchungen bekannt, behindern jedoch gerade diese demokratischen, momentan opportun scheinenden Prozesse, die gebündelte, die konzertierte Verbesserung der Wettbewerbsfähigkeit, wie sie die internationale Globalisierung eigentlich erzwingt. Inwieweit reife Demokratien zusätzlich noch dem Phänomen einer „Degenerierung" unterliegen, ist gesondert zu betrachten (Kap. 5.1.). Problem ist, die allerdings schwer definierbare Qualität der Staatsführung, die eigentlich – Wahlen sollten ja das Korrektiv bilden – über kurzfristig wirkendes, oft nur scheinbar nachhaltig sinnvolles, jedenfalls populistisches Auftreten ihr Mandat gewinnt. Als eine völlig unzureichende Messlatte der Qualität einer Staatsführung in wettbewerbsdichter Zeit, im Prozess der Globalisierung (Kap. 6).

Bestätigend zeigt sich dieses „Wohlstands"-Verhalten in Demokratien in den letzten Jahrzehnten. Statt nur auszugeben was man einnimmt, und zusätzliche Vorsorge für Alter und Gesundheit zu leisten, verstärkt sich über Jahren in den „Wohlstandsstaaten" die Gewohnheit, Wachstum als kontinuierlichen Prozess anzunehmen und mehr auszugeben, zu konsumieren oder auch zu investieren, als wirtschaftlich real gesichert erscheint. Persönliche Perspektiven scheinen in guten Zeiten zu rosig (vielleicht auch in schlechten Zeiten zu negativ) und können durchaus, je nach dahinter stehenden Interessen, stärker konsumfördernd sein. So zeigen die Daten aus USA, dass der Konsum ab 1970, von 63 % auf 71 % des BIP gestiegen ist, während er in Europa seit 1975 um die 58 % stagniert (bei eher sinkender Lohnquote auf beiden Kontinenten), d.h. mit höherer gesamtwirtschaftlicher Konsumabhängigkeit in den USA. Aus einem kurzfristigen Denken demokratischer Regierungen zur Sicherung eines hohen Konsums, werden immer wieder stimulierende finanzwirtschaftliche Instrumente nicht nur politisch geduldet, sondern sogar gefördert. Sie machen es den Konsumenten leicht Kredite zu akkumulieren, in der Hoffnung ständig steigender (Immobilen-)Werte und anhaltender Prosperität. Und mit Sicherheit ist nicht anzunehmen, dass die Fülle, allerdings in und während den Wahlperioden wechselnder Verantwortlichen, nicht sehen konnten, dass irgendwann einmal diese Verschuldungspolitik an die Wand fahren muss; aber eben irgendwann einmal, abseits jeder persönlichen Verantwortlichkeit.

So verkürzen sich Rezessionsphasen, mit immer stärkerer internationaler Wirkung, ausgelöst durch lokale Blasen. Und um wirtschaftliche Katastrophen abzuwenden, einigen sich plötzlich Staaten und internationale Organisationen hektisch – wenn auch nur temporär einvernehmlich –, gefährdete Staaten und Banken mit ungeheuren Summen zu unterstützen; Bankrotts abzuwenden, nur um eventuelle Kettenreaktionen zu vermeiden. Mit nun plötzlicher Verlagerung immenser Schuldenlast selbst auf, über Finanztransaktionen verbundene Staaten, bei verbleibender Ungewissheit der Schuldentilgung. Die reichen Länder haben in dieser (End-)Phase zwei Probleme: Wie kann man die zwar wohl innerhalb demokratischer Grenzen, aber doch gewaltigen, vielfach nicht ausgewiesenen jahrzehntelangen Belastungen (bis auf das Dreifache der bisher ausgewiesenen Schulden) je zurückführen und wie ist es dennoch möglich, bei stagnierender Wirtschaftsleistung, Wachstum zu generieren, die Wettbewerbsfähigkeit kontinuierlich zu verbessern)? Es verbleibt nur Hoffnung – oder eben ein Finanz-Crash (mit ungeahnt politischen Folgen, Kap.6.5.).

Nun zeigen Demokratien, getrieben erst seit neuester Zeit durch die Verwerfungen auf den Finanzmärkten, Tendenzen, ökonomische und damit politische Risiken von „systemrelevanten" Finanzinstitutionen zu übernehmen, die dann in weiterer Folge vielfach auch zu Verlusten führen und schlussendlich vom Staat, in weiterer Folge den Bürgern, getragen werden müssen. So kumulieren sich politische, besonders jedoch ökonomische Belastungen, die in Summe die Leistungsfähigkeit ganzer Nationen beeinträchtigen und schlussendlich sich zwangsläufig in den sozialen Netzwerken negativ niederschlagen müssen. Ist einmal der Weg der Schuldenübernahme eingeschlagen, ist es in praxi (für die Politik) fast unmöglich, bei weiter auflaufenden Verlusten, rechtzeitig auszusteigen – das System tendiert zum Zusammenbruch (im Grunde ähnelt es der Sanierung von Unternehmen, und hier zeigt die Erfahrung, dass nur über hohe Professionalität, zumeist Externer, Sanierungen erfolgreich durchgeführt werden können, jedenfalls aber nicht durch Politiker, und schon gar nicht unter demokratischen Regeln). Es zeigt wiederum zweierlei: Subventionierungen dürfen grundsätzlich nur in Krisenfällen bereitgestellt werden, sind dabei ökonomisch zu fundieren, sind zwingend nur temporärer Natur, und mit hoher Wahrscheinlichkeit auch wieder zurückzuführen (ökonomische Verwerfungen sind tunlichst auszuschließen). Und die sozialen Netzwerke wären – durchaus im Sinne der jeweils herrschenden politischen Mehrheit – nur insoweit auszulegen, dass sie der Bevölkerung eine nachhaltige, langfristige Sicherheit (d.h. über Jahrzehnte) gewährleistet. Im Endeffekt hat der Bürger die finanziellen Verwerfungen des Staates sowieso zu tragen, die Frage ist nur: Sind die Belastungen real zu begrenzen und auch real wieder aufzulösen oder übertragen sie sich auf die kommenden Generationen, d.h. mit wirtschaftlich nachhaltigen Restriktionen?

Allen Nationen oder auch Unionen des beginnenden 21. Jahrhunderts ist gemeinsam, sie stecken im *nationalen* Hemmschuh, in der national begrenzten Beurteilung ihrer eigenen Gesellschaft, einem Autonomiewahn, der sich spätestens ab den letzten Jahrzehnten ab absurdum führte. Jede Art politischer, aber auch ökonomischer Entscheidungen (in einer offenen Marktwirtschaft, und sei sie noch so klein) hat ihre vernetzende Wirkung. Und je autonomer Akteure – Einzelne, Unternehmen oder auch Staaten – handeln (dürfen), umso erfolgreicher werden sie für sich und zum Nachteil für den Rest der Welt handeln.

Kontrolle der Wirtschaftlichkeit des Staates: Jede politische Institution, und insbesondere in Demokratien, soll einer kontrollierenden Instanz unterliegen – Erkenntnisse, die spätestens ab Montesquieu politische Selbstverständlichkeit sind. Schön wäre es, könnten wir uns auf mündige Bürger (also auch Politiker) verlassen, d.h. mit Verantwortungsbewusstsein, objektivem und selbstlosem Verhalten, Leistungsbewusstsein und hoher Identifikation mit ihrer Aufgabe, Ehrlichkeit und Offenheit, und anderer wünschenswerten Tugenden. Aber der Mensch ist nun einmal anders. Kommt noch Vergesslichkeit (sic!), mangelnde Fähigkeit, variable Einsatzbereitschaft, Egoismus und Machtgehabe, etc., hinzu, hilft eben nur mehr lückenlose Kontrolle – von der Spitze bis zum Letzten in der Hierarchie.

Die Kontrolle über die Abwahl von Politikern nach Ende einer Legislaturperiode in der Demokratie, haben wir gesehen ist nicht ausreichend. Ein latentes Problem, das zumindest Verbesserung verlangt. Die Gewaltenteilung selbst hat sich offenbar in den jungen Demokratien ganz gut bewährt, ob sie ausreicht, ist eine andere Frage. Ergänzungen wie z.B. um das „Soziale", stehen ja schon zur Diskussion. Zur kontinuierlichen Überprüfung der Wirtschaftlichkeit der Verwaltung haben Staaten Institutionen, wie in Deutschland den Deutschen Rechnungshof, initiiert, mit dem gravierenden Nachteil, dass er nur Empfehlungen aussprechen darf, mit gerade nur Wirkung über die jeweilige Opposition. Als überaus effiziente politische Kontrolle hat sich in Deutschland z.B. auch der Verfassungsgerichtshof erwiesen, wobei man dennoch überrascht ist, über die teils schlampige und oberflächliche Arbeit der Legislative (oder zeigen sich hier Tendenzen der Regierenden, Verfassungen nachhaltig beeinflussen zu wollen?). Neben diesen primären Kontrollgremien sind demokratische Staaten trotzdem nicht gefeit in den wirtschaftlichen Bankrott oder in die Autokratie (wie schon häufig genug in der Welt) abzugleiten. Instrumente oder Institutionen dazu haben sich noch nicht gefunden. Gleiches gilt für staatliche Unterorganisationen wie Länder, Kommunen, öffentliche Institutionen. Und offen bleibt ferner: Welche Möglichkeit gibt es für Staaten ihre Ressourcen nachhaltig, d.h. strategisch orientiert, zum Wohle ihrer Bürger, systematisch zu fördern und einzusetzen wie auch das primäre Potenzial eines Staates, seine Menschen, in ihren Entwicklungen zu unterstützen (eben, wie es auch erfolgreiche Unternehmen praktizieren)? Alles gravierende Mängel, die sich im Zeithorizont einer Demokratie immer stärker verästeln, manifestieren, überschneiden, nicht mehr umkehrbar sind. Schmerzlich empfunden, fehlen hier ergänzende demokratische Instrumente.

4. Geschichtliche Entwicklung

Die Auswahl einiger weniger, wenn auch namhafter philosophischer Überlegungen und Interpretationen zu den verschiedenen Formen allgemein akzeptierter und effizienter, vorwiegend demokratischer Systeme, bleibt natürlich eine intuitive Selektion. Aber dennoch – so ist zu hoffen – spiegeln sie in weitestem Maße das Denken ihrer Zeit und die Dynamik der Entwicklung wider. Natürlich fehlen hier – mangels eigener Kapazität und zu gestehend weltweiter Übersicht über die vielfältig relevante, aber auch tangierende Literatur – viele nennenswerte Werke. Dennoch bleibt es – wie oben erwähnt – bei dem Versuch einer Beurteilung der Entwicklung der Staatswesen seit der Antike, in weiterer Folge bei einer denkbaren Auslegung, einer Zusammenfassung, sodass die Reduzierung auf allgemein anerkannt Wesentliches, wenn auch subjektiv gefärbt, hoffentlich verzeihlich ist.

Im Laufe der Jahrhunderte haben sich eine Vielzahl von Theorien zur Staatsauffassung entwickelt, je nach lokalem Umfeld, gesellschaftlichem Denken und jeweils herrschenden Kulturen und Motivationen; über Themen des christlichen (oder jeweils lokal religiösen) Einflusses, aus Sicht von Ethik, Macht oder Recht, fundiert auf der Familie oder des privatrechtlichen Eigentums, als vertragsbasierende Gründung. Heute stehen uns die beiden (noch aktuell) herrschenden Dipole der primären Denk- und Verhaltensrichtungen, der sozialistisch oder kapitalistisch gefärbten Staatsauffassung gegenüber, fast durchwegs jedoch in deren Mischformen. Die Staaten erscheinen per se als Diktatur, als Monarchie (mit errungenem oder vererbtem Entscheidungsrecht) oder als Republik, der politischen Ordnung einer über sich selbst entscheidenden Gesellschaft (mit direkt oder indirekt gewählten Institutionen,) und als Demokratie (die Staatsgewalt steht als Volkssouveränität allen Staatsbürgern zu) – wobei die letzten beiden in weiterer Folge gemeinsam zu betrachten sind. Ohne nun auf diese einzelnen Ausprägungen im Detail eingehen zu wollen – sie sind bekannt, eine Schematisierung bringt uns hier nicht weiter –, ist zu versuchen, die historische Entwicklung des Staatsdenkens besser zu verstehen.

Alle Arten von Regierungsformen unterliegen dem zeitlichen Wandel. Ob diese Zyklen für stärker autoritär oder stärker demokratisch orientierte Systeme unterschiedlich lang sind, kann sicherlich nicht eindeutig beantwortet werden, da eine Vielzahl von Faktoren, bei hoher Komplexität der Interdependenzen, wirken. Unabhängig von nationalen wie auch äußeren Einflüssen, hängt es bei beiden Systemen schon einmal von der Bandbreite der Regierungsphilosophie, verglichen mit den Auffassungen unterschiedlicher Bevölkerungsgruppen ab, insbesondere jedoch vom Wohlstandsgefälle, geübter Gerechtigkeit und dem Freiraum für den Einzelnen. Wobei dennoch anzunehmen ist (was sich auch in der geschichtlichen Entwicklung widerspiegelt), dass autoritäre Regimes – haben sie einmal ihr Machtgefüge gefestigt – über längere Zeit auch eine stringentere Durchsetzung ihrer Interessen und ihrer Machtausübung sichern können, als demokratische Systeme. Das liegt einmal daran (darauf ist noch zurückzukommen), dass die in Demokratien üblichen Wahlperioden – so zwischen vier bis sechs Jahre – bereits systeminhärent einen rascheren Wechsel sowohl der privaten wie auch der Parteiinteressen fördern und damit der Kontinuität staatlicher Entwicklung durchaus entgegenstehen, wie es ja vielfach demokratisch geprägte Nationen über Dekaden exerzieren (Italien, Japan, aber auch in allen anderen demokratischen Systemen, wenn vielleicht nicht so offensichtlich). Demgegenüber können stärker autoritär bestimmte Staatsformen durchaus stabileren Charakter nachweisen – insbesondere wenn sie über Generationen wohl fundiert sind, über Ressourcenvorteile verfügen und der Bevölkerung gegebenenfalls Wohlstandsmehrung und Existenzsicherheit gewährleisten können. Schlussendlich ist doch der allgemeine gefühlte Wohlstand – wie unten noch zu diskutieren sein wird – ein hoher Stabilitätsfaktor, egal um welches System es sich schlussendlich handelt.

Fakt ist eben und bleibt – über Jahrtausende nachzuvollziehen –, dass die prosperierende Entwicklung eines Landes auch eine möglichst lang wirkende, annähernd kontinuierliche Führung erfordert. Kontinuität, die eben demokratische Systeme offensichtlich nur in den Phasen wirtschaftlicher Aufholjagd imstande sind bereitzustellen, bei dann erst nachhaltiger Akzeptanz durch die Mehrheit der Bevölkerung. Verringern sich die wirtschaftlichen Wachstumsraten (Kap.5.2.) und nehmen zwangsläufig die Verteilungskämpfe zu, atomisiert sich auch die Interessensvielfalt, die sich schlussendlich in einer Aufspaltung von Parteien und zunehmender Blockade perspektivischer Partei- und Regierungsarbeit niederschlägt, und der Staat so – Wahlperiode für Wahlperiode – im internationalen Wettbewerb an Konkurrenzfähigkeit verliert. Ähnlich wie in Unternehmen, ist eben in der Steuerung der Entwicklungspotenziale langfristiges Denken und kontinuierliches Entwickeln der Ressourcen und Perspektiven Voraussetzung für wirtschaftlichen und damit politischen Erfolg. Umfasst dieser Zeitraum bei Unternehmern einige Jahre bis zu einem Jahrzehnt, geht es bei Staaten in die Jahrzehnte. Genau gegenläufig verhalten sich jedoch reife Demokratien. So wohlmeinend und anerkannt die individuellen

Freiheiten auch sind, die demokratische Systeme generell in sich bergen, so hemmend wirken sie im internationalen Wettbewerb, und besonders in ihrer demokratischen Reifephase (bei zunehmend auseinanderdriftendem Einkommensgefüge). Es sind Zyklen, die weit über die langen Phasen technologischer Entwicklungen hinausgehen.

Dennoch, so unterschiedlich sind die beiden Systeme nicht wie sie sich sowohl in ihrer Präsentation wie auch in der Literatur darstellen. Hängen doch alle Systeme, besser ihre Entwicklung, von Persönlichkeiten ab – von deren Einstellungen und Verhalten, von „philosophischen" Überzeugungen wie eben politische Aufgaben zu erfüllen wären, und zwar von der letzten Ebene der Verwaltungshierarchie bis zu der Person an der Spitze der Regierung. Zum einen ist es das Verhalten und die Durchsetzungskraft der Personen an den jeweiligen Schaltstellen (egal, ob demokratisch oder autoritär legitimiert, Kap. 7.2.), zum anderen sind es die Perspektiven des Umfeldes, als Resultat aktueller gesellschaftlicher Trends. Trends, die – je nach Einstellung, aus Eigennutz oder gegenteiligem Altruismus (!) – von der tragenden Elite genützt und beeinflusst werden. Wirken beide Postulate (was allgemein die Erfahrung und Geschichte bestätigt), so folgt daraus die Abhängigkeit auch der Nationen von Einzelnen, den Eliten, deren persönlichen Einstellungen zu Machterhalt, gegebenenfalls finanziellen Vorteilen. Nicht die kreative, strategische (altruistische) Gestaltung einer Volkswirtschaft ist (offensichtlich und leider) das bestimmende Moment, sondern der Öffentlichkeit zumeist verborgene persönliche Wünsche und Motivationen führender Persönlichkeiten; oder auch, sofern ein Einzelner sich nicht alleine etablieren konnte, ein Sammelsurium um die Macht Kämpfender vieler (als Minimalkonsens, s.u.), mit Gefahr der Stagnation in der Entwicklung von Volkswirtschaften wie wir es doch auch in unseren Demokratien tagtäglich vermuten, auch erleben. Aber versuchen wir etwas detaillierter den Dingen auf den Grund zu gehen.

Über nichts hat sich die Menschheit so viele Gedanken gemacht, über nichts ist so viel geschrieben und philosophiert worden wie über die Frage optimaler Gestaltung der Gesellschaften, die bestmögliche Regierungsform. Besonders seit der Aufklärung sind – überwiegend in Anlehnung an die Philosophien der alten Griechen, später aus den Diskursen der ersten Hälfte des Römischen Reichs, immer durchdrungen einerseits von Mythen und Religionen und andererseits von menschlichen Eigenheiten – die Erkenntnisse, Überzeugungen und Philosophien über die optimale Staatsführung gewachsen. Je nach aktueller Lebenserfahrung – in feudaler Umgebung, während revolutionärer Umbrüche und der Bildung neuer Staaten und Staatsformen, im Zuge kriegerischer Auseinandersetzungen und im Angesicht der Verwerfungen der industriellen Revolution – wurden philosophische Monumentalwerke geboren, denen man sicherlich nichts Neues hinzufügen darf, ausgenommen vielfältige Erfahrungen in einer nun globalisierten Welt, die selbst Erkenntnisse daraus infrage stellen könnten. So viel darüber geschrieben und diskutiert worden ist, so wenig publikumswirksam ist dennoch dieses Wissen in unserer überfüllten Welt, sodass eine Wirksamkeit für die praktische Staatsführung nicht nur zu bezweifeln, sondern schlichtweg nicht vorhanden ist. Und dennoch bleibt es Kernthema unseres menschlichen Zusammenseins. Und dennoch ist – wie auch hier wieder – der Versuch eines Überblicks Voraussetzung. Erst, wie vielfach in der Literatur vermerkt, aus dem Verständnis über unsere Geschichte ist Erkenntnis, vielleicht Neues abzuleiten. Die Ordnung der Gesellschaft ist eben ein Thema das immer, solange wir als Menschheit existieren, unser Zusammenleben bestimmen wird, unsere Entfaltung fördert oder hemmt.

4.1. Antikes Staatsdenken bis zum Mittelalter

Waren doch bereits vor 5.000 Jahren stabile Staatsformen nachweisbar, so entwickelte sich nachhaltiges Denken zur Organisation, zu den Aufgaben, aber auch zur Gestaltung und Führung von Staaten, nachweislich erst in den aristokratischen Demokratien der alten Griechen. Hier finden wir die demokratischen Ansätze wie sie sich auch heute noch in den Grundstrukturen unserer westlichen Demokratien widerspiegeln. Trotz der mehr als 2.000 verstrichenen Jahre ist es dennoch erstaunlich, wie damalig philosophische Ansätze auch heute noch nachhaltig unsere demokratischen Staatsformen prägen, wie westliches Denken sich in Folge in den vielen mehr oder weniger demokratischen Formen weltweit niederschlägt. Unzählige Male waren diese Zusammenhänge und Prozesse durchdacht, neu geformt, wenn auch unterschiedlich gefärbt – individuell, je nach aktuell historischem Umfeld oder nach dem Willen jeweils Herrschender.

Nach **Platon** (427-347 v. Chr.) entsteht ein Staat, wenn jeder sich selbst nicht genug ist, viele Bedürfnisse hat (die eben andere beibringen könnten). So kämen viele auf einen „Wohnplatz" zusammen. Dieses Zusammenwohnen nennt er Staat.[18] In weiterer Folge leitet er daraus berufliche Spezialisierung ab. Sie führe zu ersten Klassenbildungen, den Ständen, je nach persönlicher Qualifikation oder Zugehörigkeit, aber auch zu „Lohndienern", die ihre Kraft eben gegen Lohn verkaufen. Der Staat wäre so stufenförmig aufgebaut. Da – seinem Diskurs nach – das „Gesunde (bald) nicht mehr ausreicht", würde man sich auf den endlosen Erwerb von Gütern einlassen, die Grenze des Notwendigen überschreiten, sodass „man also bald vom Lande des Nachbarn etwas abschneiden muss" (was heute n.w.v. genauso gilt, wenn auch diplomatisch verbrämt!). Die Aufgabe des Staates wäre es dann – nach Meinung seiner Diskussionsrunde –, das Zusammenleben der Menschen in der Gemeinschaft bestmöglich zu ordnen, und die Bürger sollen dabei mit ihren jeweiligen Fähigkeiten zum Nutzen des Staates beitragen, wobei sowohl Bildung wie auch Reife zur Staatsführung notwendig seien. Ausgangspunkt seines Diskurses, den er in seinem Werk „Politeia" (der Staat) Sokrates führen lässt, ist die Frage nach der Gerechtigkeit, die eben politisch zu verwirklichen sei, als persönliche Tugend – als erster Ansatz einer Moral, die eben die Dinge zusammenhält –, und so richtungsweisend für weitere Staatstheorien war. Was einige Teilnehmer seine Diskussionsrunde durchaus anders sahen, nämlich dass der Mensch „Reichtum, Ehre und die Güter genießen will", was zwar eine andere Bewertung der Moral wäre, aber genauso individuelles Eigentum wie den Wunsch der Vermehrung nicht infrage stellt.

---

[18] Nach Platon: Dialog Sokrates in: *Politeia*, 4. Buch.

So geht Platon bereits vom Grundsatz des Eigentums aus, das es nicht nur zu verteidigen gilt, sondern er setzt auch ganz logisch voraus, dass sich so auch ein Übergreifen auf andere Völker rechtfertigt. Aus dieser Grundvoraussetzung leitet er eine Art Ständestaat ab, mit zwar einem demokratisch legitimierten König, aber auch einer besonderen Kriegerkaste, die es gilt diszipliniert zu bilden und zu trainieren (unabhängig davon, dass der Wohlstand des antiken Griechenlands sowieso von einer Vielzahl „stimmrechtsloser" Sklaven abhing). Alles in allem denkt er mit durchaus totalitären Zügen, wobei das Glück des Einzelnen dem Gemeinwohl des Staates unterzuordnen wäre. So erkennen wir bereits in seinem philosophischen Denken, dass sich an den Grundsätzen des Staates, der Staatenbildung, bis heute doch nichts Entscheidendes verändert haben dürfte (eigene Heere haben ja fast alle Staaten, nur deren Rechtfertigung ist diplomatisch abgefedert), und bis vor gut einem Jahrhundert war der Übergriff auf andere Staaten durchaus auch politisch noch legitim. Platon geht von einem einheitlichen Ganzen eines Staates aus und differenziert nicht, wie es denn nun zu diesem, ins Eigentum anderer Staaten übergreifenden Verhalten kommt.

Jedenfalls ist in seiner Diskursrunde einheitliche Meinung, dass eben nur die „Vorzüglichsten", und hier die Älteren vor den Jüngeren, die Regierenden sein müssten. Eine Erkenntnis, der wir uns durchaus auch heute noch anschließen dürften, wenn auch die Erfahrungen heutiger demokratischer Entwicklungen diese philosophische Logik eher in den Hintergrund treten lassen. Ferner wird noch als ergänzende Voraussetzung deren Vermögenslosigkeit gefordert. Alles zum Leben Erforderliche sei eben vom Staat bereitzustellen. Gegenteilig haben doch – zu allen Zeiten, wie viele Schriften beweisen – Inhaber der Macht sich mehr oder weniger schamlos im Namen des Staates bereichert oder zumindest ihre ganz persönlichen Vorteile gezogen, im überwiegenden Falle zum Nachteil des Souveräns (wenn auch bis heute empirisch vernachlässigt). Eigentlich auch keine Neuigkeit, sondern seit Menschengedenken eine dem Menschen inhärente Eigenschaft. Ein Faktum, das bei der Ausrufung eines Staates, der Verfassungsgebung, eben zu berücksichtigen ist.

So leitet er den berühmten und immer wieder zitierten Satz ab, dass „entweder die Philosophen Könige werden in den Staaten oder die, welche jetzt Könige und Herrscher heißen, echte und gründliche Philosophen werden, und dieses beides in einem zusammenfällt", eigentlich (wie er meint) „gerechte Menschen", als Diener. Er denkt, dass die Fähigsten, Bestausgebildetsten, reife Persönlichkeiten, unvoreingenommen zum Wohl des Bürgers den Staat zu führen hätten. Welch wunderbarer Wunschgedanke, treffend genauso heute wie vor 2.500 Jahren! Allerdings „eher Wunschbild, als reale Hoffnung" (Cicero); schränkte doch schon Platon ein, dass es weder den Idealstaat noch Idealherrscher je geben werde.

Auch bedürfe der Staat einer Verfassung mit daraus abgeleiteter Gesetzgebung, wobei er es (vorerst[19]) für „einfältig" hält, zu sehr ins Detail zu gehen, da es „nicht angemessen ist, rechten Männern darüber Befehle zu erteilen, denn das meiste daran, was irgend der Gesetzgebung bedürfte, werden sie wohl leicht selbst finden." Wäre schön, bleibt aber ein ungelöstes Problem bis heute. Wir, in unserer Zeit, finden hingegen mit unserer Regelungs- und Gestaltungswut kein Ende, sodass Überschneidungen zunehmen, den Freiraum einengen und die Transparenz immer mehr leidet.

Vieles aus seiner praktischen Erfahrung, so vor mehr als 300 v. Chr., bereitet uns – und insbesondere in den letzten Jahrzehnten – genauso Sorgen, entspricht es doch gewachsenem Verhalten staatlichen Zusammenlebens in den westlichen Demokratien, immer wieder leidvoll diskutiert. Wie z.B. der Einfluss der Lobbyisten (externer, die Gruppeninteressen durchsetzen wollen), persönliche Bereicherung, mangelnde Besonnenheit und Einsicht der politisch Mächtigen wie auch das Problem der Gerechtigkeit allgemein. Ferner die Diskrepanz von Gesprochenem zu Getanem, abweichende Gesellschaftsethik der Verantwortlichen (die Seelenbeschaffenheit, nach Platon) und fehlende Bodenhaftung der Führenden. Besonders jedoch die vernachlässigte Dialektik – um einerseits das Volk „mitzunehmen" und andererseits, da doch der Einzelne weder ausreichend „Vernunft" noch Wissen besitze –, der themenbezogene Gedankenaustausch mit dem Souverän. Schlussendlich, dass es das „Gute", das „Gerechte" sei, was am Ende eines Lebens für den Einzelnen persönlich zähle, sei er Bürger oder Staatsmann – als sein letztendliches Ziel –, dass der Gerechte eben nur bei innerer Harmonie und ohne innere Konflikte auch glücklich wäre (!). Somit wäre auch das Gute im Staat (wenn es auch nicht bestimmt werden könne) letztes Ziel – als Voraussetzung für den Einzelnen. Alles natürlich schlüssig aus Sicht der Antike, einer geschlossenen Gesellschaft. In einer offenen Gesellschaft, in einer globalisierten Welt, stellen sich viele Fragen neu und gänzlich anders, dennoch findet seine Kritik im Grundsatz unsere Sympathie.

Aristoteles (384-322 v. Chr.): Bei Aristoteles, als Schüler Platons, erkennen wir eine Vertiefung und Erweiterung philosophischen Denkens, insbesondere in den Themen der Disziplinierung von Wissen, einer tiefsinnigeren Beurteilung der Ethik und einer zu Platon durchaus abgehobenen Einstellung zur Politik. Das „Gute" und „Gerechte", Kernthemen analytischer Ableitungen Platons (als ideale, vielleicht utopische Staatsidee), sind für ihn nicht in sich durch logisches Denken ableitbar, sondern Themen praktischer Rationalitäten, die sich für Menschen nur im Austausch mit anderen und als Bildung, einer Erziehung, verändern.

---

[19] In späteren Arbeiten dialogisiert er dennoch eine umfangreiche Gesetzessammlung für eine neu zu gründende Polis.

Indem der Mensch so für sich rational sowie zielstrebig handeln würde – durchaus im Sinne von Eigentum (dessen Abschaffung, wie Aristoteles meint, nur die Nachlässigkeit mit dem Umgang von Gütern fördern würde) –, wäre er von Natur aus ein politisches Wesen. Da „der Einzelne nicht autark für sich zu leben vermag [...], haben alle Menschen von Natur aus den Drang zu solch einer Gemeinschaft" (der Mensch ist also Einzelner *und* soziales Wesen). Nur in der Gemeinschaft könne er zu seiner vollen Entfaltung gelangen. So sei es Staatsziel die Tugenden zu fördern, letztendlich das „edle Leben". Die Definition des Guten bzw. Gerechten ist Resultat des gedanklichen und auch praktischen Austauschs der Menschen innerhalb einer Gemeinschaft mittels ihrer Kommunikation. So sei insbesondere die Rhetorik (die plausible Rede) das entscheidende Element, um mit überzeugender Wirkung und logischer Gedankenführung eine gemeinsame Wertung von bestimmten Sachverhalten herbeizuführen, wobei er durchaus in Kauf nimmt, dass die Ergebnisse nicht für die Gemeinschaft per se allgemein logisch und rational sein müssten.

Somit stehen hinter den handelnden Personen, die über die Rede das Gute bzw. Gerechte zu beeinflussen und zu verändern suchen, Ethik und Werteüberzeugungen, d.h. es bleibt dennoch ihren persönlichen subjektiven Einstellungen überlassen. Er nimmt offensichtlich auch an, dass über die Fülle der Kommunikationsbeziehungen innerhalb einer „Polis", ein sich ausgleichender (Einstellungs-)Austausch erfolgt, der schlussendlich zu einer allgemein akzeptierten Einstellung des Guten und zum Gerechten führt. Sowohl er wie auch insbesondere Platon, setzen jedoch eine hohe Bildung der Gemeinschaft wie insbesondere einen intensiven Gedankenaustausch über alle Ebenen grundsätzlich voraus, einen möglichst breiten Diskurs – sei es über staatliche oder private Institutionen, insbesondere aber über kulturelle Veranstaltungen (der Wissenschaft, der Tragödien und anderer öffentlicher Darstellungen). Kein Wunder also, dass Aristoteles der vielfältig wirkungsvollen Rhetorik und Rede mehrere Bücher widmete, die bis heute gültig und überaus aufschlussreich sind.

Insbesondere in heutiger Zeit hat sich die Politik, haben sich unsere öffentlich Verantwortlichen, von diesen Prinzipien bedauerlicherweise – über einseitige, niveau- und emphatielose Präsentationen – weitgehend verabschiedet und diesen so überaus wichtigen und tief wirkenden Kommunikationsprozess (in die Seele, nach Aristoteles und Platon), den Prozess der allgemeinen Bildung und Einstellung der Bevölkerung, unkontrolliert kommerziellen und in keiner Weise die Gemeinschaft fördernden, speziell wirtschaftlichen Interessen überlassen und zeichnen so ihrerseits verantwortlich für (Miss-)Bildung und schräge Einstellungen weiter Kreise der Bevölkerung (mit steigender Tendenz).

Schafft doch, nach Aristoteles, Ethik Werte, geformt aus Bildung und Kommunikation, und über die Rhetorik, der Einrede, den Staat (die Polis), ohne dass er dabei weiter auf Gestaltung und Organisation (sei es Aristokratie, Monarchie, Demokratie oder Tyrannis) vertiefend eingeht wie sein Lehrer Platon. Für ihn sei daher Politik, der Staat, offensichtlich ständiger Wandlung unterlegen. Besonders einprägsam ist, dass eine politische Gemeinschaft nur aus einer Vielzahl bestehen kann und dennoch zu starke Reglementierung zerstört: „Es ist offenkundig, dass eine Polis, wenn sie fortschreitend immer mehr eine wird, gar nicht mehr eine Polis sein wird [...]. Denn wenn es viele sind, hat jeder einen Teil der Vortrefflichkeit und Klugheit."

Das nationale Streben nach dem Guten und Gerechten, als kommunikativer Austausch mit anderen, verändert für ihn das Dasein und formt Alternativen. Daraus ist abzuleiten, dass auch Verfassungen im Zuge dieses Strebens sich logischerweise verändern. Nur in diesem Rahmen gelte „Freiheit" für den Einzelnen – als eine der Grundvoraussetzungen der Demokratie –, nicht, wie offensichtlich in zunehmendem Maße, der Freiheitsbegriff doch individuell vielfach weiter gefasst wird. So sei der Mensch also auch nur frei (ein sowieso schwer zu definierender Begriff, Kap. 5.3.5.) *innerhalb* einer Gemeinschaft. Ausgenommen bei Aristoteles sind natürlich die Sklaven, aber auch andere Völker, die von Natur aus zum Dienen bestimmt sind, da Kriegskunst auch Erwerbskunst sei (Geld/Reichtum hat keine Grenzen, Erstes Buch, Politik). Allerdings sei es gegen die Natur, aus Geld Geld, den Zins, entstehen zu lassen – erst recht bei Wucher –, denn Geld sei um des Tausches willen erfunden worden.

Schlussendlich bildet eben die „ethische Gemeinsamkeit", das Gute – die Tugenden – als sittlicher und nachhaltiger Grundbegriff, die jeweils für die Allgemeinheit eines Staates gültige Regel, für die es offensichtlich aber keine feststehenden Maßstäbe geben kann. Zu den beiden Begriffen „Gut" und „Gerechtigkeit" (das „Soziale") fehle noch der anzuwendende Wertemaßstab. Er hänge grundsätzlich von den jeweils angebotenen Leistungen und Gütern einer Volkswirtschaft ab, sehr wohl als Voraussetzung und wesentliches Element eines Staates, einer gut funktionierenden Ökonomie. Nur durch Austausch, durch Geben und Nehmen, sei seiner Ansicht nach ein Gemeinwesen möglich, bei dem die zugrunde liegenden Werte vergleichbar und verhältnismäßig auf einer gemeinsamen Werteskala sein müssten. Daraus ergibt sich für ihn zwar Geld als das Maß, aber der dahinter liegende Wert sei entscheidend, somit sei die „Setzung" des Verhältnisses von Geld zu den Werten eine wesentliche Voraussetzung für die Beurteilung von „Gerechtigkeit". Da auch Könige, wie auch deren Nachkommen, nur Menschen wären, drohen ihre Herrschaften zu entarten. So würde der, der Verantwortung für eine Gemeinschaft übernimmt, zum Maß dieser Gerechtigkeit. Ferner wäre eine Gerechtigkeit, in eine Verfassung gegossen, dann am besten, wenn der Mittelstand herrschen würde, er verhindere, mit seiner breiten Eigentumsverteilung, allzu große soziale Spannungen.

So müssen wir erkennen, dass schon vor mehr als 2.000 Jahren die Kernthemen des Verhaltens in modernen Staaten, nämlich die Gleichheit aller, das Gute, das Gerechte und Soziale, der gemeinsame Gedankenaustausch und ein allgemein hohes Bildungsniveau, Grundvoraussetzungen demokratischer Volkswirtschaften sein sollten. Getragen durch dahinter liegende menschliche Eigenschaften, einer gemeinsamen gepflegten Ethik, geprägt von allgemein anerkannten Werten, von den Verhältnissen (zu Gütern und Leistungen) bestimmt.

Cicero (106-43 v. Chr.): Der Staat ist nach ihm eine Angelegenheit des Volkes, einer Gemeinschaft mit Übereinstimmung im Recht, einer Staatsverfassung, und für die Ewigkeit bestimmt. Der Staat bestimme sich aber auch nach den geistigen Anlagen der Gemeinschaft. Beständigkeit ergebe sich aus einer Art von Mischverfassung dreier Grundformen (Monarchie, Aristokratie und Demokratie), sofern sie von geeigneten Männern ausgeübt werde, wobei ihre Macht mit Sittlichkeit in Einklang stehen und sich aus dem Recht ableiten müsse – und zwar als vierte Staatsform, die aus den drei ersten maßvoll gemischt sei. Dennoch sei jedes einzelne Gemeinwesen so zu beschaffen wie das Wesen oder der Wille dessen der es lenkt.[20] Die Spitze des Staates repräsentiere dann ein „Princep", der oberste Lenker, als – wie bei Platon – Staatsmann und Philosoph.

Cicero schöpft seine Erkenntnisse aus dem tiefen Studium der alten Griechen und versucht sie in eine römische Philosophie überzuführen, mit einem ethischen Fundament das auf Traditionen aufbaut, der Familienordnung hohe Priorität zollt und dem Senat, einer zweiten republikanisch-politischen Kraft sowie der herrschenden Religion Autorität zuerkennt, wobei dennoch wesentliche Entscheidungen dem Volk vorbehalten bleiben müssen. Er hat so mitgeholfen griechische Philosophie und deren gereiftes Werden ins Abendland zu übertragen, und versuchte dabei altrömische Traditionen und Werte, die sich im Zuge der Wirrnisse, so um 60-50 v. Chr., aufzuweichen begannen, wiederzufinden. Ergänzend begann er ein Gesetzbuch für den „idealen" Staat zu entwerfen, in dem das römische Rechtsgefühl dem Naturgesetz gleichgesetzt sein sollte.[21]

Besonders sein Studium der Entwicklung römischer Staatsformen seit Gründung Roms durch Romulus (rd. 753 v. Chr.), festigte seine Überzeugung, dass Staaten durch monarchische Machtbefugnis – d.h. durch einen Einzelnen, gewählt in freier Wahl, in öffentlicher Versammlung – dann besser gelenkt und regiert werden, wenn der Einfluss der Tüchtigsten – nämlich der Ältesten, der Optimaten, eines Staatsrates als Vorläufer des Senats – sich mit jener absoluten Herrschergewalt verbindet. In der Zeitspanne bis in seine Zeit (annähernd 400 Jahre, in der ersten Hälfte des Römischen Reichs) verfeinerte und entwickelte sich die Staatsform volksbezogen demokratisch,

---

[20] In Anlehnung an Cicero, *Über den Staat*, Reclam, Nr. 7479, 1956.
[21] In Anlehnung an Schweidler Walter, *Der gute Staat*, Reclam 2004.

vorwiegend dank kluger und volksverbundener Herrscher, die auch zumeist mehrere Jahrzehnte regierten. Später wurden sie abgelöst durch jährlich gewählte Konsuln und andere Formen der obersten Staatsführung; und zwar nach bitterer Erfahrung mit einem seine Macht missbrauchenden Diktator. Gefragt war königliche Tüchtigkeit und Weisheit, nicht Abstammung. „Die Errichtung eines Staatswesens ist weder eine Frage einer einzigen Zeitspanne noch eines einzigen Menschen" (Cato).[22] So konnte die Demokratie besonders in Zeiten „friedlicher Ruhe Gerechtigkeit erstarken", wozu wesentlich die zunehmende Bildung, durch den wachsenden Einfluss griechischer Erfahrungen und Philosophie, mit beitrug. Allerdings vertritt Cicero auch die Meinung, dass die Masse der Wohlhabenden den Ausschlag bei der Abstimmung geben müsse, um so ein Übergewicht der Überzahl zu verhindern (ähnlich dem Ständestaat).

Würde, Humanitas und Bildung seien seiner Ansicht nach die notwendigen ethischen Voraussetzungen nachhaltiger und volksnaher Regierung. Der Mensch könne in seiner Vereinzelung nicht bestehen. In einer Art naturbedingten Herdentriebs vollziehe sich sein Zusammenschluss, da jedes Volk, jedes Gemeinwesen, einer bestimmten planvollen Leitung unterstellt sein müsse um Bestand zu haben – und die handele in göttlichem Auftrag, bei dennoch ständigem Wandel und Wechsel der Staatsformen.

Augustinus (354-430): Augustinus zählt sicherlich zu den bedeutendsten Kirchenlehrern der Weltgeschichte und ist auch wichtigster Philosoph der Zeitenwende zwischen Antike und Mittelalter. Sein Wirken und Nachlass beeinflussen nicht nur bis heute Theologen und inspirierte Denker, sondern prägte bedeutend christliches Verhalten und somit durchaus auch menschliche und politische Einstellungen zu Umwelt und Mitmenschen (in der christlichen Welt). Als Mönch bewies er eine Lebensweise, die entscheidenden Einfluss auf das geistige Leben der folgenden Jahrhunderte ausübte, eine geistige Revolution auslöste. Aus seiner Einstellung zu Gott und den Menschen stellt er aber auch die klassische Theorie eines Ciceros (und vor ihm Platons) infrage und betont, dass die Einstellung zu Gott höher stehe, als die Gerechtigkeit und der Wille Vorrang habe über den Intellekt, daher nicht Basis wechselseitiger Eigeninteressen und vereinbarter Rechtsnormen sei. So ließ er Unvollkommenheit zu, auf die sich der Einzelne eben einzustellen habe wie auch auf etwa ungerechte Regierungen oder kriminelle Elemente. Dennoch habe der Mensch, auch in einer unvollkommenen Umgebung, guter Bürger zu sein und Beamte haben unparteiisch zu bleiben. Wobei diese ethische Verbindlichkeit nicht nur gegenüber den Nächsten, sondern auch gegenüber der Gemeinschaft, den Menschen allgemein gelte.

---

[22] Cicero, *Über den Staat*, Reclam, Nr. 7479, 1956.

Von seiner Entwicklung her war er Philosoph und später erst Theologe, in weiterer Folge Bischof. Geprägt von den griechischen Philosophen, beeinflusst von den politischen Veränderungen seiner Zeit, stellte er neben den Weltstaat (als Vorbereitung für) den Gottesstaat, als leidenschaftlicher Verteidiger der katholischen Staatskirche, die durchaus auch mit staatlichen Zwangsmaßnahmen durchgesetzt werden kann. So sind Staaten für ihn dazu da den Menschen zu helfen, damit sie ihr ewiges Ziel erreichen und ihre soziale Entfaltung ermöglichen können. Gott allein müssten alle dienen. Und die Staaten hätten die Gottesliebe, „die wahre Religion" zu ermöglichen, auch wenn sie selbst nicht vollkommen seien (im Gegensatz zur Vorstellung der Antike, mit der Vervollkommnung der Tugenden). Der Gottesbürger habe sich auf Gott auszurichten, der Weltbürger auf sich selbst, und im praktischen Leben vermischten sich beide. Der Staat müsse dabei „Freiheit" und vor allem Friede garantieren, für Gerechtigkeit sorgen – wobei Gerechtigkeit für ihn für „jeden das Seine" ist und „das Seine aber Gott" –, sodass Tugend und eine moralisch regierende Staatsautorität herrschen würde die auf Gott zurückgeht (Leitbild des christlichen Herrschers). Sie habe ein Recht auf Gehorsam, auch wenn es sich um weltliche Dinge handelt. Seine große Skepsis gegenüber den weltlichen Staatsgebilden, seine Erfahrung mit Rom und den Westgoten – aber auch historischen Vorläufern –, zeigt sich in der berühmten Frage: „Was sind die Staaten ohne Gerechtigkeit anderes als große Räuberbanden?" So haben für ihn auch die Herrschenden, neben den Gesetzen, die „ewige, natürliche Ordnung", das Naturrecht, nämlich Vernunft zu üben und den Willen Gottes zu befolgen. Zum Naturrecht seien nach ihm, neben der berühmten Goldenen Regel (die wir in verschiedenen Ansätzen bereits in älteren Religionsschriften finden, wie z.B. auch in der Bibel), weitere elementare und menschliche Grundsätze zu zählen wie die Zehn Gebote, eine allgemeine Gerechtigkeit, etc., aber auch das Gewissen, als die ethische Wahrheit.

Nach seiner Überzeugung wüchsen die Menschen wie im Gleichnis von Weizen und Unkraut miteinander auf, aber aus Unkraut könnte auch Weizen werden. So zieht er auch keine unüberschreitbare Grenzlinie zwischen Kirche und Staat, sondern deutet einen fließenden, sich ändernden dynamischen Prozess an und spannt so die Brücke zwischen der Welt der Antike und der des Mittelalters.[23]

Thomas von Aquin (1225-1274), Dominikaner und Kirchenvater: Er erschloss seine Philosophie über Aristoteles (der Mensch ist seiner Natur nach ein politisches Gemeinschaftswesen, das sich daraus bildende Staatswesen wandle sich unter Einwirkung von Vernunft und Willensakten) und brachte so griechisches Denken wieder in Europa ein. Aus der Angewiesenheit des Menschen auf eine übergeordnete Macht, ergäbe sich die Legitimität der Staatsgewalt. So kam es zur klaren Trennung

---
[23] Knowles A., Penkett P., *Augustinus und seine Welt*, Herder, 2004.

der wissenschaftlichen Lehre und der Theologie, Letztere mit Vorrang, als übernatürliche Wissenschaft (bei dennoch enger Verzahnung beider), und so auch zu ihrer „Verwissenschaftlichung", damit auch breiterer Akzeptanz in einer aufgeschlosseneren Umwelt, einer wissenschaftlich fundierten „Realität" für den Gläubigen.

Es war die Zeit der Scholastik: „Ich glaube, um zu erkennen." Die Philosophie diente nun der Erklärung religiöser Fragen – und zwar ohne dass die theoretischen Erkenntnisse aufgegeben wurden. Ein Theologe müsse auch Philosoph sein und – bedingt durch diese doch eingeschränkte Sicht – würde die Metaphysik erklärender wesentlicher Bestandteil. Glaube und Wissen können sich nicht widersprechen, da beide von Gott kämen. Zur wahren philosophischen Erkenntnis zähle noch die übernatürliche Wirklichkeit, die über den Glauben zu erfahren sei und dennoch nicht gegen die Vernunft verstoße – die Glaubenssätze sind der Vernunft erschließbar. So lehnt sich sowohl seine Definition der Seele (reine Form ohne Materie, die jedoch Materie aktiv formt) wie die der Ethik (Streben nach dem Guten, eben nach der jenseitigen Glückseligkeit) stark an Aristoteles an. Dazu würden die klassischen Tugenden Gerechtigkeit, Klugheit, Tapferkeit und Zucht/Mäßigkeit helfen, und die ergänzt er nun mit den übernatürlichen Tugenden Glaube, Liebe und Hoffnung.

Da der Mensch ein soziales Wesen sei, lebt er in einer Gemeinschaft, organisiert über einen Staat, der dazu die Rahmenbedingungen liefern kann, nämlich Frieden und Wohlstand. Es entspräche eben der natürlichen Bestimmung des Menschen, in Gesellschaft mit vielen zu leben. Wobei durchaus die Staatsgewalt mit aristokratischen und demokratischen Anteilen gemischt sein könne, wenn er es auch richtiger fände, dass nur einer regiere statt vieler (nach Salomo: „Wo kein Regent ist, zerstreut sich das Volk"). Dies sei auch im Einklang mit der Natur, denn auch dort gehe alle Bewegung von einem Einzelnen aus. Wo mehrere herrschen, komme es regelmäßig zu schädlichen Zwistigkeiten („Die vielen Hirten haben meinen Weinberg zerstört." Bibel). Allerdings führe die Macht eines ungerechten Königs der Gesellschaft schwersten Schaden zu, denn sie verkehre den gebotenen Dienst am Gemeinwohl in individuelle Selbstsucht. Und wie die Geschichte lehre, könne Tyrannei in das schlimmste aller politischen Übel umschlagen.

Widerstreitende, individuelle Interessen wären seiner Ansicht nach auszugleichen und dem Gemeinwohl unterzuordnen. Dazu bedürfe es einer Autorität – der Staat lenkt und der Einzelne hat zu gehorchen. Seiner Zeit entsprechend sei dies die Monarchie. Sie verhelfe den Tugenden zum Durchbruch und der Kirche zum Erreichen der Glückseligkeit. Folglich stehe die Autorität der Kirche über der der weltlichen Dinge – und so dominierte die Kirche die folgenden Jahrhunderte mit großer Machtfülle.

Zwar verschwand nach dem Untergang des Römischen Reichs die demokratische Idee weitgehend in Europa, wenn auch die verschiedensten Stämme, Gesellschaften und Nationen ihre unterschiedlichen Führungstraditionen weiter pflegten und entwickelten. Erst ab dem 13. Jahrhundert waren wieder erste Ansätze demokratischer Bewegungen, z.B. in England wie auch in einigen mediterranen Stadtstaaten, zu erkennen. Dennoch dominierten überwiegend feudale Grundformen und absolute Monarchien mit diktatorischer Überzeugung, denen die Massen schutzlos ausgeliefert waren.

4.2. Einflüsse der Aufklärung

Gegen Ende des späten Mittelalters begannen nun vereinzelt erste Philosophen, dann Staatsmänner und mit „Staatskünsten" Betraute – nach Jahrhunderten des dunklen Mittelalters –, wieder vertiefend über Staatsformen und deren Mechanismen, über Ethik und Regeln zur Führung des Staates nachzudenken, zu vergleichen und auch darauf einzuwirken.

Ohne nun zu sehr ins Detail gehen zu wollen – dafür würden unzählige Untersuchungen, Bände von Literatur und vermutlich auch ein Menschenalter nicht reichen –, ist zu versuchen, wesentliche Erkenntnisse namhafter und anerkannter Persönlichkeiten dieser Zeit (wenn durchaus auch eine gewisse Willkürlichkeit nicht auszuschließen ist), deren unterschiedlichsten Erkenntnisse und Beurteilungen herauszuarbeiten, um so einen Eindruck aus Erfahrungen und Einstellungen zum Wesen von Staaten ihrer Zeit abzuleiten, vielleicht auch als Bindeglied antiker Erkenntnisse bis zu den heutigen wesentlichen Staatsformen.

Dabei dürfen wir insbesondere nicht vergessen, dass in dieser Periode (im europäischen Raum) Staatsführung vorwiegend klerikal geprägt und von der Religion weitestgehend vorgegeben, daher durch die Gnade Gottes bestimmt und durch die Bibel gesetzlich geregelt war. Noch stringenter gilt diese Aussage für die angrenzenden islamischen Gebiete. So spiegelt sich im Denken der großen Geister dieser Zeit tiefe Religiosität (bei dennoch ersten liberalen Ansichten) wider, bestimmt durch vorherrschend monarchische und feudale Strukturen, als sowohl Ableitung aber auch Widerspruch zu biblischen Geboten wie auch Erfahrungen aus unterschiedlich praktizierten Staatskünsten und autonomen Verhalten individueller Herrscher. Über Denker, die Machterhalt und -ausweitung des Herrschers mit ihren Anregungen voll unterstützen, bis zu jenen, die die Funktionen des gesamten Staates mit seinen internen Strukturen kritisierten und bereits auf säkulare Ansätze erster Trennungen von Staat und Religion verwiesen, und damit zwangsläufig unter scharfe Kritik der Kirche gerieten, reichte die philosophische Bandbreite.

Niccoló Macchiavelli (1469-1527): Eigentlich war er Beamter in Florenz, bei wechselhafter Anerkennung. Er war Diplomat, Philosoph, Historiker und Schriftsteller, mit bedeutendem Einfluss auf die weitere Politikwissenschaft über sein Werk „Der Fürst". Mit seinen Vorgaben für Fürsten und die Stadt Florenz – unter anderem als militärischer Führer bei Auseinandersetzungen mit Pisa – versuchte er, in Anlehnung an seine Studien über die alten Griechen und die römische Republik, immer wieder seine Fähigkeiten, mit Anleitungen und Beratung wie ein Staat zu führen und Macht zu erhalten wäre, zu beweisen – mit variablem Erfolg. Dennoch erkennen wir bei

Machiavelli eine grundsätzliche Veränderung des Zusammenhangs von Tugend und Herrschaft, die in dieser direkten, teils brutalen Form kaum wieder – außer in Zitaten – zum Ausdruck kommen wird (evtl. abgeschwächt bei Max Weber). Kein Wunder, sind doch seine Erkenntnisse und Überzeugungen so pragmatisch und praktischen Erfahrungen entsprechend, dass sie nicht nur vielfach von Philosophen zitiert, sondern bis heute gelesen, aber auch geübt werden. Seine Einstellungen erkennen wir schon in der Aussage, dass „ein Mensch, der sich in jeder Hinsicht zum Guten bekennen will, zugrunde gehen muss inmitten von so vielen anderen, die nicht gut sind. Daher muss ein Fürst, wenn er sich behaupten will, die Fähigkeit erlernen, nicht gut zu sein." Wenn Machiavelli der Religion auch einen hohen Stellenwert beimisst, so sieht er sie dennoch nur als Stabilisierung für die Staatsgesinnung – und der Fürst habe sich ihrer Hilfe zu bedienen.

Herrschaft und Staatsführung unterliegen einem ständigen Wechsel und die Einflüsse seien schwer vorhersagbar, deshalb könne der Herrscher sich nicht erlauben, sein politisches Handeln nur am Ideal der Tugend zu orientieren. Es liege im Interesse einer erfolgreichen Politik diese Umstände zu berücksichtigen, gelte doch „Eid und Treue nur so lange, als der Vorteile es erheischt [...], je leichter und sicherer der Betrug, umso größerer der Ruhm [der gewährt wird]. So werden böse Menschen als kluge gelobt und gute als einfältig." So müsse der Fürst „eine Gesinnung haben, auf der er bereit ist, sich nach dem Wind des Glücks und dem Wechsel der Umstände zu drehen [...], aber sich zum Bösen zu wenden, sobald es nötig ist." Schlussendlich entscheide immer der Erfolg – „spricht auch die Tat gegen ihn, so entschuldigt ihn doch der Erfolg." Und dennoch ist für Machiavelli das Gesamtwohl entscheidend, da der Staat einzig und allein dafür da sei, den Bürgern Schutz und Freiheit zu gewähren. Machiavelli ist dabei geprägt von der bürgerlichen Demokratie, wie er sie teils in Florenz erlebt hat.

Der Religion räumt Machiavelli so eine wesentliche und begleitende Funktion in der verfassungsgebenden Institution des Staates ein. Wenn auch nicht klar ist, wie er selbst zu ihr steht, sieht er sie doch mit ihren ethischen Grundlagen als wesentliches Instrument zur Stabilisierung eines Staates und damit einzig und allein als Nutzen den sie damit für den Staat haben kann. Er ordnet ihr somit einen hohen Stellenwert in der Staatsgesinnung und in ihrem Beitrag für die soziale Ordnung und in den Regeln der Moral zu.

Als militärischer Stratege und Milizführer schätzt er den hohen erzieherischen Wert des Militärs, wobei die Qualität des Heeres seines Erachtens auch mit der Qualität der Gesetze korreliert. Im Sinne einer erfolgreichen Politik (für den Fürsten; aber in weiterer Folge damit auch für die Bürgerschaft) sei der Einsatz aller Mittel je nach Zweckmäßigkeit gerechtfertigt, egal ob ethisch begründbar oder nicht. So hatte Machiavelli mit seiner durchaus pragmatischen Beurteilung menschlichen Verhaltens tief greifende Auswirkungen auf die politischen Führer seiner Zeit; bis heute (bei zwischenzeitiger „Verteufelung") – vervielfältigt durch die neuen Möglichkeiten des Buchdrucks. Wenn uns seine Aussagen auch unmenschlich und brutal erscheinen, sind sie dennoch nicht realitätsfern und – insbesondere in seiner Zeit – weitgehend plausibel und gängig, denn von den Menschen sagt er: „Sie sind undankbar, wankelmütig, heuchlerisch, scheuen die Gefahr und sind gewinnsüchtig." So toleriert er zwar die Grausamkeiten bei der Erschaffung und Sicherung neuer Staatengebilde, lehnt sie dann jedoch nach erfolgter Stabilisierung wieder ab. Allerdings fordert er von dem Fürsten Tüchtigkeit und Unterstützung der Bürger: „So muss der Fürst Milde, Treue, Menschlichkeit, Redlichkeit und Frömmigkeit zur Schau tragen und besitzen, aber wenn es nötig ist, sie in ihr Gegenteil verkehren" – wenn Machiavelli selbst auch wenige Fürsten mit diesen Eigenschaften gekannt haben dürfte.

Thomas Hobbes (1588-1679), als Sohn eines Geistlichen, in England geboren, war nach Absolvierung der Hochschule Lehrer in mehreren aristokratischen Häusern, beschäftigte sich mit Mathematik und Physik und erlebte in den politischen Unruhen die vielfältigeren Gräueltaten aus politischen, gesellschaftlichen und religiösen Auseinandersetzungen, die offensichtlich sein 1642 vollendetes Werk „Der Leviathan" (der Staat) prägten. Bei viel Annerkennung bereits in seiner Zeit, versuchte dennoch die Geistlichkeit seine Lehre weitgehend zu verhindern. Auch Hobbes beeinflussten ganz entschieden die Verhältnisse in dem durch Bürgerkrieg gebeutelten britischen Königreich. So solle eben ein souveräner Staat vor allem den Krieg aller gegen alle, einen Bürgerkrieg, ausgelöst durch die „zerstörerische Wolfsnatur" des Menschen, verhindern. Er erkannte schon um 1600, dass die Gesinnungen und Leidenschaften der Menschen, so verschieden sie auch immer sein mögen, dennoch große Ähnlichkeit untereinander haben, sobald ein jeder über sich selbst nachdenkt.

Verbunden mit feudalen Strukturen, ist einerseits die Berufung des Monarchen (des „Oberherrn") seiner Ansicht nach gottgewollt, der andererseits aber auch der Bibel verpflichtet sei. Diese soziale Verantwortung zwinge ihn nun doch auch, die Gesinnungen und Leidenschaften der Menschen der Nation zu erkennen und sich damit auseinanderzusetzen („Bedenke das Ende!"). So ergebe lange Erfahrung Klugheit und breite Wissenschaft Weisheit, womit Hobbes ebenfalls eine Reife des Herrschers voraussetzt – nämlich die Vernunft. Die Ungleichheit jedoch unter den Verstandeskräften bewirke individuelles Streben nach Macht, Reichtum und Ansehen, das Hobbes jedoch als ehrenvoll (sic!) voraussetzt – es seien eben die Zeichen der Macht.

Und was die Ehre betrifft, so sei die Handlung gerecht oder ungerecht, darauf achtet man nicht. Denn schon in früheren Zeiten habe das Rauben zu Wasser und zu Lande mehr Ehre als Schande gebracht. Die Bereitwilligkeit zum Gefecht sei immer ein

Zeichen der Tapferkeit. Das Glück des Erdenlebens besteht seines Erachtens nicht in ungestörter Seelenruhe, sondern es erfordere Fortgang von einem Wunsch zum anderen, um bei der Erreichung des ersten immer auch dem nachherigen den Weg zu bahnen. Der Mensch möchte sich nicht nur ein Gut verschaffen, sondern es sich auf immer sichern. Und dieser Wunsch nach Reichtum, Ehre, Herrschaft und Macht, stimme den Menschen zum Streit, zur Feindschaft und zum Krieg, denn dadurch bahne man sich den Weg zur Erreichung seiner Wünsche.

Und über die Frage „Was ist recht, was ist ungerecht?" wird mit Lügen und Gewalt gestritten. Deshalb sei es ein Muss, dem Menschen auch die gewaltsame Vermehrung seiner Besitzungen, um der nötigen Selbsterhaltung willen, zuzugestehen. Macht und Ruhmsucht würden folglich das Gleichgewicht halten. Hobbes geht dabei von den Naturgesetzen, von der Vernunft, als Basis der Gesetze aus. Diese Vernunft lehre, dass keiner dasjenige unternehmen darf, welches er schädlich für sich selbst anerkennt, also auch dem Gewissen unterworfen ist. Wie z.B. ein weiteres Naturgesetz (als Fundament des demokratischen Staates), dass alle Menschen von Natur aus gleich seien. Und so zitiert er das Evangelium: „Was ihr wollt, dass solche Leute tun sollen, das tut ihnen auch" (wie auch den Umkehrschluss). Daraus leitet er Gerechtigkeit ab. So entstand für ihn mit dem Staat Eigentum und Gerechtigkeit zu ein und derselben Zeit. Und wieder finden wir hier, in etwas anderer Form, die Goldene Regel.

Im zweiten Teil seines „Leviathans" beschreibt er die Notwendigkeiten, Freiheit und Gemeinschaft des Einzelnen, mit Furcht vor Strafe, einschränken zu müssen und so die Einhaltung der Naturgesetze, Gesetze und Verträge zu sichern – die jedoch „das Gefühl des Menschengeschlechts" in sich bergen sollten. Ausgenommen bleibe dennoch der „Oberherr". Der Oberherr habe uneingeschränkte Herrschaft, erworben durch Gewalt oder durch Fortpflanzung. Er bleibe oberster Gerichtsherr, egal wie widersprüchlich er sich auch dazu verhalte – er sei eben den bürgerlichen Gesetzen nicht unterworfen, da doch jedes beträchtliche Übel im Staat gewöhnlich aus Widrigkeiten der Bürger und Verletzung der Verträge, auf denen der ganze Staat beruht, entstehe. So sind es Machtstreben, Gier und Hass, Kräfte, die eben unser Zusammenleben bestimmen. Darum könne sich seiner Ansicht nach öffentliche Gewalt auch nicht auf Ethik stützen, sie beruhe doch nur auf persönlicher Überzeugung. Er kritisiert auch Aristoteles, der lehrt, dass nur in der Demokratie Freiheit herrscht. Diese führe unter dem täuschenden Vorwand von Freiheit, zur Begünstigung von Aufruhr und geschehe dann mit der Vergießung einer Menge Blutes (Anm.: was schlussendlich den Abendländern das Erlernen der griechischen und lateinischen Sprache wahrlich teuer zu stehen kam). So lehnt er es auch ab, im Menschen ein von Natur aus für die Gesellschaft geeignetes Wesen zu sehen, wie es die alten Griechen als „zoon politicon" annahmen.

Von den drei Staatsverfassungen kommt für ihn daher nur die Monarchie infrage. Die Tyrannei oder Oligarchie drücke nur den Widerwillen gegen den Volksführer aus. Die Errichtung eines Staates erfordere so Zeit und einen geschickten Meister, wenn ein solcher Staat dauerhaft sein und nicht durch Umsturz zugrunde gerichtet werden soll. So verurteilt Hobbes auch die Veröffentlichung von Schriften über demokratische Formen, könne doch dem daraus entstehenden Übel nur durch verständige Lehrer vorgebeugt werden (wobei er an anderer Stelle darauf drängt, dass der Bürger gut unterrichtet werden soll).

Dennoch finden wir auch bei Hobbes bereits interessante, auch in heutiger Zeit allgemein anerkannt gültige Voraussetzungen: „Unbillig würde es sein, denjenigen, welcher sich durch Fleiß und Sparsamkeit seinen Unterhalt verschafft hat, mehr aufzuerlegen als einem anderen, der durch Faulheit und unnötig Aufwand das Seinige durchgebracht hat [...]. Die Abgaben nur dürfen nicht nach Personen, sondern müssen nach den größeren oder geringeren Bedürfnissen derselben erhoben werden [...]. Im Notfall könne man fehlendes Eigentum nehmen – folgerichtig müssen diese, um nicht zur Last zu fallen, vom Staat ernährt, nicht aber der etwaigen Wohltätigkeit einzelner Bürger überlassen werden. Aber die Tauglichen müsse man auch dazu anhalten. Sollte übrigens das Land nicht mehr imstande sein seine Einwohner zu ernähren, so bleibt Krieg das letzte Hilfsmittel, wo sie entweder siegen oder sterben müssen." Also erste Ansätze, individuelle (soziale) Interessen in einer Gesellschaft auch gesetzlich zu regeln.

So entwickelt er bereits erste Grundlagen liberalen Denkens, mit Rechten des Einzelnen und einer „natürlichen" Gerechtigkeit für alle, und dass eine legitime politische Macht auf der Zustimmung des Volkes beruhen muss. Er unterstellt zwar liberales Denken, aber da der Mensch egoistisch sei, nach eigenem Vorteil strebe, lehnt er dennoch die Demokratie ab, da hier nicht Vernunft, sondern Emotionen regieren. Er fordert so den Staatsabsolutismus. Individuelle Freiheiten seien dem Wohle des Staates unterzuordnen. Frei sei somit, was der Staat erlaubt, unrecht, was er verbietet. Da doch im Naturzustand ein „Krieg aller gegen alle herrscht", suche der Mensch Rechtsschutz und Sicherheit, Dinge, die sich im Naturzustand nicht erreichen lassen, deswegen gründen die Menschen den Staat über einen Gesellschaftsvertrag, als reine Zweckmäßigkeit. Zwischen den Staaten besteht aber weiterhin der Naturzustand.

John Locke: (1632-1704): Universalist, englischer Philosoph und Arzt. Hohe politische Ämter wechselten sich mit politischer Verfolgung ab. Vordenker des Liberalismus und Begründer der modernen Erkenntnistheorie: „Nicht im Verstand ist, was nicht zuvor in der Sinneswahrnehmung war." Es sei das Bewusstsein, das sich kontinuierlich verändert, und im Sinne der Staatsbildung: „Im Naturzustand herrscht ein natürliches Gesetz, das für alle verbindlich ist", es ist die Grundlage der Staatsordnung. Er betont (im Gegensatz zu Hobbes und später Rousseau) die Freiheits- und Eigentumsrechte des Staatsbürgers gegenüber dem Staat wie auch die Unverletzlichkeit der Person, abgesichert durch eine Gewaltenteilung in Legislative und Exekutive. Würden die Rechte nicht gewährleistet sein, wirke der „Naturzustand" (der Kampf aller gegen alle – wie bei Hobbes).

Durch „die Übereinkunft einer der Mehrheitsbildung fähigen Anzahl freier Menschen" ergebe sich, und einzig daraus, der „Anfang für jede rechtmäßige Regierung." Der natürliche Selbsterhaltungstrieb des Einzelnen wie später dann auch des Staates, zwinge zu einem Gesellschaftsvertrag, als Basis aller politischen Theorien, mit all den ökonomischen Verknüpfungen.

Der Mensch erwirkt durch seine Leistung, seine Arbeit, Eigentum. Später leitete sich daraus die Frage des objektiven Preises einer Leistung ab, die dann Marx mit seiner Theorie des Mehrwerts aufgreift. Ein quasi-ökonomisches Gesetz, das über die menschliche Natur wirkt und in weiterer Folge in einen Geld- und Warenverkehr mündet, als offensichtlich zwingende Voraussetzung gegen drohende Auflösung. So ist für Locke auch die Erschließung des Landes und die dann richtige Nutzung die Kunst einer Regierung (er ist beeinflusst von der beginnenden Kolonialisierung durch die europäischen Staaten). Daraus ergebe sich die Ableitung einer gewissen Kontinuität des Gesellschaftsvertrages, der wiederum Vertrauen, und damit Sicherheit biete. Es sei der gesamtökonomische Vorteil, der sowohl zur Vernunft wie auch zur staatlichen Zusammenarbeit bewege, allerdings mit der Logik von Verteilungskonflikten, als ein ständig wirkender Prozess, mit all den Fragen zur kontinuierlichen Steigerung der Lebensqualität. Mit seinen liberalen Ansichten kennzeichnet er schon den Übergang zur Aufklärung.

Gottfried Wilhelm Leibniz (1646-1716): Als vielseitiges Genie, Naturwissenschaftler, Mathematiker, Historiker, Philosoph, gab er nachfolgenden Wissenschaftlern vielfältige Anregungen. Geprägt von seiner Suche nach Harmonie („Optimismus"), definiert er insbesondere das Naturrecht als Stufenfolge der Vergesellschaftung, die das politische Denken der bürgerlichen Gesellschaft, des Staates, im Wesentlichen bestimme. Eine natürliche Gemeinschaft entspreche dem Willen der Natur. Die Natur gebe Begierde und Kräfte, um Wirkungen zu erfüllen. Sie tue nichts vergebens. Das Naturrecht, das natürliche Recht, sei etwas, was die natürliche Gemeinschaft erhält. Sie beginne mit Mann und Weib, setze sich fort im Verhältnis der Eltern zu den Kindern, dann zwischen Herr und Knecht, weiter in der natürlichen Gemeinschaft der Haushaltung und der bürgerlichen Gemeinschaft, und schlussendlich in der Kirche Gottes – sie verbinde die ganze menschliche Gesellschaft.

Charles de Montesquieu (1689-1755): Als Angehöriger eines angesehenen französischen Adelsgeschlechts und hineingeboren in die religiösen Wirrnisse der Zeit, hat er sich von den klerikalen Fesseln einer Staatsführung befreit und – durch seinen langjährigen Aufenthalt in England und dem begleitenden Studium der von Locke beeinflussten Staatspraxis – prägen lassen und in seinem bedeutendsten Werk „Vom Geist der Gesetze", eine Dreiteilung der Staatsgewalten in Legislative, Exekutive, und erweitert nun um die Judikative gefordert. Wenn auch die drei Staatsgewalten – nach seiner Überzeugung unter der Oberhoheit eines vererbbaren Souveräns, eines Monarchen – von aristokratischen, feudalen Vertretern repräsentiert werden würden. Politische Parteien, wie wir sie heute kennen, waren ihm zu dieser Zeit noch nicht bekannt.

Zu jener Zeit unterlagen solche Schriften der Zensur. Der Druck seiner Schriften war daher im Ausland unter Pseudonym notwendig. Allerdings muss man sich vorstellen, dass auch nur ein verschwindend kleiner Teil der Bevölkerung sowohl Zugriff zu solchen Werken hatte wie auch imstande war sie zu lesen und zu verarbeiten. Für Paris schätzt man, dass zur damaligen Zeit vielleicht um 5.000 bis 10.000 Personen Zugriff auf Literatur hatten, wobei davon wieder nur ein sehr kleiner Personenkreis tatsächlich als Leser infrage kam, man daher alles andere als von einer Breitenwirkung sprechen kann. Lange Jahre als hoher Gerichtsbeamter, kannte er sowohl die lokalen Verhältnisse des Gerichtswesens wie auch – durch seine jahrzehntelangen Aufenthalte in den einschlägigen Kreisen der Pariser Gesellschaft sowie durch seine ausgedehnten Auslandsreisen – die politischen Verhältnisse und erlebte die philosophischen Auseinandersetzungen während der Vorrevolution. Wie viele seiner berühmten Vorgänger, philosophierte er über Verfall oder Niedergang von Kulturen in ihrer Spätzeit. Eine „Dekadenz", die in der menschlichen Natur begründet sei. Der Mensch sei – nach ihm – umso machtgieriger, je mehr er an Macht besitzt. So gebe es keine absolutere Gewalt als die eines Monarchen, da ein Volk sich nicht selbst Grenzen setzen könne. Und trotz seiner atheistischen Einstellung, empfahl er zur Stabilisierung von Sitten und Gebräuchen die Religion. Alles wäre jedoch verloren, wenn ein Mensch oder eine Körperschaft alle drei Gewalten ausüben würde, wenn sie sowohl die Macht hätten Gesetze zu geben, öffentliche Beschlüsse zu vollstrecken und Abweichungen zu richten. So habe der regierende Monarch auf Basis von Grundgesetzen zu herrschen, vor allem mit exekutiver Kompetenz. Parlamente haben ein Einspruchsrecht und das Oberhaus, vertreten durch den Adel, nehme an der Gesetzgebung teil und dem aus einer Volkswahl hervorgegangen Unterhaus stehe die Legislative zu.

Die Regeln des Zusammenseins von Menschen wurden bis in das 17. Jahrhundert hinein als Befehle verstanden – abgeleitet vom Naturrecht. Er sieht bereits, dass der Staat die Sorge für Greise, Kranke und Waisen zu übernehmen hat. Und Revolutionen seien zugleich auch Restaurierung. Um Machtzuwachs zu vermeiden, sei die

Funktion staatlicher Behörde zeitlich zu begrenzen. Sein Verständnis des Gewaltenteilungsprinzips finden wir dann bereits in der amerikanischen Verfassung von 1789 und in weiterer Folge in allen demokratischen Prozessen weltweit, wenn er auch nicht davon ausging, dass alle drei Gewalten durch das Volk bestimmt werden.

Jean-Jacques Rousseau (1712-1778): Genfer Philosoph. Seine politische Theorie beeinflusste die Französische Revolution – hier besonders Robespierre –, aber auch die Amerikanische Revolution sowie ganz bedeutend weiteres politisches Denken. Für ihn stellte sich die Frage wie das ursprüngliche Wesen des Menschen aus seinem Naturzustand (der nicht mehr existiere) mit der Existenz in der Gesellschaft, d.h. im Staate, und mit der Notwendigkeit der Erziehung in Einklang zu bringen sei (sein Roman „Emile"). Das Denken der Aufklärung – gegen den allgemeinen Trend – schien ihm fragwürdig, zerstöre seiner Ansicht nach jede eigenständige Individualität. Er befürchtet Gleichförmigkeit, alles Ursprüngliche und Natürliche gehe dabei unter – vielleicht als Ausdruck seiner eigenen Instabilität, Eigenbrötlerei und Verletzlichkeit. Aber genau damit, wie die Nachwelt anerkennt, „entdeckte er zuallererst [...] die tief verborgene Natur des Menschen" (Kant). Nicht der Verstand, sondern das Gefühl sei das Ursprüngliche im Menschen, denn die Wahrheit liege primär nicht im Denken, sondern [...] in der Gewissheit des Herzens. Es gebe im Inneren der Seele ein angeborenes Prinzip der Gerechtigkeit und Tugend, das Gewissen.

Aus diesem Grübeln ist sein Kampf für und um die Gesellschaft verständlich, die in ihren Formen, wie sie sich darstellt, erst für alles Übel verantwortlich sei. So beginnt für Rousseau die Gestaltung der Gesellschaft bei der Bildung, zur Entfaltung der Individualität, einer Freiheit. Der Mensch werde zwar frei geboren, „aber liegt überall in Ketten", und mit der Schaffung des Eigentums begännen die Ungleichheiten. Allerdings wird es nun bei ihm etwas holprig, widersprüchlich. Zwar soll einerseits alles Eigentum beim Staat liegen und an die Individuen „als Eigentum zurückgegeben werden", und andererseits soll aber jeder auch bereit sein Freiheit dafür aufzugeben, zugunsten des Staates, der Volkssouveränität. Aus dieser Diskrepanz, die wir aus heutiger Sicht natürlich anders beurteilen können, versucht er Freiheit zwar als Gehorsam gegenüber dem Gesetz, gegenüber der Autorität, des allgemeinen Willens des Volkes, des Souveräns, neu zu definieren: Sie wäre, im Sinne eines (stillschweigenden) Gesellschaftsvertrag, als Gemeinwille, als volonté générale – idealerweise als direkte Demokratie – zu bestimmen. Er übersieht allerdings eben die Eigenheiten des Menschen, die er selbst eingangs so kritisch und emotional umschreibt und die eben durch Bildung alleine vermutlich doch nicht auszuschließen sein werden. Seine Einstellung ist aus seiner Zeit zu verstehen, im Sinne des sich ankündigenden Zusammenbruchs der feudalen Systeme und der überall herrschenden Willkür der Mächtigen.

Freiheit und Gleichheit seien daher der Zweck staatlicher Gesetzgebung. Die Souveränität, die legislative Gewalt, gehöre dem Volke, das der Regierung die exekutive Gewalt verleiht. Eigentum könne aus nichts anderem als aus Handarbeit entstehen meint er, denn man vermöge nicht zu sehen was der Mensch beisteuern könne, um sich die Dinge anzueignen die er nicht geschaffen hat, außer durch seine Arbeit. Das Entstehen des Eigentums jedoch spalte die Menschheit in Klassen und fördere Kriege. Es gebe Müßiggänger und Produzenten, Eigentümer und Eigentumslose. In diesem Zusammenhang offenbare sich das Eigentum als die Ursache des gesamten gesellschaftlichen Unglücks – über die Entstehung eines „alles verschlingenden Ehrgeizes", „künstlicher Leidenschaften" und der „Sucht, sein Glück auf Kosten anderer" zu machen. Ferner schreibt er: „[...] alle diese Übel sind erst Wirkung des Eigentums und das untrennbare Gefolge der entstehenden Ungleichheit." Der Mensch entfremde sich. Und sobald die Meinung in der Ausübung öffentlicher Angelegenheiten zu „Was geht's mich an?" umschlüge und öffentliche Interessen sekundär werden würden, sei der Staat verloren. Deswegen könne Souveränität, der Gemeiner viele, nicht vertreten werden. Abgeordnete seien nur Beauftragte. Jedes Gesetz sei daher vom Volk selbst zu beschließen.

Privateigentum stelle sich so als Hauptursache für die Klassenspaltung dar. Durch die Akkumulierung privater Güter entstehe Antagonismus und Zwiespalt zwischen individuellem Wohl und Gemeinwohl, das nun gezügelt werden müsse, dass daraus Gemeinwohl im Interesse aller Individuen resultiere.

David Hume (1711-1776): Jurist aus Edinburgh, Historiker, Philosoph und Nationalökonom. Er war Bibliothekar und später Unterstaatssekretär und eng befreundet mit Adam Smith. Er teilte mit ihm wesentliche moralische Ansichten. Schwerpunkte waren seine erkenntnistheoretischen Arbeiten über menschliches Wissen, den Verstand. Er beeinflusste die moderne Ethiktheorie („A Treatise of Human Nature", „Vom menschlichen Verstand, von den Leidenschaften und von der Moral"). Der Mensch handle nicht rational noch wesentlich verschieden von der Vernunft der Tiere, sondern sei beeinflusst durch seine Triebe, und sein Geist verändere sich ständig, getrieben durch seine Instinkte. Hume entfernt sich (und das für seine Zeit) von der Anerkennung der göttlichen Einsicht und ordnet den Menschen der Natur zu. So sind für ihn Religion und Moral zwei verschiedene Gebiete, stehen die Tugenden des Menschen, seine moralischen Pflichten, in einem Spannungsverhältnis mit den ökonomischen Interessen der Mitglieder des Gemeinwesens.

Von Cicero beeinflusst, beschäftigt er sich mit der Erkenntnis, dem Denken, und leitet daraus ab, dass es keine Kausalität von Ursache und Wirkung gebe. Die Wirkung, die Moral, beruhe für ihn auf zwei Prinzipien – der Selbstliebe und der Sympathie, eigentlich des Mitgefühls. Seiner Ansicht nach solle sich der menschliche Verstand daher streng an die Erfahrung halten. Er ist Empirist: „Unsere Vernunft kann niemals ohne den Beistand der Erfahrung irgendwelche Ableitungen in Bezug auf wirkliches Dasein und Tatsachen vollziehen." Verstand und Vernunft können daher von sich selber her keine Wahrheiten erfassen. Übrig blieben die Sinneseindrücke. Sie bilden allein Grundlage für alles wahre Erkennen. Daraus entwickelt er die Kritik am Grundsatz der Kausalität. Indem wir annehmen, dass alle Vorgänge kausal seien – was er eben kritisiert –, bewegen wir uns in der Vorstellung einer geordneten Welt, als eine „wohltätige Täuschung." Resultat seiner Philosophie: „Die ganze Welt ist ein Rätsel, ein unerklärliches Mysterium. Zweifel, Ungewissheit, Entfaltung des Urteils sind das einzige Ergebnis, zu dem die schärfste und sorgsame Untersuchung uns führen kann." Hume ist in jeder Hinsicht Empiriker und damit ein konsequenter Vertreter der Aufklärung.

Er unterstützte die Freiheit der Presse (der Meinung) und sympathisierte mit der Demokratie. Grundsätzlich optimistisch sah er die gesellschaftliche Entwicklung – dank der wirtschaftlichen Prosperität durch die Expansion über den Handel – vom Stadium der „Barbarei" hin zur Zivilisation. Zivilisierte Gesellschaften sind seiner Ansicht nach offener, friedfertiger und sozialer – als Resultat seien daher ihre Bürger glücklicher. Er verteidigt eine klare Teilung der Macht im Staate, eine Dezentralisierung, die jedem die Freiheit geben solle Eigentum zu erwerben, und fordert auch eine beschränkte Macht der Geistlichkeit. Ferner wären periodisch Wahlen abzuhalten und die Repräsentanten sollten unbezahlt bleiben (alles für ihn natürlich nur ideal aus Sicht Großbritanniens). Hume war realistisch genug zu erkennen, dass vergleichbare Regierungsformen für andere Kulturen nicht unbedingt ideal sein müssen und außerdem würden Staats- und Regierungsformen nie endgültig sein, da sie einem ständigen historischen Wandel unterlägen.

Die Aufklärung war die Zeitepoche, in der sich länderübergreifend Kontakte intensivierten, die klerikale Dominanz Brüche bekam und durch die Verbreitung des Wissens, über Kommunikation und Gedankenaustausch, sich Einstellungen zum Staat und seiner Gestaltung neu zu formen und der Mensch seine menschlichen, emotionalen Eigenheiten zu verstehen und zu akzeptieren begann, die feudale Gesellschaftsordnung infrage stellte – ausgelöst durch die individuellen und wirtschaftlich desolaten Zustände der Massen, formuliert und beeinflusst durch aufstrebende Vertreter ihrer Interessen. Ein Prozess von 200 bis 300 Jahren, bis er in den beiden großen, annähernd parallelen Revolutionen in Frankreich und Amerika, im Durchbruch der ersten Demokratien neuerer Zeit mündete. Damit hatte sich aber auch die Welt grundlegend gewandelt, war nicht annähernd vergleichbar mit den Jahrtausenden der Menschheit davor. Mit ihr wurden auch die alten Grundlagen der Gesellschaftsordnung, der Ökonomie und der feudalen Herrschaft zu Grabe getragen.

Ständig neue Wissensbereiche wurden gegründet und zweigten sich ab. Die Explosion des Wissens, deren technische Umsetzung, revolutionierte selbst die politischen Prozesse und damit das Verhalten der Menschen. Aufgeschlossen begannen sie Zusammenhänge und Erkenntnisse zu erfahren, die Welt sich untertan zu machen. Das Individuum stand nun zunehmend im Mittelpunkt allen Geschehens. Gut zwei weitere Jahrhunderte sollte es dauern, bis – nach einem unendlichen geistigen, kulturellen und politischen Auseinandersetzungsprozess – wir heute wieder an einer neuen, die Menschheit gravierend beeinflussenden Schwelle stehen dürften.

4.3. Neuere Zeit

Herausragende Werke und die wissenschaftliche Aufbruchsstimmung des 19. bis Beginn des 20. Jahrhunderts, prägen das politische Denken neuerer Zeit. Zwar hemmten während und zwischen den beiden Weltkriegen die katastrophalen Kriegsereignisse und politischen Wirrnisse die Kontinuität der wissenschaftlichen Entwicklung in Europa, wie auch der enorme Abfluss geistiger Kompetenz aus Mitteleuropa fachlichen Tribut verlangte (von dem sich Europa bis heute nicht völlig erholt hat), insbesondere die Politologie sich erst wieder neu formen musste, nun aber die Wissenschaft wie die Politik vor völlig neue, noch nie erfahrene Fragen stellt.

Eines können wir bereits mit Gewissheit aus den Erkenntnissen der alten Philosophen, aber auch der erlebten Geschichte ableiten: Kontinuität eines Staates bedingt Autorität. Nur, welcher Art wäre nun diese Autorität? Nach den alten Griechen, so bis in das 4. Jahrhundert n. Chr., erwartete man von gediegener Staatsführung geistige Autorität – Philosophen sollten den Staat lenken und Könige Philosophen sein (Platon) – und mit möglichst klassischer Bildung. Erweitert dann sollten das „Gute", Tugenden und Ethik, geformt über Bildung und den Dialog (Aristoteles), die Fundamente bilden. Nach Augustinus begann sich das langsam zu ändern. Die zwar noch immer klassisch-geistige Autorität, war bei ihm jedoch eine Erfahrung des Herzens, durchaus, wenn es sein muss, auch über Märtyrertum. Hobbes stellte hingegen wieder die unlimitierte Macht des „Oberherrn" in den Mittelpunkt, der selbst, im Sinne der Wohlfahrt des Staates Gesetze, sogar Naturrecht beugen durfte. Und nun, im Zuge der Aufklärung, drängte immer stärker das Individuum mit seinen persönlichen Rechten, dem Wunsch nach Freiheit und Gerechtigkeit, aber auch seinen „Irrationalitäten" in den Mittelpunkt und das religiöse Präjudiz verlor seine Macht (Schwächten sich damit auch die ethischen Fundamente ab?).

Immanuel Kant (1724-1804): „Handle so, dass die Maxime deines Willens jederzeit zugleich als Prinzip einer allgemeinen Gesetzgebung gelten könnte", ist sicherlich eine der berühmtesten Aussagen Kants – der kategorische Imperativ, das „Grundgesetz der reinen praktischen Vernunft". Wem fällt dabei nicht die Ähnlichkeit mit der Goldenen Regel auf? Und weiter schreibt er: „Ihr liegt die Vernunft bereits a priori zugrunde", als die uralte Verbindung zu den Naturgesetzen, die als Grund unseres Handelns zu den von uns selbst gegebenen Gesetzen noch hinzutritt, den Spielraum unseres Handelns noch weiter einengt. So sind unsere natürlichen Triebe wie Gier, Furcht, Machtstreben und andere reguliert und begrenzt durch die öffentlichen Gesetze und Regeln sowie eben durch die (nur ethisch fassbaren) Naturgesetze, nämlich ergänzt durch vernünftige Einsichten, regional tradierte Formen und Ächtungen wie auch durch religiöse Auflagen – nämlich die

Sittengesetze und das eigene Gewissen. Ich bin also Vernunftwesen, als Individuum jedoch egozentrisch und egoistisch, reguliert durch die Gebote der Menschheit – als Grundlage meiner Handlung, eben einer allgemeinen Gesetzgebung, meint er. Mit der „Möglichkeit der Verknüpfung des allgemein wechselseitigen Zwangs mit jedermanns Freiheit", so quasi als ein ethisches Gesetz („trägt also summarisch die ganze Lehre des Rechts" in sich), bestimmen sich auch die Grenzen der Freiheit.

Insbesondere hier entwickelte sich sein Verdacht, dass „natürliche Gesetze" eben vorerst einer Definition der Moral, der Ethik bedürfen, was bis heute offen bleibt. Oder gilt doch „das Recht des Stärkeren" wie es später ins Naturrecht hineininterpretiert wurde? Danach ist der Übergang in einen Staat eben doch nur mit Gewalt möglich (als Erlaubnisgesetz, innerhalb des Naturrechts). Nun definiert Kant mit seinem Kausalgesetz noch den „Grundsatz der Zeitfolge nach dem Gesetz der Kausalität", das in uns seinen Ursprung hat und demzufolge wir in empirischen Gesetzen Naturgeschehen als Kausalität erkennen. Also auch Gewalt, als eigentliches Hemmnis der Definition von Moral und Ethik?

Das Problem einer Vereinbarkeit von theoretischer Moral und praktischer Politik bleibt. Jedenfalls (vergleichend mit Platon) ist nicht der Philosoph, als „Experte", zuständig für die Gesetzgebung, sondern „die allgemeine Menschenvernunft, worin ein jeder seine Stimme hat". Dies erweitert die Verpflichtung der Politik zur Gerechtigkeit, aber auch nach moralischen Grundsätzen: „Wenn du Frieden willst, so sorge für Gerechtigkeit."

„Die bürgerliche Verfassung in jedem Staat solle republikanisch sein", d.h. erstens nach den Prinzipien der Freiheit der Glieder einer Gesellschaft, zweitens nach den Grundsätzen der Abhängigkeit aller von einer einzigen gemeinsamen Gesetzgebung und drittens nach dem Gesetz zur Gleichheit gemäß einer Verfassung. Daraus erzwinge sich eine notwendige unmittelbare Mitwirkung aller Bürger bei der politischen Entscheidungsfindung (allerdings schloss er „die bloß mit der Hand Arbeitenden" kategorisch vom Bürgerstatus aus, wie auch Weib und Kind, d.h. zur Mitwirkung einzig nur jener, der „sein eigener Herr ist, mithin [...] Eigentum hat, welches ihn ernährt"). Und die Freiheit, als unveräußerliches Menschenrecht, sowie öffentliche Gewalt und die Gewaltenteilung, würden so die Gleichbehandlung sichern. Pragmatisch gilt jedoch nach ihm auch, dass die Autorität und nicht die Wahrheit darüber entscheide was gerecht sei, und die Gerechtigkeit nur Ergebnis staatlicher Gewalt bleibe. Und dass die Moral des Politikers darin bestünde, die Klugheit der Weisheit vorzuziehen, d.h. Handeln mit ethischer Effizienz, einer Gesinnungsethik. Darüber hinaus benötige jedoch alles, jede Veränderung ihre Zeit, nichts solle einem plötzlichen Umbruch unterworfen werden. Der Fortschritt zum Frieden sei dem Fortschrittsrhythmus der Menschen anzupassen.

Kant, als vermutlich der bedeutendste Philosoph der Neuzeit, beeinflusst so unser philosophisches und politisches Verständnis ganz wesentlich bis heute. Karl R. Popper nannte ihn einen Lehrer und Verkünder der Menschenrechte, der Gleichheit vor dem Gesetz, des Weltbürgertums, des ewigen Friedens auf Erden.

Georg W. F. Hegel (1770-1831): Einer der bedeutendsten europäischen Philosophen des 19. Jahrhunderts, mit später eminentem Einfluss auf Marx. Die sittliche Wirklichkeit erfahre der Mensch seiner Ansicht nach in drei Dimensionen: in der Familie, in der bürgerlichen Gesellschaft und als Volk. Es sei die sittliche Verantwortung des Staates, dass sich in der staatlichen Gemeinschaft der „wirkliche Geist" der Familie und des Volkes manifestiere. Die Empfindungen der Individuen seien nämlich Basis ihrer institutionellen Verpflichtung, die sich in der Vernunft der Gesetze, als Einheit der Gemeinsamkeit, niederschlagen würde, aber damit auch die Grenze zur Familie festlege. Ausgangspunkt ist also bei Hegel die Familie, als das Fundament des Staates. Und der Staat, als „die Wirklichkeit der sittlichen Idee", rechtfertige so das Vertrauen und fördere damit den Patriotismus. Es sei die gesellschaftliche Verantwortung des Staates Bedingungen zu schaffen und zu erhalten, die das Bewusstsein der Freiheit fördern und sichern.

Aus seiner Überzeugung einer konstruktiven Emotionalität der Familie, mit ihren Gefühlen und ihrer Liebe, leitet er – aus der Notwendigkeit eines Übergangs zur Führung eines rationalen Staates, als intermediäres Glied – die Bildung von Ständen ab, allerdings noch unter der Entscheidungsgewalt eines konstitutionellen Monarchen, wenn vielleicht auch nur mit „symbolischer" Bedeutung. Die Stände kreieren sich aus (den Besitzenden) der Landwirtschaft, des Handels und der Industrie sowie den staatlichen Organisationen, insbesondere dem Beamtentum. Sie wählen, bei angenommen gemeinsamen Interessen, die Abgeordneten in die gesetzlichen Institutionen. Sein Staat zeigt so auch hier familiäre Merkmale.

In Anlehnung an Adam Smith, spiegelt sich bei ihm die Entwicklung zur Industriegesellschaft wider, einer beginnenden Produktions- und Handelswirtschaft, mit der Notwendigkeit, auch die Bildung in diese Richtung zu gestalten und Vereinigungsfreiheit zur Bildung des „allgemeinen Willens" zu gewährleisten. Er erkennt aber auch bereits die Auswirkungen einer entfesselten kapitalistischen Wirtschaft und dass die uneingeschränkte Entfaltung des Marktes das Aufkommen einer Armutsklasse verursachen wird, was später Marx als die „Abschaffung der individuellen Eigentumsrechte [im Herzen Hegels]" an den Produktionsmitteln fordert.

Zu Beginn war Hegel – aus seinem persönlichen Lebensumfeld geleitet – ein Anhänger der konstitutionellen Monarchie, änderte jedoch seine Einstellung im Zuge der revolutionären Umbrüche 1789 und wechselte ins Lager der Bürgerlichkeit. Die Freiheit des Einzelnen ist für ihn Grundlage einer politischen Philosophie und der Staat ist die Verwirklichung. Die Freiheit wird so zum allgemeinen Gut, wobei sich hier bereits die Grenzen für den Einzelnen zur Erreichung einer absoluten Freiheit abzeichnen: „Jeder ist sich Zweck, alles andere ist ihm nichts, was zu den Eigenschaften der modernen Gesellschaft gehört." Hier zählt aber auch das Gewissen mit, nämlich selbst zu wissen was Recht und Pflicht ist, und leitet so zur Religion über. Sein Gottesbeweis bleibt allerdings unbefriedigend: „Gott ist die Liebe [..], der absolute Geist". Erst der Staat sei der vollendete Gottesdienst: „Wie sich die Philosophie zur Religion, so verhält sich der Staat zur Kirche" und „Gott zu erkennen durch die Vernunft, ist die höchste Aufgabe der Wissenschaft." Hegels Idealismus liegt die Idee zugrunde, dass der Geist Gottes sich im Geist „seiner materiellen Kreaturen" verwirklicht und hier die Sittlichkeit zugrunde liegt. In unserer Zeit scheinen uns allerdings seine Ansichten, dass „der Staat die göttliche Idee ist, dass er weiß, was er will und das vorhandene, wirkliche, sittliche Leben ist", schon etwas abstrus.

Arthur Schopenhauer (1788-1860): Deutscher Philosoph. Der Staat ist seiner Ansicht nach „wesentlich eine bloße Schutzanstalt gegen äußere Angriffe des Ganzen und innere der Einzelnen untereinander." Es sei schon sehr viel, wenn die Staatskunst ihre Aufgaben so weit lösen würde, dass möglichst wenig Unrecht im Gemeinwesen übrig bleibe. Und die „schwere Aufgabe [...] Menschen zu regieren [...], bedeutet, unter vielen Millionen eines, der großen Mehrzahl nach, grenzenlos egoistischen, ungerechten, unbilligen, unredlichen, neidischen, boshaften und dabei sehr beschränkten und querköpfigen Geschlechtes Gesetz, Ordnung, Ruhe und Frieden aufrechtzuerhalten und die wenigen, denen irgendein Besitz zuteil geworden, zu schützen gegen die Unzahl derer, welche nichts als ihre Körperkräfte haben." Ferner, dass „die Frage nach der Souveränität des Volkes im Grunde darauf hinaus läuft, ob irgendjemand ursprünglich das Recht haben könne, ein Volk wider seinem Willen zu beherrschen. Allerdings ist das Volk souverän. Jedoch ist es ein ewig unmündiger Souverän, welcher daher unter bleibender Vormundschaft steht und nie seine Rechte selbst verwalten kann, ohne grenzenlose Gefahren herbeizuführen." Es sei „die monarchische Regierungsform, die dem Menschen natürliche" und „der König ist der feste, unterschiedliche Pfeiler geworden, auf welchem allein die ganze gesetzliche Ordnung und dadurch die Rechte aller sich stützen und so bestehen."

Schopenhauer ist ganz wesentlich beeinflusst von Kant, wenn er ihm auch in einigen Dingen widerspricht. Nach seinem Hauptwerk „Die Welt als Wille und Vorstellung" (an dem er, in über drei Ausgaben, an die 40 Jahre feilte) war eben „das Ding", im Gegensatz zu Kant, durchaus erfahrbar, und zwar durch Selbstbeobachtung – wir erfahren es aus unserem Willen. Er sei die Triebfeder allen Handelns, sogar Ursache hinter den Naturgesetzen; er stehe über der Vernunft. Für den Intellekt des Menschen unterscheidet er dabei zwischen Verstand und Vernunft. Verstand sei, was wir begreifen, eben was wir sehen, hören und aufnehmen, hingegen wäre die Vernunft die Fähigkeit, die so erfassten Begriffe zu verarbeiten. Dazu formulierte Schopenhauer, dass der (natürliche) Egoismus des Menschen dabei durch Mitleid überwunden werden könne, indem er sich mit dem anderen und seinem Leid identifiziere. Mitleid sei die einzige Grundlage der Moral, als Grundtugend von Gerechtigkeit und Menschenliebe. Es sei eine Erkenntnis des eigenen im anderen. So halte sich der Wille selbst am Leben. Als Prinzip aller Moral formuliert er als Imperativ (wir sehen hier wieder eine andere, wenn auch erweiterte Form der Goldenen Regel): „Verletze niemanden, vielmehr hilf allen, soweit du kannst."

Sicherlich aus der Erkenntnis seiner Zeit, aus den revolutionären Umbrüchen die er miterlebte, beurteilt er das Volk als einen „ewig unmündigen Souverän, unwissend, dumm und unrechtlich", so müsse es eben der „physischen Gewalt der Intelligenz, der geistigen Überlegenheit" unterworfen werden. Der Mensch sei daher nur zu regieren über einen aufgeklärten monarchischen Absolutismus. Republiken seien hingegen widernatürlich, künstlich gemacht und aus der Reflexion entsprungen. Es müsse eben überall ein Wille herrschen. Es sei daher schon sehr viel, wenn es der Staatskunst gelinge, möglichst wenig Unrecht im Gemeinwesen übrig zu lassen. Es bliebe das Idealziel, welches sowieso nur annähernd erreicht werden könne. Schopenhauer meint dazu: „Denn ich danke Gott an jedem Morgen, dass ich nicht brauch' für's Röm'sche Reich zu sorgen." Und zur Politik: „Die Frage nach der Souveränität des Volkes läuft im Grunde darauf hinaus, ob irgendjemand ursprünglich nicht das Recht haben könne, ein Volk wider seinem Willen zu beherrschen", denn schon von Natur aus herrsche nicht das Recht, sondern die Gewalt auf Erden, und auch heute stoßen wir in allen Bereichen des Lebens auf Gewalt. Selbst die Religionen verdanken ihre weltweite Verbreitung in starkem Maße der Gewalt.

Wenn es eine Wahrheit gibt dann die, dass die Welt außer Vorstellung auch Wille sei. Jeglichem Handeln liege stets der Wille, d.h. „das Wollen", zugrunde. In seinem Handeln unterliege der Mensch so dem Gesetz der Kausalität – wir würden daher die Welt nicht objektiv sehen, sondern als Konstruktion unserer Wahrnehmung und unseres Intellekts. Wir würden uns die Welt konstruieren. Deswegen behauptet Schopenhauer: „Die Welt ist meine Vorstellung" und der „Wille" sei nicht Resultat eines bewussten Entschlusses, sondern blinder Lebenstrieb. So steht Schopenhauer eigentlich sehr misstrauisch dem Menschen gegenüber. Das Leben sei „jammervoll und keineswegs wünschenswert" und der „Optimist nicht bloß als eine absurde, sondern auch als eine wahrhaft ruchlose Denkungsart, als ein bitterer Hohn über die namenslosen Leiden der Menschheit". Die ganze Natur sei so ein umbarmherziger Kampf ums Dasein, sie wäre ein „Tummelplatz gequälter und geängsteter Wesen, welche nur dadurch bestehen, dass eines das andere verzehrt". Die Welt sei also etwas, das „nicht sein sollte". So entspringt nach ihm aus Egoismus das Böse, aus Mitleid das Gute.

Lorenz von Stein (1815-1890): Deutscher Soziologe, der sich insbesondere mit den Klassen einer Gesellschaft auseinandersetzte, insbesondere den Besitzenden und den Nichtbesitzenden, jenen eben, die in der arbeitsteiligen Produktion eingebunden sind – und so schon vor Marx die soziale Frage der Industriegesellschaft erkannte. Er versuchte politisch ausgleichend zu wirken: „Die Kunst der Politik besteht in der Balance", aber auch: „Selbst die maßvollste soziale Umverteilung bedeutet eine Einschränkung der bürgerrechtlichen Verfügungsfreiheit über den Ertrag der eigenen Leistung."

Karl Marx (1818-1883, deutscher Philosoph und Nationalökonom, gestorben in England, ist der einflussreichste Vertreter des Kommunismus, des Marxismus, der bis ans Ende des 20. Jahrhunderts mit seinen Schriften weltweit die politische Landschaft revolutionierte und der Arbeiterbewegung zum Aufbruch verholfen hat. Als ruheloser Geist, mit einem unruhigen Lebenswandel, gründete er später die erste kommunistische Partei und verfasste 1848 „Das Kommunistische Manifest" und in London dann – in unsteten und ärmlichen Verhältnissen, mit vielen Unterbrechungen seines literarischen Schaffens – sein Hauptwerk, das „Kapital". Für Marx zeigt sich die Wirklichkeit widersprüchlich, unbegreiflich und daher unversöhnlich mit der Vernunft.

Im Wesentlichen beschäftigt er sich mit dem Menschen: „Die Wurzel für den Menschen ist der Mensch selbst." Er nennt seine Philosophie realen Humanismus. Dabei müsse der Mensch in der Praxis diesseitiges Denken beweisen – es hätte vom tatsächlich tätigen Menschen auszugehen. Im Gegensatz zu anderen Philosophen, lebt für ihn der Mensch schon immer in einer Gesellschaft die ihn trägt: „Das Individuum ist das gesellschaftliche Wesen" – der Mensch sei Staat, wäre Sozietät. So bestimme auch das Gesellschaftliche sein Bewusstsein, und weil er ursprünglich ein wirtschaftendes Wesen sei, bestimmen ökonomische Verhältnisse, und insbesondere die Produktivkräfte sein Dasein. Und nur in dem Maße, in dem sich diese ökonomischen Kräfte ändern, entwickle sich auch sein Bewusstsein und damit der „ideologische Überbau" (nämlich Staat, Gesetze, Moral, etc.), der die tatsächlichen Verhältnisse jedoch verschleiere. Nach seiner Überzeugung ist die herrschende Klasse auch die herrschende materielle Macht der Gesellschaft und damit zugleich die herrschende geistige Macht welche die Ideologie des Staates bestimmt – „als organisierte Gewalt einer Klasse zur Unterdrückung einer anderen". So findet Marx auch in der geschichtlichen Entwicklung immer wieder den Widerstreit in den Klassen, bedingt durch die jeweils wirtschaftlichen Verhältnisse. Sie bilden sich streng materialistisch, eben nach den ökonomischen Zuständen. Deswegen ist für Marx die Geschichte vornehmlich eine Geschichte von Klassenkämpfen.

In seiner Zeit, dem Aufbruch der industriellen Revolution, beobachtete er die zunehmende Abhängigkeit der Massen von den Produzenten und Besitzenden. Es käme dabei zur Selbstentfremdung und durchgängigen Entwertung der Menschenwelt. Diese Selbstentfremdung des Menschen habe ihre Ursache in einer Entfremdung des Arbeitenden vom Produkt seiner Arbeit. Sie werde zur „Ware", die er schlussendlich auch kaufen müsse, um existieren zu können. Es käme zur „Zwangsarbeit" und als Höhepunkt zum Kapitalismus, bei dem das Kapital die Macht übernehmen werde, losgelöst vom Menschen. Und in weiterer Folge auch zur Entfremdung des Menschen vom Menschen. Die zwischenmenschlichen Beziehungen verlören sich und die Massen der eigentumslosen Werktätigen würden schließlich selbst Warencharakter annehmen. Ihre Arbeitskraft würde (als Ware) auf den Märkten gehandelt, der Willkür ausgeliefert. Marx war gewillt aktiv mit einzugreifen: „Die Philosophen haben die Welt nur verschieden interpretiert; es kommt darauf an, sie zu verändern."

Nach der Überzeugung Marx kommt es zu einer Zusammenballung des Kapitals in den Händen weniger, zu einer wachsenden Verelendung der Massen und zunehmender Arbeitslosigkeit. Das Kapital werde sein eigener Totengräber – und nach „unfehlbaren Gesetzen" müssen Revolutionen folgen. Im Kommunismus käme es dann zur Aufhebung des Privateigentums und zur Rückkehr zu einem gesellschaftlichen, d.h. menschlichen Menschen. Das organisierte Proletariat werde die politische Macht erobern und die Kapitalisten enteignen. Diese Aufhebung des privaten Eigentums an Boden und Fabriken, sei die wesentliche Bedingung für die Entwicklung zum Kommunismus. Die Klassengegensätze werden sich auflösen, es käme zu einer klassenlosen Gesellschaft.

Ein besonderes Thema ist für ihn die Religion. Seine Meinung teilen in ähnlicher Form auch andere Philosophen der neueren Zeit – offensichtlich als ein verqueres Resultat der Aufklärung. Die Religion diene nach Marx den Menschen zum Träumen. Sie sei Trost für das Jenseits, um die Existenz erträglich zu machen und das Elend so zu legitimieren. Berühmt ist sein Ausspruch, dass Religion das „Opium des Volkes" sei, „der Geist geistloser Zustände". Sie bleibt für ihn ideologisches Hirngespinst des sich entfremdenden Menschen: „Der Mensch macht die Religion, die Religion macht nicht den Menschen." Daraus erklärt sich auch die mehr oder weniger offene Verfolgung der Religionsgemeinschaften in den kommunistischen Ländern des 20. Jahrhunderts, auch wenn sie für seine Diktatur des Proletariats – mit den für die Zeit durchaus verständlichen kommunistischen Ansichten – seinen „realen Humanismus" doch kaum fundamental untermauert.

Umso drastischer und nachhaltiger war sein Aufruf zum gewaltsamen Umsturz aller bisherigen Gesellschaftsordnungen, sodass die herrschenden Klassen vor der kommunistischen Revolution erzittern sollen. Die Proletarier hätten nichts zu verlieren als ihre Ketten – sie haben eine Welt zu gewinnen. So käme es zur Diktatur des Proletariats, zur klassenlosen Gesellschaft eines Kommunismus (eventuell mit einem Sozialismus als Übergangsphase). Dann, und erst dann, wäre alle Unterdrückungsgewalt unnötig geworden und für den Einzelnen könne gelten: „Jeder nach seinen Fähigkeiten, jedem nach seinen Bedürfnissen!"

Bei Marx ist das Naturrecht nicht ontologisch, sondern eher Resultat historischen Materialismus, ein dialektischer Zusammenhang des Menschen mit seiner menschlichen Arbeit und der Natur, als krasser Widerspruch zu den bisherigen Philosophien, bei denen – wenn auch unterschiedlich differenziert – Eigentum als durchaus naturgesetzlich institutionalisiert erscheint. Daher auch, dass nun die Ideologie der Klassen, in diesem Falle der Arbeiterklasse, die Geschicke des Staates bestimme, nämlich „die Lehre definiert den Kreis, der über ihre Richtigkeit zu entscheiden hat."[24]

Max Weber (1864-1920): Deutscher Soziologe und Nationalökonom. Aus seinen überaus umfangreichen Studien, insbesondere zum Thema Kapitalismus, Protestantismus und Ethik, leitet er ab, dass „den ‚Staat', im Sinn einer politischen Anstalt, mit rational gesatzter ‚Verfassung', rational gesatztem Recht und einer an rationalen gesatzten Regeln (Gesetzen) orientierten Verwaltung durch Fachbeamte, nur der Okzident kennt."[25]

Die Geburt des modernen okzidentalen „Staats", ebenso der okzidentalen „Kirchen", sei zum wesentlichsten Teil Werk von Juristen gewesen. Mit dem Sieg des formalistisch juristischen Rationalismus sei im Okzident, neben den überkommenen Typen der Herrschaften, der legale Typus der Herrschaft getreten, dessen nicht einzige, aber reinste Spielart die bureaukratische Herrschaft war und ist. Das Verhältnis der modernen Staats- und Kommunalbeamten, der modernen katholischen Priester und Kapläne, der Beamten und Angestellten der modernen Banken und kapitalistischen Großbetriebe, stelle [...] den wichtigsten Typus dieser Herrschaftsstruktur dar.[26]

---

[24] Schweidler Walter, *Der gute Staat*, Reclam 2004.
[25] Max Weber, *Die protestantische Ethik I*, 1905. Weiteres im Folgenden: *Die protestantische Ethik und der Geist des Kapitalismus, Die protestantischen Sekten und der Geist des Kapitalismus, Die Wirtschaftsethik der Weltreligionen.*
[26] Ebd., teils ff.

Mit seinen soziologischen Studien über die Bedeutung der Religionen für das wirtschaftliche Verhalten in einer Gemeinschaft, konzentriert er sich im Wesentlichen auf den Protestantismus, und hier insbesondere auf die puritanische Religiosität und deren Wirkung zur Entstehung des modernen Kapitalismus, die ohne ihre Ethik nicht möglich gewesen wäre. Eine hohe Pflichterfüllung, sittliche Selbstbetätigung – auch in den weltlichen Berufen – sei danach Gott gewollt und „zum Leben unentbehrlich". Es sei die einzig zutreffende Motivierung und bringe zugleich – vom persönlichen Glücksstandpunkt aus gesehen –, das Irrationale dieser Lebensführung, bei welcher der Mensch für sein Geschäft da sei, nicht umgekehrt, zum Ausdruck. Und diese Vorstellung von der religiösen Bedeutung der Arbeit sei es auch gewesen, die den Berufsbegriff ganz wesentlich definiere.

Die sittliche Qualifizierung des weltlichen Berufslebens – eine der folgenschwersten Leistungen der Reformation – und Fleiß seien dann auch die Ursache der Anhäufung von Kapital gewesen, in weiterer Folge von (als Selbstverständlichkeit gesehen) Macht und Ansehen, was nach Ansicht Webers ganz bedeutend die Philosophie eines ganzen Volkes, wie z. B. der USA, gelenkt habe und weit über den kommerziellen Bereich hinaus bis in das persönliche Verhalten innerhalb der Gesellschaft reiche – denn Religion müsse notwendig sowohl Arbeitsamkeit (industry) als auch Sparsamkeit (frugality) erzeugen, und diese könne nichts anderes als Reichtum hervorbringen (John Wesley, Prediger, Methodist).

So dürfen wir nicht vergessen, dass der Säkularisationsprozess – ausgelöst durch die Aufklärung – noch relativ jung, der Protestantismus nicht zentral organisiert war, sich daher leicht in schillerndsten Facetten, je nach regionaler Kultur und persönlicher Überzeugung führender Prediger, unterschiedlichst entwickeln konnte. Dass er sich teils aufgeschlossen und modern, teils überaus restriktiv und religiös, wie z.B. in den verschiedensten Ausprägungen des Calvinismus manifestierte („[...] nur wenn das Volk, d.h. die Masse der Arbeiter und Handwerker arm erhalten werde, es Gott gehorsam bleibt. Arbeit ist gottgewollter Lebenszweck und die ungleiche Verteilung der Güter dieser Welt ganz spezielles Werk von Gottes Vorsehung."). Oder nach Zwingli und anderer, auch in vielfältigen Sekten mit ihren eigenen Verhalten und Regeln, als ein bis heute nicht abgeschlossener Prozess. So wäre eben auch erst die „Trennung von Staat und Kirche" endgültige Errungenschaft jüngerer Vergangenheit, im Wesentlichen so ab Beginn des 19. Jahrhunderts.

Und selbst heute, ein gutes Jahrhundert später, lässt uns die Weitsicht Webers erschaudern, wie präzise er schon damals den gesellschaftlichen Wandel in Richtung eines ausufernden Kapitalismus, diese dramatische Veränderungen des materiell-egoistischen Denkens, das sich wie ein Spinnennetz über die Welt ausbreitete, vorhergesehen hat: „Der Puritaner *wollte* Berufsmensch sein, *wir müssen* es sein. Denn indem die Askese aus den Mönchszellen heraus in das Berufsleben übertragen wurde und die innerweltliche Sittlichkeit zu beherrschen begann, half sie [..] jenen mächtigen Kosmos der modernen [..] Wirtschaftsordnung zu bauen, die heute den Lebensstil aller Einzelnen, die in dies Triebwerk hineingeboren werden [..] mit überwältigendem Zwange bestimmt [..], bis der letzte Zentner fossilen Brennstoffs verglüht ist". Wie Weber jedoch relativiert, gerät er hier auf „das Gebiet der Wert- und Glaubensurteile".

Allerdings, wie in auch früheren und späteren Schriften anderer Autoren vielfach bemerkt, ist dem menschlichen Existenztrieb auch der Erwerbstrieb inhärent. So ist das „Streben nach Gewinn", nach Geldgewinn danach begründet und hat – nach Webers Vorbemerkung zu den Schriften zur Religionsphilosophie – als Streben „nach möglichst hohem Geldgewinn an sich mit Kapitalismus gar nichts zu schaffen". „Dies Streben fand und findet sich bei Kellnern, Ärzten, Kutschern, Künstlern, Kokotten, bestechlichen Beamten, Soldaten, Räubern, Kreuzfahrern, Spielhöllenbesuchern, Bettlern: Man kann sagen bei ‚all sorts and conditions of men', zu allen Epochen aller Länder der Erde, wo die objektive Möglichkeit dafür irgendwie gegeben war und ist." Und „allerdings ist schrankenloseste Erwerbsgier nicht im Mindesten gleich Kapitalismus, noch weniger gleich dessen ‚Geist'. Kapitalismus kann geradezu identisch sein mit Bändigung, mindestens mit rationaler Temperierung dieses irrationalen Triebes."

Ebenfalls von der gesellschaftlichen Entwicklung geprägt, inmitten der sich nun kräftig entfaltenden industriellen Revolution und dem mit ihr dominierenden Kapitalismus egoistischer Ausprägung, findet Weber die Grundlagen in der aus dem Protestantismus abgeleiteten Erwerbsgier, den so religiös motivierten Erwerbstrieb, mit dem Streben nach Gewinn, als nun Grundlage zeitgenössisch gesellschaftlichen Denkens und Verhaltens – was allerdings nicht im Mindesten vergleichbar sei mit dem natürlichen Erwerbsstreben der Historik. Dazu entwickle sich im Westen eine bürokratisch dominierte Herrschaftsstruktur in den hierarchischen Gefügen des Staates, bei Vernachlässigung sozial-ethischer Grundlagen, mit der Gefahr einer Art Umverteilung zugunsten derer mit mehr Einfluss auf das öffentliche Geschehen. Das in der Zeit des industriellen Aufbruchs sich verändernde Umfeld für den Einzelnen, habe die noch vor einigen Jahrhunderten vorhandene Autarkie kleinerer Gesellschaften aufgelöst, bei nun völliger Abhängigkeit von der Gesellschaft in der er nun eingebunden ist. Somit ergebe sich zwangsläufig eine „soziale Bedürftigkeit" für diejenige, die nicht in der Lage wären, für ihre Existenz zu sorgen.

Max Horkheimer (1895-1973): Soziologe. Aus wohlhabendem Haus, beschäftigte er sich dennoch mit Schriften von Marx und anderen Autoren der linken Szene. In Anlehnung an seine Untersuchungen verschiedener Faktoren die für das soziale Verhalten der Menschen bestimmend sind, betont er die materiellen Grundlagen als

Basis unseres Lebens und beschäftigt sich mit der Frage nach dem Sinn. So prägten ihn insbesondere die Erkenntnisse des Ersten Weltkriegs und die marxistische Theorie, die sich in der Praxis bereits revolutionär abzeichnete, sowie die geschichtlichen und aktuellen Erfahrungen einer tiefsten Missachtung von Humanismus und Menschlichkeit wie sie sich in den Gräueltaten und Genozids zeigte. In den kriegerischen Auseinandersetzungen gehe es nur um Besitz, Gier und Macht. Alles andere seien nur verlogene Argumente. Es sei dem Menschen inhärent: „Wo Menschen sind, wird Krieg sein." Ein Krieg nach außen wie nach innen (nach Hobbes) sei ein natürlicher Zustand. Der Mensch verhalte sich eben grundsätzlich egoistisch.

Das bürgerlich-kapitalistische System fördere seiner Ansicht nach privilegierte Gruppen innerhalb des Staates. Daraus wachse dann das Ansehen und die Autorität eines Führers, was in weiterer Folge die Hierarchien stärke und damit materielle Interessen bestimmter Gruppen zu sichern helfe. In seiner Schrift „Der autoritäre Staat" prognostiziert er den Verlust des freien Marktes und dass ein staatliches Plansystem Produktion und Verteilung übernehmen würde. Hier finden wir wieder den Einfluss Marx (über Prozesse, die sich in praxi zwischenzeitig ja widerlegt haben dürften, meinen wir zumindest heute). So werde der liberale Staat zunehmend durch Interessensgruppen beherrscht und schlussendlich autoritär, mit einer durch sie kontrollierten Wirtschaft. Ferner prognostiziert er, dass sich demokratische Länder in totalitäre Staaten wandeln und die Machthaber dann „die Masse [...] in strenger Zucht" halten werde. Es entwickle sich die „konsequenteste Art des autoritären Staates". Er war weiters überzeugt, dass die marxistische Theorie „bankrott" sei und die Gesellschaften unter deren Führung ein Traum bleibe. Der Totalitarismus sei eben das unvermeidliche Schicksal der Menschheit.

Mit dem Aufbruch in das Industriezeitalter, „der Ausbreitung der bürgerlichen Warenwirtschaft, wird [die] Vernunft aufgehellt, unter deren eisigen Strahlen die Saat der neuen Barbarei heranreift." Zwar habe die Aufklärung die Welt von vielen Geheimnissen befreit und versuche immer stärker die Natur dem Menschen zu unterwerfen, dennoch sei sie „totalitär wie nur irgendein System", eben durch deduktives Denken so alles erfassen zu wollen und damit das Bestehende zu bestätigen, also auch bestehendes Unrecht. Seine „Dialektik der Aufklärung" schätzt die kapitalistische Gesellschaft als dekadente und perverse Krankheit ein, deren Kreativität im Massenkonsum – bei Zerfall der Bildung – untergehen werde. In einer Kulturindustrie als totales System, verkomme die Bevölkerung und werde manipuliert im Sinne der Einheit des Systems. Profit sei ihr einziges Ziel, „Gerechtigkeit, Gleichheit, Glück [...] haben ihre geistigen Wurzeln" darin. Und selbst die Naturrechtstheorie ist für ihn nur Ideologie. Diskutiert im Mittelalter, bereits angedeutet bei den alten Griechen, seien es nur starre Prinzipien, die eben Erkenntnisse einer vergangenen Zeit festgemacht haben.

In Anlehnung an Marx kritisiert er ferner die institutionalisierte Religion, die – statt gegen das bestehende Unrecht vorzugehen – nur ein „bloßer Träger kapitalistischer Moral, ein entarteter religiöser Apparat" sei. Es wäre ihre Aufgabe „durch ihre Symbolik den gequälten Menschen einen Apparat zur Verfügung zu stellen, mittels dessen sie ihr Leid und ihre Hoffnung ausdrücken [können]"; der Mensch sehe doch die „Gerechtigkeit bei Gott". Die (institutionalisierte) Religion bestreite jedoch die Fähigkeit, die Gesellschaft in humanem Geist zu prägen.

Ursprünglich war Horkheimer in seiner „kritischen Theorie" von einer gerechteren Gesellschaft ausgegangen und verhielt sich so kritisch gegenüber der bürgerlichen Gesellschaft, die aus seiner Sicht aus Herrschenden und Beherrschten bestehe. So wie er sie erlebt, erhoffte er, wie Marx, die Revolution. Später erweiterte er, dass sich die Gesellschaft, insbesondere durch den Einfluss der modernen Technologien, in Richtung einer total verwalteten Welt entwickeln werde, in der die Menschen ihr eigenes Leben nicht mehr frei bestimmen können – es ist „durch die Gesellschaft vorgezeichnet". In weiterer Folge käme es zu einer Verflachung geistiger Werte und zu einem unaufhaltsamen Zerfall der Aufklärung. Seine Ansichten waren von Pessimismus geprägt – das Leiden sei eben eine Konstante in der Geschichte der Menschheit. Es führe zur Unfähigkeit, Glück und Genuss zu erleben.

Horkheimer, selbst überzeugter Jude (wenn sich doch auch atheistisch verhaltend), argumentiert, dass Geldkapital im Liberalismus zwar eine nützliche Funktion erfülle, jedoch mit der zunehmenden Ausschaltung des Marktes die Rolle des Geldes wegfällt und die Juden so entmachtet werden würden (schon Marx meinte im Judentum ein antisoziales Element zu erkennen). In Anlehnung an das Alte Testament versteht Horkheimer den Umgang mit dem anderen als „Liebe deinen Nächsten, er ist wie du", anstatt „Liebe deinen Nächsten wie dich selbst", und beseitigt so das inhärent egoistische Element. Seiner Ansicht nach „kommt es in der jüdischen Religion nicht so sehr darauf an wie Gott ist, sondern wie der Mensch ist." Wir sollen uns nicht auf Gott berufen, aber so handeln, als ob es ihn gebe, als wichtige Quelle unserer Moral. Wir sehen hier eine erweiterte Interpretation der Goldenen Regel.

Der Lebensprozess der Menschen und der Gesellschaft vollziehe sich daher entscheidend nach ökonomischen, „materialen" Kategorien, und nicht nach psychologischen. Die Ökonomie bleibe dennoch unentbehrliche „Hilfswissenschaft". Die Gesamtstrukturen seien durch psychische Verfassungen der Individuen bestimmt, der Gruppen, Klassen, Rassen, Nationen, eben durch deren Charaktere. Das Ökonomische sei das Primäre, aber das Begreifen, Erkennen und Gestalten jedoch psychologisch, und daher wichtiger wie sie in den Wissenschaften wirken würden. Der menschliche Faktor spiele so eine bedeutende Rolle, denn die „Psyche" ist der „Kitt", der das ganze Gesellschaftsgebäude zusammenhalte.

Friedrich August von Hayek (1899-1992): Nationalökonom, Vertreter der Österreichischen Schule (Geld- und Konjunkturtheorie, Gegenspieler von John Maynard Keynes). Nach seinen sozialwissenschaftlichen Arbeiten (und mit seinem Interesse für Psychologie) lehnt er jede Art des Kollektivismus wie daher auch die Planwirtschaft ab. Sicherlich geprägt durch sein Umfeld, einer Zeit des Totalitarismus, sieht er, dass eine, durchaus auch sozial betonte Abkehr vom Liberalismus, die Gefahr eines Totalitarismus in sich berge und staatliche Interventionen, die zunächst ja nicht infrage zu stellen seien, langfristig zur Abschaffung der Freiheit führen können. Freiheit, als Prinzip der Politik, und zwar als „politische Freiheit im Sinne von Demokratie", habe wenig mit individueller Freiheit zu tun, stehe durchaus oft in Konflikt mit ihr. Politische Freiheit sei die Abwesenheit von willkürlichem Zwang. Dennoch sei Zwang notwendig, will man nicht die Freiheit infrage stellen: „Eine wirksame Verteidigung der Freiheit muss daher notwendig unbeugsam, dogmatisch und doktrinär sein und darf keine Zugeständnisse an Zweckmäßigkeitserwägungen machen." Er unterstützt daher die soziale Marktwirtschaft, sofern sie auf neoliberaler Theorie beruht. Wirtschaftliche Ordnung sei ja ein Resultat menschlichen Handelns – hier lehnt er sich an das Prinzip der „unsichtbaren Hand" eines Adam Smith an. Eine Planwirtschaft sei niemals in der Lage über alle Informationen zu verfügen, die eben eine atomistische Menschenmasse mit ihrer vielfältigen Individualität zu kreieren imstande wäre. Sehr wohl sei die Wirtschaftstätigkeit aber auch zu regulieren, sofern sie liberaler Regelung folge. Aus seinem Individualitätsgedanken befürwortet er so auch die Religionsfreiheit als zentrales Fundament und Element des Liberalismus und steht damit im Gegensatz sowohl zu Platon wie auch Marx.

Und im Gegensatz auch zu Keynes – wie erwähnt – ist Hayek überzeugter Vertreter der freien Marktkräfte, die selbst in wirtschaftlichen Krisen die notwendigen Anpassungen von Preisen und Löhnen über eine unendliche Vielfalt freier Marktentscheidungen bewirken, unterstützt durch eine liberale Marktpolitik, die so die optimale Allokation der Produktionsfaktoren sichere. Während Keynes staatliches Sparen in Rezessionsphasen hingegen als schädlich betrachtet und Haushaltsdefizite zur Erhöhung der Nachfrage, zur Steigerung von Konsum und Investitionen fordert. Zwar erkennt Hayek aus Sicht „sozialer Gerechtigkeit" die regulierende Hand des Staates an, allerdings schließe sie damit Ungleichbehandlungen nicht aus, bleibe deshalb problematisch (Anm.: wie es sich ja selbst in Demokratien vielfach ablesen lässt), widerspräche sich doch die Selbstbestimmung der Bürger mit den Entscheidungen wie sie in Parlamenten, selbst bei Annahme demokratischer Überzeugung, stattfinden. „Die Gesamtheit der Marktteilnehmer ist immer wissender als irgendeine Steuerungsbehörde", meint Hayek. So beeinflussen eben Transferzahlungen den Anreiz für Arbeitseinsatz und Sparen negativ und führen im fortgeschrittenen Wohlfahrtsstaat zum „betreuten Menschen" – mit der Gefahr einer schleichenden Übernahme von Verantwortung durch den Staat, in weiterer Folge bis zum Totalitarismus. Der Wettbewerb, als evolutionärer Prozess, besitze eben eo ipso eine spontane Ordnung. So vertritt er auch die Ansicht, dass marktwirtschaftliche Ordnung eine Voraussetzung für Frieden sei (selbst wenn kein gemeinsames Ziel vorhanden ist).

Karl Raimund Popper (1902-1994): Als vielleicht einer der größten Philosophen des 20. Jahrhunderts, bedeutender Begründer des Liberalismus, erkennt er, „alles ist Vermutung", es gebe keine Gewissheit. Wir können nur Hypothesen entwerfen, sie einer kritischen Prüfung unterziehen und versuchen sie zu falsifizieren. Formallogisch, meint Popper, seien allgemeine Gesetz nicht ableitbar (Induktionsproblem), man könne sie nur widerlegen, daher Theorien und Hypothesen entwerfen (Anm.: durchaus auch intuitiv), sie jedoch in weiterer Folge versuchen zu falsifizieren („Man kann nicht mehr wissen, als man weiß."). Es würden sich also nur diejenigen Theorien durchsetzen, bei denen im evolutionären Selektionsprozess eine Widerlegung misslinge.

So entwickeln sich in einer „offenen Gesellschaft" über ständige Verbesserungsversuche und in liberaler Gesellschaftsordnung, demokratisch fundierte, menschenorientierte, gewaltlose Veränderungen. Im Gegensatz zu den geschlossenen, den diktatorischen Gesellschaften, in denen Eliten herrschen, wie sie insbesondere Platon, aber auch (verdeckt) Marx sah („Mythos von der Horde"). So sei es auch ein weit verbreiteter Irrglaube, dass Gesellschaften in großem Stil geplant veränderbar wären, da sie so niemals die beabsichtigte Wirkung erreichen würden. Die positive Veränderung einer Gesellschaft sei Resultat vieler nie enden wollender kleiner Schritte in demokratischem Umfeld. Deshalb lehnt er auch den Historizismus, verstanden als erkannt gesetzmäßigen Prozess aus den Erfahrungen der geschichtlichen Abläufe, generell ab. Offen, d.h. demokratisch wäre eine Gesellschaft, in der größtmögliche Freiheit bestünde und die Mehrheit herrschen würde, in der Regierungen kritisiert werden dürfen und die auch gewaltfrei abgelöst werden können. Diktatoren und fundamentalistische Gruppierungen verheißen nur abstrakte Ideale und erheben unhaltbaren Wahrheitsanspruch. Politische Organisationen seien daher so zu organisieren, dass in demokratisch-freiheitlichen Gesellschaften unfähige Herrscher gewaltfrei eliminiert werden können, und zwar bevor sie in der Lage sind großen Schaden anzurichten.

Jürgen Habermas (1929-): Sozialphilosoph. Über die Erkenntnistheorie und die Grundlagen der Theorie der Gesellschaft, beschäftigte er sich mit der Demokratie und den zunehmend herrschend kapitalistischen Gesellschaften, insbesondere mit den Problemen der Kommunikation in der modernen Gesellschaft.

In einer persönlichen Rede sei durchaus ein Anspruch auf Wahrheit eingebaut und fordere so nach Demokratie und rationaler Politik. Nicht der Konsens sei das Entscheidende, sondern „die Zustimmung, die jeder vernünftige Mensch geben müsste, wenn er gefragt würde" – Prinzip der „kritischen Öffentlichkeit". Werde die Öffentlichkeit jedoch von Meinungsmonopolen beherrscht, werden die politischen Prozesse und damit auch die Demokratie beschädigt. Selbst Wissenschaft und Technik wirken immer stärker als Ideologie und bilden so Meinungen. Mit der Gefahr, dass aktuelle gesellschaftliche und latent persönliche – der Zeit entsprechend kapitalistische – Interessen, Einfluss und Macht erringen und die Demokratie gefährden. Ferner wirken zunehmend „sozialbürokratische Systeme", die rein demokratische Willensbildung aushebeln – so gehe von diesen komplexen, aktuell wirkenden, kapitalistisch dominierten Systemen eine unsichtbare Bedrohung für die Demokratie aus. Die Diskursethik setze also voraus, dass eine demokratische Gesellschaft errichtet werde, in der die Menschen lernen [...] zu reflektieren. Also, dass kooperative Wahrheitssuche, Offenheit gegenüber der Meinung des anderen, zum universalen Prinzip der gesellschaftlichen Institutionen und der Bildung gemacht werde.

So erkennen wir schon den rigorosen Wandel der Gesellschaften, des Denkens und Verhaltens, insbesondere in den letzten beiden Jahrhunderten. In den reifen Demokratien nahm der Wohlstand breiter Bevölkerungskreise zu (wie z.B. in Westeuropa, je nach Land zwar differenziert, aber doch tendenziell ähnlich), es entwickelte sich zunehmend sozialstaatliches Denken wie wir es hautnah im Zuge des letzten Jahrhunderts erlebten. Unter dem Einfluss eines demokratischen Staatswesens, aus dem Prinzip „eine Person, eine Stimme", leitet sich zunehmend eine saturierte Wohlstandsgesellschaft ab, mit vermeintlich berechtigtem Anspruch zu jederzeitiger „Daseinsvorsorge", bei wachsendem Übergewicht des Staatsapparates und fallender Transparenz tatsächlich wirkender Zusammenhänge. Eine Dogmatik „die sich an Eigentum und Freiheit orientiert" (Anm.: wie es seit Platon bestimmend war), werde „die Wirklichkeit der Verwaltung nicht in ihr Blickfeld bekommen"[27].

Natürlich haben sich Ansichten und Einstellungen zur Gestaltung und Führung von Staatssystemen im Laufe der Jahrhunderte geändert, einerseits als Resultat der gesellschaftlich sich veränderten Umweltbedingungen und des zunehmenden Kontakts mit anderen Kulturen im Zuge des erweiterten Gesichtskreises, und andererseits zumeist aufbauend auf Erkenntnissen philosophischer Vorgänger. Beginnend mit der egoistischen Absicherung der Existenzanforderungen des eigenen Staates, sehr wohl zulasten, wie auch ohne Rücksicht auf die Bedürfnisse der

---

[27] Nach Bull Hans Peter, *Daseinsvorsorge im Wandel der Staatsformen*, (Forsthoff, 1938, *Die Verwaltung der Leistungsträger*).

Nachbar- oder Zielregionen, bis zum rücksichtslosen Machtstreben privilegierter oder fähiger und vernetzter Emporkömmlinge, mit der Gier unbegrenzter Vermögens- und Machtvermehrung. Und zwangsläufig gepaart mit einem Verteidigungs- und Kampfeswillen sowie daraus logisch abzuleitender Strukturen des Staatswesens. Ein Denken, das bis in die jüngste Zeit, bis gegen Mitte der Aufklärung, das Verhalten der Despoten bestimmte, vermutlich verbunden mit wirtschaftlichem Interesse; aber das ist – wie wir noch sehen werden – sowieso eine der Voraussetzungen erfolgreicher Führung von Nationen.

Zu erkennen ist schon, dass – soll Vermögen, Macht und Prestige, als offensichtlich evolutionäre Eigenschaft des Menschen (s.u.), gemehrt werden – auch die Interessen der Betroffenen, sinngemäß zu fördern sind, deren Verhalten zu „motivieren" wäre. Aber neben dem menschlich-rationalen Verhalten, wirkt auch Emotionales, etwas (evolutionär) Instinkthaftes mit, mit – aus Sicht der Gesellschaft – sowohl positiven wie auch negativen Wirkungen. Die evolutionären Grundlagen eben, die Sicherung der Gemeinschaft (der Horde, des Stammes), bedingen offensichtlich auch Ethisches, zumindest gleichrangig, wenn nicht sogar intensiver – hat doch der Mensch bis heute evolutionär überlebt. Im philosophischen Denken waren es zu Beginn psychologische Elemente, parallel bereits mächtig geformt über die Religionen, die dann doch, mehr als ein Jahrtausend lang, die Massen in Zaum hielten und erst mit Beginn der Aufklärung die starren klerikalen Strukturen bröckeln ließen. So wirkte immer schon beides auf den Menschen: Ethisches, Religiöses und Rationales, durchsetzt und getragen allerdings wieder von Evolutionärem, dem Überlebenswillen, mit seinen für die Gemeinschaft vielleicht auch negativen Eigenschaften (aber wer kann das schon wertfrei im Sinne des Überlebens beurteilen?) wie Macht, Gier, Prestige, Brutalität, etc. Und dem eigentlich ernüchternden Schluss: Alles dient dem Erhalt der Spezies, ist daher emotional bedingt, oft genug rational verbrämt, als vernunftbehaftetes, wenn auch nicht vernunftgesteuertes Wesen. Wie wir eben unser Verhalten unserer Umwelt gegenüber, aber auch gegenüber uns selbst, dem Gewissen (s.u.), rechtfertigen und zu verteidigen wissen.

So bemühten sich, so vor unserer Zeitrechnung bereits, stabilere Staaten, das Zusammenleben der wachsenden Menschenansammlungen, die damit wachsend internen und externen Konflikte, in Anlehnung an naturrechtliche Grundlagen, systematisch zu regeln; die heute in überaus komplexen Gesetzeswerken mündeten, unser Verhalten nachhaltig bestimmen. Regeln, als Resultat sich über lange Zeiträume gebildeter Gruppierungen, von Kulturen und Verhaltensweisen, in sich stabilisierenden Nationen, als Staatsgebilde. Stabilität, eine Kontinuität – sowohl in der antiken Welt wie im Römischen Reich wie auch in anderen großen Reichen – war immer Voraussetzung der Festigung eines Staates, aus der Wirkung allgemein anerkannter Regeln (von Gesetzen, überliefertem Verhalten, aber auch ethischen Grundlagen, einem wie immer definierten Naturrecht).

Der Bruch mit dieser doch seit mehr als 2.000 Jahren nachhaltigen Entwicklung des Menschen, stellt die Aufklärung dar. Dieser Wandel im Zeitraum eines annähernd halben Jahrtausends, ist mit den vorhergehenden Veränderungen nicht annähernd vergleichbar. Vielleicht spielten die zwar beständig, aber doch nur leicht wachsende Bevölkerung und die Ausläufer eines Klimawandels (vielleicht auch noch andere Faktoren) eine Rolle mit. Entscheidend aber war, dass die bisher dem Klerus und dem Adel vorbehaltene Bildung, nun über den Buchdruck einer wachsenden, vorerst noch wohlhabenden Anzahl von Menschen, jedoch sich schnell über andere Schichten verbreitend, möglich wurde. Die bewusste Aufnahme fremden Wissens, verglichen mit der eigenen Situation und dem eigenen Umfeld, setzt eine Explosion von Gedanken frei, indiziert Engagement und Dynamik. Zuerst langsam über Persönlichkeiten, wie die eines Hobbes bis Montesquieu u.a., dann Massen initiierend über jene der großen Revolutionen, und anschließend in der Reifephase erster Demokratien, zu vielfältigen vertiefenden geistigen Auseinandersetzungen – jeweils geprägt durch das eigene Umfeld. Ungeheures Wissen, neue Erkenntnisse entfalteten sich, ermöglichten sowohl in der Landwirtschaft, im Verkehr, der Verbindung mit anderen Völkern und in den Naturwissenschaften, ungeahnte Leistungszuwächse. Die Bevölkerungszahlen explodierten. Und während des letzten Jahrhunderts ist nun Zugriff auf fast alles Wissen für fast alle möglich – mit ungeahnten Aussichten für die Entwicklung der Menschheit, aber auch der Staaten

4.4. Politik als Spiegelbild fluktuierend öffentlicher Meinungen

Was in den zweieinhalb Jahrtausenden an staatspolitischem Denken bereitgestellt wurde ist, allein von der Menge her, unübersehbar. Und anmaßend ist auch der Versuch, Erkenntnisse und Einstellungen großer Geister, auf vermeintlich staatspolitisches Denken reduziert, vergleichend darzustellen, als Bruchstücke, wie eben jeder es abweichend und individuell interpretieren würde. Über die ersten gut zwei Jahrtausende meinte man Kontinuität in der Gedankenführung, in der Verfeinerung der Zusammenhänge zu verstehen, bis eben mit der Aufklärung – als Grundlage des Durchbruchs zur modernen Demokratie – viele herausragende Persönlichkeiten sich nun mit den komplexen sozialpolitischen Problemen auseinandersetzten und vielfältige Facetten in die politische Philosophie einbrachten. Insbesondere im letzten Jahrhundert vertieften sich die staatsrelevanten Untersuchungen mit soziologischen und psychologischen Fragen.

Die weltweit explodierende Bildung und die global vernetzten Kommunikationstechniken, haben Ansätze demokratischer Philosophien bis in die letzten Winkel der Erde getragen. Als Strohhalm des Großteils der Weltbevölkerung – die nach wie vor unter totalitären Umfeldbedingungen lebt – steht für sie Demokratie stellvertretend für Freiheit. Eine Freiheit, so unbestimmt sie auch ist (s.u.), bleibt für diese Massen der umfassende Begriff für Wohlstand, Sicherheit und Gerechtigkeit. Elemente, die erst in „gereiften" Demokratien einen anderen Inhalt bekommen, Voraussetzungen erfordern, die alles andere, als über Nacht zur Wirkung kommen können. Vielleicht plausibel, aber auf wenig Verständnis hoffend, könnte man zwar die Massen in totalitären Systemen auf die schwierigen und Jahrzehnte dauernden Prozesse demokratischer Entwicklung hinweisen (falls hypothetisch überhaupt ein Zugriff möglich wäre, und selbst der wäre einseitig und damit in sich schon falsch). Die breite Masse wird es mit Sicherheit nicht akzeptieren, fehlt doch die hautnahe Erfahrung – und die wirkt eben erst zu spät, und dann nur umso nachhaltiger, je belastender sie war. Keine Frage, demokratische Prozesse haben in der westlichen Welt ungeheure Dynamik, Innovationen und Gestaltungswillen, vielfältiges Engagement über die gesamte Bevölkerung freigesetzt, eben breiten Wohlstand und hohe soziale Absicherung geschaffen. Prozesse, die diktatorische Regimes vermutlich so nicht leisten können, wie vielfältig betont wird. Also sind es die verbesserten Lebensbedingungen, der Wohlstand, der in den Schwellenländern und der Dritten Welt mit „Freiheit" assoziiert wird.

Und wie effizient demokratische Prozesse tatsächlich sind, hängt noch von anderen Faktoren ab. Insbesondere auch von der Effizienz der regierenden Kaste, der Politiker. Und sie sind ja auch Individuen, mit ihren ganz persönlichen Wünschen,

Einstellungen und Vorstellungen; anzunehmen ist jedenfalls, sie sind auch an der Beibehaltung ihrer Privilegien interessiert. Abgesehen von seltenen Ausnahmen – und die sind in Demokratien systeminhärent besonders eingeschränkt –, versuchen sie ihre Existenz, den Standard zu halten, möglichst zu verbessern (s.u.). Und dies bleibt Resultat von persönlichen Fähigkeiten und der Wertigkeit eines tragenden Netzwerks, und erst darüber hinaus von der Beurteilung des demokratischen Publikums, d.h. in überwiegendem Falle vom Wohlwollen des Souveräns (das gilt auch für die sich über demokratische Prozesse selbst installierte Diktatoren wie Napoleon, Stalin, Hitler, u.a.). Nun ist auch der Souverän, das Volk – eine eigentlich amorphe Masse –, zu eigenentwickelten Entscheidungen nur selten fähig (s.u.), daher von medialen Tendenzen abhängig. Und die kulminieren sich, je nach verstärkenden oder reduzierenden Faktoren, entweder zu medialen Highlights – die eben dann eine Reaktion der Politik verlangen – oder verschwinden sang- und klanglos im (vorläufigen) Vergessen.

Entscheidend – und dies besonders seit knapp einem Jahrhundert – ist daher der intermediäre Kommunikationsprozess, die Medien, als Bindeglied zwischen Politik und dem Souverän (Kap. 5.3.1.). Sie sind in unserer modernen Zeit das entscheidende Vehikel, sie beherrschen den Einfluss beider; in Demokratien möglichst vielfach verteilt, bei (hoffentlich) unlimitiertem Wettbewerb, und in den totalitären Staaten, aus ganz natürlichem Überlebenswillen der Herrschenden, reduziert auf deren Meinung.

Ein der Demokratie inhärentes Element ist das Recht freier Meinungsäußerung. Pressefreiheit und die Freiheit der Berichterstattungen sollen gewährleistet und Zensur ausgeschlossen sein – soweit die Erwartung und Theorie. Der Einzelne soll frei seine Meinung bilden, um so seinen Beitrag zur Gestaltung des Staatswesens, zum Wohle der Allgemeinheit beizutragen – als vage Annahme eines inhärent breiten Konsens der Bevölkerung zu aktuell offenen Fragen. Stillschweigend vorausgesetzt wird, dass der mündige Staatsbürger einerseits in der Lage ist, die auf ihn einströmenden Informationen wertneutral (frei von fremden Interessen, von wertenden Einflüssen) subjektiv zu beurteilen – sie vielleicht im nahen Umfeld diskutiert –, um seine Stimme dann einem alternativen Parteiprogramm oder einem Kandidaten zu geben – wenn so auch extrem pauschaliert.

Also eine Reihe von Annahmen, die in sich schon die gesamte Problematik der Entscheidungsfindung in einer Demokratie aufzeigen. Ergänzend kommt hinzu, dass eben die Entscheidung subjektiv bleibt, also eine unendliche Bandbreite von individuellen Einstellungen in sich birgt, nun eben konzentriert durch den Zwang einer hochgradig pauschalierten Aussage (Kreuzchen für ja oder nein oder eben für einen bestimmten Kandidaten mit noch unsichererem Resultat). Und auch unabhängig davon, dass es ja eine wertfreie Unterscheidung von richtig und nicht richtig, nicht geben kann[28]. Andererseits wird inhärent eine „annähernde" Kontinuität seiner gerade vorherrschenden Einstellung, eine stabile Meinung zur politischen Gestaltung, angenommen. Da die persönliche Einstellung ferner ein Resultat zurückliegender Soziologisierung ist, damit von der jeweils individuellen Umwelt abhängig, ferner Ergebnis persönlicher, zumeist gerade jetzt und heute wirkender Bedürfnisse, wird die auf ihn einströmende, doch immer „modifizierte Wahrheit", von großer Bedeutung für seine Entscheidung im „demokratischen" Prozess sein. Das ist zwar auch so (von ihm) erkannt – aber verunsichert! Je „reifer" Demokratien also sind, je komplexer die Umfeldbedingungen, je widersprechender die konkurrierenden Parteien sind und dennoch je weniger unterscheidbar, desto mehr nehmen die Unsicherheiten in der Entscheidungsfindung für den Wähler zu – und die Identifikation des mündigen Bürgers mit den demokratischen Prozessen ab.

Heute gewährleisten die europäischen Medien zwar eine weitgehende mediale Unabhängigkeit – und dies bei differenten Kulturen vieler kleiner Staaten und unterschiedlicher Geschichte. Trotz und dank aller divergenten Interessenslagen, ist eine breite Nachrichtenpalette, ein breiter Überblick, mit hoher Qualität geboten. Dennoch bleibt Rationalität ein subjektiver Begriff. Die Komplexität des Wissens und der Erscheinungen hemmt doch den relevanten Überblick über all die Interdependenzen. Das Publikum, der Souverän, bleibt plakativen Aussagen und deren medienwirksamer Übersetzung ausgeliefert, und das wirkt – über die Beeinflussung seines Wahlverhaltens – so wieder auf die Politik zurück. Die tatsächlichen Kernthemen einer nachhaltigen Förderung der Entwicklung des Staates werden Opfer zufälliger, medial hochgeschaukelter Fragen. Die Streuung politisch und strategisch sinnvoller und nachhaltiger Entwicklung des Staates zu ad-hoc-en, unkoordinierten Prozessen, nimmt so zu. Schlussendlich kann man sich nur wundern, wie – z.B. in den westeuropäischen Staaten – denn doch Wohlstandszuwachs über Jahrzehnte gewährleistet werden konnte. Aber das ist ein anderes Thema[29].

---

[28] Neuberg A., *Elitäre Parasiten*, 2010.
[29] Ebd.

4.5. Erwartungen, Theorien und Praxis

Unser gegenwärtiges Verständnis der Wirkungsmechanismen in und zwischen den Staatssystemen subsumieren wir seit gut einem Jahrhundert ökonomisch bestimmt, und zwar zunehmend konzentriert unter dem Begriff des Kapitalismus, eines wachsend dominierend egoistischen Verhaltens im Denken und in den Handlungen der Menschen. Und das – auch zum ersten Mal in der Geschichte – für alle Völker weltweit. Differenziert man nach Max Weber, ist es „der Erwerbstrieb", das „Streben nach Gewinn", was allerdings mit möglichst hohem Geldgewinn an sich wenig zu schaffen hat. Schrankenloseste Erwerbsgier ist nicht gleich Kapitalismus, noch weniger gleich dessen „Geist". Kapitalismus kann geradezu identisch sein mit Bändigung, mindestens mit rationaler Temperierung dieses irrationalen Triebes. Allerdings identisch mit dem *Streben nach Gewinn*: im kontinuierlichen, rationalen, kapitalistischen Betrieb, nach immer erneutem Gewinn, nach „Rentabilität". Innerhalb einer kapitalistischen Ordnung der gesamten Wirtschaft würde ein (kapitalistischer) Einzelbetrieb, der sich nicht an der Chance der Erzielung von Rentabilität orientiert, zum Untergang verurteilt sein[30]. Allerdings – so scheint es – verschiebt sich das „Streben nach Gewinn" zunehmend in Richtung „schrankenlose Erwerbsgier", in fast Reinkultur ausgeprägt in den Vereinigten Staaten und besonders im Zuge der Globalisierung unreflektiert von den Schwellenländern übernommen; assoziiert also im aktuellen Sprachgebrauch nun doch mit „Kapitalismus"

Es beweist – wie offensichtlich vieles im Leben –, dass trotz all bemühtem „logischem" Denken, für uns selbstverständliche Zusammenhänge, widersprüchliche Bedeutung haben können, sich oftmals sogar konträr und unerbittlich gegenüberstehen. Nehmen wir zum Beispiel, stellvertretend für durchaus einschlägiges Führungsverhalten, die Aussage eines CEO eines bekannten internationalen Konzerns, der die Globalisierung als Chance seiner Firmengruppen definiert als „zu investieren, wo man will, zu produzieren, was man will, zu kaufen und zu verkaufen, wo man will, und dabei alle Einschränkungen durch Arbeitsgesetze oder andere gesellschaftliche Übereinkünfte so gering wie möglich zu halten." Eine Auffassung, die sich heute quer durch die Gesellschaftsschichten weltweit ziehen dürfte. Zwar ist es das „Streben nach Gewinn", nach Rentabilität, was eben dieses Führungsverhalten legitimiert, aber zugleich auch Grundsätze eines ethisch-moralischen Miteinanders aushebelt. Selbst wenn es Menschengruppen weit weg betrifft, in anderen Ländern –, sind es doch genau jene, die mit ihrer Arbeitsleistung, unter vergleichbar oft genug desaströsen Bedingungen, einen, wenn nicht entscheidenden Anteil am Wohlstand der Industriestaaten beitragen. Ähnliches erkannte schon Aristoteles vor mehr als zweitausend Jahren: „Dass der Mensch gar nicht für sich allein frei ist, sondern, wenn

---

[30] Max Weber, *Die protestantische Ethik und der Geist des Kapitalismus*, 1906.

überhaupt, nur im Verbund mit anderen", heißt doch, gültig und wirksam für beide Seiten.

Gilt nun nicht das gleiche Verständnis für ethisch gerechtfertigte Bedürfnisse auch diesen fernen „Schichten" in der Globalisierung? Als Verständnis *und* Anerkennung menschlicher, wenn auch weit entfernter Würde in den (noch) Schwellenländern? Als Erweiterung des geografischen Verantwortungsbereichs, wie es sich eben aus der internationalen Vernetzung und technologischen Entwicklung unserer Zeit zwangsläufig ergeben muss? Erwarten wir doch (unbewusst) ebenso ethisches Verhalten für uns selbst, als Betroffene der „Menschenrechte" und Menschenwürde, insbesondere wenn die weltweite Gemeinschaft zum Wohle des Ganzen nachhaltig existieren und sich weiterentwickeln soll. Wobei natürlich zur Zeit des Aristoteles die Dinge nur regional, im Sinne der „Polis" galten, ein so vernetzter menschlicher Verbund wie heute, und dazu noch global, in antiker Vorstellung nicht annähernd vermutet werden konnte. Der grundsätzliche Unterschied liegt daher einerseits in der egoistisch-kapitalistischen subjektiven Betrachtung, nämlich der „schrankenlosen Erwerbsgier", und andererseits in der zwingend notwendigen Rentabilität einer Wirtschaftseinheit (wie es eben naturbedingt selbst für die Familie gilt). Eben eines Verständnisses zu nachhaltigem Gemeinwohl der Allgemeinheit, was allerdings erlebte ethische Gemeinsamkeit und Kultur, ein inhärentes mentales Übereinkommen voraussetzt (die Seele, nach Aristoteles). Eine Ethik, die sich erst in unserer modernen Welt, die sich in Richtung zehn Milliarden Menschen bewegt, bilden muss, als fundamentale Voraussetzung – wollen diese Massen von Menschen tatsächlich friedlich überleben.

Die Anforderungen sind heute global, und völlig andere – selbst wenn wir nur 100 Jahre zurückgehen: Schutz der Umwelt, Stabilisierung der Weltbevölkerung, Überdenken der Verhältnisse und Zusammenarbeit mit grundsätzlich gleichberechtigten Staaten und Kooperationen zur Entwicklung unter Berücksichtigung der massiven wirtschaftlichen Verschiebungen weltweit, der klimatischen Herausforderungen, Reduzierung von Armut und Hunger, Sicherung weltweiter Nahrungsmittelversorgung, humanitärer Anforderungen und der Ressourcenverteilung, Förderung umweltfreundlicher Energien, freier Handel, Bevölkerungspolitik unter Berücksichtigung von Migrationsbewegungen, Verhinderung von Terrorismus, Korruption und Kriegen, und eine Reihe anderer Fragen. Alles (und noch mehr) Themen, die grundsätzlich nichts mit neoliberalem Denken und Konsumerismus – als Leitidee des letzten Jahrhunderts – zu tun haben (sic!). Eine andere Einstellung ist gefordert, Ethisches weltweit zu erarbeiten und zu üben. Diplomatisch wertfreies Kommunizieren ist gefordert und darüber hinaus durchaus in der Vergangenheit mehr oder weniger nützliche, weltweit operierende Institutionen infrage zu stellen, sie neu auszurichten (um die weltweiten Probleme auch tatsächlich konstruktiv lösen zu können). International fundamentale Interessen sind in nationale zu übersetzen.

Max Weber meinte schon (1905), dass nicht der Staat die Freiheit des Individuums bedrohe, sondern die Gruppeninteressen (die schrankenlose Erwerbsgier) sowie der Prozess der Bürokratisierung, der sich in Gruppen, in den Verbänden, Parteien wie auch in den Wirtschaftsbetrieben immer stärker durchsetze. Also, dass die Entwicklung der Menschheit sich verstarrt, eine Veränderung des Verhaltens verhindert. Und Adorno und Horkheimer (1944): „Die Absurdität des Zustandes, in dem die Gewalt des Systems über die Menschen mit jedem Schritt wächst, der sie aus der Gewalt der Natur herausführt, denunziert die Vernunft der vernünftigen Gesellschaft als obsolet."[31] Werden diese bisher doch fundamentalen, heute genauso wirkenden Einschränkungen je erfolgreich gelöst werden können? Die Erfahrungen eines weiteren (nämlich des letzten) Jahrhunderts lassen es skeptisch erscheinen.

Die älteste der Wissenschaften, aus der sich viele weitere Themenbereiche abgesplittert haben, eine Wissenschaft die mit ihren antiken Erkenntnissen selbst unser heutiges Denken überwältigend beeinflusst, ist die Philosophie. Über Jahrtausende versucht sie, natürliche Zusammenhänge und Erscheinungen zu hinterfragen, eben Wahrheiten zu finden. Sie blieb auch die Wurzel für staatspolitische Fragen, so in der Entwicklung der Politikwissenschaften, der politischen Philosophie, u.a. Bei keiner anderen Wissenschaft beginnen wir aber auch immer wieder von vorne, bei den grundsätzlichen Zusammenhängen, eben den ursächlich menschlich inhärenten Eigenschaften, eingebettet in einer ebenso zu hinterfragenden natürlichen Umgebung. Aber auch keine andere Wissenschaft hat so wenig Praktikabilität in ihrer ursächlichen Domäne, in der Gestaltung und Führung des Staates, eigentlich der psychologischen und soziologischen Internas erfahren wie eben die Philosophie. Insbesondere weitgehend konforme Erkenntnisse großer Männer aus dem letzten Jahrhundert, so einleuchtend, bedeutend und wissenschaftlich durchdacht sie auch sind, haben in der praktischen Politik doch nicht annähernd Widerhall gefunden (um nun nicht doch bis zu den teils so irreführenden Arbeiten, nach zugegebenerweise heutigem allgemeinen Denken, eines Hobbes, Montesquieu, Marx, u.a. zurückgehen zu müssen, erarbeitet unter völlig anderen Umweltbedingungen und bei den damals sich doch nur rudimentär ergänzenden Wissenschaften). Zwar ist Philosophie nicht gleich Staatswissenschaft, aber dennoch ziehen wir genau ihre Erkenntnisse in der Beobachtung praktischer Gegebenheiten und theoretischer Möglichkeiten fundamental zurate. Es bleibt paradox: Die älteste, vielleicht auch die weiseste aller Wissenschaften, hat kaum Einfluss auf die praktische Gestaltung, auf das Verhalten und die Effizienz der Führung von Staaten. Selbst bei den abgeleiteten politischen Wissenschaften, der politischen Philosophie, Politikwissenschaft, u.ä., findet sich erst jetzt ganz zart praktische Anerkennung.

---

[31] Adorno und Horkheimer, in: *Soziologie*, Mikl-Horke, Verlag Oldenburg, 1997, 4. Auflage, S.159.

Das Problem mag – nach der zunehmenden Wissenschaftshörigkeit seit Beginn der Aufklärung – in der herrschenden Überzeugung eines radikalen Empirismus liegen, der eben eine streng hierarchische Folge der Theorien erzwingt, statt eines theoretischen Pluralismus (als „Revolution in Permanenz!"[32]), mit seinen vielgefächerten Möglichkeiten neue, zumeist aus der Erfahrung abgeleitete wissenschaftliche Alternativen zu finden. Und eben dieser Empirismus – der auf alles andere als auf (wissenschaftliche) Wahrheiten fundierte Theorien fußen kann – führt zu Widersprüchlichem, zu Praxisfernem, eben zu wenig in der Praxis Vertrauenserweckendem. So bleibt schlussendlich in der Verwaltung des Staates nur die persönliche Erfahrung herrschend, bis heute dominierend – als eine so schwierig korrigierbare, menschlich bedingte Fehlentwicklung. Und zwar unabhängig vom Staatssystem (!).

4.5.1. Wohlstands- und Existenzsicherung

Über Jahrtausende war es primär Aufgabe des Menschen sich Nahrung zu beschaffen, das Überleben seiner Art, der Nachkommen, zu sichern. Instinkte und revolutionäres Verhalten bestimmen – wie bei allen Lebewesen – Reaktion und Verhalten des Einzelnen, bei höheren Arten in der Herde. Erst die über Millionen von Jahren entwickelten Grundlagen zur Vernunft, kumulierten in den letzten 100.000 Jahren zu einem vernunftgesteuerten Verhalten, das – in und mit der Gemeinschaft – erst die Voraussetzungen bot, dass sich der Mensch zunehmend zu einem derartig dominierenden Wesen über die Welt erheben konnte. Und in den letzten Jahrtausenden – in einem winzigen Bruchteil der Erdgeschichte – mit einem intelligenten Verhalten, dass man nur staunend die geschaffenen Zivilisationen von heute bewundern kann. Eine Evolution im letzten Jahrhundert aber, die – dank Intelligenz, Kreativität und sozialem Verhalten – zu einer Bevölkerungsexplosion führte, die nun ernsthaft mit den natürlichen Umfeldbedingungen zu konkurrieren beginnt.

Des Menschen Verhalten bestimmte die Geschichte. Selbst Macht und Gier übertünchen (als evolutionäre Grundlagen, s.u.) sein natürliches Bedürfnis an Sicherheit, um ein geruhsames Überleben anzustreben. Gelang es doch erst im letzten Jahrhundert Teilen der Menschheit, vorerst in den reichen Ländern, später zunehmend in den Schwellenländern, Nahrungsüberfluss zu gewährleisten (und zwar im Gefolge des Einflusses der westlichen Staaten und über die Kolonialisierung) – bis sich eben nun erste Ansätze neuer Engpässe abzeichnen. Diese Bevölkerungsexplosion,

---

[32] Feyerabend Paul K., *Probleme des Empirismus I*, Reclam 2002, Universal Bibliothek 18139, nach der englischen *Ausgabe Beyond the Edge of Certainty* Bd. 2, Englewood Cliffs: Prentice-Hall, 1965.

insbesondere des letzten Jahrhunderts, ist nun die entscheidende Weichenstellung sowohl für die Versorgung, die Ökologie, den Frieden und die Sicherheit und daraus mit der Frage der Führung und Kontinuität der Entwicklung von Staaten.

Hat sich – zumindest für die westliche Welt – das letzte halbe Jahrhundert überaus positiv entwickelt, vorerst auf Basis der Kolonialisierung und Ausbeutung anderer, dann der folgenden industriellen Revolution und nun dank militärischer und wirtschaftlicher (hegemonialer) Macht, sind nun die Anzeichen überdeutlich, dass der Westen Wohlstand teilen, vermutlich sogar ernsthafte Abstriche hinnehmen muss.

Haben aber nun Demokratien die fast gesetzmäßige Tendenz per Saldo mehr auszugeben als einzunehmen (s.u.), belasten sie sich für die Zukunft zusätzlich und nachhaltig mit kaum mehr revidierbaren Zusagen an die ständig neue Wohltaten fordernde Bevölkerung (Renten, Gesundheitswesen, Pflegefürsorge, u.a.; die in „reifen" Demokratie doch Rücklagen fordern. Die würden allerdings schon frühzeitig die Verschuldungsgrenze aufzeigen, sind besser dem Souverän vorzuenthalten. Ein ordentlicher Kaufmann, und das gültig für alle mündigen Bürger (Private und Unternehmen), ist per Gesetz, mit Haftung bei Abweichung, angehalten ordentlich zu wirtschaften, Überschuldung zu vermeiden. Dabei bedeutet Überschuldung, dass zukünftige Einnahmen die Schulden nicht decken, geschweige denn reduzieren können. Nun betrachten wir als Beispiel (als bisher gut geführtes „Unternehmen") Deutschland: Nach rd. 60 Jahren Demokratie und einer Verdoppelung der Staatsquote – bei einem prognostizierten Budget für 2012 (nur Bund) von rd. 306 Mrd. Euro – beträgt der Zinsendienst für Schulden alleine rd. 32 Mrd. oder >10 %! Allerdings sollte doch (nach europäischen Vereinbarungen) gelten, dass – bei einer Verschuldung des deutschen Staates gesamt (Ende 2011 = 2,07 Billionen Euro), d.h. rd. >82 % (des BIP) – die Staatsschuld (nun via Schuldenbremse) nur um max. 3 % steigen darf (d.h. die Schulden nehmen weiterhin *zu*, wenn auch nicht mehr so rasant!). Selbst die Einhaltung einer Schuldenbremse ist temporär nur vertretbar bei kontinuierlichem Wachstum (s.u.). Keine Idee eines tatsächlich realen Schuldenabbaus; selbst wenn gerade relativ niedrige Zinsen vieles verzeihen. Nimmt das Vertrauen der Investoren erst einmal ab (was aufgrund der nachhaltig problematischen wirtschaftlichen Entwicklung der westlichen Staaten anzunehmen ist), steigen die Zinsen und damit die Verschuldung. Noch problematischer ist, dass neue Schulden aufgenommen werden müssen, nur um die Zinsen zu bezahlen (von Tilgungen hat man sich sowieso schon verabschiedet).

Nun erfreuten sich die westeuropäischen Staaten in den ersten Jahrzehnten nach dem Weltkrieg hoher Wachstumsraten, die dann aber langsam sanken, bis zur Stagnation. Alleine die internationale Wettbewerbsentwicklung wird in den Industriestaaten Wachstumsraten von über 1-2 % nachhaltig kaum mehr ermöglichen, d.h. dass über die Einnahmenseite mit etwas Glück gerade mal die Schuldenbremse eingehalten werden kann (und dagegen wirken noch andere belastende Faktoren, s.u.). Selbst diese Zahlen zeigen schon, dass – aufgrund politisch kaum mehr nachhaltig reduzierbarer Ausgaben (politisch verpflichteter Fixkosten) – einerseits die notwendigen Wachstumsraten fehlen um Schulden abbauen zu können, und andererseits die demokratisch-politischen Prozesse Vorsorge und Schuldenabbau, als nachhaltig wirksame Instrumentarien, nicht vorsehen (s.u.). Alternativern und Konsequenzen:

- Das staatliche Budget (als Kameralistik) sieht für langfristige Verpflichtungen keine Rücklagen vor. Hochrechnungen zeigen, dass Deutschland statt einem Schuldenberg 2011 von rd. zwei Billionen Euro, eigentlich – unter Berücksichtigung von Renten und anderer Zusagen und Verpflichtungen (je nach Expertenmeinung) – zwischen sechs und acht Billionen Euro ausweisen müsste. Nun sind natürlich diese Verpflichtungen heute noch nicht fällig. Da aber derzeit schon die Ausgaben über den Einnahmen liegen (wenn zwar auch mit jährlicher Wechselwirkung aus eben laufenden Zu- und Abflüssen), diese nicht passivierten Zusagen weiter wachsen werden – entsprechend den demokratischen und demografischen Prozessen –, wäre der Staatsbankrott nicht aufzuhalten (wie man es aktuell schon mit einigen Ländern erlebt). Zwar können Staaten bankrott, aber nicht mit Land und Leuten untergehen, d.h. sie bleiben zwangsläufig bestehen – wenn auch viele andere Staaten, Investoren und Private viel Geld verlieren und Existenzen vernichtet werden. Da diese Prozesse in sich (s.u.) nicht aufzuhalten sind, werden Staaten zwar spät, aber vermutlich doch reagieren müssen (teilweise oder alternativ) mit gesteuerter oder geduldeter Inflationsförderung über Schuldenexplosion des Staates und Zinskorrekturen der Zentralbanken, als Schuldenentwertung in Folge der Geldentwertung. Die Einkommen der einheimischen Bevölkerung und Unternehmen werden durch Inflationsraten reduziert und Spareinlagen saldieren sich über einen negativen Zinssatz. Ein Prozess, dessen eindeutiger empirischer Nachweis der nachhaltigen Wirkung noch fehlt; allerdings führt er in die Abwertung, mit dann gleichem Resultat, jedenfalls einer Teilentschuldung; und/oder
- einer Reduzierung „privatschuldiger" Verpflichtungen (Sozialleistungen, Renten, Pensionen); und/oder
- einem „Lastenausgleich", wie er schon einmal in der jungen Republik Deutschlands stattgefunden hat, d.h. einem Ausgleich der Schulden des Staates mit dem Vermögen Privater (Privatvermögen der Haushalte in Deutschland dz. rd. 4,9 Billiarden Euro; ohne Sachwerte und Immobilien, die ähnlich hoch). Teile des Privatvermögens werden mit der Staatsschuld (über längere Zeitspannen) saldiert (Privatvermögen wird vernichtet); und/oder
- mit Steuererhöhungen, kalter Progression und Reduzierungen der Sozialleistungen (Privatvermögen wird nachhaltig reduziert), und/oder

- einer Abwertung der Währung bei gleichzeitiger Regulierung (Kontrolle) des Geldflusses (Privatvermögen wird vernichtet), mit dem gleichen Effekt einer Verringerung der realen Schuldenlast des Staates w.o.

Fehlt eben eine Reduzierung, ein Ausgleich, sich immer wieder bildender unsozialer Vermögensverhältnisse in einer Bevölkerung (was nichts mit Gerechtigkeit zu tun hat, Kap. 5.3.6.) – wie sie sich ja weltweit seit Jahrzehnten bereits wieder bilden (s.u.) – über Kriege und Revolten, wirken eben andere Instrumentarien, um einerseits die Misswirtschaft von Staaten zu egalisieren und andererseits die über Jahrzehnte zunehmende Vermögensspreizung wieder annähernd auszugleichen.

Sicherung von Wohlstand und sozialer Gefüge ist daher immer auch eine Funktion wirtschaftlich erfolgreicher und vernünftiger Führung von Staaten, was – paradoxerweise – besonders Demokratien weniger gelingt als autoritären Gesellschaften (s.u.). Die angespannten Verhältnisse in den westlichen Industriestaaten zeigen sich auch in den zunehmenden Schwankungen an den Börsen, ungezügelten Spekulationen, temporären Mangelerscheinungen und finanziellen Schieflagen von Staaten und in überdehnten Sozialleistungen. Schon innerhalb der kommenden beiden Jahrzehnte wird sich ein revolutionärer Ausgleich der Staatsverschuldungen in den Industriestaaten, und mit ihnen der überbordenden Sozialleistungen erzwingen, bis sich dann über Jahrzehnte das weltweite Wirtschaftsgefüge wieder wettbewerbsmäßig vernünftig angeglichen haben wird (so wirkt eben auch Adam Smiths „unsichtbare" Hand"). Erst dann wird die natürliche Pflicht zur Eigenverantwortung des Einzelnen in den demokratischen Staaten wieder in den Vordergrund treten.

Allerdings ist nicht zu übersehen zu welchem Wohlstand es die westliche Bevölkerung – insbesondere in den Entwicklungs- und Reifephasen der Demokratie – gebracht hat. Erst die intensive internationale Vernetzung der letzten drei Jahrzehnte, mündete in einer Aufholjagd der sogenannten Schwellenländer, dennoch bleibt deren Abstand beträchtlich. Eine starke Vereinfachung und Pauschalierung der wesentlichen Werte für 2010 lässt den inhärenten Motor der agierenden Volkswirtschaften vermuten (in Tausend Euro):

Geldvermögen pro Kopf:		Durchschnittlich Wachstum pro Kopf/Jahr:
Nordamerika	rd. > 100 t€	um 1-3 %
Westeuropa	rd. > 66 t€	um 1-3 %
Asien	rd. > 7 t€	um 10-12 %

Diese doch noch krassen Unterschiede – bei nun erst durchgehender Vernetzung der Weltwirtschaft – erzwingen sowohl ökonomisch wie auch aus menschlich inhärentem Ehrgeiz die Nivellierung. Niemand kann heute sagen, ob sie sich je angleichen, vielleicht sogar ins Gegenteil verkehren wird. Jedenfalls wird die Dynamik, einfach aus Rendite und Risikoüberlegungen, je stärker sich die Werte annähern, abnehmen. Scheint der Abstand im Vermögen noch gewaltig, bewirken sie dennoch auf Jahrzehnte niedrigste Wachstumsraten in den westeuropäischen Ländern und Nordamerika (eben als Resultat hoher Arbeits- und Sozialkosten, s.u.). Die Wohlhabenden werden sich wehren und die Nachzügler aber umso härter kämpfen. Es bleiben eben die entscheidenden menschlichen, und damit dynamischen Faktoren der Weltwirtschaft, auch für die nächste Generation. Berücksichtigt man ferner, dass diese Varianzen ökonomisch dynamischer Veränderungen überwiegend Resultat unzähliger Entscheidungen von Unternehmen und Investoren sind (wenn auch durch nationale Rahmenbedingungen teils gefördert oder – wie im Westen – gedämpft), ist die Bevölkerung in den industrialisierten Staaten weitgehend dem weltweit umspannenden ökonomischen Renditediktat ausgeliefert und kaum abzufedern über demokratisch hektische Tagespolitik, als einzige Gegensteuerung der westlichen Staaten – es bleibt gravierende Handlungsohnmacht (Kap.5.3.3.).

4.5.2. Wirtschaftliche (und technologische) Determinanten

Die Ungleichheit der Einkommensverteilung hat – auch in den demokratischen Staaten – wieder deutlich zugenommen. „Wieder", weil es Vermögensverschiebungen schon immer gegeben hat, als häufig genug Ursache staatspolitischer Umwälzungen. Also ist anzunehmen, dass es wesentliches, wenn nicht sogar entscheidendes Faktum bleibt, dass im Sinne nachhaltiger Beurteilung der Effizienz eines Staatssystems auch die Bandbreite der Einkommens- und Vermögensverteilung zählt. Eine Bandbreite, die in der subjektiven Beurteilung den Grad der Gerechtigkeit impliziert. Keine Frage, kommen weitere verschärfende Momente hinzu (Bedrohung der existenziellen Sicherheit an Leib und Leben, u.a., s.u.), ist das System gefährdet. So bestimmt nicht nur die allgemeine Wohlfahrt die Effizienz und die Entwicklung eines Staatssystems, sondern auch die interne Verteilungsgerechtigkeit. Beides ist daher entscheidend: Ökonomische Sicherheit wie auch eine gerechte Verteilung (als subjektives Empfinden der Massen). Also folgt daraus, dass nicht nur die wirtschaftliche Effizienz eines Staates das oberste Ziel einer Staatsführung sein muss (in der Annahme – wie es heute in den Industrieländern noch gilt –, dass das Lebensnotwendigste für die gesamte Bevölkerung abgedeckt sei), sondern primär die Verteilungsgerechtigkeit. Sie bleibt der vergleichende Wertemaßstab aller. In neuerer Zeit allerdings, durch die Globalisierung aufgeweicht, gilt der vergleichende Maßstab nun auch international. Und daraus ist weiter zu schließen, dass die wirtschaftliche Entwicklung des Staates eine Frage gesteuerten Wettbewerbs sein muss, wenn auch, bestehen zu anderen Nationen Lebensstandardunterschiede, sie durchaus vom

Großteil der Bevölkerung akzeptiert wird, sofern die staatsinterne „Einkommens-/Vermögensgerechtigkeit" gewahrt scheint und eine Perspektive wirtschaftlicher Annäherung mit den verglichenen Staaten besteht. Wachstum ist daher für eine Nation, im Sinne der Stabilität, eine nachhaltig sinnvolle, aber nicht zwingende Bedingung. Sie bestimmt sich eben in neuer Zeit aus ihrer Wettbewerbsfähigkeit innerhalb der Staatengemeinschaft *und* der Akzeptanz der Bevölkerung nach der „gefühlten internen Gerechtigkeit".

Allerdings „neigt man [was derzeit gesellschaftliches Denken beherrscht] gerne auch dazu, Wachstum als notwendige Voraussetzung für Wohlstand zu sehen wie auch Wirtschaftliches als Bestimmendes der Gemeinschaft vorauszusetzen".[33] Was bereits spätestens seit den „Grenzen des Wachstums" (Meadows, u.a.) infrage gestellt wird, aber bis heute nicht den geringsten Einfluss auf unsere wirtschaftliche Einstellung und unser Verhalten bewirkte (Kap.5.3.3.).

Gehen wir zurück zum Aufbruch in die industrielle Revolution. Über die Instrumente der Arbeitsteilung (s. Adam Smith) und der Normung/Standardisierung wurden Instrumente geschaffen, die erst diese explosionshafte Güterproduktion, in weiterer Folge Nahrungsmittelversorgung, ermöglichten, den entscheidenden Bruch in der bisherigen Menschheitsgeschichte auslöste. Aus den soziologischen Spannungen (verhärtet durch den Feudalismus) entwickelten sich die modernen europäischen Staaten, mit Beeinflussung und Auswirkungen auf alle anderen Nationen weltweit. Die technologischen Entwicklungen waren es also, die uns ein Volumen an Produkten und Nahrungsmitteln bescherten, das erst die Versorgung von sieben Milliarden ermöglichte, einen Wohlstand und eine Lebensqualität schufen – heute noch für einen kleineren Teil der Menschheit, aber weltweit expandierend –, der noch vor einem halben Jahrhundert undenkbar war. Und der Prozess bleibt ungebrochen. Immer weniger Menschen sind notwendig, um die gewohnten Güter und Nahrungsmittel bereitzustellen, und die überdurchschnittlich wachsenden Dienstleistungen (ähnlich der Entwicklung der produzierenden Industrien vormals) vernetzen sich bis in die kleinsten Winkel und decken jeden nur erdenklichen Bedarf ab. Schon werden Güter und Dienstleistungen weitab der für das Leben notwendigen Bedürfnisse produziert, für mehr oder weniger seichte Unterhaltungen in der Freizeit, bei schleichend sich reduzierende Arbeitszeiten, zunehmend höherer Arbeitslosigkeit und – ist zu befürchten – ohne wachsendes Interesse an Kultur, Bildung und Wissensmehrung, der Reifung menschlichen Verhaltens und des Geistes.

Der Beschäftigungsanteil der produzierenden Industrie wie auch in der Nahrungsmittelversorgung, wird in den Industriestaaten weiter abnehmen, gegenläufig fordern die zunehmend zur Verfügung stehenden menschlichen Kapazitäten, die weltweit gut

---

[33] Neuberg A., *Elitäre Parasiten*, 2010.

ausgebildeten Massen (Kap. 2.3.2.), ihre Verwendung, den Einsatz, die Nutzung ihres Wissens, ihrer Dynamik und ihres Engagements. Die Automatisierung der Produktionskapazitäten verursacht sowohl radikale Verschiebungen des qualitativen (Menschen-)Bedarfes, wie auch in immer geringerer Anzahl. In großen Zyklen hat die Menschheit während der industriellen Revolution immer neue Güter und Dienste geschaffen, in technologischen Sprüngen immer neuen Bedarf initiiert (s. Kondratieffzyklen). Was wir heute in der weltweiten Produktion und Dienstleistung noch bereitstellen können, ist eine Verfeinerung altbekannten Wissens bis ins kleinste Detail – und Gott sei Dank stehen wir noch vor dem ungeheuren Bedarf der nun aufkommenden Schwellenländer, mit allerdings schwerwiegenden Verwerfungen für die Industriestaaten (Kap. 6.8.). Zwar erhoffen wir neue Zyklen (wie Gesundheit, Freizeit und Weiterentwicklung der Kommunikationstechniken), die allerdings für die Wohlstandsländer auch bezahlbar bleiben müssen. Einzig technologische Neuerungen – oder vorgelagert Innovationen und davor Innovationsfähigkeit und Bildung – sind es also, die die Wohlstandsgesellschaft der Industriestaaten vor ernsthafter wirtschaftlicher, und damit auch vor Ungerechtigkeiten der Vermögensverteilung, bewahren können. Erfolgreiches Wirtschaften ist eben das Fundament jedes nachhaltig existierenden Staates.

Neben den technischen sind auch organisatorische Innovationen nicht auszuschließen. Die industrielle Revolution, mit ihrer Kapitalkumulierung auf wenige, kreierte weltumspannende Konglomerate, die selbst Staaten in die Knie zwingen können. In ihrem Schatten entfalteten sich viele kleine und mittlere, privat geführte Unternehmen; sowohl als ihr Ursprung wie auch Innovationsquell. Nicht auszuschließen ist aber auch, dass die zunehmende Konzentration auf supergroße Einheiten, bei wachsendem Staatseinfluss, nicht nur den unternehmerischen Geist untergräbt sondern auch die vielfältigen Innovationsprozesse und die Vermögensbildung auf breiter Basis behindert; und damit zwangsläufig entscheidenden Einfluss auf die Gestaltung der Staatssysteme in sich birgt.

4.5.3. Religiöse Determinanten

Der Glaube, die Religionen, bestimmten seit Beginn der Menschheitsgeschichte politisches Verhalten und vorher schon das Verhalten unserer Vorfahren. Neuere politikwissenschaftliche Untersuchungen in der Türkei z.B. „zeigen auf, dass Religiosität in der Tat eine bedeutsame Determinante für die parteipolitischen

Einstellungen darstellt."[34] Untersuchungen, die sich als Selbstverständlichkeiten herauskristallisieren – rekapituliert man selbst nur die Historiken der großen Religionen oder die aktuell religiös bestimmten Konflikte in vielen Teilen der Erde. Zersplittert in vielfältige ethnische Gruppen und als Grundlage ethnischen Nationalismus bleibt Gläubigkeit ungebrochen, bis in extrem autoritäres und terroristisches Verhalten. Wenn sich auch die Tiefe und Intensität des Glaubens in den modernen Staaten – im Gefolge der Aufklärung – durch die allgemein sich verbessernde Bildung (sic!?) und (besonders) steigenden Wohlstand abgeschwächt hat, so bestimmt er dennoch ganz wesentlich auch politisches Verhalten in vielen Ländern, sei es in Demokratien (wie z.B. ausgeprägt in den USA oder wie erwähnt in der Türkei) oder in autoritären Regimes und religiös geführten Staaten, wie es auch in vielen Schwellenländern zu beobachten ist. Religiöses kann Massen mobilisieren, revolutioniert Staaten, bestimmt kriegerische Konflikte und – ganz nebenbei – verursacht auch unendliche Gräueltaten, und dient verbrämt nach wie vor als letztendlich bedeutendes Instrument politischen Willen in Macht umzusetzen.

Als entscheidendes Moment menschlichen Verhaltens seit Jahrtausenden jedoch, sicherte Gläubigkeit – über alle politischen Wirren – dem Menschen die letzte mentale Hoffnung, gab ihm mehr oder weniger (je nach umgebender Kultur und persönlicher Veranlagung) Mut und Kraft, leitete letztendlich vielfach sein Verhalten und bestimmte entscheidend die menschliche Geschichte, sowohl in der Einstellung des Individuums wie auch als maßgebendes Kalkül Herrschender. Und war immer (und wird es vermutlich auch bleiben) das gemeinsam Bindende, Motor kultureller Entwicklung und auch geistiger Schöpferkraft – so sehr Atheisten es auch verleugnen mögen. Verbirgt sich doch irgendwo in uns Unsicherheit über das Unfassbare, über den Ursprung allen Wirkens. Religion, oder besser der Glaube – ganz unterschiedlich entwickelt je nach Weltgegend –, ist, wie uns die Geschichte zeigt, das einzig Stabile, das Verbleibende, das Gemeinsame. Und so ähneln sich die großen Weltreligionen in ihrer Ethik, mit ihrer gestaltenden Ordnung und ihren Verhaltensanweisungen, als schlussendlich Konzentrat auf eine einzige Gottheit (oder den einheitlichen Ursprung = Hinduismus und Buddhismus), mit nun so ganz plötzlich überraschend wachsender Toleranz gegenüber anderen Glaubensrichtungen – gefördert durch die technologische Vernetzung der Welt, wenn nicht sogar mit Annäherung und gegenseitiger Beeinflussung, und zwar im Sinne ethischer Werte.

Wobei die Verunsicherung des Einzelnen über die gerade in unseren Generationen so drastisch auftretenden ökonomischen, ökologischen und menschlichen Entwicklungen den Trend noch verstärken dürften – als doch positives Zeichen bei den vielen negativ anmutenden Erscheinungen. So übersehen wir auch, dass – zwar unterschiedlich je

---

[34] Kalaycioglu E., *Das Fach der Politikwissenschaft in der Türkei – ein Überblick*, in: Politikwissenschaft, Lietzmann, et al., Verlag Oldenburg, 1996.

nach Zivilisationsstand und ökonomischem Trend –, die Anpassungsprozesse in Generationen zu zählen sind und eben die Intransparenz dieser langen Zeitspannen auch genügend Unverständnis für jeweilig anderes Verhalten in sich tragen. Trotz des aktuellen „Vernetzungsschubs", werden die Anpassungsprozesse konfliktträchtig bleiben und – wie wir tagtäglich aus den Nachrichten erfahren – eine zumindest ähnlich hohe Dynamik und Wirksamkeit aufweisen wie es (momentan) ökonomisch-kapitalistisches Denken in sich birgt. Es werden *die beiden* entscheidenden Kräfte unseres Verhaltens bleiben, waren sie doch immer schon bestimmend, spiegeln sich selbst in den „Naturgesetzen" wieder. Ist doch „vom Ursprung her alles religiös" (Émile Durkheim).

Egal welche der Weltreligionen wir betrachten (mit all ihren vielfältigen Richtungen), ob Hinduismus und Buddhismus, ob die jüdische, christliche Religion oder den Islam, alle verlangen Gehorsam gegenüber Gott (oder Götter, im Sinne der Seele), bis teils „Eins-Werden mit ihm in völliger Hingabe an ihn."[35] „Wie bei allen primitiven Völkern waren [...] Brauch und Sitte die Grundlage der Moral [...]. Deshalb gibt es nur göttliche Gesetze [...], denn jedes Unrecht [...] ist eine Auflehnung gegen Jahwe, von dem allein alle Gebote und Verbote herrühren."[36] Diese einseitige, unverrückbare Macht des Allmächtigen setzt sich fort in seinen irdischen Hierarchien, in den Kirchen; ohne leisesten Ansatz demokratischer Mitsprache, als evolutionäres Resultat des existenziellen Lebenskampfs (s.u.). Und selbst die Römer, auf der Höhe ihrer Entwicklung, mit einer bis heute unerreichten Rechtspraxis und Staatsorganisation, glaubten (dennoch) an das Übermächtige, bestimmten ihre Handlungen nach Orakel und Naturerscheinungen.[37] Noch weiter ging später der Islam: Die Offenbarung ist sowohl Religion wie auch Gesetz. Anders als die anderen Weltreligionen, bilden „die Bekenner des Islams eine nach Gottes Willen [...] gegründete religiöse *und politische* Gemeinschaft (die *umma*)."[38] Was dann schon genügend Verwirrung und Konfrontation in modernen Staaten stiftet, wenn eine durch Mohammed und seine Gefolgsleute durchaus pragmatische Auslegung der damaligen Rechtsordnung, im Koran, in modernen und komplexen, selbst islamorientierten Staatsgefügen wirken, also jahrhundertealtes Recht angewandt werden soll. Fundamental Religiöses verursacht dann zwangsläufig vielfaches Konfliktpotenzial in und zu anderen Gesellschaften und Staaten.

Es ist eben für den gläubigen Menschen eine grundsätzliche Frage, ob Religionen die Staatsform beeinflussen (sollten). Ausgenommen die Türkei, findet sich in der islamischen Welt wenig Demokratien westlichen Verständnisses. Und selbst ihre

---

[35] Schweitzer A., in: *Die Welt der Religionen*, Beck'sche Reihe.
[36] Friedell E., in: *Die Welt der Religionen*, Beck'sche Reihe.
[37] Ebd., in Anlehnung.
[38] Endreß G., in: *Die Welt der Religionen*, Beck'sche Reihe.

demokratischen Prozesse sind jungen Ursprungs und noch immer in radikaler Veränderung, bei politischer Brisanz. Vergleichen wir die christliche mit der islamischen Glaubenstiefe, können wir uns sicherlich nicht des Eindrucks erwehren, dass sie in der islamischen Welt im Allgemeinen wesentlich stärker ausgeprägt ist – bis zu den extremen Formen des Terrorismus. Natürlich gibt es ähnliche Tendenzen auch in der christlichen Welt und je nach Nation unterschiedlich nuanciert, wenn auch offensichtlich nicht mit den Extremen (sofern man Einzelfälle ausschließt). Außerdem ist die islamische Religion jüngeren Datums und Anpassungstendenzen zu westlichem, vorwiegend christlich geprägtem Leben (jedoch nicht christlichem Denken) sind nicht zu bestreiten, wenn durchaus auch – wie eben während des letzten Jahrhunderts in der christlichen Wohlstandsgesellschaft – die ursprünglich strenge Gläubigkeit im Zuge der Aufklärung auch nachgelassen hat. Unabhängig davon ist es eine Besonderheit des Islams, dass eben Glaube und Recht im Koran untrennbar miteinander verbunden sind – und je tiefer die Gläubigkeit, die Hingabe zum Koran ist, desto rigoroser wird islamisches Recht auch im Staatswesen gefordert. Allerdings – von Ausnahmen abgesehen (Iran) – scheint sich die Tendenz der Trennung des Glaubens von der Wirksamkeit des islamischen Rechts (als vorsichtige Säkularisierung) im Zuge der Vernetzung der Welt und immer dichter werdender Kommunikationsbeziehungen fortzusetzen, als eine ganz natürliche Abkehr von einem mehr als tausend Jahre alten (islamischen) Recht und der Notwendigkeit seiner Anpassung an die internationale Gemeinschaft – eben ganz anderen gesellschaftlichen Verhältnissen (als jene vor mehr als tausend Jahren). Der immer wieder vereinzelt auftauchende Traum eines islamischen Kalifats wird sich so kaum nachhaltig verwirklichen lassen, zumindest nicht in einer Zeit wie der unsrigen, mit einer derart breiten (und zunehmenden) Bildung der Bevölkerung und weltoffenen Kommunikationsbeziehungen (auch wenn man, wie die Geschichte lehrt, niemals nie sagen sollte, haben doch auch im Christentum durchaus militante Komponenten über lange Zeiträume geherrscht).

Generell fehlt dem Islam noch die demokratische Reife einiger Jahrhunderte, wie es sich eben in den christlichen Regionen im Zuge der Aufklärung vollzog. Dazu kommt noch, dass mehr als die Hälfte der Bevölkerung im Nahen Osten jünger als 25 Jahre ist und der Graben zwischen dem fundamentalistischen Islam und seinen liberalen, überwiegend friedlichen Ausprägungen, auf absehbare Zeit tief bleiben wird. Zur Annäherung an den Westen scheint es zwei fundamentale und kaum (zumindest für die nächsten Generationen) überwindbare Schranken zu geben: die Scharia und die Stellung der Frau. Möglicherweise bewegt sich der Islam – trotz aller heutiger Technik, Kommunikationsmittel und Bildung – in ähnlichen Entwicklungsstufen wie Europa zu Beginn der Aufklärung (wenn auch in den islamischen Ländern wesentlich differenzierter, da ohne zentrale religiöse Macht). Zwar wird der Anpassungsprozess, dank der Globalisierung und engen Vernetzung der Welt, wesentlich kürzer ausfallen als im Abendland, dennoch bleibt es ein Prozess von Generationen. Die

Weltbevölkerung zählte 2011 ca. sieben Mrd., davon muslimisch gut 1,7 Mrd. und christlich ca. 2,3 Mrd., wobei sich interessanterweise die dichteste Verbreitung des Islams in einem Band um den Äquator hinzieht. Allerdings – wie schon erwähnt – mit durchaus unterschiedlicher Auslegung des Korans, in differente Richtungen, mit unterschiedlichen Traditionen und Ideologien, bei teilweise aggressiver Differenzierung. Solange jedoch in der islamischen Praxis Glaube und Recht als gemeinsam verankert gelten, schließen sich für absehbare Zeit in den vorwiegend islamisch geprägten Ländern Demokratien aus, war doch schon in Mohammeds Medina Kirche und Staat eine unauflösbare Einheit – wie eben in der Offenbarung (im Koran) festgeschrieben. Allerdings hat es auch in der christlichen Geschichte ähnliche Tendenzen gegeben, selbst wenn im Neuen Testament Vergleichbares direkt nicht zu finden ist, als z.B. Päpste (wie Gelasius I., 492-496) zwar die Gewaltenteilung zwischen Kirche und Staat festschrieben, jedoch mit der kirchlichen „Fürsorge für das Seelenheil" selbst Kaiser in die Schranken wiesen oder ein anderer Pontifex sogar versuchte dem Heiligen Stuhl „kaiserliche Herrschaftszeichen" zuzuordnen (Gregor VII., 1075).[39]

In den anderen, den beiden fernöstlichen Weltreligionen (der buddhistischen und hinduistischen) beeinflussen zwar bis heute – wie auch im Christentum – religiöse Überzeugungen nicht nur das Verhalten der Menschen, und damit auch hintergründig (wenn auch nicht annähernd direkt wie im Abendland) die Staatsformen, auch wenn sie sich durchaus – und in Anlehnung an den Westen (nach jahrhundertelangen militärischen und Handelsbeziehungen, unter Einfluss europäischen und kapitalistischen Gedankengutes) – zunehmend laizistisch verhalten und die Staatsformen von religiösem Fundamentalismus relativ frei scheint. In den meisten dieser Länder leben die unterschiedlichen Glaubensrichtungen friedlich nebeneinander. Vermutlich ist es darauf zurückzuführen, dass sie eben keine Offenbarungsreligionen sind, sich daher kulturell völlig anders, sehr differenzierter, liberaler, durchaus auch nach individuellen Auslegungen, und das über gut zwei Jahrtausende, entwickeln konnten. So überschneidet sich in friedlichem Miteinander ihr liberales auch mit islamischem Gedankengut. Konflikte sind zumeist historisch, d.h. nach Herkunft und Rasse bedingt, und motivieren häufig genug radikale Auseinandersetzungen, wobei immer auch einseitig islamisches Recht in den Vordergrund zu drängen sucht – alleine schon aus der stringenten Auslegung des Korans, der seine Gläubigen über die Grenzen hinweg verbindet und mit seiner uralten Rechtsordnung vereinheitlicht. So bleiben islamisch geprägte Demokratien (falls sie so bezeichnet werden können) immer auch mehr oder weniger latent unter dem Einfluss des Korans – je nach Glaubensrichtung, beeinflusst von Clans und alten Herrscherhäusern, bei tendenziell autokratischer Struktur.

---

[39] Vgl. Fuhrmann Horst, *Der wahre Kaiser ist der Papst*, in: *Die Welt der Religionen*, Beck'sche Reihe.

Unabhängig von den religiösen Ausprägungen ist hier jedoch entscheidend, ob Religiosität (wie ab der Zeit so um die Französische Revolution) in der Gestaltung und Führung des Staates eine immer vernachlässigbarere Rolle spielt oder, und mit welchen Einfluss, sie inhärent tatsächlich wirkt oder wirken kann. Neuere Untersuchungen hegen durchaus Zweifel, ob erst die Domestizierung von Pflanzen und Tieren, nämlich die Sesshaftwerdung, die Voraussetzung zur Entwicklung religiösen Verhaltens schuf oder ob es nicht umgekehrt war, nämlich die Eigenschaften der Natur erst religiöses Denken und Gefühl förderten, das dann – über gemeinsame Rituale – erst die Sesshaftwerdung, in weiterer Folge die Landwirtschaft bewirkte.[40] Jedenfalls schufen gemeinsame religiöse Visionen eine Ordnung der Rituale, weiterhin eine Organisation, einen Zusammenhalt von Gruppen, eine Gemeinschaft mit innerer sozialer Bindung (dann auch gegen die von außen wirkenden Gefahren und zur Sicherung der Art), schon als grundsätzliche Voraussetzung eines Stammes, in weiterer Folge einer Nation. In unserer Zeit, als Resultat der Aufklärung und im Genuss eines breiten Wohlstands, ist dieser fundamentale (religiöse) Zusammenhang in den Hintergrund getreten. Dennoch ist offensichtlich, fällt eines der beiden Elemente (aus der Aufklärung) weg – Bildung oder Wohlstand – und überfällt den Einzelnen die Not, ist das Göttliche, als menschlicher Halt, ganz plötzlich wieder da, bestimmt grundsätzlich wieder sein Verhalten, drängt oberflächliche gesellschaftliche Ereignisse und ökonomisches Streben in den Hintergrund. Der Mensch sucht Halt, findet ihn im Übernatürlichen – und wenn er Glück hat auch noch in familiärer Umgebung. Das Religiöse ist also im Menschen immer latent vorhanden, egal wie laizistisch er seine Gesellschaft auch gestaltet, und bestimmt somit seine Soziologisierung.

So ist abzuleiten, dass Religionen sehr wohl die Regierungsformen grundsätzlich beeinflussen und christlich geprägte Länder – aufgrund ihrer „freiheitlich-religiösen" Gedankenrichtung sowie nach gewachsen breiterem Bildungsstand wie auch über Generationen erlittener Erfahrung aus ständigen Auseinandersetzungen – weit stärker „demokratiegeneigt" sind, als andere Weltreligionen, insbesondere der Islam. Der doch – ganz anders – als fundamental religiöse Voraussetzung ein weltweites Kalifat, ein muslimisches Empire anstrebt, was in sich (auf unserem eindimensionalen Modell) zur Autokratie tendiert. Will er doch mit seinen Rechtsgrundlagen und strengen religiösen Regeln – so sehr sie sich vielleicht auch an moderne Verhältnisse anpassen würden (könnten?) – auch generell Verhaltensänderung für Gläubige anderer Glaubensrichtungen bewirken, mit Einflüssen auf individuelle Freiheiten wie auch wirtschaftliche und menschliche Entfaltung. Der Koran ist eben die Offenbarung Gottes und kann daher weder verändert noch als veraltet ausgehebelt werden, bestimmt somit die Kompromisslosigkeit gegenüber anderen Religionen. Verhalten sich zwar auch die Organisationen der anderen Religionen in ihren inneren Strukturen

---

[40] *Die Geburt der Zivilisation*, National Geographic, Juni 2011.

konträr zu demokratischen Grundsätzen – insbesondere der abendländischen –, bleiben sie dennoch Basis und Garant ethischer/moralischer Grundlagen.

Dass die Weltreligionen die Werte (Ethik und Moral) der Staaten, ihre Strukturen und ihr Verhalten, über viele Generationen geprägt haben, scheint uns heute eine Selbstverständlichkeit. So ist für uns die westliche Zivilisation, das Abendland, von christlichen Werten geprägt, auch wenn sie sich im Laufe der Jahrhunderte veränderten. Dennoch stellt sich eine weitere Frage: Waren es die Religionen die unser heutiges Denken so entscheidend beeinflusst haben, oder ist es doch ein evolutionärer Prozess? Ist das, wenn auch schwer fassbare Naturrecht, der eigentliche evolutionäre Prozess, nicht doch die Grundlage auf der sich Religionen über lang wirkende kulturelle Veränderungen, beeinflusst und getragen durch herausragende „Propheten", entwickelt haben? Anzunehmen ist es, da sich zuerst die Menschen – noch als Jäger und Sammler – zur Bewältigung ihrer Existenz zusammenschlossen und erst dann erfolgreich waren, wenn sie ein Verhalten übten, das nachhaltig dem Stamm das Überleben sicherte. Und gemeinsames Überleben bedeutete erste Formen der Arbeitsteilung, die Akzeptanz von Hierarchien mit ihren inhärenten Regeln, die Pflege der Jungen, Schwachen und Kranken, die gemeinsame Verteidigung oder der Kampf, eben alle vielfältigen soziologischen Beziehungen die die Nachhaltigkeit des Stammes sicherten. Eben als Recht, aus den natürlichen Bedingungen, notwendig zur Sicherung ihrer Existenz! Über lange Zeiträume – eben evolutionär.

Und wenn es so ist, wären doch die „Philosophien" der Weltreligionen auf dieses menschlich bedingte Naturrecht zurückzuführen, auf den gemeinsamen Nenner der Sicherung der menschlichen Spezies. Entspricht doch die Religion den Einsichten menschlicher Vernunft (David Hume). Schlussendlich sind sie (die Religionen) Interpretationen der unterschiedlichen Entwicklung der Kulturen, gestützt auf ihre Propheten und ihre Offenbarungen, sowie der nachfolgenden, jeweils individuellen Gestaltungen und Auslegungen. Also eigentlich gemeinsamer Nenner menschlicher Verhaltensregeln, über die gesamte Erde („Religion ist [...] die Erkenntnis aller unserer Pflichten als göttliche Gebote"[41]). Ausgenommen vielleicht die Einstellung zu Eigentum und Besitz, beide hatten offensichtlich doch schon immer eine gewisse säkularisierende Wirkung und belasten bis dato unsere Beziehungen mit ihren, nun besonders menschenunfreundlichen kapitalistischen Grundsätzen.

Alle heutigen Weltreligionen haben sich im Zuge ihrer Geschichte immer wieder gegen Abweichungen und Aufsplitterungen, brutal oder friedlich, gewehrt, ihre Existenz und ihren Einfluss so bis heute gewahrt. Im Grunde genommen ist ihre (menschliche) Dominanz und die kontinuierliche Überlieferung ihrer Werte Resultat ständigen Kampfes, über Jahrhunderte, wie z.B. der uns nahestehenden christlichen

---

[41] Kant I., in: *Was ist Religion?*, Reclam.

Kirche gegen Häresie, gegen Ketzertum, mit all den furchtbaren Auswirkungen der Inquisition. Als ein mächtiges, staatenprägendes Instrument, der Ordnungsrahmen der bis heute die Welt mitbestimmt. Die römisch-katholische Kirche hat so innere Revolutionen, wie die der Hussiten, Calvins, der Katharer und vieler anderer, überlebt, nur bei der Abspaltung der Protestanten war sie gescheitert. Überlebt hat sie dank autoritärer Dominanz und *nicht* nach demokratischen Grundlagen.

Und wie bestimmen die Religionen die weitere Zukunft der Staaten? Staatenprägende Religionsgemeinschaften sind, wie die der christlichen oder muslimischen und jüdischen, hierarchisch und somit eher autoritär bestimmend und auch in ihrer inneren Struktur konträr der demokratischen Entwicklung. Zwar macht ihnen die Aufklärung zu schaffen, dennoch bleiben sie resistent und die Freiheit des Geistes bleibt für sie ein Problem. Besonders in Europa spüren wir die Entwicklung hautnah: Es gibt immer weniger Priester, der Besuch der Gottesdienste sinkt ständig, die Kirchenaustritte bleiben konstant und immer weniger lassen sich taufen oder heiraten kirchlich. Gehen damit auch ethische Werte verloren? Sind es Hinweise offensichtlich zunehmenden Egoismus im Zuge dominierend-kapitalistischen Denkens? Möglich und plausibel scheint es! Oder es wirken eben abzweigende geistige Strömungen. Haben sich doch „in privaten Lebensbereichen religiöse Praktiken und Sinndeutungen eher *verändert*, als dass sie tatsächlich an Bedeutung eingebüßt hätten."[42] Schlussendlich können wir uns ja auch nicht von der Überzeugung befreien, dass „Religion Gemeinschaftsgefühle erzeugen kann, die für alle verpflichtend sind."[43] Wie religiöse Einstellungen darüberhinaus politische und wirtschaftliche Prozesse bestimmen, haben wir schon bei Max Weber gesehen; z.B. protestantisches Denken zu Arbeit und Leistung, oder die stringenten Anforderungen denen sich Mormonen unterziehen, mit dem Resultat überdurchschnittlich wirtschaftlicher Erfolge, oder die Leistungen und Widerstandsfähigkeit des israelischen Volkes, etc.

Aber selbst in den westlichen Demokratien ist die Bedeutung der Religion je nach Nation sehr unterschiedlich ausgeprägt. Hat sich – im Zuge der Aufklärung und der Säkularisierung – in Westeuropa die Religion dem Staat, dem Souverän, unterzuordnen gehabt (insbesondere nach der Französischen Revolution), so ist die Geschichte in den Vereinigten Staaten konträr verlaufen. Die „seelische" Identifikation des Einzelnen mit der Religion war stärker und alleine schon deswegen notwendig, da es zu Beginn in der Neuen Welt weder ein gemeinsames Nationalgefühl noch staatliche Sicherheit gab und der Einzelne, in seiner Gruppe, häufig genug bestimmt durch eine Religionsgemeinschaft, auf sich alleine gestellt war, sich auch alleine behaupten musste. In den Jahrhunderten nach den Wirrnissen des Dreißigjährigen Krieges (nach 1648, dem Westfälischen Frieden) und der

---

[42] *Was ist Religion?* Reclams-Universal-Bibliothek 18785.
[43] Vgl. Kippenberg Hans G., in: *Was ist Religion?*, Reclam.

Formung neuer Staatengebilde in Europa, begann die große Ausreisewelle; einerseits aus den jeweils wirtschaftlich desolaten Zuständen und andererseits für verfolgte religiöse Minoritäten. Religiöse Zugehörigkeit zu einer Glaubensgemeinschaft war daher in den Staaten, und ist es bis heute, eine ganz wesentliche Voraussetzung für die Einbettung in die Gesellschaft, formte ein betontes Nationalbewusstsein und beeinflusst bis dato ganz bedeutend staatliches Verhalten. „Die Begründung der US-amerikanischen Nation ist letztlich eine religiöse."[44]

---

[44] Haller G., *Die Grenzen der Solidarität,...*

5. Interdependenzen

Eine komplexe Vielfalt sich ständig ändernder Faktoren (je nach gesellschaftlicher Entwicklung wie auch persönlicher Intention) beeinflussen die Staatengebilde seit Menschengedenken; und die Politik ist ihr Spiegelbild. Zu variabel sind die Einflüsse – wie sich aus der Vielzahl der philosophischen Betrachtungen schon ablesen lässt –, als dass nachhaltig haltbare und gültige Regeln abzuleiten wären. Auf wenig Grundsätzliches, d.h. eigentlich nur Menschliches ist zu reduzieren. So enthält die Charta der Vereinten Nationen sowohl ein Programm zur Weiterentwicklung des Völkerrechts und – neben der Förderung kultureller Zusammenarbeit – auch die Achtung und Wahrung der Menschenrechte und Grundfreiheiten. Daneben bekräftigt sie in ihrem wichtigsten Dokument, der Allgemeinen Erklärung der Menschenrechte, nochmals gesondert des Menschen Würde. Ihre Hauptaufgabe jedoch, die Verhütung von Gewalt, gelingt ihr bis heute nicht. Basis eines gemeinsamen Erbes kann daher nur eine universal gültige Gerechtigkeit bilden, welche die Menschheit als ethische Gemeinschaft sieht und zu deren Grundsätzen Unparteilichkeit, die Anerkennung von Rechtsgütern wie Leib, Leben, Eigentum, etc. zu zählen sind, wie sie bereits in den alten Kulturen ihre Berechtigung hatten. Wie schwierig selbst die einheitliche Definition einer Gerechtigkeit ist, zeigt schon die Menschheitsgeschichte. An weitere Verfeinerungen, nämlich der Gleichheit, der Freiheit, der Regulierung von Macht, ist offensichtlich dz. nicht annähernd zu denken.

5.1. Historische Erkenntnisse

Aus den Erfahrungen gelebter Demokratien des letzten Jahrhunderts sind – aus dieser alten Überzeugung der drei Grundpfeiler[45] Freiheit, Gleichheit und Gerechtigkeit – heute durchaus gravierende Abweichungen zu erkennen, die nicht nur die Qualität demokratischer Prozesse negativ beeinflussen, sondern die Demokratie selbst infrage stellen. Es sind Auswüchse, die einerseits in den Verfassungen stecken, deren zwar gut gemeinten Vorsätze ganz einfach organisatorische Wucherungen nicht ausschließen (ganz entgegen dem Sinn der Gründungsväter) und die andererseits, im Laufe der Zeit, im Zuge jahrzehntelanger Adaptierungen Elemente aufgenommen haben, die (individuelle) Interpretationen ermöglichen, mit der Konsequenz – aus interessensgebundener Auslegung – ganz einfach die Grundzüge aufzuweichen, und zwar soweit wie es vermutlich ursprünglich gar nicht abzusehen war (und die gedachten demokratischen Grundpfeiler immer stärker verwässern). Aufweichungen wie z.B. (je nach Land zu ergänzen):

- Tendenzen zu erweiterter direkter Demokratie (besonders in bevölkerungsreichen Ländern, wie z.B. Kalifornien), die aus kurzsichtig geprägten Forderungen wirtschaftlich starker Gruppen, konträr der gesamtvolkswirtschaftlichen Entwicklung, finanzielle Belastungen und soziale Verwerfungen verursachen (gruppenbezogene, weit über die Verhältnismäßigkeit hinausgehende Benefizien ermöglichen). So plausibel demokratisch der Gedanke auch sein möge, so wenig demokratisch pragmatisch ist er in der Neuzeit (Kap.6.3.). Warum es in kleineren Ländern über Jahrhunderte durchaus positiv gehen kann (Schweiz), mag von der Größe des Landes, der über Jahrhunderte „gereiften" Entwicklung, der individuellen „Kultur", der so gepflegten Verantwortung gegenüber dem Staat und damit aus völlig anderer Einstellung, aus anderen menschlichen Verhalten begründet sein.
- Verbürokratisierung der politischen Gefüge; bei (folgend) zunehmendem Desinteresse der Bevölkerung an demokratischer Teilhabe, bedingt durch Frustration über die Politik und die immer wieder durchscheinenden Eigeninteressen der Verantwortlichen in staatlichen oder halbstaatlichen Institutionen. Ein Prozess, der mit der „Reife" der Demokratie zuzunehmen scheint (Kap. 6.1.).
- Auseinanderdriften der Einkommen in stabilen Demokratien über längere Zeiträume, was zwangsläufig zu einer kleinen, wohlhabenden Oberschicht (Kap. 5.2.), abgehoben vom Heer der Klein- bis Mittelverdiener, und zu wachsender Arbeitslosigkeit führt. Folglich verlagern sich die Entscheidungsmehrheiten in Richtung Sozialstaat – nämlich zur Majorität der Wähler (als Problem der

---

[45] Nach Kant sind es für die Republik vier: Volkssouveränität (angeborene, unveräußerliche Rechte), für alle gleiche Gesetze, öffentliche Gewalten und die Gewaltenteilung.

Gleichheit, sic!), mit der Folge zunehmender Verschuldung, langfristig bis zum finanziellen Kollaps (Kap. 6.5.).
- Zersplitterung der ursprünglich wenigen (in der Aufbruchsphase der Demokratie), überschau- und beurteilbaren Parteien in viele kleinere, mit der Folge häufig wechselnder Regierungsverantwortlichkeiten, bis zur Entscheidungsstagnation über Jahrzehnte (ausgeprägte Beispiele Japan, auch europäische Staaten, zunehmend weitere).
- Schleichende Verlagerung des politischen Potenzials an wirtschaftsmächtige Gruppen über umfassende Medien, und damit interessensgesteuerte Meinungsbildung. Als Verfälschung des tatsächlichen (intrinsischen) Publikumswillen über gesteuerte medienwirksame Mittel (Kap.5.3.1.).

Ein, wie die Praxis zeigt, unumkehrbarer Prozess (jedenfalls in Demokratien), und zwar bis zu dem Punkt (Kap. 7.2.), an dem sich die Massen wiederfinden und sich Chaos entwickelt. Da diese Prozesse sich mehr oder weniger parallel entwickeln, zwingt deren Kulminierung die Politik, zu reagieren. Zu komplex sind allerdings die wirkenden Faktoren, als demokratisch greifbarer Konsens die Probleme je heilen kann. Die Politik kann also nur mit Ad-hoc-Maßnahmen reagieren, die jedoch nicht treffend, einer theoretisch anzunehmenden Kontinuität der Staatenentwicklung, entsprechen können. Der Zusammenbruch ist also (demokratisch) nicht auszuschließen.

Nun haben wir – nach dem Studium der historischen Entwicklung – erstaunt festzustellen, dass doch zwei Jahrtausende der neuesten Menschheitsgeschichte notwendig waren, um vielleicht doch demokratisches Verhalten besser beurteilen zu können. Dass wir nun – nach den Erfahrungen des letzten Jahrhunderts, der Geburt, Entwicklungen und praktischen Ergebnisse einer Vielzahl von demokratischen Prozessen über viele Nationen – Für und Wider, Hemmnisse und Alternativen, versuchen können zu vergleichen; aus dem Konglomerat zu lernen, um – im Angesicht der zunehmenden Skepsis und Demokratiefrustration – weiteren Diskurs eines gedeihlichen Zusammenlebens abzuleiten.

Die Väter der Demokratie, die alten Griechen, hatten noch die Überzeugung, dass die Führung des Staates eher aristokratische Aufgabe, vereinzelt auch die der selbstständigen Bürger sei, eigentlich der Creme der Gesellschaft vorbehalten bleibe, all die anderen (niedere Stände, Sklaven und Frauen) nicht einmal eines Gedankens gewürdigt. D.h. nur für jene, die Muse genug hatten sich mit schöngeistigen Dingen auseinanderzusetzen, sich so also auch Staatsaufgaben widmen konnten. Verhalten, die wir schon in viel älteren Stammesgeschichten finden. Allerdings reifte in dieser Zeit auch die vertiefend gedankliche Auseinandersetzung, beginnend von den Sophisten, über Sokrates, Platon und Aristoteles, wobei die Letzteren in Aufzeichnungen, eben als bleibendes Gedankengut, nachhaltig ihre Ideen überlieferten. Noch war es Selbstverständlichkeit, dass man – wie in den frühen stammesgeschichtlichen Auseinandersetzungen – nicht nur wehrhaft blieb und über die Bewährung des Knaben in der Kriegerkaste die fähigsten Regierungsbeamten zu rekrutieren suchte, sondern dass es durchaus auch nützlich war mit einem fähigen Heer Nachbarn zu überfallen, um Wohlstand zu mehren und Sklaven zu rekrutieren. So erfolgreich war diese Geschichte, dass man sich nicht nur über gut 300 Jahre prosperierenden Wohlstands in der Ägäis erfreuen, sondern sich auch über Generationen den Musen widmen konnte.

Über die Phasen der Lehre (Sophisten), der Infragestellung von Meinungen (Sokrates), der Vertiefung im Diskurs (Platon), bis zur wissenschaftlichen Hinterfragung der Zusammenhänge in der Natur und den Grundlagen des menschlichen Denkens und Verhaltens (Aristoteles), wurden Werte geschaffen, die uns heute noch, nach mehr als 2.000 Jahren, in unserem grundlegenden Zusammensein und Denken prägen: von der Selbstverständlichkeit der Goldenen Regel bis zu den Erkenntnissen, dass eben Philosophen, d.h. die Weisesten und Reifsten, den Staat lenken sollten, dass nachhaltige Bildung deren Grundvoraussetzung ist, der Diskurs unumgänglich für das Wohl des Staates bleiben muss und so, und nur so, demokratiebildend für die Bürger wirken kann. Aber auch, dass die höchsten Regierungsfunktionen, im Wesentlichen damals der König, sich möglichst wertfrei zu verhalten haben, insbesondere auch frei von Vermögen und Existenzängsten, von persönlicher Gier und Machtgehabe.

Die zweite nachhaltige, über Jahrhunderte gepflegte Republik, eine Art direkte Demokratie, war die der ersten Hälfte des Römischen Reiches, so beginnend vor dem 7. Jahrhundert v. Chr., eigentlich mit der Revolution 509 v.Chr., bis zum Übergang zu den Imperatoren ab Cäsar 45 v. Chr.; abgeleitet aus Stammesentwicklungen, später stark beeinflusst von griechischem Denken. Hier finden wir interessanterweise bereits eine erste Gewaltenteilung: Eine Exekutive aus zwei jährlich gewählten Konsuln, eine beratende und gesetzgebende Versammlung, einen mehr oder weniger aristokratischen Senat sowie mehrere Arten von Volksversammlungen, rekrutiert aus unterschiedlichen Bevölkerungsschichten und für unterschiedliche Anlässe. Ein System, das zumindest mehr als ein halbes Jahrtausend die Geschicke einer wachsenden Gemeinschaft bestimmte und – für die damalige Zeit – hohe Stabilität gewährleistete (Kap. 4.1., Cicero). Der Wandel dann, die Abkehr vom eigentlich demokratischen Verständnis, der Wechsel, ergab sich einerseits aus der Größe des Staates, der sich zwangsläufig bildenden unterschiedlichen Machtinteressen, und andererseits aus der Notwendigkeit der Sicherung weit verstreuter Gebiete, was zwangsläufig die Entwicklung eigenständiger Persönlichkeiten förderte und schlussendlich in Auseinandersetzungen und Bürgerkriegen mündete.

Machtbewusstsein und der Wille die Macht für der Familie zu erhalten, mündeten dann in das Kaisertum, entmachteten langsam aber sicher den Senat und die Volksversammlungen. Das Korrektiv jeder Demokratie, zeitliche Begrenzung der Machtausübung und eine gelebte Verantwortlichkeit gegenüber der Bevölkerung, wurde ersetzt durch die Nachfolge innerhalb des Familienclans oder der Übernahme der Macht durch einen anderen, eben stärkeren. Wie eben vielfach in der Geschichte, ersetzte Gewalt die staatliche Verantwortlichkeit gegenüber der Bevölkerung. Die „Bodenhaftung" ging verloren, was zwangsläufig eine „reifende Fähigkeit" zur Staatsführung weder erforderte noch voraussetzte. Große Staaten, wie damals das Römische Reich, sind dann zwar durchaus noch in der Lage, selbst wenn sie über Jahrhunderte degenerieren, einem kleinen Klüngel Wohlstand und Prestige zu sichern, wobei die große Masse sich selbst überlassen bleibt – bis eben der Staat (im Falle des Weströmischen Reichs zuerst durch Teilung, später über den Ansturm germanischer Völker) sich bis ins 7. Jahrhundert langsam aufzulösen beginnt. Wir sehen, Staaten sterben nicht abrupt. Sind sie über Generationen gewachsen, ist zumeist auch der Abstieg unmerklich, gegebenenfalls schleichend, über Generationen.

Nach dem tiefen Mittelalter (zumindest in Europa) kündigten literarische Werke großer Geister bereits den Aufbruch in die Aufklärung an, die – aus der Befreiung klerikaler Engstirnigkeit und dank der Verbreitung von Wissen über den Buchdruck – die Welt fundamental veränderte und so erst die Freiheit des menschlichen Geistes (sich verbreitend) ermöglichte. Dennoch brauchte es noch mehrere Jahrhunderte, bis sich in einer weiteren Phase Republik und Demokratie in wenigen Staaten – über schmerzliche Konflikte – durchzusetzen begannen und mit einem Siegeszug sich über die ganze Welt verbreiteten, mit all ihren Widersprüchlichkeiten, ihren Vor- und Nachteilen. Keine gleicht der anderen, „wahre" Demokratie finden wir nirgends, geschweige denn, dass wir sie definieren können. Überall waren die Erwartungen hoch, so hoch, dass sie die Praxis bis heute nicht erfüllen kann. Zunehmend tritt Resignation ein. Patt!

Immer bewusster wird, dass eine Republik – im Gegensatz zum Totalitarismus, der eben durch den Willen eines Einzigen bestimmt ist – ein demokratischer Staat mit seinen demokratischen Fundamenten (Kap. 5.3.5 und 5.3.6) amorph-wuchernd bleibt, ständiger Veränderung unterliegt, sowohl aus inneren wie äußeren Einflüssen. Und – aus demokratischem Verständnis erschreckend – dass die Rückkehr zur Diktatur nicht ausgeschlossen werden kann. Zu jung sind unsere Erfahrungen über gelebte Demokratien, um sie, im Sinne der Menschlichkeit, der Umwelt, und eben anderer entscheidender Faktoren, bewusst und stringent weiterzuentwickeln. Ist doch anzunehmen, dass alles was fördernd wirken kann, unterstützend im Sinne demokratischer Effizienz, schon irgendwann einmal gesagt oder geschrieben wurde. Alleine, genützt hat es wenig.

Staatszyklen
Biologisches in der Natur kommt und vergeht. Desgleichen finden wir bei Werken von Menschenhand: bei Bauten und Produkten, den Unternehmen und natürlich auch bei Nationen und Staaten. Auch Wissen entsteht, tritt in den Hintergrund und löst sich wieder auf, wenn es von anderen Erkenntnissen überholt wird – oder wird einfach vergessen. Es sind Prozesse, deren Mechanismen wir seit Menschengedenken versuchen zu ergründen. Mit Hypothesen und Theorien bemühen wir uns, eventuellen inneren Gesetzmäßigkeiten nahezukommen, die Vielfalt mit ihren Ursachen und Wirkungen besser zu verstehen. Vielen Zusammenhängen sind wir auf die Spur gekommen, Überwiegendes bleibt aufgrund der Komplexitäten im Verborgenen. Und die letzten Fragen des Entstehens und des Sinns von Leben, werden wir vermutlich nur dem Glauben zuordnen dürfen.

In der Führung von Unternehmen, insbesondere mithilfe von Strategie/Marketing, ist z.B. der Produktlebenszyklus eine eherne Größe der Leistungs- und Produktpositionierung im Markt. Darüber hinaus wird gern der Kondratieffzyklus herangezogen, in der Beurteilung bedeutender Paradigmenwechsel einer angenommenen zyklischen Wirtschaftsentwicklung. Alle diese Modelle sind hypothetische Konstrukte zum Durchdenken inhärent beeinflussender Faktoren im Leben, im Ablauf eines Themas (einer Leistung, eines Produkts, u.a.), zum besseren Verständnis von Potenzialen und wirkenden Einflüssen. Sie bleiben schwer verifizierbar, wenn auch in manchen Fällen empirisch (allerdings erst ex post) nachweisbar. Das Verständnis dieser Prozesse wird erleichtert durch die Unterteilung eines relevanten Modells in mehrere, zumeist vier Phasen, aus denen in weiterer Folge vielerlei Portfolios ableitbar sind. Und sie helfen schlussendlich – in eben den sehr komplexen Prozessen und Einflüssen und mithilfe einer Reihe von Annahmen – Strategien zu erarbeiten, Maßnahmen zu setzen und zu bewerten und in weiterer Folge aus deren Abweichungen in der Praxis zu lernen, zu rekapitulieren und zu readjustieren.

Da seit Beginn der Menschheitsgeschichte noch keine Nation, noch kein Staat generell und auf Dauer überlebt hat (und für die derzeit bestehenden kann es ja auch nicht ausgeschlossen werden), ist die Frage nicht abwegig, ob eben Staaten – zumindest ihrer wesentlichen Organisation nach (demokratisch oder autoritär) – nicht gleichen Prozessen unterliegen, wie eben auch alle anderen von Menschen beeinflussten Zyklen – egal ob sie sozialpsychologischen (d.h. geisteswissenschaftlichen) oder technologischen (d.h. naturwissenschaftlichen) Faktoren zuzuordnen sind. Wie und warum solche Zyklen entstehen, ist zwar im Nachhinein zumeist erklärbar (zumindest wenn man sie einer Analyse unterzieht), viel schwieriger, wenn nicht sogar unmöglich ist es jedoch zu erfahren, wann eben ein (erfolgreicher) Zyklus beginnt. Im wirtschaftlichen Geschehen wird viel Geld in die Forschung und Entwicklung neuer Produkte investiert, viele Versuche gestartet, um tatsächlich dann vielleicht ein Projekt erfolgreich initiieren zu können.[46] Es ist *das* entscheidende unternehmerische Risiko.

Auch bei Staaten und Nationen – haben sie sich dann einmal aufgelöst oder wurden sie integriert – war im Nachhinein sowohl Beginn wie auch Endpunkt mehr oder weniger präzise ableitbar. Selbst ganze Kulturen sind einfach von der Bildfläche völlig verschwunden.[47] Wären für Staaten ähnliche Hypothesen, wie angenommen die Quasi-Gesetzmäßigkeiten bei den Produktlebenszyklen, denkbar, nützlich zum Verstehen der inhärenten Prozesse? Lehnen wir uns, im ersten Ansatz, an ein Vier-Quadranten-Modell an:

- Phase 1: die Geburt eines Staates, einer Nation. Sie erfolgt m.E. durchwegs über einen revolutionären Prozess, sei der Staat autoritär (zumeist ohne Verfassung) oder demokratisch (zumeist über eine Verfassung) ausgerufen – mit einer anschließend dynamisch politischen, zumeist auch wirtschaftlichen Entwicklung. Dabei bleibt – wie eben auch bei allen anderen Modellen (Produktlebenszyklus, Kondratieff, etc.) – der Wirkungsmechanismus des Beginns, besser, die komplexen Einflüsse während der konsolidierenden Gestaltung, diffus, kaum steuerbar, mit zumeist offenem Resultat. Pulsierend wirken dynamische Kräfte. Und ob es tatsächlich in einen lebensfähigen Zyklus übergeht (was auch für alle anderen Zyklen gilt), hängt (wieder) von komplexen und gerade zum relevant richtigen Zeitpunkt wirkenden Einflussfaktoren ab. Wie z.B. die Versuche einer Stabilisierung des deutschen Staates nach dem Ersten Weltkrieg (was ja, wie ein gutes Jahrzehnt später klar war, schiefging, zumindest aus heutiger Sicht [sic!]). Entscheidend ist, dass in diesen diffusen Konsolidierungsprozessen Personen wirken, und zwar besondere, herausgehobene Persönlichkeiten (auch in hierarchischer Struktur). Charismatische Führerfiguren, die in der Lage sind – mehr ad hoc als geplant –, Massen zu mobilisieren und aus jeweiligen Situationen Entscheidungen, die eben auch die Masse nur in bestimmten Zeitphasen akzeptiert und mobilisiert, abzuleiten.[48] Solche herausragende Persönlichkeiten beeinflussen zwar entscheidend den Umbruch, jedoch nicht notwendigerweise die weitere Entwicklung. Im autoritären Staat bestimmen die Machtstrukturen den weiteren Prozess. Inwieweit sich demokratische Kräfte tatsächlich durchsetzen, hängt dann von den Intentionen charismatischer Führer ab und inwieweit sie in der Lage sind die Majorität zu steuern – also, ob eine Phase der Stabilität eintreten kann oder nicht. Sie sind in der Lage (als Massenphänomen) vielfältige, inhärent freiwillige Bereitschaft in der Bevölkerung zu initiieren – trotz nach wie vor

---
[46] Dazu viele Untersuchungen, z.B. Kottler, u.a.
[47] Diamond Jared, *Kollaps*.
[48] Le Bon, G., *Psychologie der Massen*, weiter Kap. 7.2. und 7.3.

weitgehend unsicherer politischer, organisatorischer und rechtlicher Prozesse. Die Entwicklung des Staates wird im Zuge der demokratischen Entwicklung von Dynamik, Engagement und Eigenverantwortung weiter Kreise der Bevölkerung getragen, bei durchaus hoher (wenn auch nicht so bewusster) Opferbereitschaft, bei engem Familienverbund, engagiert politischen Gruppierungen, auch Nachbarschaftshilfe, und allgemein klarer politischer Identifikation. Selbst die wesentlichen, in diesen Prozess eingebundenen politischen Parteien, konzentrieren sich – unabhängig von ganz natürlichen, zumeist auch sehr emotional geführten Auseinandersetzungen – auf den Aufbau und die Organisation des Staates, nach intuitiv verstandenen Prioritäten, und wirken so primär in die gemeinsame Richtung, nämlich in Richtung Stabilisierung des Zusammenlebens. Sie bestimmen die gesellschaftlich orientierten Prioritäten! Sie schaffen Gemeinsamkeit, da sie von der Mehrheit als Notwendigkeit empfunden und anerkannt werden, sie konzentrieren die Kräfte überwiegend auf die interne, noch undeutlich erscheinende, jedoch allgemein verständliche, als gemeinsamer Nutzen empfundene Konsolidierung. Der Staat ist geboren und beginnt sich zu stabilisieren – allgemein wird eine positive Entwicklung empfunden (was tatsächlich natürlich offen bleibt).

- <u>Phase 2</u>: Der Staat beginnt sich – nach dem ersten Wendepunkt – zu stabilisieren, seine Organisationen beginnen wirtschaftlich zu reifen und die Verwaltung erreicht ihre höchste Effizienz (Verhältnis von Kosten zu gesellschaftlichem Nutzen). Die politischen Parteien definieren ihre Positionen und erfreuen sich stabiler Anhängerschaft. Der Staat ist, nach seinen Potenzialen und seiner Entwicklung, seinen allgemein anerkannten Werten, auch im Staatengefüge akzeptiert und eingebunden, Innen-, Außen- und Sicherheitspolitik sind bereits gut aufeinander abgestimmt. Allgemeiner Wohlstand und Sicherheit der Bevölkerung erreichen (nach Durchschreiten des Wendepunkts) – im internationalen Vergleich und nach den eigenen aktuell wirtschaftlichen Möglichkeiten – ihr Optimum. Die Grundbedürfnisse der Bevölkerung sind weitgehend gedeckt, die „Gründungsdynamik" beginnt zu verblassen und persönliche Interessen treten stärker in den Vordergrund. Der Bürger beginnt sich mit anderen zu vergleichen (nun bereits auch international), lotet Position und Möglichkeiten aus und stellt zunehmend seinen persönlichen Nutzen, seine Ansprüche, bewusst über die der Gemeinschaft. Dies gilt eben für jeder Bürger – nicht nur für jene des öffentlichen Dienstes oder der privaten Wirtschaft oder aller sonstigen „Abhängigen" –, sondern genauso für die gewählten Volksvertreter, die Politiker. Ihr persönlicher Nutzen hängt nun zunehmend von der öffentlichen Meinung ab. Eventuell ursprünglich altruistisches Verhalten, persönliche Identifikation, Verantwortungsbewusstsein, lassen allgemein nach. Die gesamtwirtschaftliche Leistungsfähigkeit des Staates wächst zwar weiter, aber mit fallenden Wachstumsraten – inhärent hemmende und bremsende

Faktoren nehmen zu (unerkannt, schleichend, sich jedoch kulminierend). Persönliche Egoismen, Bürokratismus, zunehmende Saturiertheit hemmen die Wettbewerbskräfte. Im internationalen Vergleich verschärft sich der Wettbewerb, in der privaten Wirtschaft steigt der Rationalisierungsdruck, die öffentliche Verwaltung hat ihre maximale Leistungsfähigkeit erreicht. Der Staat befindet sich am Gipfel des Staatszyklus – der zweite Wendepunkt beginnt zu wirken.

- <u>Phase 3</u>: Die Dynamik des Staates und die politische Teilhabe der Bevölkerung beginnen nachzulassen. Das durchaus ursprünglich alle umfassende nationale Wir-Gefühl, die Gemeinsamkeit einer so hoffnungsvollen Zukunft (in Freiheit, Gleichheit und Gerechtigkeit) – trotz aller dramatisch politischer Gegensätze, von extrem links bis extrem rechts – verblasst langsam aber stetig, wird ersetzt durch neue, persönlich gefühlt vordringlichere Ziele, durch individuelle Möglichkeiten der Entfaltung innerhalb nun relativ stabiler Strukturen, der Unterstellung vermeintlich zusätzlicher persönlicher Vorteile im System – eines wachsenden Egoismus. Wesentliche Widrigkeiten der vordemokratischen Periode sind schon lange vergessen (Kapitalismus wandelt sich in Gier, frei nach Max Weber). Die ursprünglichen Begriffe des gemeinsamen Aufbruchs, Freiheit, etc., bekommen einen immer stärker persönlich gefärbten Stellenwert, verblassen in vermeintlich gesicherter Umgebung. Vielfältig und zumeist latent sich bildende Interessenverbände beeinflussen die Politik – damit den wirtschaftlichen Freiraum des Individuums, und so seine Leistungsfähigkeit – verwässern zunehmend die ursprünglich klar strukturierten demokratischen Grundsätze.

Staatsinhärenter, vielfältiger „Merkantilismus" beeinträchtigt langsam und unerkannt wirtschaftliche Potenziale und insgesamt die Leistungsfähigkeit der Gesellschaft. Offene Grenzen und die weltweite Vernetzung führen zur Verlagerung von Produktivkräften und zum Abfluss von sowohl geistigem wie wirtschaftlichem Potenzial. Die internen Verteilungskämpfe nehmen zu, die sozialen Lasten steigen, der wirtschaftliche Freiraum des Staates engt sich immer mehr ein und eine sich aufblähende Verwaltung führt ein immer stärker entwickelndes Eigenleben – bis zu einem sich verstarrenden Bürokratismus. Die Wachstumsraten des Staates tangieren zur Stagnation und die politischen Belastungen aus der Vorperiode, an Subventionen und Sozialleistungen, lassen die Verschuldung explodieren. Nur mühsam ist der Staat in der Lage die Finanzierung aufrechtzuerhalten – überwiegend über vielfältige und zunehmende Belastungen von Unternehmen und Privaten, und Verlagerung von Leistungen an halbstaatliche Organisationen – insgesamt kontraproduktiv zur Förderung der gesamtwirtschaftlichen Leistung. Eine Rückführung der Staatsschulden wird immer unwahrscheinlicher. Die so geschaffenen Verwerfungen wirtschaftlicher und politischer Leistungsfähigkeit verschärfen den Abstand zwischen Arm und Reich, belasten zunehmend die Staatsschuld, bei gegenläufig fallender Leistungskraft, und beschleunigen den Abfluss von Vermögen Privater in rentablere Anlagemöglichkeiten im Ausland. Der Missmut der Bevölkerung zu den demokratischen Prozessen nimmt zu und das Interesse an der großen Politik ab, verlagert sich stärker auf persönlich noch beeinflussbare Gebiete, wie z.B. Demonstrationen gegen alles und nichts. Der dritte Wendepunkt ist durchritten.

- Phase 4: Sowohl wirtschaftlich wie politisch stagniert das Land. Unsicherheiten in Existenz- und Vermögenserhalt nehmen zu, Investitionen ab. Privates Vermögen wandert entweder ab ins Ausland oder wird gehortet. Der Abstand zwischen Arm und Reich erreicht ein unerträgliches Ausmaß und der Staat ist nicht mehr in der Lage, generell über die Breite der Bevölkerung, die Existenzgrundlagen zu sichern. Rentenzahlungen, Gesundheitsversorgung und Altenpflege müssen immer stärker eingeschränkt werden, staatliche und kommunale Investitionen gehen zurück, die Infrastruktur beginnt langsam zu verrotten. Investitionsförderprogramme kommen nicht mehr ausreichend zur Wirkung und die Inflation steigt. Mächtige Interessensgruppen versuchen immer aggressiver ihre Privilegien zu verteidigen und die Grundlagen der Demokratie verwässern sich zunehmend. Streiks legen immer häufiger wichtige Lebensbereiche und die Versorgung lahm und beschleunigen so den wirtschaftlichen Absturz des Staates. Demonstrationen und Auseinandersetzungen werden aggressiver, der Staat beginnt in seiner Existenz zu wanken. Potenziale und natürliche Ressourcen gehen zunehmend in ausländische Hände über, der Einfluss des Souveräns auf die Gestaltung und Führung des Staates tendiert gegen null. Ein politischer Umbruch – wird er nicht schon durch das Ausland initiiert – ist unabwendbar. Es wird im besten Fall Jahrzehnte dauern, bis der Staat wieder – falls er räumlich und wirtschaftlich eigenständig bestehen bleiben sollte – mit der Phase 1 einen eventuell neuen Aufschwung beginnen kann.

Staatszyklus

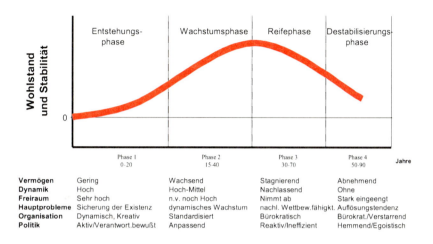

Anhand der Geschichte vieler Völker und Nationen kann man diese Prozesse nachvollziehen – natürlich nur pauschaliert und hypothetisch, mit vielfältigen Varianzen und individuellen Besonderheiten wie auch variablen Zeithorizonten. Klammern wir vorläufig die vielfältigen Entwicklungen von der Antike bis ins hohe Mittelalter aus. Beginnen wir mit der Ausdehnung des Osmanischen Reiches im 13./14 Jahrhundert (seiner Phase 1 und 2), mit dem Abflauen ihres Expansionsdrangs im 15. Jahrhunderts (Phase 3) sowie dem Erreichen ihrer Grenzen und dem Niedergang bis Ende des 18. Jahrhunderts (Phase 4). Oder dem Aufkommen und Vergehen der mediterranen Stadtstaaten, abgelöst von den Portugiesen, die anschließend dann von den Holländern, die von den Spaniern, den Engländern, usw., bis in die heutige Zeit. Von der Geburt bis zum Zusammenbruch und Auflösung der Sowjetunion oder der sich nun abschwächenden Hegemonie der USA. Oder, detaillierter, mit den vielfältigen Veränderungen und Facetten jeder Nation, jedes Staates, selbst in neuerer Zeit. Die Zyklen scheinen sich zu verkürzen. Alle Staaten sind vergangen, haben sich neu konstituiert, zusammengeschlossen oder wurden nach Kriegen aufgelöst, neu gestaltet – und für all die heutigen ist die ewige Existenz ja auch auszuschließen. Mit etwas Fantasie galt der Staatszyklus doch mehr oder weniger immer, für alle, und hilft uns (als hypothetisches Konstrukt) politische Zusammenhänge und die Entwicklung von Staaten besser zu verstehen, die eigene (Staats-)Position einzuordnen und insbesondere – sind wir analytisch und wertfrei genug – zu reagieren, gegenzusteuern. Wie bei allen menschenbezogenen Zyklen kann der Mensch gestaltend einwirken, den Zyklus verlängern oder verkürzen oder sogar völlig neu beginnen. Es erfordert (wie in Unternehmen) professionelles, wertfrei strategisches Denken und die Konsequenz der Umsetzung – bei jedoch Bereitschaft jederzeitiger Korrektur, sollten nicht kalkulierbare Ereignisse eintreten und eine Restrukturierung des strategischen Ansatzes erzwingen. Wieder müssen wir erkennen, welche Staatsform nun die bevorzugtere wäre, ist daraus alleine nicht abzuleiten.

Zeigt die Geschichte, dass autoritär geprägte Länder aus ökonomischem und Machtstreben vorerst versuchen durch Durchsetzung des Willens sich zu stabilisieren, die Macht zu sichern, bevor sie – je nach Potenzial – sich auch bemühen überregional ihr Macht- und Einflussgebiet auszuweiten (als eben nicht staatsinhärentes, sondern menschliches Faktum), so haben junge (oder unreife) Demokratien oder solche die versuchen demokratische Prozesse einzuführen, Tendenzen sich nach Klassenideologien, unterschiedlich theoretischer Ansichten oder eben nach „charismatischen" Führern zu orientieren (Kap. 7.3.). Sie können ihre Kräfte eben entsprechend „gefühlter" demokratischer Prozesse nur begrenzt koordinieren und einsetzen, sind so einem lang anhaltenden schmerzvollen Veränderungsprozess (bei unklarem Ausgang) ausgeliefert. Ist die derzeitige Tendenz zur Demokratie – wie es weltweit scheint – ungebrochen, so wird dennoch die Instabilität der Nationen zunehmen (zumindest bleibt sie latent immer vorhanden).

5.2. Globale Bestimmungsgrößen

„Ora et labora", „Bete und arbeite", als bekanntes Motto zahlreicher Klöster, weist uns, als Resultat jahrtausendealten Handelns, auf einen wesentlichen Bestimmungsfaktor menschlichen Daseins hin. Heißt doch „arbeiten", im Sinne der Benediktiner, sowohl Aktivität wie auch Besinnung. Die (nach vorherrschend religiöser Überzeugung) Abhängigkeit von einer höheren Macht, der empfundenen übernatürlichen Bedingungen, und daher der Notwendigkeiten der Einhaltung von Gesetzen für ein gedeihliches Zusammenleben wie auch der Zwang zum Erhalt der Existenz (und damit der Gesellschaft), hat Philosophien sich entfalten lassen – über Hintergründe nachzudenken, so Wissen zu mehren. Was bestimmt, existiert darüber hinaus? Was ist Leben, der Sinn unseres Daseins? Um schlussendlich nicht nur die Existenz und die der Nachkommen zu sichern, sondern vielleicht auch Sicherheit, Perspektiven, Wohlstand und Nachhaltigkeit zu mehren, schlussendlich zu lernen, eben alles zu hinterfragen. Später ergänzte sich der Begriff „Arbeit" mit dem der „Muse", interessanterweise einhergehend mit laizistischem, säkularem Denken, dass nicht nur Besinnung, sondern systematisches Forschen, Umsetzen, Verwirklichen bedeutete. Die dem Menschen angeborene Fähigkeit Wissen und Erkenntnisse auch anzuwenden, haben ihn vielfältig von der täglichen Mühsal entlastet. Und zum ersten Mal in der menschlichen Geschichte, nun auch für jene Unzähligen der breiten Masse – mit den Möglichkeiten sich persönlich zu entfalten, sich vielen interessanten Themen zu widmen, zu lernen, nachzudenken, zu forschen, sich „selbstzuverwirklichen". Früher wenigen vorbehalten, erweiterte sich der Kreis der Begünstigten um ein Vielfaches, exponentiell, veränderte die Welt in ungeheurem Maße. Dennoch zehren Staat, Politik und Regierung immer noch, sofern auf demokratischer Grundbasis, von „regierendem Verhalten" aus über 2.000 Jahre alten Erkenntnissen (falls überhaupt). Die Philosophie autoritärer Staatsformen hingegen ist noch viel älteren Ursprungs, wenn nicht sogar evolutionär bedingt (Kap. 5.3.5.).

In unserer global vernetzten Gesellschaft, einer alle Grenzen überschreitenden weltumspannenden Wirtschaft, bei vernetzter Kommunikation bis zum Einzelnen, beeinflussen sich zwangsläufig auch Regierungssysteme gegenseitig. Die rein autonome Führung eines Staates schließt sich schon heute aus – und keiner hat diese Entwicklung auch nur annähernd vorhergesehen. In der grenzenlosen Vernetzung von Menschen und Wirtschaft, können staatliche Organisationen alten Musters nur mehr reagieren, nur mehr vermindert agieren. Diese beiden gegenläufigen Strömungen, die jahrtausendealte Autonomie der Staaten, und damit der Staatsführung, schließen sich, in einer durch technologische Veränderungen und grenzüberschreitende Bildungsexplosion erzwungenen Vernetzung aus. Führende und Geführte sind in einer globalisierten Welt mit Problemen und Aufgaben konfrontiert, die selbst 2.000 Jahre alte philosophische Betrachtungen in der Führung von Staaten in ganz anderem Licht erscheinen lassen. Kriege, Völkerwanderungen, Krisen, ethnische, kulturelle Auseinandersetzungen, Umweltkatastrophen und natürlich die wirtschaftlichen Umwälzungen, sind erst seit einigen Jahrzehnten globale Phänomene. Sie erwarten Antworten, wie sie bisher in der Menschheitsgeschichte noch nie Thema waren.

Nahrungsmittelressourcen
Dass nur rd. 1/10 der Landoberfläche der Erde für die Ernährung einer Weltbevölkerung von dz. rd. sieben Mrd. Menschen wirtschaftlich nutzbar wäre und nur rd. 3 % für eine ertragreiche Landwirtschaft fruchtbar genug sind, ist weitgehend bekannt. Dass die Menschheit mit der nun so verbleibenden fruchtbaren Fläche wenig sorgsam umgeht, darüber hinaus die Klimaveränderungen wie auch Erosionen und Vergiftung der Böden die weitere Reduzierung fördern, genauso. Dennoch gäbe es für eine innovative und politisch aufgeschlossene Bevölkerung noch genug Möglichkeiten vielfältig wirtschaftlicher Nutzung brachliegender oder sorgsam zu pflegender Böden (z.B. Osteuropa, Asien, Afrika), wenn nur der (politische) Wille international koordiniert werden könnte.

Nun ist die Lage der Ressourcen – und zwar besonders seit der globalen Vernetzung der Wirtschaft – zunehmend unabhängig von der jeweiligen Bevölkerungsdichte, und zwar umso unabhängiger, je höher das wirtschaftliche Potenzial ist. So haben sich die Warenströme und die Nutzung der Ressourcen (nach den BIP der Nationen) eingependelt, verändern sich aber zwangsläufig laufend – in der Praxis hautnah nicht spürbar, sondern schleichend, in für die Allgemeinheit kurzfristig kaum merkbaren Verschiebungen. Dennoch bestimmen sie, und bestimmten seit Jahrtausenden, den Zugriff auf die Nahrungsmittelressourcen (auch Wasser), über Investitionen, Beschäftigtenströme, Völkerwanderungen, Konflikte, eben über das politische Geschehen. Schienen diese Zusammenhänge im letzten halben Jahrhundert für die Industriestaaten wenig bedeutend – denken wir nur daran, welch verschwindenden Anteil die (Grund-)Nahrungsmittel im Warenkorb heute noch haben –, so wird sich das Verhältnis in den nächsten Jahrzehnten rapide wandeln, den Anteil im Warenkorb ganz bedeutend erweitern, mit all den Folgen bei wachsendem Einkommenssplitting. Dann erst politisch zu reagieren, ist mit Sicherheit zu spät, da nachhaltig eben die Märkte bestimmen (s.u.). Die Gründe sind vielfältig. Vor allem der wirtschaftliche Aufschwung der Mehrheit der Weltbevölkerung, die überwiegend heute noch in dürftigen Verhältnissen lebt, wird – und zwar dank moderner Technologien und Vernetzung – im Wettlauf um die begrenzten Nahrungsmittelressourcen einerseits die Preise kräftig in die Höhe treiben und andererseits den untersten Einkommensschichten (weltweit) ernste Existenzprobleme bescheren.

Dass sich politische Auseinandersetzungen zuspitzen werden, ist keine Frage. Und ob Demokratien stark genug sind konzeptionell konzertiert zu agieren, ist – aufgrund intern zäher Entscheidungsprozesse – nicht anzunehmen. Die politischen Entwicklungen in den betroffenen Schwellenländern hingegen werden eher zum Totalitarismus tendieren, zu starken populistischen Persönlichkeiten, als zu unsicherer Demokratie; und wenn doch, werden sie über die Gründungsphase kaum hinauskommen.

Rohstoffe und Landnahme
Autoritär regierte Staaten wie auch autonom und stringent geführte internationale Unternehmen, nützen die Globalisierung zur langfristig wirtschaftlichen oder politischen Absicherung ihrer Handlungsspielräume, eben ihrer Zukunft. Staaten, sofern demokratisch geführt, werden von den Märkten, den Handlungen international agierender Unternehmen getrieben. Andere Nationen, und zwar je stärker die demokratischen Prozesse ausgehöhlt sind, bemühen sich, mehr oder weniger erfolgreich, Wohlstand und Bedarf der Bevölkerung über Unterstützungen und Subventionen einheimischer Unternehmen, sowohl im Inland wie besonders im Ausland, abzusichern. Der bisherige Vorteil der Demokratie, die freie Gestaltung individueller Kräfte und ihre Unabhängigkeit von staatlicher Handlung, als Basis der freien Marktmechanismen, kann allerdings in einer wettbewerblich verdichteten Welt die (wirtschaftliche) Effizienz autoritären Handelns kaum erreichen.

In einer Welt, in der jeder Quadratmeter Boden kostbarer wird, bei endlichen Ressourcen und einem nach wie vor ungebremsten Konsumrausch, bemühen sich Industriekonglomerate – und in den Quasi-Demokratien und autoritären Staaten, mehr oder weniger autonom agierende Herrscher –, Rohstoff- oder Nahrungsressourcen langfristig zu sichern, indem sie in noch unterentwickelten oder wirtschaftlich schwachen Ländern riesige Ländereien zukaufen oder langfristig pachten, Rohstoffquellen und Unternehmen sich aneignen oder erschließen, und so nicht nur Abhängigkeiten schaffen, sondern oft genug die gesamtwirtschaftliche Entwicklung kleinerer Staaten bestimmen. Dies gelingt ihnen umso mehr, je korrupter die miteinbezogenen politischen Gebilde unterwandert sind (wie eben überwiegend der Fall), denen zumeist auch jede Verantwortlichkeit zu nachhaltiger und gerechter Entwicklung ihrer nationalen Kulturen fehlt. Folge bleibt, dass – im Falle kurzsichtig gewinnorientierter Unternehmungen – Böden in kurzer Zeit ausgebeutet, Naturschätze vernichtet werden und die lokale Bevölkerung in noch tiefere Armut versinkt. Kaufen sich Staaten über Unternehmen ein, folgt einseitige Abhängigkeit, ausschließlich zum Nutzen gerade herrschender Philosophien der Aufkäufer. Auch in diesem Falle bleiben die Interessen des betroffenen Landes und seiner Bevölkerung weitgehend ausgeschlossen und der Erfolg einseitig – wenn auch, zumindest bis zum Geschäftsabschluss, natürlich anders kommuniziert.

Beispiele gibt es zuhauf, hier vor allem in den afrikanischen, aber auch südamerikanischen und asiatischen Staaten. Jede eigenständige Entwicklung dieser Länder wird so ausgehebelt. Wenn auch zuzugeben werden muss, dass es in den vergangenen Jahrhunderten – vom Beginn der Kolonialisierung (und schon vorher) bis heute – im Grunde genommen für alle diese Staaten eigentlich immer schon wirtschaftlich und damit auch sozial bergab ging. Zuerst waren die Kolonialstaaten gegängelt von fremdländischen Besetzern, die Rohstoffe und Land und Leute ausbeuteten – ausschließlich zum Nutzen der Kolonialherren. Später waren dann die Handelsbeziehungen geprägt von Renditeüberlegungen kapitalstarker ausländischer Konzerne, weitgehend politisch, oft genug auch militärisch unterstützt über ihre Heimatstaaten. Und schlussendlich, in den letzten Jahrzehnten, über zwar gut gemeinte Entwicklungshilfen, die – wie die Praxis jedoch zeigte – nicht nur Potentaten und deren Gefolgsleute reicher machten, sondern auch weitgehend zweckentfremdet versickerten, schlussendlich vielfach sogar das Gegenteil bewirkten, nämlich Subventionsabhängigkeit förderte. Kann es bessere Beweise geben als diese unglaublichen Vermögen im zwei- bis dreistelligen Milliardenbereich, die durch sogenannte demokratisch legitimierte Präsidenten und ihre Apologeten angehäuft wurden?

Nun sind dies alles keine Neuigkeiten, im Gegenteil, Land auf, Land ab seit Jahrzehnten bekannt. Beispiele wie China, Russland, einige ölreiche arabische Staaten, aber auch lateinamerikanische, afrikanische, d.h. alles mehr oder weniger autoritär geführte Staaten, nützen ihre Unangreifbarkeit, ihre durch die internationale Gemeinschaft, der über die UN verbürgten Autonomie, eine Nicht-Einmisch-Klausel, schamlos aus, indem sie rücksichtslos ihre Vorteile ausspielen, jede Art ethischer Grundregel über den Haufen werfen. Demokratische Staaten können hier nur zusehen, und müssen erkennen, dass sie hier langfristig nicht nur Wissen, Nahrungs- und Rohstoffressourcen (und zwar ohne jegliche Gegenleistung) nachhaltig verlieren, sonder so auch ihre eigenen nachfolgenden Generationen schwerstens schädigen und selbst im internationalen Vergleich an Einfluss und Ansehen verlieren. Bessere Beweise für die mangelnde Handlungs- und Reaktionsfähigkeit von Demokratien zu den vielfältigen internationalen, durchwegs ökonomisch unterstützen Autarkie-bestrebungen gibt es kaum.

Wachsende Ballungsräume und Entvölkerung von Landstrichen
Seit Jahrtausenden ungebrochen ist der Trend wachsender Ballungsräume, überwiegend in den Küstenregionen. Einher damit geht eine eng vernetzte Logistik und weitgehend automatisierte Nahrungsmittelversorgung und Rohstoffgewinnung. Und ungebrochen ist auch die Konzentration in den Megastädten, mit ihren, oft genug selbst wie eigene Städte organisierten Logistikzentren, als Häfen und Container-Terminals, Infrastrukturen für die Mobilität, Flugplätze und Bahnhöfe. Gegenläufig

entvölkern sich ganze Landstriche, wenn die Menschen den neuen Beschäftigungsmöglichkeiten, neuen Chancen nachziehen und so ganze Landstriche veröden und verkümmern oder in Monokulturen umgewidmet werden. Zurückbleiben nicht nur verwahrloste Umgebungen und Geisterstädte oder, im Fall von Monokulturen Schädigungen der Natur, sondern auch jene, die – egal, aus welchen persönlichen oder qualitativen Umständen – nicht „flexibel" genug sind sich den Veränderungen anzupassen wie z.B. die Alten und das Heer der Geringgebildeten, mit all der Vereinsamung und dem Verlust an sozialer Sicherheit und sozialem Umfeld. Aber immer weniger werden die prosperierenden Zonen auch in der Lage sein, nicht nur die deren Versorgung, sonder auch die soziale Ansprüche – ökonomisch wie auch menschlich – abzudecken.

Einher mit der Globalisierung, einer reduziert autonomen Handlungs- und Reaktionsfähigkeit der Nationen, einer so wachsenden Rechtsunsicherheit und der Notwendigkeit eines zeitnahen Rechtsaustauschs, wachsen Schattenwirtschaften und mafiose Strukturen. Die Folgen: Verlust kultureller Vielfalt, sozial ausgewogener Absicherung, aber auch Korruption und Vetternwirtschaft. Insbesondere die beiden letzten Faktoren einer zumeist über Jahrhunderte gewachsenen, verdeckten Wirtschaftsstruktur, sind selbst bei stringenten, über Generationen wirkenden gegensteuernden Maßnahmen, kaum nennenswert zu beeinflussen. Im Gegenteil, sie nehmen zu. Dieses moralisch negative Verhalten breitet sich durch die mangelnde Wirksamkeit nationaler Gesetzgebung immer stärker aus, bis zu dem Punkt, an dem ganze Nationen kaum mehr demokratisch und volksnah gesteuert werden können. Kapitalistisches und egoistisches Denken durchdringt selbst höchste Regierungskreise und demoralisiert Generationen. Beispiele gibt es weltweit genug, sehen wir nur einmal über unser mitteleuropäisches Inseldasein hinaus, als Minorität in einer aggressiven, autoritären, rücksichtslosen und macht- und geldgierigen Welt.

Globalisierung und Nationalstaat
Die Kolonialisierung ab dem 16. Jahrhundert veränderte die Welt schon gravierend, wenn auch Handelsströme schon wesentlich früher existierten, jedoch nur mit marginalem Einfluss auf die Veränderung von Staaten. Im 19. Jahrhundert jedoch, wurde die nun enger werdende Welt schlussendlich – je nach jeweiligen Machtverhältnissen – lückenlos aufgeteilt, bei temporär durchaus stabilen politischen Verhältnissen und allgemein akzeptierten Grenzen. Trotz wachsender Bevölkerung, und dementsprechend zunehmendem Konfliktpotenzial, lernten die Nationen dennoch mittels überregionaler Organisationen Auseinandersetzungen möglichst aus dem Weg zu gehen und so allgemein den Wohlstand, dank explodierender Handelsströme, zu heben. Den autonomen Einfluss auf das nationale Geschehen haben sie allerdings über diese grenzüberschreitenden Wirtschaftsbeziehungen weitgehend verloren. Zunehmend haben die Staaten sie an internationale Konzerne, an vielfältige

Finanzinstitutionen abgegeben, mit der Gefahr, nun selbst die Währungshoheit infrage zu stellen; diese doch wesentliche, eifersüchtig gehütete Domäne aller Herrscher der vergangenen Jahrtausende.

Keine Frage, Nationalstaaten haben auch ihre dunklen Seiten; von der Ausplünderung und Vergewaltigung großer Massen bis zu Kriegen und Raubzügen zum Vorteil gieriger Despoten. Aber sie haben auch, nach langen Reifephasen, zumindest in den zivilisierten Ländern breiten Wohlstand, soziale Sicherung und Schutz gegen fremde Mächte gebracht. Alles steht – spätestens seit unserer Generation – nun zur Disposition. Den europäischen Staaten ist es innerhalb eines halben Jahrhunderts, in Anlehnung an die Veränderung der Welt und nach jahrhundertelangen Auseinandersetzungen gelungen, in einer losen, unausgereiften Union zusammenzurücken, wenn auch bei n.w.v. latenten Zerfallserscheinungen. Jeder weitergehende Integrationsschritt reduziert Souveränität und benötigt immer mehr Zeit. Betrifft es zwar nur einen geringen Teil der Weltbevölkerung, ist dennoch jede weitere Annäherung auch eine Wechselwirkung mit anderen Staaten der Erde. Die Zusammenführung der europäischen Staaten in eine Union, ist ein Prozess bisher ohne Beispiel: Vielfältige Kulturen kleinerer Staaten, mit in die viele Jahrhunderte gehender individueller Entwicklungen und jeweils eigener Sprache, sollen nun in der Welt die Gemeinsamkeit finden und dabei Souveränität abtreten. Die Autonomie der Staaten soll sich auflösen, soll höchstens noch als föderales Gebilde übrig bleiben. Rational scheint der Prozess, allerdings emotional, menschlich, soziologisch unausgegoren. Ein Ende ist (noch) nicht abzusehen. Genau hier tauchen neue Fragen zur Staatsform auf (Kap. 7.6.2.). Mehr Demokratie, oder? Vor dieser grundsätzlichen Frage steht die Europäische Union. Unbestritten ist, dass der (kleine) Nationalstaat im nun weltwirtschaftlichen Gefüge der Welt alleine zu schwach sein wird seine Interessen zu behaupten, sowohl wirtschaftlich wie auch militärisch zu überstehen. Eine Art von erweiterter Zusammenarbeit, vielleicht eine Art Föderation, erzwingt sich.

Weisen uns nationale Zusammenschlüsse, oder zumindest enge Verbindungen von Staaten, Möglichkeiten auf sich den globalen Entwicklungen anzupassen, so bleibt dennoch offen, inwieweit Selbstständigkeit bestehen, national-autonome Entscheidungen, über Jahrzehnte entwickelte, über Jahrhunderte gewachsene Sozialsysteme gefestigt bleiben können (sollen), welche staatspolitischen Korrekturen sie erfordern. Keiner hat noch eine Antwort gefunden, die Unsicherheiten nehmen dramatisch zu – zumindest in den wohlhabenden Ländern. Die Globalisierung, die eben alle Bereiche menschlichen Zusammenseins umfasst (und nicht nur wirtschaftliche), gefährdet die Legitimität der Staaten, auch in ihrer Verteidigung. Autonome Entscheidungen sind Vergangenheit. Es drängt sich die Frage auf, ob ein Staat sich künftig wie ein Unternehmen, rational im Einsatz seiner Ressourcen in der Weltwirtschaft, variabel und reaktionsstark bei Marktveränderungen, effizient in der eigenen Organisation und führungsstark gegenüber seinen Mitgliedern, verhalten muss. Und überhaupt, kann er

– unter Annahme demokratischer Strukturen – sozial und gleichzeitig gerecht sein, die Freiheit seiner Bürger sichern, und in welchem Maße? Hat er überhaupt noch Einfluss auf seine immer qualifiziertere Bürgerschaft und international aufgestellte Unternehmen? Und falls er im internationalen Wettbewerb erfolgreich sein will, welchen Einflüssen von außen unterliegt er? Kann er überhaupt mitgestalten? Wie ist eben so ein Staat zu strukturieren?

Markt
Wo ist er? Überall! Seit Menschheitsgedenken bestimmt nicht nur die zwischenmenschliche Beziehung den Austauschprozess – treffen sich zwei zum Tausch einer Ware oder (selbst weitgefassten) Dienstleistung –, sondern auch die Erreichung eines persönlichen Vorteils. Je familiärer oder freundschaftlicher die Beziehung ist, desto stärker kann der grundsätzlich ökonomische Prozess durchaus in den Hintergrund treten, selbst in Altruistisches umschlagen. Wenn auch das Verhältnis von Angebot und Nachfrage zur Preisbildung nicht annähernd so stringent ist wie es die Ökonomen der letzten zwei Jahrhunderte uns lehrten (s.u.), so bestimmt es doch mächtig das Weltgeschehen und damit die Preisbildung. Es ist das Fundament, auf das jede Politik aufbauen muss. Wird es vernachlässigt – wie es besonders reifen Demokratien in ihrer Sozialgesetzgebung zu eigen ist –, schwächen sie die Nation unmerklich, langsam, aber stetig (hier unterliegen sie den autoritären Systemen). Will ein Staat allgemein Wohlstand für die Bevölkerung fördern, Arbeitsplätze sichern, ist es nur über Professionalität im Wettbewerb möglich. Sich gegen die Marktkräfte zu stemmen, ist Verschwendung von Vermögen und Zeit. Der Markt wirkt unaufhaltsam und rücksichtslos, der Markt bestimmt eben.

Wobei Marktwirtschaft nicht mit Kapitalismus zu verwechseln ist (s.o., Max Weber). Kapitalismus ist nur ein Teil der Ökonomie, und zwar – eben nur im Extremfall – rücksichtslos-egoistisch, ansonsten ein natürlicher Prozess der Sicherung einer Unternehmung. Und sollte die Unternehmung nachhaltig bestehen, wird sie nicht nur den ökonomischen Prozessen und den einschlägigen Gesetzen gehorchen müssen, sondern auch Regeln ethisch/moralischen Verhaltens zu berücksichtigen haben (Kap. 5.3.5.). Das gilt auch für die gerade wieder mit Exzessen agierenden Kapitalmärkte, die zwangsläufig – überschreiten sie diese ethischen Grenzen, lösen sie sich von den moralischen Grundzügen des Zusammenlebens über exzessiv einseitigen Vorteil – Gegenkräfte bewirken. Bedauerlicherweise oft genug mit Zeitverzögerung, sodass sie Vorteile einsacken können. Dennoch bleiben die marktwirtschaftlichen Prinzipien aufrecht, und zwar wohlverstanden nicht nur über Geldvermögen, sondern auch unter moralisch-ethischem, wenn sich auch wandelndem Verhalten – immer jedoch in schwankendem Verhältnis. Beide Kräfte wirken – sowohl Leistung (ausgewiesen über dem Preis) wie eine Reihe menschlicher Faktoren –, und die wieder je nach gerade wirkenden Umfeldbedingungen und interner Einstellung. So ist die Leistung, wie die weltweite Entwicklung des letzten Jahrhunderts ganz augenscheinlich zeigt, in friedlichen und wirtschaftlich stabilen Zeiten offensichtlich der primäre Faktor, und die im Augenblick des Entscheidungsprozesses wirkenden menschlichen Attitüden sind die sekundären. Allerdings ist es auch umgekehrt vorstellbar – insbesondere in Umbruchzeiten.

So war die Verlagerung von Arbeitsplätzen in den letzten Jahrzehnten in Westeuropa und den USA, der treibende Motor wirtschaftlicher Veränderungen und einer zunehmenden Mobilität auf dem Arbeitssektor. Mit all den vielfältig negativen Einflüssen an Jobverlust und hoher Arbeitslosigkeit auf der einen Seite und Aufbruchstimmung und Boom auf der anderen. Dennoch, wie die Praxis zeigte, waren es immer nur wenige Jahre, vielleicht Jahrzehnte, bis sich die Einkommensstrukturen annäherten und den Investitionsfluss wieder umkehrten – eben bis zur nächsten Veränderungswelle, anderen Regionen. Es sind die Prinzipien einer nun offenen und globalen Weltwirtschaft. Sie werden ganz entscheidend die politischen Systeme beeinflussen, welches eben effizienter wirken wird und Rückhalt in der Bevölkerung sichern kann.

Konflikte und Sicherheit
In den Industrienationen, geführt durch die USA, aber vergleichbar auch in China, Großbritannien, Frankreich und Russland, hat sich das militärische (Über-)Gewicht nach dem Zweiten Weltkrieg manifestiert, ist derzeit unangetastet. Damit tritt es auch innerhalb der Bevölkerungen, als ein das tägliche Leben bestimmendes Moment, sehr stark zurück, scheint eigentlich kaum auf. Dennoch bleibt Sicherheit eine latente Aufgabe jedes Staates, wobei – sind die Generationen von Wohlstand verwöhnt – die Strategie einer Verteidigungspolitik immer stärker in den Hintergrund drängt; auch, und besonders, in Demokratien. Was allerdings im Konfliktfall – und der ist nie auszuschließen – eine Volkswirtschaft ernsthaft überrumpeln kann. Umso mehr, als Verteidigungspolitik ein jahrzehntelang vorzubereitender Prozess ist, Konflikte sich jedoch kurzfristig ankündigen. Die Vernachlässigung des Verteidigungswillen hatte in der Geschichte immer negative Folgen für die jeweilige Gesellschaft gehabt.

Ökologie
Die ökologischen Veränderungen – und auch jene die der Mensch schon angerichtet hat –, so strittig und undeutlich sie auch noch sein mögen, sind eine der entscheidenden Bestimmungsgrößen der weiteren Entwicklung der Menschheit (weiter Kap.6.2., Ökologie und klimatisches Umfeld).

5.3. Menschliche Bestimmungsgrößen

Bei der sich immer mehr verästelnden Differenzierung der Wissenschaften, mit der Gefahr fallenden Verständnisses für die Gesamtzusammenhänge (der Interdisziplinaritäten), steigern sich deren Vertreter in widersprüchlichen Aussagen und hemmen so Reaktion und Aktivität, vom Einzelnen bis zu den Verantwortlichen, in Unternehmen und Regierungen. Es vernebeln sich die Erkenntnisse wesentlicher Zusammenhänge durch oft konträre Aussagen zum gleichen Thema – je nach individuellen Gesichtspunkten vertreten.[49] Im Herangehen an die Morphologie des Staates, sind in Folge daher nur grundsätzliche Faktoren heranzuziehen, auch wenn sie selbst vielfältige Erklärungen, die Erkenntnisse unzähliger Wissenschaften, erwarten würde.

5.3.1. Umfeld und Medien

Einer der wesentlichen Bestandteile wie sich ein Staat darstellt – so zwischen den beiden Extremenpunkten reiner Demokratie und totaler Autorität –, ist der Grad der Freiheit der Meinungsäußerung. Ist Zensur generell ausgeschlossen und ist auch, trotz Macht und Einfluss unterschiedlicher Interessensgruppierungen, unlimitiert Gedankenfreiheit möglich, wäre eine lupenreine Demokratie denkbar. Ob es so auch zum Wohle der Allgemeinheit beiträgt, ist nun doch eine ganz andere Frage. Es ist – gehen wir einmal von einer allgemeinen Gleichberechtigung jeder Meinung aus – grundsätzlich abhängig von der Art und Möglichkeit der Verbreitung (sic!), des Inhalts und erst ganz am Ende der Aufnahme, und hier insbesondere wiederum von der Aktualität oder der Allgemeingültigkeit des gerade entstandenen Meinungsspektrums. Ferner wirken – wie aus den bisherigen Erkenntnissen abzuleiten ist – offensichtlich auch noch ganz andere Momente, eben die Griffigkeit der Information, die mentale Übernahme und Akzeptanz durch den Einzelnen, etc. Und das erst ist der Meinungsbildungsprozess des Einzelnen, der dann noch über weitere Phasen für die Öffentlichkeit wirksam werden kann. Abhängig wieder (und immer auf ihn selbst zurückwirkend)
- vom Einfluss eines, zumeist über Jahre, wenn nicht über Generationen gebildeten (ideologischen) Netzwerks,
- von der Mächtigkeit des Netzwerks im staatlichen Organisationsgefüge,
- von seiner Bedeutung und seinem Einfluss innerhalb der Peergroups, in denen er im Netzwerk wirkt,

---

[49] Vgl. Neuberg A., *Elitäre Parasiten*, 2010

- vom Zeitbedarf der zur Durchdringung dieses Netzwerks notwendig ist,
- von der Wirksamkeit relevanter Gegenspieler, sowohl innerhalb des Netzwerks wie im staatlichen Gefüge,
- von seinem Einfluss, oder dem des Netzwerks, auf die unterschiedlichen Medien wie deren Mächtigkeit und Durchdringung im Publikum,
- schlussendlich von der Wirksamkeit der agierenden Parteien und deren Einfluss im politischen Gefüge, mit all den vielfältigen Interessen die sie, entweder für sich selbst oder ihre Wähler und Interessenverbände, offiziell vertreten wollen oder müssen.

Das Geschehen der Jahrhunderte – insbesondere aus Sicht einer wachsenden Bevölkerung, der technologischen Umwälzungen und des nun vielfältigen und durchgreifenden Medieneinflusses wie dessen Wirksamkeit über völlig neue Kommunikationstechniken, und dazu noch über den gesamten Globus – stellt uns vor völlig neue Fragen. Fragen, die sich erst „erfahren" lassen müssen, was – wie wir wissen – ein Generationenprozess ist. Besonders die international kommunikative Vernetzung stellt unsere jahrtausendealte Erfahrung einer für das allgemeine Wohl sinnvollen, vielleicht sogar menschenorientierten Staatsführung, völlig auf den Kopf; und selbst die war ja bisher schon alles andere als einheitlich. Verbreitete schon die Erfindung des Radios den Einfluss der Mächtigen auf die Bevölkerung, ist er mit der Entwicklung des Fernsehens noch durchgreifender, aber nun vom Aufkommen des Internets völlig überrollt. Ein Medium, das nichts vergisst, das die Kommunikation von jedem mit jedem ermöglicht, ein Medium nun, das zum ersten Mal den Einflüssen der Mächtigen entzogen scheint. Ein sich ständig änderndes Netzwerk, das eine grundsätzliche Verhaltensänderung der Politik erfordert. Es hat das Potenzial politische Gefüge ganzer Staaten auszuhebeln. Ein Instrument, das in seiner politischen Wirksamkeit noch gar nicht abzusehen ist und ganz entscheidend beide Systeme, ob demokratisch oder autokratisch, beeinflussen, selbst bestimmen wird.

Nun zeigen die modernen Kommunikationstechnologien aber zwei Seiten derselben Medaille: Eine ungeahnte Informations- und Bildungsexplosion, aber auch – gegenläufig – eine Verdummung durch immer lauer werdende Unterhaltungssendungen, je nach Land politisch und medial unterschiedlich ausgeprägt. Politische, auch für die Öffentlichkeit interessante Diskussionen modifizieren sich zu politischen Talkshows, die dann – mehr oder weniger – zu einer immer stärkeren Entertainisierung führen und Medien zu reiner Unterhaltung, im Sinne der Quoten, degradieren (mit kaum nachweisbarem Bildungscharakter). Die Besetzung der Gesprächsrunden folgt nicht dem Zweck politische Unterschiede zu erörtern, sondern laue, medial inszenierte Streitkultur, seichte Unterhaltung zu fördern. Es leidet fachliche Kompetenz, die politisch sachliche Diskussion und vor allem der Informationsübergang wesentlicher und übergeordneter politischer Themen. Mit dem unangenehmen Nebeneffekt, dass sich eine Selektion nach Qualität der Volksvertreter auf das Niveau des

Entertainments reduziert und der eigentliche politische Sinn – als Instrument der Bildung, der breiten politischen Information – weitgehend verfehlt wird, sodass nicht die Besten, die Erfahrensten, diejenige, die sich für diese Aufgabe berufen fühlen (und auch dazu qualifiziert sind), eben jene, die vorrangig die Interessen der Bevölkerung selbstlos vertreten wollen, sondern Karrieristen, Schauspieler, Populisten, Alpha-Tiere (oder wie man sie nennen will) die Geschicke des Staates beeinflussen. Eben genau diejenigen, die schon die Philosophen der letzten zwei Jahrtausende von jeglicher Staatsführung fernhalten wollten.

Insbesondere reife Demokratien wie die unseren, würden eben besondere Kommunikationsfähigkeiten erfordern – wie seit Platon bis Cicero bekannt. Und nicht mit platten Showeffekten – angesichts Millionen von Bürgern – und populärer Selbstdarstellung wie sie uns tagtäglich in den Medien gegenübertreten, wir in der unübersehbaren Presseflut ständig erfahren. Im Sinne einer lebhaften Demokratie würde man doch erwarten, dass sich die Legitimation des Führungsanspruchs im politischen System über demokratiewirksame, mediale Netzwerke festigt, politische Überzeugung und Abgrenzung zum Gegner professionell dargestellt werden, durchaus wertend, in Anlehnung an ihre Wählergruppen. Eben demokratische, reife Auseinandersetzung, als informativer und interessanter Gedankenaustausch, als vorbehaltloser Einsatz erfahrener, hochgebildeter Persönlichkeiten, die eben zum Vorbild gereichen, angesichts vernunft- und verständnisgeführter „Diskursethik". Darin, und genau darin, unterscheiden sich Demokratien (in unserer noch immer imaginären Vorstellung) von autoritären Gesellschaften (wie schon die alten Philosophen unisono vermerkten). Ist dieser Wunsch zwar naiv, erfordert er doch ein völlig anderes Verhalten der Volksvertreter, eine andere Priorität des Karriere- und Einkommensdenkens, ist er doch ursächliches Fundament jeder Demokratie.

Steigender Wohlstand und vielleicht damit nachlassende Identifikation der Bürger mit dem politischen Geschehen, fördern die Entwicklung zum Berufspolitikertum. Eine Kaste, die bereits mit jungen Jahren sich vorwiegend aus der öffentlichen Verwaltung rekrutiert. Ehrgeiz und Karrierebewusstsein bestimmen den Berufsweg, politische Netzwerke werden geknüpft. Unbemerkt verlieren sie den Boden der „Berufung" als Vertreter, als Diener des Volkes, als doch (altruistische) Interessensvertreter der sie wählenden Bevölkerungsschichten, mit „innerer" Identifikation zu den Bedürfnissen des Staates, den Erwartungen ihrer Wähler. Verhalten sie sich doch völlig konträr zu den über Jahrtausende philosophisch geforderten Eigenschaften des demokratischen Volksrepräsentanten.

Eine der Zeit entsprechend breitere Bildung, insbesondere deren kontinuierliche Pflege, ist die Voraussetzung den Souverän in seinem politischen Beitrag mitzunehmen. Eine Bildung, die, ganz anders als in den vergangenen Jahrtausenden, nicht einer kleinen Schicht vorbehalten blieb, aber auch nicht der allgemeinen

Schulpflicht des letzten Jahrhunderts alleine entsprechen kann. Sind demokratische Prozesse zu fördern, setzt es eine andere Einstellung, ein anderes Vorgehen voraus; in einer vielsprachigen, in unzählige Kulturen zersplitterten Welt, verbunden nun durch nie erahnte kommunikative Technologien, mit fundamentalem Einfluss auf unzählige Menschen, unterschiedlichste Gesellschaften, mit bis heute unbekannten Folgen. Haben sich innerhalb einer Nation die Bildungsniveaus über Generationen annähernd angeglichen, so steht die Welt nun vor einer unglaublichen Bildungsspreizung quer über den Erdball. Sie wird zwangsläufig – eben aus völlig unterschiedlich historischen Erfahrungen und Kulturen und den so bestimmten Einstellungen, aber den gleichen Ansprüchen an eine konsumorientierte Welt – Revolten und Konflikte anheizen und nationale Differenzen hochspielen. Politisches Verhalten, als Spiegelbild der Massen, drängt zu Wachstum, zu Konsumzwang, und behindert so doch jede ökologisch wie auch ökonomisch nachhaltige Steuerung der Nationen und Gemeinschaften. Zwar schöpfen wir bis heute noch aus den Erkenntnissen philosophischen Denkens der Jahrtausende, das nun – in einer menschenüberfüllten Welt, bei Zugriff auf jedes Wissen und von jedem Ort, über vielfältige Kulturen – von egoistischem Denken überlagert wird, bei Dominanz von Eigentum und Gier, eben kapitalistischem Denken par excellence. Das allerdings reicht nicht mehr. Hat übrigens nie gereicht: „Und das nannten die Unerfahrenen Kultur, wo es doch nur ein Stück Knechtschaft war"[50], meinte schon Tacitus vor zwei Jahrtausenden zu vergleichbaren Problemen.

Als entscheidendes, Wissen und Einstellungen vermittelndes Medium zwischen der Politik und den Bürgern, hat sich in den letzten Generationen eine Reihe moderner Medien entwickelt, deren Einfluss, je nach Technologie, politischem Umfeld und renditeorientierten Interessen, mehr oder weniger beeinflusst und gesteuert ist. Ist zwar in Demokratien Pressefreiheit verfassungsgemäß verankert, so ist der Umfang tatsächlicher freier Pressemeinung dennoch sehr unterschiedlich ausgeprägt. In den USA, behauptet als *der* „freiheitliche" Staat, dominieren einige wenige Medienkonzerne mit ganz eminenter Abhängigkeit vom jeweilig politischen Machtgefüge (auch gegenseitig). Der europäische Raum gewährleistet weit mehr mediale Unabhängigkeit, und dies bei differenteren Kulturen, vielen kleineren Staaten mit unterschiedlicher Geschichte und einer doch noch atomistischen Medienlandschaft. Trotz und dank aller divergenten Interessenslagen von Redaktionen, Verlegern und Eigentümern, bietet sich eine breitere Nachrichtenpalette, ein breiterer Überblick mit vielen unterschiedlichen Meinungen an. Wenn auch bestimmte Fachgebiete, z.B. Wirtschaft, eine doch „vernetzte", sich gegenseitig beeinflussende Gesellschaft bilden, mit dem Nachteil tendenziell gefärbter Berichterstattung – was zwar zu Verfälschungen führt, nicht jedoch grundsätzlich demokratischem Verhalten widerspricht. Anders verhält es sich allerdings bei dieser zunehmend wirtschaftlichen

---

[50] Tacitus, *Agricola*, Ende 1. Jahrhundert n.Chr.

Konzentration der Medienlandschaft, mit der Gefahr, dass Pressefreiheit Resultat weniger wird, d.h. keine mehr ist („Nicht im Verstand ist, was nicht zuvor in der Sinneswahrnehmung war." John Locke).

Dem versuchen zwar demokratische Staaten mit entsprechenden Mediengesetzen und öffentlich-rechtlichen Sendern, die unabhängig von kommerziellen Zwängen ein ausgewogenes Informationsspektrum dem Publikum sichern sollten und durch die Öffentlichkeit finanziert werden, entgegenzutreten. Wobei sich, wie immer, wenn einmal eingeführte staatliche Instrumente über längere Zeit wirken, sich eine ganz natürliche Anpassung ergibt – sei es aus Gründen des Wettbewerbs mit privaten Sendern, aus Gründen der Wirtschaftlichkeit, der beeinflussten Programmgestaltung oder auch aus privaten Interessen. Über Jahrzehnte eingespielte (schleichend veränderte) komplexe, auch politische Strukturen, sind nahezu nicht mehr korrigierbar. Schlussendlich ergibt sich ein immer stärker verbürokratisiertes Monster, das weder wettbewerblich noch bildungstheoretisch vertretbar ist, immer teurer wird, seiner ureigenen Aufgabe, einer ausgewogenen, niveauvollen Informationsvermittlung im Sinne demokratischer Prozesse, nicht mehr nachkommen kann. Statt der hehren Überzeugung, politisch wertfreie Informationen dem Wähler bereitzustellen, verkommen dann öffentlich-rechtliche Institute zu einer gesicherten, überdurchschnittlich bezahlten Einkommensquelle in wettbewerbsfreiem Raum für Beschäftigte und zum billigen Präsentationsmittel politischer Selbstbeweihräucherung, und das noch, als das doch einzige und entscheidende (neutrale?!) Kommunikationsmittel zwischen Regierenden und Regierten. Ganz abgesehen davon, als doch *das* einzig mögliche Instrumentarium des Diskurses, eben Strategisches zur Diskussion zu stellen, echte politische Teilhabe erst zu gewährleisten, schlussendlich als ein Instrument mit dem sich Bildung, Verhalten, Ethik fördern lassen. So bleiben die Medien Getriebene aus dem täglichen wirtschaftlichen und persönlichen Chaos, völlig entgegen ihrem ureigensten Sinn, wertfrei Information und Bildung, bei höchster Professionalität, bei ethischem Grundton, anzubieten (das Argument „Quoten" widerspricht dieser Anforderung nicht, da es immer als Resultat Publikumswirksamkeit und Qualität darstellt, allerdings, zugegebenermaßen, als gemeinschaftliches Problem der Medien, da ein Ausreißer in der freier Marktwirtschaft durchaus wirtschaftlich die Rechung präsentiert bekommen kann).

Wie die Macht der Medien und ihr alles bestimmender Einfluss wirkt, erkennt man schon an der Verzerrung realer Verhältnisse und Setzung von Prioritäten auf zwar publikumsorientierte, aber populistische, auf die Unterhaltungswirksamkeit ausgerichtete Informationspolitik. Besteht z.B. über bestimmte Themen sowohl wissenschaftlicher als auch realpolitischer Konsens, werden widersprechende Meinungen, und selbst bei Geringfügigkeit, so aufgemacht und im Zeithorizont intensiviert, dass sich für die Allgemeinheit durchaus nützliche Prozesse, sogar publikumswirksam ins Gegenteil verzerren können, selbst generell ausschließen, vielfach den realen Prioritäten widersprechen (z.B. dem Klima gegensteuernde Maßnahmen, energetische Fragen, Sinn und Folge von Großinvestitionen, externe Hilfs- und Militäreinsätze, staatliche Investitions- und Sozialpolitik, etc.).

Verschreckt, wenn auch noch verstohlen, gewahren wir die Veränderung in der Einstellung und im Verhalten selbst zwischen den Generationen, ordnen es entschuldigend dem üblichen Generationenkonflikt zu, eben einerseits unserem (vermeintlich) reiferem Alter, mit tradierten Werten, und andererseits den rasant sich verändernden Technologien, und damit verbunden den unterschiedlichen Interessenskulturen – zwiespältig der eigenen Sozialisierung. Und dennoch liegt eine Ahnung drohend in der Luft: Verflachen sich in der übernächsten Generation nicht überdeutlich Einsatz- und Leistungsbereitschaft, der Sinn zur Gemeinsamkeit und der Verantwortlichkeit gegenüber dem Nächsten, der Wille Wissen zu schöpfen, sich zu bilden, und überhaupt mit Engagement den eigenen Lebensweg gestalten und sichern zu wollen, und zwar ohne „soziales Netz", das eben nur für Notlagen gelten soll? Besonders deutlich zeigt sich der Unterschied zwischen den westlichen Wohlstandsgesellschaften zu dem überaus hohen Engagement der nachwachsenden Generation in den Schwellenländern, vergleichbar eben mit damals, in unserer (meinen wir), nach den Kriegswirren und im Aufbau der Gesellschaft, der jungen Demokratie. Und läuft nicht der übergroße Teil der Medien diesem Wohlstandstrend nach, wenn verständlicherweise auch aus wirtschaftlichen Überlegungen? Statt zu bilden, intensiv zu informieren – und zwar in Niveau und Sprache wie es gerade ihrer Leser-, Hörer- oder Zuseherschaft entsprechen könnte, aber dennoch in Richtung Bildung (und nicht Verdummung) –, um so auch ihre sowohl demokratischen wie volkswirtschaftlich wettbewerblichen Aufgaben zu wahren und zu fördern. Vergleiche der Leistungs- und Verhaltenskultur über Generationen gibt es (leider) nicht. Sie wären auch schwierig zu fassen, da die Ursachen (und der Zeitpunkt) verschwimmen und ihre Wirkungen erst in der folgenden, jedenfalls aber erst in den kommenden Generationen zum Tragen kommen – aber dann ist es zu spät. Es werden diese Einstellungs- und Verhaltensänderungen sein, die – versucht man die globalen Entwicklungen zu erahnen – ökonomische und ökologische Verschiebungen bewirken werden, wie wir sie eben – wenn auch im Jahrhundertzyklus – schon immer nachvollziehen konnten.

Medien präsentieren uns ihre Geschichten. Keine Wahrheiten oder unumstößlichen Erkenntnisse, sondern Meinungen, Einstellungen, je nach Wertigkeit des Themas und lokaler Verlagsphilosophie, mehr oder weniger konform oder konträr zu Veröffentlichungen anderer oder auch zu Regierungen. So ergeben sich für ein Land drei Instanzen: der Staat mit seinen Institutionen und Körperschaften sowie die Medienwelt und die Bürger (wenn man mal Privatunternehmen als auch „Bürger" betrachtet). Die Medien sind somit heute das demokratisch legitimierte Bindeglied in einer Massengesellschaft. Von ihrem Verhalten hängt so grundsätzlich und entscheidend die Wirksamkeit demokratischer Prozesse ab, aber auch – über lange Zeiträume – Niveau und Bildungspotenzial der Gesamtbevölkerung. Die Wirksamkeit der öffentlichen Rede, wie es vor gut 2.000 Jahren die Grundlage demokratischer Prozesse war, ist nun durch eine atomistische Medienwelt ersetzt worden (besser, hat sich technologisch eingefügt). Seit der Erfindung des Radios ist es bisher nur autoritären Regimes gelungen zensuriert die Volksmeinung zu beeinflussen. In den demokratischen Entwicklungen haben die beiden gestaltenden Kräfte, nämlich Regierungen und Medien, bis heute ihre eigentlichen Aufgaben noch nicht gefunden; weder die einen (die Regierungen) ihre ausschließliche Verantwortung gegenüber der breiten Masse, noch die anderen (die Medien) über wertneutrale Informationspflicht verständlich zu übermitteln. Die Vielfalt, damit Unabhängigkeit, und Qualität der Medien ist in Europa zwar höher einzustufen als in den USA, und stellt damit ein unabhängiges und weites Informationsspektrum zur Verfügung, alleine mit dem Problem, dass – in einer explosionsartig zunehmenden Komplexität – die rationale Meinungsbildung des Einzelnen auf der Strecke bleibt. In der Unübersichtlichkeit der Zusammenhänge, der offensichtlichen und versteckten Interessen, prägt so Populistisches, der Showeffekt. Oberflächliches, Banales erleichtert zwar die Beurteilung, bestimmt aber auch die Einstellung und artikuliert sich im momentanen, aber flüchtigen Konsens mit „Zufälligem". Wählerschaften fluktuieren von einer Partei zu anderen, Demonstrationen und Revolten bilden sich ad hoc aus aufgeheizter Unstimmigkeit, Massen werden zunehmend orientierungslos.

Alte Demokratien bestimmten sich aus persönlicher Nähe. Man kannte sich mehr oder weniger persönlich, verglich politische Bewerber mit den eigenen Interessen. Neben rudimentären Gesetzen und Regularien, formte auch Ethik und der Verhaltenskodex das Miteinander. Die öffentliche Rede, der Dialog, legte Positionen klar und förderte die Gemeinsamkeit der Interessen. Welch Unterschied zu heutigen Demokratien, mit einem in die Millionen gehenden Wahlvolk – es ist ganz einfach nicht mehr vergleichbar, die alten Philosophien (sofern sie die Organisation des Staates betreffen) sind vielfach überholt. Direkte Demokratie ist nicht mehr praktikabel und nur in Einzelfällen, in kleineren Staaten und Gemeinschaften noch wirksam, über mehrere Jahrhunderte zwar leidvoll, aber dann doch über unendliche Kompromisse entwickelt. Und die heutige öffentliche Rede? Zeigen doch öffentliche Diskurse, dass eine „wertfreie Diskussion", selbst mit ausgewiesenen Experten, selten möglich ist. Zu viel „Persönliches" und institutionell Vorgegebenes spielt mit. Die politische öffentliche Präsentation, das „politische Verhalten" allgemein ist das Problem. So verbietet sich auch die Pflege kreativer Innovationsprozesse in bürokratischen Hierarchien per definitionem – und politischer aus ideologischen Kriterien (Kap. 6.1.). Die individuell-politische Entscheidung, der Wille des Souveräns, wird zunehmend an Parteien und deren Führer oder Führungsgremien delegiert. Der interessensbezogene Einfluss der Medien ist eine weitere offene Flanke demokratischen Verständnisses. Stillschweigend wird ferner vorausgesetzt, dass der mündige Staatsbürger in der Lage ist, die auf ihn einströmenden Informationen nach wertenden Einflüssen zu beurteilen, eine eigene Meinung abzuleiten, was sich ausschließt, da es eine wertfreie Unterscheidung von richtig und nicht richtig ja nicht geben kann.[51] Neben der Kritik an der Einstellung der Person als öffentlicher Repräsentant, ist vor allem der verbindende Prozess zum Souverän, die Kommunikation, das entscheidende Faktum, das über eine menschenorientierte Qualität der Demokratie entscheiden wird.

5.3.2. Kulturelles und Bildung

Bildung war seit alters her ein Privileg der Mächtigen und Eliten. So sicherten sie die Durchsetzung ihres Willens, ihren Machterhalt, den Einzug von Steuern, die Aushebung von Untertanen und den Übergang auf ihre Nachkommen. Umfang und Bildung waren ausgerichtet auf ihre spezifischen Interessen, die Überwachung und Steuerung immer größer werdender Gebiete. Erst ab dem 20. Jahrhundert können wir – zumindest in den Industrienationen – von einer umfassenden und allgemeinen Bildung sprechen, die zunehmend auch die fachliche Neigung eines Kandidaten über vielfältige Fachgebiete berücksichtigen konnte. Bildung war also im Wesentlichen durch wirtschaftliche oder machtpolitische Anforderungen geprägt und bestimmte die Kluft zwischen der breiten Bevölkerung und einer privilegierten Elite. In der prosperierenden Entwicklung von Staaten konstituierte sich so eine wohlhabende Ober- und Mittelschicht, mit genug Zeit, sich auch mit schöngeistigen Dingen zu beschäftigen (von deren Ergüssen wir bis heute profitieren). Bildung war immer ein Privileg, verstärkt durch die Auswahl von Eliteschulen. Sie sicherte Einkommen, Prestige und Macht, und bestimmte auch weitgehend den Übergang auf die nächste Generation. Ausbildung war so einerseits zweckbestimmt, andererseits förderte sie aber auch persönliche Neigungen, geistige und technologische Entwicklung. Bildung ist der Schlüssel zu Erkenntnissen und Grundlage kreativer Entfaltung (aber eben auch nicht mehr, dazu zählen noch andere Faktoren[52]). Bildung unterstützt die demokratische Urteilsfindung, aber fördert auch diktatorische Konsistenz. Sie ist für beide gleich zwingend, für beide gleich notwendig – zur Beeinflussung von Einstellungen und des Willens der Untergebenen, über gegebenenfalls „gewährtem" Freiraum der Wissensaufnahme.

---

[51] Vertiefend *Elitäre Parasiten*, Neuberg A.
[52] Vgl. Neuberg A. *Elitäre Parasiten*, 2010

Im Zuge der technologischen Revolution des letzten Jahrhunderts, mit ihren Trends zu rationalem Verhalten, gelehrt aus den Erkenntnissen der Aufklärung ab dem 16. Jahrhundert, der Dominanz nun mechanistischen Denkens, das sich auch in den wissenschaftlichen Modellen der Ökonomie widerspiegelt, hat die aus dem vorhergehenden Jahrhundert noch dominierend humanistische Bildung systematisch an Bedeutung verloren, wurde schlussendlich durch mathematisch-rationales Denken fast völlig verdrängt. Erst in den letzten Jahrzehnten regt sich wieder pragmatischer Widerspruch, stellt unser egozentrisches Verhalten infrage. Wird doch zunehmend wieder gefordert, dass in der Phase fortgeschrittener Ausbildung auch Themen der komplexen Zusammenhänge, wie der Geopolitik, der Ethik, der Geschichte und Kultur, wesentliche, wenn nicht sogar dominierende Programminhalte sein müssten. Eine Erkenntnis, die wir sicherlich der zunehmend vielfach gespürten Unruhe aus den globalisierten Prozessen, den Grenzen der Ökologie und der Ökonomie zu verdanken haben.

Nun ist davon auszugehen, dass Einstellungen und Verhalten Ergebnisse sowohl von Ausbildung wie auch von ständig einströmenden Meinungen und Informationen sind – heute, der sich explosionsartig vermehrenden Kommunikationsprozesse. Früher unterlag die Meinungsbildung weitgehend dem politischen Willen der „Staatenlenker"; entgleitet ihnen nun jedoch mehr und mehr. So war selbst die Einführung der allgemeinen Schulpflicht vor rd. 300 Jahren in Europa, Resultat ökonomischen und damit Machtdenkens jeweiliger Potentaten, im Sinne der Verbesserung der Wettbewerbsfähigkeit und so der Machtverhältnisse intern und gegenüber anderen Staaten, für Aufgaben der Verwaltung, und hier insbesondere zur Sicherung und Finanzierung des eigenen Regimes, des militärischen Potenzials.

Damit stellt sich schlussendlich eine grundsätzliche Frage: Wie verhält sich Bildung und ihre Steuerung nun in den Demokratien? War die Menschheitsgeschichte bis vor gut einem Jahrhundert noch – und im überwiegenden Teil der Welt heute noch immer – von den Interessen jeweiliger Machthaber bestimmt, so schließt sich für rein demokratische Prozesse die Beeinflussung theoretisch aus. Nun existieren beide Extremformen in praxi ja nicht, sondern die Staatsformen bewegen sich irgendwo zwischen diesen beiden Dipolen, mit mehr oder weniger beeinflusst „zentraler" Meinung. Wie an anderer Stelle bereits erarbeitet, ist davon auszugehen, dass – je nach gerade und lokal dominierendem Interessensspektrum – unsere Meinungen mehr oder weniger einseitig gefärbt bleiben, da es den an sich wertfreien Entscheidungsprozess, als wünschenswerte Grundlage des demokratischen Prozesses, ja nicht gibt. Der Entschluss eines Einzelnen bleibt immer ein Resultat emotionalen und rationalen Denkens und Verhaltens, geprägt (soziologisiert) durch sein spezifisches Umfeld – und zwar unabhängig von der Art des Staatssystems.

Wie vielfältig die Strukturen und Verhalten kleiner Gruppierungen und Stämme, über kleine Länder bis zu komplexen Staatsgebilden ist, zeigt uns die Geschichte, bei ständig dynamischer Veränderung, bis zu den heute weltweit unterschiedlichsten Regierungs- und Staatsformen der annähernd 200 anerkannten Nationalstaaten. Aber selbst innerhalb dieser finden sich die unterschiedlichsten Strömungen und kulturellen Besonderheiten – fast unüberschaubare, unvergleichliche Gestaltungsformen. Unzählig sind die erfolglosen Versuche mächtiger Nationen, anderen schwächeren die eigene Philosophie, die eigene Staatsform überzustülpen (selbst wenn uns die demokratische so überzeugt, sic!). Und werden sie gezwungen sie anzunehmen, dann korrigieren sie sie selbst wieder – sofern sich das Machtgewicht verlagert oder aufhebt –, und wenn es Generationen dauert, vielfältig zurück in Richtung der alten kulturellen Erfahrungen.

Bildung
Bildung ist oft genug politisches Kernthema – zumindest in den industrialisierten Ländern, und besonders in einer Zeit wirtschaftlicher Umbrüche, in der z.B. der Westen laufend an Boden zu verlieren meint, besser, in der die wirtschaftlichen Zuwachsraten, im Vergleich zu den aufholenden Ländern, stagnieren und die Auseinandersetzungen um Verteilungsgerechtigkeit neuen Schub bekommen. „Bildung" scheint *die* Lösung, um wirtschaftlich wieder an Boden zu gewinnen, mit der händeringend wieder Prosperität erreicht werden soll – im Vergleich zu den erschreckend aufholenden Schwellenländern, mit prognostiziert enormen wirtschaftlichen Potenzial. Wobei Bildung ein doch paradoxer Begriff bleibt, der – hinterfragt – eine Vielzahl weiterer Fragen assoziiert. Anhäufung von Wissen, welcher Art und in welchem Umfang, zu welchem Zweck, vermittelt durch wen, an wen? Ist es technisches Wissen, bei immer kürzeren Halbwertszeiten? Ist es, erweitert, naturwissenschaftliches Wissen? In welchen Fachbereichen ist Bedarf zu erwarten? Oder sind es die Geisteswissenschaften, und dann wieder welche? Und schlussendlich, ist es dann auch ökonomisch relevant oder bleibt es geistige Selbstbefriedigung? Was kann davon für die Gesellschaft von Nutzen sein und – insbesondere – wie ist es in ökonomischen Erfolg umzusetzen?

Das explosionsartig sich erweiternde Wissen gegen Ende der Aufklärung wird wohl kaum in diesem Tempo aufrechterhalten bleiben, auch wenn jene weltweit Milliarden Mitbürger, die nun erst in den letzten Dekaden Lesen und Schreiben gelernt, erweiterte „Bildung" genossen haben, vermutlich weniger grundsätzliche Erkenntnisse aus der Grundlagenforschung, als früher, zu leisten vermögen. Was so vor 100 Jahren noch revolutionärer wissenschaftlicher Durchbruch bedeutete, ungeheure Veränderungen in der Welt bewirkte, bestimmt doch heute noch im wesentlichen Industrie, Wirtschaft und Umwelt – bis ins Unendliche verfeinert, mit ausgereizter Technik, über unzählige Arbeitsteilung vervielfältigt und individualisiert.

Abgeleitet ist die ungeheure Produktionsvielfalt aus der Grundlagenforschung, die – im Zuge technisch-evolutionärer Diversifizierungen – unerwartet neue Geschäftsfelder eröffnete (Kommunikationstechniken, Agrartechnologien, Energietechnik, Transportmittel, Wohn- und Lebenskultur, Tourismus, u.a.), immer stärker verfeinert und viele Zweige durchdringend über eine explodierende Dienstleistung. Diese Vielfalt ermöglicht Teilen der Menschheit ein komfortables Leben, stellt uns nun aber vor völlig neue Fragen mit denen die Menschheit noch nie konfrontiert war. Weiteres Wachstum? Wohin? Und wenn, für alle? Was bedeutet das für die Ökologie, die Versorgung? Es löst Ängste aus!

Selbst unsere Ausbildungsphilosophien tragen noch den Stempel dieser Zeit. Mühsam versuchen Kultus- und Bildungsminister durch Umschichtungen, Änderung der Studien- und Ausbildungszeiten, über Investitionen und Anreize, das Bildungsniveau zu heben und zu verbreitern, humanes Kapital zu fördern, als letzter Strohhalm zur Sicherung der wirtschaftlichen Zukunft einer vergreisenden westlichen Welt. Wenig ermutigend sind die Resultate. Seit Jahrzehnten drehen wir uns im Kreis. Immer wieder von Neuem kommt das Thema auf, wird geflickschustert, nach politischen Ideologien, persönlichen Meinungen – und doch nur auf der Basis althergebrachten Denkens. Ungeheures Bildungspotenzial – untermauert mit Engagement, Dynamik und Ehrgeiz, dem Willen zur Umsetzung – entfaltet sich anderswo, in Asien, in Südamerika und sonstigen Schwellenländern. Regionen, die keine „Inkubationszeit" von Hunderten von Jahren benötigen, sondern mit heutigen Technologien, jetzigem Wissen, losstarten, und das viel preiswerter, als es in den industrialisierten Staaten möglich ist. Nicht nur, dass sie auf der Überholspur sind, sind sie auch überwältigend mehr und haben mit unserem nun doch schon etwas saturierten Nachwuchs kaum ernsthaft Wettbewerb zu fürchten. Und zum Thema: Sicherlich ist der Drang nach Freiheit, nach demokratischen Grundlagen, alleine schon aus bildungstechnischer Entwicklung mehr oder weniger in all diesen aufholenden Staaten latent vorhanden, aber für die Massen, zum jetzigen Stand der wirtschaftlichen Entwicklung, noch nicht primär bestimmend. Zuerst gilt für sie der Erfolg, dann Konsum und Reisen, und dann vielleicht etwas mehr Selbstverwirklichung (wie wir es schon aus den Motivationstheorien gelernt haben) – dann erst die Freiheit, mit demokratischer Teilhabe und, vielleicht, Gerechtigkeit. Und alles im Zeitrahmen von nur einer Generation. Mit der schlussendlichen Frage: Sind die sich verstarrenden demokratischen Verhältnisse der westlichen Länder, d.h. der weltweiten Bevölkerungsminorität, diesem Ansturm (wirtschaftlich wie psychisch) gewachsen?

Will der Westen seinen ökonomischen Vorteil wahren – und nur so kann er politische Stabilität sichern –, wird Bildung einen anderen Stellenwert haben, sich auch strategisch an diese Anforderung ausrichten müssen. Vor allem aber muss die Einstellung unseres Nachwuchses, nämlich Dynamik, Engagement und Wille zum Erfolg „gezüchtet" werden. Und dies wird nur möglich sein, wenn auch die bestimmende Generation sich anders verhält, anders denkt und nicht – bar jeder Selbstkritik – meint, aus ihrer Erfahrung, aus ihrem (überholten) Bildungshorizont den Weg bestimmen zu können. Die bisherigen Strukturen, z.B. die Anzahl der wissenschaftlichen Veröffentlichungen, als Maßzahl für wissenschaftlichen Erfolg, oder die Menge des auswendig Gelernten, als Maßzahl für Bildungserfolg, reichen nicht mehr. Jede „mechanistische" Gestaltung des Bildungskonglomerats, mit dem Ziel der Verbesserung der Leistungsfähigkeit im internationalen Konzert, wird so lange zum Scheitern verurteilt bleiben, solange nicht Motivation und Begeisterung zur Wissensaneignung geweckt und die Fähigkeiten zur praktischen Umsetzung – als Innovationsmotor – nicht geübt und gefördert werden. Es ist und bleibt – wie immer schon – eine Frage der Qualifikation und Aktualität des Lehrkörpers, seiner jeweils individuellen Identifikation mit dem Lernenden, seinem Engagement, eingebettet in hoher Variabilität der Studienangebote – je nach persönlicher Fähigkeit, in Anlehnung an die Bedürfnisse und Wünsche der Auszubildenden. Jede politische Ambition zur Korrektur des Bildungssystems die diese psychologischen Grundsätze vernachlässigt, geht an der „menschlichen" Realität vorbei, wird scheitern. Allerdings spüren das dann erst die kommenden Generationen.

Und schon stellt sich ein neues, noch verdecktes Problem. Das letzte Jahrhundert des Industriezeitalters erforderte, aus Wachstum und Dynamik, immer mehr hochausgebildeten und spezialisierten Nachwuchs. Parallel dazu verschiebt sich der Bedarf von der Produktion mehr zur Dienstleistung, dessen Zuwachsraten tendenziell aber auch bereits stagnieren. Weltweit allerdings ist der industrielle Komplex bereits soweit automatisiert, dass das wachsende Arbeitskräftepotenzial den Bedarf weit überdecken wird. Bildungsbedarf war überwiegend Ex-Post-Resultat der Entwicklung der Wirtschaft und so immer – nimmt man eine natürliche Verzögerung der Ausbildungsanpassung von einer Dekade an – entweder über- oder unterdeckt. Nun allerdings verschiebt sich das Verhältnis gravierend. Die Masse der Schwellenländer, mit untereinander ähnlichem Entwicklungsniveau und einem (Bildungs-)Ausbildungsausstoß eines Vielfachen des Westens, produziert eine Masse an Qualifizierten, die eben den weltweiten Bedarf weit überdecken wird – und es sind jene, bei denen auch eine höhere Standortflexibilität angenommen werden kann (sei es von der Flexibilität des Arbeitsplatzes oder der Person). Neben der überproportionalen Menge ausgebildeter Menschen die der Weltgemeinschaft mit steigenden Wachstumsraten zur Verfügung stehen werden, ist auch die Qualität bemerkenswert. Nach einem PISA-Ranking (2009) führten asiatische Staaten gegenüber den westlichen Industrienationen mit Abstand. Ein zwar kritisiertes Phänomen was die Belastung der Jugendlichen betrifft, aber doch kulturinhärent. Der Westen sieht sich vor einem gigantischen Überangebot hochausgebildeter, fremdbestimmter Ausbildungsinvestitionen und wird zwangsläufig den Erwartungen dieser Masse junger, gut ausgebildeter Leute, bei Weitem nicht entsprechen können. Als weiteres

Konfliktpotenzial – bei annahmegemäß demokratischer Grundgesinnung, mit freiheitlicher Entfaltung weltweit.

Nimmt in den industrialisierten Staaten die Nachfrage nach hochqualifizierten Arbeitnehmern zu – dank breitem technologischem Fundament und industrieller Historik, bei allerdings stagnierenden Wachstumsraten und härteren Wettbewerbsbedingungen –, nimmt sie folglich nach geringqualifizierten (nicht ausreichend engagierten!) ab. Es steigt die Jugendarbeitslosigkeit. Ist zwar in vielen Schwellenländern, als Last unterschiedlichster Bildungskultur (z.B. Indien), der Zugang nur für Privilegierte und Vermögende möglich – einerseits aus familiärem Status und andererseits bedingt durch den zunehmenden „Bildungsgap" zur Masse der Bevölkerung – entscheiden doch Menge und hohe Wachstumsraten, mit eben dem Zwang auch weitere Schichten (Kasten) in den Bildungsboom mit einzubeziehen. Gelingt es den hochzivilisierten Ländern nicht, ein dem hohen Lebenshaltungsstandard entsprechend hohes Bildungsniveau aufrechtzuerhalten, bleiben großen Teilen der Masse auskömmliche Jobs verschlossen – mit weiter wachsender Bildungsspreizung der Gesamtbevölkerung. „In einer entwickelten und kommerzialisierten Gesellschaft (Anm.: wie eben in Europa) sollte sich die Öffentlichkeit [...] mehr um die Erziehung des einfachen Volkes kümmern als um die der oberen Schicht", vermerkte schon Adam Smith vor gut zwei Jahrhunderten. Also, neu ist das Problem nicht – und schon damals verhallte sein Ruf.

Wissenschaft
Die Aufsplitterung wissenschaftlichen Arbeitens in vielfältige Fachbereiche im Laufe der letzten beiden Jahrhunderte sowie deren weitere Differenzierungen, führte zu einer explosionshaften Vermehrung des Wissens in Europa und den USA – sich nun exponentiell vermehrend dank weltweit kommunikativer Vernetzung. Und doch stehen wir erst am Beginn – betrachten wir die Bildungsexplosion in den Schwellenländern. Dennoch verstärkt sich der Eindruck einer einerseits progressiven Verflachung des Wissenszuwachses und andererseits fehlt uns das Vertrauen – aus sowohl theoretischem wie praktikablem Widerspruch –, dass sie der Menschheit wissenschaftlich konstruktive Lösungsansätze zu den anstehenden globalen Problemen bieten wird. Vielfach verzettelt sich die „theoretische Elite" in den einzelnen Wissensbereichen, in Forschung und wissenschaftliches Arbeiten, in langatmigen Auseinandersetzungen, die selbst bei toleranter Aufgeschlossenheit Praktikabilität missen lassen (z.B. in Wissenschaftstheorie[53], Philosophie, Soziologie, Psychologie, u.a.), die selbst ein Teil wissenschaftlich Tätiger, geschweige denn die

---

[53] Ob nun Monismus, Dualismus oder Pluralismus wissenschaftlich angebracht wäre, oder welche Art der Empirie oder sonstige Formen der Erkenntnis zu theoretisch richtigeren Ergebnissen führen könnten, oder welchen wissenschaftlichen Wert Beobachtungen haben, oder ...?

Allgemeinheit, noch versteht. Außer einer kleinen Elite in hitzigen Auseinandersetzungen, finden das nur wenige außenstehende nützlich. Genügte es doch – um breite Kreise mit einzubeziehen und Fortschritt zu verallgemeinern – „Erfahrungen zu berücksichtigen und in ein Gedankengebäude einzubauen, um eine engere Verbindung zwischen experimenteller und rationaler Fähigkeit herzustellen"[54], um Fortschritt und wissenschaftliche Entwicklung nicht zu dogmatisieren, sondern – durchaus aus individueller Intuition – auch Alternativen zu bestehenden Theorien weiterzuentwickeln, eben als „Revolution in Permanenz"[55].

Für die Gestaltung menschenorientierter Staatsformen jedoch, sind die einschlägigen Wissenschaften (Politikwissenschaften, etc.) noch zu jung, zu oberflächlich und unverbunden, in der praktischen Politik noch zu wenig akzeptiert, also wenig hilfreich, sodass die Vielfältigkeit philosophischer Ansätze aus der älteren und neueren Vergangenheit – wie eben oben vereinfachend strukturiert – in Ergänzung zu praktischen Erfahrungen, Basis weiterer Entwicklung bleiben wird. „Da also die wahre Staatskunst eine an sich so praktische, so ganz auf praktische Zwecke gerichtete Wissenschaft ist, dass sie Erfahrung und so viel Erfahrung erfordert, als der schärfste und ungewöhnlichste Beobachter im Laufe des ganzen Lebens nicht erwerben kann, so sollte wohl niemand [...] ein Staatsgebäude niederzureißen wagen, das jahrhundertelang den Zwecken der gesellschaftlichen Verbindung auch nur leidlich entsprochen hat [...]"[56]. Also, als Symbiose von Wissenschaft, dem Erkennen der Hintergründe, dem Erforschen von Unbekanntem und pragmatisch vernetzter menschlicher Erfahrungen, über Generationen gereift und erlitten, im Wandel der Gesellschaft – eben, als echte Innovation.

Rationalität demokratischer Entscheidungsprozesse
Ein, interessanterweise, bis heute nicht bewusst und vertiefend diskutiertes Problem ist die Frage, inwieweit die individuelle „demokratische" Willensbildung und Entscheidung des Einzelnen – und zwar insbesondere in einer überfüllten Welt, mit einer exponentiell zunehmenden Komplexität der Zusammenhänge und Zugänglichkeit guter Bildung nun für jeden – tunlichst rational, unter Berücksichtigung sowohl eigener, als auch gesellschaftlicher Interessen, grundsätzlich und überhaupt möglich ist. Ob der Einzelne also in der Lage wäre, mit seinem Wahl- und Demokratieverhalten Nützliches im Sinne der Entwicklung der Volkswirtschaft beizutragen? Bestimmten früher die Entscheidungen doch (in den noch jungen, unreifen Demokratien) eine kleine ausgebildete Elite – bei überschaubaren Zusammenhängen und in Anlehnung an die Erfahrungen einer Welt, die sich erst kürzlich in die letzte

---

[54] Bacon, in Feyerabend Paul K., *Probleme des Empirismus I*.
[55] Feyerabend Paul K., *Probleme des Empirismus I*.
[56] Burke Edmund, *Über die Französische Revolution*, in: ZIVILGESELLSCHAFT, Schmidt J., Rowohlt.

Phase der Aufklärung hineinbewegte, gestützt auf eine (feudal geprägte, untertänige, gehorsame) Bürokratie. Dazu noch wirksam über ein Publikum mit noch bescheidener Ausbildung, das vor allem nur eines bewegte, seine Existenz unter mühseligen Bedingungen zu sichern. Wirkt nun doch zunehmend der „Wille" des Souveräns (wie aus Massenbewegungen und den Schieflagen der Demokratie abzulesen ist)?

Die Situation ist heute eben eine ganz andere. Ausbildung bis zur mittleren Reife ist fast ein Standard – und das zunehmend noch weltweit, in einer in fast allen Facetten völlig veränderten Welt. Die Einflüsse auf das Staatsgebilde haben eine ungeheure Komplexität erreicht, erfordern eigentlich spezialisierte, hohe Professionalität. Dennoch sollte – nach herrschendem Demokratieverständnis – der Einzelne mitentscheiden. Kann er die Zusammenhänge überhaupt noch beurteilen? Rational vermutlich in breiter Masse immer weniger. Dennoch wird er sich – wie wir gesehen haben – eine Meinung bilden, weitab theoretisch tatsächlicher Bedürfnisse eines strategisch ausgerichteten Staates, und mit ihm – in all dieser Unsicherheit – genauso die Politik. Verschärft wird das Problem noch durch die in der Wissenschaft alles andere als einheitlichen Meinungen. Als Folge wirkt weitgehend Emotionales – sowohl beim Publikum wie auch bei den Entscheidungsträgern. Wie wir gesehen haben ist Emotionales nur bedingt auf gemeinsam Rationales zu reduzieren und nur insoweit, als die Diskutanten vorbehaltlos und wertfrei an das Problem herangehen. Wo finden wir dies? Nirgends! Verstärkt wird dieser Effekt noch durch die zunehmend sich spreizende Bildungs- und Erfahrungshierarchie, nach der logischerweise von Ebene zu Ebene, insbesondere aber von der Spitze zur Masse, eine fruchtbare Gesprächs- und Verständnisgrundlage nicht mehr erreicht werden kann, also auf der einen Seite Ablehnung und Unverständnis wie auf der anderen Borniertheit zunehmen, demokratische Grundlagen sich so aushöhlen, noch schlimmer, Verantwortungsbewusstsein verloren geht. Als wenn dies nicht schon genügen würde, wird das Ganze noch verstärkt durch die sich immer weiter zersplitternden Wissenschaftsbereiche (mit eben fallender Interdependenz). So können also bei dieser Komplexität, und diesen Massen, die Grundforderungen an eine Demokratie, die gemeinsame oder zumindest angenäherte Diskursebene, heute nicht mehr wirken – zumindest ist es bisher nicht gelungen sie anzunähern. Als *das* doch inhärent demokratisches Fundament, das so wie praktiziert, nicht mehr wirken kann, selbst die Demokratie infrage stellt. Anders in der Autokratie, für die Mächtigen ist eine geschlossene „Diskurs"-Ebene nur bedingt ein wünschenswertes Thema, systemisch eben nicht notwendig.

5.3.3. Wachstum, Qualität und Leistungsbereitschaft

Ob Menschen (oder deren Unternehmungen) wirtschaftlich überleben, hängt von einer Reihe von Faktoren ab. Neben persönlichen Anlagen, Marktumfeld, finanzieller Ausstattung und externen Einflüssen, ist vor allem die persönliche Leistungsfähigkeit, sind die persönlichen Anlagen das entscheidende Moment. Sind sie ausreichend vorhanden, wird man auch in schwierigem Umfeld seine ökonomische Nische finden. In welchem Maße, hängt dann weiters vom politischen Umfeld, von der Wertigkeit politischer Schlagkraft im Staatsgefüge ab. Hier bestimmen im demokratischen Umfeld die Parteien, im autoritären die Machthaber – diese zumeist vorrangig im eigenen Interesse.

Grundsätzlich können wir – sowohl aus wirtschaftlicher wie auch aus Sicht der Bevölkerung – zwei unterschiedliche Verhaltens- und Interessensblöcke annehmen (insbesondere nach ihrer Entwicklung im letzten Jahrhundert): Staatliche und halbstaatliche wie sonstige regierungsnahe Organisationen, mit ihren vielfältigen Verzweigungen und Funktionen, ihren Beschäftigten, Pensionären und Abhängigen einerseits und die Privatwirtschaft andererseits, ebenfalls mit ihren Eigentümern, Belegschaften, ihren Familien und Rentnern. Eigentlich – nach unserem heutigen Denken – sollte es eine Partnerschaft sein. Dennoch können wir uns, und vielfach in der Welt, des Eindrucks nicht erwehren, dass es (wirkt es nur lange genug) zu einem Herren-Diener-Verhältnis tendiert – ganz einfach aus dem natürlichen staatlichen Machtpotenzial, das im Zeithorizont auf die staatlichen Gefüge abfärbt, sich verselbstständigt.

In neuerer Zeit bildeten sich zusätzlich – da der Staat die vielfältigen Aufgaben in einer globalen Welt zwangsläufig nicht lösen, Ungerechtigkeiten und Kriege nicht verhindern kann – unabhängige, primär nicht gewinnorientierte, grenzüberschreitende Organisationen, NGOs, als sozial und national unterstützende Geflechte, im Wesentlichen unabhängig von nationalen Gefügen, als eine dritte, Gesellschaften gestaltende Kraft. Es sind Organisationen, die sich aus der Not staatlichen Unvermögens humanitärer und ökologischer, zumeist grenzüberschreitender Probleme widmen. Gegründet von sozial denkenden Menschen, die – je nach wechselnden Anforderungen – aus eigenem altruistischen Antrieb, ihre Aktivitäten an international offene, zumeist ökologische oder soziale Bedürfnisse anpassen. Weltweit nehmen sie zu, als Zeichen der Hilflosigkeit staatlicher Organisationen gegenüber vielfältiger, sich ständig wandelnder Probleme, die sie in einer globalen Welt nicht mehr zu lösen vermögen. NGOs werden sich – zukunftsweisend – weiterentwickeln, mit inhärent völlig anderem Verhalten, als wir es in den ursprünglichen die Menschheit begleitenden Machtblöcken, des Staates und der Privaten, erfahren haben. Sie stellen selbst die Logik des Staates infrage. Im letzten Jahrhundert hat sich der Staat, zunehmend allumfassend, ständig wachsend, als alles beherrschend herauskristallisiert, sich dennoch den dramatischen Veränderungen (Bevölkerungswachstum, Technologie, Globalisierung) nicht anpassen können, wirtschaftliche Prozesse, Leistungswillen und wirtschaftlichen Enthusiasmus eher gehemmt. Als vierter Block im weltweiten Gefüge zählen nun noch – ebenfalls erst seit rund einem Jahrhundert – die international tätigen Konzerne und Finanzinstitutionen, die zunehmend die Staaten vor sich hertreiben. „Sollte doch, besonders der Staat, nicht die freiheitlich organisierten Kräfte der Gesellschaft in ihrer Spontaneität behindern, die den Fortschritt doch erst ermöglichen?" (in Anlehnung an F. Hayek). War das von ihm wirklich so gedacht?

Wachstum, ganz selbstverständlich zugeordnet dem Produkt- und Leistungszuwachs, ist für uns – zumindest seit Beginn der industriellen Revolution, so ab dem 18. Jahrhundert – etwas ganz Natürliches, Selbstverständliches. Es gehört eben zur menschlichen Entfaltung, trägt Hoffnungen und Erwartung, kennzeichnet unseren Lebensinhalt, eben als eine nun bereits zwingende Notwendigkeit für Wohlstandssicherung und Wohlstandszuwachs. Gemessen über Jahrzehnte in der Veränderung des BIP (oder in der Privatwirtschaft an Umsatz und Ertrag), bestimmt es finanzielles Engagement und die weltweiten Finanzströme – also unser (wirtschaftliches) Wohlergehen. Blieben die Grundlagen der Datenerhebung über ein gutes Jahrhundert auch die gleichen, beginnen sich nun Zweifel zu regen, ob einerseits nicht – in einer überfüllten Welt, bei katastrophalem Raubbau an der Natur, den klimatischen Veränderungen – die ausgewählten Datenreihen nicht zu eng gefasst sind, bei weitem also nicht die ideale Maßzahl darstellt, welche die Entwicklung von Nationen widerspiegelt. Aber andererseits, sind Messverfahren überhaupt in der Lage – im (gefühlten) Erreichen der „Grenzen des Wachstums" –, die Entwicklung von Regionen, Nationen, aber auch Unternehmen, und zwar im Sinne umfassender Veränderungen, sinnvoll zu beschreiben, der Menschheit überhaupt als Richtschnur zu dienen? Nehmen doch in letzter Zeit die Diskussionen über die Grundlagen der Leistungsmessung nach dem BIP berechtigterweise zu, da sie einerseits ja auch (und zunehmend vielfach vernetzt) Werte als Leistungen ausweist, die eigentlich Leistungskorrekturen (also negative Werte) darstellen, und andererseits eine Vielzahl von „menschlichen" Werten nicht annähernd berücksichtigt; Werte, die eine Wohlstandsgesellschaft über aktuell Materielles stellt, zunehmend ihr Verhalten beeinflusst wie z.B. der Kapitalstock, der allgemeine Wohlstand, Veränderungen der Natur und ökologische Entwicklungen, persönlichen Freiraum, nachhaltige Sicherheit, etc. Genau jene Werte nämlich, die insbesondere in den saturierten Nationen die Bevölkerung bewegen (Kap.6.2.) und damit ganz entscheidend – wenn auch noch nicht allgemein bewusst – politisches Verhalten bestimmen und wieder, wie wir sehen, zur Beurteilung von Staatsformen – schließt man Intuitives aus – wenig nützen.

Zum ersten Mal in der Geschichte der Menschheit müssen wir (bisheriges rein materielles) Wachstum infrage stellen. War doch „mehr", offen oder versteckt – neben Macht (was bisher synonym galt) – immer Triebfeder menschlicher Aktivitäten, stellt sich nun ganz ernsthaft Inhalt und Sinn zur Diskussion. Dass es wie bisher, mit dieser überkommenen Zielorientierung, so nicht weitergeht, weiß jeder der sich zumindest annähernd mit dieser Frage beschäftigt. Unsicherheit tritt besonders in den letzten beiden Jahrzehnten, bei jeder gravierenden Abweichung von „normal" in den Vordergrund engagierter Auseinandersetzungen, verschwindet leider dann auch wieder, da es als Kernfrage der Ausrichtung der Menschheit eben bisher unverzichtbar schien und schlussendlich – will man sich dem Problem einmal nähern – selbst nach vertiefender Diskussion wieder verdrängt werden musste. Zu vielfältig wären die Faktoren, ohne greifbare Allgemeingültigkeit, ohne Praktikabilität. Das ewige Streben nach „besser" und „mehr" (also im weitestgehend materiellen Sinne) wäre eben ihren Inhalten nach neu zu definieren – zumindest solange die Grundbedürfnisse wie Nahrung, Unterkunft und Sicherheit gelöst scheinen (wie eben in den Wohlstandsgesellschaften). Viele Ansätze versuchten bereits ihr Heil. Über Glück, als Wohlbefinden (Wohlergehen, Lebensqualität, beides jeweils in weitere Dimensionen unterteilt) u.a., wird versucht erweiterte Ansätze zu finden, die bisher alle aufgrund ihrer Individualität zwangsläufig Allgemeingültigkeit ausschließen. Selbsthilfen, altruistische und wohltätige wie sonstige Vereine, wie auch die überaus vielfältigen Kreationen regionaler und internationaler NGOs, zeigen Tendenzen einer sich veränderten Kultur in diese Richtung, oder anders, die Oberflächlichkeit bisheriger Messverfahren.

Unabhängig von diesen menschlichen, den Einzelnen individuell beeinflussenden Faktoren, erzwingt die Beurteilung der Entwicklung von Staaten langfristiges Denken. Dogmatische Überbewertung jeder kleinsten Schwankung, wie sie in der zunehmenden Hektik des weltweiten Wirtschaftsgeschehens heute immer wieder politisch bestimmend scheinen, sind aus jeweils volkswirtschaftlicher Sicht sekundär – sie bleiben individuellem Handeln zugeordnet. Untersuchungen zeigen, dass – über lange Zeiträume, die großen Wirtschaftsblöcke miteinander vergleichend – einige wenige grundsätzliche Determinanten in der Entwicklung der Staaten selbst über Jahrhunderte bestimmend bleiben und alles andere als nur zufällig waren. Wie z.B. die Basis des Kapitalstocks (im Vergleich zum BIP) mit seiner Entwicklung, das Arbeitspotenzial und Bildungsniveau, die Produktzyklen (die sich allerdings nun weltweit annähern) und die jeweilige Sparquote, aber auch die Dauer der Friedensperioden. Wobei diese robusten Grundprozesse selbst Weltkriege überlebten.[57] Sie bestätigen darüber hinaus grundsätzliche Annahmen nationaler

---

[57] Danielmeyer Hans G., *Zur Entwicklung der Industriegesellschaft und der Beschäftigung*, in: Grenzenlos?, Hrsg. Ernst Ulrich von Weizsäcker, Birkhäuser Verlag Berlin, 1997.

Wirtschaftsentwicklung, wie sie schon Adam Smith (mit der Trennung von Kapital und Arbeit) gedacht hatte.

Waren die Niveaus der wirtschaftlichen Potenziale der Staaten vor drei Jahrhunderten noch grundverschieden, beginnen sie sich, vorerst über die Kolonialisierung, später nach den Verwerfungen durch die beiden Weltkriege, dann durch die Öffnung Japans, nun mit der Aufholjagd Chinas, in den nächsten Jahrzehnten anzunähern, wobei natürlich in einer offenen Welt, je später die Länder mit dem Industrialisierungsprozess begonnen haben, die Raten der Aufholprozesse umso höher ausfallen. Interessant dabei ist – logisch wie pragmatisch nachvollziehbar –, dass, haben sich die (Lebenshaltungs-)Niveaus der großen Wirtschaftsblöcke im Zeithorizont einmal annähernd angeglichen (nach klassischer BIP-Messung), nivelliert sich auch der Kapitalstock, sodass eine in anderen Wirtschaftsregionen zugekaufte (manuelle, dispositive oder geistige) Arbeit zur weiteren Vermehrung wegfällt und steigende landesinterne Arbeitslosigkeit (im ursprünglich Hochlohnland) nur durch bewusste Abkehr von klassischem Wachstum (wieder nach bisheriger BIP-Berechnung), als Innovationsschub, reduzierbar erscheint, eben andere Wertemaßstäbe zu gelten haben. Überzogene soziale Systeme verschärfen die Probleme und könnten nur durch höhere und schnellere Innovationen (nach bisheriger Ratio) entschärft werden, was wenig wahrscheinlich erscheint und in der weltweiten Vernetzung auch nur kurzfristig lokal Erleichterung bringen kann. „Wachstum sickert nicht automatisch zu den Benachteiligten in der Gesellschaft durch." (Angel Gurria, OECD-Generalsekretär). Die Kluft zwischen Arm und Reich nimmt zu (OECD).

Wachstum assoziieren wir also zumeist mit Wirtschaft! Viel gravierender wird sich dieses Wachstum der Menschheit im laufenden Jahrhundert auswirken. Die UN rechnen um 2050 mit 9,3 Mrd. Menschen weltweit. Wachstum hat zwar die Menschheit seit Jahrtausenden begleitet, aber nun kommen wir – wie bekannt, und zum ersten Mal in der menschlichen Geschichte – an natürliche Grenzen (ökologische, ökonomische, Ressourcenausbeutung, etc.). Wenn heute Wachstum seine natürlichen Grenzen zwar noch nicht spürbar erreicht hat, muss es sich in der enger werdenden Welt zwangsläufig und vielfältig auswirken (wie Legion von Literatur bereits in den letzten Jahrzehnten prognostizierte). Aber noch wesentlich einschneidender – unabhängig eines Anstiegs von um die 30 % der Gesamtbevölkerung – sind die erwarteten Verschiebungen. So wird sich – um nur die gravierendsten Hochrechnungen zu nennen (2010 auf 2100) – die Bevölkerung von China von 1.341 auf 941 Mio. reduzieren und Indien von 1.225 auf 1.551, die USA von 310 auf 478 und z.B. Nigeria von 158 auf 730 Mio. erhöhen.[58] Nicht nur, dass die wirtschaftliche Bedeutung der Schwellenländer in den letzten 20 Jahren mit überproportionalen Wachstumsraten gestiegen ist, wird ihr Bevölkerungszuwachs sich zwangsläufig auf

---

[58] United Nations.

die der hochzivilisierten Länder in den verschiedensten Bereichen gravierend auswirken müssen (Lebensstandard, Grundnahrungsmittel, Energie, Raumnutzung, Klima, etc.), besonders aber auch räumlich.

So stellt sich die Frage, da die Staatssysteme der heutigen Länder der Dritten Welt alles andere als demokratisch gereift sind und (wie wir wissen) so ein Reifeprozess sich über viele Generationen erstreckt, welche Einflüsse diese gravierenden Veränderungen – beispiellos in der Geschichte – auf die demokratischen Systeme des Westens haben werden. Insbesondere aber, wie und ob westliche Demokratien – nicht nur wirtschaftlich, sondern insbesondere politisch und ergänzend militärisch – sich diesen Veränderungen, diesem Ansturm, den Herausforderungen stellen werden können.

In der Entwicklung der Menschheit, der Nationen, finden wir Kontinuitäten wie technisches und damit wirtschaftliches Wachstum, Mengenwachstum der Menschheit (dank technologischem Fortschritt, mit vielfältigem und reichhaltigem Nahrungsmittelangebot) – neben der natürlich-evolutionären Entwicklung (konträr zu fallender Speziesvielfalt, sic!). Nämlich mit Wachstum an Wissen und Erweiterung des Horizonts, begleitet von einer Reihe von Strukturbrüchen wie Aufbruch der Weltreligionen, wissenschaftliche Kulminierungsphasen wie Hellas und Arabien, mit schlussendlich dem Zeitalter der Aufklärung mit dem Kolonialismus, der weltweiten politischen und wirtschaftlichen Durchdringung und Vernetzung. Kontinuitäten, die in unserem Jahrhundert ein Ende erfahren werden. Diese Unsicherheiten beunruhigen uns zunehmend. Ökologisch setzt uns offensichtlich die Natur schon Grenzen. Die sind uns zwar bewusst, dennoch haben wir weder Kraft noch den Willen, weltweit gegenzusteuern. Auch die Ökonomie setzt uns Grenzen. Wir sind unserem Verhalten verhaftet – teils evolutionär bedingt, teils egozentrisch-kapitalistisch, wie wir es insbesondere im letzten Jahrhundert extrem erlernt und erfahren und in rasantem Tempo der Welt übergestülpt haben.

Die Menge der produzierten Güter und Dienstleistungen ist in unserem Zeitalter das Maß aller Dinge geworden. Wobei sich im Zuge des letzten Jahrhunderts die Produktivität so rasant erhöht hat, dass der Anteil des produzierenden, des industriellen Sektors, laufend schrumpfte (zugunsten der Dienstleistung) und sich sein Beschäftigtenanteil gegen 20 % bewegt (der Dienstleistungssektor gegen 80 %, wobei die Agrarwirtschaft um ein Prozent schwankt). Immer weniger Personal ist zur Produktion unserer Konsumgüter notwendig und ein immer stärkerer Dienstleistungssektor dominiert (aber auch hier zeichnen sich Grenzen bereits ab). Auch aus dieser Sicht stellen sich die Messgrundlagen des BIP infrage. Wesentlich akuter aber ist die Frage: Wo findet eine wachsende Weltbevölkerung künftig ihr Auskommen, ihre Arbeit? Noch ernsthafter, wie und in welche Richtung bereiten wir sie vor?

Herkömmliche, über viele Jahrhunderte jeweils lokal unterschiedlich gewachsene Gepflogenheiten der beruflichen und geistigen Ausbildung, reichen nicht mehr. Der produzierende Sektor wird weiterhin schrumpfen, gesteuert und vermarktet von wenigen Spezialisten, in dessen Fahrwasser sich Logistik, Handel, Service und sonstige Dienstleistungen bewegen – ebenfalls mit hochspezialisierten Prozessen. Die gesamte Menschheit würde theoretisch so (falls sie überlebt, s.u.) von wenigen versorgt werden können, mit der dann verbleibenden Frage: Wie beschafft sich der übergroße Rest seinen Lebensunterhalt?

Unabhängig von diesen übergeordneten Themen stellt sich die Frage der Leistungsfähigkeit und Leistungsbereitschaft einzelner Staaten, selbst innerhalb der Regionen. Leistungsunterschiede zwischen Staaten werden – wenn man mal außerordentliche Einflüsse wie Kriege oder Katastrophen ausgeklammert – über Währungsparitäten ausgeglichen (sofern, wie weitgehend noch, Handelsfreiheit weltweit wirkt). Ist dieser freie Ausgleich gehemmt – wie derzeit latent in der Europäischen Währungsunion oder früher im Bretton-Woods-Abkommen bis 1973 – ergeben sich zwangsläufig so lange notwendige Transfermaßnahmen (nach finanziellen Schieflagen und Schuldenexzessen), bis die gesamte Wettbewerbsfähigkeit nachhaltig leidet. Unterschiedliche Strukturen aus den Entwicklungen der Vergangenheiten der Teilnehmerstaaten, und damit unterschiedliche Leistungspotenziale wie auch ebensolches Verhalten, müssen zwangsläufig zu Divergenzen im Leistungsausweis, eben in der Währungsparität führen (dazu weiter Kap. 6.5.).

Vielfach werden Leistungen (ein an sich sehr differenter Begriff) – aus statistisch-historischen Gründen (im Privaten, in Vereinen, eigentlich von allen Markt- und Nichtmarktteilnehmern) – gar nicht erfasst, auch wenn für eine Volkswirtschaft mit bedeutendem Beitrag. Aber unabhängig davon (was ja allgemein bekannt sein dürfte), ist die eigentliche Frage: Welche Anstrengungen – im Sinne des Leistungsbeitrags für den Staat – kann der Einzelne leisten, und mit welcher Bereitschaft setzt er sie auch ein und um? Ist sein Einsatz ein kontinuierlicher, auf hohem Niveau, mit höchster Beanspruchung seiner Person oder schlendert er so in den Tag hinein und lässt sich von sozialen Netzen tragen? Thomas Malthus hat vor 200 Jahren schon postuliert – bekannt ist seine Aussage zur Bevölkerungstheorie, nach der die unbegrenzte Vermehrung des Menschen mit der Nahrungsmittelproduktion nicht Schritt halten werde und sich so zwangsläufig selbst reguliere –, dass der Mensch „träge, langsam und arbeitsscheu ist, solange er nicht von der Not zum Handeln gezwungen wird." Eine zwar schmerzhafte Aussage, die aber – wenn auch umgebungsabhängig und nicht in dieser Härte – so ganz nicht von der Hand zu weisen ist (uns selbst natürlich ausgenommen!).

Nehmen wie einmal an, wir leben in einer Generation die in der Frühzeit der Demokratie aufwuchs und der Fleiß und Engagement, der Wille sich seine Existenz zu sichern, als Selbstverständlichkeit in die Wiege gelegt wurde. Zweifel bleiben angebracht, ob das auch für die Folgegenerationen, geboren in gesichertem Umfeld und geschützt durch ein lückenloses soziales Netzwerk, genauso gilt. Die vergleichende Leistungsbeurteilung verblasst umso mehr, als der früher sehr umfangreiche handwerkliche Bereich immer stärker durch die Industrialisierung aufgesogen wurde oder sich in Richtung Dienstleistungen bewegte, in der eben eine direkte Leistungsmessung alles andere als einfach ist (denken wir nur – s.u. – an Bürokratie, Verwaltungen, Management, Dispositives, etc.). Vielfach sind es Leistungen, die sich erst verzögert in Euro oder Dollar niederschlagen oder auch gar nicht messen lassen. Der Mensch ist und bleibt dennoch in Summe der Kern in der Beurteilung der wirtschaftlichen Leistungsfähigkeit eines Staates. Aber immer stärker entfernt sich sein real für die Volkswirtschaft geleisteter Einsatz von seinem messbaren „Output", wie auch seine sonstigen (ehrenamtlichen, altruistischen, familiären, verwandtschaftlichen, etc.) nicht messbaren Beiträge; Anteile, die in Zukunft – gegen Ende nun der Industriellen Revolution – vermutlich zunehmen werden (im Sinne der Ethik, der Wohlfahrt, s.u.).

Neben dem bisherig noch pragmatischen Leistungsausweis, nämlich der manuell messbaren oder geschätzten Leistung des Einzelnen sowie summiert als Gesamtleistung des Staates, zwingt der globale Wettbewerb nun die Nationen, den (erweiterten) Leistungsprozess selbst, bei Konzentration auf die eigenen Ressourcen, zu beobachten, zu erforschen und gegebenenfalls zu unterstützen. Je nach (weltweiter) Dynamik und der Priorität gerade opportuner Produkt- und sonstiger Paletten (siehe Kondratieff, et al.), können spezielle, zumeist über lange Zeiträume entwickelte, landesinterne Konstellationen periodisch ökonomische Vorteile kreieren. Wie z.B. derzeit die gewachsenen Strukturen Europas, vielleicht im Besonderen Deutschlands, mit industriellen Kernen, die sich über Jahrhunderte entwickelt haben und gerade derzeit eine qualitative und international nachgefragte Leistungspalette bereitstellen lassen. Als Vorteil komplexer Fertigungsprozesse, unterstützt durch hochspezialisierte Dienstleistungen, wie sie eben besonders eine ursprünglich handwerkliche und duale Ausbildung, mit einem starken Mittelstand, gewährleisten kann. Durchaus können sich die Zeiten aber auch drehen – verändern sich die Nachfragewünsche einerseits und die Wettbewerbsfähigkeit andererseits weltweit – und hohe Lohnkosten können genau das Gegenteil bewirken. Europas derzeitige Vorteile sind durchaus Resultat demokratischer Prozesse – aber auch auf einem Fundament, das weit in die Geschichte zurückreicht –, eben weil die Individualität der Entwicklung des Einzelnen gewahrt blieb (über die „unsichtbare Hand" Adam Smiths) und einen Freiraum ohne Planung (ohne autoritäre Führung), persönlicher Intuition und Realisierung feinster Marktnischen (als Selektionsprozess) ermöglichte.

Und genau diese Prozesse sind es, diese langfristigen Entwicklungen von Staaten, die in der ökonomischen Forschung der letzten 200 Jahre fast durchwegs ausgeschlossen blieben. Die wirtschaftswissenschaftlichen Modelle konzentrierten sich auf kurz- oder mittelfristige Entwicklungen, und zwar in Anlehnung an statistische Mittelwerte ökonomischer Prozesse – eingeschränkt auf die Nutzenmaximierung, insbesondere in der Annahme statistisch-menschlichem Verhalten, als Zusammenfassung vermuteter Trends von ein bis zwei Variablen,. Wobei unter Nutzen ausschließlich ökonomischer Vorteil, also Rationales angenommen wird, also mechanisch-mathematische Werte, welche die unendliche Vielfalt menschlichen Verhaltens überwiegend ausklammern (oder besser, auf eine einzige Variable aus unendlich vielen Handlungen reduzieren). Es ist natürlich keine Frage, dass ökonomischer Vorteil die Grundvoraussetzung der Existenz, der Kreierung von Macht, der Befriedigung materieller Wünsche dient, aber – wie eben in einer zunehmend gesättigten westlichen Welt – menschliche Bedürfnisse der Selbstverwirklichung (ein zudem noch überaus dehnbarer Begriff) ausschließt, deren Wertigkeit jedoch, durch die Sicherung der Grundbedürfnisse für den Einzelnen, zunimmt. Es ist *dieses* Problem, in dem die industrialisierte Welt nun steckt.

Die Grundbedürfnisse der Bevölkerung sind weitgehend gedeckt und eben die, nun zunehmend und darüber hinausgehenden (der Selbstverwirklichung), diese unendliche Vielfalt von schwierig zu vereinheitlichen Variablen, sind eigentlich heute die treibenden Kräfte in den Industrienationen, von der Forschung kaum eingebunden. Zwar allgemein gefühlt und bewusst, jedoch bis dato in keine akzeptable und pragmatische Lehrmeinung gefasst. Anzeichen finden sich zwar in der Soziologie und der Psychologie, sind jedoch mit denen der ökonomischen Theorie weitgehend unverbunden. Politik und Öffentlichkeit sind somit stark reduzierten und veralteten Modellen ausgeliefert und stehen – bei den zumeist ökonomisch verursachten Problemen – zwei anscheinend gegensätzlichen (sind sie aber nicht, sie ergänzen sich, Kap.6.5.) Modellen gegenüber, dem Monetarismus und dem Keynesianismus. Wobei doch beide Modelle eben nur unzureichend in der Lage sind (variables menschliches) Verhalten statistisch darzustellen, mit der Logik unauflösbaren Streits, welches der Modelle eben nun, in einer speziellen Krise, besonders wirksam wäre.

So entwickeln sich Staaten zwangsläufig nach unstrukturierten, von persönlichen Interessen gesteuerten wirtschaftlichen Handlungen, ohne jeglichen Sinn für eine strategisch, damit nachhaltig wirtschaftlich positive Entwicklung der Nation, und verlieren durchaus über Jahrzehnte, z.B. ihre produktiven industriellen Fundamente (wie z.B. Großbritannien), andere den ökonomischen Anschluss innerhalb ihrer Union (wie z.B. die südlichen Staaten der Europäischen Union). Andere wieder sind bevorzugter Hort internationalen Vermögens zum Nachteil der Ursprungsstaaten (wie z.B. die Schweiz). Viele sind nicht annähernd in der Lage sich aus der kapitalistischen Umklammerung zu lösen und wirtschaftlich eigenständig zu prosperieren (wie z.B. die afrikanischen Staaten). Einige wenige Staaten kumulieren ungeheure Mittel zulasten einer immer ärmeren breiten Schicht (wie z.B. die USA, aufkommende Schwellenländer wie Russland und China, zunehmend auch die westeuropäischen Staaten) oder fallen in Rezessionen, die sie nur über viele Jahrzehnte wieder überwinden können (wie z.B. Japan). Ergänzend verstricken sich Staaten in immer höhere Schulden, vernachlässigen die Rücksicht auf Umverteilungseffekte oder steuern sehenden Auges auf ein ökologisches Desaster zu. Ursprünglich gesunde wirtschaftliche Fundamente wie die der Banken, als Bindeglied zwischen verfügbaren und benötigten finanziellen Mitteln, lösen sich auf und stürzen die Welt in wirtschaftliche Desaster. Bei wenigen Einzelnen sammelt sich derartig viel Vermögen an, dass es nur eine Frage der Zeit ist, bis die Zinslast der verschuldeten Staaten (und mit ihnen die der Industrie, des Gewerbes und der Konsumenten) nicht mehr bezahlbar ist und Staaten bankrott gehen. Schlussendlich eigentlich alles Prozesse, völlig unabhängig – soweit wir es bis jetzt erfahren konnten – von der Art des Systems des Staates. Zeigen doch die Beispiele, dass das bekannte Wissen allen gleich zur Verfügung steht – egal, ob demokratisch oder autoritär geführt.

Und auch nach diesem Kapitel lassen sich schwer Vorteile von Demokratien – nach Durchschreiten des oberen Wendepunkts, dem Beginn der Phase drei des Lebenszyklus (Kap. 5.1.) – ableiten. Vorstellbar wäre, dass autoritäre Staaten durchaus weitsichtiger handeln, allerdings eben die hehren demokratischen Grundannahmen aushebeln. Welches System nun nachhaltig für das Wohlergehen der Nation sinnvoller ist, lässt sich daraus ebenfalls nicht ableiten – alleine die Tendenzen, ab der dritten Phase des Lebenszyklus, scheinen deutlich (und nicht zugunsten der Demokratie).

5.3.4. Soziologische Komponenten in Gesellschaften

Die Bildung von Gesellschaften, eines Volkes, des Staates, beweist, dass neben den ökonomischen Momenten, der Sicherung der Existenz, eine Reihe anderer menschlicher Faktoren wirken, welche die Nachhaltigkeit einer Gesellschaft, eines Staates, eben erst bestimmen. Vorerst psychologische, aber innerhalb der Gemeinschaft dann die bindenden soziologischen Momente. Scipio nennt das Volk eine Gemeinschaft vieler Menschen, die durch Rechtsgleichheit und Interessensgemeinschaft verbunden ist. Also aus seiner Sicht – er nimmt die Existenz des Staates als gegeben an – sind es regulierte zwischenmenschliche Beziehungen, die die Nachhaltigkeit des Bestehens eines Staates bestimmen. Regulierungen, Gesetze also, die eben nur dann als beständig gelingen, wenn sie einerseits den „geübten", den kulturellen zwischenmenschlichen Beziehungen weitestgehend entsprechen, andererseits eine allgemein akzeptierte Bandbreite von Abweichungen, eine schwierig zu definierende Gerechtigkeit, erfüllen können. Kann doch kein Staat (meinte später Augustinus) ohne Rechtsgleichheit, ohne Gerechtigkeit geleitet werden, denn wo es keine wahre Gerechtigkeit ist, gibt's auch kein Recht, und wo keine Gerechtigkeit, da auch kein Staat (Kap. 5.3.6.).

Soziologie, als Lehre des „Gemeinsamen", als relativ junge Wissenschaft, hat zwar ursächlich die zwischenmenschliche Beziehung zum Studienzweck, beeinflusst jedoch – et vice versa – vielfältige Themen der Geisteswissenschaften: Psychologie, Gesellschaft, Politik, Wirtschaft, Anthropologie, u.v.a. mehr sowie uralte Wissenschaften wie die der Philosophie oder aktuell neue wie die der Kommunikation. Es ist die eigentliche Basiswissenschaft der Gestaltung und Entwicklung von Staaten. Schon seit den alten philosophischen Schriften dreht sich alles darum, wie eben dieses Zusammensein bestmöglich zu gestalten wäre. Wobei das Ziel unterschiedlich bleibt: Für wen denn nun eigentlich? Für einen ausgewählten Kreis oder doch für alle (wobei selbst dieser umfassende Begriff unbestimmt bleibt)? Ferner, zu welchem Zweck? Zur Wohlstandswahrung, zur Plünderung anderer, zur Sicherung des aktuellen Zustands, etc.? Und schlussendlich noch die Unbestimmtheit des Zeitraums, geschweige denn der Zeitdauer des Entwicklungsprozesses.

Präziser werden die Gedanken im Zuge der Aufklärung, der vertiefenden Entfaltung soziologischen und psychologischen Denkens sowie aus den ersten Prozessen demokratischer Selbstständigkeiten wie den Erfahrungen daraus. Tocqueville – aus seinen Studien in den USA (Mitte des 19. Jahrhunderts) – war schon überzeugt, dass „nur durch die gegenseitige Wirkung der Menschen aufeinander sich die Gefühle und die Gedanken erneuern, das Herz sich weitet und der Geist des Menschen sich entfaltet."[59] Und dass es die Zusammenschlüsse seien, die in den demokratischen Völkern die mächtigen Einzelnen ersetzen müssen, welche die gesellschaftliche Einebnung zum Verschwinden gebracht habe. Sobald mehrere Bewohner [...] ein Gefühl oder einen Gedanken in die Welt tragen wollen, suchen sie einander auf [...], schließen sich zusammen. Vereine, politische und gewerbliche Verbände seien es, in denen sich die Menschen gesittet entwickeln und vervollkommnen, wo sich die gesellschaftlichen Bedingungen ausgleichen würden.[60] Mit den Vereinen und Gemeinden habe es fast dieselbe Bewandtnis wie mit den Familien.[61] Immer mehr – noch vereinzelt, in den staatlichen Systemen jedoch kaum nennenswert – tritt die Bedeutung des Sozialkapitals einer Nation wie auch eines Unternehmens, als Potenzial ökonomischer, kultureller, etc. Entwicklung immer stärker in das

---

[59] Tocqueville A., in: Zivilgesellschaft, Schmidt J.
[60] Ebd., in Anlehnung.
[61] Rotteck Carl von, in: Zivilgesellschaft, Schmidt J.

Gesichtsfeld, als ein System dichter menschlicher Beziehungen. Wirken auch historische Zwänge, kulturelle Hintergründe über Generationen nach, besteht dennoch die Gefahr der Degenerierung einer Gesellschaft, wird der konstruktive Charakter sozialen Zusammenseins nicht gepflegt – mit all den gesellschaftszerstörenden Folgewirkungen. Heute erst wird der breiteren Öffentlichkeit die Bedeutung sozialer Interaktionen bewusst. Genauso aber vermeinen wir, gerade jetzt auch, die Vernachlässigung der Pflege der so wichtigen menschlichen Beziehungen zu verspüren. Autokratische Systeme können sich darüber hinwegsetzen, es wird sich vermutlich nur auf ihre Lebensdauer auswirken. Für Republiken jedoch, ist es der Kern des Zusammenlebens. Pflege (Nutzung und Steuerung) der sozialen Beziehungen wirkt also direkt auf die Effizienz und Kontinuität des demokratischen Staatssystems.

Nun ist ja die menschliche Persönlichkeit nicht immer und überall auf der Welt gleich. Sie entfaltet sich allmählich, im Verlaufe eines lokal kulturellen Prozesses. Ferner ist sie im Laufe ihrer Sozialisation auch durch eine Reihe anderer Umfeldbedingungen konditioniert (Homans), d.h. im Verhalten bestimmt. Gäbe es eine Verhaltenshierarchie (ähnlich der Maslow'schen Motivationspyramide), wäre das derzeit wirkende Fundament eben (ein betont) kapitalistisches Verhalten. Es hat sich besonders nach 1989 (different je nach Land) fast weltweit durchgesetzt und bestimmt heute primär weltwirtschaftliches Denken. Was aber treibt den Menschen an, weit über die Existenz und allen Luxus abdeckendes Vermögen zu besitzen, immer mehr anzuhäufen, oftmals zum Schaden anderer?[62] Und ergänzend die Frage: Inwieweit ist die Fülle bisheriger wissenschaftlicher Erkenntnisse tatsächlich im Sinne der Entwicklung der gesamten Menschheit, mit eben diesem Verhalten?

Gehen wir noch weiter in die Tiefe menschlicher Sphäre, stoßen wir auf Darwin, der schon vor 150 Jahren in seiner Publikation „On The Origin of Species", mit seinen Grundlagen der Evolutionstheorie, die heute genauso wissenschaftlich aktuell sind wie zu seiner Zeit (wenn auch damals noch rigoroser angefeindet und abgelehnt, sofern wir einmal von religiös verständlichen Differenzen absehen), auch heute noch Basis zum Verständnis verschiedener soziologischer Verhaltensweisen bildet. Zusammengefasst ist Leben für ihn Überleben und Reproduktion, und im zeitlichen Ablauf Anpassung durch Mutation und Selektion, ferner – vertiefend zur Rolle der Hierarchien – das Verhalten miteinander, der Geschlechter zueinander, die Interpretation von Kriminalität und Bestrafung und anderer menschlicher Verhaltensweisen. Aber auch mit Hinweisen zu Wettbewerb, Status und Respekt, Prestige, Macht und Gier. Schlussendlich erkennen wir, dass der Mensch zwar ein hochentwickeltes, aber dennoch durch die Evolution, trotz seiner Entfaltung weg vom Tier, durch seine über

---

[62] In Anlehnung an Neuberg A. *Elitäre Parasiten*, 2010

Millionen von Jahren entwickelten natürlichen Triebe, in seinem Verhalten bestimmt ist, begrenzt durch über lange Zeiträume sich entfaltete Regeln des Zusammenlebens (in der Herde, und nun in den heutigen Gesellschaften). Und dass eben der Erhalt der Spezies, der eigenen Existenz, evolutionär oberste Priorität hat, was sich in unserer Zeit im Sicherheitsbedürfnis, der Daseinsvorsorge, und damit durchaus auch im kapitalistischen Denken wiederfindet – abgefedert nur durch ethische, moralische Gegenkräfte (Kap. 5.3.5.). Und vielleicht erklärt es auch, warum selbst Wohlhabende versuchen immer mehr Reichtümer anzuhäufen, als persönlich psychologischer Strohhalm, so, und nur so, bis zum Ableben vorzusorgen, ergänzt mit, zumindest gleichwertig, Prestige (Ruhm und Ehre), gezeigtem Wohlstand, dem Geltungs- und Überlebensbedürfnis in allen Phasen des Lebens. Mit, je mehr, umso sicherer, d.h. umso beruhigender! Und, welch` Labsal ist doch die Bewunderung und Achtung durch andere!

Kapitalistisches Denken ist so zwar nicht gegenläufig zu ethischem Verhalten, überbetont jedoch das Prestige- und nachrangig das Sicherheitsbedürfnis. „Habgierig und räuberisch macht ja alle Lebewesen immer nur die Furcht vor künftigem Mangel; nur bei den Menschen kommt der Hochmut hinzu, der es für einen Ruhm hält, durch Prunk mit überflüssigen Dingen sich vor den anderen hervorzutun." (Thomas Morus, 1478-1535). Etwas näher kommt die Einschätzung Max Webers: „Den rücksichtslosen, an keine Norm innerlich sich bindenden Erwerb hat es zu allen Zeiten der Geschichte gegeben, wo und wie immer er tatsächlich überhaupt möglich war. Wie Krieg und Seeraub, so war auch der freie, nicht normgebundene Handel in den Beziehungen zu Stammfremden unbehindert; es gestattete die ‚Außenmoral' hier, was im Verhältnis ‚unter Brüdern' verpönt war."[63]

Viel wäre schon gewonnen, wenn der Menschheit stärker bewusst wäre, dass in all unserem Verhalten natürliche Triebe die Ursachen sein könnten (und nicht eine allgemein verstandene Rationalität per se). Die letzten 300 Jahre, seit Beginn der Aufklärung, versuchte die Menschheit viele Fragen „mathematisch" zu lösen, Verhalten mechanisch zu bestimmen. Erst in den letzten Jahrzehnten setzt sich immer stärker die Erkenntnis durch, dass hinter all diesem Verhalten Triebe (und Gewissen) liegen (könnten). Über eine Unzahl empirischer Untersuchungen, über neoklassische und andere Modelle, versuchen wir Gesetze des Verhaltens zu erkennen und zu formulieren, Modelle zu kreieren. Diese Anstrengungen werden so lange unbefriedigend bleiben, solange die menschlichen, die psychologischen und soziologischen Hintergründe nicht geklärt sind – was vermutlich auch noch einige Zeit so bleiben wird. Wenn die bisherigen Modelle auch „Verhalten" in sich bergen, so reduzieren sie es dennoch auf wenige Variable, und hier primär ökonomischen

---

[63] Max Weber: *Die protestantische Ethik und der Geist des Kapitalismus*. Max Weber: Gesammelte Werke, S. 5343 (vgl. Weber-RS Bd. 1, S. 42-43).

„Nutzen". Diese komplexen „menschlichen" Hintergründe ziehen seit Menschengedenken eine Unzahl von Literatur und philosophische Betrachtungen in den Bann und bestimmen all unsere Geschicke – oder stellen sie infrage, sind somit entscheidend systemrelevant für die Gestaltung und Führung eines Staates, und besonders unter Berücksichtigung demokratischer Grundlagen.

Ethik und Moral
Die Trennung des Emotionalen vom Rationalen, eines Gefühlsbetonten, ist vorwiegend Resultat der Aufklärung, auch wenn wir natürlich „Logik" schon bei den alten Griechen finden (Aristotelische Logik). Rationales gibt dem reinen Denken den Vorzug vor den Erfahrungen und Intuitionen. Ethik umspannt hingegen beides, war schon bei den alten Griechen Gegenstand tiefschürfender philosophischer Auseinandersetzung, erhält heute – nach den Exzessen kapitalistischer Umgangsformen – wieder neue Aufmerksamkeit.

Ethik und Moral, als Resultat generationenüberdauernden Verhaltens in spezifischen Kulturen, finden sich seit alters her in geübten Regeln, weiter in Gesetzen – und gehen dennoch weit über jene hinaus. So gesehen bestimmen Gesetze, als offiziell und formal festgelegte Regeln, fundamentale Formen des Zusammenlebens, wobei Ethik und Moral erweiterte Rahmenbedingungen setzen, die zwar bei Abweichungen nicht gesetzlichen Sanktionen unterliegen, aber im Verhältnis des Zusammenlebens durchaus gesellschaftliche nach sich ziehen (können). Im Grunde genommen sind sie der Kitt von Gesellschaften und werden es auch in einer engeren und überfüllten Welt, als Kernfrage gedeihlichen Zusammenlebens, bleiben (müssen). Wenn auch durch die in den letzten Jahrzehnten vollzogene wirtschaftliche wie kommunikative Vernetzung der Welt, unterschiedliche ethische und moralische Einstellungen (eben differente Kulturen) aufeinandertreffen, Auseinandersetzungen bewirken und ein Kernproblem kooperativen und friedlichen Zusammenlebens auf absehbare Zeit bleiben werden. Eben „alle vom menschlichen Geist gefundenen sittlichen Normen [...], die das menschliche Handeln lenken [...], Normen, durch die der Mensch seelisch in gute Verfassung gebracht wird für die gegenwärtige Welt wie die künftige" (Marsilius von Padua, um 1270-1342).

Stellen wir uns zum Thema nur eine einfache Frage: Welche wesentlichen Tugenden beeinflussen alleine die Staatsführungen der aktuell rund 200 Länder: ethischrationale oder persönlich-egoistische? Die Antwort wird eindeutig sein. Nämlich nur ein verschwindender Teil der Staaten versucht tatsächlich moralisch/ethisch zu agieren, zumindest soweit es in den Verfassungen nicht nur verankert ist, sondern auch tatsächlich geübt wird. Dass dahinter, bei den führenden Personen und Institutionen, zwangsläufig Persönliches dominiert, haben wir ausreichend (und auch unten noch vertiefend) erörtert, finden wir vielfältig bestätigt in der Literatur und den

Medien, tritt uns tagtäglich entgegen. Die doch allgemein „verdrängten positiven Tugenden" überraschen umso mehr, als sich die Staaten doch in jeweils unterschiedlichen Entwicklungsprozessen befinden (abgesehen nun mal von autoritärer und demokratischer Ausrichtung), d.h. zumindest praktikable Ansätze doch wesentlich deutlicher hervortreten müssten. Konsequenterweise wünscht sich die Mehrheit der Bevölkerung – besonders in schwierigen wirtschaftlichen und intern organisatorisch chaotischen Zuständen – eher einen starken Führer, selbst bei demokratischen Prozessen (mit inhärent zumindest ethischen Ansätzen). Und auch der Anspruch an die persönliche Freiheit ist geringer ausgeprägt[64], d.h. bestimmte moralische/ethische Ansätze treten eher in den Hintergrund. Und auch die seit Jahrzehnten demokratisch strukturierten Staaten beweisen alleine schon aus dem wachsenden Abstand zwischen Arm und Reich, dass es mit den ethisch-moralischen Ansätzen auch nicht weit her ist. Und das, obwohl Studien und auch Erfahrung wie Beobachtungen beweisen, dass Länder mit mehr Einkommensgleichheit sowohl stabiler als auch erfolgreicher sind. Der persönliche Egoismus bleibt eben eine eherne Determinante menschlichen Zusammenseins (und Fluch zugleich).

Ethik und Moral bleiben daher ein unerschöpfliches Thema, heiß diskutiert über Jahrtausende. In der Entwicklung scheint es insoweit Konsens zu geben, dass es „die moralische Überzeugung zu einem gelingenden menschlichen Leben oder auch guten Handeln" ist und, nach Aristoteles, nicht eine Theorie des Guten, sondern eine Reflexion, mit dem Sinn uns zu besseren Menschen zu machen.[65] Eben, als die positive Seite des „Menschlichen". Leider scheint es nun selbst über Jahrtausende wenig genützt zu haben. Umgekehrt, negativ formuliert, „es gibt wenige, denen ihre Untugenden missfallen. Darum hassen sie alle Väter und alle, die ihre Untugenden tadeln. Bei ihnen fruchten weder Gegenbeispiele noch ein menschlicher Rat."[66]

Die Vielfalt der vorwiegend philosophischen Literatur über Struktur und Prozesse des optimalen Staates, Vor- und Nachteile über gute und schlechte Regierungssysteme, empfiehlt – mehr oder weniger logisch, rational oder auch nach Systemneigung gefärbt – Struktur, Organisation, aber auch Verhalten des Politikers wie sie eben bestmöglich dem Souverän dienen sollten. In Anlehnung an Platon wird philosophische Weisheit gefordert und verfeinert in einer „Wissenschaft vom Menschen" nach Aristoteles. Der Wunsch nach Gerechtigkeit, später allgemeine Freiheit, Gleichheit, Sicherheit und Menschenwürde, als Grundlagen, führte zu demokratischen Systemen der neueren Art. Schon aus dem antiken Denken leitet sich der Zusammenhang von Ethik und Politik ab. Klammern wir die rd. 1.000 Jahre des Mittelalters, in denen Staatssysteme religiös beeinflusst und autoritär bestimmt waren

---

[64] Aktuell z.B. Russland wie auch angrenzende Staaten.
[65] In Anlehnung an Schweidler Walter, in: *Der gute Staat*.
[66] Leonardo da Vinci, in: *Unterwegs zu Leonardo*, Verlag Schirma/Mosel, 2006, München.

aus, prägt dieser Zusammenhang bis heute. Empirisch überzeugende Untersuchungen – als wissenschaftliche Voraussetzung (sic!) – gibt es m.E. nicht und wären, aufgrund des sozialpsychologischen Verhaltens auch anzuzweifeln. So bleibt nichts anderes übrig als zu versuchen, aus Erfahrung und vielfältiger Literatur, relevante Einstellungen, die Hintergründe politischen Handelns global zu hinterfragen – wie es sich bereits in der modernen Verhaltensforschung abzuzeichnen beginnt. Entscheidend ist nicht ob politisches Handeln richtig oder falsch ist – wer mag das schon wertfrei beurteilen –, sondern die jeweilige Motivation des jeweils (charismatischen) mächtigen „Entscheiders". Wobei – schon als erste Annahme – seine Position, besser die des entscheidenden „Beeinflussers", hierarchienunabhängig erscheint, wird doch – zumindest in Ansätzen – die (Vor-)Entscheidung auch über eine Kette „Entscheidungsrelevanter" nach „oben" transportiert.[67]

Bis ins letzte Jahrhundert hinein, und in den autoritären Systemen sowieso, waren die Entscheidungshierarchien, und damit auch die dahinter stehende Ethik und Moral, relativ deutlich zuzuordnen, egal ob sie im Namen des „Mächtigen" – oder über ihn beeinflusst – durchgesetzt worden sind. Heute ist, in Demokratien besonders und in autoritären Systemen eingeschränkter, der gesamte Willensbildungsprozess und damit die Transponierung von Entscheidungen auf vielfältige Ebenen verteilt, die jeweils für sich Standesinteressen durchzusetzen versuchen, damit auch mehr oder weniger standesrelevante Ethik und Moral mit einfließen lassen, als verstärkte Entwicklung, Resultat der Bevölkerungsexplosion und forciert durch die neuen Präsentations- und Kommunikationstechnologien, einhergehend mit zunehmender Dezentralisierung. Soziologische Veränderungen, die in den uralten Analysen und Diskussionen der Staatsformen zwangsläufig auch nicht andeutungsweise berücksichtigt werden konnten, nun aber den Machtzuwachs nichtstaatlicher Interessenträger[68] nicht nur ermöglichen, sondern mit ganz besonderem Einfluss ausstatten (sic!, Kap. 6.1.). Prozesse, die aber – paradoxerweise – zur zunehmenden Entmachtung (Entmündigung) des Souveräns führen, die Komplexität mit chaotischen Tendenzen erhöhen und demokratische Entscheidungen erschweren, bei gleichzeitiger Auflösung traditioneller (Werte und) Hierarchien.[69]

Ist nun Ethik evolutionär-/natur- oder glaubensbedingt? Nach Kap. 4.5.3. genetisch vorbestimmt, im Zuge der Menschwerdung entwickelt und im kulturellen Umfeld des Stammes gereift – um eben das Überleben zu sichern. Hingegen stiftet Arbeit, als individueller oder sozialer oder kultureller Zweck, eingebettet in die Familie, in die

---

[67] Zum Thema „Entscheidungsfindung" siehe Neuberg A.
[68] Vgl. Lietzmann H., *Politikwissenschaft in Deutschland*, in: Politikwissenschaft, Lietzmann, et al., Oldenburg 1996, München.
[69] Ebd., in Anlehnung an Senghans, in Lietzmann H., *Politikwissenschaft in Deutschland*.

Nation, die Zivilisation, die Kultur, den Erhalt der Ordnung (der Sicherheit), einen Lebenssinn. Aktivität und Umfeld vermitteln Freude, Erfolg und Glück, bieten Selbstverwirklichung. Aber mit Arbeit und Familie wirkt man auch für andere.[70] Also, neben Egoismus ist auch etwas Altruismus in uns angelegt, wenn vielleicht letztendlich doch auf Egoismus, auf den Erhalt der Art reduziert, aber doch kulturell verfeinert. Was wann, und wie stark wirkt, ist eine Frage des gesellschaftlichen Umfelds, das auch unser Verhalten, unsere Einstellung zum anderen bestimmt. Ethik ist eben (s.o.) der Kitt in den vielfältigen Facetten menschlichen Zusammenseins, aber oft genug auch katastrophal vernachlässigt. Beispiele:

- *Finanzsektor*: Wie wir oben gesehen haben, hat die schleichende Auflösung fundamentaler Regeln zwischen Realwirtschaft und der Finanzwirtschaft immer wieder zu Spekulationen geführt, zu Blasen die Krisen auslösten. Die Finanzwirtschaft, ursprünglich Dienstleister der Realwirtschaft, hat dz. zunehmend das Zepter im wirtschaftlichen Geschehen übernommen. In einigen Staaten, wie in den USA oder Großbritannien, dominiert sie bereits die wesentliche Wertschöpfung (nach dem Maßstab des BIP). Mit der Folge, dass jede Kapitalinvestition fast ausschließlich nun – entsprechend kapitalistischer Gepflogenheit – von der erwarteten Rendite bestimmt wird, was zwar an sich nicht so verwerflich erscheint, aber dennoch, als extremes Kernverhalten, gravierendes Umdenken in der Gesellschaft verursachte.

Die Industrie, als bis vor Kurzem noch fundamentaler Wertschöpfungsprozess, eingeleitet von innovativen, engagierten, zumeist technologisch aufgeschlossenen Unternehmern, wurde zunehmend von Finanzgurus abgelöst. Und selbst dies wäre noch verständlich, wenn nicht komplexe Finanzinstrumente reale Leistungen mental in den Hintergrund drängen würden, sich immer stärker von den realen Güter- und Leistungsströmen lösen, mit nicht nur höheren Renditen, bei minimalem bis null Kapitaleinsatz und ohne persönliche Verantwortlichkeit, schlussendlich, als Extrem, in reine Spekulation münden. Als eine Verfälschung realer Erstellung von Werten und – mit der Aufblähung liquider Mittel – als Quelle einer Spaltung von Vermögenden und Habenichtsen, auf Kosten der stabilen Bindung der Werte zum Zahlungsmittel. Hatten Finanzgeschäfte bis vor Kurzem noch regulierende Wirkung im industriellen Wettbewerb, sind sie nun Ursache so dramatischer Verschiebungen im Verhalten, die selbst Wohlstand und Niedergang ganzer Völker verursachen könnten. Ethisch besonders verwerflich ist es, wenn es um die Grundbedürfnisse von Menschen geht, z.B. bei Spekulationen über den Agrarsektor, die eine Vervielfachung der Grundnahrungsmittelpreise nicht ausschließen und für Milliarden Hungernder die Existenz gefährden.

---

[70] Vgl.: Nipperdey Th., *Religionskritik im 19. Jahrhundert*, in: Die Welt der Religionen.

- *Korruption und mafiose Strukturen:* Korruption, als „illegale" Bereicherung auf Kosten anderer, ist ein seit Menschengedenken – unabhängig von der Entwicklungsphase des Staates oder dem Wohlstand des Einzelnen – nicht auszumerzendes Fehlverhalten. Besonders auffällig ist es in mehr oder weniger demokratischen Staatsformen; in autoritären ist es per se ja staatsforminhärent. Je „demokratischer" die Staatsform ist, desto transparenter sind Abweichungen und desto konsequenter werden sie geahndet. Der Umfang der Korruption verhält sich so umgekehrt proportional zur Qualität demokratischer Prozesse. Da jedoch tendenziell reine Demokratien den geringsten Anteil der Staaten darstellen, bleibt es ein weltweites Krebsgeschwür. Es fehlt in den meisten Ländern (selbst in den hochentwickelten) nicht nur an Transparenz, sondern auch massiv an Bereitschaft der einschlägigen Kreise, Korruption tatsächlich und nachhaltig eindämmen zu wollen. Vielfach sind ganze Hierarchien unterwandert, ganze Interessensgruppen in Netzwerken eingebunden. Insbesondere wechselnde Machtgefüge nützen ihren Einfluss, um während ihrer Regentschaft massiv sich zu bereichern – wobei die Jurisdiktion vielfach hilfreich zur Seite steht. Besonders augenscheinlich ist das Problem nach revolutionären Umbrüchen, egal, ob in großen und kleinen Staaten, wie z.B. Russland, China, in Südamerika, etc. Selbst in „mustergültigen" Demokratien ist die Korruption nicht auszumerzen. Tendenziell wird sie durch die Entwicklung des Staatszyklus beeinflusst.

Das zweite Problem, mafiose Strukturen, wie sie sich vor knapp 200 Jahren in Italien als Subsystem zu einem labilen Staatsgefüge (Abzug der Bourbonen) gebildet hat, breitet sich krakenartig aus, findet weltweit vielfältige Nachahmer, legt selbst in stabilen Staaten Ableger ab. Demokratische Rechtssysteme sind weitgehend machtlos wie die Praxis zeigt. Trotz ungeheurer Mittel, Kommissionen und Sondereinsatztruppen, gelingt es zwar das eine oder andere Mal lokale Dependancen auszuheben, manchmal sogar über Jahrzehnte führende Köpfe zu eliminieren, die Systeme jedoch nie ernsthaft zu gefährden. Sie bleiben für jeden Staat, und hier insbesondere für Demokratien, systemgefährdend. Es sind Gebilde die – insbesondere bei starkem Einkommensgefälle, verbreiteter Ungerechtigkeit, instabilen staatlichen Strukturen – nicht nur fruchtbaren Boden finden, sondern über straffe Führung stabile Sekundärorganisationen zu staatlicher Gewalt bilden können. Besonders in den Schwellenländern, bei labilen staatlichen Strukturen und häufigem Machtwechsel, in Kombination des Verfalls ethischer Werte, gepaart mit purem Kapitalismus, treten beide Probleme brutal hervor. Der Reichtum an Rohstoffen unterstützt die Regimes und festigt ihre Systeme, mit der Gefahr zusätzlicher Wucherung von Korruption durch alle Hierarchien.

- *Wohlstand und Verteilung*: In den westlichen Demokratien beobachten wir in den letzten Jahrzehnten zunehmendes Auseinanderdriften von Arm und Reich. Während die oberen Einkommen ständig weiter steigen, stagnieren sie für die Masse real seit Jahrzehnten. So zeigt z.B. eine Studie der Einkommensverteilung der letzten drei Jahrzehnte in den USA, dass sich das Einkommen des einen Prozent der Reichsten um 275 % erhöhte, während sich das ärmste Fünftel gerade mal mit 18 % zufriedengeben musste. Ähnliche Entwicklungen sind weltweit zu beobachten. Es sind langsame, kaum merkbare Erodierungen, die erst über lange Zeiträume ernsthafte ökonomische Zwänge für die breite Bevölkerung bewirken, die dann – zuerst vereinzelt, zunehmend gebündelt – ausufern werden, Revolutionen entzünden können. Ähnlich der Ablösung der Feudalherrschaft vor gut einem Jahrhundert, gefährdet sich diese neue Finanzaristokratie selbst, nehmen doch diese gesellschaftlichen Extreme wieder zu. Kommen – nach den explodierenden Schulden in den Demokratien – Sparanstrengungen tatsächlich zum Tragen, dann überwiegend zulasten der Masse der Bevölkerung (über reduzierte Sozialleistungen, als Umverteilung über Verbrauchs- und Einkommenssteuern, etc.). Die Anzeichen in den meisten demokratischen Staaten sind so deutlich, dass – im Zuge weiterer kapitalistischer und ökonomisch selektiver Prozesse – immer größere Bevölkerungsteile in ihrer Leistungsfähigkeit zurückbleiben, über Sozialleistungen unterstützt werden müssen, immer mehr unter die Armutsgrenze rutschen. So erodiert das Gemeinsame, das Vertrauen in die Politik, und hebelt die Grundsätze demokratischer Werte aus.

- *Produktivität und Arbeitsplatz*: Die Produktion von Gütern erfolgt, nach einem unaufhörlichen Rationalisierungsprozess von gut einem Jahrhundert, schon vorwiegend halb- bis vollautomatisch. Nur Wartung, Betreuung und Investitionen bestimmen noch die Rentabilitätsfaktoren. Und selbst jene Bereiche, die für die Massenfertigung noch viel Manuelles erfordern, sind weitestgehend über die Globalisierungsprozesse ökonomisch rentabel stabilisiert (bei variablen Standorten). Dieser Schwund an Arbeitsleistung für den produktiven Prozess, wurde bis dato durch eine wachsende Dienstleistung weitgehend kaschiert. Da der Prozess alles andere als abgeschlossen ist und auch neue Innovationen in Hardware – unabhängig vom geringeren Materialbedarf und höheren Automatisierungsgrad – die offensichtlich steigende Lücke zwischen Arbeitsnachfrage und -angebot nicht schließen werden können, ist in den hochzivilisierten Ländern mit weiterhin steigender Arbeitslosigkeit zu rechnen und führt damit zur Frage, ob der Dienstleistungssektor auch künftig als Garant der Arbeitsplatzbeschaffung dient, ob überhaupt die ökonomische Welt überwiegend aus Dienstleistung bestehen kann. Und zur Ethik: Wären Demokratien überhaupt dann in der Lage ihre Bevölkerung, mit Bildung, Infrastrukturen und vor allem der sozialen Frage, mitzunehmen? Und ergänzend noch – schwerwiegend, und unabhängig davon Arbeit zu sichern – verlieren die Menschen nicht zunehmend die Bindung an ihre Arbeitsleistung? War Arbeit (ethisch) doch auch Lebenssinn!

Ethik und Moral also, als fundamentale Säulen gedeihlichen Zusammenlebens (im Staat) – teils offiziell festgezurrt über Gesetze und Regeln –, bestimmen somit entscheidend das Staatssystem. In Autokratien nur insoweit, als – sofern vorausschauendes Denken wirkt – der Machterhalt so nachhaltig als möglich gesichert werden soll. Werden moralische und ethische Grenzen überschritten, wirken Gegenkräfte – vorerst unterschwellig –, und gelingt es nicht sie mit einzubinden, latent gegen die herrschende Staatsform. In Demokratien hingegen sind sie eherner Bestandteil und Existenzgrundlage der Staatsform, da sie sich sowohl im Wahlverhalten wie auch in den demokratischen Prozessen widerspiegeln, somit Parteipolitik, schlussendlich die Philosophie des Staates beeinflussen. Je stärker die politische Mitsprache des Einzelnen sowohl möglich wie auch grundsätzlich ernsthaft berücksichtigt ist, umso höher wird die Akzeptanz staatlicher Entscheidungen, und stärkt die persönliche Befriedigung (das Glücksgefühl).

Als grundsätzlich evolutionäres Faktum, nachhaltig durch die jeweilige Kultur modifiziert, ist ethisches Verhalten, moralisches Denken, eine der beiden treibenden Kräfte (neben Selbsterhalt und Sicherheit), die eben „Demokratie" erstrebenswert erscheinen lassen, die demokratische Grundwerte wie Freiheit, Gleichheit und Gerechtigkeit fordern. Genau aus diesen beiden fundamentalen menschlichen Eigenschaften spürt der Einzelne – und zwar unabhängig von Ausbildung, Stand, Religion und Rasse –, wann sie beschädigt werden, ob interessensbezogene Tendenzen auftreten, sie antasten. Viele namhafte Philosophen bestätigen diese grundsätzlichen Zusammenhänge, wenn auch mit anderen Worten: „So manche schöne Idee wird durch das Interesse blamiert, dass hinter ihr steckt" (Karl Marx) oder „Drei Qualitäten verlangen wir von Politikern: Verantwortungsgefühl, Leidenschaft für eine Sache und Idee und Augenmaß" (Max Weber) oder, dass neoliberale Beziehungen nicht nur allein gelten, sondern „Homo oeconomicus + Homo sociologicus" (Ralf Dahrendorf) gleichberechtigt wirken.

Werte – Wertewandel?
Nichts im menschlichen Denken und Verhalten ist wertfrei, ethisches, moralisches Verhalten liegt allem zugrunde – selbst die Wissenschaftlichkeit, das angenommen wertfreie Herangehen an eine Frage, ist schlussendlich von Werten nicht frei. Zwar wäre es einerseits denkbar Ethisches als evolutionäres Resultat anzusehen, aber andererseits sind selbst unsere Einstellungen auch Werte, von täglichen Einflüssen unterwandert, und selbst die können Ethisches – wenn auch über lange Zeiträume und nur minimal – beeinflussen. Es ist eben ein Kontinuum, vom evolutionären Resultat

bis zur aktuell beeinflussbaren Meinungsvielfalt. Ein ständiges Wechselspiel zwischen den Einflüssen der Umwelt und dem eigenen momentan gerade aktuellen Wollen.

So ist auch der herrschende, zunehmend pure Kapitalismus, als derzeit treibende wirtschaftliche Kraft, variabel, veränderbar, und wird es auch, zwar abgeschwächt, bleiben müssen. Kapitalismus ist eben mit Eigentum verbunden. Idealisierte Ansätze der Vergemeinschaftung haben sich gegen Ende des 20. Jahrhunderts ad absurdum geführt, sind auch soziologisch wie psychologisch nicht nachzuvollziehen. Eigentum bedeutet doch, dass das Individuum in sich und in seinem Verhalten weitestgehend frei ist, nach seinen Intuitionen und Fähigkeiten sich entfalten kann – nur begrenzt durch den gesetzlichen und moralischen Rahmen der Gesellschaft in den es eingebettet ist. Eigentum war schon immer, und insbesondere in der zweiten Hälfte der Aufklärung, staatsformbestimmend – mit unglaublichen Auseinandersetzungen; und mehrheitlich, seit alter Zeit, als zwingende Voraussetzung zur Entfaltung des Menschen gefordert. Und nach wie vor ist das Thema nicht vom Tisch, sehen wir nur die sich schon wieder spreizenden Vermögen einiger weniger, zu den der großen Masse. Es bleibt eine der Kernfragen, wie ethisch, wie moralisch dieses Grundproblem menschlichen Zusammenseins in einer modernen Gesellschaft gelöst werden kann. Eine Lösung wäre hochgradig friedensstiftend. Es sind eben diese unterschiedlichen Ressourcen die nicht nur Existenzen gefährden, sondern auch Kriege und Revolutionen verursachen, denn „Allfriede ist von allen Dingen das beste, woraus irdische Glückseligkeit entsteht" (Dante).

5.3.5. Freiheit, Gerechtigkeit, Gleichheit

Gerechtigkeit ist ein dem Menschen inhärentes, evolutionär bedingtes Verständnis des Zusammenlebens, ein gegenseitiges, auch durch Ethik, durch das Gewissen getragenes Gefühl zur Absicherung des Überlebens in der Gemeinschaft, als Voraussetzung friedlichen Zusammenlebens. Eine Weiterentwicklung aus dem Naturrecht wie es schon die alten Griechen formulierten. Nicht das Recht des Stärkeren ist die Gerechtigkeit (Sokrates, in Platon/Staat), sondern als Gedanke der Gleichberechtigung, von Freien formuliert. Hing auch in den alten demokratischen Gesellschaften die Teilhabe als Freier vom Status ab, so findet sich dieser Grundssatz in allen demokratischen Regeln wieder.

Naturrecht
„Keine Natur kann existieren, in der nichts Gutes ist" (Augustinus), und weiter: „Daher wurden die ersten Gerechten mehr zu Hirten über Vieh als zu Königen über Menschen eingesetzt, und auch dadurch gab Gott zu verstehen, was die Naturordnung der Schöpfung fordert und was verdiente Folge der Sünde ist." So zieht sich der Gedanke eines der Natur und damit auch für den Menschen inhärenten Naturgesetzes, als Grundlage der Bemühungen, Regeln und Gesetze für ein gedeihliches menschliches Zusammensein zu finden, seit den Anfängen durch philosophisches Denken – nach den zwingenden Zusammenhängen natürlicher Prozesse, sofern sie die natürliche (evolutionäre) Entwicklung fördern, sie nachhaltig sichern. Aus der Logik natürlichen Entstehens und Gedeihens leiteten sich weiter – über Beobachten und empirisches Erfassen – wissenschaftliche Erkenntnisse ab, bildeten auch die Grundlagen erster Gesetzeswerke (z.B. Hammurabi). „Zunächst ist jeder Art von Lebewesen von der Natur [das Recht] zuerteilt, sich Leib und Leben zu schützen, das zu meiden, was schadendrohend scheint, und alles, was zum Leben notwendig ist, zu erwerben und zu beschaffen" (Cicero). Bis tief in die Aufklärung hinein finden wir immer wieder bei der Frage was Gerechtigkeit ist, wie Gesetze zu gestalten wären, den Bezug auf die doch so undeutlich definierten Naturgesetze, auf Zusammenhänge, die eigentlich doch nur unserem subjektiven (kulturellen) Verständnis eines natürlichen Zusammenlebens unterliegen (wie heute z.B. die „Menschenwürde").

Der Zusammenschluss einer größeren Menschenzahl ist eine Interessensgemeinschaft auf der Grundlage einer Rechtsvereinbarung, einer Übereinstimmung im Recht, definierte schon Cicero. Der Mensch kann in seiner Vereinzelung nicht bestehen. Nun finden wir die Notwendigkeit eines Rechtsrahmens, wie auch immer er gestaltet sein möge, in allen philosophischen Betrachtungen. Problem bleibt nur, wie und in wessen Sinne oder aufgrund welcher ethischer oder moralischer Grundlage ist er zu gestalten? Cicero wies damals schon auf die Frage hin, aus welchem Grund denn all die Völker abweichende, verschiedenartige Rechtssatzungen aufgestellt haben, und weiter, welche Kluft doch zwischen Gerechtigkeit und Nützlichkeit in der Praxis bestehe. Sind doch Kriege, zur Erweiterung der Machtgebiete, zur Plünderung fremder Länder, als durchaus ruhmreich geschätzt worden, die Bereicherung an den Gütern anderer Kulturen, als Selbstverständlichkeit und Ehre anerkannt gewesen. Diese Erkenntnis bestätigt sich bis in neuere Zeit, sei es über den Kolonialismus des 19. Jahrhunderts, der bis in die Jetztzeit wirkenden Kriege, der unendlichen Scharmützel weltweit, selbst über die unverhohlene Wissens- und Markenpiraterie heutiger Großstaaten. Immer waren es egozentrische Nützlichkeitserwägungen zulasten Abhängiger oder Schwächerer. Ist es ein Wunder, dass selbst bis in die kleinsten Einheiten auch unserer Gesellschaft, bis in die Familien, persönliche Nützlichkeitsüberlegungen, die Gewinnung von Macht, mit der Gier als treibendes Moment, bleibt? Nur gehemmt durch die Angst vor Strafe – eben durch ein übergeordnetes Regelwerk (egal, ob Gesetz oder Kodex) – oder der Rache eines Stärkeren.

Überlegungen zu sinnvoller Staatsform schließen daher die Frage der Gerechtigkeit, und wie sie in einem Regelwerk umgesetzt werden sollte, zwingend ein. Sie bleibt – wie wir sowohl oben wie auch aus endlosen Diskussionen lernen mussten – generell ein ungelöstes Problem, jeweils sich verändernd nach Macht und Einfluss herrschender Strukturen (egal, ob demokratisch oder totalitär gestrickt). Die Mehrheit der Philosophen versucht(e) diese Frage ethisch der Natürlichkeit des Menschseins und seiner Gemeinsamkeit, eben einem Naturgesetz zuzuordnen, je nach eigener Einstellung, mehr oder weniger nach göttlichem Ursprung, jedenfalls bei hohem moralischem Anspruch an „hervorragende Männer", bei Gleichheit vor dem Gesetz (sofern demokratisch) und – ergänzt – „geschärftem Gewissen". „Das Naturgesetz stellt sich in der geradlinigen Vernunft dar, die in Einklang steht mit der Natur, die über alle Menschen sich ausgebreitet hat" (Laelius)[71]. Als Ableitung lernten wir die durchaus unterschiedlich interpretierte Goldene Regel kennen (die „auch Qualen anderer erlaubt"). Der Kant'sche kategorische Imperativ schließt diese Lücke der Goldenen Regel, weil er von der Verallgemeinerungsfähigkeit des eigenen Handelns ausgeht. Thomas von Aquin hat die ausgleichende Gerechtigkeit „Wiederherstellung" genannt. Er geht davon aus, dass in der Welt der Interessen, der Gegensätze und des Machtkampfes, zunächst die Gerechtigkeit gilt, die erst durch die Äquivalenz in den Beziehungen zum Ausgleich gebracht wird. „Es ist wohl auch darauf hinzuweisen, dass der Zustand wirklich ausgeglichener Mehrheit (vereinbarter Regeln) in der Menschengemeinschaft nie ein für allemal erreichbar, vielmehr in einem unendlichen Vorgang des ständigen Ausgleichs immer neu gestörter Ordnung zu verwirklichen sei" (Josef Pieper, 1904-1977).

Gerechtigkeit
So dürfen wir – pragmatisch, aber auch aus uralter Überlieferung, und offensichtlich auch nach weitgehendem Konsens – ableiten, dass ein (wenn auch imaginäres) Naturgesetz, Grundlage und Ausgangspunkt einer unübersehbaren Anzahl von Gesetzen der Menschheit ist. Vielleicht auch grenzüberschreitend Basis der Nationen, von Unionen, vielleicht in Zukunft sogar weltweiter Zusammenschlüsse und Kooperationen von Staaten sein könnte, wie z.B. nach der Charta der UN. Offen bleibt dennoch (und vorab) die Frage einer allgemeingültigen Gerechtigkeit – sofern wir, wie auch nachfolgend, immer von der politischen und nicht einer persönlich beurteilten, einer individuellen Gerechtigkeit ausgehen. Sind aus diesen vielfältigen Gesetzen, Regeln und Kodizes, die sich im Zuge und aus den vermischten Kulturen, eben den über Jahrtausende entwickelten Gesetzen je Volksgruppe, gemeinsam

---

[71] Laelius, in: Über den Staat, Cicero, Reclam 1956.

anerkannte Gerechtigkeiten abzuleiten? Haben wir doch gelernt, dass selbst unser Recht auf römisches Recht zurückgreift und dieses wieder zurück bis zu den alten Griechen, und so weiter. Anders, jedenfalls ähnlich gewachsen, waren die Entwicklungen im asiatischen Raum, in Afrika, u.a. Dominieren (zwischenzeitig) Kulturen über andere, sei es wirtschaftlich oder über Macht, können sie zwar eigenes Recht durchsetzen, doch wird – latent und über Generationen – überliefertes kulturelles Verhalten nur langsam in Vergessenheit geraten, falls überhaupt. Sie bilden – zumindest temporär – parallele, konfliktträchtige Verhaltensweisen.

Wiederum pragmatisch gilt daher, dass – begeben wir uns nicht nach Utopia – in einer Zeitspanne zumindest unseres Jahrhunderts, Gerechtigkeit ein je nach Nation, je nach Kultur, durchaus unterschiedlich geprägter Begriff bleiben wird, sich sogar bis zum letzten Individuum unterschiedlich darstellt – und dazu noch im Zeithorizont variabel; dass überstaatlicher Konsens vermutlich eben nur über Grundsätzliches zu erreichen sein wird, eben nach den (imaginären) Naturrechten (oder, wenn man so will, über die Goldene Regel). „Gerechtigkeit ist Fairness im Sinne der kooperativen Gestaltung eines Zusammenlebens Freier und Gleicher" (Rawls)[72] und somit nicht zu verallgemeinern. Individuelle Interessen des Menschen sind eben ihrer Natur nach (für ihn) „rationale" Egoismen. Hier nützten auch Ansätze eines Utilitarismus nicht weiter – danach wäre eine Handlung sittlich, wenn sie das größtmögliche Glück der größtmöglichen Menge der von ihren Folgen betroffenen Menschen herbeiführt, was sich alleine schon – als Allgemeingültigkeit – aus der Vielfältigkeit ausschließt. Der Mensch sollte aber nur insoweit an der Steigerung seines Glücks interessiert sein, insoweit damit nicht die berechtigten Interessen anderer vernachlässigt und übergangen werden (eben nach Naturrecht, und der Ethik). Ungerechtigkeit besteht demnach einfach in Ungleichheiten, die nicht jedermann Nutzen bringen (in Anlehnung an Rawls), was ja auch unseren praktischen Erfahrungen entspricht. Gerechtigkeit unterliegt daher immer individueller Beurteilung und kann nur über einen Konsens zu einem allgemeinen Rahmen (egal, ob demokratisch oder autoritär) führen. Ein für den Einzelnen nicht befriedigender, jedoch zwingender Schluss: Individuelle Gerechtigkeitsbeurteilung und allgemein gültige Gerechtigkeit sind niemals kongruent.

Offen bleibt dennoch, wie „Gerechtigkeit" (als Teil der Ethik) in der Praxis tatsächlich so, wie es allgemeines Verständnis wäre (trotz aller kultureller Unterschiede), geübt werden kann. Unterstellen wir einmal, dass Gerechtigkeit in autoritären Systemen zwischen „Begünstigten" und „Nicht-Begünstigten" unterschiedlich ausgelegt wird – was ja grundsätzlich die beiden Hauptsysteme unterscheiden soll (auch wenn es so zwingend nicht sein muss) –, so können wir uns in der Beurteilung auf die Praxis gestandener Demokratien berufen. Dabei ist offensichtlich, dass – je

---

[72] Rawls J., in: Der gute Staat, Schweidler Walter, Reclam, 2004.

länger und je niveauvoller ein Kulturkreis sich entwickelt hat, der demokratische Staat also bereits mehrere Generationen umfasst – tatsächlich verstandene und auch geübte Praxis ein hohes Maß an Gerechtigkeit in sich bergen wird (jedenfalls höher als in der Autokratie). Betrachten wir nur vergleichend die westeuropäischen Demokratien mit den Quasi-Demokratien der bereits oben erwähnten Regionen (trotz aller und kaum vergleichbarer Individualitäten), so ist in diesen Demokratien auch die Regierungsform labil. Die Positionierung auf unserem eindimensionalen Modell bleibt unsicher, bewegt sich zwischen Mitte und Autokratie.

Konzentrieren wir uns daher auf die Erfahrung reifer Demokratien. Dabei können wir beobachten, dass – nach dem Modell des Staatszyklus – in der dynamischen Entwicklung einer jungen Demokratie, der ersten Phase, Gerechtigkeit noch nahe der Verfassung gelebt wird, gravierende Diskrepanzen – über durchaus heftige Auseinandersetzungen – von den Parteien versucht werden zu überbrücken, eventuelle Lücken mehr oder weniger einvernehmlich, aber doch grob geschlossen werden. Es ist eine Phase, in der noch Aufbrucheuphorie überwiegt, Freiheit, Gleichheit und Wohlstand sich ähnlich hoher Prioritäten erfreuen. Erst nach dem ersten Wendepunkt, im Zuge der zweiten Phase, in der Freiheit bereits eine nicht mehr diskutierte Selbstverständlichkeit geworden ist, in der Wohlstand und Prestige nun (wieder) höhere Wertigkeit erlangen, scheint (kapitalistischer) Individualismus zuzunehmen. „Jeder für sich" bekommt höhere Priorität. Es bleibt dem Menschen eben inhärent: „Der Gerechtigkeit ist am meisten die Gier entgegengesetzt." (Aristoteles, Buch Nikomachus). Das „Gute" und „Gerechte" sind Kernthemen analytischer Ableitungen Platons (als ideale, vielleicht utopische Staatsidee), nicht in sich durch logisches Denken ableitbar, sondern Themen praktischer Rationalitäten, die sich für Menschen nur im Austausch mit anderen und als Bildung, einer Erziehung, verändern – d.h., es bleibt dennoch ihren persönlichen subjektiven Einstellungen überlassen.

Jedoch, der Umfang der Gesetzeswerke in allen denkbaren Fachrichtungen wird im Zeithorizont unübersehbar. In immer kürzeren Phasen erfolgen Minimalkorrekturen, je nach öffentlicher Popularität und Macht dahinter stehender Interessen. Bei den Betroffenen wächst der Bedarf an Experten ins Uferlose, entwickelt eine eigene Dynamik und – paradoxerweise – nimmt die Instabilität zu (statt ab). Bevölkerungen reifer Demokratien haben die Tendenz alles regeln lassen zu wollen. Alles soll bis ins kleinste Detail vorbestimmt sein, verbal im Sinne der Gerechtigkeit, tatsächlich aber interessensbezogen. So fördert es den umfassenden Bürokratismus, schränkt den Freiraum langsam und unsichtbar ein. Hingegen, aus dem Blickwinkel der geforderten „allgemeinen" Gerechtigkeit, beweisen die westlichen Demokratien während des letzten halben Jahrhunderts eher auflösende Tendenzen zum ursächlichen Gerechtigkeitssinn:

- Verdoppelung der Staatsquote, und trotzdem steigende Verschuldung, mit dem Auseinandertriften des Gerechtigkeitsempfinden (insbesondere für die Folgegenerationen),
- Langsam, aber kontinuierlich, steigende Arbeitslosigkeit (die Massen der unteren Schichten leiden am meisten),
- „Sozialisation" aller Lebensbereiche durch den Staat, damit einhergehend fallende Verantwortlichkeit, Identifikation und Eigendynamik des Einzelnen,
- wachsender Abstand zwischen Arm und Reich, wobei immer weniger Reiche über immer mehr Privatvermögen verfügen, zunehmende Generationenungerechtigkeit (immer weniger Junge müssen immer mehr Alte erhalten – für die sie selbst, oder der Staat, zu wenig vorgesorgt haben),
- Durchsetzung persönlicher Interessen ist zunehmend von Vermögen, Netzwerk und persönlichen Fähigkeiten abhängig.

Diese schleichenden, und wie die Praxis zeigt unumkehrbaren Prozesse in demokratischen Strukturen, höhlen paradoxerweise genau das Ziel, nämlich die demokratischen Werte immer besser aufeinander abzustimmen – und zwar im Sinne, und zur Wohlfahrt der gesamten Bevölkerung – aus, fordern Rückbesinnung auf die eigentlichen Grundlagen und Werte:
- Religionen, Philosophie und Weltanschauungen sind, als moralisches Denken, auf eine systematische Grundidee zurückzuführen und vermögen daher eine allgemein gültige Orientierung zu stiften (Rawls).
- Aus dem Problem der Universalität politischer Legitimationsprinzipien leitet sich ab, dass keine politische Institution weltweite Geltung beanspruchen kann, daher ihre Philosophie nur in einer „geschlossenen Gesellschaft" zu verwirklichen vermag.
- Politik ist ein „selbstreferenzielles System", es produziert und reproduziert die Elemente selbst, als solches ist sie ein Subsystem einer Supersystemsgesellschaft (in Anlehnung an Luhmann). Und zwar, wie wir gesehen haben, grundsätzlich unabhängig vom System, wenn auch in Demokratien Tendenzen zur Wucherung von Bürokratien (Kap. 6.1.) besonders auffällig sind.

Im Zeithorizont einer Demokratie wächst daher auch ihr Rechtsgefüge, zu Beginn streng verfassungskonform, zunehmend jedoch immer mehr verästelnd in die Lebensbereiche aller. Gegenläufig, und paradoxerweise, nehmen die Rechtsstreitigkeiten aus diffizilen Auslegungsfragen, aber auch aus bewusster Nutzung rechtsnormfreier Handlungen zu. Leitet sich bei Gründung der Demokratie der Rechtsbaum noch direkt von der Verfassung ab (anders anglikanisches Recht, s. dort) – und geht so noch mit dem Rechtsempfinden der durchschnittlichen Allgemeinheit konform –, nimmt die Komplexität des Gesetzeswerkes im Zuge des „Lebenszyklus" durch immer wieder temporär sich bildende einflussreiche Interessensgruppen zu.

Resultat sind Überschneidungen und Änderungszwang. Das Gefüge wird für den durchschnittlichen Bürger immer unübersichtlicher – er ist Expertenwissen ausgeliefert. Die Verfahren werden einerseits komplexer und andererseits zahlreicher, sodass zunehmend Professionalität in Anspruch genommen werden muss und sich Rechtsstreitigkeiten zwangsläufig ausweiten – sowohl von der Anzahl wie im Umfang. Die Jurisdiktion erreicht ihre Kapazitätsgrenze und reagiert mit entlastendem Verhalten: Sie fördert den außergerichtlichen Vergleich, mit der für Demokratien problematischen Nebenwirkung, dass zunehmend Expertenwissen und finanzielles Potenzial entscheidet, beim Gegner eine Unterwerfung stattfindet, selbst wenn er unschuldig ist – ein ev. Freispruch käme zu riskant und zu teuer. Wie weit Demokratien diese systembedingte Ausweitung eines zunehmend als ungerecht empfundenen Verhaltens vertragen, ist eine andere Frage – als weiteres Mosaiksteinchen in der wachsenden Unzufriedenheit mit dem demokratischen System. Noch dazu ganz unabhängig von dem sich lokal gravierend unterschiedlich entwickelten Gerechtigkeits- und Gesetzesverständnisses, z.B.:

- Die Anzahl der Verteidiger in Japan, im Verhältnis zu den Einwohnern, ist ungefähr zehnmal so hoch wie z.B. in Deutschland und die Anzahl der Verurteilungen erreicht fast 100 % der Anklagen, gegenüber rd. der Hälfte in Deutschland. Ein massiver Hinweis, dass es mit der Gerechtigkeit in Japan nicht weit her ist? In den Vereinigten Staaten hingegen ist die Anzahl der Rechtsanwälte pro Kopf nur halb so hoch wie in Deutschland, jedoch liegt die Verurteilungsrate bei annähernd 85 %. D.h., selbst bei einer größeren Durchdringung mit Verteidigern (von Anwälten) bleibt es bei einer hohen Verurteilungsrate (conviction rate). Beides gravierend widersprüchlich.

- Raue Justiz: zu viele Gesetze, zu viele Gefangene. Nirgends in der zivilisierten (demokratischen) Welt kommen so viele wie in den USA, für so wenig in das Gefängnis[73]. In den USA sitzen fast zehnmal so viele (pro Kopf) in den Gefängnissen ein wie z.B. in Deutschland. So hat sich die Anzahl der Insassen von 1980 bis heute mehr als vervierfacht. Auf eine Bevölkerung von 100.000 kommen rd. 750 Gefangene, in Deutschland hingegen sind es um die 80. Die Anzahl der Gefängnisse explodiert dort, und die Kosten genauso. Kann doch schon mal, wenn man bei einem kleinen Delikt zum dritten Mal erwischt wird, Lebenslänglichkeit drohen, so ist man auch sonst den rigorosen Methoden weitgehend ungeschützter ausgeliefert als z.B. in Europa – unabhängig davon, dass einen Durchschnittsverdiener eine effiziente Verteidigung wirtschaftlich umbringen kann. So erübrigt sich ein Gerechtigkeitsvergleich zwischen den USA und Europa – mit deren hehrem Freiheitsanspruch.

Nicht abgedeckt durch die gesetzlichen Rahmenbedingungen bleiben ethische Fragen wie z.B. die der Solidarität, und zwar nicht trotz ständig erweiternder Gesetzeswerke,

---

[73] The Economist, 24. Juli 2010.

sondern offensichtlich genau deswegen. Geht doch, neben dem Bedürfnis der Orientierung (bei gleichlautendem Rechtsempfinden) die eigenständige, ethische und moralische Ausübung unendlich vieler möglicher, außerhalb der Gesetzeswerke liegender Handlungen verloren, werden sie doch einerseits durch dicht geflochtene Gesetzeswerke begrenzt wie andererseits auch der Freiraum des Einzelnen in seiner menschlichen Entfaltung gehemmt wird. Ist doch, je stärker, direkter, der Einzelne in die demokratischen Prozesse einbezogen ist, desto höhere Solidarität zu vermuten. Je weiter daher entfernt, umso weniger wird auch Solidarität, als eben freiwilliges ethisches Element, geübt werden. Was aber auch bedeutet, dass Solidarität auch – je weiter der Einzelne oder die Gruppen (demokratie-)entfernt sind –, umso stärker durch Trittbrettfahrer ausgenützt wird, als eben wesentliches Problem reifer Demokratie mit ihren wuchernden Sozialleistungen.

In autoritären Systemen stellt sich die Frage der Gerechtigkeit so nur marginal, da – mangels politischer Legitimation – ein Defizit an Gerechtigkeit systeminhärent ist. Gesetze sind kein Maßstab für Gerechtigkeit (haben doch auch Autokratien Gesetze). Demokratien lassen aber einen inhärenten Gerechtigkeitssinn erwarten. So ist „empfundene" Gerechtigkeit eine Frage der Orientierung des Einzelnen, eingebettet in einen ethischen (kulturell bedingten) Raum, also ein geschlossenes, kulturelles (nicht zwingend demokratisches) System, daher also schwierig in größere Gemeinschaften zu überführen (Kap. 7.6.). Geht es um die Schaffung künftiger internationaler Rechtsordnung […], kommt der Ruf nach Freiwilligkeit praktisch immer der Ersetzung der „Stärke des Rechts" durch das „Recht des Stärkeren" (Anm.: der USA) gleich (Haller Gert, u.a.). So ist daher die Bewahrung der Menschenrechte (deren Ursprung wir ja bereits im Naturrecht finden) wohl eine der größten Errungenschaften der Menschheit im vergangenen Jahrhundert.

Freiheit
Freiheit ist ein je nach Kultur oder Nation, ja selbst je nach Individuum, wie auch im Zeithorizont, unterschiedlich besetzter Begriff. Als Begriff so selbstverständlich verwendet – im täglichen Sprachgebrauch, in jeder staatsrelevanten Abhandlung –, so different ist er in seiner Bedeutung. Bis spät in den Feudalismus hinein war nur frei, wer Macht, Beziehung und Vermögen besaß. Zumal der Begriff zwei unterschiedliche Bedeutungen hat: „Frei zu sein von etwas", d.h. die Unabhängigkeit von externem Druck oder Zwang, als passiver Prozess (nehmen wir einmal an, dass beide Freiheiten nur im menschlichen Zusammenspiel zu verstehen sind), und „frei zu

sein für etwas", zu tun oder zu lassen (auch Meinungen zu äußern) was man will, als aktiver Prozess.[74]

Der Ruf nach – vermutlich seit die Menschheit existiert – (individueller) Freiheit ist in sich unbestimmt. Es ist der individuelle Wunsch eines Einzelnen sich von einem gefühlten Hemmnis zu befreien, einem Zwang zu entrinnen, als ein Terminus, der (momentan) Gleichgesinnte verbindet, ohne jedoch mit gleichem Inhalt versehen zu sein. Er zählt mit den beiden anderen unbestimmten Begriffen (Gerechtigkeit und Gleichheit) zu den massenmobilisierenden Schlagworten der Menschheit. Als übergeordnete Motivation für gravierende Veränderungen, bis hin zu Revolutionen. Es sind *die* Gemeinsamkeit bildenden Begriffe, die Massen mobilisieren können – ohne Rücksicht auf Logik, Resultate und Folgewirkungen, emotional und weitgehend irrational. In Anlehnung an die Goldene Regel wären Einschränkungen der Freiheit jedoch dann gerechtfertigt, wenn ihnen jedermann zustimmen könnte, stehen doch dem Verzicht von Freiheit in der Gemeinschaft auch persönliche Vorteile gegenüber.

Freiheiten bestehen in beiden Staatssystemen – dem demokratischen wie autoritären; im Letzteren angenommen eingegrenzt. Aber auch im selbst vorbildlich demokratischen zwingen die Gesetze, Rechte anderer nicht zu beeinträchtigen (schränken daher die eigene Freiheit ein). Ergänzend zwingen noch die erwähnten moralisch-ethischen, die gesellschaftlichen Gewohnheiten, als lokale Verhaltenskodizes, Regeln einzuhalten, und sind darüber hinaus noch reguliert durch das eigene Gewissen. Der die Freiheit begrenzende Zwang in der Demokratie ist – im Gegensatz zur Autokratie – nicht willkürlich, sondern nach den jeweils wirkenden demokratischen Strukturen über die demokratisch legitimierte Legislative bestimmt. So logisch strukturiert vielleicht noch das erste ist, so weit und individuell auslegbar sind die beiden Letzteren. In allen dreien finden wir kulturkulturelle und historische Entwicklungen, die Goldenen Regeln, das Naturrecht und Religiös-Fundamentales (weiterführende Literatur zuhauf, pragmatisch reicht dies).

Kein Wunder, dass, je weniger Nationen miteinander historisch verwoben sind, desto unterschiedlicher ist ihr inhärenter Begriff der „lokalen" Freiheit (selbst was die Freiheit der Wissenschaft betrifft). So sieht der US-Bürger (aus der Historik, als Einwanderungsgesellschaft bis 'noch' heute) Freiheit als individuelles Recht, das ihn auch berechtigt es eigenständig zu besetzen, zu verteidigen und zu erkämpfen (selbst messianisch, weltweit, sic!). In Europa hingegen ist der Freiheitsbegriff gesellschaftlich betont, ein Resultat der Verfassungen, im Verständnis nationaler Gesetze, internationaler Vereinbarungen und der Geschichte, aber auch eingerahmt durch

---

[74] vgl. auch Isaiah Berlin (1909-1997). Nach ihm muss es ein Minimum an Freiheit geben, damit das Individuum als frei gelten kann, die Gesellschaft funktionsfähig bleibt. Allerdings ist „Die Freiheit der Wölfe der Tod der Lämmer".

Kultur, Gewohnheiten, Gewissen und Erfahrung im Miteinander, also (ethisch) begrenzt durch die Freiheit anderer, einer Verantwortung anderen gegenüber: „Freiheit heißt, sich Verantwortung aufzuladen. Deshalb wird sie von vielen auch so gefürchtet!"[75]

Die europäischen Staaten haben aus ihrer leidvollen Geschichte und dem Umgang miteinander (nun endlich doch) viel Einsicht gezeigt. Sie haben gelernt über die Bildung der Union und in engen Kooperationen Souveränitätsverzicht hinzunehmen, eine Art akzeptierte Gleichheit (oder zumindest angenäherte Gleichheit), als eine Partnerschaft auf Augenhöhe, als bewusst getragene Einschränkung der Freiheit sowohl des Einzelnen wie des übergeordneten Staates. Für die USA z.B. gilt das Gegenteil. Sie lehnen jeden Souveränitätsverzicht gegenüber anderen Staaten ab. Inhärent zählt für sie „das Recht des Stärkeren", als Grundprinzip ihrer kurzen Geschichte, gepaart mit Nationalismus und Nationalstolz (Kap.2.4.1.). Eine auf Generationen bestimmende Verhaltensweise zwischen diesen beiden Blöcken, nach denen jede Annäherung nur latent wirksam bleibt.

Dass „Freiheit" – abgestimmt auf das gesellschaftliche Umfeld – Leistungsbereitschaft, Engagement und Energie beim Einzelnen freisetzen kann, ist keine neue Erkenntnis. „Es ist unglaublich, wie der römische Staat, nachdem er einmal seine Freiheit erlangt hatte, in kurzer Zeit aufgeblüht ist" (Sallust) – durch den wechselnden Einsatz von Konsuln, ergänzt mit anderen demokratischen Institutionen. Dass Freiheit, in Abstimmung mit den beiden anderen demokratischen Grundwerten, Gleichheit und Gerechtigkeit, und alle drei in der Hülle der Ethik, Prosperität und Wohlfahrt von Staaten bestimmt, ist zwar inhärent bewusst, aber kaum aktiv gefördert, letztendlich nur philosophisch diskutiert. „Namentlich die Freiheit ist das Ziel einer richtigen Staatsverfassung. Nach ihren unterschiedlichen Eigentümlichkeiten sollen die Nationen, Gemeinden [...] mit jeweiligen Gesetzen differenziert entsprechen" Und: „Das Menschengeschlecht befindet sich bei möglichster Freiheit am besten" (Dante). Und zwar im Sinne eines Wohlstands, möglichst für alle – als eben demokratisches Prinzip. „Der Staat ist eine vollkommene Gemeinschaft, die volles Selbstgenügen ohne jede Einschränkung besitzt und [...] also entstanden ist um des Lebens willen, aber um des Gutlebens willen da ist" (Aristoteles).

Gleichheit
Allgemein versteht man unter Gleichheit die Gleichheit vor dem Gesetz, zumeist in einer Verfassung verankert. Gesetz ist ein sich in ständiger Veränderung befindlicher, staatspolitischer Begriff, auf eine Nation begrenzt, daher nicht konform einer „Gerechtigkeit" per se, wie oben diskutiert. Wir interpretieren üblicherweise den

---
[75] Shaw Georg Bernard, in: Zivilgesellschaft.

Begriff darüber hinaus, also Gleichheit auch ethisch, moralisch (so wie hier). Damit allerdings verwischt sich der Begriff, wird undeutlich, individuell bezogen.

Gleichheit begrenzt ebenfalls die Freiheit des Einzelnen. Während Gleichheit und Gerechtigkeit sich kongruent verhalten, wird die Freiheit des Individuums sowohl durch die Gerechtigkeit eingeschränkt (wie wir oben gesehen haben) und genauso begrenzt eben Gleichheit die Freiheit des Einzelnen zu jedem anderen, eben mit der Gleichheit jedes Einzelnen dem anderen gegenüber. Gleichheit bedingt eben Gerechtigkeit, et vice versa, und Freiheit widerspricht beiden, schränkt sie jedenfalls ein. Gleichheit und Gerechtigkeit sind (eher) fassbare, konstruier- und steuerbare Eigenschaften, theoretisch gestaltbar durch den Staat. Freiheit hingegen bleibt imaginär, unbestimmt, individuell, auf den Einzelnen bezogen, darüber hinaus variabel.

Wie die Begriffe „Gerechtigkeit" und „Freiheit" zwar in Demokratien per se selbstinterpretierend verstanden werden, widerspricht die Praxis der „Gleichheit" in den westlichen Demokratien unzweifelhaft den allgemeinen diesem Begriff zugeordneten Eigenschaften. Also, selbst in demokratisch gereiften Gefügen, wie wir sie in Westeuropa erleben – wenn auch öffentlich als selbstverständlich –, ist Gleichheit alles andere, als auch so gehandhabt und geübt. Zwar gilt nach dem Grundrecht des Bürgers, der Wahl, eine Person = eine Stimme, damit gleiche Wertigkeit jeder (wahlberechtigten) Person, aber darüber hinausgehend bleibt von der Gleichheit schon nicht mehr viel übrig. Und selbst die Stimmabgabe ist, wie wir erfahren haben (Kap. 5.3.1.), ein über Interessensgruppen ganz eminent beeinflusster Prozess.

Abgesehen von Spitzfindigkeiten, ist der Grundsatz der Gleichheit in praxi vielfältig durchbrochen:
- In der Frage der Behandlung, Meinungsbildung und Umsetzung von Entscheidungen, innerhalb selbst Gleichheit voraussetzender Teilhabe, z.B. in Vereinen, Parteien, Institutionen, Freundeskreisen, innerhalb gleicher Hierarchie in Unternehmen, sogar in der Familie, etc., ist, alleine schon aus soziologischen Erwägungen, Gleichheit zwangsläufig immer verletzt, wenn auch überwiegend unter den Beteiligten akzeptiert.
- Die Durchsetzung „seines Rechts" nach dem Gesetz erfordert – trotz oder wegen der Wirkung der Macht der Staatsorgane – Mut, psychische Stärke, moralische Unterstützung und zumeist finanzielle Mittel. Ferner, außerhalb des Gesetzesrahmens, noch Position/Einfluss, Netzwerke und Durchsetzungsvermögen, also Tugenden und Ressourcen, die zwangsläufig Gleichheit aufheben, als tagtäglich zu beobachtender Prozess.

Gleichheit selbst ist also, in demokratisch gesunden und wohlhabenden Volkswirtschaften, ein nicht selbstverständlicher Begriff, wie sieht es dann zwischen und in anderen Staaten aus? In den Vereinigten Staaten z.B., bei anderem Rechtsverständnis (Kap. 2.4.1. u.a.), erfordert die Durchsetzung des „individuell gefühlten" Rechts den „Kampf ums Recht"[76], und zwar ohne staatliche Unterstützung, was zwangsläufig den Wohlhabenden privilegiert und die breite Masse weitgehend ausschließt. Vielleicht eine der Erklärungen, warum der Abstand zwischen Arm und Reich immer größer wird (vergleichend zu den europäischen Staaten) und die Anzahl der Strafgefangenen ein Vielfaches des europäischen Durchschnitts zählt. Ähnlich verhält sich der US-Staat gegenüber der Weltgemeinschaft. Mehr oder weniger verdeckt, aber offensichtlich wirksam genug, um nicht übersehen zu werden, wird wirtschaftliche und/oder militärische Macht im Sinne „Alles, was Amerika nützt, ist rechtens" gegen mehr oder weniger Widerstand – je nach Abhängigkeit – durchgesetzt oder es kommen (partnerschaftliche) Kooperationen nur dominiert, jedenfalls nicht unter „Gleichen" zustande. Gibt es gemeinsam mit anderen Staaten internationale Projekte, führen und bestimmen im Wesentlichen immer die USA. Z. B. einige Regelwerke der UNO, denen die USA nicht beitritt, wie die internationale Kontrolle ihres eigenen menschenrechtlichen Verhaltens, die Zuständigkeit des Internationalen Gerichtshofes für US-Bürger, die Verpflichtung zur Nichtführung bestimmter Kriegswaffen, etc. Die Vereinigten Staaten werden auch niemals eine Rechtsordnung aufkommen lassen, an welche sie sich binden müssten.[77] Jeder weitere Staat hat so, was die Gleichheit betrifft, seine Eigenheiten. Weiter in die Tiefe zu gehen, würde den Rahmen sprengen (uns hier auch nicht weiterbringen).

So sehen wir, dass diese „Axiome" einer Demokratie zwar Grundsätze und Regeln bestimmen, auch wenn sie nicht eindeutig fassbar sind. „Alle Definitionen können ohne Verlust der gegebenen Information weggelassen werden. Daraus folgt, dass in der Wissenschaft alle wirklich notwendigen Begriffe undefinierte Begriffe sein müssen [...] (Anm.: Demokratie, Freiheit, Gleichheit, Pflicht, Religion), sind Begriffe, die hinzunehmen sind. Sie werden häufig genug missbraucht" (Popper). Er bestreitet (zu Recht), dass der Versuch sie zu definieren, die Situation verbessern kann. Und weiter: „Daraus folgt, dass in der Wissenschaft alle wirklich notwendigen Begriffe undefinierte Begriffe sein müssen."

---

[76] Haller G., *Die Grenzen der Solidarität...*
[77] Vgl. ebd.

5.4. Konvergenz oder Divergenz der Staatsformen

Seit der Sesshaftwerdung des Menschen, so vor rd. 8.000 bis 10.000 Jahren, haben sich erste Gemeinschaften, später Dörfer, Städte, Nationen, Dynastien und Weltreiche gebildet, vielfach bis zur Hochblüte entwickelt, sind jedoch auch immer wieder vergangen – und zwar unabhängig von der Art ihrer Staatsform. Aufkommen wie Vergehen blieben vielfach im Dunkel der Geschichte. Kaum möglich war es bisher, aus der Vielfalt der weltweiten staatlichen Veränderungen Ursachenmuster, geschweige denn axiomatische Gemeinsamkeiten abzuleiten. Nur eines bleibt undiskutabel, der Wandel, die immerfortwährende Veränderung, auch der menschlichen Gesellschaften, und mit ihr, wie sie ihre Organisationen gestalten. Davon ist immer auszugehen.

Der Autokratie ordnen wir absolute Monarchen und Diktatoren zu. Wobei hier wiederum – zu unserem eindimensionalen Modell – beide Systeme, der absolute Monarch oder Diktator, zwar theoretisch alleinige Entscheidungsgewalt beansprucht, jedoch in praxi – alleine aufgrund heutiger Komplexitäten der Staatssysteme – Macht auch abgeben muss und sich so bereits auf unserem eindimensionalen Modell zwangsläufig ein Stückchen Richtung Demokratie bewegt. Auf historische Begründungen – im Rahmen der Erbfolge oder aus revolutionären Umbrüchen oder gewaltsamen Übernahmen – ist hier nicht weiter einzugehen, es sind keine Systemänderungen. Jedenfalls ist in Autokratien die demokratische Gewaltenteilung aufgehoben oder zumindest eingeschränkt. Freie Wahlen im Sinne demokratischer Formen sind nicht möglich, wenn auch – optisch, populistisch oder für bestimmte Entscheidungsbereiche, die jedenfalls die Autokratie nicht gefährden – durchaus üblich (siehe ehemalige oder auch noch heute bestehende sozialistische Staaten oder die vielen Quasi-Demokratien).

Momentan, gegen Ende der Aufklärung nun, geht der Trend weltweit eindeutig in Richtung Demokratie, als Resultat revolutionierender Medienvielfalt (beginnend bei Gutenberg, et al.) und explodierend technologischer Innovationen. Unsere heutigen Demokratien sind allerdings noch jung – Staatszyklen ziehen sich über Generationen hin. Ob sie sich nachhaltig für die Menschheit bewähren, ist noch offen. Diese zweite Art von Demokratie (als erste, die der Antike und der alten Stadtstaaten) scheint in den westlichen Beispielen – nach bisher geübtem Muster – ihre Grenzen erreicht zu haben. Dass der erreichte Wohlstand wie die Freiheit der Person, etc., Euphorie in allen anderen wirtschaftlich noch aufzuholenden Ländern zündet, ist dennoch nur natürlich. Ihr Reifeprozess jedoch, sofern demokratische Prozesse gelingen, wird kürzer sein – zumindest bis zu dem Stand, den westliche Demokratien erreicht haben –, aber auch die organisatorischen und politischen Diskrepanzen werden noch ausufernder sein (weil eben Reife auch Zeit benötigt), als wir sie erlebt haben. Und weil wir eben in Europa erfahren haben wie viel Leid solche Reifeprozesse mit sich bringen, wird der (aufholenden) Welt diese Erfahrungen nur erspart bleiben, wenn die herrschenden Demokratien ihre gestaltenden Prozesse überdenken, menschenorientierter gestalten und den nachfolgenden Nationen helfen massive Fehler zu vermeiden. Gelingt dies nicht, stellt sich die Demokratie selbst infrage. Die Zyklen in den Entwicklungsstaaten werden zwangsläufig wesentlich kürzer ausfallen, mit der Gefahr, vielfach wieder in diktatorische Regimes zurückzufallen.

Heute zeigen uns die unterschiedlichsten Formen etablierter Demokratien, inwieweit tatsächlich demokratische Prozesse wie wir sie persönlich und theoretisch verstehen, d.h. „eine Person, eine Stimme", Gleichberechtigung, Menschenrechte, etc., tatsächlich verwirklicht werden. Der Blick zurück lässt zweifeln. Zwar verstehen wir in Mitteleuropa unsere Systeme doch als relativ demokratisch, bei (begrenzter) Freizügigkeit der Person, der freien Meinungsäußerung, im Güteraustausch, etc., allerdings nehmen die Zweifel zu (Kap. 7.6.).

Trotz allem Wissen, das heute bis in die kleinsten Facetten und überall vorhanden ist, stagniert in den demokratischen Staaten der Wohlstand, beginnen wir an unserer Wettbewerbsfähigkeit zu zweifeln, kommen Unsicherheiten auf (ökologische, zur Bevölkerungsentwicklung, etc.), fehlen uns plötzlich (volkswirtschaftliche) Perspektiven. Wir sind nicht in der Lage unser ungeheuer angesammeltes Wissen zur Lösung der globalen Probleme ein- und umzusetzen. Denken wir 200 Jahre zurück: In Paris (Kap.4.2., Montesquieu) kamen für Literatur, für Bücher, nur einige Tausend Interessenten infrage und dennoch bewirkte die Zeit ungeheure Veränderungen. Darüber hinaus sehen sich heute die doch wenigen in „demokratischen Wohlstand", einer aufholenden Masse gegenüber, mit der nun um Wohlstand, Sicherheit und die Ressourcen der Welt zu kämpfen ist, mit Tendenzen zur Angleichung der Lebensstandards, einem Downgrading für demokratische Staaten.

Sind Demokratien, im Vergleich zu autoritären Regimes, gerechter, menschenorientierter, also beständiger, nachhaltiger? Aus dem vorigen Kapitel ist abzuleiten, dass die demokratischen Grundwerte in autoritären Strukturen nur bedingt wirksam wären. Aber auch, dass jeder dieser Werte in einer Gesellschaft, auch in der Demokratie, zu relativieren ist, beide Systeme sich möglicherweise sogar treffen können. Gemeinsamkeiten sind denkbar, und zwar unter Ausschluss jeweils negativer Elemente. Dann, und nur dann, wäre Konvergenz möglich (Kap.8.2.).

Staatsformen bleiben per se also nie endgültig. Und auch bestehende demokratische Staatsformen werden sich gesellschaftlichen Entwicklungen anpassen müssen. Gelingt es nicht, einmal gesetzte Standards und Verfassungen, mit deren unendlichen Ableitungen und Interpretationen, an die aktuell veränderten Bedürfnisse (internationaler Wettbewerb, natürliche Ressourcen und Klima, Wohlstandsgefälle, insb. ethische Werte, etc.) anzupassen, werden inflexible Nationen den wettbewerblichen Auseinandersetzungen zwangsläufig nicht standhalten können, und mit ihnen das Heer der Abhängigen, Alten und jener mit niedrigem Einkommen; bei wuchernden Verwaltungsstrukturen, in denen sich Privilegierte, die Eliten, geruhsam einnisten. Konvergenz der Staatsformen ist also nicht zu sehen. Im Gegenteil, es bleibt – mit heutigen Strukturen und heutigem Verhalten – ein ständiges Wechselspiel.

Demokratie, als Pauschalbegriff einer Volkswirtschaft, sagt noch wenig darüber aus wer nun tatsächlich regiert und wie sich die Macht eines Staates bildet und manifestiert. Insbesondere seit dem 20. Jahrhundert finden wir in den Staatsordnungen sogenannter Demokratien unterschiedlichste Ausprägungen, wobei keine dieser Formen vergleichbar erscheint. Sowohl aus der Historie, der kulturellen Entwicklung einer Nation wie auch den unterschiedlichen und dynamisch sich formenden und laufend ändernden Interessen und Kräften einer Gesellschaft, verändern sich auch Verhalten und Einstellung der Bevölkerung, wie eben auch in weiterer Folge – mehr oder weniger, je nach direktem Einfluss – das staatlich demokratische Verhalten und seine internationale Darstellung. Die Bandbreite reicht von Demokratien westlicher Prägung, mit Ein- oder Mehrparteienpräsenz, bis zu sich rein autoritär gestaltenden Regierungsformen, die mit dem westlichen Begriff einer Demokratie wenig zu tun haben.

Insbesondere neuere Untersuchungen, z.B. ein „Demokratienparameter" der westeuropäischen Demokratien[78], zeigt, wie gut z.B. 30 etablierte Demokratien die allgemein anerkannten Prinzipien Freiheit, Gleichheit und Kontrolle umsetzen. Ein Ranking, das sowohl die Anzahl der Parteien, Mitbestimmung auf verschiedenen Ebenen, nach Berichten über die Methoden der Exekutive, Anteil der Frauen in Regierungsfunktionen, Vetomöglichkeiten der obersten staatlichen Institutionen und anderes mehr berücksichtigt, und wie Staaten eben allgemein anerkannte freiheitliche Grundthemen – Vereinigungs- und Meinungsfreiheit, Gleichheit, Recht auf Selbstbestimmung und auf körperliche Unversehrtheit, Transparenz politischer Prozesse, u.a. – anerkennen und auch praktisch umsetzen. Danach bewegen sich hier z.B. die skandinavischen Länder im obersten, Deutschland und die Niederlande im oberen und die Schweiz und Österreich nur im Mittelfeld.

Wenn solche Untersuchungen auch, die darüber hinaus sehr aufwändig sind, einen interessanten Überblick über die Partizipationsbreite der Bürger und der Verankerung demokratischer Prozesse in ausgewählten demokratisch geführten Staaten geben, bleiben sie eine grobe empirische Untersuchung des Status quo (aktuell präferierter Eigenheiten) und lassen uns die Tiefe der komplexen Prozesse und die ungeheure

---

[78] Universität Zürich und Wissenschaftszentrum Berlin, 2011.

Variationsbreite ihrer Spielarten und Anwendungen, abgesehen von der inhärenten Dynamik, nur erahnen, geben uns jedenfalls Anlass und Möglichkeit, vertiefend vorzustoßen.

6. Präjudizierende Mechanismen

Oben nun demokratische oder totalitäre Systeme für eine Volkswirtschaft die nachhaltig bessere Form wären, ist – wenn man überschneidende Formen wie z.B. konstitutionelle Monarchie, Oligarchie, u.a., ausblendet – aus bisherigen Überlegungen nicht eindeutig abzuleiten; auch wenn wir, nach Historik und derzeitigem Umfeld sowie gesellschaftlichem Denken, durchaus Präferenz für demokratische Formen empfinden (das allerdings persönlich wertend). Die interne Akzeptanz eines Staatengebildes hängt aus Sicht der Staatsbürger allgemein – unabhängig von persönlichen Positionen – vermutlich vom Saldo einer, wenn auch unklar definierbaren Leistungsdimension ab (als empirisches Fakt), wie es eben der Bürger per se empfindet. Dennoch bleibt es nur bedingt nachhaltig, überwiegen doch für ihn aktuelle Einflüsse und gerade opportune mediale Trends.

Selbst wenn Versuche der Optimierung der demokratischen Prozesse in den letzten Jahrzehnten in den westlichen Demokratien zu erkennen sind (zu direkter Teilhabe, bei durchaus gegenläufig negativen Einflüssen), mehren sich Zeichen demokratischen Verfalls in den seit Jahrzehnten etablierten Demokratien. Der weltweit um sich greifende Trend, autoritäre Strukturen (zumeist undifferenzierbare Mischformen) in demokratische Systeme überzuführen – eingeleitet durch äußere oder innere Kräfte – zeigt, besonders bei den jüngeren Demokratien, wie weitgehend unkonsolidiert und organisatorisch schwach, politisch wie auch menschlich unreif, die Prozesse ablaufen. Die Defizite sind sowohl systembedingt wie auch auf mangelnde Erfahrung und mangelndes Wissen zurückzuführen. Es wirkt überwiegend emotionale Dynamik (verbrämt mit persönlichen Interessen – dies galt zwar schon immer, und wäre kein entscheidendes Hemmnis der demokratischen Entwicklung). Gerade das 20. Jahrhundert, das Jahrhundert des Aufbruchs und der Reifung einer Reihe von modernen Demokratien, zeigt doch wie überfordert sowohl die Menschen wie es auch die jungen Demokratien sind. So können sich in den noch labilen Strukturen sehr schnell wieder die alten gewachsenen Netzwerke festsetzen, langsam, im Hintergrund, den demokratischen Prozessen entgegenwirken. Bleiben doch, beim Wandel von einem System zum anderen, die alten menschlichen Verbindungen weitgehend konstant erhalten; Netzwerke, die verdeckt weiter wirken. Sind doch die demokratisch sich bildenden Kräfte noch zu unerfahren, zu wenig strukturiert, eben „vernetzt", um die kontinuierliche Entwicklung eines unbelasteten demokratischen Prozesses zu sichern.

Demokratie, als Begriffsrahmen, umreißt ein Staatssystem nach allgemein anerkannt demokratischen Kriterien (wie erwähnt) – wenn auch je nach Land unterschiedlich ausgestaltet und verstanden, dazu variabel im Zeithorizont. Für den Staatsbürger hingegen, mit persönlich gefärbter, unterschiedlicher Nuancierung, je nachdem, ob das System (bereits) bürokratische Züge aufweist und/oder wirtschaftliche Probleme herrschen, ergänzt mit dem Wunsch nach Freiheit, Selbstständigkeit, vielleicht auch nach Gerechtigkeit und Gleichheit. Jedenfalls aber erwartet er die Verbesserung seines Lebensstandards, (grenzenlose) Entfaltung seiner Persönlichkeit, die Erfüllung seiner Träume, vielleicht auch Macht und Prestige, die Sicherung seiner Existenz und Unterstützung in finanzieller oder gesundheitlicher Not. Wünsche, die Diktatoren für ihre Anhängerschaft schneller und leichter erreichen können, als demokratische Bewegungen; jedenfalls Perspektiven aufzeigen, vielleicht auch erste Ansätze realisieren können. Haben sie sich aber erst mal stabilisiert, müssen sie zwangsläufig die Ressourcen zur Stärkung des Systems, zum Nachteil der breiten Masse, umsteuern (es geht eben immer um die Frage der Verteilung, schließt sich doch der vergleichende Wohlstand für alle ja aus (L.v. Stein, M. Weber, M. Horkheimer, u.a.). Beginnen aber Demokratien sich durchzusetzen, zu wirken und sich zu entfalten, sind sehr schnell Grenzen des Machbaren, die Utopien hehrer Ziele zu erkennen, eben der Freiheit, Gerechtigkeit, Gleichheit, vor allem, dass schlussendlich auch die Demokratie – will sie überleben – Kraft und Dynamik des sowohl allgemeinen wie auch individuellen Einsatzes bedarf (Kap. 5.3.3.).

Können wir uns diesen Zusammenhängen anschließen, dann ist auch klar, dass Macht und Ressourcen (Vermögen und Leistung) treibende Kräfte des Staates wie auch des Einzelnen bleiben, mit der Frage, wie und in welchem Zeitrahmen sind diese Erfolge zu realisieren? Der Einzelne, fehlt ihm Vermögen, damit Macht und Einfluss, wird versuchen Gleichgesinnte zu finden, konzentriert über Interessensgruppen, Peergroups, um damit schlagkräftiger seinen Willen durchzusetzen. Wäre es realistischer, gestützt auf charismatische Führer (Kap. 7.2.) und/oder mit politischem Einfluss, persönliche Ziele zu erreichen, wird man es nützen (letztendlich bestimmt das zu erwartende Resultat). Vielleicht hemmt noch das Menschliche (das Soziale, die Ethik und Moral, die Solidarität, Kap. 5.3.5.), was allerdings in einer zunehmend kapitalistisch (besser egoistisch) denkenden Welt immer mehr verdrängt wird. Da der Mensch jedoch die archaische Stammesgesellschaft schon lange hinter sich gelassen hat, in der durchaus noch fähige, vernetzte und charismatische Persönlichkeiten ihre Interessen gegen weniger Wettbewerb durchsetzen konnten, bleibt den Milliarden politisch Abhängiger eben nichts anderes übrig, als ihr Heil im Schlaraffenland von

Gleichheit, Gerechtigkeit, etc., jedenfalls in der Wohlstand und Glück versprechenden (wenn auch alles andere als transparenten Philosophie) der Demokratie zu suchen. Eben zu versuchen, sich so hoch wie möglich in den komplexen Hierarchien der Machtgefüge zu positionieren, um möglichst viel von den wirtschaftlichen, menschlichen und positionsbedingten Benefizien zu erheischen, sei es legal oder illegal (je nach Struktur und Wirksamkeit der Kontrollgefüge).

So bedingen sich politische Entscheidungen, damit auch Einstellung und Vernunft wie auch dann die Stabilität, wiederum, unabhängig von der Art des Regierungssystems. Auf den Willens- und Entscheidungsprozess einzugehen führe hier zu weit.[79] Zusammenfassend erklären lassen sich jedoch im demokratischen Umfeld diese Prozesse (in der „reinen" Autokratie gilt dies nur eingeschränkt). Aus den jeweiligen (zufälligen) Umfeldbedingungen ergeben sich aber konzentrierende Einflüsse, und kraft charismatischer Persönlichkeiten, als Katalysatoren, Massenbewegungen, Anzeichen kritischer Interessensverschiebungen. Bereits Le Bon[80] analysierte diese Beweggründe der Massenpsychologie. Politik reagiert immer sehr sensibel darauf. Sind die Repräsentanten innerhalb ihrer Netzwerke einflussreich genug, können sie politische Prozesse einleiten, gegensteuern oder verstärken. Und zwar völlig unabhängig von der „strategischen Positionierung" des Staates. Sie greifen also – und zwar somit aus zufälligen, aber für die Masse aktuell massiv spürbaren Erscheinungen – Themen auf und popularisieren sie, und zwar ohne Rücksicht auf die Komplexität der Vernetzungen der Entscheidungen sowie der Folgen (sofern sie mit den Fehlern nicht identifiziert werden – und das erfolgt erfahrungsgemäß in einer Demokratie nie).

Wir sehen also, einerseits wirken im politischen Geschehen eines Staates „zufällige", sich in der Öffentlichkeit kulminierende Themen – aus komplexen unendlichen Ereignissen (aus Chaos) –, um schlussendlich über die Medien, die Massen, zu einem „dringlichen" politischen Problem zu werden, was für die Politik nach öffentlichkeitswirksamer Lösung drängt. Andererseits filtern aber auch eine Reihe von sehr stabilen Mechanismen innerhalb des Staates (Verharrungsvermögen, Verdrängung, fehlende persönliche Verantwortung und Zuständigkeiten, rational nicht fassbares, etc.) die Vielfalt dieser Ereignisse aus oder kanalisieren sie nach einerseits demokratischen Regelwerken oder andererseits eben nach den folgenden präjudizierenden Mechanismen.

---

[79] Neuberg A., *Elitäre Parasiten*, 2010.
[80] Kap. 7.3., Die Kraft der Führung.

6.1. Staatliche Verwaltung und Bürokratie

Zwei Themen bestimmen (eigentlich schon immer) den Umfang und Einfluss der staatlichen Verwaltung: Die Effizienz des Apparats und das Verhältnis der Kosten zur Gesamtleistung der Nation. Dass z.B. in den westeuropäischen Staaten, nach Ende des Zweiten Weltkrieges, sich der Anteil staatlicher und halbstaatlicher Leistungen am Gesamtsozialprodukt annähernd verdoppelt hat und erst sehr spät – nach gravierenden Kostenproblemen und Widerstand der Öffentlichkeit – zu stagnieren beginnt, ist bekannt. Schon weniger bekannt jedoch ist die Tatsache, dass – im Zuge kurzer Wahlzyklen und dem kontinuierlichen Zwang der gerade regierenden Partei, nämlich zur Sicherung der Wiederwahl – der Staat, besser die jeweils gerade herrschende Regierung, für ihre Interessensgruppen immer wieder neue Verpflichtungen eingeht, mit Belastungen, die in die Jahrzehnte gehen (z.B. Renten und Pensionen, vielfältige weitere Sozialleistungen, Zinsen und Tilgungen, etc.). Und bekannt ist auch, dass damit die Schulden ständig steigen. Aber weitgehend für die Öffentlichkeit unbekannt sind die tatsächlichen Belastungen in der Zukunft. Werden sie einmal realistisch auf den Barwert abgezinst, ergeben sich solch gewaltige Verpflichtungen, die – falls sie überhaupt so wirken werden wie im Gesetzeswerk reglementiert – nur über kontinuierlich hohe Wachstumsraten geschultert werden könnten (und keine nennenswert weiteren dazukämen). Erschwerend kommt hinzu, dass sich diese Mehrausgaben ausschließlich Richtung Soziallasten bewegen, d.h. für Ausgaben zu Konsumzwecken, statt Investitionen zur Leistungsverbesserung. Der Abbau der Verschuldung scheint in wirtschaftlich reifen Staaten wenig wahrscheinlich (auch im Angesicht demoskopischer Daten) und gefährdet darüber hinaus die finanzielle Stabilität, in weiterer Folge die Solidität, sogar Existenz. Der politische Freiraum wird auf Jahrzehnte hinaus eingeengt und verhindert wachstumsbedingende Investitionen und Förderung der Bildung. Für Außerordentliches (Katastrophen, Krisen, kriegerische Auseinandersetzungen, externe Hilfen und Beiträge, etc.) verbleibt nichts.

Die westlichen Staaten haben sich so, in der dritten Generation ihrer Demokratien, in ein demokratisch nicht mehr korrigierbares Patt hinein manövriert. Über die annähernde Verdoppelung der Staatsquote waren die Staaten bisher in der Lage, bei aber auch nachhaltigem Wachstum, publikumswirksam, also über demokratische Prozesse, die sozialen Wohltaten ständig weiter aufzustocken. Bei einer annähernd 50 %-igen Staatsquote jedoch, ist einerseits jede weitere Erhöhung leistungsfeindlich, d.h. kontraproduktiv, und andererseits gegen zunehmende Widerstände demokratisch auch nicht mehr durchzusetzen. Gab es doch bereits in der zweiten Generation ausreichend Hinweise auf die katastrophale Entwicklung zunehmender sozialer Absicherungen. Keine Frage, die Praxis zeigt, die demokratischen Staaten werden weiterhin versuchen sich in den nächsten Jahren durchzuwursteln, über immer feinere und ausgeklügeltere Belastungen die Insolvenzgefahr zu kaschieren – eben um selbst persönlich gut über die Runden zu kommen. Nicht nur die Politik weiß es, sondern auch eine weitgehend aufgeklärte Bevölkerung. So haben wir das Phänomen, dass die auf uns, oder besser auf die kommende Generation zukommenden Probleme, ganz offensichtlich alle gemeinsam verdrängen (als ein durchaus bekanntes psychologisches Phänomen, sinnvoll als Selbstschutz) – die Anzeichen spitzen sich zu. Beobachten wir nur wie mühsam Staaten versuchen Krisen, ausgelöst durch mächtige, international agierende Interessengruppen und unterschiedlich leistungsfähige Staaten, in den Griff zu bekommen. Leistungs- und Überschuldungskrisen, die schließlich irgendwie bereinigt werden müssen oder, besser (und pragmatisch), ganz einfach verschoben werden. Die Frequenz der Eskalationen nimmt jedoch zu – es gibt kein Entrinnen, mit dann völlig logischen Konsequenzen (Kap. 6.5.).

Wie schändlich ist es doch diese allgemeinen Tatsachen, die viele kennen und jeder erahnt, sowohl in öffentlichen Diskussionen wie auch im politisch internen Verhalten zu übergehen (statt die Bevölkerung vorzubereiten und professionell – selbstlos – gegenzusteuern). Fruchtlose Argumentationen dazu sind Legion – wie eben alles, irgendwie aus ausweichender oder eingeschränkter Sicht, als durchaus logisch erscheinend vertreten werden kann, auch wenn sich die Staaten in immer ausweglosere Situation begeben. Da hilft auch nicht die Verlagerung von Aufgaben an halbstaatliche oder private Institutionen, die Splittung verschiedener Steuern und Gebühren, die Überwälzung von Prozessen an die Privatwirtschaft und die Bürger, die Verschiebung von einkommensabhängigen auf verbrauchsabhängigen Steuern sowie solche auf untergeordnete Verwaltungsstellen (Landkreise, Kommunen) oder verschärfte Fahndungen. Egal wie komplex verschachtelt und verzweigt und damit immer intransparenter die Gesamtbelastung bleibt, die Nation muss sie doch irgendwann selbst tragen.

Was die Effizienz staatlicher Verwaltung betrifft, bemüht man sich immer wieder und redlich die Kosten der Bürokratisierung einzudämmen, und zwar seitdem öffentliche Verwaltungen bestehen – seit Hunderten von Jahren. Mit dem Erfolg, dass der Apparat trotzdem wächst, die Kosten steigen und die nachhaltige Belastung unvermindert zunimmt. Es ist eben systeminhärent. Und zwar so lange, solange Eigenverantwortlichkeit fehlt, und die wirkt in sich nur dann, wenn mangelnde Effizienz sich auf das eigene Portemonnaie oder die Karriere niederschlägt. Es bleibt ein weitgehend ungelöstes Problem (was nicht die vielfältigen Versuche, gegenzusteuern, schmälern sollte), das zwar m.E. lösbar ist, jedoch hier nicht weiter berücksichtigt werden kann. Bekannt ist jedenfalls, dass in den westlichen Demokratien (Nordamerikas und Europas) seit dem Zweiten Weltkrieg (und schon vorher) die Staatsquote, der Anteil der öffentlichen Verwaltung am BIP, ständig gestiegen ist. Von ungefähr um die 20-25 % in den Fünfziger- und Sechzigerjahren bis auf annähernd 50 %, und der Beamtenapparat, der Anteil der Erwerbstätigen im Öffentlichen Dienst, sich bereits auf bis zu 20 % der Gesamtbeschäftigten einer Volkswirtschaft erhöht hat (trotz aller Auslagerungen, die per se nur kaschieren). Und unabhängig davon, dass im öffentlichen Bereich immer schon leistungs- und marktfern, dafür kontinuierlich entlohnt wurde – sowohl alters- und zugehörigkeitsbedingt wie auch inflationsbereinigt. Was zum Kuriosum führt, dass die Massen in der Privatwirtschaft, die sich – in Anlehnung an den wachsenden internationalen Wettbewerbsdruck – nur im Rahmen des jeweils wirtschaftlichen Erfolgs bewegen dürfen, mit annähernd stagnierendem, eher real fallendem Einkommen sich seit gut einem Jahrzehnt (und nur sporadisch inflationsbereinigt) zufrieden geben müssen. Der Staat besorgt sich seine Mittel zunehmend eben über den Konsum, eigentlich zulasten der Masse der Bevölkerung, derjenigen, die es (jedoch verdeckt) am meisten spüren, schlauerweise über eine schleichende Verlagerung auf indirekte Steuern, einem Instrument mit (nahezu unbegrenztem) politischem Spielraum.

Verstärkt wird das Ganze durch die Besonderheiten staatlichen Beamtentums, z.B. frühzeitige Pensionsansprüche, Vorteile in der Krankenvorsorge, gesicherte Beschäftigung, etc. Gibt es doch sowohl öffentliche wie halböffentliche Bereiche, in denen mit dem 50. bis 55. Lebensjahr (häufig noch darunter) qualifizierte Personen in die Rente gehen dürfen. Bei mehrfacher Belastung der Gemeinschaft: Nicht nur dass das Salär weiter bezahlt wird, entfällt auch der Leistungsbeitrag für die Volkswirtschaft, ferner für die Beiträge für Renten- und Krankenversicherung. Die übernimmt nun die Gemeinschaft. Die zunehmende Spreizung von Renten zu den Pensionsansprüchen öffentlich Bediensteter ist eine weitere Diskrepanz, die durchaus schon das Doppelte bis Dreifache betragen kann, und zwar noch unabhängig davon, dass die Rentenansprüche jener in der Privatwirtschaft Beschäftigten (aus verschiedenen Gründen) stagnieren, eher sogar fallen werden. Eine Hebelwirkung an Belastungen, die nur bei hohen Wachstumsraten geleistet werden kann. Selbst jede engagierte Kommission zur Rationalisierung des Verwaltungsapparats scheitert immer wieder, bleibt – wie die Praxis vielfach beweist – an den demokratischen Hürden hängen (besser, an Interessenskollisionen). Es sind Prozesse, die demokratisch rational eben nicht korrigierbar sind. Auch hier stecken reife Demokratien fest!

So sehr umfangreiche und starre Bürokratien uns im täglichen Leben auch verärgern mögen und enorme Kosten verursachen, haben sie doch während der letzten 200 Jahre – systematisch geformt unter feudalen Strukturen, weitergewachsen unter demokratischen oder autoritären Verhältnissen – trotz aller politischen Wechselfälle (von Monarchien über Demokratien, zurück zu Diktaturen und dann wieder zu Demokratien) staatstragende Stabilität weitgehend gesichert und, trotz geänderter übergeordneter politischer Ideologien, ihre generelle Aufgabe – die Organisation des Gemeinwesens – kontinuierlich getragen und so – unabhängig von politisch schwerwiegenden Wechselfällen, über Kriege und Friedenszeiten – historische

Erfahrungen und Entwicklungen mitüberliefert und selbst in den politischen Übergängen ihre grundsätzlichen Aufgaben aufrechterhalten, dem Staat und dem Souverän als geschultes und diszipliniertes Bindeglied gedient. Als nun mächtiger, kaum mehr durchblickbarer Koloss, hat er aber in den heutigen Staaten ein Eigenleben entwickelt, das selbst die drei grundsätzlichen Säulen der Demokratie dominiert, sie auch allemal überlebte. Die seit alters her grundsätzlich besser gebildeten Beamten (als der Durchschnitt der Bevölkerung) sicherten dem Herrscher die Umsetzung seiner Interessen – als eine streng auf ihre Aufgaben disziplinierte und absolut loyale Beamtenschaft. Dafür initiierte er Ausbildungsstätten, Schulen und Universitäten. Sie prägen, je nach fachlichem Schwerpunkt, n.B. nationalistisch ausgestattet, bis heute unterschiedliches Verhalten der Bürokratien und damit der Staaten (vergleichen wir nur Frankreich, Italien, Großbritannien, aber auch alle anderen). Diese nachhaltige (wenn auch wünschenswerte) Kontinuität birgt jedoch Eigeninteressen, eine Eigendynamik in sich, die – über die Komplexität der Zusammenhänge, alleine schon, da Bürokratien sich selbst beurteilen und korrigieren sollen – politisch nicht mehr in den Griff zu bekommen sind, die außerdem durch ihren stabilen Organisations- und Wissensvorsprung die Politik nicht nur als maßgebende Lobbyisten beherrschen sondern sie vor sich hertreibt.

Von ganz anderer Wertigkeit ist der Anteil des Aufwands des Staates zur Gesamtleistung. Ist einerseits, aus den vielfältigen und auch zeitlosen Interessen von mehr oder weniger einflussreichen Gruppierungen, eine radikale Kostenreduzierung in demokratischen Prozessen nicht möglich, verlagert sich der Aufwand immer weiter wachsender Aufgaben (aus eben den demokratischen Prozessen) auf vielfältige, für den Einzelnen nur marginal spürbare Einhebungsverfahren, über Auslagerung von Gebühren an private Institutionen, bis zu Zusammenfassungen und/oder Verlagerungen von Leistungen und Kosten in ausgelagerte Gesellschaften (und damit sogar fallender Transparenz der Kosten- und Kreditaufblähung). Die Verdoppelung der Staatsquote innerhalb von nur wenigen Jahrzehnten in den westeuropäischen Staaten, bestätigt den allgemeinen Trend. Dass die Leistungen des Staates (für die Wohlfahrt der Bürger) in gleichem Maße zugenommen haben, darf – nach dem aufwändigen Wiederaufbau nach dem Zweiten Weltkrieg einerseits und der wachsenden Belastungsverlagerung in die Zukunft andererseits – bezweifelt werden.
Demokratien haben so, wenn man einmal vom persönlichen Nutzen der Begünstigten in den Bürokratien absieht, in stagnierenden Wirtschaftszeiten – eben in Zeiten wirtschaftlich reifer Perioden – die systeminhärente Eigenschaft sich langsam aber sicher in Richtung eines finanziellen Kollapses zu bewegen. Ein Prozess, der durchaus mehrere Generationen umspannen kann, da alle diese Erkenntnisse bereits vor 20 bis 30 Jahren von Experten vorausgesagt wurden und es nochmals so lange dauern kann, bis eben der finanzielle (damit auch politische) Zusammenbruch eintritt.

Als begleitendes Übel bleibt ergänzend, dass – als Folge vielfältiger und marginaler Maßnahmen und Einschnitte – die persönliche Leistungsbereitschaft des Einzelnen negativ beeinflusst wird und sich die Einkommen so weit spreizen (dieser Trend ist weltweit zu erkennen), dass die Masse der Bevölkerung langsam und schleichend, fast unmerklich, immer mehr Kosten tragen muss, der Anteil am Wohlstand für sie abnimmt und die Verteilungskämpfe zu. Alles dazu noch demokratisch und öffentlich verbrämt mit einem doch „notwendigen Aufwand" für einen Sozialstaat. Was wäre denn dieser logisch erscheinenden verbalen Banalität schon entgegenzusetzen? Außer, dass Soziales tatsächlich auch bis ins letzte Glied sozial und gerecht sein muss, der Aufwand immer im rationalen Verhältnis zur staatlichen Gesamtleistung zu sein hat (und zwar nachhaltig) und individuelle Interessen dabei nichts verloren haben. Aber wer soll das schon beurteilen? Ferner, wie verhält sich „Soziales" eines Staates im internationalen Vergleich, besser in einer global und wirtschaftlich vernetzten Welt? Wie verzerrend wirken Unterschiede zwischen wettbewerbenden Nationen, z.B. bei chronischer Unterversorgung an öffentlichen Gütern und sozialen Sicherungssystemen (USA), bei Überversorgung (wie in den europäischen Staaten) oder ohne Versorgung (China, u.a.)?

Entscheidend ist doch, wie wir es in unseren reifen Demokratien erleben, dass offensichtlich Bürokratie und Politik ein immer stärkeres Eigenleben entwickelt haben, der Staat sich immer stärker vom wirtschaftlichen Zwang eines internationalen Wettbewerbs abkoppelt. Die Gestaltung der Verwaltung eine Eigendynamik entwickelt die rational, leidenschaftslos und interessensfrei, in demokratischen Prozessen nicht mehr korrigierbar scheint. Demokratische Organisationen sind eben keine autoritären, in denen charismatische Persönlichkeiten entscheiden können (egal, wie schmerzvoll Korrekturen für die Wohlfahrt der Gemeinschaft auch wären), sondern unterliegen dem Konsens. Der demokratische Staat ist also weitgehend immun gegen Rentabilitätsverbesserungen, immun gegen mehr Produktivität, er kann eben nicht bankrott gehen (zumindest geht der Prozess schleichend, über Generationen, und niemand ist persönlich verantwortlich – sic!). Auch vielfach gegenwirkende Maßnahmen, Kommissionen, Untersuchungsausschüsse, bleiben zwangsläufig in den demokratischen Prozessen stecken. Selbst wenn sie Erfolge aufweisen, sind sie im Gesamtverhältnis der staatlichen Verwaltung vernachlässigbar. Die private Wirtschaft wird über die Märkte gezwungen sich kontinuierlich anzupassen. Eine Anpassung in der öffentlichen Verwaltung schließt sich demokratisch aus. Selbst die offensichtlichen Diskrepanzen der Entwicklung von Renten zu den Pensionen, sind rational mit den Begünstigten in praxi nicht zu diskutieren. Entscheiden doch öffentlich Bedienstete über die Wohlfahrt wieder öffentlich Bediensteter, und damit über sich selbst. Ohne wettbewerbsneutrale Kontrollinstanz sind eben Wucherungen zwangsläufig vorprogrammiert. „In öffentlichen Aufgaben [...] bekommen die ungesunden Bereiche die größte

Aufmerksamkeit, weil sie die wildesten Verteidiger haben." (M. Bloomberg, Bürgermeister N.Y.).

Einerseits hat sich der Staat auf die tatsächlichen, staatstragenden, hoheitlichen Aufgaben zurückziehen – so gegensätzlich die Diskussion auch sein wird –, andererseits darf es nicht in Verlagerungen ausarten, bei denen n.w.v. Zugriff besteht. Und selbst die verbleibenden hoheitlichen Aufgaben sind – der technologischen und organisatorischen Entwicklung entsprechend – höchst professionell zu gestalten (was bisher jedem bürokratischen Prozess – und zwar in allen Systemen – widerspricht). Die Kernfrage ist, wann überschreiten die Kosten und die Hemmung wirtschaftlichen Freiraums den vernünftigen Aufwand für die Stabilität staatlicher, effizienter, zwingend notwendiger Verwaltung? Es bleibt nur einer wertfreien Diskussion, unter Berücksichtigung der internationalen Leistungsfähigkeit und Perspektiven vorbehalten. Ein Prozess, den Demokratien schwer zu leisten vermögen. Beeinflussen doch selbst diese alten und starren Strukturen das Denken der öffentlich Beschäftigten; eben genau jener, die qua Funktion korrigierende Maßnahmen ergreifen müssten. So kann es schon vorkommen, dass hohe Regierungsbeamte die Überzeugung vertreten, dass gerade erst der Staat erfolgreiches Wirtschaften der Privatwirtschaft ermöglicht – als paradoxe Umkehrung der Zusammenhänge, wie doch schon Bankrotterklärungen von Staaten erkennen lassen. Auch eine unmerkliche Entwicklung des Verhaltens der Bürokratien lassen vermuten, dass das Denken einer einerseits zwingend notwendigen Wirtschaftlichkeit des *gesamten* Staatsgefüges immer stärker in den Hintergrund tritt und andererseits ihre Aufgabe als Dienstleister zum Souverän sich ins Gegenteil verkehrt, in eine Einstellung (einer vermeintlichen Berufung) als Vertreter der inhärenten, alles umfassenden Macht der Staates, mit zunehmend leichtfertigem Umgang mit sowohl des Souveräns Freiheit wie Vermögen.

Wie bei vielen Merkwürdigkeiten staatlicher Systeme, ist insbesondere die Bürokratie – auch wenn sie erst in nennenswertem Umfang durch den Feudalismus geschaffen wurde – ein, und besonders unter demokratischen Verhältnissen, kaum in den Griff zu bekommendes Problem: „Ihre Macht ist umso größer, als nur die Beamtenkaste, als einzige, die unverantwortlich, unpersönlich und auf Lebenszeit angestellt ist, dem unaufhörlichen Machtwechsel entgeht [...]. So wird der Staat zu einem allmächtigen Gott. Die fortschreitende Einschränkung aller Freiheiten bei gewissen Völkern, trotz einer Ungebundenheit, die ihnen Freiheit vortäuscht, scheint eine Folge ihres Alters und ebenso sehr der Regierung zu sein. Sie ist ein Vorzeichen für die Entartung, der bisher noch keine Kultur entgehen konnte."[81]

---

[81] Le Bon, 1841-1931.

6.2. Primat des globalen Umfeldes

Insbesondere im Zuge der Vernetzung der Welt während des letzten halben Jahrhunderts, beeinflussen lokale Ereignisse auch benachbarte Staaten und initiieren Reaktionen und Handlungen. Sie erfordern gegebenenfalls, in einer enger werdenden Welt, den Einfluss internationaler Organisationen bei ernsthaften Abweichungen einzelner Mitglieder nach den Völker- oder Menschenrechten – vielfach aber auch nur vorgeschoben nach den von der Staatengemeinschaft erarbeiteten Grundsätze des menschlichen Miteinanders und der Menschenrechte. Nicht alleine daraus ergeben sich Spannungen, und der Wunsch nach Eingriffen in staatliche Autonomien, sondern häufig (verdeckt) aus Verschiebungen oder Verwerfungen, ausgelöst durch wirtschaftliche Verflechtungen oder des Einflusses natürlicher Veränderungen. Dazu einige wesentliche Themen der variablen Vielfalt der Interdependenzen:

Globale Determinanten wirtschaftlicher und menschlicher Vernetzungen
Seit die Tausch- durch die Geldswirtschaft abgelöst wurde, ermöglichte sie den Handel losgelöst von der körperlichen Ware und damit erst den grenzenlosen Austausch. Geld repräsentierte so Vermögen, das auch unbegrenzt thesauriert werden konnte. Angebot und Nachfrage regulierten mehr oder weniger den Preis, verfeinert auf so viele Kommastellen wie notwendig. Geld, als nun Wertmaßstab, ermöglichte aber auch aus betriebswirtschaftlicher Betrachtung die Kalkulation von Leistungen und den Vergleich mit dem Wettbewerb. Wobei, als stiller Konsens, eingesetzte Arbeitszeit (Dienstleistungen), Werkstoffe/Materialien (die ihrerseits wieder thesaurierte Arbeitszeit darstellen) und eine Verzinsung – alle drei mit zumeist vielfältigen Untergliederungen –, die die primären Kostenbestandteile darstellten (ergänzt natürlich in weiterer Folge mit dem erwarteten Gewinn, Kap. 6.5.). Usance und Konsens deswegen, da ein Einbezug der Kosten des Verbrauchs (der Vernichtung, des Abfalls) oder der Beeinträchtigung der natürlichen Umwelt, in der Menschheitsgeschichte eben nie notwendig war – alles war im Überfluss vorhanden. Natürlich spüren wir seit einigen Jahrzehnten, dass sich dies wandeln muss – alleine, es ist schwerlich umzusetzen. Es müsste eben – um die Vergleichbarkeit zu sichern – weltweit generell, und dies koordiniert erfolgen, was heute wenig praktikabel erscheint.

So ergeben sich zwangsläufig, je nach Land bzw. seiner Ressourcen, im Vergleich zum Ausland, Verzerrungen in den Produktionsfaktoren, die, unter Druck des internationalen Wertwettbewerbs, immer mehr die tatsächlichen Kosten und Belastungen verschleiern – und zwar ohne Rücksicht auf interne gesellschaftliche Zusammenhänge. Sie beruhen darauf, dass:

- der Produktionsfaktor Natur (den es ja heute in den Modellen noch nicht gibt) in Relation zur Arbeit zu billig ist (Arbeitsplatzvernichtung und Naturzerstörung haben ähnliche Ursachen),
- die Globalisierungstendenz der letzten Jahre die Verzerrung der Relationen noch bedeutend verschärfte,[82] und
- die kulturellen Unterschiede verschleiern. Unterschiede, deren differenter Nutzen für die Menschheit nicht annähernd abgeschätzt werden kann.

Haben sich über Jahrhunderte, nein, Jahrtausende, bis weit in die Aufklärung hinein, Staaten völlig autonom – nach ihrem eigenen kulturellen Hintergrund, ihrer ethischen Entwicklung, bestimmt von charismatischen Persönlichkeiten – entwickelt und entfaltet, vermerken wir bereits seit dem 19. Jahrhundert eine vergleichende Beurteilung der Staatssysteme auch in der Breite der Bevölkerung, wobei, je mächtiger und wirtschaftlich erfolgreicher eine Nation war, umso stärker war auch der Nachahmungswille. Kulturelle Hintergründe, Bildungsniveaudifferenzen und Machterhalt, beeinflussen zwar politische Annäherungen, werden immer aber auch durch wirtschaftliche Teilnehmer forciert.

Aus dem für die Menschheitsgeschichte nun völlig neuen Geflecht inniger internationaler Beziehungen auf allen denkbaren Ebenen, werden nun erst so richtig die unterschiedlichen kulturellen Hintergründe, die eben Staaten über viele Generationen geformt haben, bewusst – auch als Restriktionen gegen Veränderungen. Ganz im Gegensatz dazu vermeinen wir, die (von uns) heute als selbstverständlich verstandenen demokratischen Staatsformen (so undeutlich und unausgereift sie selbst noch sind), selbstgefällig und mit „Sendungsbewusstsein" auch anderen Staaten (in Nah- und Fernost, in Afrika) möglichst schnell überstülpen zu müssen. Verkennen dabei, dass doch zwangsläufig andere kulturelle, ethnische Gesellschaften, auch zu anderen Formen, zu anderen Nuancierungen führen. Einflüsse, deren Wirkung, Sinn und Nutzen, für ja gewachsene Bevölkerungsstrukturen, für ihre kulturelle Effizienz, wir kaum wertfrei beurteilen können. Sind diese „Schwellenländer" z.B. doch näher an der Familie, den bodenständigen Verhältnissen; Bande, die sich bei uns schon weitgehend aufgelöst haben, vielleicht wieder stärker in den gesellschaftlichen Mittelpunkt rücken müssen – ein Generationenprozess.

Technologie und Wissenschaft
Den Einfluss von Innovationen und ihre technologische Umsetzung im 20. Jahrhundert, mit unzähligen Einflüssen auf die Lebensumstände des Menschen wie

---

[82] Scherhorn G., *Wird der fordistische Gesellschaftsvertrag aufgekündigt?*, in: Grenzen-los?, Hrsg. Ernst Ulrich von Weizsäcker, Birkhäuser Verlag Berlin, 1997.

auch die der globalen Vernetzung, muss man nicht näher erörtern, jeder erlebt es selbst, die Literatur dazu ist unübersehbar. Viel wichtiger ist (hier) die Frage, ob eine derartig rasante Entwicklung auch für die Zukunft anzunehmen ist und welche Grenzen uns Wachstum, Ressourcen und Ökologie, auferlegen.

Aus der weltweiten Bildungsexplosion der letzten beiden Jahrhunderte ergab sich – wie niemals in der Menschheitsgeschichte zuvor – weitgehend allgemeine Bildung aller Bevölkerungsschichten; fast für jeden nun Zugang zu allem Wissen. Hat dieser Bildungsboom, und vor allem diese breite Wissenstransparenz, erst so richtig begonnen (insbesondere in Asien, Afrika und Südamerika), so ist auch nicht abzusehen, was das für die weitere Dynamik der Wirtschaft und die Mobilität und vieles anderes, vor allem für den Menschen selbst, insbesondere für die Wissenschaften, die Innovationen und deren praktische Umsetzungen, bedeuten wird. Zwar haben sich die Wissenschaften seit Beginn der Aufklärung ungemein diversifiziert, dennoch kann man sich des Eindrucks nicht erwehren, dass konträr dazu echte Durchbrüche eher abgenommen haben (z.B. aus der Grundlagenforschung, die – ähnlich wie nach den Kondratieff-Zyklen – auf Jahrzehnte hinaus neue Dynamiken bewirken). Vielleicht fehlen nun doch, und hemmen so, wissensübergreifende Interdependenzen die überschneidende Befruchtung der Fachgebiete. Paradoxerweise stecken wir in der kommerziell geprägten, atomistischen Differenzierung bestehenden Wissens, fest. Ergab sich doch bisher daraus, und nur daraus, das sogenannte Wachstum der letzten Jahrzehnte. Eigentlich sind doch so viele euphorisch begrüßte Neuheiten (vorwiegend im elektronischen und kommunikativen Bereich) nichts anderes als logische Folgen bereits seit Langem bestehender Basistechnologien.

Konsens besteht, dass für Nationen neue, „zukunftsorientierte" Technologien entscheidenden Wettbewerbsvorteil kreieren können, als bedeutender Wohlstandsgenerator, egal wie man nun über Wachstum selbst denkt (Kap.5.3.3.). Es führt zu bewusst renditegeprägter Forschung, einer Investition in Wissen (und Verhalten). Vorteile daraus sind allerdings immer kürzeren Zyklen unterworfen, daher nur temporär als Wachstumsmotor brauchbar – unter der Annahme, dass Staaten tatsächlich in der Lage sind, Know-how und Umsetzung zum Nutzen für die eigene Volkswirtschaft zu realisieren. Daraus folgt für eine Nation (ausgenommen naiver Altruismus[83])
   - nach Möglichkeit durchgängige Wissensakkumulation und -verbreitung,
   - Förderung der Innovationskraft (ein n.w.v. noch weitgehend ungelöstes Kapitel[84]),
   - bewusste Vernetzung neuer Technologien von und zu den relevanten Industrien,
   - effiziente Risikokapitalkultur (unterstützt und gefördert durch den Staat),

---
[83] Neuberg A., *Elitäre Parasiten*, 2010.
[84] Ebd.

- professionelle Begleitung der Vernetzungen bis zur marktfähigen Umsetzung,
- Schutz des Know-hows (zumindest es zu versuchen solange möglich; generell ist sowieso unkontrollierter Wissensabfluss nicht zu verhindern, es bleiben nur kurze „Inkubationsphasen") und
- weltweite Partnerschaften zu globaler Vermarktung anzustreben und – diversifizierend – ergänzende Anwendungen zu adaptieren.

Ein Ablauf, eine Kultur, die es in dieser Form – konzentriert und lückenlos – in den westlichen Demokratien bis heute so nicht gibt. Autoritäre Regierungen – wie z.B. China – zeigen vor wie eine professionelle zentrale Steuerung, dazu noch strategisch auf Jahrzehnte ausgerichtet, in der Lage ist andere Länder bewusst und systematisch zu überholen, in einem unglaublich kurzen Zeitraum mehrere Entwicklungsphasen zu überspringen, das Ganze dazu noch nationalbewusst und ausschließlich für den Erfolg der eigenen Nation (auch wenn diplomatisch verbrämt). Mit voller Nutzung westlichen Know-hows, rücksichtsloser Verhandlungsführung und – bei altbewährter chinesischer Taktik – alle anderen gegeneinander auszuspielen. Beweise gibt es genug, pragmatisch bekannt ist es allemal. Nehmen wir Beispiele heraus: Satellitengestützte Navigation. Das US-GPS (als eigentlich militärisches Instrument) ist weltweit bereits so integriert, dass die EU (aus durchaus egoistischen Gründen) sich entschlossen hatte ein eigenes System, Galileo, zu initiieren – und hat dazu auch Peking eingeladen. Dank jahrelanger Quereleien, entschloss sich China aber dann doch sein eigenes „Beidou" zu bauen und überholt nun zeitlich bereits Galileo. Oder die Solartechnologie. China, von den Europäern als verlängerte Werkbank betrachtet, besitzt heute bereits eine weit höhere Kapazität als Europa. Oder die Raumfahrttechnik oder das Energiekonzept oder die militärische Erneuerung oder ... Auf allen Ebenen – sofern es das Politbüro will – ist der Erfolg und die Einführung durchschlagender, wirkungsvoller, als in den vielfach verzettelten Institutionen westlicher Demokratien (und dem bisher so unzweifelhaft alternativlos inhalierten marktwirtschaftlich/kapitalistischen System, das nun für den Westen selbst zum Bumerang wird).

In freien Märkten sind Staaten nach demokratischem Muster – bei den weltweit überaus komplexen Zusammenhängen marktwirtschaftlich-individuellen Verhaltens und extrem verwobener Technologien und Märkte (nach Adam Smiths „unsichtbarer Hand") – eindeutig dann im Nachteil, wenn Nationen (und die müssen nicht einmal so mächtig sein wie China) konzentriert und strategisch richtig, die für das Land relevanten Technologien bestimmen und genau in sinnvoll technologischen Schritten, den Ressourcen entsprechend, handeln. Sie sind auch im Nachteil, wenn ein geschlossener „Käufermarkt" die Konditionen vorgeben kann, wer zu welchen Bedingungen liefern darf und was er dazu bereitzustellen hat (dazu noch bei dubioser Rechtssicherheit). Man muss sich einmal vorstellen, wie beim Handelspartner so über Jahrhunderte thesaurisiertes Know-how, gratis in dieses riesenhafte Land abfließt, um bereits in wenigen Jahrzehnten dann selbst einem übermächtigen Wettbewerber gegenüberzustehen.

Bekannt ist es sehr wohl im Westen. Allein die heutige Politik ist durch die Komplexität der vielfältigen Zusammenhänge, kaum mehr einheitlich aussagekräftiger Wissenschaften und besonders aus „eingebildeter" Abhängigkeit von diesem riesigen Markt (war der vor rd. 20 Jahren doch noch bedeutungslos!), sowohl fachlich wie auch menschlich, wie eben insbesondere durch die demokratischen Zwänge, überfordert. Das bisher so wunderbar funktionierende, freiheitliche und individuelle marktwirtschaftliche Verhalten, verhindert angepasste und konzertierte Reaktion – es ist eben systeminhärent. Forschungsergebnisse sind zu selektiv, empirisch – d.h. ex post abgeleitet und daher für die Zukunft nur bedingt aussagekräftig. Zunehmend wird auch deutlich – als jahrzehntelang verdeckter Wirkungsmechanismus –, dass deshalb auch einheitliche (populistische) Handlungsempfehlungen in einer komplexen Welt nicht so wirken können wie es sein müsste, vielfältige (chaotische) Verzweigungen verursachen, und der Handlungsspielraum somit begrenzt bleibt. Die empirischen Untersuchungen, die selektiven Analysen von Erscheinungen, bringen es immer deutlicher zutage, dass Wissenschaften und aktuell geübte Politik alleine uns nicht weiterhelfen, andere (brachliegende) Fähigkeiten (des Menschen) angezapft werden müssen. Bekannt sind sie, und auch nutzbar wäre das Innovationspotenzial, alleine die Philosophie des Staates hat sich diesen modernen Herausforderungen noch nicht annähernd angepasst.

Die Freiheit des Weltmarkts
Dass der Welthandel in den letzten Jahrzehnten exponentiell zugenommen hat, ist keine Neuheit. Dass es weiteres Wachstum und weitere internationale Vernetzungen geben wird, ist auch selbstverständlich – allerdings scheinen sich die Zuwachsraten zu stabilisieren. China und Indien sind die beiden Staaten, die den internationalen Warenaustausch der letzten Jahrzehnte entscheidend beeinflusst haben. Auch bei ihnen werden sich (ähnlich wie Japan in den Siebzigerjahren) Importe und Exporte, die Handelsbilanzdifferenzen, annähern. Abweichungen werden dann – wie immer schon – die wirtschaftlichen Vernetzungen und Leistungsströme verändern; allerdings überwiegend den Waren- und Leistungsaustausch des näheren Umfelds. Nähe bleibt ein entscheidender Faktor, falls Preisunterschiede nicht so eminent sind, dass sie unterschiedliche Rechtssysteme, kulturelle Risiken, Transport- und administrativen Aufwand im ferneren Ausland, rechtfertigen. Überregional tätige Firmen wird es immer geben, und sie werden weiter zunehmen. Ihre Leistungsfähigkeit wird sich allerdings nach erweiterten Kriterien, nicht mehr primär nach den „economies of scale" der Güterherstellung alleine, entscheiden, sondern die Adaption der Leistungen an die kulturellen und ökologischen Bedürfnisse des Ziellandes fordern. Als eine

Anpassung der Produkte an das jeweilige Konsumverhalten, mit durchaus iterativem (nivellierendem) Effekt.

Versuchten Staaten ihre wirtschaftliche Entwicklung gegebenenfalls über merkantilistische Steuerung zu beeinflussen, so ist dieser Freiraum durch die technologische und kommunikative Vernetzung nun nahezu ausgehebelt. Natürlich kann jeder Staat versuchen wirtschaftlich lokale Verwerfungen zu hemmen – nachhaltig schließt es sich jedoch aus. Schon heute regulieren internationale Konzerne und mächtige Interessen Waren- und Leistungsströme, denen Staaten regulativ immer nur hinterherhinken können. Je mächtiger ein Staat ist, umso stärker kann er die Ströme beeinflussen, jedoch generell bezwingen kann er sie nicht mehr. Die Weltwirtschaft ist nachhaltig nahezu unbegrenzt liberal und auch die Freizügigkeit der Person wird sich auf Dauer nicht begrenzen lassen. So bleiben, als standortbedingte Vor- oder Nachteile, naturale Ressourcen. Potenziale, die zwar dem Einfluss des Staates unterstehen, die eigenständige Nutzung wird jedoch von seiner wirtschaftlichen Wettbewerbsfähigkeit bestimmt. Nationen sind umso stärker internationalen Mächten ausgeliefert, je weniger sie in der Lage sein werden wettbewerblich (wirtschaftlich oder militärisch) Widerstand zu bieten. So tendieren selbst lokale Rechtssysteme und Gesetze zunehmend zu internationaler Angleichung; wie auch die Regulierung der Finanzströme entweder den übernationalen Mächten ausgeliefert bleibt oder eben nur international einvernehmlich reguliert werden kann. Nivellieren sich die Wirtschaftssysteme im Zuge des laufenden Jahrhunderts immer mehr – und zwar strukturiert je nach lokalen Ressourcen (Kultur, Bildung, Demografie, Kosten, Ökologie und natürliche Ressourcen), so werden lokal politische Fähigkeiten und die Verteilung der lokal natürlichen Ressourcen zunehmend den Wohlstand einer Nation bestimmen. Und genau diese Prozesse werden auch das jeweilige Staatssystem bestimmen, ob stärker autoritär oder zunehmend demokratisch – autonome Entwicklungen sind passé.

Ob wirtschaftliches Wachstum, aktuell kapitalistisch-egoistisches Denken und Verhalten sowie die vernachlässigte Behandlung der Ökologie, noch den Stellenwert wie bisher haben können, ist eine andere Frage. Sie werden u.a. auch bestimmt von der Verteilung des Wohlstands und der Versorgung der Weltbevölkerung, den demoskopisch regional unterschiedlichen Entwicklungen und den vielen zur Neige gehenden Ressourcen.

Eines der Kernelemente wirtschaftlichen Verhaltens ist (als allgemein noch anerkannte ökonomische Prämisse), dass die Nachfrage das Angebot bestimmt und – entscheidend daraus – den Preis (je nach Überhang des einen oder anderen Elements). So werden – wie bekannt – die Preise für agrarische Erzeugnisse sich zwangsläufig, bei einem Wachstum der Menschheit bis auf rd. zehn Milliarden gegen 2050, bei nur mäßig erweiterbaren Flächen- und restriktiven Wasserressourcen, rigoros erhöhen

(Genmanipuliertes wird nur marginal abfedernd wirken). Folgen sind vorerst Hunger, dann Aufruhr in den Mangelregionen – und in einer globalisierten Welt mit grenzüberschreitendem Einfluss. Über Jahrzehnte hat der Preis von Leistungen den Produktionsstandort bestimmt. Nivellierende Tendenzen werden hingegen eine politische Rückbesinnung auf den eigenen Standort erzwingen. Wie schon vor gut zwei bis drei Generationen werden, selbst in den (heute noch) saturierten Staaten mit ihrem hohen Lebenshaltungsniveau, die Kosten für Nahrungsmittel einen wachsenden Teil des Einkommens beanspruchen. Und das in einer Zeit, in der bei einer Weltbevölkerung von um sieben Milliarden, rd. eine Milliarde Hunger leidet. Verstärkt noch durch Trends, der Nahrungsmittelproduktion Agrarrohstoffe zugunsten von Energieträgern zu entziehen. So ist z.B. der Preisindex für Agrarrohstoffe in den letzten fünf Jahren um ein Mehrfaches gestiegen (bei nicht signifikant temporären Schwankungen je nach Ernteertrag). Natürlich gibt es noch brachliegendes Agrarland das aktiviert werden kann, bei jedoch preistreibenden Investitionen, unter Restriktionen der Bewässerung und Belastungen aus Düngung, insbesondere aber mit neuen politischen Reibungsflächen. Prozesse, die demokratische Bestrebungen nur dann lösen können, wenn sie auch wirtschaftlich führend (stark) bleiben.

Globalpolitische Tendenzen
So bis gegen Mitte der Aufklärung dominierten autokratische Strukturen. Selbst demokratisch verbrämte Staaten (auch Stadtstaaten) waren beherrscht von einflussreichen Familien und Clans, die eben über Macht, über Beziehungen und Einfluss verfügten, um auch in gegebenenfalls demokratischen Abstimmungsverhalten ihre Interessen durchzusetzen, den Machterhalt zu sichern. Und überwiegend bestimmen diese Strukturen bis heute viele Nationen; egal, ob als autokratische oder demokratische Systeme ausgewiesen. Sie waren, oder sind, so lange stabil, solange Macht überwiegend einseitig verteilt ist, der breiten Bevölkerung ein Vergleich mit anderen nur bedingt möglich ist, die Lebensumstände zwischen oben und unten nicht katastrophal voneinander abweichen und weitgehend Gerechtigkeit, besser Ungerechtigkeit, als „erträglich" empfunden wird. Es benötigt schon sehr viele Diskrepanzen bis sich revolutionäre Kräfte zusammenrotten können, ein Gegengewicht aufbauen und – als auslösendes Moment – sich charismatische Führer rekrutieren (Kap.7.2.). In einer offenen Welt wie derzeit, können wir vielfach diese Prozesse, revolutionäre Umbrüche, demokratische Aufstände, brutale Unterdrückungen, willkürliche Exzesse, erleben und ihre Abläufe beobachten. Sie bestätigen immer wieder die entscheidenden auslösenden Momente historischer Umwälzungen. Und sie werden auch weiterhin die Geschicke der Menschheit bestimmen, so sehr wir auch auf unserer westeuropäischen „Insel" diese brutalen Tatsachen verdrängen.

Während eines guten Jahrhunderts nun haben sich Demokratien dieser zweiten Art geübt, dennoch – wie wir es tagtäglich weltweit über viele Medien erfahren – sind sie alles andere als in ihren Strukturen ausgereift. Im Gegenteil, kritische Tendenzen nehmen zu. Nur max. 20 % der Staaten sind darüber hinaus Demokratien wie wir sie in Westeuropa verstehen, und die umfassen auch nur annähernd 10 % der Weltbevölkerung[85] (wenn auch gut die Hälfte in „demokratieähnlichen" Systemen lebt); und das erst seit einem verhältnismäßig kurzen Zeitraum der Menschheit. Die überwiegende Mehrheit der „Quasi-Demokratien" wäre auf unserem eindimensionalen Modell eher in der Mitte, wenn nicht sogar Richtung autoritär anzusiedeln. Untersuchungen über den Grad demokratischen Verhaltens oder eine Klassifizierung nach dem Grad der Freiheit[86] zeigen – so kritikanfällig sie auch sein mögen – vielfältige Nuancierungen unter diesen beiden Hauptsystemen, der Demokratie und der Autokratie.

Neben der Sesshaftwerdung und dem Beginn der Menschheitsgeschichte (so vor rd. 10.000 Jahren), war insbesondere die Aufklärung ein gravierender Meilenstein. In den letzten Phasen der Aufklärung hat sich die Anzahl der Menschen vervielfacht, sich weltweit vernetzt, sich ein grundlegendes Bildungssystem weltweit gefestigt und internationalen Waren- und Kommunikationsaustausch ermöglicht. Sodann hat es die feudalen Systeme hinweggefegt und – waren einmal die Grundbedürfnisse gedeckt – Selbstentfaltung gefordert, nämlich Freiheit, Gerechtigkeit, Teilhabe am staatlichen Geschehen. Dieses Rad ist nicht mehr zurückzudrehen! Es wird für die Massen bestimmend bleiben, auch wenn es politische und wirtschaftliche Rückschläge gibt.

Widmen wir uns wieder aktuellem Geschehen, verunsichern uns gravierende Veränderungen. Gespannt harren wir der Dinge wie sich China bewegt, und dann Indien. Dennoch, ähnliche Entwicklungen haben wir schon nach dem Zweiten Weltkrieg erlebt. Japans Aufbruch sollte uns an die Ereignisse erinnern. Ist das Land auch wesentlich kleiner, waren die Umwälzungen für die westliche Welt einige Jahrzehnte dennoch überaus gravierend. Schlussendlich hatte die dann erweiterte industrialisierte Welt ihrer Bevölkerung ein höheres Lebenshaltungsniveau beschert und mehr wirtschaftliche und politische Sicherheit generiert. Mit China möge es nicht anders gehen, wenn auch offen bleibt wie die Parteiführung mit ihrer autoritären Machtfülle (sollte sie bestehen bleiben) – geprägt durch eine über Jahrtausende gereifte Mentalität –, die Welt nun beherrschen will. Jedenfalls ist sie, solange sich die Machtfülle auf ein greises, oberstes Parteigremium konzentriert, das auch eifersüchtig auf Kontinuität achtet, reaktionsschneller, handlungsfähiger, als irgend-

---

[85] Verschiedene Messverfahren führen natürlich zu unterschiedlichen Ergebnissen. Die angegebenen Zahlen sind daher nur Schätzungen, wobei die europäisch westlichen Staaten als Vergleichsmaßstab dienen.
[86] Marshall Monty G., et al., *Polity IV Project: Political Regime Characteristics and Transitions*, 1800-2010.

ein demokratisch geführtes System – das zudem weltweit politisch wie wirtschaftlich zersplittert ist, mit unterschiedlichsten, individuell motivierten Interessen.

China ist mit seiner schieren Größe, zentral straff verwaltet, für die nächsten Jahrzehnte weltweit sorgsamer Beobachtung sicher. Die hohen Wachstumsraten werden sich auf niedere einpendeln, innere Konflikte und Verteilungskämpfe nehmen zu und ökologische Prozesse zwingen zum Handeln. Phasen, die die hochzivilisierten Länder teils hinter sich haben – allerdings mit auch mehr Zeit dafür. Darüber hinaus bremsen gewaltige gegenläufige Entwicklungen. Die Überalterung wird schneller wachsen als in den europäischen Staaten und in Japan, eine Last der über Jahrzehnte befohlenen Ein-Kind-Politik (und soziologischer Konsequenzen), deren Auswirkungen bereits in den nächsten Jahren spürbar werden. Die Belastungen der arbeitenden Bevölkerung werden steigen (Anteil der über 65-jährigen um 2030 bei >25 %), sich vervielfachen, da soziale Absicherung über Renten vorwiegend nur für den öffentlichen Sektor existiert. Blasen (Immobilienpreise, Inflationsraten, fallende Renditen) und die Konsequenzen des weltwirtschaftlichen Ausgleichs – je stärker sich die Kosten denen der anderen Länder nähern – werden die Prozesse beschleunigen.

Lebenshaltungsniveauunterschiede und Bevorzugung (*hukou*) der urbanen Bevölkerung gegenüber der ländlichen, werden auf längere Zeit ihren Tribut fordern und der Zwang zu sozialer Absicherung wird zunehmen (Gesundheitsvorsorge, Rente, etc., aber auch ökologische Maßnahmen). Damit sinken zwangsläufig auch die überdurchschnittlichen Wettbewerbsvorteile als leistungsfähiger Produzent (mit der Möglichkeit des Westens, sich gegen Technologie- und Datenklau zu wehren). Wenn auch das BIP je Kopf weithin noch unter dem der Industrieländer liegt, damit durchaus auf Jahrzehnte hinaus höheres Wachstum möglich wäre (bis der Wettbewerbsvorteil als Produktionsstandort ausgereizt ist), so werden dennoch soziale und ökologische Kosten überproportional steigen, den Konsum bremsen (der doch entscheidende Ausgleich zu fallenden Exporten) und interne Verteilungskämpfe auslösen, die die Wettbewerbsfähigkeit frühzeitig abwürgen. Damit werden auch die politischen Auseinandersetzungen, demokratische Tendenzen, zunehmen – zulasten ökonomischer Vorteile. Noch hat das Land genügend finanzielle Kraft um abzufedern. Die Verschuldung liegt weit unter der der westlichen Länder und die natürlichen Ressourcen bieten hohes Potenzial, wie auch eine straffe Geldpolitik die Abwälzung der Kosten weiterer finanzieller Engagements auf die inländischen Sparer ermöglicht. Politisch wird dennoch das Land über Generationen stabil bleiben, da – neben der zentralen straffen Parteiführung – die vielen über das ganze Land verstreuten Clans, als kulturell uraltes Relikt, die Jahrzehnte des Wachstums genützt haben, um ihre Positionen auf breiter Basis zu sichern. Sie alle stützen das Regime. Lange Jahrzehnte schmerzvoller Auseinandersetzungen sind nicht auszuschließen – und schlussendlich werden die alten Herrschaftssysteme, wie vielfach in der

Weltgeschichte, in irgendeiner Form ihr Überleben, vielleicht sogar ihre Benefizien, Macht und ihren Einfluss, über die Zeiten der Umbrüche hinüberzuretten versuchen. Demokratische Formen, wie wir sie im Westen philosophieren, sind auf lange Zeit für China auszuschließen.

Neben China, als der entscheidende Global Player in seiner Veränderung, nehmen zwar weltweit demokratische Bestrebungen zu, aber – wie Untersuchungen zeigen – stagnieren bestehende Demokratien bereits. Und die vielen politischen Umbrüche die wir aktuell erleben sind erste Ansätze, Versuche euphorischer Massen, pragmatisch jedoch als echte Demokratien in weiter Ferne. Demokratische Entwicklungsprozesse, wie sie die westlichen Demokratien über Jahrhunderte erlebt haben, sind ganz einfach nicht mit einer ersten freien Wahl zu überbrücken. Rückfälle sind eher wahrscheinlich, sogar die Regel. Dennoch ist nicht auszuschließen, dass sich einzelne dieser Staaten durchaus menschlich wie wirtschaftlich positiv entwickeln können, eben abhängig von charismatischen Persönlichkeiten, die auch in der Lage sind vielfältige gegenseitige Strömungen zu kanalisieren (Kap. 7.3.).

Ökologie und klimatisches Umfeld
Über die ökologischen Veränderungen unserer Umwelt, die Gefahren und Restriktionen, ist genügend geschrieben worden. Allgemein wesentliche Tendenzen sind bekannt und weitgehend anerkannt, sodass hier nur Generelles zu wiederholen ist. Im Laufe eines Jahrhunderts – d.h. einem Bruchteil der Geschichte des Menschen – hat Wachstum seine ökologischen Grenzen erreicht (Kap. 5.3.3.). Gut 80 % der bewirtschaftbaren Flächen der Welt sind signifikant genutzt und bearbeitet, in ihrem natürlichen Ökosystem beeinflusst. Die Erträge sind teils mit chemischen oder biologischen Mitteln so nachhaltig ausgeschöpft, dass weitere Steigerungen – im Sinne weiteren Bevölkerungswachstums (bis rd. 2050) – schon heute problematisch erscheinen. Die Natur scheint bereits bis an ihre Grenzen belastet, über Massenviehhaltung und Überfischung der Gewässer, bis zur Neige gehender Ausbeutung der Rohstoffe und Verschmutzung der Atmosphäre, von Böden und Gewässer, bei fallender Artenvielfalt, etc.

Eine Welt, die bereits in wenigen Jahrzehnten eine Bevölkerung von zehn Milliarden tragen muss, wird zwangsläufig ganz anders aussehen, als sie noch vor 100 Jahren ausgesehen hat. Die vielfältigen Vernetzungen und gegenseitigen Beeinflussungen bis an die Grenzen der Stabilität gehender physikalischer und chemischer Verunreinigungen, sind selbst bis heute nicht annähernd absehbar (eine hochgerechnete Klimabilanz gibt es bis dato ja nicht). Der verbleibende kurze Zeitraum bis zum Erreichen dieser menschlichen Wachstumsspitze wird jedenfalls zu kurz sein, um auf vielfältigen Ebenen konsequent und koordiniert gegenzusteuern. Und selbst dazu sind die Ansätze länderübergreifend heute noch so marginal – und weltweit unterschiedlich je nach Region und Entwicklungsstand –, dass zwangsläufig ökologische Katastrophen nicht abzuwenden sind. Dieses exponentielle Wachstum der Menschenmassen hat offensichtlich ja auch individuelle Einstellungen, Eigennutz und mangelnde Solidarität erhöht, bleibt somit noch viel weniger steuerbar, als es noch für kleinere, regional verbundene Einheiten möglich gewesen wäre. Jeder Einzelne bleibt sich dann selbst überlassen, und Staaten, mit ihren zunehmend behäbigen Reaktionen ex post, werden von der Entwicklung überrollt. Möglicherweise wären sie noch in der Lage Katastrophen abzufedern, aber den akuter werdenden ökologischen Veränderungen sind sie hoffnungslos ausgeliefert. Wie bekannt, können schon kleinste Auslöser (z.B. Veränderung der Meeresströme, stärkeres Abschmelzen der Eisplatten, die verstärkenden Wirkungen von Gasen und Stäuben in der Atmosphäre, weiterer Raubbau an Boden und Bodenschätzen, u.a.) unabsehbare, sich gegenseitig beschleunigende Wirkungen hervorrufen.

Nie war der Mensch gezwungen auf eine unabwendbare Überbevölkerung, mit all ihren ökologischen und ökonomischen Grenzen, und dazu noch mit weltübergreifendem Konsens, neue Perspektiven statt wirtschaftlichem Wachstum, nun mit der bestimmenden Variablen „Ökologie", zu finden, dem menschlichen Dasein einen neuen Sinn zu geben – zur gemeinsamen Pflege der Natur und ihrer Bodenschätze. Und wenn es gelingen sollte, dann nur gemeinsam, geplant und gesteuert – eben über grundsätzlich geänderte Staatsmechanismen. Allerdings zeigt die Historik mit Sicherheit eines: Solche Prozesse einzuleiten verzögert sich in Relation der Masse der Beteiligten, erfordert charismatische Führung, und die wirkt nur dann, wenn sich Verhalten und Einstellung der Menschheit generell wandeln, und das bleibt eine Funktion von relevant gesteuertem ethischem Verhalten, von zwingender Gemeinsamkeit, von Bildung. Nur Regierungen gemeinsam, die Gemeinschaft der Staaten, wären in der Lage solche Prozesse, solche Entwicklungen zu steuern. Zwar wäre autoritär beherrschten Staaten ein höherer Wirkungsmechanismus zuzurechnen – der bleibt aber individuell bestimmt, daher qualitativ und quantitativ nicht treffend – und die demokratischen stagnieren bei kaum denkbarem Konsens. Wiederum, Patt!

Viele Faktoren, wie z.B. die Konzentration und die Zuwanderung der Menschen in die Megastädte (vielfach in Küstennähe), der unwiderrufliche Verbrauch der Kohlenwasserstoffe (Öl, Gas, etc.), der kontinuierliche Rückgang der Artenvielfalt, Abholzung der Wälder, Überfischung der Meere, u.a., sind nur langfristig über Generationen zu regenerieren und auszugleichen – und die Reaktionszeit bis zum wahrscheinlichen Eintritt der Ereignisse, reicht heute schon nicht mehr. Und politischer, die Welt übergreifender Wille, geschweige denn Konsens, ist auf Jahrzehnte hinaus nicht zu erwarten. Die Katastrophen werden sich schrittweise kulminieren. Ob Staaten sich dann individuell vorbereiten und reagieren können, hängt von der Effizienz des jeweiligen Staatssystems ab (und von Persönlichkeiten,

Kap.7.3.). Vermutlich werden sie dann beides benötigen, professionelle Reaktion (damit dirigistisches bis autoritäres Verhalten) wie auch die Einbindung der Menschen in jeder Phase (über demokratische Strukturen).

Gesellschaft und Familie
Die traditionelle Familie wird zur Minorität – bei weltweitem Trend. Je höher der soziale Status, umso geringer ist die Fertilitätsrate. Ein Phänomen, das interessanterweise genau dann eintritt, wenn die bisher immer nur gewachsene Zahl an Menschen, eine für die Erde natürliche Grenze zu erreichen scheint. Oder ist es doch nur zunehmender Egoismus, der mit wachsendem Wohlstand korreliert? Daneben werden aber auch noch weniger Ehen geschlossen, umgekehrt hingegen nehmen die Scheidungen zu. Schon seit gut einem Jahrhundert vermerken wir den Rückgang der Großfamilien – als vermutlich doch ein Faktum wachsenden Wohlstands und zunehmender Sicherheit und Selbstbehauptung des Einzelnen. Immer stärker übernehmen die Staaten die Aufgaben der Familie, besonders extrem in den hochzivilisierten Demokratien, von der Geburt bis zum Tode – mit Rundumversorgung. Ein Prozess, der einerseits soziale Sicherheit vermittelt (als evolutionärer Wunsch), aber andererseits die über drei, vier bis fünf Generationen sich erstreckenden sozialen Bande innerhalb der Familie zunehmend auflösen, den Egoismus fördert.

Die Prozesse der Aufklärung haben uns Sicherheit und Wohlstand beschert, solange pro Kopf genügend natürliche Ressourcen zur Verfügung standen und wohlhabende Staaten sozial umverteilen konnten und Sicherheit gewährten. Die natürlichen Ressourcen jedoch sind und waren schon immer begrenzt. Nähern wir uns mit den Menschenmassen der Zehn-Milliarden-Grenze, mit dem Willen Wohlstand ständig zu mehren, zumindest den gleichen wie andere erreichen zu wollen, überschreiten wir die natürlichen Barrieren. Folgen sind – dem Menschen inhärent – Verteilungskämpfe; umso brutaler geführt, je größer das Machtvakuum ist. Machen wir uns nichts vor, der Mensch wird – spätestens wenn er die Grenzen der Existenz erreicht – alles versuchen zu unternehmen was in seiner Macht steht, um sie zu sichern, um andere zu verdrängen. Er hat sich in seinem Habitus, selbst wenn zwei Jahrtausende vergangen sind, ja nicht verändert. Sehen wir nur die weltweiten blutigen Scharmützel und Auseinandersetzungen, und zwar unabhängig von Bildung, Ethik, erlerntem Verhalten, etc., nur reguliert über die Machtverhältnisse (ganz zu schweigen vom lupenreinen Kapitalismus, der mit Existenzsicherung selbst ja wenig zu tun hat).

Umgekehrt werden die Verhältnisse für den Einzelnen schwieriger, wird er wieder Nähe, Schutz, Unterstützung, eben die Gemeinschaft suchen. Der kleinste Kern der Gesellschaft war schon immer die Familie, war sie doch seit Jahrtausenden moralischer und ethischer Zufluchtsort für den Einzelnen. Schwindet zwar ihre Wertigkeit im Zuge ökonomisch positiver Entwicklung, wird sie sich gegenläufig im umgekehrten Falle verhalten. Bestimmte bis gegen Mitte der industriellen Revolution die Familie primär die Sozialisation, so hat sich dieser Prozess im Zuge der letzten Jahrzehnte schleichend fast aufgelöst. Die gesellschaftlichen Verhältnisse, Medien, Umwelt, bestimmen nun primär den Sozialisationsprozess, und damit gesellschaftliches Denken. Das Verantwortungsbewusstsein des Einzelnen für seine Umwelt lässt nach, verkümmert und wird mehr nun von staatlichen Vorgaben, den Gesetzen, bestimmt – bei schleichendem Verlust uralter ethischer, moralischer Verpflichtungen (Kap.5.3.5).

Zwar spüren wir diese Entwicklung auch in unserem Umfeld, im Verhalten der Staaten und den Unternehmen, jedoch bleiben diese Zusammenhänge, die Gefühle anderen gegenüber, so lange wenig dringlich, als uns nicht persönliches Unheil oder Not überrascht. Es sind diese, im Schoße der Familie, im näheren Umfeld erlernten Sozialisationen, die die uralten kulturellen Überlieferungen des Zusammenlebens in sich tragen. Es ist Aufgabe der Staaten, eben der Gesellschaft, diese durch nichts ersetz- oder regulierbaren Grundlagen menschlicher Gemeinschaft zu erhalten, und insbesondere dann, wenn die oben diskutierten Perspektiven nicht ausgeschlossen werden können. Beweist doch die übergroße Mehrheit der Menschheit, dass sie durch familiäre Gewohnheiten, durch Clans bestimmt wird, die ihrerseits wieder über viele Generationen die stabilen Einheiten eines Staates bildeten. Wir haben es nur im Zuge der industriellen Revolution, im Zuge des Wohlstandszuwachses, vergessen. Von den Philosophen hat nur Hegel die besondere Bedeutung der Familie für die Gemeinschaft hervorgehoben. In ihr manifestiere sich der „wirkliche Geist" der Familie und des Volkes, in der die Empfindungen der Individuen, die Basis institutioneller Verpflichtung liegen und in der sich die Vernunft der Gesetze niederschlagen. Ausgangspunkt als Fundament des Staates ist also bei Hegel die Familie. Eine Überzeugung, die seit dem Menschsein funktionierte (trotz all ihrer kulturellen und individuellen Unterschiede) – eigentlich als Axiom des Zusammenlebens, als Fundament eines Staates, als letzter Zufluchtsort.

Konzepte, Strategie und Planung
Sieht man einmal von der strategischen, wirtschaftspolitischen Ausrichtung und damit bewusst von der politischen Konzertierung großer Staaten ab (wie den USA und in den letzten Jahrzehnten China), so ist eines der entscheidenden Mankos von Demokratien, dass sie – es ist eben politisch dem System inhärent – in ihrem Handeln und Entscheiden weitgehend vom tagespolitischen Geschehen, dem Widerhall aus dem Publikum, abhängig sind. Nehmen doch schon Unternehmen, zumindest im letzten halben Jahrhundert, alleine aus marktwirtschaftlichen Zwängen, als Planungen strategische Orientierung (im Sinn der Rendite, für Investitionen und Personal-

beschaffung, etc.) auf zumindest drei, teils sogar zehn Jahre vor. Selbst Familien handeln seit alters her diszipliniert, sofern es ihre Ausgaben und Einnahmen betrifft. Nur den Regierungen ist es bis dato noch nicht gelungen strategisch ihr Land, mit all den Potenzialen und Problemen, sorgfältig zu analysieren, im Wettbewerb zu vergleichen und die wesentlichen begleitenden Maßnahmen für politisches Handeln und marktwirtschaftliche Positionierung des Staates bereitzustellen. Hier widersprechen sich nämlich zwei Grundfaktoren: Langfristig strategisches Denken, unter Berücksichtigung wesentlicherer Ressourcen, und die demokratische Abstimmung in der Bevölkerung. Entscheidungsprozesse sind eben (wie wir oben gesehen haben) eben komplex, vielfältig und dazu unterschiedlichen individuellen Wünschen unterlegen, dass Konsensfindungen fast unmöglich erscheinen.

Das Einzige, als zwingendes Minimum, was (demokratische) Staaten bisher zusammengebracht haben, ist die kurzfristige Planung ihrer Ein- und Ausgaben, als simpelste Form kaufmännischer Aufbereitung, gerade noch geeignet für Kleinstunternehmen, im Wesentlichen auf Basis vergangener Entwicklung und aktuell politischem Konsens. Ein Rechenwerk, das jegliche Leistungsbeurteilung, Vermögensentwicklung und eine Reihe anderer wichtiger Vergleichszahlen völlig außer Acht lässt. Wie bekannt, sind Varianzen umso größer, je länger der Zeithorizont ist, und genauso wirkt überzogener Optimismus als Resultat oberflächlichen Überblicks. Politiker tendieren in Demokratien zur Ausgabenseite – als Erfolgsausweis. Kameralistische Zahlenarithmetik (ein Relikt feudalen Rechnungswesens) schließt eine „unternehmerische" Verantwortung aus, ist doch die Einnahmenseite die frei zu gestaltende Variable, ohne Wettbewerbseinfluss (ausgenommen oppositioneller Parteien). Einen Vermögensvergleich gibt es nicht, er reduziert sich auf die Verschuldung. Und hier fehlt die politische Verantwortung – liegt die doch üblicherweise dann in den folgenden Legislaturperioden. So sind politische Entscheidungen, überwiegend zwar konsensorientiert, aber vorwiegend ausgabenseitig relevant, und die erzwingen häufig genug schon nach kurzer Zeit wieder neuen Konsens. Ständiger Aktionismus, statt konzertierter Einsatz von Ressourcen! Persönliche Verantwortung fehlt (die in autoritären Systemen zwangsläufig personell zugeordnet wird), die „Quasi-Verantwortlichen" (als Leerformel) sind dann entweder schon lange abgewählt oder genießen geruhsam ihre Pension, auch wenn sich die Maßnahmen als kostspielige Fehler erweisen. So ist in Demokratien eine wertfreie, langfristig orientierte, strategische Ausrichtung von Staaten – als Grundvoraussetzung nachhaltig sichernden Wohlstands im internationalen Wettbewerb – nicht möglich. Vorhersagen zu Entwicklung und Wachstum bleiben so individuell gefärbte Wunschvorstellungen, getragen vom politischen Überleben.

6.3. Übergewicht von Interessensgruppen – Egoismus

Schon immer haben – von der Antike bis heute – Familien und Familienclans Staaten beherrscht, auch Nationen ausgeplündert. Von den alten Herrscherdynastien über reich gewordene Handelsherren der mittelalterlichen Stadtstaaten, den über die ganze Welt verstreuten Feudalhäusern und Potentaten bis zu den modernen Staaten – und zwar egal, ob demokratisch oder autoritär geführt. Wie z.B. Ende des 20. Jahrhunderts im demokratischen Griechenland, in dem wechselseitig zwei bis drei Familien den Staat ausbluteten und überschuldeten, unglaubliches Leid auf Jahrzehnte dem Volk hinterließen. Aber auch in allen anderen Staaten bestimmen mehr oder weniger persönliche Interessen, konzentriert auf Interessensgruppen, die wesentlichen Geschicke; und es müssen nicht einmal „Quasi-Demokratien" oder totalitäre Systeme sein.

Selbst heute, nach gut zwei Jahrtausenden, finden wir nur ganz wenige Demokratien in der Welt die menschenorientiert, über die gesamte Bevölkerung, den Beitrag des Einzelnen versuchen zu sichern, versuchen Wohlstand möglichst breit zu verteilen. So führen zwar die europäischen Demokratien in den verschiedenen Rankings mit Abstand, aber auch hier scheinen die demokratischen Prozesse zu stagnieren. Selbst die Schweiz, als eine der ältesten, als direkte Demokratie, hat Mängel, sofern es Transparenz und Partizipation betrifft. Es sind eben diese persönlichen Interessen die versuchen Gleichgesinnte zu finden, um eben dann über Konsens ihre eigenen durchzusetzen. Wir finden es in totalitären Systemen (offensichtlich) wie auch in den Demokratien (versteckt) – bestätigt in allen Nationen weltweit, unabhängig von den Kulturen und anderen Mentalitäten, so offensichtlich wie z.B. den afrikanischen Staaten, und kaum erkennbar wie in unseren europäischen Demokratien.

Selbst alle Versuche westlicher Demokratien in Schwellenländern demokratische Prozesse zu initiieren, sind von persönlichen Interessen (wirtschaftlicher Natur) getragen und auch nur dann annähernd erfolgreich, wenn sie dort wieder auf persönliche Interessen treffen – daher nur temporär wirksam, eben nur solange Wirtschaftliches korreliert. Der derzeit vielleicht etwas stark egoistisch ausgeprägte Mensch, bleibt vorerst der fundamentale Ansatz jeder staatsbildenden Idee. Zwar helfen externe Intentionen und Kapital durchaus regional (und temporär), dennoch bleibt es eine Frage lokaler Mentalitäten und Kulturen einer Region, inwieweit Eigendynamik und Engagement gefördert werden können. Es ist eben einem Volk nicht aufzuzwingen, bleibt ein Prozess über Generationen – betrachtet man die afrikanischen Staaten. Und selbst dann bleibt die Frage, ob die Demokratie für diese außereuropäischen Gesellschaften überhaupt eine sinnvolle Alternative bilden. Was spricht dagegen, dass unterschiedliche Staatssysteme, nach lokalen Mentalitäten, lokalen Eigenarten und Kulturen, friedlich nebeneinander kooperieren?

Kapitalfeudalismus

Nach politischen Umbrüchen, nach Revolutionen, beginnen sich nicht nur die organisatorischen Strukturen – natürlich nach Intention mächtiger Einflussgruppen – neu zu gestalten und zu verändern, sondern es ordnen sich auch die wirtschaftlichen Verhältnisse neu. Kapital beginnt sich im Zeitablauf zu akkumulieren – zulasten der großen Masse. Unabhängig von den politischen und sozialen Auswirkungen, kristallisiert sich auch in unserer Zeit (wieder) ein neue Form, ein (Kapital-)Feudalismus heraus, der zunehmend versucht, entweder mittels Gewalt (in Diktaturen) oder über den Einfluss medialer Instrumente (Demokratien), seine beherrschende Stellung, sein Vermögen (Macht und Einfluss) auszuweiten und nachhaltig zu sichern. Beide Systeme tragen so bereits den Keim des nächsten revolutionären Umbruchs in sich. Da Kapitalkonzentrationen demokratisch nicht aufzulösen sind, kumulieren sich eben Vermögen, auch über verdeckte Unterstützungen und Subventionen. Mit der Gefahr, dass allgemein Dynamik und Innovationskraft nachlassen. Sie benachteiligen so die privatwirtschaftlichen Unternehmen und damit die Leistungsfähigkeit der Nation insgesamt. Beweise finden sich zuhauf, weltweit, selbst schon in den ersten Phasen des Staatszyklus von Demokratien. In autoritären Systemen z.B. reicht die Macht der Politiker so weit über die ihrer Kollegen in den Demokratien hinaus, ist eben allumfassend – interessanterweise gefördert durch den Kapitalismus, als eine Symbiose.

Für Demokratien besonders problematisch ist eben der Einfluss des Kapitals, nicht nur über Lobbyarbeit auf laufende Gesetzgebungsverfahren und wirtschaftspolitische Entscheidungen, sondern besonders als Einfluss auf das Wählerverhalten, die Förderung interessensgesteuerter politischer Gruppierungen in Parlament und Regierung. Besonders extrem zeigt es sich im Schauspiel des Präsidentenwahlkampfs in den USA; schmutziger Kreativität mit der Verbreitung negativer Botschaften, egal ob wahr oder nicht, sind keine Grenzen gesetzt. Über ausgeklügelte, psychologisch wirkende mediale Instrumente, werden Gegner diffamiert, bis zum Wahlereignis die Schlammschlacht zum Exzess hochgespielt. Das Wahlresultat schlussendlich ist dann eigentlich eine Frage eingesetzter Mittel und fähiger Werbemanager. Ein Prozess, der jede hehre demokratische Überzeugung ad absurdum führt.

6.4. Beschäftigung und Soziales

Arbeitsteilung hat es schon immer gegeben, seit Menschen in Stämmen zusammenleben. Ungemein beschleunigt hat sich dieser Prozess im Zuge der industriellen Revolution. Immer mehr ausdifferenziert, ist sie Ursache unseres Lebensstandards, unseres Wohlstands; immer mehr verfeinert über automatisierte Produktionsprozesse und sich darum herum explosionsartig entwickelnde Dienstleistungen. Für die Masse der Beschäftigten (in den Industriestaaten) hatte dieser Prozess des letzten Jahrhunderts vorwiegend Positives: Mehr Freiheit, Sicherheit, Wohlstand, Bildung, Selbstverwirklichung, die Befreiung vom Joch der Leibeigenschaft und die Annäherung der Lebensstandards aller, in weiterer Folge – im Zuge der demokratischen Prozesse (ausstrahlend auf alle anderen Systeme) – mit sozialer Absicherung ein Leben lang. Sind diese so vor rd. 100 Jahren noch völlig undenkbaren Vorzüge, auch in Zukunft zu halten, eventuell sogar auszubauen, oder ist die Tendenz zu mehr Verteilungsgerechtigkeit an ihre Grenzen gekommen, löst sich vielleicht sogar auf? Welchen Einfluss haben dabei die Staatssysteme?

Entwicklung der Beschäftigungsstruktur
Über Jahrtausende war die Grenze zwischen arbeitsfähig und nicht mehr arbeitsfähig verwischt. Eine Grenze war eben nicht festgelegt, sie wirkte erst dann, wenn über die physischen oder geistigen Kräfte das lebensnotwendige Einkommen aus der eigenen Leistungsfähigkeit alleine nicht mehr abgedeckt werden konnte. Es war der Zeitpunkt, ab der die Familie die Existenzsicherung übernahm, aber der ältere Mensch dennoch, soweit ihm möglich, auch weiterhin versuchte einen Beitrag zu leisten. Mit der Entfremdung von der Frucht, des Resultats der Arbeit für die individuelle Existenzsicherung, insbesondere im Zuge der Aufklärung, und dann durchgreifend erst seit rd. einem Jahrhundert, d.h. mit Beginn des Klassenbewusstseins und der Stärkung der Rechte der arbeitenden Bevölkerung, hat sich dann über vielfältige Auseinandersetzungen ein „vorgeschriebenes" Rentenalter, mit dann (zunehmender) sozialer Absicherung entwickelt – je nach Land unterschiedlich. Ein in unserem Bewusstsein nun bereits fest verankertes soziales „undiskutables Recht", eine nicht mehr infrage gestellte Selbstverständlichkeit, mit, insbesondere in den Wohlstandsgesellschaften und Demokratien, verheerenden volkswirtschaftlichen Auswirkungen, mit Hemmnissen für die weitere Entwicklung:
  - In den Köpfen hat sich das Recht auf eine Rentenzusage unverrückbar festgesetzt, wird vielfach schon Jahre vor dem Eintritt mental angestrebt.
  - Der Verschleiß des menschlichen Körpers nimmt zwar altersbedingt zu, im Zuge der industriellen Entwicklung hat die physische Belastung jedoch rapide abgenommen.

- Die längere Lebenserwartung schließt erfahrene Arbeitskräfte aus dem Arbeitsprozess aus, selbst wenn sie (zunehmend) willens sind weiterhin ihren Beitrag zu leisten (was auch der technologischen Entwicklung entgegenkäme). N.w.v. allerdings korreliert im Denken „Jungsein" mit Leistungsfähigkeit.
- Insbesondere in der Verwaltung haben die Gewerkschaften und Standesvertretungen die Renteneintrittszeit rapide herabgesetzt. Mit der Folge (sowohl in Europa wie in den USA), dass ein Rentenanspruch schon mit 50-60, teils noch darunter, in Anspruch genommen werden darf. In bestimmten Fällen noch mit voller Vergütung.
- Finanzwirtschaftlich ergibt sich eine doppelt negative Hebelwirkung: Statt Leistung und Beiträge zu bekommen, muss der Staat noch Rente und Gesundheitskosten bezahlen.
- Das Verhältnis von Beschäftigten zu Rentnern/Pensionären nimmt im Zuge der demoskopischen Entwicklung dramatisch zu. Mit der Folge fallender nachhaltiger Finanzierbarkeit der Renten. Verstärkt durch denn Widerstand der Generationen.
- Mit schwerwiegenden Engpässen an arbeitsfähiger und qualifizierter Bevölkerung in den hochzivilisierten Staaten, die nur durch Immigration ähnlich Qualifizierter ausgeglichen werden könnte, allerdings mit intern politischen und kulturellen Verwerfungen.
- Die Leistungsfähigkeit eines Staates wird zunehmend abhängig von den Fähigkeiten einheimischer Unternehmen mit diesen Altersverschiebungen individuell umzugehen.

War ein Renteneintrittsalter (60-65) vor wenigen Jahrzehnten in den industrialisierten Ländern durchaus noch verständlich, in einer Zeit, in der manuell schwere Arbeit überwog und lange Arbeitszeiten sowie niederer Lebensstandard den körperlichen Verschleiß förderte, so überwiegen heute doch Dienstleistungen – kräfteraubende Arbeit ist ja in vielen Bereichen automatisiert und auf ein Restniveau reduziert –, sodass sich eine zeitlich zwingende Pensionierung sowohl menschlich wie auch wirtschaftlich infrage stellt. Sie wäre individuell zu gestalten (finanzielle Regulierungen, unter Gerechtigkeitsgesichtspunkten, sind nicht das Problem, wenn man den Willen zu höherem Leistungsbeitrag fördert, vor allem im Sinne einer „gerechten" Altersicherung); es würde bei Weitem den volkswirtschaftlichen Beitrag, gegenläufig der Kosten, entscheidend verbessern. Allerdings sind Demokratien – wie vielfach bereits diskutiert – systeminhärent nicht in der Lage tatkräftig und wertneutral gegenzusteuern (verhindern wird es sich sowieso nicht lassen, allerdings als ein Generationen dauernden, schmerzvoller Anpassungsprozesses).

Geht körperliche Arbeit zurück (denken wir nur an Fließbandfertigung oder an die vielen erleichternden Hilfsmittel des Arbeitsprozesses, die Roboter- und Informationstechnik und den immer geringeren Materialaufwand), so stellt sich die

Frage des zeitgebundenen Arbeitsbeitrags und des zwingenden Ortes, aber insbesondere die seit Beginn der industriellen Revolution abhängigkeitsgebundene Arbeitsleistung, mit all ihren menschlichen Nachteilen: Zwang zur Arbeitsleistung, geringe Motivation, fallendes persönliches Engagement, geringe Identifikation mit der Arbeit und den Unternehmen, etc. Alles hemmende Elemente, bei völlig anderen Anforderungen heutiger Zeit: Engagement, Identifikation, Innovationskraft, etc. So stellt sich die Frage, inwieweit unselbstständige Arbeit in selbstständige überführt werden kann, in der Eigenverantwortung und Dynamik Leistungsbereitschaft auslöst, mit Beiträgen weit über die bisherigen hinaus. Im Grunde genommen ähnliche Prozesse, wie sie eigentlich als politischer Beitrag von Individuen in einer Demokratie erwartet werden würden (und was der Totalitarismus nicht in der Lage ist zu leisten). Eigentlich bewegen wir uns, sofern es den Stellenwert der Arbeit betrifft, wieder in die Zeit der industriellen Revolution zurück: Mit der für den Menschen widernatürlichen Trennung der heute mental tiefen Grenze von Arbeit zu Privatleben. Sie wird sich langsam, aber sicher, wieder verwischen müssen, ineinander übergehen (was aber – um Missverständliches zu vermeiden – mit Mehrbelastung nichts zu tun hat, im Gegenteil).

Arbeit und Einkommenssicherung
In einer freien Wirtschaft und offenen Gesellschaft bestimmt sich (vergleichbare) Arbeit über ihren Wert – je nach aktuellen Währungsrelationen. Je höher der (räumliche) Preisunterschied für die gleiche Arbeitsleistung ist, desto intensiver verändern sich daher die Investitionsströme. Erst in den letzten Jahrzehnten belasten uns in den industrialisierten Staaten diese Prozesse mit erschreckender Konsequenz. Dennoch, dank freiem Handel, moderner Kommunikationstechnologien und Transportsysteme und den Menschenmassen der Schwellenländer, hat dieser Prozess erst begonnen. Die westliche Wirtschaft steht vor dramatischen gesellschaftlichen Veränderungen, falls dieser Prozess so anhält – was er wohl wird, und auch hier ist das Rad nicht mehr zurückzudrehen. Ein Mechanismus, der zunehmend die Annäherung der Lebenshaltungsniveaus erzwingt, mit der Folge, dass viele aufholen, aber wenige, nämlich die der westlichen Welt, Wohlstand abgeben werden müssen und die politischen Verteilungskämpfe zunehmen – als eine enorme Belastung für demokratische Strukturen.

Haben sich im letzten Jahrhundert in der westlichen Welt doch stabile Arbeitsverhältnisse zwischen Arbeitgebern und Arbeitnehmern entwickelt, beginnen sie sich nun aufzulösen. Lebenslange oder zumindest jahrzehntelange Beschäftigung beim gleichen Arbeitgeber, früher durchaus üblich, löst sich fast völlig auf. Kurzfristige Arbeitsverhältnisse, mit individueller Arbeitszeit, werden Standard. Wirken bisherige Verhaltensweisen zwar nach, so trifft es vorerst vor allem Junge und Ältere. Ältere haben kaum Chancen neue Arbeitsstellen zu finden (außer bei unwürdiger Bezahlung), und bei den Jungen steigt die Arbeitslosigkeit in Europa rasant an. Im Nord-Süd-Gefälle finden wir Arbeitslosenquoten der 15- bis 24-Jährigen von acht bis 50 %. Zunehmend gut ausgebildete Junge haben immer weniger Chancen eines äquivalenten Berufseintritts. Wir lassen sie im Regen stehen, mit nicht abschätzbar menschlichen und wirtschaftlichen Konsequenzen – ganz abgesehen vom gesellschaftlichen Zusammenhalt.

Aus Sicht der Einkommenssicherung bestimmen im Wesentlichen drei große Gruppen: Kinder, Jugendliche und die in der Ausbildung Stehenden als erste Gruppe, als zweite Gruppe jene im Arbeitsprozess und schlussendlich die wachsende Gruppe derer, die nach dem Austritt aus dem Arbeitsleben sich selbst versorgen oder zu versorgen sind (nach heutigem Denken vom Staat, da der Staat immer stärker die ursprünglichen Aufgaben der Familie übernommen hat). Es sind jene, die – aus Sicht der demografischen Entwicklung – für die nächsten Jahrzehnte das größte finanzwirtschaftliche Problem darstellen werden. In den reifen westlichen Demokratien (in Europa) sind „die Alten" sozial sehr breit über gesetzliche Renten mehr oder weniger abgesichert. In den Vereinigten Staaten vorwiegend über Eigenvorsorge oder – bei jenen der öffentlichen Verwaltung – über staatliche oder kommunale Renten. Für jene aus der US-Privatwirtschaft jedoch – die entweder nicht vorgesorgt haben oder nur auf bescheidene Renten aus ihrem Berufsleben zurückblicken können – über eine soziale Grundsicherung, die kaum den Minimumbedarf abdeckt, daher zusätzliche persönliche Erwerbsquellen im Alter erfordert.

In Europa sind die gesetzlichen Systeme unterschiedlich ausgelegt, in den großen Staaten jedoch überwiegt die Umlagefinanzierung. Eine Finanzierung, die bei wachsendem Wohlstand und wachsender Wirtschaftsleistung problemlos ist (und – demokratisch – zu überbordenden langfristigen Verpflichtungen führt). Aus Sicht Deutschlands, der Nation mit der größten Wirtschaftsleistung in Europa, wurde über Jahrzehnte vernachlässigt die Umlagefinanzierung an die durchaus absehbare demografische Entwicklung anzugleichen, zumindest über Rücklagen vorzusorgen und die nachhaltigen Verpflichtungen dem erwarteten Einkommenspotenzial anzupassen. So passiert es eben zwangsläufig in einer Kameralistik (der Einnahmen- und Ausgabenrechnung, s.o.), dass die ungeheuren Verpflichtungen der kommenden Jahrzehnte nicht aufscheinen und daher auch nicht annähernd abgedeckt werden können, und dann stagnierende Wachstumsraten zum staatlichen Bankrott führen müssen. Darüber hinaus führen staatliche/kommunale Versorgungszusagen für öffentlich Beschäftigte, mit inhärenter Kontinuität einer von der wirtschaftlichen Leistungskraft abgekoppelten schleichenden Vergütungskorrektur (nach oben) und gleichzeitiger Anpassung der Pensionen (die zusätzlich weder umlage- noch rücklagenfinanziert sind!), ebenfalls zu wachsender finanzieller Belastung für die nächsten Jahrzehnte. „Allein zwischen 1970 und 1980 rekrutierten Bund, Länder und Gemeinden so viele, dass sich in diesen zehn Jahren die Personalausgaben auf rund

75 Milliarden verdreifachten."[87] Zu den rd. zwei Billionen Euro [Schulden,...] kommen weitere 4,6 Billionen Euro, die Rentnern, Kranken und Pflegebedürftigen in Zukunft zustehen und nirgendwo erfasst sind. Die tatsächliche Verschuldung der Bundesrepublik entspricht demnach gar nicht 80 % des Bruttoinlandsprodukts [...], sondern 276 Prozent."[88]

Eine ähnliche Entwicklung sehen wir in ganz Westeuropa. Finanzierungslücken weisen auch viele Staaten der Erde aus; staatliche Rentenversicherungen sind ja weitgehend unbekannt, die demografischen Entwicklungen verlaufen jedoch ähnlich (ausgenommen noch die südamerikanischen Staaten, der indische Subkontinent und Afrika, alle mit verzögerndem Trend). Und auch das Anspruchsniveau gleicht sich an, zunehmend weltweit. Der rigorose wirtschaftliche Aufholprozess der sogenannten Dritten Welt, mit noch hohen Wachstumsraten dank der globalen Vernetzung, wird – selbst bei politischem Willen (und der ist nicht absehbar, s.u.) – den Aufbau vernünftiger kapitalgedeckter Renten- und sozialer Vorsorgesicherung in einem Zeitraum von maximal einer Generation nicht ermöglichen. Weltweit braut sich so ein menschliches Desaster zusammen. Demokratien in reiferem Stadium bewirken durch eben ihre demokratischen Prozesse – empirisch nachweisbar (sic!) – ihren eigenen finanziellen Untergang.

Medizinische Versorgung, Hygiene und Freizeit
Die Konsumausgaben in den Industriestaaten zeigen eines eindeutig: Die Kosten für die Nahrungsmittelversorgung haben sich innerhalb von 60 Jahren annähernd gedrittelt. Ähnliches gilt für die Bekleidung. Die Ausgaben für Mieten und Wohneigentum sind zwar kontinuierlich leicht steigend, aber im Vergleich zu den Kosten für das Gesundheitswesen war der Zuwachs (zumindest in den letzten 30 Jahren) marginal. In den USA haben sich die Kosten für die medizinische Versorgung annähernd verfünffacht und in Europa annähernd verdreifacht. Aber auch die Ausgaben für Finanzdienstleistungen und Versicherungen sind überproportional gestiegen. So haben sie sich in den USA ebenfalls rd. verfünffacht. Die Industrialisierung hat es also ermöglicht, dass die für den Menschen über Jahrtausende lebensnotwendigen Erzeugnisse, nämlich Nahrung und Bekleidung, in ihrer Herstellung so stark rationalisiert und automatisiert wurden, dass sie nur mehr einen vergleichsweise geringen Anteil an den Konsumausgaben einfordern (ohne ökologische Kosten, sic!). Völlig neu hinzugekommen im Zuge des letzten Jahrhunderts ist der Anspruch an Wohnqualität und Wohnungseigentum sowie der Wunsch der Absicherung gegen Risiken über Versicherungen. So hat eine breite und wachsende Vermögensbildung einen komplexen und sich weiter expandierenden

---

[87] Der Spiegel, *In der Schuldenfalle*, Ausgabe 1., 2. Januar 2012.
[88] Ebd.

Dienstleistungssektor geschaffen, der eben einen weiterhin steigenden Anteil an den Konsumausgaben bewirken wird.

Bei den Nahrungsmitteln werden die begrenzten Flächenressourcen und die Probleme mit der Bodenqualität, bei wachsender und anspruchsvollerer Bevölkerung, zwar steigende Kosten bewirken, sie werden aber bei Weitem überboten durch die Kosten der medizinischen Versorgung und der Vorsorge fürs Alter. Unabhängig vom Anspruch an Wohnraum, der weiter steigen wird, bleibt die Gesundheitsvorsorge – sowohl durch die demografische Veränderung wie auch höherer individueller Ansprüche sowie der Absicherung fürs Alter – der kosten- und ausgabetreibend entscheidende Block des Konsumsektors. Und mit ihm die Belastung für den Sozialstaat. Bekleidung und relevante Konsumgüterproduktion (ausgenommen die Rohstoffe dazu) werden mit hoher Wahrscheinlichkeit (dank weiterer Forschung und Entwicklung) im Anteil der Konsumausgaben eher stagnieren, hingegen wird das Gesundheitswesen wie auch der Finanzsektor (mit der Rentenvorsorge) zunehmend die Entwicklung des Bruttonationalprodukts bestimmen – und zwar vorwiegend zugunsten derjenigen, die es sich auch leisten können.

In einer alternden Bevölkerung steigen die sozialen Lasten und die Kosten der medizinischen Versorgung zwangsläufig überproportional. Vorerst ist es ein wirtschaftliches, primär jedoch ein politisches Problem. In den demokratisch legitimierten Staaten potenziert sich diese Frage, da es den Politikern im Hinblick auf die nächsten Wahlen schwerfällt nennenswert und nachhaltig gegenzusteuern. Entscheidungen werden vermieden oder, wenn es nicht anders geht, eben verschoben, um nicht kurzfristig Steuern erhöhen oder Serviceleistungen reduzieren zu müssen – als wesentlicher Faktor, warum Staatsquoten und Verschuldungen in Demokratien ständig steigen. Je mehr man notwendige Korrekturen und Entscheidungen der immer vielfältiger werdenden Sozialleistungen verschiebt, umso schwieriger wird es logischerweise die Verschuldung unter Kontrolle zu bringen.

6.5. Morbide Finanzpolitik

Die Finanzwirtschaft in geschlossenen Gesellschaften ist, soweit es geschichtliche Erfahrung betrifft, relativ stabil und verhielt sich – bei seriöser Staatsführung und realer Politik – in Relation zur realen nationalen Leistung. Darüber hinaus war sie nur variabel aus der Sicht externer Währungen, und hier abhängig vom beurteilten Leistungsniveau und dem Vertrauen in die Stabilität und Nachhaltigkeit einer Nation – sowohl wirtschaftlich wie auch politisch. Innerhalb eines Landes wirken Währungsrelationen daher je nach wirtschaftlicher Öffnung, dann aber aus Sicht individueller Bedürfnisse – und die sind wieder abhängig von der Einschätzung vergleichender Lebenshaltungsniveaus. Nehmen wir an, ein Land ist sowohl von Waren- und Dienstleistungsströmen wie auch von grenzüberschreitender Kommunikation völlig abgeschnitten, wird es zwangsläufig – und zwar unabhängig von der internen wirtschaftlichen oder politischen Verfassung – weder finanzpolitischer Regularien noch merkantilistischer Schutzschilder bedürfen. Es agiert eben wirtschaftlich autonom. Erst die grenzüberschreitende Beziehung schafft die Anpassungsnotwendigkeit der Währungen aufgrund unterschiedlicher Leistungsniveaus und differenter politischer Stabilitäten.

Nun war in der Geschichte der Menschheit der überregionale Handel in nennenswertem Umfang immer erst möglich, seit es Geld gibt, seit Händler Wechselgeschäfte, den Währungsaustausch – als Übergang vom Tauschhandel – nutzen konnten. Später unterstützt durch Banken, die den Geldtransfer selbst zwischen Unbekannten sicherten, aber so eben immer die Währungsrelationen festlegten. Je professioneller geführt, umso reicher wurden die Akteure, beherrschten Politik und Könige, von den mediterranen Stadtstaaten bis zu bekannten Namen wie Fugger, Welser, Rothschild, u.a. Dennoch galten seit alters her obige Prinzipien: Vertrauen in und Bonität der jeweiligen Währung, besser, der dahinter stehenden Institution, des Staates. Je offener jedoch die Gesellschaften wurden – insbesondere ab dem 20. Jahrhundert –, die Komplexität wirtschaftlicher Beziehungen global zunahm, desto intransparenter wurden auch die Beurteilungskriterien, das Verhältnis von Währungswert und dahinter stehendem Vertrauen, von Leistung und Bonität. Nach mehreren Krisen wurden im letzten Jahrhundert grenzüberschreitende Instrumente geschaffen, die eines aber sicherstellen sollten, ein Vertrauensverhältnis von Sicherheit und Vermögen (unabhängig noch von der Form, primär aber über Gold). Schleichend und unmerklich lösten sich später dennoch, wenn auch verständlich nach wirtschaftspolitisch internem Druck, die Global Players von bewährter, jedoch beschränkender Bindung und ermöglichten privaten Akteuren vermögenslose Spekulation. Kein Wunder, dass – nahmen diese Exzesse zu und fielen die ersten Finanzinstrumente mangels hinterlegtem Vermögen aus – wirtschaftliche Krisen die Folge waren, selbst die Wirtschaft weltweit infizierten. So versteht sich schon von selbst, dass eine gesunde Wirtschaft, und mit ihr insbesondere die finanz- und geldpolitischen Werkzeuge, eine der wesentlichen Voraussetzungen stabiler Staatssysteme bilden.

Spekulation
Selbst nach Jahrzehnten kontroverser Auseinandersetzungen ist dennoch bis heute nicht klar, inwieweit Spekulationen tatsächlich einen Wohlstandszuwachs über Innovationen bewirken können – ausgenommen jener für den realen Warentransfer, zu Absicherungen im Termingeschäft und zur Sicherung von Vermögenswerten. Allerdings trifft hier der Begriff „Spekulation", wie wir ihn heute verstehen, nicht zu, es bleiben waren- und leistungsbezogene Finanzierungs- und Sicherungsinstrumente. Betreffen würde es nur jene, die – losgelöst von der realen Leistungserstellung und mit vernachlässigbarem bis keinem Vermögen (besser mit dem Vermögen Fremder) – annähernd risikolos über mehr oder weniger komplexe Finanzinstrumente, also über Hebeln verdienen und somit über finanzwirtschaftliche Kettenreaktionen negative Exzesse auszulösen in der Lage sind. Um sie aus dem Welthandel auszuschließen, sind Grenzen zu ziehen – zwangsläufig über internationale Absprachen, um eben Verwerfungen (für Milliarden Unbeteiligter) zu vermeiden. Dass Regularien und Grenzen sowohl definierbar wie auch festzulegen sind, ist rational nicht abzustreiten. Über die vielfältigen Entscheidungsträger, selbst innerhalb eines Staates jedoch – sie rekrutieren sich eben einerseits über demokratische Legitimation und andererseits über Einfluss und Macht –, in praxi nicht durchführbar, und wenn, wird es immer Findige geben, die jede denkbare legale oder illegale Lücke entdecken werden, um aus den weltweiten finanziellen Verflechtungen, ohne persönliches Risiko, also unberechtigt, Nutzen zulasten anderer ziehen (und unabhängig des vielfach tangierenden Einflusses auf andere Institutionen und Staaten). So werden wir uns vor den Einflüssen individueller Spekulanten – wie schon über Jahrtausende – weder über demokratische noch totalitäre Prozesse schützen können.

Spekulative Finanztransaktionen hat es ja nachweislich schon vor Hunderten von Jahren gegeben, heute aber beschleunigen sie sich in einer nun unübersehbar vernetzten Welt, über vielfältige individuelle Interessen – eben einer nun internationalen liberalen Marktwirtschaft. Aber genau hier steckt auch das Missverständnis. Als liberal ist eine Marktwirtschaft zu verstehen (davon gehen einschlägige Theoretiker aus, s.o., wie auch vorher schon Adam Smith), wenn die Akteure *auf Basis realer Werte* agieren, was übrigens auch für Staaten gilt. Dem Staat wird zwar – und hier gehen die Meinungen durchaus auseinander – eine regulierende Hand zuerkannt, aber nur insoweit, als es mögliche staatsinterne Verwerfungen erfordern (heute, 200 Jahre später, könnte es durchaus sein, dass volkswirtschaftliche Prozesse in einer globalisierten Welt neu definiert werden müssen). Wo allerdings Grenzen zu ziehen wären, ist sowohl nach Kultur wie politischern Trends schwer zu definieren. Und genau diese Diskrepanzen, diese Unschärfe, ermöglichen es spekulativen Kräften den Rahmen zu überziehen, oder besser, sich an eine möglichst hautnahe Optimierung des eigenen Nutzens heranzutasten, der in weiterer Folge – aus eben egoistischen und/oder spekulativen Motiven – Krisen auslösen kann. Hier nun das zweite Missverständnis, dass eben in einer Krise, bei zumeist steigender Arbeitslosigkeit, über eine geldschöpfende Investitionspolitik (Keynesianismus) die Wirtschaft wieder angekurbelt werden soll. Was zwar grundsätzlich stimmt, aber sich nur dann nicht in einer weiteren Krise akzeleriert, wenn die so zur Verfügung gestellten Mittel (neu gedrucktes Geld) im Zuge der wirtschaftlichen Erholung wieder aus dem Umlauf abgezogen werden, was – wie wir erkennen müssen – keinem der beiden Systeme (autoritär oder demokratisch) je gelungen ist. Beide dz. primären geldpolitischen Auffassungen (Monetarismus und Keynesianismus) widersprechen sich ja nicht, sondern sind wechselseitig anzuwendende Instrumente, abgestimmt auf aktuelle Schieflagen einer Volkswirtschaft, jedoch mit zwingender Korrektur nach ihrer (erfolgreichen) Wirkung. Und genau beide Instrumente (als Prognosen, Erwartungen), sind aber auch wesentliche Auslöser spekulativer Prozesse – umso professioneller wären sie zu instrumentalisieren.

Zins und Risiko
Verbindendes Glied aller finanzwirtschaftlicher Prozesse ist der Zins, der Gewinn aus „arbeitslos" eingesetztem Kapital, ein seit Jahrtausenden ungelöstes, teilweise (religiös) verbotenes Resultat des Kapitaleinsatzes. Kapital ist thesaurierte Arbeit.[89] Als solches erbringt der neuerliche Einsatz Risiko, erfordert also eine Vergütung gegen Ausfall oder Wertminderung. Aber woraus berechtigt sich der Zins, der doch entscheidende Motor unserer weltweiten Wirtschaft? Jede kleinste Änderung des Zinssatzes durch die jeweilige Nationalbank, löst wirtschaftliche Reaktionen aus. Investitions-, Konsumverhalten ändern sich. Der Zins, wird allgemein definiert, ist der Erlös für die Nutzung überlassenen Kapitals, trägt also auch eine Risikovergütung in sich. Ist er mit Risiko gleichzusetzen? Aber Zins ist doch auch ein Ausgleich für Inflation, d.h. dem Risiko einer Geldentwertung! Also doch, Zins ist Risikoausgleich. Zins, oder Risikoaufschlag, ist aber auch Resultat von Angebot und Nachfrage, was ja weidlich bei Nachfragen mit problematischer Bonität ausgenutzt wird. Damit finden wir ein weiteres Element des Zinses, den Gewinn, als ein Angebot und Nachfrage verbindendes Element. Genau jener Teil also, der ausgleichend in all unseren theoretischen Modellen wirkt. Dieses doch so kritische Element „Gewinn", das unser menschliches Zusammensein, kapitalistisches, egoistisches, etc. Verhalten so prägnant bestimmt. Schlussendlich besteht der Zins also nur aus zwei Teilen: Einem Risikoaufschlag – als Vergütung eines realistischen Wertverlusts im Zeithorizont – und einer marktbedingten Vergütung, die sich aus Angebot und Nachfrage ergibt.

---
[89] Neuberg A., *Elitäre Parasiten*, 2010.

Dass der Zins, mit seinem Risikoaufschlag wie er allgemein gehandhabt wird, ein gesellschaftspolitisches Problem darstellt, ergibt sich alleine aus der nachhaltig überproportional wachsenden Kluft von Arm und Reich. Selbst wachsende (oder fallende) Vermögenswerte (Aktien, Immobilien) sind im Zeithorizont nichts anderes als Wertanlagen mit dem Streben nach geringem Risiko bei möglichst hohem Wertaufschlag (einer überproportionalen Verzinsung, einem Gewinn), als Spiegelbild von Angebot und Nachfrage von Vermögen. Also Vermögen (arbeitsloses Einkommen), das sich somit so von selbst kumuliert und – je länger der Zeithorizont ist – eine umso höhere Spreizung von Arm und Reich bewirkt. Eine Entwicklung, die bereits selbst wieder Quelle revolutionärer Umbrüche ist. Solange politische Entscheidungsträger keine Lösung für diesen Quell gesellschaftlicher Ungleichheiten finden, sind auch finanzwirtschaftliche Exzesse nicht in den Griff zu bekommen. Wieder einmal, unabhängig vom Regierungssystem. Und die Frage nach den Triebkräften der Expansion des modernen Kapitalismus, ist nicht in erster Linie eine Frage nach der Herkunft oder sinnvollen Thesaurierung der Geldvorräte, sondern vor allem der Entwicklung des kapitalistischen Geistes (zur Vermehrung des Kapitals, des Gewinns). Wo er auflebt und sich auszuwirken vermag, verschafft er sich die Vermögen, als Resultat seines Wirkens, nicht aber umgekehrt.

Währungsparität als Leistungsausweis
Die Aufhebung der ersten weltweit wirkenden finanzpolitischen Sicherungssysteme vor rd. 40 Jahren (1971 des Bretton-Woods-Abkommens) und die spätere Loslösung immer neu kreierter finanzpolitischer Systeme von hinterlegten Sicherheiten (mit oder ohne Eigenkapital), der (mentalen) Aufhebung der Trennung von Geschäfts- und Investmentbanken, ebenfalls in den USA, aber auch in Europa (1999), hatten dramatische Auswirkungen für viele Staaten und die Weltwirtschaft. Gefördert dann durch den Freiraum grenzüberschreitend kaum kontrollierbarer Finanzströme bei globaler Wirtschaftsvernetzung, losgelöst von der Realwirtschaft, bildeten sich an den verschiedensten Märkten immer wieder neue Blasen, die sich zwangsläufig – mehr oder weniger chaotisch, häufig genug mit durchaus existenzbedrohenden Katastrophen für ganze Staaten – auch wieder auflösen müssen. Wenn auch (zumeist) lokal und autonom ausgelöst, mit z.B. mal Ursprung in den Vereinigten Staaten, bestätigen sie die heute internationale Wirksamkeit wirtschaftspolitischer Entscheidungen für den gesamten Welthandel. Bisher nicht gekannte Schieflagen entstanden an den Finanzmärkten, wirken in den weltweiten Wirtschaftsstrukturen. Grenzüberschreitend sind sie über demokratische Prozesse kaum mehr, zumindest nicht in reaktionswirksamer Zeit, von den Staaten in den Griff zu bekommen. Wie kann es sein, dass ein Schwellenland, China, Währungsreserven in der Höhe von drei Billionen Dollar anhäuft. Dem sowohl wirtschaftlichen wie militärischen Konkurrenten, den USA, so über den Handel Geld leihen muss – einem über ein Jahrhundert übermächtigen und reichen Land, das nun fast bankrott, jedenfalls

hochgradig überschuldet ist. Ein Land, in dem sich über spekulativen Irrwitz einiger weniger, und zwar zulasten der Steuerzahler vieler Länder, in kurzer Zeit ungeheure Vermögen angesammelt haben und die dennoch ungeschoren davonkommen – als eine gigantische Verlagerung der Spargroschen vieler an einige wenige. Und dennoch, findig kreieren finanzpolitische Akteure immer neue Finanzinstrumente und drängen über Spekulationen selbst ganze Länder an den wirtschaftlichen Abgrund. Mit dem Effekt, dass wenige, immer reichere Spekulanten und Investoren, einem wachsenden Heer von Habenichtsen gegenüberstehen.

Die ursächliche Aufgabe der Finanzwirtschaft, insbesondere der Banken, war doch schon immer der Zahlungs- und Währungsverkehr und die Gewährung von Krediten. Sie lebten von und verdienten an den Spesen und Zinsdifferenzen. Erst ab Mitte des 20. Jahrhunderts haben sich neue Aufgaben – besser bewusst durch Insider gesteuerte –, ertragsträchtige Nischen ergeben, die eine schrittweise Abkoppelung von vermögenshinterlegten Spekulationen ermöglichten und so, getragen von wilder Gier, 2008/2009 in einer weltweiten Finanzkrise kumulierten.

Dieser Neoliberalismus, nach Aufhebung der Goldparität, entwickelt und gefördert durch die anglikanischen Länder (Reagan, Thatcher, u.a.), basierte im Wesentlichen auf vier Säulen:
- Reduzierung der Kapitalmarktregulierungen (reduzierter Eigenkapitalbedarf der Banken, grenzüberschreitend unbegrenzter Finanztransfer, freie Gestaltung vielfältiger Finanzinstrumente). Hier haben sich auch die Deutschen mit Deregulierungen angeschlossen (Steuerfreiheit von Veräußerungsgewinnen – 2000 steuerliche Besserstellung von ABS, 2003 Staatsanleihen sind nicht mit Eigenkapital zu unterlegen, u.a.).
- Freier Welthandel, unterstützt durch internationale Abkommen (GATT, später WTO), wobei im Wesentlichen dennoch die reichen Länder bestimmten.
- Privatisierung von Gemeingütern der Staaten und Kommunen (Unternehmen, Verkehrswege, Kommunikationsinstitute, Logistikbetriebe, öffentliche und Wohngebäude, etc.).
- Rückzug des Staates aus selbst volkswirtschaftlich wie sozial staatsrelevanten Aktivitäten.

Dieser Freiraum kam – bewusst oder unbewusst (für Insider bewusst, für die weltweit gravierenden Auswirkungen das zweite) – überwiegend Investoren und Finanzinstituten zugute, wenn er auch die Globalisierungsprozesse entscheidend ankurbelte (ob rational für die Volkswirtschaften – positiv oder negativ – ist eine andere Frage). Wirkte es doch, wenn man volkswirtschaftlich so will, wie ein riesiger Keynesianismus, als weltweite Investitionsförderung, die über gut ein Jahrzehnt, ergänzt als lokaler Monetarismus (sic!), liquide Mittel, und die transferiert über alle Währungen, in den weltweiten Wirtschaftskreislauf pumpte. Schlussendlich waren es

Maßnahmen, die – dank unkontrollierter und explosionsartiger Vermehrung von Finanzinstrumenten und damit der Schaffung weiterer enormer Liquiditäten – nach einigen Jahrzehnten zu den weltumspannenden Finanzkrisen führten, eine Rückführung, wieder auf Basis eines gesunden realen Waren-, Güter- und Dienstleistungsverkehrs, bis heute verhinderten, eine latente Gefahr wirtschaftlicher Stabilität bleiben und den Einfluss des jeweiligen Staates auf nationale Gegebenheiten ganz eminent verminderten. 2011 betrug die globale Wirtschaftsleistung, d.h. der Wert aller in der Welt produzierten Güter und Dienstleistungen (des BIP) um 70 Billionen US-Dollar, dagegen das Volumen des Devisenmarkts (2010) aber bereits das rd.15fache. Noch gravierender war die Entwicklung des Derivatenmarkts, der gegen Mitte 2011 bereits einen Stand von rd. 700 Billionen US-Dollar erreichte. 2000 waren es noch um 95 Billionen. Beide, besonders jedoch der Derivatenmarkt, können überaus riskante Spekulationen in sich bergen – als *das* wesentliche Vehikel der Abkoppelung der Finanzinstrumente von der realen Wirtschaft. Zwar verhält sich jeder der unzähligen Akteure marktpolitisch für sich selbst rational, jedoch durch die Loslösung der überproportional anwachsenden weltweiten Finanzwirtschaft von der realen Wirtschaft, hebeln sich bisherige volkswirtschaftliche Theorien – egal welcher Richtung – von selbst aus (Modelle abstrahieren doch sowohl den Zeithorizont wie auch die Komplexitäten). Egal, ob Interessensgruppen, Investoren oder die Politik, keiner durchblickt mehr die Zusammenhänge, geschweige denn, dass gegensteuernde Maßnahmen konsequent, aber auch wie vorgesehen wirken können.

So bildete sich im Laufe der letzten 20 Jahre ein von der realen Wirtschaft weitgehend abgekoppeltes Eigenleben der Finanzinstitute – über Finanzinstrumente die es ermöglichten Kredite auszuleihen, ohne persönlich zu haften, Institutionen zu schaffen oder zu fördern, die mittels wieder eigener Finanzpapiere weitere Liquidität schufen, die real oft nur über, in Kettengeschäften hinterlegte Dokumente gedeckt (ABS und anderes wertloses Papier), d.h. eigentlich überwiegend ungedeckt waren. Innerhalb weniger Jahre platzen dann gleich mehrere Blasen, die nur durch immense Zuflüsse der industrialisierten Staaten (wieder neu geschaffene Liquidität), ihrer Nationalbanken, den Zusammenbruch verhindern sollten. Allerdings blieben diese Mittel bis heute in den Märkten und heizen so weiterhin Spekulationen an, als eben Notwendigkeit flüssige Mittel irgendwo zu parken, verteilt in unterschiedlichste Märkte (nach Ländern, in Immobilien, in Rohstoffe und sonstige Ressourcen, in gerade sich bildende Erwartungen und Perspektiven). Wie soll so, die in 20 Jahren von der realen Wirtschaft abgekoppelte, überproportional geschaffene Liquidität, je wieder auf rationale Verhältnisse zurückgeführt werden?

Es sind eben diese wuchernden Instrumente, die Komplexität, die die Transparenz verwischen und so zwangsläufig gegensteuernde Aktivitäten verhindern. Zurückgeführt auf die primären Zusammenhänge gilt eben:

- Eine Abkoppelung einer Währung von den jeweils realen Werten muss zwangsläufig – nach menschlich inhärentem Verhalten (kapitalistischem Denken, Gier und Macht/Prestige) – zu einer zunehmenden Verwerfung der realen Wirtschaftsströme und damit zum Zusammenbruch der Finanzsysteme führen. Es bleibt eben nur eine Frage der Zeit, des Umfangs der Blasen und wann der Vertrauensverlust einsetzt.
- Und die Auswirkungen auf die Weltwirtschaft sind umso gravierender, je stärker vernetzt eine offene und globalisierte Welt ist.
- Jede Schaffung liquider Mittel (durch Zentralbank oder Staat, aber auch durch Banken, u.a.) muss in einem ausgewogenen Verhältnis zur Realwirtschaft des Währungsraums liegen. Eine Währung ist also umso stabiler, je stärker sie durch Werte hinterlegt scheint (volkswirtschaftliche Leistung, Eigenkapitalrelation, kurzfristig verfügbare Rohstoffe und Ressourcen, Begrenzung spekulativer und wirtschaftskrimineller Exzesse – eben und im Wesentlichen vertrauensbildender Fundamente). Erkenntnisse, die schon an die 100 Jahre alt sind (Friedrich August Hayek, Ludwig von Mises, u.a.).
- Wirtschaftliche und politische Interessensverbände und Konglomerate dürfen zwangsläufig keinen Einfluss auf das Hoheitsprinzip der Zentralbanken haben – alleine schon aus den inhärenten Interessenskonflikten (zur Volkswirtschaft, der Gesellschaft).
- Nationalbanken haben autonom und unabhängig zu bleiben, vielleicht als vierte Macht in einer Demokratie (in Ergänzung zu Montesquieus Drei-Gewalten-Teilung) und müssen über die Geldströme (Mindestreserve, Liquiditätsreservepolitik, Rediskontierung von Krediten der Nicht-Banken) und Zinssätze, im Sinne der Förderung der eigenen Volkswirtschaft und ihrer Einbettung in den Weltmarkt, über die Banken steuernd wirken können (wenn trotzdem immer auch eine Abhängigkeit von Führungsqualität und -kultur bleibt, s.u. Kap. 7.3. und 7.4.).

Leistung und Leistungsveränderung hat die Geldmenge zu steuern, die Liquidität, und das unabhängig von externen Verwerfungen und Spekulationen. Letztere sind Einflüsse die zuerst ein Eingreifen der Notenbanken fordern, erst bei extremen sozialpolitischen Abweichungen dann auch der Regierungen. Das fördert dann jedoch (in Demokratien) die Aufhebung des Grundsatzes der Bindung der Geldmenge an die Leistungsveränderung! Selbst dann, von den politischen Initiatoren ernst genommene, plausible und glaubhafte Begrenzungen der Schuldenausweitung fallen, wie oben erwähnt, im (demokratisch) politischen Ablauf in sich zusammen – als eine weltweite, jahrzehntelange Erfahrung. Ob darüber hinaus die (politische) Finanzpolitik eines einzelnen Staates (wenn auch mit stringenten Grenzen) tatsächlich hilft, bleibt zu bezweifeln. Leistungsbedingte Abweichungen der Staaten zueinander, damit eine Änderung des Einkommensgefälles, zwingen ja auch die umliegenden zu Korrekturen – eben aber parteipolitisch und nicht währungspolitisch. Wie die Praxis zeigt, können sich Geldmengen über Jahrzehnte aufblähen, die tatsächlichen wirtschaftlichen Hintergründe jedoch verschleiern. Iterative Maßnahmen werden zwar mit Begeisterung begrüßt, lösen jedoch die inhärente Problematik nur selten. Dennoch erfolgen große Kontraktionen zwingend in langen Zeitabschnitten – dann aber umso drastischer.

Das Loslösung der Finanzwirtschaft als Dienstleister der realen Wirtschaft, begonnen so vor rd. 20 Jahren, und der Entwicklung einer von der realen Wertschöpfung unabhängigen Finanzindustrie, setzte einen schwer reversiblen Prozess – nämlich die Kreierung neuer finanzieller Produkte, ohne Tangente zur realen Wirtschaft – in Gang, der in seinem Wert ein Vielfaches des realen Güteraustausch umfasst. Eine Rückführung auf reale Werte – der gigantische (buchhalterische) Vermögensverluste in sich bergen würde – auf Wertmaßstäbe die die reale Leistungen wiederspiegeln, würde einerseits eine weltweit agierende Finanzindustrie (mit ihren Spekulanten) schwer schädigen – ist daher wenig realistisch, und andererseits eine nachhaltige, wertfreie Politik, und die wirksam über alle Grenzen hinweg, erfordern – was sich aus Bisherigem ebenfalls ausschließt. Die (schleichende) Verselbstständigung der Finanzwirtschaft über von ihr kreierte Leistungen, von „imaginären" Produkten, hat zwar enorme, genauso imaginäre Vermögen geschaffen, die eben auch auf eine reale Basis zurückzuführen wären. Da dies wenig wahrscheinlich ist, weder bewusst noch rational steuerbar (sowohl von den Betreibern wie auch der Politik), lösen sich Blasen über finanzielle Verwerfungen und verstreute Vermögensverluste.

Leistungsmaßstab von Staaten
Selbst im historischen Kontext sind sowohl Erfahrung wie auch Theorie noch zu jung, um die Auswirkungen überbordender Schulden von Nationen sowie deren Finanzierung über die Geldpresse, in ihrer Nachhaltigkeit und den Konsequenzen, theoretisch gediegen zu beurteilen. Selbst die Fed, als Zentralbank der (noch) mächtigsten Wirtschaftsnation USA, begann erst zu Beginn des 20. Jahrhunderts als Zentralbank und – wie wir sie heute verstehen – erst nach der Weltwirtschaftskrise 1934 die Geld- und Währungspolitik zu bestimmen. Zu wenig empirisch nachhaltige Historik also, berücksichtigt man die zwischenzeitigen Einflüsse eines Weltkriegs sowie der währungspolitischen Turbulenzen nach der Aufhebung des Bretton-Woods-Abkommens (unabhängig davon, dass die USA mit dem Dollar als Leitwährung sowieso besondere Vorteile und damit mehr Stabilität genießen. Und erst mit frei floatenden Währungen (1971), dem weltweit freien Geldverkehr und Freiraum für nicht mehr zwingend vermögenshinterlegte Spekulationen (nach 2000), wurden nicht nur die historisch ehernen Gesetze von Realwirtschaft zu imaginärer Geldschöpfung aufgehoben, sondern dem Geld, den Währungen, den Devisen, die Vertrauensgrundlage und damit die Wirksamkeit entzogen. Es ist nur eine Frage der Zeit, bis die „Märkte" (s.u.) eine Korrektur nach *Realem* erzwingen.

Es ist nun mal eine alte Weisheit, dass Risiko und Ertragsaussichten sich immer in einem je nach individuellem Mut, aber dennoch relativ limitiertem Verhältnis bewegen (eben als Resultat des „Marktes"). Ist kein Risiko vorhanden, sondern nur mehr Ertragsaussichten, wird unlimitiert investiert, es entwickeln sich Blasen bis sie platzen (wobei die Logik der Erfahrungskurve vorgibt, dass die Zyklen kürzer werden). Die Last von Verlusten tragen nach klassischem Denken die (tatsächlichen) Investoren über ihr eingesetztes Vermögen. Fällt Aktion und Haftung auseinander, in „systemrelevanten" Fällen dann andere, dankenswerterweise der Steuerzahler. Kommen Länder in einem Währungsverbund in finanzielle Schieflagen (z.B. mangels korrigierender Währungsparität – klammern wir mal landesinterne Verschiebungen und Schieflagen aus, die entwickeln sich ja zumeist über Generationen), sind Schulden unausweichlich. Werden dann länderübergreifende, unterschiedliche Leistungsniveaus noch durch Kredite oder Bürgschaften finanziert, wirft man also schlechtem Geld noch gutes nach, sind finanzielle Krisen unausweichlich. Wie auch die Praxis bei Unternehmen zeigt, sind eben überschuldete oder insolvente Länder kaum in der Lage in überschaubaren Zeiträumen (so fünf bis zehn Jahre) ihre Effizienz, vergleichend zum internationalen Wettbewerb, soweit anzupassen, dass sie nicht nur das Leistungsniveau der Gläubiger erreichen, sondern Tilgungen (zumeist dann auch hohe Zinslasten) in vernünftigen Zeitrahmen abzudecken in der Lage wären. Hier widerspricht eben die praktische Erfahrung, einerseits aus der Vielfalt gegensteuernder demokratischer Prozesse und andererseits eines zumeist abgewürgten Konsums.

Zwar versuchten mächtige Staaten oder Staatenverbände – zeichneten sich militärische oder wirtschaftliche Zusammenbrüche ab – finanzpolitische Stabilität über vielfältige Regularien zu sichern, sind sie dennoch in der Praxis durch mächtige oder nationale Interessen verhindert, ad absurdum geführt worden. Die letztendlich volle neoliberale Freigabe der internationalen Finanzströme vor etwas mehr als einem Jahrzehnt, musste zwangsläufig – weil es immer wieder irgendwo auf der Welt Unterschiede der Leistungsniveaus geben wird, die findige Investoren zu spekulativen Zwecken nutzen – sich in Blasen niederschlagen, die dann aber auch – wird die Angst zu groß und geht der Herdentrieb durch – zwangsläufig sich wieder auflösen müssen. Insbesondere demokratische Regierungen – den Interessen breiter Bevölkerungsschichten verpflichtet – sind den, zumeist nicht vorhersehbaren Machenschaften hoffnungslos ausgeliefert. Zwangsläufig können sie eben immer nur ex post, und in pluralen Systemen nur ungemein zäh, reagieren.

Aber genauso schleichend und unmerklich wie sich die Relation von Leistung zur jeweiligen Währung ganz natürlich verschiebt, genauso heimlich, aber brisant, weichen sich marktwirtschaftliche Grundlagen aus Solidaritätsgründen immer mehr auf. Statt dass sich dann ein gegebener Leistungsabfall einer Region in Abwanderung von Kapital, geringere Arbeitskosten, höhere Arbeitslosigkeit und fallende Renditen niederschlägt, wird – zwar sozial und menschlich verständlich – insbesondere aus wahlpolitischem Kalkül, auf Teufel komm raus subventioniert. Offensichtliches Beispiel, und das seit Jahrzehnten, ist der föderale Aufbau der Bundesrepublik Deutschland. Die Transferzahlzahlungen zwischen den Ländern nehmen kontinuierlich zu und die Anzahl der zahlenden Länder ab. Statt daraus zu lernen, beschritt die Europäische Union – als Folge steigender Verschuldung schwächerer Staaten – für den Euro den gleichen Prozess, mit der schleichenden Vergemeinschaftung der Schulden. Hatten bisher die wirtschaftlich stärkeren Staaten, der marktwirtschaftlichen Logik folgend, geringere Zinsen für ihre Schulden zu bezahlen, haben sie nun höhere zu akzeptieren – subventionieren somit andere Länder (unabhängig von laufenden Schuldenschnitten). Im Sinne des gemeinsamen Euros (und der ursprünglichen politischen Intention) ist zwar dagegen nichts einzuwenden, sofern in realistisch prognostizierter Zeit das Leistungsniveau der schwächeren Staaten an das der stärkeren aufschließt, was man aus Erfahrung, Wirkung demokratisch-politischer Prozesse und ökonomischer (insbesondere menschlicher) Logik ausschließen muss. Die Wahrscheinlichkeit der Nivellierung des gesamten Lebenshaltungsniveaus auf eine niederere Ebene ist so zwangsläufig vorgezeichnet, bis zu einem Bruch der Gemeinschaftswährung (mit auf Jahrzehnte hinaus nachhaltig negativer Wirkung auf die wirtschaftliche Leistungskraft Europas). Zahlen wird es jedenfalls die Allgemeinheit, und besonders schwer wird der Rückschritt für die „geförderten" (Teil-)Nationen.

Da die Globalisierung, die Vernetzung der Welt auf den vielfältigen Ebenen, mit hoher Wahrscheinlichkeit nicht mehr zurückgedrängt werden kann (und auch nicht soll, Kap 7.6.), wird man alternative Währungsgrundlagen (besser stringente Zentralbanken) und angepasste Finanzinstrumente finden müssen, die eben internationale Beziehungen unterstützen – und nicht nur einige wenige, mit deren Zugriff auf Macht und Geld zulasten der Massen bevorzugen. Seit Jahrzehnten stecken wir hier, aus komplexem, aber auch überkommenem Denkverhalten fest. Früher löste man ganz einfach Diskrepanzen dank autoritärer Herrscher über Kriege, räuberische Überfälle, koloniale Ausbeutung, etc., was sich in demokratischen Systemen und den Versuchen ausgleichenden Verhaltens zwischen Staaten heute ausschließt. Und so stehen wir, nach zwei Weltkriegen (beide aus machtpolitischen und wirtschaftlichen Interessen) und einer stabilisierenden Phase von um die 60 Jahre, genau vor dieser ungelösten Frage, wie (reale) Leistungsunterschiede, und eben nur diese, sich in Währungsrelationen niederschlagen können, um so auch sinnvoll wirtschaftlich befruchtend zu wirken. Wird sie nicht gelöst, ist es, wie es sich eben – nicht zum Neuesten – wieder abzeichnet: Riesigen, kaum mehr tilgbaren Schulden, stehen unglaubliche und damit riskante Forderungen gegenüber, die zwangsläufig nicht nur Spekulationen, sondern auch politisch einseitige Handlungen auslösen müssen, bis eben dieses unübersehbare Geflecht implodiert; mit direktem Einfluss auf das politische System.

In der Komplexität der Zusammenhänge sowie der gewachsenen Vernetzung von Forderungen und Verbindlichkeiten, Unsicherheiten und Garantien, dynamischem Wandel, wirtschaftlich wie politisch wechselnden Beziehungen, sind Lösungen zwangsläufig schwierig, da immer irgendwelche Interessen entgegenstehen (und nur wenige die tatsächlichen und komplexen Wirkungsmechanismen versteht). Wird man stabile, der Globalisierung angepasste Währungsrelationen initiieren wollen, sind Konzepte vorauszusetzen, die dann auch nur über jahrzehntelange systematische Anpassung zu erreichen sein werden. Dabei gelten folgende grundsätzliche, menschlich wie technisch seit althergebrachter Zeit sinnvolle Grundlagen:
- Vermögen (in Papier, gemünzt, elektronisch oder „real") ist thesaurierte Leistung aus Arbeit, d.h. aus Tausch (Arbeit gegen Geld) oder Verzinsung (s.o.) hinterlegten Kapitals (d.h. inklusive des Mehrwerts. Dazu gehören auch Immobilien und Anlagen, etc., Handelswaren und Rohstoffe, sofern sie über Arbeit, eben als thesauriertes Kapital, hergestellt oder exploriert wurden).
- So ist auch der Handel mit Geld, mit Vermögen – dem thesaurierten Kapital – Arbeit, die über eine Provision (Arbeit, zzgl. Risikoaufschlag) vergütet wird, jedoch immer vermögens-(arbeits-)hinterlegt bleiben muss. Geld vermehrt sich primär daher nur über Arbeit (des Mehrwerts, zzgl. der Verzinsung als Risiko) – dabei angenommen, die Zentralbank regiert alleine über die Geldmenge; d.h. schöpft sie, sofern die Nachfrage steigt, und reduziert sie, wenn die Nachfrage fällt. Dies gilt allgemein auch für abgeleitete, eben thesaurierte Vermögen (Edelmetalle, Rohstoffe, Immobilien, Kunstwerke, Lizenzen und Wissen, etc., selbst Renten und Pensionen).
- Wird Geld verliehen, wird also ebenfalls Arbeit, ergänzt mit einem Risikoaufschlag, geschuldet. Die Höhe eines Zinses – als das Risiko des Wertverlustes – spiegelt zwar das uralte Verhältnis zwischen Angebot und Nachfrage wider, beinhaltet daher auch den Gewinnaufschlag (s.o.). Und hier, und zwar genau hier, liegen die finanzpolitischen Aufgaben einer Regierung und ihrer Zentralbank, um sowohl gegen monopolistische Strukturen zum Nachteil der Massen wie auch finanzpolitische Exzesse, gegebenenfalls regulierend einzugreifen, um Probleme, wie es schon über Jahrtausende die Religionen monierten, zu verhindern. Hier liegt die Aufgabe realer Geldpolitik, von unabhängigen Nationalbanken (konform zur jeweils internen wirtschaftlichen Leistung).
- Der Vollständigkeit halber ist jedoch auch noch „Arbeit" zu definieren. Arbeit, als *das* kritische Bewertungsproblem seit Marx, beinhaltet, generiert in praxi, auch Gewinn (wie Kapital, eingesetzt als arbeitsloses Einkommen). Allerdings unterliegt Arbeit, als lokal weitgehend „unbeschränkt verfüg- und austauschbares Gut", weit stärker den Marktverhältnissen und ist weniger „rar" als Kapital, sodass es beim Einzelnen weit weniger stark „vermögensbildend" wirken kann und daher auch aktuell nicht die volkswirtschaftliche Bedeutung der Vermögensspreizung bewirkt (was generell aber nicht unbedingt auszu-

schließen ist, sehen wir nur die Einkommensspreizung in obersten Führungsetagen, u.a.).

Währungen spiegeln somit die tatsächliche Leistungsfähigkeit von Nationen wider, und ihre Währungsparitäten die Leistungsniveauunterschiede. Werden diese Grundlagen durchbrochen, wirken zwangsläufig spekulative, aus der Sicht ethischer Gemeinsamkeit auch kriminelle Faktoren. Fehlentwicklungen ergeben sich notgedrungenerweise, wenn innerhalb einer Nation Leistungsunterschiede durch Subventionen kaschiert werden (z.B. internationale Ausleihungen, bleiben sie nicht sicherheitshinterlegt). Sie reduzieren zwangsläufig die zwingende Anpassung entsprechend der Marktmechanismen. Als Voraussetzung der Währungsstabilität gilt – durchaus und grundsätzlich, und n.w.v. – die regulierende „unsichtbare Hand" Adam Smiths wie auch nachfolgend neoliberalen Denkens. Währungsstabilität – inklusive ihrer Variabilität als vergleichender Leistungsindikator – ist eine Voraussetzung sozialer Marktwirtschaft, sofern sie ungetrübt indikativ, d.h. präzise aussagefähig bleibt, und das ist sie aber nur, wenn Währungen frei, auf Basis „inhärenter Leistung" (unspekulativ) floaten können.

Verändern sich so die Währungsrelationen zwischen ähnlich gelagerten Staaten (d.h. das Leistungsniveau), bewirkt der im Umfang sich verändernde Handel ökonomischen Druck. Überschulden sich Staaten, tragen zwangsläufig die Gläubiger das Risiko. Und zwar eine Vielzahl von Gläubigern, von Staaten, internationalen finanzierenden Institutionen, Banken, Unternehmen, aber auch Privatpersonen. Durchbricht man dieses Prinzip, indem man weiter finanziert und die Gläubiger nicht ihr ureigenes Risiko selbst tragen lässt (politisch aus egoistischem Denken, im Sinne eigener Interessensgruppen), hebelt man dieses Fundamentalprinzip aus. Eine Rückführung geliehener Mittel – wird öfters interveniert – wird immer schwieriger, bis zu dem Grad wo es unmöglich wird, dass der Schuldenstaat sich selbst aus der Schuldenfalle befreit. Er ist bankrott (wobei der Zusammenbruch nur eine Verzögerung im Zuge weiterer Verschuldung ist).

Wird die Anpassung der Währungsrelationen über nationale Maßnahmen verhindert (was nur temporär, bei angesparten Devisenreserven und zulasten der eigenen Bevölkerung, möglich ist), wird sich der Schaden der Leistungsverzerrung über wirtschaftliche Verwerfungen in beiden Staaten auswirken und, je nach Volumen und Einbindung in der globalen Wirtschaft, auf weitere Staaten ausstrahlen.

So sind z.B., als Exkurs, die aktuellen finanzpolitischen Probleme der Euro-Länder nicht ein Problem der fehlenden politischen Union (!), eines geschlossenen Föderalismus, wie es immer wieder verlangt wird, oder sogar der Gemeinschaftswährung selbst, sondern sowohl der intransparenten Leistungsdifferenzen der einzelnen Staaten wie auch der mangelnden Disziplin der Gläubiger (!), die – bewusst oder unbewusst – sich unter dem Schutz eines politischen (und finanziellen) Schirmes vermuteten; sich so also jede Eigenverantwortlichkeit aushebelt. Wird grundsätzlich, und von Haus aus, disziplinierte Eigenverantwortlichkeit über alle Ebenen geübt, ist sowohl Flexibilität lokaler Leistungen wie auch Transfer von Vermögen nach marktwirtschaftlichen Kriterien sichergestellt. Leistungs- und Vermögensströme, politische Fehlentscheidungen regulieren sich von selbst (s.u.). Wie sich auch lokale politische Entscheidungen zu Gunsten von Interessensgruppen verbieten oder – marktabhängig – von selbst korrigieren (sollen). Ist dieser marktwirtschaftliche Grundsatz erst einmal bewusst, ist eine Rückführung der Schulden sowie die dann indizierte Leistungsanpassung, nur eine Frage der Disziplin und Zeit, die durchaus auch Subventionen rechtfertigen können (s.u.).

Strukturelle Finanzpolitik
Dass Staaten versuchen wirtschaftliche Depressionen über Nachfragepolitik, über die Bereitstellung von Liquidität (und/oder Zinssatz) qua Zentralbanken im Sinne einer keynesianischen Politik, die Wirtschaft anzukurbeln (sei es über Investitionen oder zur Förderung des Konsums), ist im Sinne politischer Stabilität und sozialer Wohlfahrt sicherlich lobenswert. Aber nur dann nachhaltig sinnvoll, wenn (wie erwähnt) die nun überschüssige, den realen wirtschaftlichen Verhältnissen widersprechende Liquidität, zeitgerecht wieder abgezogen werden kann, sofern die Rückkehr zu Prosperität mit hoher Wahrscheinlichkeit erwartet wird. Es bleibt nun einmal ein finanzwirtschaftliches Gesetz: Strukturelle Probleme sind über kreditfinanzierte Ausgabenerhöhungen, der Stimulanz von Nachfrage alleine, nicht zu lösen; sie fordern immer Rückkehr zu realen Verhältnissen (zum freien Markt).

D.h. aber auch, dass aus Sicht einer sozialen Marktwirtschaft Subventionen, um kurzfristig eintretende wirtschaftliche Abweichungen abzufedern und Anpassungen erträglich wirken zu lassen, zwar verständlich sind, aber dass auch sie definitiv – je nach prognostizierter Zeit – systematisch und konsequent wieder abzubauen wären. Ein Problem, das sich besonders in demokratischen Staaten nur schwerlich verwirklichen lässt – eines der entscheidenden Mankos. D.h. versuchen Staaten über Subventionen regulierend einzugreifen (in kleineren Nationen erscheint es transparenter), verhindern sie damit – fehlen strukturelle Maßnahmen – notwendige Leistungsanpassungen. Und diese Maßnahmen werden sich zwangsläufig nur dann als wirksam erweisen (wie bei Unternehmen), wenn straffe Führung die Sanierung sicherstellt, was man bei (demokratischen) Staaten, für die zwangsläufig langen Konsolidierungszeiträume und gegenwirkenden demokratischen Kräfte, wohl ausnehmen darf.

Eines dürfen wir nicht übersehen. Sobald innerhalb einer Region, einer Nation oder eines Staatenbundes, eine einheitliche Währung gilt, bleibt es für die Wertebeurteilung immer nur eine *Saldierung* aller in diesem Gebiet erbrachten Leistungen. Selbst innerhalb einer überschaubaren kleinen Region wird es per se – je Weiler, je Dorf, Kommune oder auch größerer Stadt – immer ein Spiegelbild der Summierung aller ihrer Leistungen bleiben. Es ist ganz einfach systeminhärent, dass ihre „imaginäre" Währung (= Leistung, besser noch Währungsparität) Leistungsfähige und weniger Leistungsfähige ausgleicht, einen Durchschnittswert abbildet. Auch der Leistungsbeitrag einer Familie differenziert schließlich ja nicht nach den einzelnen Leistungsträgern der Familienmitglieder. Allerdings tritt dieser Unterschied – je nach historischer Entwicklung und individueller Besonderheit – sehr different auf und ist in der Praxis nicht so augenscheinlich, und wenn, dann für die Außenstehenden als selbstverständlich. Wachsen jedoch interne „Transferzahlungen" und steigt deren Transparenz, steigt auch der Widerstand der tatsächlichen Leistungsträger.

In Deutschland haben sich z.B. die Transferzahlungen zwischen den Bundesländern – ausgehandelt in immer komplexeren Bewertungen – kaum reduziert oder gar die Leistungsbereitschaft der Bezuschussten entscheidend gefördert. Zumeist erfolgt jedoch dieser „innere Leistungsausgleich", die Transfers, weniger transparent, und zwar über die Verteilung staatlicher Investitionen, Zuschüsse oder Projekte, über generelle staatliche Einnahmen, etc. Selbst in den USA können die Bundesausgaben an einzelne US-Staaten bis zu einem Mehrfachen ihres jeweiligen BIP betragen. Ähnliche finanzielle Maßnahmen zugunsten politisch gewollter Strategien spiegeln zwangsläufig alle Formen der Verteilung von Staatseinnahmen wider. Daraus folgt – vorausgesetzt finanzielle Stabilität eines Staates ist die Grundvoraussetzung seiner nachhaltigen Existenz –, dass selbst ein geschlossenes Währungssystem immer (vielfach unsichtbare) Transferzahlungen in sich birgt. Transfers die (1) transparent sein müssen, (2) die interne Leistungsanpassung nach liberalen Marktkriterien fördern und (3) politische Kräfte veranlassen sollten ihre Entscheidungen daraus abzuleiten. Es setzt daher (4) nicht zwingend ein in sich geschlossenes politisches System voraus. Was widrigenfalls dazu führt, dass, zu 1–3, in demokratischen Systemen – wie das letzte halbe Jahrhundert zeigt – entweder Überschüsse sozial „verfrühstückt" werden oder in Defizitjahren zu keynesianischem Deficit Spending veranlassen und, zu (4), ein in sich politisch geschlossenes System wirtschaftlich gesamt nach unten zieht, bis auch die stärksten Glieder nicht mehr in der Lage sind einen Zusammenbruch der Währung, und damit eine wirtschaftliche Rezession aufzuhalten.

Finanzpolitische Sanierung
In wirtschaftliche Probleme können Staaten wie auch Unternehmen, egal aus welchen Gründen, immer kommen, wobei finanzpolitische zumeist Folge wirtschaftlicher sind. Sinnvoll ist auch professionelle Hilfe und Unterstützung. Zwingend ist aber auch die fachliche und menschliche Assistenz, unterstützt und betont durch zeitlich befristete, sich aber reduzierende Subventionen. Seriöse Unternehmenssanierung berücksichtigt

unternehmensinterne Ressourcen (Markt- und technologisches Potenzial, menschliche und finanzielle Ressourcen, Wettbewerbsfähigkeit, u.a.) und betten sie in ein realistisches Sanierungskonzept ein. Ein Konzept, das aber auch nur dann wirkt, wenn nicht nur die prognostizierten Restrukturierungsmaßnahmen und die Marktentwicklung eintreffen, sondern insbesondere auch wenn es führungsstark und pragmatisch umgesetzt wird, und alles in einem realistischen Zeithorizont – als Voraussetzung der Bereitschaft von Investoren das Sanierungskonzept mitzutragen. Grundsätzlich gilt für Staaten das Gleiche, erweitert noch um soziale Aufgaben, ein erweitertes Ressourcenspektrum sowie realistische Einordnung eines Plans im Sinne erfolgreichen Wettbewerbs im Staatenverbund und – besonders – die konsequente Umsetzung über einen der Komplexität und vielfachen Verzögerungswirkungen entsprechenden Zeitrahmen. Also wieder vier grundlegende Voraussetzungen: Realistische Einordnung der Potenziale, ein realitätsbezogenes Konzept und die konsequente Führung der Umsetzung und (wie beim Unternehmen) schlussendlich die Bereitschaft der Investoren (Finanzinstitutionen, andere Staaten, aber nun auch der eigenen Bürger), das Konzept (und Risiko) konsequent mitzutragen. Voraussetzungen, die in demokratischen Staaten eher unwahrscheinlich sind. Insbesondere der Zeithorizont ist das kritische Kalkül, da alle Beteiligten – aus eben bewusster oder unbewusster Unsicherheit demokratischer Kehrtwendungen – eher kurze Zeithorizonte fordern (z.B. der IWF, Weltbank, internationale Institute, sonstige kritische Befürworter, etc.), eben genau diametral jedem konsequenten Sanierungskonzept.

Grundsätzlich gelten sowohl für Unternehmens- wie auch Staatsinsolvenzen die gleichen Sanierungsgrundsätze: Vorerst ist die nachhaltige Leistungsverbesserung, das Wiedererreichen der Rentabilität abzuklären und abzusichern. Daraus ergibt sich, ob ein Schuldenschnitt notwendig, mach- und vereinbar ist, und er macht nur dann Sinn, wenn nur damit die nachhaltige Rentabilität wieder erreicht werden kann (im Falle von Staaten die Reduzierung, zumindest Stabilisierung der Schulden). Rentabilität bedingt daher auch, dass eine eventuell verbleibende Zinslast, nach einem Schuldenerlass, die Wiedererstarkung nicht gefährdet. Natürlich hat eine Staatsinsolvenz komplexe Interdependenzen zur Folge und berührt widersprüchliche Interessen. Dennoch, werden diese beiden Grundsätze nicht eingehalten, verzögern sich nicht nur schmerzvoll all die weiteren Bemühungen, sondern sie verheddern sich immer stärker im Geflecht von Ansprüchen, Sicherheiten, Nachschusspflichten. Deren akzelerierende Auswirkungen können schlussendlich die Staatsinsolvenz nicht verhindern, sondern verursachen immer mehr Probleme und Verstrickungen. Gerade eben diese Komplexitäten aus den internationalen Verflechtungen sind es, die aus verständlich individueller Sicht und je nach Durchsetzungsfähigkeit, genau obige Grundsätze auszuhebeln versuchen. Schlussendlich bleibt eine Sanierung dann wie immer eine Frage charismatischer Persönlichkeiten mit ausreichendem Rückhalt (Kap.7.3.). Dass national strauchelnde, „systemrelevante" Finanzinstitute oder Unternehmen (staatlich) gestützt werden müssen, ist nicht auszuschließen, jedoch nachrangig (und verstärkt darüber hinaus das Risiko- und Verantwortungsbewusstsein).

Wirken diese Maßnahmen nicht oder werden sie gar nicht eingeleitet, haben eben alle Gläubiger den Schaden zu tragen, und zwar unabhängig von sich verkettenden Einflüssen. Widrigenfalls treten sie sowieso ein, und dann in verstärktem Umfang. Gleiches gilt grundsätzlich auch für große Wirtschaftsblöcke. Wird konsequent umgesetzt,
- verhindert es unbegrenzte Ausuferung der Verschuldung von Staaten,
- fördert es die risikobeurteilende Vergabe von Krediten, sowohl von Staaten wie auch Banken und Unternehmen (da sich dann niemand auf den Steuerzahler berufen darf und – sind die Grundsätze bekannt und konsequent eingehalten – es selbstregulierend bleibt),
- fördert und unterstützt es folglich überdurchschnittliche Leistungsanstrengungen und Reorganisation der verschuldeten Staaten oder Regionen, fördert Verantwortlichkeiten,
- sichert es langfristig die Leistungs- und sozialen Gefüge der kreditgebenden Staaten und
- fördert das Risikobewusstsein handelnder (kreditgebender) Staaten, von Finanzinstituten und Unternehmen.

Es verlangt also (schon zu Beginn) konsequent Grundsätze zu vorsichtigerem, risikobeurteilendem Engagement einzuhalten, insbesondere für Länder mit „differentem kulturellen" Denken – sofern es wirtschaftliche Verfahren, Verlässlichkeit und Rechtssicherheit betrifft – und führt zu pragmatisch langsamerer Angleichung der Lebenshaltungsniveaus beteiligter Nationen (wobei durchaus auch noch andere Faktoren mitspielen, s. u.). Föderalismus, insbesondere aus Sicht eines finanzwirtschaftlichen Ausgleichs, ist grundsätzlich gegenläufig jedem wirtschaftsliberalen System. Es ist zwar ethisch verständlich, nachhaltig schädigt es jedoch die Leistungsfähigkeit beider. Mit zunehmender Föderalismushierarchie nimmt die interne Dynamik der Leistungsverbesserung zusätzlich ab. Oder, anders gesprochen, je kleiner die wirtschaftlich von extern nicht unterstützte Einheit ist (z.B. die Familie, als kleinste Einheit), desto leistungsbewusster verhalten sich die Mitglieder zueinander. Und das heißt andererseits aber auch, je mehr Hierarchiestufen (Familie zu Kommune, zu Land, zu Staat, zur Union bis zu weltweit) eines Finanzausgleichs wirken, umso stärker behindern sie die Triebfeder der Selbsterhaltung (den rückhaltslosen Leistungseinsatz).

Vielfältige Zahlungssysteme bestimmen zwar den Waren- und Geldfluss, bevorzugen aber auch mächtige Akteure und Spekulanten. Personengruppen, die am eigentlichen Leistungsaustausch nur sekundär teilnehmen, jedoch in den letzten Jahrzehnten ganz eminent über ihre riesigen, spekulativ eingesetzten Finanzmittel, selbst die wirtschaftliche Leistungserstellung beeinflussen, sogar bestimmen. Eine Fehlentwicklung, die sich einerseits aus der schleichenden Auflösung obiger Grundlagen ergeben hat und andererseits Resultat zunehmender Vermögenskumulierung ist. Sie behindern Staaten in ihrer ureigensten Aufgabe, der Sicherung des reibungslosen Leistungsaustauschs und der Unabhängigkeit der Nationalbanken, und damit der Sicherung innerer politischer und wirtschaftlicher Stabilität.

Insbesondere die beiden letzten Jahrzehnte haben die Beeinflussbarkeit der Zahlungsströme durch die Nationalstaaten stark ausgehöhlt, sodass sich – aus der ursprünglich jahrtausendealten Münzhoheit und damit dem entscheidenden staatlichen Machtinstrument – die Frage sinnvoller, vielleicht sogar menschenorientierter Organisation eines Staates, völlig neu stellt. Verlieren die Staaten ihre Währungshoheit – was aus dem derzeitigen Stand der Dinge anzunehmen ist –, somit die alles umfassende Autonomie innerhalb des Staatsgebietes, wird sich auch die Frage der Staatssysteme ganz anders als bisher, über Jahrtausende diskutiert, stellen. Schon die Adaptionen nach den Währungsparitätsunsicherheiten des letzten halben Jahrhunderts – über Währungsabkommen, IWF, Weltbank, UN, WTO – sind Anzeichen sich auflösender Eigenständigkeit der Staaten, die selbst bisherige Souveränitäten nationaler Gemeinschaften infrage stellen, weltweit währungspolitischen Konsens immer wieder erfordern.

Pragmatisch gesehen, zeigen sowohl Geschichte wie soziologische und psychologische Verhaltensweisen, dass eine politische Gemeinsamkeit – als klassische Voraussetzung eines Währungsverbunds – oder die Transfervoraussetzungen 1-4 (s.o.), auf lange Zeit nicht zu erreichen sein werden. Als Folge bleiben realistischerweise (bei fallender politischer Selbstständigkeit):
- Versuch der Aufrechterhaltung der finanzpolitischen Individualität des einzelnen Staates, des intern staatlichen Gleichgewichts, mit möglichst kurzfristiger handels- oder währungspolitischer Reaktion auf wettbewerbliche oder macht- und spekulationsgetragene externe Einflüsse auf die eigene Währung, d.h. hoher Flexibilität in der Leistungsanpassung.
- Oder die Zusammenarbeit mit Staaten ähnlicher Größe, kulturellem Niveau und Leistungskraft zu einem Währungsverbund (mit temporären Bandbreiten), mit abgestimmter Reaktion bei auftretenden Leistungsdivergenzen, selbst wenn dieser Ansatz auch nur zeitlich begrenzt aufrechtzuerhalten ist, und zwar bis der währungspolitische Ausgleich von Leistungsdifferenzen in den fördernden Ländern politisch nicht mehr durchgesetzt werden kann.
- Oder währungspolitische Abkommen unter der Oberhoheit internationaler Organisationen, bei allerdings noch latenterem Charakter (bedingt durch logische Gründungsdiskrepanzen dieser Organisationen, in denen wertfreie und unabhängige Entscheidungen nachhaltig – aus Sicht vielfältiger individueller Einflüsse – nicht gesichert werden können).

- Oder eben wie der Status quo, liberales, „tagespolitisches" Verhalten (Laisserfaire), mit zunehmender Abhängigkeit des internen wirtschaftlichen Stehvermögens zu den vielfältigen Einflüssen externer Mächte.

Verschuldung
Ein ganz anderes Problem mit dem sich Staaten nach einer Reifephase von mehr als einer Generation konfrontiert sehen, ist die zunehmende Verschuldung, die offensichtlich zwangsläufig aus den demokratischen Prozessen, mit dem inhärenten Willen des Machterhalts gerade herrschender politischer Parteien – egal welcher Couleur –, resultiert. So ist es schon erstaunlich zu vermerken, dass – nach der Aufbruchphase, im Anschluss an den letzten Weltkrieg – in fast allen Demokratien, und erst in dieser Zeit kann man von echten, über die Massen gesteuerten demokratischen Prozessen sprechen, die Verschuldungen generell zunahmen und sich heute im Rahmen von fast in der Höhe eines BIP der jeweiligen Staaten, selbst bis zum doppelten entwickeln konnten. Geht man, wie es die Praxis wirtschaftspolitischen Verhaltens zeigt, davon aus, dass Schuldendienste über Zinsen vergütet werden und die Zinsen, je höher das Risiko ist, steigen, nämlich die Verschuldung zunimmt, so nimmt auch die (eventuelle) freie Verfügbarkeit der sowieso bis zum Platzen angespannten Jahresbudgets zwangsläufig ab, bis eben entweder Sozialleistungen oder Besoldungen nicht mehr bezahlt werden können und folglich jede weitere Belastung des Steuerzahlers die Gesamtwirtschaft abwürgt. Die Ausgaben für Investitionen, nämlich jene Beträge, welche die Leistungsfähigkeit und Wettbewerbsfähigkeit eines Staates nicht nur sichern, sondern fördern sollten, bewegen sich sowieso schon seit Jahrzehnten allgemein nach unten.

Aus der Not dieses in Demokratien offensichtlich inhärenten Verhaltens, versucht jede Regierung mit der ihr eigenen Kreativität statistischer Verschleierung zu reagieren. Z.B. durch Vernachlässigung von Rücklagen oder Rückstellungen (im Falle von Renten oder der Gesundheitsvorsorge) oder durch Auslagerung von Verbindlichkeiten in staatliche Unternehmen (staatliche Banken, Finanzinstitutionen, oder wie in den USA Fannie Mae und Freddie Mac, denen Bankstatus fehlt und die daher nicht zwingend Eigenkapitalvorschriften unterliegen). Oder ganz einfach durch Vernachlässigung von künftigen Vorsorgeaufwendungen für Infrastruktur, Katastrophen, Klimaschutz, etc., den Schein gesunden Wirtschaftens und stabiler finanzieller Verhältnisse aufrechtzuerhalten, auch wenn – wie Insider und Experten hochrechnen – die tatsächlichen Verpflichtungen sich bis zum Mehrfachen der Jahresgesamtleistung anhäufen. Natürlich wären diese Fehlentwicklungen revidierbar. Allerdings würde es jahrzehntelange Konsequenz einer strategisch ausgerichteten Staatsplanung erfordern, was dem Machterhalt in demokratischen Gefügen und der sensiblen Reaktion der Mächtigen nach gerade und aktuell publikumswirksamen

Erwartungen und Mechanismen widerspricht – wie es sich eben landauf und landab in all den bedeutenden Demokratien der letzten 60 Jahre widerspiegelt.

In unserer Zeit, einer Episode unlimitiert steigender Überschuldung in den Industriestaaten, scheint es politisch – neben der Möglichkeit der Leistungsverbesserung der eigenen Nation – für die breite Öffentlichkeit keine akzeptablen, daher wahlresistenten Alternativen zu geben, als eben heimlich still und leise, Schritt für Schritt, zulasten der Bevölkerung und der Unternehmen, „atomistisch", d.h. in kleinsten Schritten, nach Zeit und Höhe, die Belastungen nach oben zu schrauben. Wobei es dennoch nicht gelang Staaten aus der Überschuldung zu befreien. Zwischen 1945 und 1980 – wie eine Untersuchung zeigt[90] – waren die Realzinsen negativ und fraßen so die Staatsschulden weg. Das Geld der Sparer, das an die Regierungen weitergeliehen wurde, war unterhalb der Inflationsrate verzinst. So haben sich z.B. die Schulden von Großbritannien und den USA in dieser Zeit fast halbiert. Den Sparern blieb, offensichtlich dank der restriktiven Finanzpolitik, kaum etwas anderes übrig als Vermögensverluste zu akzeptieren. Erst die Freigabe der Wechselkurse (Bretton Woods), die Lockerung der Reservepolitik für Banken und der nun neue Freiraum im internationalen Zahlungsverkehr, ergaben Möglichkeiten sein Geld dort anzulegen wo es bessere Renditen versprach. Damit hat sich zwar der Wettbewerb um die Geldanlage verschärft, aber mit der Last nun unsicherer Finanzsysteme.

China nützt offensichtlich das gleiche Instrument über die stringente Kontrolle des Bankensystems und des Kapitalverkehrs, was der chinesischen Führung ermöglicht, ihre Währung im Vergleich zu anderen niedrig zu halten. Und das, als eine implizite Steuer für den chinesischen Bürger und Sparer (ein zwar ethisch anrüchiges, jedoch volkswirtschaftlich durchaus wirksames Verhalten).

Dass hohe Schulden, wie sie sich über Jahrzehnte in den Industriestaaten anhäuften, über Leistungssteigerungen auszugleichen wären, ist nicht auszuschließen. So erhoffen klammheimlich führende Politiker und Notenbanker genau diese Prozesse, forcieren sie nach Möglichkeit, nämlich Schulden zulasten der nächsten Generationen in die Zukunft zu verschieben (was steigende Inflationsraten erwarten lässt, bei Stabilisierung niederer Zinssätze für Government Bonds und einer weiteren Überschwemmung der Märkte mit Liquidität).

Es gibt eigentlich nur vier Alternativen:

---

[90] Peterson Institut for International Economics working paper, *The Liquidation of Government Debt*, April 2011; The Economist, Ausgabe 18. Juni 2011.

- Staaten, eigentlich ihre Wirtschaftssubjekte, erhöhen über längere Zeiträume ihre Leistung und wären aus dieser Leistungssteigerung dann in der Lage ihre Schulden zurückzuzahlen, oder
- sie kürzen und sparen, was demokratische Prozesse inhärent ausschließen, oder
- sie steuern bewusst und konsequent eine Umverteilung, z.B. über höhere Steuern und/oder eine Entschuldung über die Inflation (oder wertlosem Geld) – je nachdem wie nachhaltig es ihnen möglich ist (z.B. schleichend, zulasten der Gläubiger und vorwiegend der Bürger), oder
- es kommt zur offiziellen oder inoffiziellen Insolvenz, in der die Gläubiger ihre überwiegenden Anteile eben abschreiben müssen (mit der Konsequenz weltweiter Finanzkrisen).

Bis es dazu kommt, werden die Staaten immer wieder versuchen, über Zuschüsse, Hilfen und Steuern, den drohenden Bankrott eines der währungspolitisch verbundenen Länder rauszuschieben (weg aus der Verantwortung, zugunsten der politischen Karriere).

Unabhängig von der in den westlichen Demokratien steigenden Verschuldung der Staaten – bei einer nahezu Verdoppelung der Staatsquote – erhöht sich zusätzlich noch die tatsächliche Gesamtverschuldung der Volkswirtschaften. Zu den Schulden der Staaten (so zwischen 70 und 130 % des BIP, mit steigendem Charakter, Japan >220 %), verschulden sich auch noch die Kommunen, privaten Haushalte, Unternehmen, Finanzinstitute und die nicht gewinnorientierten Gesellschaften, wobei sich im Vergleich zum BIP so Gesamtverschuldungen der Volkswirtschaften von knapp 300 bis fast 500 % ergeben. D.h., die Philosophie des Schuldenmachens der Staaten färbt sich auf ihre Bürger ab. Und schlussendlich: Wie soll denn selbst eine Schuldenquote von angenommen selbst „nur" 80 bis 120 %, und das bei bekannt stagnierenden Wachstumsraten, einer älter werdenden Gesellschaft und über Jahrzehnte nachhaltigen, jedoch nicht rücklagengesicherten Verpflichtungen, je abgebaut werden? Das letzte halbe Jahrhundert demokratischer Gesellschaften zeigt, dass diese Möglichkeit real nicht mehr existiert; die jeweils gerade in Verantwortung stehende Politik den wirtschaftlich zu erwartenden Zusammenbruch ganz einfach negiert. Eine reale Reduzierung der Schulden über Rückzahlungen in praxi nie erfolgt.

Finanzwirtschaftliche Strategie und Praktikabilität staatlicher Steuerung
Der wirtschaftliche Erfolg einer Nation war, und zwar seit Beginn der Menschheitsgeschichte, immer schon bestimmend für das Wohl der Bürger eines Landes. Er wird es auch in unserer Zeit haben müssen – bewusst und mit besonderer Priorität in der Strategie eines Landes. Die Entwicklung nach individueller Intuition des Einzelnen, nach Kultur, persönlicher Neigung, Leistungsfähigkeit und Ressourcen, bisher eine Selbstverständlichkeit (und dazu in Demokratien), ist aber in unserer dicht

bevölkerten und vernetzten Welt alleine nicht mehr ausreichend. Bei selbst größtmöglichem Freiraum, begrenzen und fördern staatliche Rahmenbedingungen, ausgesetzt dem internationalen Wettbewerb, den Handlungsumfang. Für die Beurteilung der Strategie staatlicher Entwicklung wird diese Handlungsusance zum Axiom, wie sich eben eine Nation, im Sinne ihrer Bevölkerung, ihrer derzeitigen und geplanten Ressourcen und ihres Umfelds, orientieren und gestalten will.

Die Strategie eines Staates – im Vergleich zu den überschaubaren Zeitrahmen eines Unternehmens von drei bis zehn Jahren – hat gut zwei bis drei Generationen ins Auge zu fassen, trotz wachsender Unsicherheit mit der Länge des Zeitraums. Dabei sind zwei Bedingungen zu erfüllen: einerseits die strategische Orientierung nach Ressourcen und Zielen, nach den externen Einflüssen wettbewerbender Nationen und Unternehmen, und andererseits die bewusste Nutzung eigener Potenziale zur Sicherung weltweit verfügbarer Ressourcen (Rohstoffe, Innovationen und Technologien, Arbeitskraft und die Gestaltung von Migrationen, Kapital und Unternehmertum, ökologische Potenziale).[91]

Was nun allerdings wirklich belastet und frustriert ist die Tatsache, dass all dies in einschlägigen Kreisen und seit Jahrzehnten bekannt ist, jedoch aufgrund der nicht nur nationalen, sondern weltweit unterschiedlichen Interessen, sich konsequente Lösungen ausschließen. Sind die Zusammenhänge sehr komplex, leidet natürlich auch die Transparenz, sowohl für die Allgemeinheit wie auch die Politik. Sind zwar die Grundregeln relativ einfach (s.o.), werden sie doch über vielfältige Wenn und Aber, individuelle oder allgemeine Argumentationen, insbesondere aus der häufig nur intuitiv vermuteten Kettenreaktion von Konsequenzen, verschleiert, werden Lösungen verhindert.

Allerdings sehen wir auch immer wieder, dass weise und gereifte Persönlichkeiten, mit einschlägiger Berufs- und internationaler Erfahrung (und ganz offensichtlich, wenn sie schon Jahrzehnte aus ihren Funktionen ausgeschieden sind – sic!), die Dinge dann doch immer wieder leidenschaftslos und präzise aufs Tablett bringen. So verbietet z.B. die „Volcker-Regel" den Banken den lukrativen Eigenhandel mit hochspekulativen Produkten, was – aufgrund durchaus verständlicher Eigeninteressen potenzieller Lobbys – schwerlich politisch konsequent umzusetzen ist. Und als weitere Voraussetzung fordert sie eine (Anm.: seit Jahrzehnten durchbrochene) Haushaltsdisziplin der Staaten und die Unabhängigkeit der überwachenden Institutionen. Mächtigen Meinungsbildnern gelingt es immer wieder Regeln aufzuweichen und Regierungen gegeneinander auszuspielen. Ohne internationale und ernsthafte verlässliche Kooperation der Gesetzgebung, ist das Problem nicht in Griff zu bekommen, wie auch zur Lösung der Frage, ob die Banken nicht auf ihre

---

[91] Zu strategischer Planung von Staaten vgl. Neuberg A., *Elitäre Parasiten*, 2010.

eigentlichen Aufgaben (wie oben erwähnt), zu reduzieren sind. Außerdem ist es vollkommen unangemessen, öffentlichen Schutz auf den Kern spekulativer Finanzaktivitäten auszudehnen, da diese Gewinne doch vorwiegend dem Management und den Instituten (und den Spekulanten) zufließen, während in Krisenzeiten die Verluste auf den Steuerzahler zurückfallen.[92]

Immer neue Probleme werden sich alleine durch die Aufhebung der Bindung der Finanzwirtschaft an die Realwirtschaft auch in Zukunft ergeben. Erleben wir doch immer wieder, dass anlässlich jedes Exzesses, mehr oder weniger konsensorientiert, versucht wird gegenzusteuern. Mit Maßnahmen die konzeptionell einfach gestrickt sein müssten, um Konsens zu erreichen, und soweit abzuspecken sind, dass sie auch praktikabel bleiben. Aber alleine schon aus der unendlichen Vielfalt der Interessen der weltweit Handelnden und der unterschiedlichsten Akteure, sind immer wieder neue Verwerfungen durch findige Investoren zu erwarten. So wird immer nur ex post reagiert werden können – alleine schon aus der Notwendigkeit demokratischer, und damit diplomatischer Konsensfindung.

Neues Ungemach erleben wir bereits, wenn Staaten – verständlicherweise aus Sicht der Wettbewerbsfähigkeit ihrer Industrie (z.B. unter Aufwertungsdruck) – versuchen, die Parität ihrer Währung zu manipulieren, losgelöst von der realen Leistungsrelation. Zur Beeinflussung gibt es nur ein Mittel (ausgenommen stringente Kapitalkontrollen): Den Aufkauf und die Hortung von Devisen, anders gesprochen, das (imaginäre) Drucken von Geld, um z.B. eine Aufwertung (zu viel Vertrauen im Vergleich zu anderen Währungen) zu kompensieren. Das geht so lange gut, solange (1) das externe Vertrauen nicht schwindet und (2) die fallende Ertragskraft, u.a. der Zentralbank, die dann höhere Zinsbelastung, gegebenenfalls steigende Inflation, politisch und wirtschaftlich akzeptieren muss. Für den einzelnen Staat wäre dieser Prozess marktwirtschaftlich noch vertretbar. Problematisch wird es allerdings, wenn der Prozess Nachahmer findet, wie es sich häufig abzeichnet. Beginnen zunehmend Staaten zur Stützung ihrer Wirtschaft (mit all den vernetzten Faktoren) Währungsparitäten zu manipulieren, lösen sie sich von der Währungsparität als Instrument des Leistungsindikators, dem vielfältigen Instrument interner Leistungssteuerung, der „steuernden Hand" des Wirtschaftsgeschehens. Bisher üben diese Steuerung der Parität – mehr oder weniger erfolgreich – nur große Staaten aus, wie z.B. China, noch möglich durch das straffe Finanzsystem, und die USA, noch möglich als Leitwährung der Welt. Folgen andere Länder, setzen sie sich der Spekulation aus und akzeptieren Preis- und leistungspolitische Verwerfungen, insbesondere jedoch das Risiko von Verlusten aus veränderten Währungsparitäten.

---

[92] Vgl. Volcker Paul, in Handelsblatt, 15./16. Juli 2011. Volcker warnt vor einer neuen Finanzkrise Rolf Benders (New York) und Donata Riedel (Berlin).

Und ihr Einfluss wirkt nur bis zu diesem Punkt, bis eben das Vertrauen wegbricht, als eine immer vergleichende Relation externer Akteure.

Finanzwirtschaftliche Global Players
Um zum Thema, der Morphologie von Staaten, unter Berücksichtigung des Einflusses der Währungspolitik zurückzukommen, erleben wir ein unglaubliches Beispiel (in Größe und Wirkung), wie die autoritäre und gerontokratische Führung Chinas eine noch nie dagewesene wirtschaftspolitische Entwicklung in kurzer Zeit, das mit seinem Potenzial ein ganzes Jahrhundert bestimmen wird, aufbaut, steuert und konsequent weiterentwickelt. Ein Konzept, das Chinas jeweilige Position in der wirtschaftlichen und politischen Entwicklung exakt zur weltweiten abstimmt, dazu ausschließlich im Interesse der eigenen Nation – und mit einem nur für Chinesen möglichen diplomatischen Gefühl (wie weit man gerade noch gehen darf). Pragmatisch handelnd, in technologischer Reihung koordiniert, dabei sehr wohl die soziale und ökologische Komponente berücksichtigend (auch wenn es der Westen kritisch beurteilt) – aber eben nach gesamtkonzeptioneller Priorität und Dringlichkeit, dabei durchaus Verwerfungen temporär hinnimmt, soweit politische Umbrüche nicht zu riskieren wären. Eine bestechende Abfolge präziser Abläufe:
- Radikaler Kurswechsel: Deng Xiaoping führte – nachdem der alte Steuermann Mao abgetreten war – China fast 20 Jahre (sic!). Die kommunistische Partei bleibt einzig bestimmend und China öffnet sich wirtschaftlich – je nach Entwicklungsstand und Planung – langsam in Richtung Marktwirtschaft. Privateigentum wird selektiv zugelassen und westliches kapitalistisches Denken in der Bevölkerung akzeptiert. Unternehmerisches Engagement beginnt sich auf bescheidener Basis zu entfalten. Die Währungsparität zum Dollar wird festgeschrieben und die Banken (der Kapitalverkehr) bleiben voll unter staatlicher Verwaltung. China wird zum Produktionsstandort der Welt. Ausländische Investitionen, vorerst für reine Fertigungsbetriebe, nehmen rasant zu, billige chinesische Massenprodukte überschwemmen die Welt und reduzieren Arbeitsplätze in den Industriestaaten.
- Straffe Währungsparität, ungeheurer Bedarf des Auslands an Billigprodukten und Investitionszufluss aus dem Westen, ermöglichten dem Staat – dank geringer Lohnkosten, bei zu Beginn keinerlei sozialer Auflagen – gigantische Devisenreserven anzusammeln. So summierten sich, trotz enormer Investitionen in die eigenen Staatsbetriebe und Infrastruktur sowie unternehmerischer und politischer Engagements im Ausland, die Reserven bis 2011 auf mehr als drei Billionen Dollar. Man stelle sich mal vor, was – zusätzlich der gigantischen Investitionen und Förderungen – das Land an Vermögen innerhalb von 30 Jahren generiert hat, als Saldo zwischen Lohnkosten und straffer Währungsparität. So gelang es dem Staat – durchaus bewusst auf Kosten seiner

Bevölkerung, wenn man so will als Deckungsbeitrag zwischen Erlösen und Lohnkosten –, nicht nur ungeheures Wirtschaftspotenzial aufzubauen, sondern den Westen – im Sinne marktwirtschaftlichen und kapitalistischen Denkens – erst zu diesem Vermögenstransfer zu veranlassen.
- Im nächsten Schritt, als Komprimierung wirtschaftlicher Prosperität, wandelte sich der Standort China vom Lohnlieferanten zum Endanbieter – mit neuesten Technologien und nach wie vor im weltweiten Vergleich noch immer geringeren Lohnkosten. Förderte ganz gezielt hochtechnologische Massenprodukte für den Export, unterstützt von der strategischen Ausweitung der Unternehmen auf ausländische Standorte. Ergänzt noch, als schlaue Anforderung an ausländische Investoren, flossen jeweils relevante neueste Technologien fast kostenlos ins Land, wobei die politische Entscheidungsgewalt wie auch jene über die Masse der chinesischen Unternehmen, weitgehend in Staatshand blieb.
- Die sozialen Unterschiede die sich durch Millionen von Wanderarbeitern in die Wirtschaftszentren zwangsläufig ergaben, sind für die Führung zwar ein politisch unangenehmer, aber im Sinne der Prioritäten durchaus bewusster Nebeneffekt, dem sich das Land durch professionelle Dezentralisierung politischer Entscheidungen, großen Freiraum und doch straffe Parteipolitik sowie durch Förderung von Ansiedlungen, versucht entgegenzustellen. Auch die durch die wilde Industrialisierung verursachten ökologischen Exzesse sind durchaus bewusst und temporär akzeptiert. Das Politbüro steuert nun – zielorientiert – gegen und fördert erneuerbare Energien, als wesentliches Zukunftspotenzial.
- Zur Sicherung von Rohstoffen (für die Industrie) und zur Nahrungsmittelversorgung investiert das Land ferner – zentral und präzise gesteuert, politisch und diplomatisch unterstützt – ganz gezielt in weltweite Ressourcen.

Niemals in der Geschichte ist es einem großen Land, in so einem Umfang und mit so durchschlagendem Erfolg, ferner in so kurzer Zeit gelungen, so ein Potenzial zu erarbeiten, um schon in wenigen Jahren zu den führenden Nationen der Erde aufzurücken. Schlussendlich in großem Maße auch auf Kosten des Westens: Verlorene Produktionsstandorte und Arbeitsplätze, verschenktes Know-how, Verlust politischer und finanzieller Dominanz, Verschiebung der Machtverhältnisse, u.a. Deng Xiaoping ist sicherlich eine der herausragendsten Führungspersönlichkeiten der Weltgeschichte. Wenn auch einzigartig, hineingeboren in eine besondere politische und wirtschaftliche Konstellation, so bewies er dennoch, dass eine autoritäre, aber straff, aufgeschlossen und intelligent geführte Nation unglaublichen Wohlstand für das eigene Volk generieren und darüber hinaus noch ein unangefochtenes Wirtschafts- und Machtpotenzial auf Generationen hinaus schaffen kann; dass er nicht nur die Strukturen sich „professionell entwickeln" ließ, sondern sie auch in den Phasen des Aufbruchs gegen verschiedene Strömungen durchsetzen konnte und darüber hinaus Verhalten und Denken der größten Nation veränderte, so ein neues Kapitel in kommunistischer Staatsführung schrieb.

Ein Beispiel das sehr pragmatisch zeigt, dass die „unsichtbare Hand" alleine nicht ausreicht wirtschaftliche oder finanzielle Prozesse zu erklären, sondern – wie Smith als Moralphilosoph schon einschränkend voraussetzte – der Staat Rahmenbedingungen zu schaffen hat, aber auch jeweiliges kulturelles Verhalten bestimmend wirkt. Politische und wirtschaftliche Abschottung – Hemmnisse zum freien Güter- und Leistungsaustausch – reduziert zwar (kurzfristig und augenscheinlich) den Wettbewerb, verhindert jedoch Leistungsanpassungen und kommunikativen Austausch, schädigt so nachhaltig selbst. Nicht „öffnen oder nicht öffnen" sind die Alternativen, sondern die temporären, zu einem bestimmten Zeitpunkt und für bestimmte Leistungsbereiche möglichst treffend abgestimmten Maßnahmen – in Relation zu ausgewählten Wettbewerbern. Auch und trotz aller Komplexitäten, die zwar die Treffsicherheit beeinflussen, aber dennoch die Zielrichtung primär vorgeben, mit vorbehaltsloser Bereitschaft, bei Abweichungen angepasst zu reagieren. Diese Gesetzmäßigkeiten sind für die Weltwirtschaft umso treffender, je wirtschaftlich einflussreicher eine Nation ist. Wackelt z.B. wirtschaftlich Deutschland, wackelt ganz Europa. Ähnliches spüren wir seit Jahrzehnten nach wirtschaftlichen Prozessen in den USA und neuerdings Chinas.

Leitwährungen
Die USA haben es bewiesen. Die Dominanz einer Weltleitwährung gibt dem emittierenden Staat, in diesem Fall den Vereinigten Staaten, ein finanzwirtschaftliches Sicherheitspotenzial und einen Freiraum, die selbst gravierende wirtschaftliche Schwächen der eigenen Nation zu übertünchen helfen, versteckter Subvention entsprechen – und zwar dank anderer Staaten, je stärker sie in dieser Leitwährung involviert sind. Sei es – wie in der jüngsten Geschichte – über die Instrumente des Bretton-Woods-Abkommen, anschließend der Immobilienblasen (ausgelöst ebenfalls in den USA) und der Weltwirtschaftskrise 2008 (dito), der wachsenden Schuldenlast gegenüber dem Ausland (in der Leitwährung) oder als Dominanz im weltweiten Verrechnungs- und Wirtschaftsverkehr – als eben weltweiter Dienstleister für die eigene Währung, als Ersatzwährung in vielen Schwellenländern, als Grundlage internationaler Abkommen und als Verrechnungsbasis und Finanzierung internationaler Organisationen. Seit Menschheitsgedenken hat der, der auf der Schatztruhe sitzt (egal, welchen inneren Wert sie hat – sic!), ökonomische Vorteile und damit Einfluss. Kein Wunder, dass sich dann der jeweilige Staat (eben wie nun die USA) vehement gegen den Trend langsamen, aber dennoch sicheren Wertverlusts (dem Verlust wirtschaftlicher Referenz) zu stemmen versucht. Häufen, im Zuge internationalen Leistungsaustauschs, Länder (wie China oder Japan) hohe Devisenreserven (z.B. in der Leitwährung) an, bezahlen sie zwangsläufig wirtschaftlich

landesinterne Diskrepanzen des Leitwährungsstaates mit, bei zunehmender Abhängigkeit, um eben Währungs-(Forderungs-)verluste zu minimieren.

In der Beurteilung der Staatssysteme ist die Finanzwirtschaft an sich kein primäres Thema. Sind es doch erst die wirtschaftlichen Verwerfungen die sich aufgrund von Freiräumen, die einige große Staaten privaten Finanzinstitutionen eingeräumt haben, ergaben. D.h. gravierende Fehler der Politik, die zwangsläufig dank unregulierter Marktmechanismen bis zum wirtschaftlichen Zusammenbruch ausgenutzt wurden, schlussendlich selbst Staaten in finanzielle Bedrängnis brachten. Korrelieren jedoch die Zentralbanken die Realwerte mit der Geldpolitik und werden Kredite ausschließlich nach der Leistungsfähigkeit der Schuldner (Institutionen oder Staaten) bewilligt (auf Basis stringenter Rahmenbedingungen, s.o.), so bleiben sie mit den weltweiten ökonomischen Prozessen realitätsbezogen verbunden, sind daher also keine Frage des Staatssystems. So desaströs aber gravierende politische Fehler auch sein mögen, haben sie doch ein Positives: Sie wirken über die Marktmechanismen als Korrektiv. „Eine unüberschaubar große Zahl von Marktteilnehmern wirkt nun eben in ihrer ‚Gesamtheit' [...] immer wissender als irgendeine Steuerungsbehörde" (Hayek); Problem ist nur, wer trägt denn jeweils den Schaden der „Korrektur". Es ist eben in sich nicht zwingend (wie aktuell weltweit), dass die Finanzmärkte ein Eigenleben entwickeln und Staaten mühsam und korrigierend versuchen hinterher zu hetzen, Währungen und selbst Demokratien gefährden.

Neben all dem, logisch-rational, wissenschaftlich mehr oder weniger fundiert, empirisch bestätigt, verbleibt das Emotionale, das Irrationale, das individuelle Kalkül alles über den Haufen zu werfen und eben sich von persönlichen Intuitionen leiten zu lassen. Unterstützt über individuell ausgelegte Mathematik, durch Statistik und Datenerhebung, mit all ihren Erhebungs- und Interpretationsschwächen[93]. Ist doch selbst zwischen Staaten die Vergleichbarkeit der Zahlen nur begrenzt gegeben (differente Gesetzeszusammenhänge, Erhebungs- und Interpretationsmethoden, Probleme der Vollständigkeit und Inhaltsdeckung, etc.). Dazu kommt das Problem der historischen Grundlagen der Datenerfassung, die sich eben nur an bekanntem und zumeist veraltetem Wissen anlehnen kann. So ist es auch nicht verwunderlich, dass, wie es z.B. die Daten des IWF für 2010 ausweisen, die Welt insgesamt um 331 Milliarden Dollar mehr exportierte als sie importierte, wobei dieser Überschuss gegen 2014 sich sogar auf 700 Milliarden Dollar steigern soll – müsste man doch annehmen, dass sich weltweit die beiden Ströme gegen null saldieren. Zahlen sind doch, landauf, landab, Grundlage jeder Beurteilung und politischer Auseinandersetzung und damit

---

[93] Zur vertiefenden Beurteilung von Datenerhebung, Statistiken wie deren Interpretation, vgl. Neuberg A., *Elitäre Parasiten*.

primäre Grundlage politischer Entscheidungen. Dazu, neben aller (angenommenen) Rationalität, eben auch durch persönliche Interessen gefärbt. Natürlich wäre eine Verfeinerung und Abklärung von Daten (auf internationaler Basis, sofern relevant) sinnvoll und notwendig, jedoch bleibt – in einer dynamischen Welt – immer vieles intransparent. Daher sind eben Daten und Statistiken nur behelfende Mittel zur Abschätzung von Ex-post-Trends – sofern sie rational und interessensbereinigt der Entscheidungsfindung dienen – und so erst die Diskussion strategischer Alternativen ermöglichen. Egal welche Staatsform daher wirkt, werden eben persönliche Interessen immer die Auswahl und Interpretation von statistischem Material bestimmen (färben).

6.6. Komplexes Wissen, neue Informationstechniken

Als mit dem Beginn des Prozesses der Aufklärung, nachdem Europa langsam aber sicher – wenn es auch Jahrhunderte dauerte – sich vom Joch einseitig klerikalen Denkens löste und Bildung nicht mehr nur einer kleinen elitären Gruppe überlassen blieb, sich auch die Wissensgebiete immer mehr verzweigten, lösten sie sich aber auch immer stärker vom universalen Denken und entwickelten eigenständig vielfältigste Fachgebiete – mit dem Vorteil hochgradiger Spezialisierung und dementsprechender Wissensexplosion, aber auch fallender Interdisziplinaritäten. Dennoch war es ein Aufbruch der westlichen Welt in neue Dimensionen, zu Wohlstand und Sicherheit, die sich über Jahrhunderte, vorerst über den Kolonialismus, später über die Industrialisierung, die Globalisierung und die Kommunikationstechniken, auf die gesamte Welt ausdehnten. Erst in den letzten Jahrzehnten bemerken wir vielfältige Überschneidungen und durchaus gegensätzliche, häufig genug sich sogar widersprechende Ansätze (ökologischer, ökonomischer, menschlicher wie auch technischer Prozesse).

Solange es allgemein Wohlfahrtzuwachs sicherte, war diese Entwicklung – von Einzelnen getragen und forciert, von Unternehmern und Staaten umgesetzt – eine humane Wohltat. Einer nun saturierten Bevölkerung in den industrialisierten Staaten bescherte es hohe Lebensqualität, bei medizinischer und wirtschaftlicher Geborgenheit, einem gestiegenen Lebensalter, und das, abgesichert über einen geruhsamen Lebensabend. Die Anzeichen wachsender Unsicherheiten verstärken sich allerdings, angesichts der wirtschaftlichen Aufholjagd des übergroßen Teils der (restlichen) Menschheit und der natürlichen Grenzen aus Ökologie und Ökonomie. Dennoch trägt uns trügerisch die Hoffnung, dass es – wie wir es aus der vor gut einem Jahrhundert gelernten Technikgläubigkeit gerne ableiten – so ungehindert weitergeht und alle diese beunruhigenden Szenarien, klimatischer Schreckgespenster, atomarer Katastrophen, terroristischer Überfälle, religiöser und ethnischer Auseinandersetzungen auf einer überfüllten Erde, weit weg sind, uns hoffentlich nicht treffen.

Bisher hatten uns Warnungen offensichtlich nicht spürbar genug getroffen, wie es z.B. die Analysen des Club of Rome vorhersagten. Dennoch sind sie stimmig, wirken unvermindert, werden von anderen Ereignissen medial überlagert, von technologischen Veränderungen kaschiert, auch zeitlich verschoben. Nur eine Veränderung ist entscheidend dazugekommen, die die Welt vermutlich dramatisch ändern wird, die technischen Neuerungen der letzten Jahrzehnte – die Kommunikationstechnik und Informationstechnologie. Sie ermöglichen z.B. erst die explosionsartige Vermehrung der Waren- und Dienst-leistungs- und insbesondere der Kapitalströme, sind so entscheidend verantwortlich für die Globalisierung, aber auch dem n.w.v. zunehmenden Wohlstand in den Industriestaaten wie die rasante Aufholjagd der restlichen Welt. Aber sie heben auch – wie es in der Menschheitsgeschichte nie der Fall war – den generellen und grundsätzlichen Einfluss der Staatsautorität auf ihre Bürger und alles innerhalb ihrer nationalen Grenzen aus. Mit dem Verlust der Hoheit über Information und Kommunikation, dem entscheidenden Medium der Machtausübung, verliert sie langsam, aber sicher, in ihren Grenzen die umfassende Autorität (wie es bereits bei der Währung droht). Dazukommt, dass das eigene Informationsspektrum von außen aufgebrochen und beeinflusst werden kann. Kriege verlagern sich auf die neuen Datentechnologien. Die Privatsphären sind zunehmend ungeschützt. Wissenstransfer über alle Ebenen nimmt rigoros zu und ist selbst von den Staaten weder überblick- noch beeinflussbar. Und dies alles noch unabhängig von wachsender internationaler Datenkriminalität, Wissensklau, kaum schützbarer Privatsphäre, und keiner Möglichkeit Vertrauliches und Geheimnisse zu bewahren. Die Folgen sind noch nicht annähernd absehbar, sicher aber schwerwiegend.

Inwieweit nun die Wissenschaften ihren weiteren Anteil an einem Wohlstandszuwachs haben werden, ist nicht absehbar. Insbesondere auf dem Gebiet der Volkswirtschaft (und tangierender Gebiete) widersprechen sich hochkarätig anerkannte Geister, und zwar teilweise so konträr, dass die Unsicherheiten über notwendige Entscheidungen offener Fragen eher zu- als abnehmen. Fast sind sie vergleichbar mit den Analystenempfehlungen im Börsengeschehen (nämlich positive und negative Empfehlungen halten sich die Waage, sagen also wenig aus). Noch werden jene hochgelobt, die nach Resultaten eingetroffenen Geschehens – annähernd, vielleicht auch zufällig – richtig lagen. Auffallend ist (und ganz natürlich), dass wissenschaftliche Erkenntnisse und Theorien immer beeinflusst sind vom jeweils aktuellen Zeitgeschehen, also eigentlich ex post geformt sind. So wechseln schon mal die Perioden vom Laisser-faire-Marktgeschehen zu massiven geldpolitischen Eingriffen und wieder zurück. Kein Wunder, dass auch heute wieder, im Angesicht massiver wirtschaftlicher Verwerfungen dank finanzpolitischer Akteure und der absehbar weiteren Spreizung der Einkommen, gut 100 Jahre altes kommunistisches Gedankengut – wenn damals auch gut gemeint, aber durch den Zusammenbruch der kommunistischen Staaten schon lange ad absurdum geführt – nun wieder ernsthaft diskutiert wird, eben Anzeichen ähnlicher sozialer Verhältnisse nicht widerlegt werden können. Die Frage bleibt doch nach wie vor: Wie können wir die materiellen Rahmenbedingungen, den materiellen Wohlstand, in Einklang bringen mit den menschlichen Einstellungen und (Selbstverwirklichungs-)Bedürfnissen, und wie können wir eine weitere Einkommensspreizung verhindern? Bleiben diese Grundfragen ungelöst, sind auch periodisch sich wechselnde wirtschaftliche, und damit auch politische Verwerfungen, logisches Resultat. Wie aber auch die Frage offen bleibt, welches der Regierungssysteme den nun für eine positive (sic !?) Weiterentwicklung die sinnvollere wäre.

6.7. Explodierendes Anspruchsniveau

In reifen Demokratien nimmt der Einfluss von „Konzentriertem", wenn auch Ad hocem, statt „Kontinuierlichem" im Sinne des nachhaltigen „Wohlstands", soweit zu, dass sich „Nachhaltiges" verwässert und – im zeitlichen Ablauf – Ad hoces bestimmt. D.h., dass über Jahrzehnte – in der Wirkung partiell, im Detail unscheinbar – die nationale Leistungsfähigkeit langsam, aber sicher abnimmt und sich die internationale Wohlstands- und Leistungsrangfolge verschiebt, zum Nachteil der Abhängigen.

Zwei gravierende Veränderungen bestimmen die menschlichen Geschicke nun ganz anders als noch vor wenigen Hundert Jahren: Die ungeheure Wissens- und Bildungsexplosion, begleitet von all den technologischen Veränderungen und die begrenzten Ressourcen für mehr als sieben Milliarden an Raum, Nahrungsmittel, Rohstoffen und Natur. Ersteres bewirkt ein völlig verändertes Anspruchsniveau, nun von Milliarden, und Zweiteres – als natürliche Grenze – wird die Auseinandersetzungen der Menschheit genau darauf konzentrieren lassen. Die Pflege der Interdependenzen, der diplomatische Verkehr, erfordert hohe Professionalität nach innen wie nach außen. Den Führern von Staaten steht nun eine hochausgebildete Bevölkerung gegenüber, die aus vielfältigen individuellen Einsichten demokratische Teilhabe verlangen wird wie sie bisherige demokratische Übungen nie gefordert haben. Schon die Auflösungserscheinungen autoritärer Staaten, wie wir sie seit einigen Jahrzehnten erleben, haben ihre Ursache darin. In den vergangenen Jahrtausenden kein ernsthaftes Thema, doch die heutige Gesellschaft charakterisiert sich über eine Mehrzahl von „Intelligenz-/Niveauebenen" – zusätzlich noch segmentiert durch die jeweilige Kultur, persönliche Mentalität und Ethik (als komplexe Matrix). Ebenen, die verständlich machen, dass Diskussionen fruchtlos bleiben können. Je größer der Abstand dieser Ebenen, der Teilnehmer einer Gesprächsrunde, der Stände und Klassen ist, desto weniger erfolgreich wird schlussendlich auch die geistige Auseinandersetzung sein.

Nationale Grenzen und machtpolitische Barrieren bilden keinen Schutz mehr gegen sowohl wirtschaftliche Einflüsse wie auch „Völkerwanderungen". Damit steigen auch die Anforderungen an die Politik. Nicht nur wirtschaftliche Prosperität (als Selbstschutz) ist gefordert, sondern höchste Professionalität im Umgang mit naturwissenschaftlichen Aspekten, aber auch soziologischem und psychologischem Verhalten. Ob die immer stärkere Aufblähung der Politik vorgelagerter Expertensystemen reichen wird, ist zu bezweifeln. Zeigt doch die Praxis, dass die Vielzahl der Einflüsse in all der wachsenden Komplexität sich oft genug widersprechender Theorien, rationale Lösungen alleine nicht ermöglichen. Verhalten politischer Organisationen bedürfen Entwicklungen, die weit über Bisheriges hinausgehen müssen. Regieren wird zu einem offenen Prozess (in Anlehnung an Jeremy Rifkin). Fehlt doch heute schon – unabhängig von der Art der Institution – engagierte, koordinierte und verantwortungsvolle Führung, der Apparat erstickt sich selbst (s. Max Weber), „Wenn Europa scheitert, dann an der Ineffizienz." Das mag auch an einem Mangel der Demokratie liegen. Es fehlt an persönlicher Haftung, und zwar je korpulenter die Organisation wird. Waren doch in den alten Demokratien Verantwortungsbewusstsein und Erfolg treibende Elemente großer Staatsmänner, gefördert durch die direkte Nähe zum Volk, mit Ruhm und Ehre als Lohn, als ethisches Fundament der Gesellschaften.

Hat sich, insbesondere im Zuge der Aufklärung und der industriellen Revolution, das Verhalten des Einzelnen besonders egozentrisch entwickelt, wird – in einer überfüllten Welt, mit begrenzten Ressourcen – Egoismus als Lebensphilosophie jedes friedliche Zusammenleben, mit dem Wohlstand möglichst vieler, ausschließen. Dennoch bleibt Eigeninteresse der Motor nicht nur wirtschaftlicher, sondern jeder Entwicklung. Allerdings nur in Balance mit Ethik und Moral. Schon A. Smith hat die Meinung vertreten, dass Gemeinwohl durch Verfolgung der Eigeninteressen erreicht wird (er, als Moralphilosoph). Seit dem letzten Jahrhundert tritt zunehmend der tief greifende Einfluss menschlichen Verhaltens auf alle mit Menschen zusammenhängenden Interaktionen in den Fokus – und zwar im Sinne eines höheren Gemeinwohls.

Schon die Gründungsväter der ersten demokratischen Verfassungen stellten das Naturrecht, die Freiheit der Person, in den Mittelpunkt. Grundsätze heutigen demokratischen Denkens, von natürlichen, unverjährbaren und unverlierbaren Rechten, finden sich zum ersten Mal in der Erklärung der Menschen- und Bürgerrechte von 1789 sowie in der Erklärung durch die französische Nationalversammlung, mit den Grundsätzen der Freiheit, der Gleichheit, des Rechts an Eigentum und Sicherheit, der ausschließlichen Gewaltausübung nur durch den Souverän, der freien Meinungsäußerung, einer gerechten Besteuerung, und auch in der amerikanischen Unabhängigkeitserklärung (1776) mit ebenfalls naturrechtlicher Begründung.

Allerdings scheint in den USA nun Patriotismus und Freiheit des Einzelnen, verstärkt durch engstirnige protestantische Überzeugungen, und seit einigen Jahrzehnten ergänzt durch einen ungezügelten Konsumerismus, bestimmend, während sich bei den doch noch atomistischen Wirtschafts- und Gesellschaftsstrukturen der Europäer, mit einer Vielfalt der Kulturen und nationalen Besonderheiten, jedoch stärkerer Betonung der Lebensqualität, mit Solidarität, religiöser Stabilität und der gesellschaftlichen Netzwerke, sich eine etwas andere Wertebasis darstellt. So hat auch die japanische, die chinesische, etc. Gesellschaft jeweils ihr eigenes ethisches Empfinden. Es sind diese Unterschiede die diplomatisch im Zusammenleben zu akzeptieren sind (falls es gelingt, extrem egoistisches Denken in den Hintergrund zu drängen).

6.8. Beziehungen der Völker

Historik der Volkswirtschaften
Natürlich ist es nicht möglich die ungeheure Komplexität der geschichtlichen Entwicklung in wenigen Sätzen nachzuvollziehen. Dennoch kann man in groben Phasen, in Anlehnung an die Staatszyklen, unter Berücksichtigung einiger eminenter Zusammenhänge (Kap. 4.1. – 4.3.), versuchen entscheidende Veränderungen und gravierende Strukturbrüche zu diskutieren, um – so beleuchtet – Einflüsse, die den Wandel von Staaten mit bewirken, zu identifizieren.

Vom Altertum bis zur Antike (Stammesgesellschaften): Nach der Sesshaftwerdung und Stabilisierung von Zivilisationen bis zum Ende der Frühgeschichte (so bis zum 4. Jahrtausend v. Chr.), kristallisierten sich – im Laufe vieler Jahrhunderte – die ersten Großreiche in Gebieten heraus die klimatisch fördernde Voraussetzungen versprachen wie auch die Nahrungsmittelversorgung begünstigten. Vorerst China und Ägypten, später zunehmend in den angrenzenden Gebieten, über Mesopotamien bis nach Persien, die Mongolei und Indien. Sie waren alle – soweit wir es heute nachvollziehen können – autoritär geführt; gestaltet und entwickelt durch kraftvolle Persönlichkeiten. Innerhalb dieser Großreiche – auch bis es dazu kam – prägte eine wechselhafte Geschichte die Stammes- und Reichsentwicklung.

Aus der Frühgeschichte übernommen, bestimmten lokale Kulturen, Verhalten und Religion, das tägliche Zusammenleben sowohl der Herrscherhäuser (mehr oder weniger verbunden der Priesterkaste), als auch der Masse der Bevölkerung. Regeln und Gesetze, sowohl religiös bestimmt, als auch aus den evolutionären Einflüssen eines „Naturrechts" abgeleitet, formten sich aus den Bedürfnissen des Über- und Zusammenlebens. Deren Wahrung wie die Rechtsprechung waren den Autoritäten vorbehalten, als ein Wechselspiel zwischen Priestern und weltlichen Herrschern.

Von der Antike bis zum Mittelalter (so bis in das 15. Jahrhundert, Herrscherreiche): Zum ersten Mal (soweit signifikant, ältere Ansätze finden sich auch in Stammesgesellschaften) entwickelten sich demokratische Ansätze bei den Griechen. Gedanken, die später in das Römische Reich übernommen wurden. In Asien beherrschten nach wie vor autoritäre Strukturen das Vielvölkergemisch, wenn auch – wie im frühen Mittelalter bei den germanischen Völkern – partiell durchaus Wahlen von Herrschern möglich waren. Gereifter und nachvollziehbar blieben Demokratien jedoch über die Entwicklung von zwei bis drei Jahrhunderten in Griechenland, wobei natürlich nur ein kleiner, ein wohlhabender Teil tatsächliche „Demokratie" üben durfte. Bis an die Schwelle zum 18. Jahrhundert prägten ihre philosophischen Schriften das (damalige) gegebenenfalls demokratische Verständnis. Ein Verständnis, das heute zwei Ergänzungen fordert: Erstens, dass *jeder* demokratisch *gleichberechtigt* teilnehmen soll und zweitens die *Problematik der Masse*, der Millionen, die nun in den demokratischen Prozess einzubeziehen sind (und das in einer international vernetzten globalen Welt). Eine Zeitspanne von um zwei Jahrtausende in der autoritär, von Persönlichkeiten geprägt, Staaten gesteuert wurden. Vier große Kulturen bestimmten die Weltgeschichte. Das antike Griechenland wuchs, zerfiel wieder, ging schließlich auf in das Römische Reich, das in den letzten Jahrhunderten christlich geprägt war. Als Zweites löste sich der südliche, später auch der östliche Teil des zerfallenden Römischen Reichs aus der römischen Kultur und entwickelte sich mit dem Islam, als Religion, die auch staatlichem Recht entsprach, über Jahrhunderte zu einem blühenden Vielvölkerstaat. Der Islam breitete sich darüber hinaus, insbesondere nach Osten und in den Süden weiter aus und schuf so religiöse, durchaus auch politische Gemeinsamkeiten. Als Drittes die asiatischen Völkergemeinschaften, dominiert durch das Mittlere Reich, mit einem konfuzianischen, später sich über ganz Asien entfaltenden buddhistischen Denken, das – im Gegensatz zu den westlichen Religionen – sowohl in den Hauptrichtungen wie auch in seinen Ableitungen (Schintoismus) sowohl Lehrtradition wie auch Religion sein kann. Autoritär geführt waren die Nationen nach unserem heutigen Verständnis durchwegs, wenn auch (vereinzelt, in kleineren Gemeinschaften) demokratische Elemente, z.B. die Wahl des Herrschers oder Heerführers, möglich waren. Als Viertes und Letztes noch die indianischen Kulturen, die sich allerdings ab dem 16. Jahrhundert weitgehend aufzulösen begannen und der verbleibende Rest sich in die westliche Kultur assimilierte (selbst wenn sie heute noch weitgehend ihr kulturelles Erbe pflegen).

Straffe Hierarchien und überlieferte, gewachsene Rechte bestimmten das Zusammensein. Die hierarchischen Grenzen waren deutlich ausgeprägt und geübtes Recht entsprach dem Prinzip „Aug' um Aug', Zahn um Zahn", durchaus in der Hierarchie individuell ausgelegt. Erste Weltreisende (Ibn Battuta, Marco Polo, Zheng He, alle13./14. Jahrhundert) zeigten anschaulich und ernüchternd wie in den zumeist vererbten Hierarchien gelebt und bestraft, wie individuell Recht ausgelegt wurde. Je höher jemand in der Hierarchie stand, desto verhaltener angewandtes Recht, und je niedriger in der Hierarchie, umso brutaler und willkürlicher die Durchsetzung. Autoritäre Systeme waren generell die Regel. Erste Anzeichen humanitären Verhaltens in der Rechtsprechung formten sich nach der jeweiligen Glaubenslehre.

<u>Ende des Mittelalters bis Beginn der Neuzeit</u> (Ende 18. Jahrhundert, Feudalismus): Vom Beginn der Aufklärung bis zur Ablösung der herrschenden feudalen Systeme, dem Durchbruch der ersten großen Republiken und der industriellen

Revolution, war die Epoche durch zunehmend allgemeiner Bildung, wachsender Dominanz rationalen Denkens und Aufbruch in vielfältige Wissenschaften geprägt. Eine Zeit des Niedergangs des Feudalismus und der ersten demokratischen Bewegungen der neueren Art. Mit entscheidendem Wendepunkt in der gesamten Entwicklung der Menschheit: Europäische Nationen teilten sich die Welt über ihren Kolonialismus auf, umspannten sie mit ihrem Handel, ermöglichten erste große Kapitalakkumulationen und verbreiteten europäische Kulturen und europäisches Denken weltweit. Wissenschaften legten das Fundament für die bald die Welt umspannende industrielle Revolution und schufen damit schon die Voraussetzung einer Klassenbildung, welche die kommenden beiden Jahrhunderte gravierend bestimmte. Sowohl zwischen den Weltmächten wie auch den Klassen, schaukelten sich die Reibungsflächen auf, die schon die großen militärischen Auseinandersetzungen signalisierten.

<u>19. bis Beginn des 21. Jahrhunderts</u> (Autokratien und Demokratien): Die Auseinandersetzung der beiden gegenpoligen Systeme, verstärkt durch Kolonialismus, Machtstreben und Egoismus, stürzten das 20. Jahrhundert in nie gekannte militärische Katastrophen. Danach erst setzten sich demokratische Kräfte immer stärker durch. Allerdings wäre (realistisch gesehen) eine gegenläufige Entwicklung nicht ausgeschlossen gewesen. Also, ist die Weiterentwicklung demokratischen Denkens und Verhaltens nur ein Zufall? Jedenfalls ist es eine gravierende Schwelle in der menschlichen Entwicklung – im Angesicht nun vielfach sich überschneidender Komplexitäten.

Geht man zurück bis zur evolutionären Abspaltung des Hominiden, so vor einer Million Jahre, haben sich die Zyklen der Entwicklung des Menschen immer stärker verkürzt, besonders augenscheinlich, seit Beginn der Aufklärung, explosionshaft im letzten Jahrhundert. Benötigte die physische Entwicklung des Menschen enorme Zeitepochen, sind die Belastungen der Psyche parallel dazu – um mit dieser Entwicklung Schritt zu halten – vermutlich ein evolutionäres Problem. Wie wird sich der Mensch nun, an der Grenze menschlichen Wachstums, der Grenze der Ausbeutung ökologischer Ressourcen, in einem sich verhärtenden Wettbewerbsumfeld, einem zunehmenden Kampf ums Überleben, weiter verhalten? Jedenfalls, wie wir unser weiteres Leben gestalten, d.h. in welchem System, mit welcher Struktur, mit welcher Teilhabe wir die Zukunft anfassen, sollte sinnvollerweise an Erfahrungen und allgemein gültige Rationalitäten, an uralte bewährte Philosophien anschließen; die Psyche, das Verhalten mit all den Eigenheiten, stärker berücksichtigen und anpassen, insbesondere eine ethische Reife pflegen. Können wir doch aus dieser globalen Veränderung zwei grundsätzliche Faktoren ableiten: Einerseits eine ungeheure, sich beschleunigende Dynamik in der Entfaltung des menschlichen Geistes wie dessen pragmatische Umsetzung zur Sicherung der eigenen Existenz, und andererseits eben seine sich nicht verändernden (evolutionären)

Eigenschaften egozentrischen Verhaltens, denen nun offensichtlich äußere Umstände tatsächlich Grenzen setzen. Grenzen, die – soll es nicht im Chaos enden – Verhaltensänderungen erzwingen. Schließt man sich der Argumentation an, gibt es nur eine Institution die, wenn auch über Generationen, Verhaltensänderungen versuchen kann zu beeinflussen – der Staat, die Gemeinschaft per se. Und so erzwingt sich auch eine Korrektur der Struktur wie auch der Führung.

Bevölkerungsentwicklung
Seit die Menschheit besteht, wächst sie ständig, insbesondere in den letzten 100 Jahren. Dank technologischen Fortschritts, radikal verbesserten Gesundheitswesen und modernster Technik in der Nahrungsmittelproduktion (mit Chemieeinsatz), war Wachstum auch über die Versorgung gesichert. Zum ersten Mal in der Geschichte der Menschheit wird zwar ab Mitte dieses Jahrhunderts das Wachstum stagnieren, aber dennoch die Erde dann gut 9,5 Milliarden, vielleicht etwas mehr tragen und versorgen müssen. Waren schon in den letzten Jahrzehnten mehr als eine Milliarde unterversorgt, werden sich zwangsläufig die Verhältnisse verschärfen (alle Verdrängungen und Beschwichtigungen helfen hier nichts). Selbst wenn wir annehmen, dass der weitere technische Fortschritt – bis zur Erreichung der Spitze des Wachstums – die Versorgung (Nahrungsmittel, Wasser und Rohstoffe) weitgehend sicherstellen kann, nimmt darüber hinaus der Abstand zwischen Arm und Reich wie auch der Anteil der Unterversorgten zu, damit zwangsläufig auch die Konflikte zwischen Ethnien, Regionen und Nationen wie auch die Wanderungen in die gut versorgten Länder. Zunehmende Konflikte sind unvermeidlich – innerhalb der Regionen wie auch zwischen den Staaten, über vielfältige Reibungsflächen. Ethnische, kulturelle, wirtschaftliche Diskrepanzen, ökologische Veränderungen, die sich zwangsläufig aus der Verdichtung der Lebensräume, mit dann wirtschaftlichen Spannungen, Unterversorgung und Verknappung der Ressourcen, ergeben müssen (unabhängig von Themen wie Freiheit, Gerechtigkeit, etc.); sie wirken, so sich gegenseitig verstärkend, auf alle Nationen, fördern Schutzmechanismen und Abwehr. Im freien Welthandel kommt es zu Rückschlägen. Krisen schaukeln sich dann ungebremst über Grenzen hinweg hoch, Rezessionen lösen Wachstum ab, die Amplituden verstärken sich und die Sozialsysteme in den Industriestaaten beginnen sich aufzuweichen.

Zusätzlich wird die Weltbevölkerung älter, aber auch die Geburtenraten gehen zurück. Ein bisher noch ungeklärtes Faktum: Je höher der Lebensstandard, desto niedriger die Fertilitätsrate (oder umgekehrt?). Ursachen könnten sein:
- Die Reproduktion von Lebewesen ist evolutionär ein Resultat der Umweltbedingungen und läuft in den Organismen genetisch ab. Nahrungsmittelüberfluss und dementsprechend positive ökologische Bedingungen fördern Wachstum, et vice versa, als ein natürliches Phänomen.

- Eine hohe Geburtenrate sicherte bis weit in die Aufklärung hinein die Existenz der Familien. Geringere Lebenserwartungen, risikobehaftete Nahrungsmittelversorgung, Kriege und Seuchen, dämpften menschliches Wachstum. Ebenfalls ein Phänomen der Natur, allerdings eines, das über die Vernunft nun steuerbar scheint.
- Die Resultate der industriellen Revolution reduzieren jedoch den existenzbedingten Arbeitseinsatz, dispositive Aufgaben haben muskuläre weitgehend ersetzt, sodass die Frau mit weiterem Leistungsbeitrag hinzutreten kann. Im Prozess der Emanzipation tritt sie gleichberechtigt in die Hierarchie ein, vervielfacht die Arbeitsproduktivität und steigert den Wohlstand weit über die ursprüngliche Existenzsicherung hinaus. „Selbstverwirklichung" ist nun Thema beider Ehepartner, die ursprüngliche, evolutionäre Aufgabenteilung ist aufgehoben. Nicht Wohlstand und längere Lebenserwartung haben daher gegenläufigen Einfluss auf die Fertilität, die Reproduktionsrate (auch wenn sie begleitende Faktoren bleiben), sondern der gesellschaftliche Umbruch mit der Emanzipation der Frau, ihr gleichberechtigter Anspruch an der Selbstverwirklichung und den Gütern der Welt – und das transportiert über die modernen Medien bis in den letzten Winkel der Erde.

Einzig im mittleren Afrika, in einem Gürtel der sich bis Indien hinzieht, sind für absehbare Zeit die Geburtenraten noch höher als die Sterberaten. Und sollten auch dort – was für die kommende Generation nicht auszuschließen sein wird – die Fertilitätsraten unter zwei sinken, wird nach nun gut zwei Jahrhunderten exponentiellen Wachstums der Menschheit (ansonst ständigem) endlich wieder Schrumpfung der Weltbevölkerung „Normalität" in nationale und internationale Beziehungen, und insbesondere in die Natur, einbringen.

Die Hochrechnungen für die Zeit um 2050 sind relativ präzise. Sie basieren auf heutigen Gegebenheiten (wie daraus abgeleitete Annahmen). Sie schwanken zwischen neun und 10,5 Milliarden Menschen. Auch die Abnahme danach ist aufgrund aktueller Gegebenheiten plausibel. So bleibt eigentlich nur, sowohl von den Ressourcen wie auch von den Konflikten, einen Zeitraum von rd. einem halben Jahrhundert politisch zu überstehen – aber der hat es in sich, vorwiegend im Nord-Süd-Gefälle, bei den hohen Lebensstandardunterschieden.

Sicherheit, Frieden und Krieg
In den letzten 60 Jahren genoss Europa – schon als Selbstverständlichkeit – ungetrübte Friedenszeiten, die heute kriegerische Auseinandersetzungen innerhalb der europäischen Staaten nicht mal mehr erahnen lassen. Gerade mal mehr oder weniger hitzig debattiert wird, wenn europäische Staaten von der Staatengemeinschaft (UN) zur Teilnahme außereuropäischer Scharmützel und kriegerischer Auseinander-

setzungen „eingeladen" werden. Nun zeigt aber die gesamte Menschheitsgeschichte, dass Sicherheit von Haus und Hof, von Leben und Freiheit, alles andere als je beständig war – meist nur kurzfristig unterbrochen –, bis eben Potentaten sich halbwegs wieder finanziell aufgerappelt hatten. Insbesondere die letzten 2.000 Jahre beweisen ständig neue Waffengänge zwischen Kulturen, Gesellschaften und Nationen. Macht und Raffgier prägten die Geschichte der Menschheit. Je weniger die Kulturen entwickelt sind (zumindest aus saturierter Sicht), desto wahrscheinlicher sind militärische Einsätze zwischen Stämmen und Regionen, die sich bis zum Genozid ganzer Völker ausweiten konnten (dies selbst in jüngster Zeit in Europa). Eines ist jedenfalls sicher, aus historischer als auch menschlicher Sicht, ausschließen dürfen wir es selbst für Europa nicht gänzlich – und wenn es noch über Generationen, was zu hoffen ist, friedlich bleiben sollte.

Im letzten halben Jahrhundert hat sich die westliche Welt unter dem Schutzschirm der Hegemonialmacht der USA durchaus wohl und sicher gefühlt, verstärkt noch durch den Zusammenbruch der sozialistischen Staaten in den Neunzigerjahren. Die USA hat sich zu Beginn des letzten Jahrhunderts – nach langer außenpolitischen Abschottung –, durch die beiden Weltkriege zunehmend in externe Geschehen einbeziehen lassen, sodass ihnen offensichtlich nach Ende des Zweiten Weltkriegs – als Gegenmacht zu dem sich erstarkenden kommunistischen Block – nichts anderes übrig blieb, als ebenfalls aufzurüsten. Parallel ist ihre Wirtschaftsmacht enorm gewachsen und kapitalistisches Denken hat sich später in seiner vollen Blüte entfaltet, auch die Politik geprägt, zunehmend aus wirtschaftlichen Überlegungen die USA in die Rolle eines Weltpolizisten hineingetrieben. Diese autonomen, sich gegenseitig beeinflussenden Kräfte – Wirtschaft und (Außen-)Politik, und beides gepaart mit einem ausgeprägten Nationalismus – überfordern langfristig selbst große Staaten, da Interessensgruppen in demokratischen Systemen immer versuchen werden ihre eigenen wirtschaftlichen Potenziale bestmöglich zu nutzen. So wird der Schutzschirm für andere löchriger, der Weltpolizist muss sein außenpolitisches Engagement reduzieren. In das Vakuum rücken neue Kräfte vor, versuchen ihre eigenen Interessen zu wahren, Einflussbereiche systematisch auszuweiten – mehr oder weniger diplomatisch, je nach Machtverhältnis. Die politischen Kräfte der Welt formen sich, nach fast einem Jahrhundert, nun neu.

Sieht man von den derzeitigen wirtschaftlichen und damit politischen Schwierigkeiten des westlich orientierten Japans einmal ab, so kristallisieren sich neue Machtkonstellationen heraus: neben den USA nun China, Indien, Russland, und das noch alles andere als geeinte Europa. Hier nun Entwicklungsalternativen, nach internen Strukturen und Potenzialen selbst nur zu vermuten wäre vermessen, erfordert auch das Thema nicht, wird nur, als ständig latentes Problem, staatliche Strukturen und staatliches Verhalten weiterhin bestimmen.

In Europa scheint vorläufig der Einigungsprozess gestoppt, da kleinliche währungspolitische Überlegungen (so lebensnotwendig sie auch für einzelne Staaten scheinen mögen) eher Richtung Auflösung tendieren, als zur weiteren Verfestigung des Gefüges, dz. als Folgewirkung des vernachlässigten Zusammenhangs von Fiskal- und politischer Union (Kap. 6.5.). Damit scheint auch eine gemeinsame Außenpolitik, umso mehr eine gemeinsame Verteidigungs- und Budgetstrategie, in weite Ferne gerückt. Jeder für sich bleibt die logische Folge, mit enormen Synergieverlusten aus fragmentierten Armeen zu Lande, zur Luft und zur See, mit unterschiedlichem Material und Ausbildungssystemen – ganz unabhängig von jeweils völlig individuellen Militärstrategien. Geben die USA derzeit so rd. 5 % ihres BIP dafür aus, sind es bei den jeweiligen europäischen Staaten so um 1 bis maximal 2 %, was schon an sich eine ungeheure Verschwendung mangels Nutzung inhärenter economies of scale vermuten lässt. Und die USA? Sie werden zwangsläufig unter finanziellem Druck ihre Militärausgaben reduzieren und damit durchaus Standorte im Ausland schließen oder verkleinern müssen – zugunsten neu aufkommender oder wieder erstarkender Staaten.

So besteht die Gefahr, dass das Verteidigungspotenzial, insbesondere aber die Effizienz und Durchsetzung der westlichen Allianz sinkt und mit ihr die Sicherheit westlicher Staaten. Gehen wir zurück zum Ausgangspunkt historischer Erfahrung, so wird es insbesondere den Bewohnern der zersplitterten europäischen Staaten irgendwann auf den Kopf fallen. Grundsätzlich besteht zwar, wenn auch aus geschichtlicher Überlieferung, Verteidigungswille, allerdings halbherzig, jedenfalls als nicht vorbereitet (als eben ein Generationenprozess). Aus kurzsichtigen wirtschaftlichen Überlegungen, besser aus dem Gefühl saturierter Geborgenheit, kommt niemand nachhaltig und konsequent auf die Idee, dass militärische Sicherheit immer vorzuhalten, Wehrwille immer aufrechtzuerhalten ist. Umso mehr, als auch militärische Strukturen ständig an die aktuelle Situation anzupassen wären, damit laufend Kosten verursachen – zulasten anderer schöner und sozialer Dinge.

7. Konsolidierungsversuche

Über Jahrtausende weisen uns große Philosophen, mit tiefgründigem Nachdenken, aber immer geprägt durch ihr historisches Umfeld, auf Wirksamkeit, Vor- und Nachteile unterschiedlicher Staatsformen hin. Eines können wir mit Sicherheit aber ablesen: Eine Präferenz für demokratische Staatsformen, oder besser, eine möglichst vollständige Teilhabe des Volkes an staatlichen Entscheidungsprozessen. Ferner, dass der Staat nichts anderes als eine Rechtsgemeinschaft, eingebettet in einen kulturell geformten, ethischen Rahmen seiner Bürger ist, also bestimmt durch eine historisch abgeleitete, hypothetische Verfassung, aus der sich die Regeln des Zusammenlebens ableiten. Und als weitere Gemeinsamkeit, dass es die (wenn auch ersehnte) endgültige und stabile Staatsform – aus jeweils praktischer Erfahrung – nie geben wird, Staatsformen eben einem ständigen Wandel unterliegen. Nach Cicero (in Anlehnung an Platon) vollziehen sich Wandel und Wechsel der Staatsformen sogar periodisch in erstaunlicher Kreisbewegung. Hinter diesem Wandel stehen über lange Zeiträume sich ändernde Verhalten, Einstellungen, die selbst die übergeordneten ethisch-moralischen Rahmenbedingungen temporär beeinflussen können. Es sind genau diese Einflüsse, die die Entwicklung des Menschen, der Menschheit, bestimmen. Sie sind es die – will man sich einem optimalen Staatssystem annähern – in den Mittelpunkt der Diskussion zu stellen sind.

Nun kann man bis Ende des 19. Jahrhunderts nationales Denken zur Gestaltung der idealen Staatsform nachvollziehen, was sich jedoch – und spätestens ab dem jetzigen Jahrhundert, in einer globalisierten Welt, deren Wandel derzeit selbst Staaten fast hilflos ausgeliefert sind – in gänzlich neuem Licht darstellt. Pragmatisch versuchen sich die Nationen den Entwicklungen anzupassen, bilateral oder in Unionen ihre Interessen zu koordinieren, um von den doch ständig neuen, zumeist überraschenden technologischen, ökonomischen und politischen Veränderungen oder Katastrophen, nicht überrollt zu werden. Selbst die Wissenschaft findet kaum Lösungen und Ansätze zur philosophischer, geschweige denn praktikabler Klärung dieser vielfältigen Fragen und Prozesse.

Dazu kommt – eine Erscheinung unseres letzten Jahrhunderts –, dass wir nicht nur vielfältige Spielarten zwischen totalitären und demokratischen Systemen vorfinden, sondern darüber hinaus nur ein kleiner Teil der Weltbevölkerung (diese um 10 % in den hochzivilisierten Staaten) über Jahrhunderte diesen Reifeprozess von feudalen zu demokratischen Strukturen – mit nebenbei vielfältigen Ausrutschern über Kriege und Revolutionen – gelernt und erfahren hat, sich dann anmaßt – bleiben doch vielfältige philosophische Auseinandersetzungen offen –, dem doch übergroßen anderen Teil der Weltbevölkerung den „demokratischen Letztstand" – borniert in Unfehlbarkeit – aufzuzwingen (eines alles andere als ausgereiften Systems). Und wundert sich, wenn es dort, dann selbst über Generationen, nicht funktioniert. Und ob es sinnvoll wäre, ist sowieso eine ganz andere Frage – kann es auch nicht sein. Ein über Jahrhunderte gewachsenes System einer Nation ist eben Resultat kultureller Eigenarten und Bildung und darüber hinaus ein sich ständig wandelndes, aus unendlichen internen Auseinandersetzungen und Konsensen gewachsenes Gebilde. Demokratie ist eben nicht transferierbar, nur Diskussionsgrundlage, Anregung zu vielleicht momentan nützlich scheinenden Gedankenansätzen, als befruchtendes Element, und selbst das muss über Dekaden gelernt, geübt und bewusst aufgenommen werden.

D.h., neben den mechanischen Gestaltungsvarianten einer möglicherweise idealen Staatsform, gilt insbesondere der individuelle, zumeist jahrhundertlange Reifeprozess innerhalb einer Nation, als Grundvoraussetzung stabiler Demokratien. Und neben diesem Reifeprozess, als gleichrangig ergänzendes Moment, ein breiter (zumindest vergleichbarer) Bildungsstand über die gesamte Bevölkerung einer Nation. Und dann, und nur dann, können sich nachhaltige demokratische Entwicklungen formen. Nun ist auch völlig klar, dass die vielfältigen Versuche asiatischer, afrikanischer und südamerikanischer Staaten demokratische Prozesse zu kopieren, nicht nur in vielfache schmerzliche Auseinandersetzungen münden mussten, sondern ganz einfach auch missverstanden und von Interessensgruppen missbraucht und benützt werden.

Ebenfalls aus der Analyse der letzten beiden Jahrtausende ist abzuleiten, dass – wenn auch durchwegs bewundernswert vertiefend und analytisch hinterfragt – in philosophischen Betrachtungen und praktischen Auseinandersetzungen zur idealen Staatsform, eigentlich alles schon angesprochen scheint – wenn auch in vielen Puzzles verstreut und mit verschiedenen Erkenntnissen und Mentalitäten mehr oder weniger unterschiedlich interpretiert, vielfach mit breitem Konsens. In der explodierenden Meinungsvielfalt eines übervölkerten letzten Jahrhunderts, blieben dennoch überraschend *grundsätzliche Fragen* offen, die – wenn vielfach auch angedeutet – alles andere als mentale Konvergenz in absehbarer Zeit erwarten lassen. Dazu zählen insbesondere:
- Das politische Verhältnis des Staates zur globalisierten, einer vielgestaltigen Welt, mit Nationen in unterschiedlichsten Entwicklungsphasen und national divergenter Interessen.

- Des Staates begrenzter Einfluss auf die grenzüberschreitenden Wirtschaftsmächte.
- Vielfache, sich überschneidende ökologische Prozesse, denen die Menschheit ausgeliefert scheint – ohne umfassende Gemeinsamkeit im Staatenverbund.
- Der schleichende Verlust der Finanzhoheiten,
- Die zunehmende Abhängigkeit von der internationalen Arbeitsteilung wie die von externen Rohstoffmärkten, der Handlungsunfähigkeit zur Beeinflussung der eigenen Konkurrenzfähigkeit (der Wirtschaft *und* des Staates).
- Ungelöste Fragen zur nationalen Sicherheit, bei labilen, lückenhaften und inkonsequenten Sicherheits- und Verteidigungsabkommen, zu den rasanten Veränderungen der Militärtechnologien sowie den Gefahren durch nicht autorisierten Zugriff auf Massenvernichtungswaffen.
- Die Bevölkerungsexplosion, bei nicht steuerbaren Wanderungsbewegungen und sozialen Schieflagen aus der zunehmenden Vergreisung.

Und alles *zusätzlich* zu schon herrschenden, kaum beeinflussbaren Problemen, wie.:
- Der Tendenz sich international angleichender Lebensstandards, mit wachsend sozialen Verwerfungen in den Industriestaaten.
- Wohlstand und soziale Sicherheit wirken gegenläufig der Leistungsbereitschaft des Einzelnen, überfordern dann konsequent schleichend die finanziellen Möglichkeiten des Staates.
- Ergänzend nehmen die Einkommensunterschiede zu. Das Einkommen der breiten Masse stagniert, tendiert nach unten (die sozialen Auswüchse der industriellen Revolution scheinen sich zu wiederholen).

Wachsender Wohlstand scheint also umgekehrt proportional zum demokratischen Interesse der Bevölkerung. Und die zunehmende Bürokratisierung in den demokratischen Staaten, mit einer Staatsquote bis an die 50 %, schlägt sich nieder in volkswirtschaftlichem Leistungsabfall, vermindert die Flexibilität des gesamten Staates und reduziert die Verantwortlichkeit des Einzelnen.

Und dies alles noch ganz unabhängig von den grundsätzlichen Fragen der Qualität der Demokratie, und welche *Alternativen*, welche Möglichkeiten wir hätten, um ihre Wirksamkeit – wie ursprünglich euphorisch angenommen – wiederzuerlangen. So wuchern die Strukturen der Demokratien im letzten Jahrhundert individuell je nach Land, je nach Einfluss von außen oder von innen. Sie entfernen sich immer mehr von den fundamentalen demokratischen Gedanken wie sie z.B. durch die Gründungsväter der USA 1787 oder aus der Erklärung der Menschen- und Bürgerrechte der Französischen Nationalversammlung 1789 oder auch aus dem Grundgesetz der Deutschen Bundesrepublik 1949 formuliert und gewollt waren. Prozesse im Zuge demokratischen Lebens, die tendenziell zur schleichenden Aufweichung ursprünglicher freiheitlich-demokratischer Überzeugungen führen:

- Wie die vielfach zu erkennenden Trends zur *direkten Demokratie*, mit der gefährlichen und in ihrer Wirkung nicht annähernd abschätzbaren Aufweichung der drei grundsätzlichen, sich gegenseitig kontrollierenden Mächte (Legislative, Exekutive und Judikative), durch eine vierte, diffuse. Mit durchaus der Gefahr direkter Aushebelung der Legislative – des in freien, geheimen und persönlichen Wahlen umgesetzten Willens des (gesamten) Souveräns. Gefördert von zumeist wirtschaftlich unterstützten Interessensgruppierungen. Kurzfristig initiierte, in ihrer langfristigen Wirkung kaum überblickbar gravierende Einschnitte in die über zumeist Jahrhunderte gewachsenen gesetzlichen und Verhaltensstrukturen bis zu Gesetzesvorlagen (ohne Rücksicht auf verfassungsmäßig garantierte Grundsstrukturen und -werte). Ein Instrument, das selbst die mehr als 2.000 Jahre alten Überzeugungen demokratischer Prozesse ad absurdum führen kann. Vergleiche mit der Schweiz – als (demonstrativer) Beweis dieser Idee, sind alleine schon von der überschaubaren Größe, der Besonderheit der föderalen Strukturen und der gewachsenen Entscheidungsabläufe sowie insbesondere einer über mehrere Jahrhunderte langen Entwicklung, nicht hilfreich. Sie führen – wie praktische Beispiele bereits zeigen – jedenfalls in die Irre, gelten eben nur in besonderen Ausnahmefällen, geben schlussendlich nur Minoritäten die Möglichkeit[94] ihre Interessen zulasten des Gesamtstaates durchzusetzen.
- Des *Mengenverhältnisses* vom Staat zur Bevölkerung, einerseits bereits mit einer Staatsquote von um die 50 % und andererseits mit einer direkten und indirekten Verwaltungsstruktur, die bereits an die 20 % der Beschäftigten umfasst (und zwar ohne großen Militärapparat, wie er in den alten Reichen den überwiegenden Anteil des Staates darstellte). Ist Basis der „Effizienz" des Staates seine Bevölkerung, so hat er sich eben nur auf seine ureigensten Aufgaben zurückzuziehen, der Bevölkerung ihren Freiraum zu gewährleisten.
- Im Sinne des Staates, zumindest des demokratischen, sind seine Vertreter *Dienstleister des Souveräns,* und nicht umgekehrt wie es sich in gestandenen Demokratien zu entwickeln droht. Im Zuge ihrer Existenz übernehmen demokratische Staaten immer mehr bürgernahe Aufgaben, bewegt sich die Verwaltung vom Dienstleister zum Befürworter, zum Dirigenten und Kontrolleur, entmündigen – unbeabsichtigt aber konsequent – den Bürger, höhlen so selbst ureigenste demokratische Prozesse aus.

Der grundsätzliche Unterschied zwischen einer reinen Demokratie und dem Totalitarismus ist, dass eben ein Staat entweder von unten nach oben gestaltet und bestimmt wird oder eben von oben nach unten, wie es der Diktatur inhärent ist. Welches der beiden Systeme, nachhaltig und langfristig, für die Nation, für die gesamte Bevölkerung nun das Beste ist, ist – wenn wir auch intuitiv und aus unserer

---

[94] Schon hingewiesen bei Publius Valerius Publicola, erster römischer Konsul 509 v. Chr., und wieder bei Alexander Hamilton im Zuge der Ausarbeitung der Verfassung der Vereinigten Staaten 1787.

Lebenserfahrung die Demokratie vorziehen – allerdings bislang nicht eindeutig ableitbar. Regiert ein „guter und weiser" Staatslenker über Jahrzehnte, vom Volk allgemein akzeptiert und mit Vertrauen gesegnet, so ist wohl anzunehmen, dass die Nation eine nachhaltigere und kontinuierliche Entwicklung, auch im Sinne der Einbettung des Staates in das globale Umfeld und im Sinne der allgemeinen Wohlfahrt, erwarten lässt; selbst wenn uns historische Erscheinungen – durchaus rational – davon abhalten, sich auch nur gedanklich mit einem diktatorischen Regime auseinanderzusetzen. Dennoch bleibt dieser Ansatz einseitig, da nun mal schreckliche Ereignisse, Psychopathen und Verbrecher an der Spitze von Diktaturen, uns besser im Gedächtnis haften bleiben, als über lange Perioden gut geführte und prosperierende Länder – und die sind eben in der Minderheit. Besser, wo eigentlich nachweisbar?

Es zeigt aber auch, dass eine möglichst hohe Einbindung des Einzelnen in die demokratischen Prozesse, eine Grundvoraussetzung seiner Identifikation mit dem Staat ist und dass der Staat eine möglichst gewaltfreie Konfliktaustragung fördern muss (Tocqueville)[95]. Diese Voraussetzungen kann der Staat, will er demokratisch überleben – d.h. das Individuum als *Souverän* –, nur sichern, und zwar nur dann, wenn eine wertfreie Informations- und Kommunikationspolitik wirkt, die wiederum ein möglichst vergleichbares Bildungsniveau der Bevölkerung voraussetzt. Somit haben wir zwei auf gleicher Ebene wirkende gegenseitige Faktoren, die sich beide in der weiteren Entwicklung einer (demokratisch gestalteten) Nation bedingen: Einerseits ein möglichst breites, wertfreies Bildungsniveau, durchaus auch gefördert von den staatlichen Organen, auf der anderen Seite demokratische Rahmenbedingungen, auf der Grundlage der seit mehr als 200 Jahren erkannten Fundamente (Freiheit, Gleichheit, Gerechtigkeit, erweitert evtl. mit den Menschenrechten, was die ersten drei Elemente sowieso in sich bergen), sowie eines bewusst ethischen Rahmens (Kap.5.3.5. und 5.3.6.). Und dazu noch mit all der Variabilität entsprechend lokaler Gegebenheiten, nach den dynamischen demokratischen Prozessen einer ethisch gebildeten Bevölkerung (mit der Logik eines so wachsenden breiten Bildungsstandards). Nur so sichert sich eine demokratische Nation die Verantwortung, die Identifikation des Einzelnen.

Somit fehlt nur noch ein Element, die *Nachhaltigkeit*, die Kontinuität demokratischer Führung im Sinne der Prosperität eines in einer globalen Welt eingebetteten Landes. Wie dann schlussendlich, in großen Gebilden, in Staaten mit zig Millionen Menschen, organisatorisch die Reife dieser Bildung, von Wissen und Erfahrung, in demokratischen Prozessen gesichert werden kann, ist eine weitere, jedoch obige Grundlagen nicht aushebelnde Frage (Kap. 5.3.2.) – mehr oder weniger dezentral, mehr oder weniger föderalistisch organisiert.

---

[95] Tocqueville, Alexis de: „Nur durch die gegenseitige Wirkung der Menschen aufeinander erneuern sich die Gefühle und die Gedanken, leitet sich das Herz und entfaltet sich der Geist des Menschen."

Völlig unabhängig von diesen „staatsinternen" Themen stellt sich noch die Frage der Einstellung, des Verhaltens zu anderen Nationen: Wie weit versteht sich ein Land als eines unter gleichen, als Grundvoraussetzung nachhaltiger, friedlicher Zusammenarbeit und Kooperation? Hat sich allerdings diese vorbehaltlose Einstellung des gleichberechtigten Partners zu anderen Staatengebilden schon in der Vergangenheit nicht bewährt (weder im kommunistischen Machtblock noch bei den kapitalistischen Staaten, geführt durch die USA), so ist bei den, nun Global Players neuer Art, die Entwicklung mit Vorsicht zu beobachten. Basieren Länder weitgehend auf demokratischen Verhältnissen, wird man – in Anlehnung an das 20. Jahrhundert – davon ausgehen dürfen, dass einerseits freundschaftliche Verhältnisse gewahrt bleiben und andererseits diplomatische Verwerfungen über längere Zeit sich ankündigen, bevor sie in „handfeste" Auseinandersetzungen münden. Grundsätzlich sind Reibungsflächen zwischen Nationen schon mal aus ethischen, kulturellen und religiösen Unterschieden vorgegeben, primär jedoch aus wirtschaftlichen Diskrepanzen. Autoritäre Regimes hingegen, wie schon erfahren, reagieren schneller, sind in ihrem Verhalten intransparenter, wobei das Emotionale stärker ausgeprägt ist, sogar ungebremst bleiben kann, und sie darüber hinaus – als entscheidender Aspekt – ihren Willen sofort, ohne Rücksicht auf die Massen, durch- und umsetzen können.

Morphologie des Staates
Veränderungen der Staatsform, von autoritär nach demokratisch et vice versa, korrelieren mit der Änderung des Machtgefüges, sind daher immer radikal, revolutionär und mit gewaltsamen Auseinandersetzungen verbunden. Durchforstet man die Menschheitsgeschichte, ist m. E. kein nennenswerter Fall bekannt, nach dem der Wechsel von der einen zur anderen Form gewaltfrei, rational, unter Einbindung der betroffenen Bevölkerung stattgefunden hat. Verlust der Macht, besonders, wenn sie im Falle von Nationen, überwiegend Massen von Menschen betreffen, bedeutet nicht nur Aufgabe von Herrschaft und Prestige, sondern oft genug auch Verlust von Leib und Leben, geschweige denn von Vermögen, über Familienclans und deren mehr oder weniger mitverbundenen Nutznießern des Systems.

Veränderungen bewegen sich daher immer nur innerhalb eines der beiden (immer abgewandelten) Hauptsysteme und verändern sich dann nur in Nuancierungen: In autarken Strukturen qua Machtgefüge, zumeist radikal und in kurzen Zeithorizonten, in demokratischen Systemen ungemein zäh, mit Entscheidungsprozessen vorwiegend über verfassungsgemäß notwendige Mehrheiten, wobei, wie die Praxis zeigt, nur marginale Veränderungen durchsetzbar sind, da sie immer irgendwelche Interessen beschneiden (nehmen wir mal Stammesverbände alter Strukturen, die in heutiger Zeit kaum mehr politisch Relevanz haben, aus). Entscheidende Veränderungen der Strukturen (sei es zu mehr Freiheit, Gerechtigkeit oder zu weniger Bürokratie, zu mehr Solidarität und sozialem Verhalten, u.a.) sind heute kaum mehr möglich. So müssen wir pragmatisch erkennen, dass, nach einem Umbruch, nach Gründung von Republiken, einer zunächst dynamischen Entfaltung mit Aufbruchsstimmung, d.h. nach einer grundsätzlichen (eben zumeist gewaltsam) Änderung des Systems, im Laufe der Jahrzehnte und Generationen sich die Verhältnisse zu stabilisieren beginnen und Individualität wieder stärker in den Blickpunkt tritt. Dass die ursprünglich radikalen Veränderungen, mit all den neuen Freiheiten, trotz oder wegen persönlicher und perspektivischer Art, in den Hintergrund des täglichen Lebens treten, damit die eigene Positionierung in den Vorgrund tritt – und dann die Vergleiche überwiegen. Vergleiche, die, wie eben immer, intuitiv gefühlt Negatives sowie Persönliches stärker ins Bedürfnisfeld rücken und die (eventuellen) „systemischen" Vorteile in weite Ferne. Hat sich also eines dieser beiden Staatssysteme stabilisiert, erfolgen systeminhärent nur marginale Veränderungen – bis eben Abweichungen über längerem Zeithorizont so stark kumulieren, dass sie den Umbruch fördern

So beweist uns zwar die Vergangenheit, dass autoritäre Systeme ein begrenztes Leben haben, aber eben auch viele Generationen überdauern können. Werden die Unterschiede (Existenzniveau, Freiheiten, etc.) zwischen „oben und unten" zu groß, die Lebensumstände für die Massen, im Vergleich mit anderen, nicht mehr erträglich, genügt ein auslösender Funke – getragen über charismatische Persönlichkeiten (Kap. 7.3.) –, der eben radikale Umbruchsprozesse auslösen kann.

Aber auch die Beständigkeit von Demokratien ist noch nicht nachgewiesen. Insbesondere junge Republiken (in der ersten Phase ihrer Entwicklung) sind labil, wenig gefestigt. Sind Oppositionen oder autoritäre Netzwerke kräftig genug, um die Volksmeinung zu beeinflussen, ist der Rückfall in ein autoritäres System nur eine Frage der Zeit. Aber auch, und mit höherer Wahrscheinlichkeit, tendieren charismatische Führer gerne dazu die neue Machtbasis autoritär auszugestalten (wie vielfach Nationen und die jüngste Vergangenheit beweisen).

So stellt sich die Frage: Sind Demokratien in der Lage sich kontinuierlich und stabil, rational zum Wohle der Gemeinschaft und im Vergleich zur Umwelt, flexibel und systematisch anzupassen, eben Freiheit, Sicherheit, Gleichheit und Gerechtigkeit nachhaltig zu gewährleisten? Die letzten 60 Jahre demokratischer Entwicklung im Westen sind ein selten gutes Beobachtungsobjekt. Sie zeichnen sich aus durch
  - ein dynamisches Wachstum in den ersten Jahrzehnten, bei zunehmendem Wohlstand der gesamten Bevölkerung,
  - ein zu Beginn durchaus hohes politisches Engagement, getragen aus dem Bewusstsein der Zugehörigkeit zu Klassen,
  - einen ausgeprägten Willen sich diplomatisch in die Staatengemeinschaft einzuordnen, Teilhabe zu leisten,

- durch hohes Engagement des Einzelnen, mit der Bereitschaft seine volle Leistung in die Gemeinschaft einzubringen, sich zu bilden und zu entwickeln, Sicherheit für sich und seine Familie zu erarbeiten und den Nachwuchs zu fördern, und
- ein soziales Verständnis, und es auch staatstragend einzufügen.

Aber, nach der stürmischer Aufbruchzeit, mit dem Ziel der Karriere, der beruflichen Entwicklung, und auch nachhaltig Sicherheit und Freizeit, vielleicht auch Vermögen zu schaffen, kommt nun zunehmend der Blick über den Tellerrand. Der Vergleich mit anderen (deren Karrieren, Einkommen, deren Einsatz-Nutzen-Relation für die Gemeinschaft, ihren Pfründen und Benefizien), fördert ein Gefühl der Benachteiligung, eben nicht den „gerechten", ihm „zustehenden" Anteil zu erhalten – Individualität verdrängt das Gemeinsame. Sehr schnell lernt man, eigene Interessen über Mitgliedschaften und Interessensgruppen in die Gesellschaft einzubringen, sie zu verstärken und umzusetzen, soziale Netze zu stricken, zu verfeinern und auszubauen, um zu wahren „was einem zusteht". Das geht so lange gut, solange die Wirtschaftskraft der Nation äquivalent wächst und die wirtschaftlichen Diskrepanzen zwischen Arm und Reich nicht zu deutlich werden. Alle diese Entwicklungen züchten Bürokratismus, der (wie wir oben gesehen haben) zu einem sich selbst weiterentwickelnden Moloch mutiert, steigende Kosten verursacht und – wie die Praxis zeigt – demokratisch und rational nicht mehr zu reorganisieren ist. Eigeninteressen fördern Netzwerke, ein eigenes Machtgefüge, und man bedient sich zunehmend an der Gemeinschaft. Dazu noch mit erschreckend negativer Hebelwirkung (menschlich wie wirtschaftlich): Man lehnt sich zurück in der „Zuständigkeit", statt Dienstleistungen emphatisch-übergreifend, menschenorientiert wirken zu lassen. Resultat (mehr oder weniger für alle westlichen Demokratien, inklusive nachrückender Quasi-Demokratien aus dem Osten):
- Wachsende Veradministrierung und Bürokratie, trotz aller modernen Kommunikationstechnik, technologisch neuer Verfahren und Rationalisierungspotenzialen, bei zunehmendem Eigenleben öffentlicher und halböffentlicher Verwaltung in allen Hierarchien.
- Ständige Verdichtung und Erweiterung der Datennetze. Der Mensch wird zunehmend gläsern, eingezwängt in einen immer stärkeren Verwaltungsrahmen (mit Tendenz zur Überwachung).
- Die Dynamik der Innovationskraft und der Eigeninitiativen verlieren an Spannkraft durch verdichtete Sozialnetze, straff geregelter veradministrierter Abläufe, Rund-um-Sicherheit von der Geburt bis zur Bahre, eines bevormundenden Staates, mit bis ins Kleinste geregelten Abgabenregularien und Unterstützungsleistungen.
- Nachlassende Kongruenz zwischen Privatwirtschaft und öffentlicher Verwaltung, der Gemeinsamkeit von Unternehmen und Staat.
- Fallende Reaktionsfähigkeit des Staates im Sinne nachhaltiger Wettbewerbsfähigkeit, nachlassender Förderung von Infrastruktur und Bildung, aufgrund

zunehmender Etatschwierigkeiten und als Resultat mangelnder strategischer Ausrichtung.
- Mentale Abkoppelung eines zunehmenden Berufspolitikerturms zur breiten Bevölkerung.
- Damit stagnierende Wachstumsraten und zunehmende Krisenanfälligkeit.

Die Frage ist, wann beginnen die Nachteile die Vorteile zu überwiegen? Wann wird, bei wachsender Kluft zwischen Arm und Reich, stagnierendem Einkommen der breiten Massen, bei wachsenden Sozialkosten (Renten, Gesundheits- und Fürsorgekosten, Abgabenflut der ausgelagerten halböffentlichen Institute) der Punkt erreicht, an dem sich die Demokratie selbst abwürgt? Weltwirtschaftlicher Wettbewerb lässt sich nicht bremsen, er wird die Prozesse beschleunigen.

Aber selbst wenn Revolutionen (oder mächtig werdende Eigeninteressen) bestehende Systeme hinwegfegen, bleibt doch die Nomenklatur weitgehend – wie in fast allen bekannten Umbrüchen der letzten Jahrhunderte – bestehen. Von feudalen Systemen über demokratische Strukturen, zurück zum autoritären System, schlussendlich wieder zu demokratischen Grundsätzen. Sie bleiben die verlässlichen und geschützten „Diener" des Souveräns, egal unter welchem System sie ihre Aufgabe erfüllen. Sie erledigen sie, egal, ob der Staat demokratisch oder autoritär regiert wird, sichern so aber auch die Kontinuität des Staatsapparates, als die eigentlich grundsätzliche Voraussetzung zur Führung großer Massen – und wieder egal, welcher Herr (oder Frau) gerade bestimmt. In weniger entwickelten Demokratien (Oststaaten, u.a.) bestimmen sie im Hintergrund die entscheidenden Geschicke des Landes (fast wie ein Feudaladel).

Unser demokratisches Denken resultiert aus rd. 2.500-jähriger Geschichte, irgendwo begonnen bei den griechischen Philosophen, weitergeführt über die Römer, im späten Mittelalter über verschiedene Stadtstaaten und wiederentdeckt im Zuge der Aufklärung, und im Laufe des Kolonialismus verbreitet über die ganze Erde. Auch vielfältig versucht – mittels militärischer, wirtschaftlicher und politischer Macht – anderen Kulturen überzustülpen. Ob all deren kulturelle Entwicklungen, teils viel älter als unser westliches Denken – wie z.B. in Indien und China –, tatsächlich demokratische Grundsätze absorbieren werden, ist eine n.w.v. offene Frage.

Was wirtschaftliches Potenzial betrifft, zeigen uns die aufbrechenden Schwellenländer, insbesondere China in den letzten Jahrzehnten, dass zentrale Steuerung eines Staates nicht nur wirtschaftliche, sondern unglaubliche ökonomische Vorteile für große Teile der Bevölkerung generieren kann, auch wenn sie eine Reihe von internen Fehlentwicklungen mit sich bringt. Dennoch, der Mainstream stimmt noch, und zwar so durchgreifend, dass sein wirtschaftliches Potenzial ganz eminent schon heute das Weltgeschehen beeinflusst und – was noch beunruhigender ist – von militärischer

Macht gefolgt werden wird. Und schleichend, wahrscheinlich noch entscheidender, dass sich dank zentraler Steuerung, die Interessen des chinesischen Staates wie ein Krake über die ganze Welt ausbreiten, Ländereien und Unternehmen (mit deren Wissen, Markt- und internem Potenzial) aufkauft, Ressourcen weltweit nachhaltig sichert und Abhängigkeiten von Nationen erzeugt. Führt man die Gedanken für dieses Jahrhundert zu Ende, kann eminenter chinesischer Einfluss auf die europäischen Wirtschafts- und politischen Strukturen nicht ausgeschlossen werden. Leitet sich daraus auch politischer Einfluss ab, stellen sich selbst unsere Demokratien infrage.

Die Erfahrungen aus der Menschheitsgeschichte mit Demokratien sind wesentlich dünner, als mit autokratischen Systemen. Monarchien oder Diktaturen können offensichtlich auch auf längere Regierungsdauer hinweisen als demokratische Systeme. Und dass sie generell nicht erfolgreich waren, darf auch bestritten werden. – wie China z.B., als vermutlich die älteste kontinuierliche Kultur der Erde, ab dem „Mittleren Reich" (Tianxia, Gründung 221 v. Chr.). Aus der beobachtbaren tiefen Verwurzelung der chinesischen Geschichte in der Bevölkerung (bis zum konfuzianischen Denken), mit einer auch für Chinesen im Ausland erkennbar starken inneren Bindung zu ihrer uralten Kultur (wie auch dem Verhalten gegenüber anderen), mit Ansätzen eines Nationalismus, selbst der Nomenklatur, ist eine kongruente Einstellung der Bevölkerung nicht von der Hand zu weisen, umso mehr, wenn man alte chinesische Schriften zurate zieht.[96] So belebt sich vor unseren Augen eine Supermacht, mit bisher kontinuierlich überproportionaler Wirtschaftsentwicklung, die – geht Wachstum, bei weiterhin straffer Staatsführung, für die nächsten Jahrzehnte so weiter – dem Westen das Fürchten lernen wird (Kap.6.2. und 6.5.).

Und dies alles ohne demokratische Grundlagen – allein durch autoritär straffes Führen, unter kontinuierlicher Entwicklung und Anpassung an aktuell internationale Gegebenheiten. Über Jahrzehnte konsequent, hat China, dank aufgeschlossener Führung, bei präziser Beurteilung des jeweiligen Standortes, Vorteile und Stärken ausgenutzt, ohne jegliche ethische Bedenken Wissen rücksichtslos übernommen, und war damit der weltweit größte Nutznießer im internationalen Geschäft. Auch der Bevölkerung geht es ständig besser und sie scheint auch weitgehend geschlossen hinter dem System zu stehen. Unsere grundsätzlichen demokratischen Werte – Freiheit, Gleichheit, Gerechtigkeit – werden zwar interessiert beobachtet, auch durch Proteste öffentlich gefordert, beeinflussen jedoch m.E. das Gesamtverhalten nur marginal (zumindest für die heutige und die kommende Generation). Was zählen schon westliche demokratische Werte, wenn es der Bevölkerung zunehmend gut geht, sie westliches Konsumniveau erreicht, vielleicht sogar übertreffen kann, mit dem (erklärten) Ziel größte und stärkste Nation der Welt zu werden. Asiatische Völker

---

[96] Vgl. Senger Harro von, *Strategeme*, 2004, u.a.

sehen den Einzelnen nun mal viel stärker als Teil eines Ganzen, als wir mit unserem individualistischen Denken und Verhalten. Was offensichtlich übernommen wird, sind die kapitalistischen Verhaltensmuster, und die mit all ihren Exzessen.

Macht und Kontinuität
Eine seit Jahrtausenden zwar vielfach diskutierte, in ihrer Entstehung und Wirkung kaum tief greifend erarbeitete, aber offensichtlich inhärente Voraussetzung – sowohl der Legitimierung eines Staates wie auch zur Staatsführung –, ist die Durchsetzung eines Willens gegenüber anderen mittels Macht. Ihre Wirksamkeit legitimiert sich über finanzielle, militärische oder polizeiliche oder eben über politische Machtstrukturen – sei es über Clans oder Stämme; selbst in den alten Demokratien nach Regeln über eine mehr oder weniger gewählte Elite, oder in den modernen Demokratien über die drei demokratischen Kräfte. Erst im letzten Jahrhundert begann sich in den Demokratien Macht – als Summierung gleichberechtigter Stimmen – gesetzlich zu legitimieren. Und heute, in den Massengesellschaften, in den demokratischen Formen der jeweiligen Machtkonstellationen, ist der Einfluss wieder nur über politische Gruppierungen umsetzbar, mit all den inhärenten Interessensgegensätzen, trotz einer mehr oder weniger verschwommenen gemeinsamen Ideologie.

Der Begriff „Macht" scheint in sich, in präziser Begrifflichkeit, zwar genauso diffus wie die zwei anderen zentralen, menschliches Zusammenleben bestimmenden Begriffe „Freiheit" und „Gerechtigkeit". Macht ist grundsätzlich die Wirksamkeit der Ausübung eines Willens von einem oder mehreren, auf einen anderen oder andere, psychisch wie physisch. Literatur gibt es dazu zuhauf, eine Vertiefung bringt uns hier nicht weiter, da in überwiegendem Maße, und entsprechend der Einbettung des Begriffs in einen Gesamtzusammenhang, die Bedeutung klar sein dürfte (anders bei den beiden anderen, Kap.5.3.5.).

Ganz selbstverständlich, und auch evolutionär verständlich, setzen wir zur Umsetzung eines (in Demokratien konsensorientierten) Willens, Macht voraus. Aus der evolutionären Entwicklung, und die dominierte bis in die späte Aufklärung, war es die Macht des Stärkeren. Auch in den alten Demokratien und alten Stadtstaaten war es die Herrschaft einer gut situierten Minderheit, die über angehäuftes Vermögen auch die politische und damit militärische Hoheit besaß, um so – vergleichend zur Diktatur, (vielleicht) auch abgefedert – über demokratischen Konsens Macht gegenüber einer Mehrheit ausüben konnte (wobei sich natürlich selbst innerhalb dieser Kreise die Betonung nach Vermögen und Einfluss bestimmte. Kap. 7.3.). In den modernen Demokratien hingegen, gehen wir (uns verschämt tröstend) von der Macht des Volkes aus, wobei damit – gestehen wir es uns ein – der Begriff schon äußerst verschwommen wirkt, ist doch die Bandbreite ausgeübter Macht immer ein Wechselspiel mit den Betroffenen.

Macht und Machtausübung ist immer latent. Ständig steht Widerstand dagegen, mehr oder weniger offen, zumeist verdeckt. Sind die Machtverhältnisse zu einem gegebenen Zeitpunkt von den Beteiligten akzeptiert, bestimmt sich die Ausübung von Regierungsmacht
- nach den Machtverhältnissen und den Tendenzen zur Veränderung, bzw. dem mehr oder weniger ausgeübten Widerstand innerhalb einer Gemeinschaft, eines Staates (egal, ob autoritär oder demokratisch strukturiert),
- nach den externen politischen und wirtschaftlichen Verhältnissen des gerade wirkenden Einflusses auf den Staat wie auch der räumlichen Nähe (nationaler Grenzen) sowie
- nach seinem überregionalen Einfluss qua militärischer oder wirtschaftlicher Durchsetzungskraft gegenüber jeweiligem Wettbewerb.

Sie bleibt jedoch immer latent und verändert sich, sobald sich entweder Stärken- oder Mehrheitsverhältnisse verschieben. Die Betonung lag in der Menschheitsgeschichte vorwiegend auf dem räumlichen Einflussbereich, des nationalen Umfelds. Genau das aber hat sich in den letzten Jahrzehnten dramatisch und unwiederbringlich erweitert durch
- wirtschaftlich buchstäblich grenzenlose Freiheiten,
- umfassende Kommunikationstechniken und alles durchdringende Technologien,
- langsame und schleichende Aufweichung der Souveränität, Abgabe von Einfluss und Entscheidungshoheit an übergeordnete oder supranationale Organisationen (Kompetenzen an die EU, die UN und ihre Unterorganisationen, den IWF, die WTO, die internationalen Gerichte, etc.),
- eine kaum merkbare, langsame und schleichende Übernahme von Teilen der Staatssouveränität, mit auch nationaler Beeinflussung, durch internationale NGOs, grenzüberschreitende und außerparlamentarische Gremien, mit Tendenzen zu direkter Demokratie und Massenrevolten, grenzüberschreitend wirtschaftlichen Zusammenschlüssen sowie zunehmendem Einfluss des Internets und von Foren sowie
- langsamen und schleichenden Verlust der Finanzhoheit (und damit des entscheidenden Instrumentariums staatlicher Lenkung), mit wachsender Abhängigkeit von externen Kräften (wie weltweiter Spekulation).

So lösen sich nicht nur die nationalen Grenzen zunehmend auf sondern es stellt sich auch die Frage der Existenz des Staates in bisheriger Form und zwingt zu hektischen ex post-Aktivitäten, je nach Schwere gerade auftretend externer Einflüsse. Die Selbstverständlichkeit, regulierend wie bisher zu bestimmen (Macht auszuüben), fällt schleichend weg. Einflüsse sind nur über zeitraubenden und mühsamen Konsens möglich, betreffen immer nur Teilgebiete – ohne strategischen Überbau – und erzwingen ad-hoces Handeln, ausgelöst durch externe politische oder wirtschaftliche Interessen, und immer nur ex post, zeitverzögert, damit nur bedingt wirksam. Der

Staat wird zum Trouble-Shooter, getrieben von unkontrollierbaren und unvorhersehbaren externen Interessen. Die perspektivische Steuerung zum Wohl der Nation wird ihm aus der Hand genommen.

Ist in den autoritären Systemen Machtausübung mit Staatsführung gleichzusetzen (nehmen wir das einmal an) – was ja der Kerndefinition einer Diktatur entspricht –, so ist eben in der Demokratie genau *das* die uralte Frage, wer eben gerade die, und wie viel Macht ausüben darf (und damit wessen Interessen durchgesetzt werden sollten), welche Ideologie zu wirken hat. Was generell nichts über Nachhaltigkeit, Wirkung und die Qualität der Ausführung und Umsetzung aussagt und die Wählerschaft erst immer anschließend als (böse) Überraschung erfährt. Und Abweichungen in der Praxis, wie wir wissen, sind nicht nur marginal, sondern zu den ursprünglichen, wenn auch vagen Erwartungen, oft extrem genug. Vollmundige Behauptungen, grobe Pauschalierungen, zumeist in Detailprozessen unerfahrener Politiker, bestätigen es immer wieder.

Die Vergabe der Macht durch Wählergunst, ist ein Resultat gerade jetzt und heute von den Wählermassen „empfundenen" Ereignissen, vom Augenblick getragen, von Erfahrung und Vergangenheit geprägt, von Wahlpropaganda mitgestaltet, jedoch immer nur (jedenfalls für die Masse des Volkes) eine Ex-Post-Erfahrung, ohne jegliche (fundierte) strategische Überlegung. Da sich in den letzten Jahrzehnten die Welt ungeheuer „verkompliziert" und die Überschaubarkeit für den Einzelnen rapide abgenommen hat, nimmt der Zwang der Beurteilung möglicher Entwicklungen und strategischer Ausrichtung von Staaten über Expertensysteme nicht nur zu, sondern ist Voraussetzung. Wenn zwar auch die Menge unserer „Experten" durch Segmentierung der Wissensgebiete oft selbst nicht genug durchblickt, sich vielfach widerspricht, schließt es die Notwendigkeit wissenschaftlicher Vertiefung und Konsensfindung nicht aus. Jedenfalls sagt uns die Logik, dass Konsens von Expertenmeinungen immer noch besser sein wird, als die an der Urne ad hoc abgegebene Wählergunst. Als *das* entscheidende Problem heutiger Demokratien – zunehmend spürbar.

Ergänzend hemmend wirkt die Übergabe der Regierungsmacht für nur eine Legislaturperiode. Gelingt es einer Partei Regierungsverantwortung zu übernehmen, benötigt sie Zeit zur Konsolidierung ihrer Machtverhältnisse, zum Erfahren der komplexen Ist-Situation, einer mentalen Übernahme der Verantwortung, der Übung des laufenden Geschäfts und der Abstimmung komplexer Probleme und Fragen mit den Interessensgruppen des Staates. Ein Prozess, der schon mal in die Jahre gehen kann. Sind die Machtverhältnisse noch dazu über die Legislaturperiode nicht stabil – was in den Demokratien zunehmend anzunehmen ist –, beginnt schon ein bis zwei Jahre vor der nächsten Wahlperiode wahltaktisches Agieren. Problemfragen und Entscheidungen werden verschoben, die Entwicklung des Staates stagniert. Nehmen wir übliche Legislaturperioden von vier bis sechs Jahren an, wird gut die Hälfte der

Zeit „nicht-staatstragenden" Prozessen geopfert. Ferner beweisen westliche Demokratien, dass durchaus alle ein bis zwei Legislaturperioden ein Macht-, ein Ideologiewechsel stattfindet. Damit wird die Kontinuität staatlicher Entwicklung unterbrochen, der Staat stagniert, wenn nicht – wie häufig genug erlebt – Rückschritt eintritt. Es ist das zweite entscheidende Manko gegenüber autoritär geführten Regimes (einziges Problem: im oder gegen den Sinn der Wohlfahrt, des Volkes?).

Autonomie
Für den Menschen selbst gibt es keine reine Autonomie, er ist immer mit anderen verbunden, mit mehr oder weniger gegenseitigen Abhängigkeiten. Für Staaten gilt grundsätzlich das Gleiche, zumindest nach der Sesshaftwerdung, als sich einzelne Stämme bereits berührten. Etwas anderes ist das (staatlich legitime) Streben nach bestimmten Graden der Autonomie, die Unabhängigkeit von, für die Gesellschaft wesentlichen Ressourcen, die sie nachhaltig für die Aufrechterhaltung ihres Lebensstandards sichern möchte. Je höher das Konfliktpotenzial zwischen Staaten ist, desto höher die Autonomiebestrebungen. Wirtschaftliche Autonomie soll den herrschenden Lebensstandard sichern, ihn zumindest anstreben. Die politische Autonomie ist eine Frage der Sicherheit. Beide Aspekte verbinden sich mit dem Grad der Finanzhoheit. Jede Aufweichung, Abkoppelung von der politischen Autorität, bedeutet die Aufgabe von Autonomie, bei wachsend externer Abhängigkeit (Kap. 6.5.).

Generell hat jeder Staat in spezifischen Bereichen autonome Ressourcen. Eine strategische Planung der Entwicklung einer Nation, setzt die Klärung des Grades der Autonomie, jeweils auf spezifische Ressourcen konzentriert, grundsätzlich voraus.

Willensbildung und Entscheidung
Die grundsätzliche Frage zu den Staatsformen ist, ist es für die eine Seite, einer extrem demokratischen Staatsform (nach dem eindimensionalen Modell) möglich, das Interesse der einzelnen Bürger mit den Interessen gesellschaftlicher Gruppen in Einklang für die Republik zu bringen, und das zu jeder Zeit und für alle Wechselfälle, und, auf der anderen Seite, für den autoritären Einzelherrscher, können alle Entscheidungen in seinem Interesse getroffen werden? So ergibt sich schon aus der Fragestellung, keines von beiden ist möglich, immer sind Abweichungen, Kompromisse zu akzeptieren, es sind die eigentlichen demokratischen Prozesse.

Davor jedoch ist noch eine andere Frage zu stellen: Was will eigentlich der Einzelne, egal, ob im demokratischen Prozess eingebunden (der reinen Demokratie) oder als Tyrann? Was treibt ihn momentan und/oder nachhaltig, z.B. als sein Bedürfnis an? Sowohl aus den bekannten Motivationstheorien, den psychologischen und soziologischen menschlichen Internas, den Einstellungen und Attitüden, in Träumen, für andere verschlossen, finden sich – je nach individueller Entfaltung und Sozialisierung – vielfältige, sich häufig in ihrer Dringlichkeit wechselnde Bedürfnisse, vielleicht auch in Hierarchien gereiht. Hilfsweise kann man auch von Maslow ausgehen, der sicherlich zu Recht meinte: Sind die Grundbedürfnisse (Nahrung, Kleidung, Behausung, etc.) erfüllt, stoßen wir in der Hierarchie ganz oben zur Frage der Selbstverwirklichung. Aber genau ab hier bleibt es unbeantwortet. Es ist eben zu individuell, zu variabel. Allerdings wird sich auch das Wählerverhalten, wie auch das des autoritären Herrschers, nach dieser Dringlichkeit reihen. Hat man nichts zu essen oder ist die Familie gefährdet, wird man sich anders verhalten, als im wohlgenährten und gesicherten Status, aus dem heraus sich erst diffizilere Wünsche entfalten.

Der alles entscheidende Herrscher oder – praktikabler – er mit seinen Mitstreitern (und damit schon vom Extrempunkt unseres eindimensionalen Modells weg), werden Interessen durchsetzen wollen und damit dem Willen Untergebener widersprechen. So bleiben – will man dies als Logik aus der Menschheitsgeschichte ableiten – nur mehr Alternativen in Richtung Demokratie übrig. Beginnend mit der Frage: Was will eigentlich der Einzelne? Sie ist allerdings irrelevant, gültig nur für den Tyrann. Für den Einzelnen in der Republik ist die Akkumulierung gleicher oder ähnlicher Interessen mit anderen relevant. Und diese Interessen ordnen sich in ihrer Menge und Häufigkeit – je nach Interessensgruppierung – mehr oder weniger in Anlehnung an eine Gaußkurve. Und die Wertigkeit dieser Interessensgruppierung, ihre Macht also, bestimmt die Dominanz zu einem bestimmten Entscheidungsvotum im Staat.

Entscheidend ist daher, wie kommt es zu einer Interessensgruppierung und welchen Einflüssen unterliegen sie? Insbesondere gilt:
- Nachhaltig und langfristig ist es die Sozialisierung innerhalb der Familie, und ihre wiederum in der Kultur in der sie eingebettet ist sowie
- die nahen und ad hocen Umgebungseinflüsse wie auch
- gesellschaftliche Präferenzen, als Resultat historischer politischer Prozesse, ferner
- persönliche Präferenzen, als Resultat persönlichen Umfelds, wie auch
- Abhängigkeiten und
- Medieneinflüsse.

Entscheidungen in Demokratien sind also Resultate um die Macht ringender Interessensgruppierungen, weitestgehend bestimmt durch wahltaktische Gründe, wenn auch – je nach Publikumswirksamkeit – verbrämt versucht wird, rational zu präsentieren, d.h. populistisch.[97]

---

[97] Zu dem komplexen Problem der Entscheidungsfindung und der Willensbildung s. *Elitäre Parasiten*, Neuberg A.

Wie bereits zu Beginn erwähnt, zählen zur Praktikabilität Gewohnheiten und Trends, wie sie sich auch im allgemeinen Zusammenleben in Gesellschaften nachhaltig bewähren. Das allgemeine Unmöglichkeitstheorem (um „ausgehend von einer Menge gegebener individueller Präferenzen zu einer strukturierten sozialen Entscheidung zu gelangen", Kenneth Arrow) begrenzt z.B. die Möglichkeiten einer von allen erwarteten „Wohlfahrt", die weitgehende Zustimmung aller Bürger für einmal getroffene demokratische Entscheidungen. Aber Entscheidungen werden eben nun mal – mit mehr oder weniger Konsens – einerseits als Resultat unendlich vieler Einflüsse und andererseits aber auch nach gerade jetzt und aktuell vorherrschenden gesellschaftlichen Trends getroffen. Sie sind eben Zufallsereignisse eines bestimmten Zeitpunkts, Resultate vergangener primärer, gesellschaftlicher und individueller Strömungen, modifiziert über trendige Einflüsse. Somit wird paradoxerweise die überwiegende Mehrheit (eigentlich sogar alle) mit den Entscheidungen nicht konform gehen, sie den Vorstellungen und Wünschen nicht hundertprozentig entsprechen (wie es auch plausibel, nach Arrow, abzuleiten ist).

Komplex ist die Welt in ihren Zusammenhängen geworden – zumindest scheint es so (sic!). Die seit Jahrhunderten fortschreitende Diversifizierung der Wissenschaften – sicherlich auch ein Resultat jeweils themenspezifischer und inhärenter Komplexitäten – geht einher mit einer fallenden Interdisziplinarität. Neu Fachgebiete koppeln sich von Themenbereichen ab, entwickeln sich eigenständig weiter – je nach innerer Dynamik, gesellschaftspolitischen Trends und Begeisterung und Identifikation ihrer Experten. Und so gibt es eben zu jeder „Meinung" eine akkurat gegensätzliche. Und in der Diskussion der Gegensätze – falls sie überhaupt wertfrei und offen geführt wird – verkomplizieren sich die Details, verweisen auf andere Fachgebiete, bleiben schlussendlich – mangels tieferen Wissens externer Themen – ungelöst. Genau in diesem Prozess stehen nun selbst die reifen westlichen Demokratien. So entscheiden dann, falls überhaupt, Politiker intuitiv – losgelöst vom vertiefend wissenschaftlichen Diskurs. Es fehlt allgemein das Verständnis praktikabler (mag es an fachspezifischer Ausbildung liegen), entscheidender und wesentlicher (interdisziplinärer) Zusammenhänge, den doch tatsächlich bestimmenden Schlüsselelementen zur Lösung komplexer Zusammenhänge. All die vielfältigen und über Jahre diskutierten, eben diversen Fachgebieten zuzuordnenden offenen Fragen, scheinen zwar weitgehend ungelöst zu bleiben, ordnen sich aber dennoch in der Hierarchie eines „praktikablen Zusammenhangs" unter und sind dann, nach jeweils zeitlicher und praktischer Relevanz, in das Gesamtkonzept einzufügen – themenbestimmt, strategisch und daher weitgehend volkswirtschaftlich richtig. Es ist eben das Geheimnis großer Führer, eben jener, die erfolgreich die Spitze der Hierarchie erklimmen und pragmatisch und charismatisch (egal, ob autoritär oder demokratisch-charismatisch) denken, handeln und gestalten

.

7.1. Theorie und Praxis

Demokratische Prinzipien erfordern die Teilhabe des Einzelnen. Was in der Antike und in den mittelalterlichen Stadtstaaten noch möglich war – allerdings reduziert auf Vermögende, Mächtige und Freie –, ist in den modernen Nationen, mit Millionen Wahlberechtigter, nur über Vermittlung, über Parteien und Volksabstimmungen realisierbar. Im Zuge der Industrialisierung Westeuropas haben sich, in Anlehnung an Besitzende und Nicht-Besitzende, nämlich in jene, die nur ihre Arbeitskraft anbieten konnten, zwei grundsätzlich gegensätzliche Kräfte (vielfach konzentriert in Parteien) gebildet, die sich allerdings – im Zuge der Wohlstandsvermehrung – immer stärker in ihren Programmen annäherten, zunehmend austauschbar wurden. Neue Gruppierungen splitterten sich an den Rändern ab und erweiterten das Parteienspektrum.

Völlig anders gelagert in den USA, in denen seit vielen Jahrzehnten bereits zwei große Parteien dominieren, die sich in ihren Zielen und Programmen nur wenig unterscheiden, sich interessanterweise aber eine Zersplitterung auf mehrere Parteien aus historischen und religiösen Gründen – zumindest noch bis jetzt – ausschließt[98]. Die Durchsetzung individueller Interessen konzentriert sich daher nur sekundär auf die Parteien, sondern erfordert jeweils individuelles Engagement, z.B. über den Rechtsweg, was zwangsläufig Wohlhabende begünstigt und Minderheiten majorisiert und vielfältige individuelle Machtgefüge (bei weit geringerem Einfluss des Staates wie in Europa) fördert. Der Staat ist in das tagtägliche Leben kaum eingebunden, zumindest nicht annähernd wie in den europäischen Staaten, und die Bevölkerung sieht ihn, wie schon der Name verrät, eher als Administration, als Verwalter und Repräsentant der Nation, mit der primären Aufgabe für Recht und Sicherheit zu sorgen. Ganz langsam wachsen zwar auch soziale Aufgaben, aber im Verhältnis zu Europa nicht annähernd vergleichbar.

Präferenz für die eine oder andere, immer abgewandelte Staats- und Regierungsform, hängt in ihrer Komplexität von vielen Faktoren, jedenfalls eminent geprägt von der historischen Entwicklung einer Nation ab. In der Analyse der Zusammenhänge, der Ableitung „sinnvoller" Alternativen, zeigt die politische Theorie grundsätzlich zwei Richtungen:
- die wissenschaftlich-analytische (induktive), die Ableitung von Tendenzen und Trends aus ausgewählten (auch intuitiven, sic!) Faktoren und empirischen Daten, mit Analysen, Schlussfolgerungen und auch gegenseitiger Beeinflussung anderer Wissensbereiche und
- die philosophische (deduktive), im Durchdenken der Erscheinungen in der Welt (psychologisch, soziologisch, anthropologisch, ethisch- moralisch, ökonomisch,

---

[98] Vgl. Haller G., *Die Grenzen der Solidarität*

etc.) und der Ableitung neuer Erkenntnisse und Instrumente daraus, mit ihren Hemmnissen und Hintergründen, immer jedoch stark geprägt von der eigenen Sozialisierung wie auch der Umwelt in die man hineingeboren ist.

Die überwiegenden Anstrengungen relevanter Geisteswissenschaften betreffen den ersten Teil, die Untersuchung ausgewählter Zusammenhänge über mehr oder weniger präzise Datenreihen, die vielfältige und interessante Einsichten über spezielle Vorkommnisse liefern, Anregungen, Diskussionen und sogar Maßnahmen auslösen können, um empfundene Erscheinungen des praktischen Lebens zu korrigieren. Sie fließen so auch in Überlegungen anderer ein, assoziieren, verstärken oder reduzieren Erkenntnisse und Einstellungen und erweitern – wie seit Jahrtausenden in den Wissenschaften – den Horizont, eben als Voraussetzung der Ableitung induktiver Aussagen. D.h., schlussendlich mündet jede geisteswissenschaftliche Erkenntnis doch in die Intuition, also wieder in die Philosophie. Auch für uns wiederholt sich hier der Prozess, aus der Fülle der doch sehr stark verkürzten, hoffentlich eminenten Faktoren, aus Trends historischen Denkens und Erkennens aktueller Entwicklungen und Einstellungen, den – wie oben eingeleitet – Versuch zu wagen Alternativen, nun bestimmt durch den vermutlich tief greifendsten Wandel in der Menschheitsgeschichte, aufzuzeigen, zur Diskussion zu stellen.

D.h. eine Diskussion im Rahmen der Politikwissenschaften – behelfsmäßig als Überbegriff für alle sonstigen Geisteswissenschaften, die sich tendenziell mit staatswissenschaftlichen Fragen auseinandersetzen –, einer Wissenschaft, die sich erst ab den letzten Jahrzehnten einer größeren Verbreitung erfreut (in Europa primär initiiert von den USA, im Anschluss an den Zweiten Weltkrieg). Heute sind die Politikwissenschaften jedes Staates zwangsläufig national orientiert (also begrenzt wertfrei), durchaus zu Beginn beeinflusst von der gut ausgebauten Politikwissenschaft der USA. Vielfach bleiben sie finanziell von ihren jeweiligen Nationen unterstützt, sofern politische Erwartungen mit verbunden waren – sei es im Erkennen offener politischer Fragen oder der Ausbildung des Nachwuchses. Kein Wunder, dass vor allem juristische und Verwaltungsfragen die Anforderungen an die Hochschulen bestimmten, bis heute die Politikwissenschaften beeinflussen; im Staat daher, aus der Historik heraus, vor allem Juristen die Verwaltung prägen und in der Politik die Mehrheit stellen.

Ernüchternd ist festzustellen, dass uns weder die philosophischen Weisheiten vergangener Größen, noch heutiger Stand der Politikwissenschaften, auch nur in Ansätzen einen Weg optimaler Staatsführung weisen. Die eine Seite (unseres eindimensionalen Modells), die Diktatur, enthebt uns zwar der Verantwortung einer menschenorientierten, und damit optimierten Gestaltung des Staates, wird so aber niemals (nachhaltig) im Sinne der Wohlfahrt des Volkes wirken können, da immer individuell Motivationen und Einstellungen eines Einzelnen (vielfach einer Gruppe,)

– und zwar nicht (nur) aufgrund mangelnder Identifikation, sondern eben aufgrund individueller und evolutionärer Prozesse – gegenläufig wirken werden und auch Konvergenz zur Volksmeinung ausschließen. Die andere Seite (unseres Modells), das rein demokratische System – alle Entscheidungen werden aus der Summe der Einzelentscheidungen abgeleitet und bestimmen (annahmegemäß) die (Mehrheits-) Entscheidungen –, ist, aufgrund ihrer Inkonsistenz, fehlender Nachhaltigkeit und Kontinuität, mangelnder Qualität (sowohl der Programme wie der gewählten Politiker), fehlendem kongruenten Wissensübergang an den Wähler (et vice versa) sowie des Problems eine „eigenständige" Wahlentscheidung zu treffen – in „reifen" internationalen Märkten, mit ihren komplexen Zusammenhängen –, nachhaltig weder möglich noch zielführend (wie die Entwicklung der westlichen Demokratien entlang des Staatszyklus bestätigt).

Des einen Systems Vorteil ist des anderen Nachteil, zumindest in unserem eindimensionalen Modell. Wie die Praxis zeigt, liegen zumeist alle Systeme irgendwo dazwischen und erfordern Regeln, die eben in die eine oder andere Richtung weisen, d.h. spezifische Voraussetzungen erzwingen. Aus den Führungserfahrungen des industriellen Zeitalters – lehnen wir uns hier an erfolgreiche Unternehmen an, unter der Annahme, dass Wirtschaftlichkeit auch nachhaltige Voraussetzung eines Staates sein muss (aber natürlich nicht nur) – sind stringente Führungsfähigkeiten, aber nicht in Form antiker Linienorganisation (die sich ja durch alle Demokratien hinzieht), sondern z.B. als Matrix, ergänzt durch Sekundärorganisationen[99], denkbar. Unter Wirtschaftlichkeit – im Sinne eines modernen Staates – gilt natürlich auch der Einbezug des „Sozialen". Es versteht sich heute von selbst (auch wenn in der politischen Praxis immer wieder verschleiert und verdrängt), dass in den gelebten Demokratien westlicher Prägung des letzten Jahrhunderts, dieses vielleicht vierte Element (als Ethik, neben Exekutive, Legislative und Judikative, der Gewaltenteilung) eigentlich doch als „demokratieinhärent" weitgehend gesellschaftlichem Konsens entspricht.

Wie Wirtschaftlichkeit und Soziales mit den demokratischen Grundregeln zu vereinbaren ist, wäre zu untersuchen. Eines zeigen jedoch Literaturbeiträge und Erfahrungen, dass nachhaltige, stringente Führung (und dennoch demokratisch legitimiert) irgendwie in den demokratischen Staaten der letzten 60 Jahre – trotz aller „Demokratieüberzeugung" – als offizielles demokratisches Prinzip zwar fehlt, wenn es auch immer irgendwie doch mitwirkt. Und dass eben Staaten, wie auch Unternehmen mit ihren Produkten, technologischen und anderen Umwälzungen, d.h. ebenfalls Lebenszyklen unterliegen, die zwar nicht starr sind, sich während ihres Verlaufs durch Einflüsse verlängern, verzögern, eben ändern können, also kraftvoller Korrekturen bedürfen. Dass aus intern sozialpsychologischen Gründen das Durch-

---
[99] Neuberg A., Elitäre Parasiten, 2010

denken der (hypothetischen) Phasen der Geburt (nach der Revolution oder einem Zusammenbruch), des Wachstums (der dynamischen Phase der Entwicklung), der Stagnation (saturierter Wohlstand, bürokratische Erstarrung, bei Wettbewerbsverzerrungen und Abgabe der Führungsstafette), bis zur Reife und des Abschwungs (zunehmende Verschuldung, Null-Wachstum, Verfall der wirtschaftlichen Leistungskraft), eventuell bis zur Auflösung, hilft die Prozesse besser zu verstehen, sie einzuordnen, zu steuern und so Gestalten zu ermöglichen. Als pragmatische Voraussetzung, die offensichtlich Demokratien in praxi doch fehlt.

Auch wenn bei der Auswahl der philosophischen Betrachtungen über den Staat (Kap. 4.1. bis 4.3.) eine gewisse Willkürlichkeit nicht auszuschließen ist, so haben dennoch all diese großen Männer – wenn auch unterschiedlich interpretiert – die Notwendigkeit einer konstanten Führungskultur nicht ausgeschlossen, nein, von angedeutet bis zwingend notwendig erachtet. Dazu haben sie zumeist noch relevante Eigenschaften führender Frauen und Männer vorausgesetzt, die entweder durch Erziehung zu erreichen wären oder sie eben als „göttlichen Ursprung" abgeleitet. Alle Denker jedenfalls sahen die Notwendigkeit, Nachhaltigkeit und Professionalität der Ausführung und Umsetzung über eine zentrale Regierung zu gewährleisten – kein demokratischer Ansatz ließ Führungsvoraussetzungen außer Acht. In unserer Demokratiebegeisterung, in der idealisierten Euphorie vor 200 Jahren, im Kampf um Brüderlichkeit, Freiheit und Gleichheit, kannte der Mensch zwangsläufig weder die vielfältigen sozialpsychologischen und individuellen Prozesse so präzise wie heute, noch konnte er sich eine überfüllte komplexe Welt, wie sie sich nun darstellt, vorstellen, in der diese drei idealisierten Begriffe sich möglichst auf ein praktikables Niveau einpendeln könnten. Wir wissen heute, dass sowohl eine Relativierung dieser Begriffe notwendig ist, aber auch die grundsätzliche Gewährleistung der Kontinuität professioneller Staatsführung gefordert wäre. Freiheit steht immer Verpflichtungen gegenüber, und beide sind – je nach kulturellem Hintergrund und staatlicher Philosophie – zueinander abzuwägen. *Das* ist der eigentliche (demokratische) Streit.

Man mag die Qualität der heutigen politischen Elite, im Vergleich zu der vor ein bis zwei Generationen, kritisieren, was vermutlich nicht nur nicht fair, sondern auch nicht richtig wäre, da wir aktuell Gegebenes anders als Historisches bewerten. Eines können wir jedoch ableiten, unsere demokratischen Prozesse sind alles andere als durch professionelle und handlungsfähige Eliten gesichert. Dazu vervielfältigt sich dieses Manko noch in den Entscheidungshierarchien – und jede ist mit politisch wählbaren Akteuren besetzt –, in den Kommunen, Landkreisen, darüber in den Landesregierungen, in der Bundesregierung und im Parlament, und mit zunehmender Kompetenz noch in der Europäischen Kommission und im Europäischen Parlament. Statt – wie es auch die Vordenker gefordert haben – die Besten, die Qualifiziertesten (ethisch und fachlich) in diese Positionen zu berufen, verkommt das Ganze zu einem

Berufspolitikertum, nicht als Berufung, sondern als gesicherte Einkommensquelle. Würden wir die Mathematik zu Hilfe nehmen, den Geringstqualifizierten mit null und den Höchst-qualifizierten mit eins bewerten, kämen wir auf eine erstaunlich geringe Wirksamkeit – für einen Prozess, der nicht nur unser, sondern auch das Leben der nachfolgenden Generationen bestimmt. Welch ein Hohn!

Demokratien prosperieren, solange wirtschaftlicher Erfolg Wachstum, und damit Wohltaten und soziale Fürsorge, und das auf Jahrzehnte hinaus, ermöglicht (lesen wir im Europa des letzten halben Jahrhunderts ab). Das erste Jahrzehnt im neuen Jahrhundert zeigt uns bereits existentielle Grenzen. Eigentlich weiß es jeder, nur die politische Reaktion fehlt. Zugegebenermaßen, wir wissen nicht in welche Richtung. Jedoch „gelebte" Demokratie wie wir sie heute wahrnehmen: Fallende Wahlbeteiligung, endlose Diskussionen, Entscheidungsnotstand, vielfältige Bestrebungen zu direkter Demokratie, Demonstrationen, gegenseitige Beschuldigungen, etc., hemmen mehr, als sie nützen. Die Erkenntnis darüber ist landauf, landab bekannt, alleine es fehlt die Reaktion, Gestaltung und Umsetzung. Ist es also doch „demokratieinhärent"? Streitereien wiederholen sich, man diskutiert aneinander vorbei, verdrängt, wenig wird nachhaltig sinnvoll verändert – ausgenommen als „Verwaltung" gerade aktuellen Geschehens. Zentrale Führung ist also unabdingbar, trotz Demokratie, und genau das ist die Krux der Geschichte, wie wir sie insbesondere in Europa leidvoll erfahren. Zentrale Führung, oder besser charismatische Umsetzung des Konsens, hohe Professionalität (sprich Wissen, Erfahrung und Kommunikationsfähigkeit, unter ethisch fundierter Führung), bei demokratischen Grundstrukturen, das Ganze wünschenswerterweise ohne dahinterliegenden Eigennutz, jedoch mit hohem Verantwortungsbewusstsein – es bleibt das Thema einer gegebenenfalls Neufassung.

7.2. Diktat der Persönlichkeit

Unsere Handlungen und Aktivitäten sind Resultat unserer Bedürfnisse, ihrer Dringlichkeit und Reihung sowie unseres Charakters (Literatur dazu gibt es zuhauf). Aber, wie ergeben sich nun Dynamik und Leistungsbereitschaft von Regionen? Warum und wann zeigen sie unterschiedliche Dynamik und differenten Leistungseinsatz? Anthropologen erklären die Unterschiede – anhand unterschiedlicher Prosperitäten verschiedener Regionen in der Menschheitsgeschichte – mit ökologischen Veränderungen[100]. Klimatisch begünstigte Regionen fördern die Vielfalt und Entwicklung der Pflanzen und Tierwelt und eignen sich so vorzugsweise für die Domestizierung ursprünglicher Jäger und Sammler. Und so wie sich geografisch, ökologische Voraussetzungen mit der Zeit ändern, so entwickeln sich angepasst auch Nationen unterschiedlich. Stimmen zusätzlich noch spezifische geografische Voraussetzungen, z.B. Transportwege – zu Lande und (besonders) zu Wasser –, ergänzt mit jeweils zeitgemäß technischen Möglichkeiten, fördern sie nicht nur den Austausch mit anderen Kulturen, sondern auch Wohlstand.

Gilt dies auch für die heutige Zeit? Bei ausgereiften technischen Möglichkeiten, zunehmender Energieeffizienz und dank internationaler Kommunikationstechniken? Anzunehmen ist es. Zwar unterstützt die Standortqualität, aber es ist vorstellbar, dass sie – insbesondere in heutiger Zeit – zur nachhaltig durchschlagenden Wirksamkeit und Bildung effizienter Produktivzonen nicht ausreicht. Abgesehen von Wohn- und Freizeitqualität – beides natürlich mit Anziehungswirkung auf leistungsfähige Bevölkerungsteile und damit auch für Investitionen –, zählen derzeit (vielleicht auch nur temporär) Fakten wie Bildungs-, Einkommens-, Markt- und persönliche Entwicklungsmöglichkeiten sowie politische Rahmenbedingungen, Sicherheiten und Nachhaltigkeit der Ressourcenpotenziale. D.h., ökologische Bedingungen alleine sind es nicht mehr, waren sie auch lange zwingende Voraussetzung für Ansiedlungen, wie es die Abhängigkeit von den natürlichen Ressourcen, von Ackerbau und Viehzucht, gefordert hat. Ökologische Vorteile bleiben zwar nach wie vor ein interessantes Fakt für Standortbestimmungen, erleichtern einen Transfer vielfältig, aber nicht ausreichend. Entscheidend ist die Rendite eingesetzten Kapitals in Relation zum Risiko.

Beides bleibt jedoch schlussendlich Resultat individueller Beurteilung, so ausgetüftelt Analysen der Zusammenhänge und Investitionsrechnungen auch sein mögen. Neben den vielfältigen mathematischen Verfahren und in der Abschätzung von Risiken, bleibt das persönliche Moment des Entscheidungsträgers, seine Intuition in der ganz persönlichen Beurteilung der Zusammenhänge, unter Einfluss vielfältiger persön-

---

[100] In Anlehnung an Morris I.

licher, ganz individueller Überlegungen, von Einstellungen und Motivationen. Niemand entscheidet logisch rational (was das immer auch sein mag und was es schlussendlich doch nicht gibt[101]). Von bewusst persönlichen Strategien bis zu unbewussten Attitüden, von politischen Rahmenbedingungen bis zu persönlichen und geschäftlichen Beziehungen, von familiären Einflüssen bis zu altruistischen Überlegungen – alles kann mitwirken, bis zur ganz persönlichen Beurteilung der Investition in (vermutete) Potenziale, vielleicht aufstrebender Schwellenländer, oder eben auch Ablehnung des bisherigen Standorts, bis zu Ansätzen eines Altruismus.

Menschen stellen sich daher – innerhalb ihrer Umfeldbedingungen – durch ihr Verhalten dar. Es sind Handlungen und Einstellungen die wir beobachten können, wie sie in der Psychologie, der Verhaltensforschung oder der Soziologie untersucht werden. Sie bestimmen ganz entscheidend unser Zusammenleben, egal nun, ob Menschen demokratisch oder autoritär eingebunden sind (mit natürlich unterschiedlichen Wirkungen). Verhalten wird von vielfältigen externen und internen Faktoren bestimmt, vom Umfeld, den medialen oder menschlichen Einflüssen, unseren Bedürfnissen und Neigungen, fundamental aber durch die Familie und die nahe menschliche Umgebung (Kap. 5.3.) – weit in die Historik zurückreichend. Dies ist die eine Seite, die andere ist die Frage des Charakters (der Ethik). Ist er uns in die Wiege gelegt oder ebenfalls vom Umfeld geprägt? Vermutlich von jedem etwas. Ian Morris meint (Morris-Axiom), Veränderungen würden von faulen, habgierigen, verängstigten Menschen bewirkt werden, die nach leichteren, profitablen und sicheren Wegen suchen, ihr Leben zu führen.[102] Da ist sicherlich was dran – zumindest wenn man die uns seit Menschengedenken begleitenden Kriege und Auseinandersetzungen, Gräueltaten und Brutalitäten, die Gier und die Ruhmsucht sehen –, jedoch nicht alleine. Auch Positives treibt uns an: Religion und Glauben, Verbundenheit zu nahen Menschen, Mitleid und Hilfsbereitschaft, also sicher auch so etwas wie Altruismus, vermutlich (auch) evolutionär programmiert (Kap. 5.3.4.).

Entscheidend ist jedoch, dass nicht allein unser ureigenster Wille bestimmend ist (den es an sich sowieso nicht gibt), sondern – und zwar in überwiegendem Maße – unser Umfeld, die auf uns einprasselnden Informationen, und die eingebettet in die Geschichte unserer Umgebung. Natürlich haben wir Einfluss über Bildung, besser über ständiges Erforschen und Nachdenken, vorzugsweise im Diskurs, mit dem Versuch uns, und uns in der Gesellschaft, zu hinterfragen. Vermutlich sogar in Anlehnung an die vielen Vordenker, der Fülle theoretischer und empirischer Erkenntnisse. Und dann, und nur dann, haben wir möglicherweise die Chance ein Fünkchen Positives beizutragen.

---

[101] Neuberg A., *Elitäre Parasiten*, 2010.
[102] Morris I., in Anlehnung an: *Wer regiert die Welt?*, Campus, 2011.

So wird auch klar, dass unterschiedliche Welten – die asiatische, die europäische oder die afrikanische – aus den uralten Erfahrungen ihrer Geschichte, und zwar nachhaltig und über viele Generationen, auch ihre Regierungsformen kultur-individuell bestimmen. Eben, wie in den westlichen – zurückgehend bis zu den alten Griechen – demokratische Formen zwangsläufig besser zum Durchbruch kommen konnten als z.B. in den asiatischen oder auch afrikanischen. Über mehr als 4.000 Jahre waren autoritäre Formen vorherrschend, mit all ihren positiven und negativen Erscheinungen, mit Unruhen, aber auch in stabilen Reichen. Und auch weiterhin werden autoritär gefärbte Systeme, zumindest über die nächsten Generationen, bestimmend bleiben. Clanstrukturen sind hier wesentlich ausgeprägter und bestimmender, als sie es je in Europa waren – und nicht unbedingt zum Nachteil für die Bevölkerung.

Immer sind es aber Persönlichkeiten gewesen, die gravierende Veränderungen in der Geschichte bewirkten – positiv wie negativ (je nach dem wer urteilt). Genauso stimmt aber auch, wirken sie zu lange (was natürlich nicht generell gilt), beginnt persönlicher Enthusiasmus zu verblassen, kehrt Routine ein, die Dynamik lässt nach. „Es zeigt die Erfahrung, dass eine Stadt, die durch jährlich neu zu bestellende Führer regiert wird, bisweilen zu höheren Leistungen befähigt ist als ein König, der mehrere Städte beherrscht" (Thomas von Aquin). Und weiter: „Steht nur einer an der Spitze, so ist er auch meist auf das Gemeinwohl bedacht. Denn fast jede von mehreren geübte Herrschaft ist schließlich zu einer Tyrannei geworden."

Also, wie wir doch wissen, kann es mit einer Persönlichkeit in beide Richtungen gehen, zum Wohle oder zum Nachteil ihrer Umgebung, nach Fähigkeiten und Charakter, Bereitschaft und Engagement, etc. Viele menschliche Tugenden sind es eben, die die Qualität eines Führers bestimmen. „Das Königtum wird von außen her am wenigsten zerstört; aus ihm selbst aber kommen sehr viele Kräfte der Zerstörung" (Aristoteles). Eines wird jedoch bestimmend bleiben: Die Bildung, besonders jedoch die Reife der Erfahrung, die Reife des Alters. „Junge Leute (sind) zwar tüchtig […], klug aber nicht. Der Grund dafür ist, dass die Klugheit auch auf das Einzelne geht, das aus Erfahrung bekannt wird, der junge Mensch aber keine Erfahrung hat; denn erst die Länge der Zeit wird die Erfahrung schaffen" (Aristoteles).

Wir sehen schon, setzen wir auf die Tugend eines Führers, scheint plötzlich die Frage des Systems nicht mehr so relevant. Sind es doch – wie wir es über mehrere Kapitel bereits diskutiert haben – auch in den vielen Hierarchiestufen einer Demokratie immer Personen, die qua ihrer Einstellung ihre Aufgabe mit Inhalt füllen. Selbst wenn sie in ein bürokratisches System eingebunden sind, besteht nicht nur ein Freiraum innerhalb ihres gesetzten Rahmens, sondern auch Mut zur Wirkung darüber hinaus.

Individualität und Gruppenverhalten
Als evolutionäres Herdenwesen benötigt auch der Mensch Zugehörigkeit zu einer Gruppe mit der er sich identifizieren kann; in der Identität mit der Familie, dem Stamm, der Ethnie (einer kulturellen Einheit), der Nation und dem Staat. Wobei bereits seit Frühzeit die Religion Bedeutung, wenn nicht sogar dominierenden Einfluss hatte – über die Gemeinsamkeit der Ausübung der Rituale und des Glaubens. Bis in die heutige Zeit ist die Gruppe das Schlüsselerlebnis und Schlüsselbedürfnis des Individuums, vermittelt das Gefühl der Sicherheit, eines Eingebettetseins in eine Gemeinschaft „Gleichgesinnter". Über Freundeskreise, Vereine, Kameradschaften und Betriebszugehörigkeiten, und selbst als bloß Einer, rechnet er sich in Sportveranstaltungen und bei Festen zu Parteien, zu Verbänden, überall wo sich ein „Wir-Gefühl" gegenüber (selbst imaginären) Außenstehenden, eine Art Geborgenheit entwickeln kann, so Sicherheit vermittelt.

Nationalbewusstsein, die Zugehörigkeit zu einem Staat, ist das Gleiche, gefördert durch eine Reihe von Symbolen, spezifischen Kulturen und identifizierenden Verhaltensweisen, mehr oder weniger bewusst gefördert durch die Politik, je nach Interessenspriorität; m.E. von der Art des Systems unabhängig, aber – bewusst oder unbewusst – unterstützt durch interessierte Gruppen. Ein so entwickelter Nationalismus gegenüber anderen Staaten und Nationen gefährdet durchaus freundschaftliche, offene und kooperative Zusammenarbeit. Dass (übertriebener) Nationalismus – zumeist über lange Zeit und kontinuierlich – durch mächtige Interessen gefördert werden kann, um individuelle Ziele zu unterstützen, ist ausreichend diskutiert und bekannt, soll hier nicht weiter vertieft werden. Eines ist jedoch festzustellen: Eine „offene Gesellschaft"[103] mit breit gestreutem, relativ hohem Bildungsniveau, wird gegen Manipulationen resistenter sein als geschlossene. D.h., je demokratischer staatliche Strukturen sich verhalten, desto stärker ist die jeweilige Individualität in die Gemeinsamkeit eingebunden, ordnet sich der Einzelne stärker dem Gemeinwohl unter und ist aufgeschlossener (kooperativer) gegenüber externen Gesellschaften und Nationen – gegenläufig dem Grad des (extremen) Nationalismus. Also sind demokratische Gesellschaften per se friedlicher als totalitäre – je nach ihrer Position auf unserem eindimensionalen Modell.

Willensdurchsetzung.
Der Wille, als Resultat der Abwägung unterschiedlicher Bedürfnisse sowie nach Dringlichkeit, sei es vom Einzelnen oder einer Gruppe, ob demokratisch oder autoritär geboren, ist die Formulierung eines Konsens unterschiedlicher Einstellungen und Erwartungen – unabhängig davon, wie latent er ist. Die Gestaltung des Willens nun, egal, ob Resultat sorgfältigen Abwägens oder emotionaler Natur, ist eben die

---

[103] Vgl. Popper, *Die offene Gesellschaft*.

Folge lange zurückwirkender Sozialisationsprozesse, sei es aus persönlichen Motivationen oder eben demokratischen Prozessen. Um nun den Willen, einen Entscheid, in die Praxis umzusetzen, bedingt es (abgesehen davon, dass Wille und gedachtes Resultat niemals kongruent sein können, siehe Literatur), zwei grundverschiedene Faktoren zur Übereinstimmung zu bringen:
- *Die Deponierung*, die Erklärung der Entscheidung kraft Macht und/oder Charisma des oder der Entscheidungsträger/s, ergänzt durch Führungs- und Durchsetzungsfähigkeiten. Wobei die Effizienz, die Wirkung wie ursprünglich gedacht, nämlich die Akzeptanz, von den menschlichen Fähigkeiten des „Initiators" (Wissen und Weisheit, Einfühlungsvermögen, Kooperations- und Koordinationsfähigkeit, Position, Netzwerk, u.a.) ganz entscheidend abhängt. Ferner:
- *Die Ausführung*, die Umsetzung und Befolgung durch die Zielobjekte, da Personen oder Personengruppen, die diesen Willensbildungsprozess nicht durchgegangen sind, in hohem Maße gegenläufige, zumindest nicht kongruente Ziele verfolgen, daher von überzeugt bis erzwungen den „Befehlen" zu gehorchen haben.

Verzerrend wirkt noch, dass der „Anordnende", selbstbestimmt oder übertragen, einen gerade in diesem Zeitpunkt gültigen Willen, der abhängig ist von gerade in diesem Zeitraum wirkenden Bedingungen, zur Ausführung übertragen muss, wobei bei den Empfängern selbst eigene individuelle Einstellungen und Verhaltensweisen gelten (jedenfalls nicht konform zu denen des Willensträgers), mehr oder weniger daher Verhaltensänderung erfordern. D.h. schlussendlich, dass die Realisierung (über viele Etappen abgeschwächt[104]) vom Entscheid abweichen wird – selbst wenn der Wille, der Entscheid, präzise artikuliert ist – und zwar umso mehr, je länger die Übertragungskette und je länger der Zeitraum bis zum endgültigen Abschluss ist.

Nun zeigen die unterschiedlichen Gebiete der Welt natürlich auch unterschiedliche Einstellungen und Verhaltensweisen. Nehmen wir wieder ein eindimensionales Modell: Auf der einen Seite, als Extrem, die volle und lückenlose Umsetzungsbereitschaft und auf dem anderen Eckpunkt genau das Gegenteil, Widerstand bis zum Exzess – wobei im Allgemeinen die überwiegende Menge (Verteilung nach Gauß) sich irgendwo dazwischen bewegen wird. In den demokratischen westlichen Staaten wird mehr Individualität wirken, wird der Einzelne auch eigenständige Interessen vertreten – eben den Diskurs fordern. Hingegen andere Regionen, z.B. die asiatischen, werden nach ihrer Sozialisation mit einem höheren Grad an „Untertänigkeit" auf Anordnungen reagieren, mit hoher Bereitschaft – so konform wie möglich – unwidersprochen umsetzen (wenn auch mit innerem Widerstand).

---

[104] In Anlehnung an Konrad Lorenz, Verhaltensforscher.

Ist der Grad der Akzeptanz entscheidend für die Qualität der Ausführung, so ist zwangsläufig der demokratische Ansatz der effizientere, sofern der Entscheid, und nur dann, aus dem gemeinsamen Diskurs geboren wird.

Gedankenfreiheit und Fremdbestimmung
Ein Grundsatz der Demokratie unterstellter Vorteile ist die Freiheit des Einzelnen wie auch die seiner öffentlich publizierbaren freien Meinung. Dabei gehen wir seit rd. 200 Jahren – seit dem politischen Systembruch, ausgelöst durch die Französische Revolution – von der doch so selbstverständlichen Überlegung eines freien Gedankengutes aus und dass wir mit unserer freien Meinungsäußerung politisches Geschehen – selbst wenn nur marginal und in annähernd ähnlich denkender Masse – mit beeinflussen dürfen. Das mag zwar theoretisch plausibel sein, aber, durchdenken wir die Prozesse, alles andere als auch nur annähernd der Wirklichkeit des tatsächlichen Entscheidungsablaufs entsprechend. Freiheit ist die eine Seite, die in sich schon sehr stark durch Externes eingeschränkt wird, aber auch die sogenannte freie Meinung ist alles andere als frei, sondern überwiegend fremdbestimmt, und zwar:
- Vom Wesen des Individuums selbst, abgesehen von evolutionären und vererbten Faktoren, von der Sozialisation in der Familie, seinem engeren Umfeld in das er hineingeboren und hineingewachsen ist, insbesondere jedoch von seinen Motivationen und gerade jetzt auf ihn einwirkenden Einflussfaktoren und persönlichen Einstellungen.
- Vom allgemeinen Verhalten seiner Umwelt in der er lebt, in der er arbeitet und von der Gesellschaft, dessen Glied er ist. Und so abgestuft nach Hierarchien: Von seinem Freundeskreis und Arbeitsumfeld, dann dem darüber liegenden Verbund der Gesellschaft wie Unternehmen, Vereine, Parteien, Kommunen und Ähnlichem, darüber hinaus die gelebte Kultur und Religion, etc.
- Zunehmend noch gesteuert über vielfältige Medien und dahinter stehenden Interessen. Was vor gut 200 Jahren noch im Austausch und damit in ähnlicher gedanklicher Entwicklung eines „bescheidenen Kommunikationskreises", d.h. noch in der gleichen Hierarchie mit „beschränktem" Überblick stattfand – im Freundeskreis, dem Arbeitsumfeld und den Tavernen –, bestimmt heute eine sich ständig ändernde, unübersehbare Medienvielfalt, die von vielfältigen Interessen beeinflusst wird und – ob wir es wollen oder nicht – unsere Einstellung, unser Denken, unsere Präferenzen, damit auch die politische Einstellung bestimmt. Verschärft mit den Potenzialen der Datenvernetzung, die allemal in der Lage sind demokratische Grundlagen auszuhebeln.

Neu ist dies zwar nicht, aber ein Anpassen zur Sicherung demokratischer Grundlagen fehlt dennoch. Wir meinen noch immer unseren ureigenen Willen in den demokratischen Prozess einbringen zu dürfen, was selbst aus der Komplexität der

Zusammenhänge (verglichen mit vor 200 Jahren) nicht mehr möglich ist, wir daher zwangsläufig von externer Beeinflussung abhängig bleiben. Insbesondere seit den letzten Jahrzehnten durchdringen wirtschaftliche Interessen die Medien, die – bei der zunehmenden Konzentration auf einige wenige Mächtige – nicht nur Meinungen bilden, sondern auch politisch naheliegende Interessen fördern. Das geht soweit, dass – wie in Italien – Medienmoguls sich zu Präsidenten wählen lassen, um persönliche Neigungen und Interessen fördern und ausleben zu dürfen. Dass dies kein Einzelfall ist, ist bekannt und die Tendenzen sind klar: Je vermögender und aggressiv-kapitalistischer ein Interessent ist, desto stärker ist er in der Lage öffentliche Meinungen zu bilden, d.h. politische Prozesse zu beeinflussen. Dass auch politische Extremisten diese Instrumente bestens zu nutzen wissen, haben wir spätestens – und das war erst der Beginn medialen Einflusses – seit dem nationalsozialistischen Deutschland gelernt. Gelingt es charismatischen Persönlichkeiten sowohl wirtschaftliche und politische Macht zu vereinen und über die Medien konzertiert die Massen zu beeinflussen und zu steuern, dann finden wir hier die Ingredienzien wie sie die „Großen dieser Welt" zu instrumentalisieren wussten. Dass Demokratien dem nichts entgegenzusetzen haben, müssen selbst lupenreine Demokraten zunehmend schmerzlich zur Kenntnis nehmen.

Systemwechsel
Staaten mit ihren Staatsformen, wie alles in der biologischen Welt, unterliegen der Veränderung – nichts bleibt stabil. Einzig die jeweils wirkende Dynamik ist variabel. Ist sie doch nun mal Resultat menschlichen Handelns. Veränderungen sind nicht kontinuierlich sondern, in der Komplexität der Einflüsse, vielgestaltig, oft genug reversibel, keinesfalls präzise vorhersehbar – eben chaotisch. Spannungen unterschiedlicher Interessensgruppen nehmen zu, verändern sich, lösen sich auch wieder auf. Revolutionen sind selten, aber dennoch logische Begleiterscheinung im Leben von Nationen. Rapide Veränderungen zeichnen sich dennoch bereits Jahre voraus ab: Unruhen und Rechtsüberschreitungen nehmen zu, Gleichheit und Gerechtigkeit ab, der Abstand von Arm und Reich wird immer größer, Letztere verbinden sich immer stärker mit dem Staat. Kapazitäten wandern ab und die Außenbeziehungen konzentrieren sich auf ähnlich strukturierte Staaten mit ähnlichen Trends.

Beobachten wir die aktuellen Umbrüche im Nahen Osten – immer das gleiche Bild. Clans bereichern sich über Jahrzehnte zulasten stagnierender Einkommen der Massen, sind immer stärker versucht über ihren Machtapparat Veränderungen zu verhindern, Unruhen einzudämmen, die Macht zu erhalten, bis zu blutigen Auseinandersetzungen, deren Resultate häufig genug offen bleiben. Einige Staaten bleiben nur latent stabil, wobei das Damoklesschwert der Revolution weiterhin über ihnen schwebt, es fehlt nur der auslösende Moment. Sind, bei vergleichbaren Staaten

Umbrüche scheinbar erfolgreich, kann der Funke überspringen. Massen unterschiedlichster Gesellschaftsklassen bewirken gemeinsam politische Veränderungen. Dann erst beginnen latente Dissonanzen zwischen den Gruppen wieder aufzubrechen. Unterschiedliche Kräfte wollen die Gunst der Stunde nutzen, ihre Gruppeninteressen durchsetzen. Gelingt es nicht, mit einsichtig gemeinsamem Ansatz zu ersten Wahlen, eine erste Regierung zu bilden, rächen sich fehlende, über Jahrzehnte gewachsene Netzwerke. Schmerzhafte, zumindest Jahrzehnte dauernde Entwicklungen liegen vor der Nation – Rückfälle sind eher wahrscheinlich als ausgeschlossen. In unstrukturierten instabilen Verhältnissen machen sich Glücksritter breit, reißen sich Insider große Stücke aus dem Kuchen, versuchen Spekulanten ihr Glück, wie auch die alten Strukturen der Nomenklatur und Militärs zumindest ihre alten Positionen wieder manifestieren wollen.

Vielfach wiederholen sich in der Welt diese Prozesse – sei es in der Oktoberrevolution 1917, ein zweites Mal 1990, oder in den Umbrüchen in Asien, Afrika und Südamerika oder eben nun im Nahen Osten. Oft genug lösen demokratische Ansätze Diktaturen oder Feudalsysteme ab und entwickeln sich dennoch wieder in Richtung autokratischer Systeme, bis der nächste Umbruch folgt. Revolutionen sind zumeist ein nationeninhärenter, individueller Prozess, ohne nennenswert begleitende neutrale Unterstützung von außen. Kann es auch nicht sein, da Neutralität (jedenfalls bis jetzt) – d.h. unabhängig von jeder Systempräferenz oder eigenem Nutzen, eine also altruistische Assistenz – aus den Erfahrungen menschlicher Eigenschaften wenig wahrscheinlich scheint.

7.3. Führung und Individualität der Massen

Gebannt und erschrocken sieht der Westen, welche Erfolge nachhaltige und straffe Führung über Jahrzehnte aufweisen kann, wie innerhalb von 30 Jahren aus einem annähernd mittelalterlich organisierten, rückständigen China, sich eine wirtschaftliche und militärische Führungsmacht entwickeln konnte, mit durchaus Potenzial in den kommenden 20 Jahren die Führung weltweit zu übernehmen. Erschrocken deshalb, weil unsere so überhebliche europäische Kultur, von der unser Denken und Verhalten geprägt ist, die doch bis dato weltweit dominiert hat, nun durch eine uns so ganz und gar fremde und unbekannte Mentalität, völlig anderem Gruppenverhalten, uns zu bedrohen beginnt, einen Kulturschock auslösen könnte – nimmt Chinas weltweite wirtschaftliche Ausbreitung mit ähnlicher Geschwindigkeit wie bisher zu. Und gebannt, weil wir dieser Entwicklung ausgeliefert zu sein scheinen, zu keiner vernünftigen und konzertierten Reaktion fähig sind. Im Gegenteil, unser marktwirtschaftliches (verstärkt durch kapitalistisches) Verhalten unterstützt sogar diesen Prozess in allen Belangen, gemanagt durch einen kleinen verschwiegenen Kader kommunistischer Berufspolitiker, die alle Klaviaturen westlicher Wirtschaftsmechanismen nicht nur durchschauen und nützen, sondern auch beherrschen und im Sinne der eigenen Volkswirtschaft, und genau zum richtigen Zeitpunkt, mit auch den richtigen Maßnahmen, zu treffen imstande sind. Die unsere, doch so „überragenden" Fähigkeiten marktwirtschaftlichen Verhaltens, nun gegen uns selbst so erfolgreich einsetzen. Die so unsere Schwächen – nämlich unter allen Umständen Wachstum, Aufträge und Gewinne zu generieren und aus demokratischem Druck noch Arbeitsplätze zu sichern – voll ins Kalkül miteinbeziehen, Kapital und Know-how nur soweit zufließen lassen, als die eigene Handlungsfähigkeit immer voll erhalten bleibt; in der Lage sind, finanzwirtschaftliche Instrumentarien, sowohl zulasten der eigenen Bevölkerung wie auch der handelnden Nationen, straff zu regulieren und Investitionen ausländischer Unternehmen exakt nach ihrem eigenen volkswirtschaftlichen Entwicklungstempo zu initiieren.

Ein einziger Mann, eine einzige Person, war in der Lage eine 180-Grad-Kehrtwende einzuleiten, mit philosophischem Weitblick Potenziale der eigenen Nation zu erkennen und westliche Stärken und Schwächen, genau abgestimmt auf das eigene Land, zu nützen, die Entwicklung systematisch voranzutreiben (Deng Xiaoping, Kap. 6.5.). Dieser unscheinbare Gefährte von Mao, von ihm hochgehoben, aber auch gedemütigt, überlebte all die Phasen, leitete diese unglaublichen Veränderungen des Riesenreiches ein, trotz oder vielleicht exakt wegen des Einparteien-Systems. Eine einzige Person, leidensfähig, pragmatisch und konsequent, intelligent und aufgeschlossen, ein Visionär, dessen Charisma sein Land den Wechsel verdankt. Natürlich gibt es, und das kann nach dieser rasanten Entwicklung gar nicht anders sein, eine Reihe von wirtschaftlichen und ökologischen Schieflagen. Natürlich bleibt die Kernfrage: Wie ist die Partei für die Zukunft auszurichten? Der zunehmende Drang nach Meinungsfreiheit bleibt nicht verborgen. Dennoch treibt noch immer die Aufbruchsstimmung diese ungeheuren Menschenmassen, die Erfolg haben wollen; bei konfuzianischem Denken und der Bereitschaft sich voll und ganz dem Willen des Staates unterzuordnen, d.h. mit einem fast geheiligten Nationalismus, der Massen mobilisieren kann. Alles Ingredienzien zur nachhaltig erfolgreichen Reorganisation einer Nation – wirksam jedoch nur durch angepasste Führung!

Legion von Literatur des letzten Jahrzehnts nuanciert (einseitig) „der Westen gegen China" (sic!) – rechtliche Gefahren, wirtschaftliche Reinfälle, rücksichtsloser Datenklau und Kopierung technischen Know-hows, etc., als wenn nicht jedes Unternehmen selbst die Möglichkeit hätte sich zu behaupten, zu wehren, Grenzen zu setzen, eben Risiken und fremde Mentalitäten versuchen zu verstehen. Die Angst der Investoren Chancen zu verpassen (es treibt eben die Gier), gibt dem straff geführten chinesischen Staatsapparat Möglichkeiten genug, westliche Interessenten gegeneinander auszuspielen. Was zählen da die vielen kleinen Reibereien unzähliger Joint Ventures, die man zwar diplomatisch wohlwollend entgegennimmt, jedoch ohne die Generallinie zu verlassen, eben Zeit gewinnt, um Vorteile zu realisieren.

Gehen wir in der Geschichte zurück erkennen wir, dass – sofern konsequent, wirksam und nachhaltig entschieden und gehandelt wird – Persönlichkeiten die Geschicke von Nationen bestimmen – in totalitären Regimes wie augenscheinlich auch in Demokratien, wenn vielleicht auch durch demokratische Prozesse verzögert oder verzerrt. Allerdings widerspricht „Führung" unserer demokratischen Überzeugung; assoziieren wir doch intuitiv – und zwar zu Unrecht – Führung mit Autorität, und weiters mit Diktat. Aber selbst hier gibt es Beispiele, dass Führer reifer Demokratien gravierende, die Welt beeinflussende Entscheidungen unter vier Augen treffen konnten die die Welt nachhaltig veränderten (z.B. die Atlantik Charta durch Roosevelt und Churchill am 11. August 1942). Immer mehr Politiker, Intellektuelle, aber auch Teile der Bevölkerung, stellen sich die Frage, ob (in einer Wohlstandsgesellschaft wie der unseren) Demokratien westlicher Prägung noch das Maß aller (politischen) Dinge sind. Oder ob es nicht doch Reifeprozesse sind, wohin sich sowohl Staaten wie auch Demokratien entwickeln müssen, und wenn, wohin, was beeinflusst entscheidend? Eines scheint jedoch unstrittig: Die Qualität der Führung, die professionelle (weise) Steuerung des Staates ist eine der Grundvoraussetzungen – sowohl für die Effizienz, den Wohlstand, vielleicht auch das Glück der Bürger, allgemein für die Stabilität einer Nation. Über Jahrtausende durchzieht diese Überzeugung philosophische Schriften und scheint selbst – paradoxerweise – unabhängig vom Staatssystem zu sein. Haben wir doch in der bisherigen Analyse schon erfahren, welchen Einfluss Persönlichkeiten sowohl in demokratischen Gesellschaften, als selbstverständlich auch in autoritären Systemen nicht nur bewirken, sondern entscheidend mitgestalten können. Sie sind es doch die die Geschichte beeinflussten, die selbst schwierigste Krisen meisterten, fast unlösbar scheinende Probleme, selbst in kurzer Zeit und für große Nationen, diplomatisch, aber mit Charisma zu lösen halfen – hautnah erlebte politische Veränderungen bestätigen es immer wieder. Unerfahrene, mäßig intelligente und vor allem kooperationsunwillige borniere Politiker (alles Kriterien, die den Weg an die Spitze nicht hemmen – sic!) sind eine größere Gefahr für eine Nation, als so manche Katastrophe. „Helden braucht das Land, strahlende Vorbilder, die durch ihr Handeln positiv verändern, das galt immer schon so."[105]

Noch bis Ende des letzten Jahrhunderts bestanden Nationen für sich mehr oder weniger autonom, wenn sie auch – mit zunehmend internationaler Vernetzung, über die Bildung von Kooperationen und Unionen – immer stärker, teils offensichtlich, teils unscheinbar oder verdeckt, dennoch zunehmend, Souveränität abgaben. Erfolgreich beginnend, wie z.B. anlässlich der Gründung der UN, setzt doch bald der Zwang zur Einstimmigkeit oder einmal festgesetzten Mitgliedschaft in Gremien (Sicherheitsrat) Grenzen der weiteren Wirksamkeit, da kein Land bereit ist weitere Souveränität abzugeben (solange nicht so schmerzvolle Einschnitte, wie z.B. weltumspannende Kriege, zu voller Bereitschaft zwingen). Globale Entscheidungsprozesse hemmen eben jeden markanten Entschluss.

Die Kraft der Führung
Die Kraft der Führung in autoritären Systemen ist durch die ausgeübte Macht bedingt und wirkt – zeitlich wie in Umfang und Tiefe – wie es das Verhältnis zu mehr oder weniger mächtigen Gegenspielern erlaubt. In der Demokratie ist Führung, und damit auch Macht, qua demokratischem Prozess bestimmt, was allerdings über Führungsstärke und -qualität überhaupt nichts aussagt – und genau *das* bleibt eines der Probleme. Zum Thema „Führung" gibt es eine Legion von Literatur – sinnvoll und aussagekräftig – in präziser und pragmatisch kurzer Version allerdings selten[106] (und soll hier nicht weiter vertieft werden). Allerdings ist das autoritäre System genauso anfällig wie die Erfahrung zeigt, ist es doch die Komplexität der Machtverhältnisse, die Wirkung oder Niedergang bewirkt.

Im demokratischen System schließt sich nachhaltige Führung alleine über die positionsbedingte, die hineingewählte Position per se aus. Vergleichend zur fast übermächtigen Aufgabe, unterliegt die Auswahl der Person (oder Partei) einem nur wenige Alternativen bietenden Spektrum, das nicht annähernd die Wahl aus einer Reihe der Besten vorgibt, sondern parteiinternen Selektionsprozessen unterliegt –

---
[105] Le Bon G., *Psychologie der Massen*, 1895, Verlag Kröner 1911.
[106] Neuberg A., *Elitäre Parasiten*, 2010.

deren Auswahlkriterien finden sich auf ganz anderer Ebene (hier nicht weiter zu vertiefen). Eine weitere Schwäche, der kurze Zyklus der Legislaturperioden. Wie soll denn so, bei nur zeitlich „bescheidener" Erfahrung und „durchschnittlichem" Wissen, vor allem aber bei (belastend) individuellen Einstellungen, mit all ihren Attitüden und Wünschen, die Durchsetzung einer Entscheidung gegen eine komplexe Vielfalt gegenläufiger Interessen, und das zumeist kurzfristig, möglich sein (bei dann dennoch hoher Wahrscheinlichkeit anschließender Revision)? Führung ist daher – in der Politik, und insbesondere in demokratischen Systemen – vorerst ein Kommunikationsprozess, der allerdings – soll er sinnvoll sein – erfahrene und weise Personen voraussetzt. Ein Prozess, der über vielfältige Hierarchien nicht nur Zustimmung, sondern auch Adaptionsbereitschaft und Konsens erreichen soll und – je nach „politischer Wertigkeit" – gegebenenfalls auch die der breiten Bevölkerung. Also ein auf Plausibilität, auf populistische Einfachheit herunter getrimmter Diskussionsprozess! Jedoch nur vorerst!

Darüber hinaus, und ganz entscheidend, wirkt eine andere Ingredienz: Charisma! Als persönliche Gabe einer auf Massen wirkenden Ausstrahlung eines Einzelnen, die – ist sie mit Intelligenz, Auftreten und Rednerfähigkeiten gepaart – selbst Rationales aushebeln und Irrationalitäten bewirken kann. „Wenn die Massen geschickt beeinflusst werden, können sie heldenhaft und opferwillig sein"[107], erkannte schon Gustav Le Bon. Ein entscheidendes Argument, das selbst die demokratische Grundlage der Entscheidung, die Stimmenmehrheit, grundsätzlich infrage stellen kann. Ist doch die Majorität, wie wir oben gesehen haben, vorwiegend Resultat medialer Einflüsse auf den Einzelnen wie auf die Gruppen oder die Masse (und seit den letzten Jahrzehnten ganz überragend). D.h. alles andere als Resultat niveauvollen, logischen Abwägens des Individuums, des Wählers – selbst wenn versetzt mit einem persönlichen Standpunkt. Der „Wahrheit" jedenfalls, vielleicht allgemeiner Wohlfahrt der Nation, kann es jedenfalls nicht entsprechen, auch wenn sie für den Einzelnen wahrscheinlicher ist als für das ganze Volk. „Stimmenmehrheit ist kein Beweis angesichts von schwer zu entdeckenden Wahrheiten, denn es ist wahrscheinlicher, dass ein Mensch allein sie findet als ein ganzes Volk"[108], wenn möglicherweise auch „aus der Vereinigung aller etwas Großes an Wissen resultiert."[109] Jedenfalls, und das entspricht auch der Erfahrung, ist davon auszugehen, dass – bei der Stimmabgabe – Persönliches, Individuelles, eigene Wünsche und Ziele, modifiziert durch öffentlichen Einfluss, die Wahl des Einzelnen bestimmen. Darüber hinaus ist seine Stimme einer Partei zugeordnet, als ein fast unannehmbare Pauschalierung, gerade und jetzt aktuell, und dann noch mit persönlicher Einstellung. Ob die unübersehbaren, vielfachen Interessen einer Nation in einem konzentrierten Willen zusammengeführt werden

---

[107] Le Bon G., *Psychologie der Massen*, 1895, Verlag Kröner 1911.
[108] Descartes, *Discours de la Méthode*, in Le Bon G.
[109] Le Bon G.

können, ist eben immer eine Frage der Führungsfähigkeit. Also grundsätzlich wieder unabhängig von der Art des Systems!

Demokratievarianz und Reifephasen
Die Demokratie, als Konsens der Mehrheit, des freien Willens, als volkswirtschaftlicher Beitrag zur nachhaltigen Wohlfahrt der Gemeinschaft, gibt es also nicht. Zwar ist das andere Extrem, „jeder für sich", genauso wenig zutreffend, da alleine aus sozialpsychologischen Gründen anzunehmen ist, dass eine Anzahl Wähler sehr wohl auch bei der Stimmenabgabe – mehr oder weniger bewusst – gesellschaftspolitische Überlegungen einfließen lassen werden, jedenfalls aber Einstellungen aus persönlich Erlebtem, der Klasse, der Kaste, der Umgebung, in die Entscheidung mit einfließen. Ferner ist der Entschluss zeitpunktbedingt, unterliegt daher ständiger Veränderung. Die demokratische Legitimation einer Regierung durch den Souverän, ist somit für die Legislaturperiode ein weitgehend komplexen Einflüssen und Zufällen unterliegender Volksentscheid, latent, brüchig und – werden zwangsläufig die vielfachen individuellen Erwartungen nicht erfüllt – frustrierend, wenn auch für die Dauer der Legislaturperiode nicht mehr revidierbar. Da sich zwangsläufig diese Erfahrung nach jeder Wahl wiederholt, nimmt für den Einzelnen die negative Einstellung zu den öffentlichen Prozessen zu, allgemein das politische Interesse generell ab. Tagespolitische Krisen oder Euphorien mögen zu Schwankungen führen, verändern aber grundsätzlich nicht den Gang der Dinge.

Wie im Staatszyklus bereits erwähnt – der hypothetischen Entwicklung des Staates im Zeithorizont – sind, neben dem modellhaften Verlauf, gravierende Änderungen des jeweiligen demokratischen Systems nicht ausgeschlossen, die auch in einen neuen Zyklus münden können. Und je nach der inhärent demokratischen Reife, verändert sich eben auch die Lage auf unserem eindimensionalen Modell. Denken wir nur an die Staaten des Nahen Ostens, Asiens, Afrikas, viele zählen doch auch zu den Demokratien, es existieren freie Wahlen, auch Mehrkammersysteme die die Machtverteilung bestimmen, und dennoch bestimmen Potentaten, Familienclans, eben mächtige Gruppen ganz entscheidend die Politik mit – schon in Richtung autoritärer Strukturen.

Mit unserem europäischen Denken tun wir uns schwer sie unter den Demokratien einzuordnen. Dennoch könnten sie der ersten Phase des Zyklus unterliegen. Auch in der Entwicklung der europäischen Demokratien benötigte die Reifephase zumindest mehrere Jahrzehnte – unterbrochen durch autoritäre Strukturen. Mit Recht kann für Westeuropa behauptet werden, dass diese Reifephase, und insbesondere die der langwierigen und vorbereitenden Systemfindungsphase – irgendwann ausgelöst nach der Französischen Revolution, mit infizierender Wirkung auf die europäischen Völker –, doch an die mehr als 150 Jahre benötigte. Natürlich könnte der Prozess für jüngere

Demokratien wesentlich kürzer sein, da die Ansteckung über die internationale Vernetzung und die grenzenlose Kommunikation zwangsläufig zunimmt, allerdings praktikabel scheint es dennoch nicht. Beobachten wir nur die Veränderungen in Nordafrika, wo sich an mehreren Stellen ein teils friedlicher, teils bürgerkriegsartiger Umbruch abzeichnet, und wie schwer sich die Nationen überhaupt tun Grundvoraussetzungen einer Demokratie, Parteien und Gewaltentrennung, in einem friedlichen Prozess münden zu lassen – nirgends zeichnet sich dz. „demokratische Stabilisierung" ab. Je nach interner „menschlicher Gemengelage" werden sich die Prozesse iterativ akzelerieren, mit Rückschlägen, hoffentlich auch mit positiven Fortschritten. Jedenfalls wird es Jahrzehnte dauern (falls es überhaupt gelingt), europäische Verhältnisse (und die sind alles andere als optimal gereift) zu erreichen. Jahrzehntelange, intern schmerzliche Auseinandersetzungen, stehen den Ländern bevor. Verhaltensänderung in Richtung Demokratie ist eben ein Generationenprozess, sofern – und vorausgesetzt – eine breitflächig angepasste Bildung unterstützt.

Herrschen in diesen Staaten teils noch mittelalterliche Strukturen vor– mit entsprechendem Verhalten und einem noch bescheidenem Ausbildungsniveau der breiten Bevölkerung –, wäre ein Zeithorizont von mehreren Generationen zu überbrücken, um sich mit westlichen Verhältnissen zu vergleichen. Es sind eben Nationen, wie damals in der feudalen Umgebung Europas, in der aristokratische und Clanstrukturen Leben und Politik bestimmen, überliefertes (vielfach religiös dominiertes) Recht sprechen, Entwicklung und Wohlstandsverteilung wie auch die Abhängigkeiten in den Strukturen prägen. Selbst heute, in einer von uns als modern verstandenen Welt, herrschen n.w.v. Persönlichkeitsstrukturen oder Verwandtschaftsverhältnisse vor. Selbst in „Demokratien" (oder schon wieder) wie: Indien, Philippinen, Bangladesch, Argentinien, Thailand, Malaysia, Philippinen, Peru, Russland, Südkorea, Kasachstan, sogar, wenn nicht so deutlich ausgeprägt, Japan, USA (um nur bedeutende zu nennen); aber selbst bei uns in Europa, beobachten wir nur die Rekrutierungsprozesse politischer Akteure.

So ist auch zu verstehen, dass – bei einem Verhaltens- und Bildungsspektrum wie es sich in den Ländern kulturell über Jahrhunderte entwickelt hat – die Staatsführung zwangsläufig nur dann erfolgreich ist, wenn sie primär von mächtigen Netzwerken getragen wird oder (sekundär) äquivalent zum Niveau und Denken der Bevölkerung handelt. Führen ist (wenigstens in Demokratien), wie wir oben gesehen haben, vor allem ein kommunikativer Prozess – auf ähnlich kulturellem Niveau. Will man echte demokratische Prozesse, d.h. die Teilhabe aller am politischen Geschehen gewährleisten, muss auch die Kommunikation zwischen Regierung und Regierten, zwischen Verwaltung und Bevölkerung, also dem Verhaltens- und Bildungsniveau der Allgemeinheit entsprechen. Und die Annäherung beider Teile bleibt, wie wir es selbst in Westeuropa schmerzvoll erleiden mussten, ein Generationen dauernder Prozess. Und jede noch so gut gemeinte Unterstützung von außen birgt die Gefahr

Auseinandersetzungen eher anzuheizen als zu schlichten, da sie, als weitere Institution (so gut es auch gemeint sein mag), nicht konform des internen Reifeprozesses wirkt, d.h. Annäherungen eher verzögert, wenn nicht sogar aussetzt, eventuell die Systementwicklung sogar umkehrt. Hat man einmal diese Zusammenhänge verstanden, ist auch klar, dass jede Kritik an und Einmischung in den demokratischen Reifeprozess einer fremden Nation, nicht nur kontraproduktiv bleibt, sondern anmaßend, überheblich ist – ausgenommen nach Einladung zur Assistenz, getragen von der breiten Bevölkerung oder bei extremen und ständigen Verletzungen der Menschenrechte durch ein Mandat der UN (bei allerdings latenter Gefährdung des Entwicklungsprozesses).

Verhalten der Massen
Völlig unterschiedlich vom bisher diskutierten Verhalten des Einzelnen, ist das Verhalten des Individuums in der Masse und das der Massen. Aus obigen Überlegungen wie auch vielfachen philosophischen Betrachtungen, unterstellen wir menschlichem Handeln sowohl Vernunft wie auch emotionales Verhalten. Beides bestimmt seine Teilhabe am (demokratischen) Geschehen, und beides ist in sich verwoben und überwiegend von seiner Umgebung bestimmt. Ganz anders sein Verhalten in der Masse und die Reaktion der Massen. Massen können sowohl gesteuert wie ad hoc überall entstehen, ausgelöst durch eine bewusst oder unbewusst erkannte, gravierende Diskrepanz des Umfelds zur eigenen Einstellung. Und je größer die Diskrepanz ist und sich annähernd Gleichgesinnte finden, umso schneller und stärker kann sich (irrationaler) Wille manifestieren, sofern sich charismatische Führer aus der Masse kristallisieren. Aber genauso schnell kann sich das Ganze auch wieder auflösen.

Massen können niemals Handlungen ausführen, die eine besondere Intelligenz beanspruchen[110]. In der Masse fühlen sich alle gleich und sind durch einfachste Parolen mit ansteckendem Einfluss vereint. Der Einzelne in der Menge bekommt ein Gefühl unüberwindlicher Macht und ist unfähig das Persönliche vom Sachlichen, Wahres vom Falschen, zu unterscheiden. In allen Zeiten waren Umstürze, Revolutionen, aber auch geschichtliche Ereignisse wie z.B. die Entstehung des Christentums, des Islams, der Revolutionen der letzten Jahrhunderte, Folge starker Eindrücke auf die Fantasie der Massen. In der Masse vernebelt sich Recht und Unrecht, nur getrieben von Parolen, versammelt um mehr oder weniger charismatische Führer. Sind (dann noch) Teile der öffentlichen Gewalt in ihre Hände gefallen, sind sie schwer regierbar[111].

---

[110] Le Bon G., *Psychologie der Massen*.
[111] In Anlehnung an Le Bon.

Damit bestimmt sich ein weiteres Problem der Demokratie. Beeinflussen die Regierenden die öffentliche Meinung (wie im Dritten Reich) oder sind es die Massen die die öffentliche Meinung lenken? Wie bilden sich denn eigentlich die volkswirtschaftlichen Strömungen? Nun haben wir bereits in Kapitel 5.3.1., Umfeld und Medien, deutlich erfahren wie stark das Umfeld, in diesem Falle die Medien, Meinung beeinflussen (können). Gemeinte publizierte Diskrepanzen – so wertfrei sie auch beabsichtigt, aber nie sind –, verstärkt durch Multiplikation, punktgenau unsere persönlichen Empfindungen treffend (Motivationen und Einstellungen), individuelle Existenz und Interessen tangierend, bilden – finden sich nur genügend Gleichgesinnte – die öffentlichen Meinungen. Dennoch bleibt es wirkungslos, falls sich nicht Initiatoren, Führer finden, die verstärken, koordinieren, Gestaltung initiieren. Über deren Interessenslage, und wie sie sich entwickelt, haben wir bereits diskutiert. Fundamental wirken dennoch wieder zwei wesentliche Elemente: Eben Umfeld und Medien einerseits und kulturelle Sozialisation und Bildung andererseits – die aber nur mittel- und sehr langfristig orientiert.

Damit sind wir beim eigentlichen Kern des Mechanismus. Gleiche Prozesse wirken – wenn man so will – auch bei den Regierenden (natürlich differenziert in den vielfältigen Hierarchien). Per se treten so die Diskrepanzen zwischen Staatsführung und Bevölkerung auf. Unterschiedliche Meinungen treffen aufeinander, die so lange latent bleiben, bis eben die nächste Wahl ansteht oder Revolutionen das System ändern. Letztendlich reduziert es sich (für Demokratien, in autoritären Systemen ist die Diskussion müßig) auf wenige entscheidende Elemente – immer angenommen, dass es allgemeinen Meinungskonsens nie geben kann:
- Beginnen in der Bevölkerung vereinzelt, später differenziert in wachsenden Gruppen, die Meinungsdifferenzen zwischen Geführten und Führenden zuzunehmen, ist es immer ein Fehlverhalten der Führenden. Sie verlieren Legitimität.
- Ist in einer Demokratie Zensur eo ipso ausgeschlossen, bleibt es einerseits ein Kommunikationsproblem und andererseits, dahinter, eine Frage menschlicher und fachlicher Qualifikation. Starre Legislaturperioden erschweren ferner den Wechsel und schützen geringqualifizierte Volksvertreter. Gelingt es nicht, die „Besten" für die Spitze zu gewinnen, beeinflussen sie die nachgelagerten demokratischen Strukturen negativ, und zwar über die regierungsbildenden Institutionen (Parteien, Interessenverbände), die nachgelagerten bürokratischen Hierarchien mit ihren strukturierten Karriereprozessen (paradoxerweise in Demokratien – sic!) und so die Qualität der nächsten bzw. übernächsten regierungsbildenden Fraktionen.
- Daraus folgt – wie schon Platon meinte –, dass eben Könige Philosophen sein sollten (oder umgekehrt) oder die Tugendhaften, die Guten und Gerechten führen sollten (nach Aristoteles), d.h. als generelles, bis heute nicht gelöstes Problem.

Woraus sich die nächste Frage ableitet. Welche Qualifikation ist denn nun gemeint? Unterscheiden wir grundsätzlich zwischen drei Arten von Kompetenzen, der positionsbedingten, der fachlichen und der menschlichen, bleiben wir bei der Letzteren hängen, da die positionsbedingte nun mal Resultat und nicht die Ursache ist. Die fachliche kann durchaus aufgabenrelevant sein, jedoch mit zumeist nicht lösbarer Meinungsvielfalt. Bleibt schlussendlich die menschliche Kompetenz. Sie ist einerseits eine Frage der Kommunikationsfähigkeit, was allerdings – wie wir sowohl aus der Verhaltens- wie auch Gehirnforschung wissen – der professionelle, vorbehaltlose Gedankenaustausch wäre und andererseits ein zumindest über dem Durchschnitt liegendes Bildungsniveau erwarten lässt. Und der vorbehaltlose Gedankenaustausch ist vor allem ein Resultat des Charakters und der menschlichen Reife. Ob Charakter angeboren ist, darüber streiten sich noch die Geister. Jedenfalls ist er auch ein Resultat der Soziologisierung aus direktem und erweitertem Umfeld. Ist das in einer Nation naturbedingt (und demokratisch) gegeben, bleibt uns die menschliche Reife. Und sie ist wieder Resultat eines mehrschichtigen und aufgeschlossenen Berufs- und Lebenswegs, d.h. nachweisbare „menschlich" geprägte, erfolgreiche (als allgemein anerkannte, jedoch vermögensunabhängige) Berufslaufbahn und „ethisch" geführter Lebenslauf, d.h. Lebensweisheit als Resultat auch eines fortgeschrittenen Alters, hoher Bildung und eines arbeitsreichen Lebens. Und bei diesem Punkt wird sofort bewusst, gehen wir in der Geschichte der Menschheit zurück, dass es häufig genug die Älteren, die Weisen waren, die den Clan, den Stamm erfolgreich führten, und zwar nachhaltig über längere Zeiträume, die selbst ihre Nachfolger wählten und prägten. Also doch völlig konträr zu der in den letzten Jahrzehnten zunehmenden Tendenz zum Berufspolitiker! Was heute ja so weit geht, dass junge Berufsanfänger direkt vom Studium in politische Spitzenposition aufrücken, ohne nachhaltig und hautnah Bodenhaftung überhaupt gefühlt, alles andere als die menschliche Reife des allgemeinen Lebens- und Überlebensprozesses erlitten zu haben. Häufig genug ohne relevanter Bildung, die nur wenigen Fällen mit den fachlichen, besonders „menschlichen" Themen ihrer politischen Aufgaben korreliert.

Allerdings, denken wir an Alte und Weise, kommen doch Zweifel auf. Zweifel sowohl, und hier besonders, in Diktaturen, aber auch in Demokratien – vielfach verschleiert. Prägt doch häufig genug Nepotismus, sichern sich Familienclans über Generationen die Macht, nützen ältere Despoten ihre Funktion für persönliche Ziele (Beispiele gibt es zuhauf). Wirken doch selbst bei fortgeschrittenem Alter, wie immer wieder zu beobachten, auch „negativen Tugenden": Gier, Macht, und deren Sicherung über den Clan. Hat doch schon Platon (für den Tyrannen) Vermögenslosigkeit, als den Charakter verderbendes Übel, gefordert.

7.4. Epochale Grundsätze für den Staat (ex ante)

In den meisten philosophischen Betrachtungen der Zusammenhänge des Staates bestimmt nicht nur reines Denken, sondern insbesondere die gegenwärtigen Zustände des politischen Umfelds die jeweiligen Eindrücke. Darüber hinaus besteht vielfach die Überzeugung, dass gerade jetzt, eben in jeweiliger Zeit, gravierende Veränderungen anstehen, die Epoche sich ändert. Wahrheiten haben so ihre unterschiedlichsten Nuancierungen und sind daher immer vom aktuellen Zeitpunkt bestimmt. Eines gilt aber jedenfalls, Gesellschaften unterliegen ständigem Wandel. Ob unsere, die derzeitige, geprägt durch globale Vernetzung, bei gewaltigem, unübersehbarem Technologiefortschritt, tatsächlich so gravierend ist wie wir annehmen, wird auch erst die Nachwelt beurteilen können.

Zwar gibt es Demokratien seit nun gut mehr als zwei Jahrtausenden. Allerdings sind sie mit denen unserer Zeit nicht annähernd vergleichbar, da damals die Teilhabe an der Demokratie Berechtigten vorbehalten war – in kleinen Stadtstaaten, bei geringer Bevölkerungsdichte. Ähnlich soziales Verhalten der Gemeinschaften geht bis an die Ursprünge der Menschwerdung zurück, in der eben der Stärkere, der durch herausgehobene Eigenschaften Berufene, den Clan führte – durchaus mit mehr oder weniger „demokratischen" Ansätzen, je nach lokalen Gewohnheiten und Persönlichkeit. Es war der Individualität des Anführers, sicher auch seinem Charakter zuzuschreiben, wie stark er zu autoritärem Verhalten tendierte, das – bewährte es sich – zwangsläufig auch vererbbar gestaltet wurde. Dass sich, bei noch geringer Bevölkerungsdichte und je nach Region unterschiedlich entwickelter Kulturen und Religionen, zur Sicherung des Handels, aber auch bei grenzüberschreitenden Auseinandersetzungen, autokratische Regierungsformen bewährten, ist offenbar nicht zu bestreiten, waren sie doch oft über Jahrhunderte erfolgreich und stabil. Die Geburtsstunde der Demokratie, wie wir sie heute verstehen, formte sich erst mit der Französischen Revolution (und parallel in den USA). Abgesehen von den USA (abgeschottet durch den Atlantik, einem riesigen, vorerst urbar zu machendem Land) und eventuell Großbritannien und der Schweiz, hat seit damals keine die neue Art von Demokratie überlebt. Sie mündeten wieder in Feudalsysteme. Erst der sich zunehmend verdichtende Lebensraum, technologische Veränderungen, Buchdruck (und damit die breite Bildung) und die mit der industriellen Entwicklung einhergehende Verarmung der Massen, mündete, nach unzähligen Protesten und Aufständen, europaweit in politische Organisationsformen, die zunehmend die demokratische Teilhabe vieler an den nach wie vor feudalen Systemen erzwang.

So sind also die Voraussetzungen der antiken oder auch mittelalterlichen Demokratien zu den heutigen grundsätzlich verschieden. Einerseits verstehen wir darunter nun den Einbezug aller (oder zumindest vieler) in den politischen

Entscheidungsprozess und andererseits aber auch die nicht auflösbare Problematik, nun konzentrierte Entscheidungen aus der Masse von mündigen Bürgern abzuleiten. Setzen wir dann noch voraus, dass volkswirtschaftliche Entscheidungen laufend zu treffen sind – selbst unter der Annahme, sie wären allgemein in sich logisch und strategisch eingebettet (was in unseren Demokratien völlig offen ist) –, widersprechen sich zwangsläufig diese beiden Grundannahmen, als *das* demokratische Kernproblem, eben aufgrund nicht plan- und vorhersehbarer Ereignisse und der unlösbaren Bündelung atomistischer, individueller Meinungen. Und genau das wirft uns zurück auf einige Kernfragen:

- Sind demokratische oder autoritäre Systeme wirtschaftlich effizienter, dem allgemeinen Wohlstand förderlicher?
- Wie sind die imaginären (Grund-)Faktoren Freiheit, Gleichheit und Gerechtigkeit in eine Staatsform, und mit welchem Freiraum und welcher Begrenzung, einzubinden?
- Welche Bandbreite und Begrenzungen setzen wir nach heutigem Denken beim Sozialen?
- Welche Staatsform ist aufgrund menschlicher, ökologischer und technologischer aktueller Entwicklung nachhaltig die sinnvollste und stabilste? Wie ist sie zu organisieren und welches Verhalten ist im Staatenverbund zu erwarten?
- Und schlussendlich, welche der beiden Formen ist im internationalen Kontext, im internationalen Wettbewerb, für die eigene Gesellschaft die beste?

Zwar sind alle Überlegungen (wie wir gesehen haben) immer durch aktuell gesellschaftliches Denken und die Umwelt bestimmt, dennoch unterliegt der Staat fundamentalen Bedingungen, und zwar systemunabhängig epochalen Grundsätzen:

Wirtschaftlichkeit des Handelns
Ein besonders augenscheinliches Phänomen begleitet uns seit fast einem Jahrhundert in den mehr oder weniger demokratischen Staaten. Der Wohlstand hat allgemein und auch weltweit – auf die Gründe ist nicht nochmals einzugehen, sie sind bekannt – zugenommen. Und dennoch geben die Staaten immer mehr aus, als sie einnehmen. Das Einzige was kontinuierlich zunimmt, sind die Schulden. Die Krisen des Wohlfahrtsstaates werden immer augenscheinlicher und sind dennoch nicht einzudämmen. Besonders in den westlichen Staaten ist der allumfassende Wohlfahrtsstaat zwar bis heute noch eine Errungenschaft, aber nicht mehr zu limitieren, ein Ballast mit der Gefahr des wirtschaftlichen Bankrotts. Um ein Viertel des BIP betragen bereits die Sozialausgaben in den EU-Ländern – mit steigendem Charakter. Je höher der Wohlstand, desto höher die Sozialleistungen – ein Paradoxon. In der freien Wirtschaft zwingt die Rendite zu seriöser, in sich gedeckter Ein- und Ausgabenrechnung oder der Betrieb geht eben pleite. Diese Mechanismen sind in demokratischen Staaten offensichtlich politisch ausgeschlossen, auch wenn für sie

gleiche Prinzipien gelten. Unternehmen können nur so lange rote Zahlen verkraften, solange Eigenkapital nachgeschossen werden kann. Staaten hingegen verschulden sich – mit zunehmender Zinsbelastung, widersprechen so jeder Solidität der Staatsfinanzen. Noch haben wir keine Erfahrung in unserer modernen (vernetzten!) Wirtschaft mit Staatsbankrotten, des vermuteten Kettencharakters auf andere Staaten. Auch fehlt uns aus der Geschichte ein Hinweis, ob Demokratien – so in Opposition zu den Massen, zur Behaglichkeit des Wohlfahrtsstaates – nachhaltig in der Lage sind Schulden abzubauen, und konstruktiv dazu, anhaltende Rezessionen zur wettbewerbsfähigen Stabilisierung einer Nation in Kauf zu nehmen.

Allerdings haben wir die Erfahrung gemacht, dass nach revolutionären Umbrüchen, nach verlorenen Kriegen, in Zeiten also, in denen bestehende Eigentumsverhältnisse per Gewalt aufgehoben, Besitzende enteignet und Währungen aufgelöst werden, die Völker durchaus wieder von Neuem zu beginnen in der Lage sind, bei annähernd null, oder zumindest mit den Resten der Strukturen, volkswirtschaftliche und Vermögenswerte wieder systematisch schaffen. Wie wird sich nun die wachsende Verschuldung der letzten 50 Jahre für die freien Staaten auswirken? Jedenfalls haben sie bereits eine Höhe erreicht, nach der die hohen Zinszahlungen und Tilgungen große Teil des staatlichen Einkommens bereits wegfressen. Und zwar bereits in einer Höhe (und die wird sich durch zunehmende Risikozuschläge noch ausweiten), die weitere Sozialleistungen – als das zwingende demokratische Schmiermittel – nicht mehr ermöglichen, umgekehrt, Reduzierungen erfordern, mit dann allerdings konsumhemmender Wirkung. Also genau das Gegenteil, was wirtschaftlich antizyklisch angebracht wäre.

Nehmen wir an, dass uns ein militärischer Flächenbrand, kriegerische Auseinandersetzungen verschonen, nämlich als Bereinigung überbordender Finanzinstrumente und -transfers und kaum mehr planbarer Restrukturierung wirtschaftlicher Verwerfungen, so bleibt nur mehr der finanzielle Zusammenbruch von Staaten. Und sind Staaten sehr groß, sodass Solidaritätsmaßnahmen anderer nicht mehr ausreichen, haben wir den regional ausufernden finanzwirtschaftlichen Kollaps. Schlüsse:
- Der Staat beginnt Transferleistungen und Besoldung zu reduzieren (selbst wenn er eine „Ersatzwährung" schafft, verzögert sich der Prozess nur), mit der Folge des Einbruchs beim Konsum (das Problem beschleunigt sich).
- Er setzt Investitionen aus, mit der Folge einer reduzierten Industrieproduktion und wachsender Arbeitslosigkeit.
- Er stellt seine Zins- und Tilgungsleistungen ein, als endgültige Bankrotterklärung.
- Langsam aber sicher weicht sich die Stabilität staatlicher Regulierung auf, mit der Folge wirtschaftlichen und kriminellen Wildwuchs und Abnahme seiner präsenten Sicherheit und Verteidigungsbereitschaft.
- Die Privat- und Unternehmensinsolvenzen nehmen zu und die Arbeitslosigkeit steigt weiter. Existenzsicherheiten beginnen sich aufzulösen.

- Die allgemeine Versorgung beginnt zu lahmen (teils einzubrechen). Dazu zählen Nahrungsmittel, Verkehr und Transport, teils die Energieversorgung sowie Betreuung und Pflege.
- Es bildet sich eine Mehrklassengesellschaft aus noch gesichertem Beamtentum (mit staatlich inhärenter Macht), einer kleinen, noch reichen und vermögenden Schicht und der wachsenden Masse der Abhängigen, die es zunehmend schwer haben wird die eigene Existenz zu sichern. Die Auseinandersetzungen nehmen zu, sowohl in der Menge wie auch an Aggressivität. Ein politischer Umbruch zeichnet sich ab. Anzunehmen ist, dass in den gereiften demokratischen Volkswirtschaften der Übergang zwar noch friedlich stattfindet, jedoch Vermögen vernichtet. Man beginnt, wie nach jedem Krieg, mit neuer Währung, und von vorne.

Und alles findet statt unter der Annahme, dass sich nationale Grenzen nicht verändern und externe Potentaten (finanziell und/oder militärisch) ihre Chance nicht nutzen, um über dramatisch geschwächte Staaten herzufallen, eben versuchen sich interessante Ressourcen zu sichern. Es ist der Kollaps! Eine über Generationen saturierte Gesellschaft weiß damit kaum mehr umzugehen, menschliche Tragödien nehmen zu. Und nur mit weinendem Auge können wir auf die doch so leicht, wenn rechtzeitig, zu korrigierenden Fehler der Vergangenheit zurückblicken. Es ist nun einmal eine „conditio sine qua non": Wie in einer Familie, dass sich Ein- und Ausgaben – und völlig unabhängig vom Lebensstandard – nachhaltig decken müssen, dass Wirtschaftlichkeit eine Grundvoraussetzung nicht nur für das Überleben von Familien, von Unternehmen, sondern auch von Staaten ist, auch wenn deren Lebenszyklus sich lange hinzieht, sich die Verwerfungen ganz unscheinbar, schleichend, kaum bemerkbar abzeichnen. Sicherlich tragen die einschlägigen Wissenschaften, mit ihren sich oft genug widersprechenden, ihren vereinfachten Modellen, die alles andere als die Komplexität der Wirklichkeit widerspiegeln, ihren Teil daran mit. Eben mit dem Paradoxon, dass jede weitere mathematische Variable die Komplexität exponentiell erhöht, die Transparenz der grundsätzlichen Zusammenhänge eher verschleiert, sich also von der pragmatischen Realität immer weiter entfernt.

Professionalität des Staatsapparats
Die Erkenntnisse der ökonomischen Theorien der letzten zwei Jahrhunderte kamen – unabhängig von Einseitigkeiten, der überwiegend „geldorientierten" Nutzen-maximierung – wie die letzten weltumspannenden Krisen zeigten, sehr schnell an die Grenzen ihrer Praktikabilität und bilden die reale Wirtschaft bei Weitem nicht ab. Bekannt ist, dass wesentliche Einflussfaktoren wie Motivationen, Einstellungen, Liebe und Freundschaft wie auch sonstige persönliche Präferenzen, neben den auf den Märkten mitagierenden Institutionen, Banken und Kreditmärkten, National-

banken und der Politik, die Entwicklungen ganz entscheidend mitbestimmen. Elemente, die nicht nur die Komplexität mathematischer Verfahren an ihre Grenzen bringen, sondern auch das Verständnis für die realen Prozesse wie insbesondere deren Interpretation verschleiern. Kein Wunder, dass für so manch katastrophalen Auswuchs – und oft genug offensichtlichen und eindeutigen Problemen – vielfältige Meinungen und Argumente vorliegen und damit jede politische (zumindest demokratisch legitimierte) Gegensteuerung behindern.

Wie oben erwähnt, sind steigende Staatsausgaben – und zwar in Relation zum BIP – seit mehreren Generationen Fakt, insbesondere in Demokratien, in denen Einflüsse eher populistisch unterlegt sind. Einhergehend mit dieser Entwicklung ergibt sich ganz logisch die steigende Verschuldung. Die Steuern- und Abgabenbelastung bewegt sich zwangsläufig mit nach oben – da Staaten sich bis dato nicht unter Wettbewerbsdruck mit anderen Staaten fühlen (zumindest die Verantwortlichkeit der Entscheidungsträger fehlt). Eine steigende Verschuldung ist eben Resultat demokratisch nicht mehr eindämmbarer Wünsche machtvoller Interessensgruppen. Sind Staaten stärker autoritär regiert, korreliert so persönlicher Nutzen (und persönliche Verantwortlichkeit), d.h. eher persönliche Attitüden der Regierenden, und dann ist anzunehmen, dass die Tendenz eines ausgeglichenen Haushalts wahrscheinlicher wird – sofern gerade diese „Clans" in der nachhaltigen Stabilität eine hohe Sicherheit des Machterhalts vermuteten.

Beide Fälle zeigen, dass in der Fülle demokratischer Entwicklungen seit Mitte der Aufklärung, die Vernachlässigung der Wirtschaftlichkeit des Staatsapparats ihre Grenzen erreicht hat, zwangsläufig im Mittelpunkt jeder seriösen Staatsführung stehen muss. Bisherige Ausführungen zeigen jedoch auch, dass Demokratien keine wirtschaftspolitisch prägende Kraft haben und die wirtschaftliche Insolvenz – mit all ihren dramatischen persönlichen und politischen Folgen – nicht ausschließen können; dass autoritäre Strukturen eher wirtschaftlich-rational steuerbar scheinen, wenn möglicherweise auch soziale Aufgaben zu kurz kommen. Die Wirtschaftlichkeit einer Nation, und damit ihr Wohlstand, ist primär Resultat einer nachhaltig professionellen Führung des Systems – egal ob demokratisch oder autoritär legitimiert. Für Unternehmen ist das Resultat einer erfolgreichen Führung nach einem überschaubaren Zeitraum von wenigen Jahren zu erkennen. Für Staaten ist der Weg zum Erfolg oder Niedergang ein sehr langer, zumeist schleichender – eben schwer fass- und nur im Generationenvergleich nachweisbar, jedoch kontinuierlich.

Demokratische Willensbildung
Klar ist daher, Demokratie – nach unserem heutigen Verständnis – ist nicht mehr so zu gestalten wie unsere Altvordersten noch philosophierten. Das verhindert alleine schon die Bevölkerungsdichte, die Vernetzung und ganz einfach die technologischen

und kommerziellen Veränderungen wie das Wachstum ganz allgemein, noch dazu mit dieser unübersehbaren Menge gut ausgebildeter Individuen. Es zeigt aber auch, dass aus der Komplexität der Zusammenhänge und dem unterschiedlichsten Niveau einer Bevölkerung, noch dazu mit Tendenzen zur direkten Demokratie und so des zunehmenden Einflusses von Minoritäten und individueller Wünsche vieler, unsere demokratischen Gewohnheiten schon heute, und insbesondere für die Zukunft, wenig praktikabel erscheinen. Eigentlich mogeln sich unsere Demokratien gerade noch so durch – ohne angepasstes demokratisches Konzept, das weitestgehend doch den Einzelnen miteinbezieht. Der für Demokratien notwendige Kommunikationsprozess, als Grundlage der Willens- und Entscheidungsbildung, des Diskurses über unterschiedlichste Erwartungen, von oben nach unten und vice versa, wird immer brüchiger, die Legitimierung der Regierungen durch den Souverän immer fragwürdiger. Die Entfremdung nimmt zu, die Gemeinsamkeit, die Identifikation immer mehr ab. Einen demokratisch gestalteten, in sich eindeutigen Willensbildungsprozess gibt es kaum mehr – wenn man von der periodischen Wahl immer ähnlicher werdender Parteien absieht, als eigentlich lustloser, zunehmend unsicherer Entscheidungsprozess des Einzelnen. Zu viele unterschiedliche Momente wirken.

Gleichwohl haben wir doch die Technologien, für jeden das angepasste Kommunikationsinstrument, als Bindeglied der Hierarchien staatlicher Verwaltung zum Bürger. Aber wie werden sie genutzt? Sie unterliegen privatem Kommerz, der freien Marktwirtschaft, mit dem Resultat des Niedergangs in laue Unterhaltung (im Sinne der Quoten). Keine Frage, staatliche Regulierung wäre das falsche Signal. Natürlich wäre eine Selbstverpflichtung der Medien wünschenswert, allerdings ebenfalls wenig praktikabel. Und ob die staatliche Verwaltung in der Lage ist einen wertfreien, qualitativen und informativen Kommunikationsprozess zu sichern, darf auch bezweifelt werden. Ist jedoch eine verdichtende Kommunikation eine zwingende Voraussetzung lebhafter Demokratie, mit weitestgehendem Einbezug des Bürgers, so sind vorerst wohl strategisch Wege zu finden. Schlussendlich werden sie sich auf Bildung und Änderung des Präsentations- und Diskursverhalten konzentrieren müssen.

Bis dato allerdings – und das seit Demokratien bestehen – blieb diese Frage ungelöst, auch wenn sie schon alle möglichen Denker auf den Plan gerufen hat. „Trotz aller Schwierigkeiten ihrer Arbeitsweise bieten die Parlamentsversammlungen die beste Regierungsform, welche die Völker bisher gefunden haben, um sich vor allem möglichst aus dem Joch persönlicher Tyrannei zu befreien. Sie sind jedenfalls das Ideal einer Regierung, wenigstens für Philosophen, Denker, Schriftsteller, Künstler und Gelehrte, kurz für alle, die den Gipfel einer Kultur bilden. Sie bergen eigentlich nur zwei ernstliche Gefahren in sich: Die übermäßige Verschwendung der Finanzen und die zunehmende Beschränkung der persönlichen Freiheit. Die erste Gefahr ist die notwendige Folge der Ansprüche unter Kurzsichtigkeit der freien Massen" (Le Bon, Ende des 19. Jahrhunderts).

Einkommens- und Wohlstandsverteilung
Der Streit um die Verteilung eines erwirtschaftenden Nutzens ist uralt. Von den alten Stammesgemeinschaften bis zu den heutigen Unternehmen und dem Staat, bei jedem Rechtsakt, jedem Kauf, Verkauf, bis zu jeder Investition und Dienstleistung. Alle suchen ihren maximalen Nutzen, als Grundlage der ökonomischen Theorien. Erst in den letzten Jahrzehnten wird immer bewusster, dass die reine (materielle!) Nutzenmaximierung (wenn auch ökonomisch bewertbar) nicht ausreicht, im Gegenteil, soziales Verhalten – sofern die Grundbedürfnisse gedeckt sind – genauso entscheidungswirksam bleibt.

Zwar schöpfen die Wissenschaften immer neue Erkenntnisse, Teile davon widersprüchlich, dennoch ist das menschliche Verhalten nicht annähernd ergründet, nämlich wie es Entscheidungen und Handlungen auslöst. Richtig ist jedenfalls, dass die Umwelt die Erwartungen bestimmt, Verhalten steuert. Bleiben die Grundbedürfnisse ungedeckt, wird umso aggressiver agiert, je nach persönlicher Fähigkeit und Möglichkeit. Nun zeigt die temporär relativ stabile Entwicklung der Demokratien, dass sich der Abstand zwischen Arm und Reich immer mehr erhöht, unglaubliches Vermögen bei Einzelnen sich ansammelt, bei dementsprechender Frustration der Masse – und zwar je stärker ihre Existenzbedingungen beschnitten werden und der offensichtliche Abstand wächst. Den ersten gravierenden Umbruch aus dieser Erkenntnis bewirkte bereits Karl Marx, der zwar richtig erkannt hat, dass sich Kapital in immer weniger Händen kumuliert und – der Beweis ist nicht eindeutig (je nach Auslegung) – zu seiner Selbstzerstörung führt. In unserer Wohlstandsgesellschaft allerdings, in den westlichen Demokratien, erleben wir schon wieder einen ähnlichen Prozess. Kapital, einmal vorhanden, vermehrt sich normalerweise zwangsläufig und erhöht den Abstand zur Existenzgrundlage der Massen immer mehr, zu denjenigen, die aufgrund ihres Einkommens gerade noch in der Lage sind ihre Existenz zu sichern. Dazu kommt noch, dass – in der modernen Industriegesellschaft – immer weiter automatisiert und rationalisiert wird, der Bedarf an Arbeitskräften zurückgeht, damit weitere Existenzmöglichkeiten zerstört werden, Arbeitslosigkeit so kontinuierlich steigt.

Der Gini-Koeffizient zeigt als allgemeines Maß der Einkommensgerechtigkeit, dass innerhalb der letzten 25 Jahre die Ungleichheiten zugenommen haben (von 0 bis 1, null für eine perfekte Gleichheit der Einkommen). In den Vereinigten Staaten ist er von 0,34 auf 0,38 Mitte 2000 gestiegen, in Deutschland von 0,26 auf 0,30 und insbesondere in China ist er von 0,28 auf 0,40 gesprungen, als allgemein internationaler Trend – mit nur wenigen Ausnahmen. Zwar wird zu Recht diskutiert, ob Ungleichheit oder Armut das eigentliche Problem ist. Vermutlich gilt beides, je nach lokaler Relation. Wachsende Einkommensunterschiede jedoch sind ein Hinweis für persönliche Vorteile in der Wettbewerbsfähigkeit, vorwiegend dank kumuliertem Vermögen, und verschärfen – hat die große Masse keine Möglichkeit die wachsende Diskrepanz zu überbrücken – landesinterne Auseinandersetzungen, gefährden jedenfalls den inneren Frieden und sind – wie wir oben gesehen haben (Kap. 6.5.) – ein zunehmend irreversibler Prozess. Also, ist es eine der wesentlichen Aufgaben einer Regierung, zu starke Spreizung zu verhindern, aber dennoch – und genau deswegen – die Leistungs- und Einsatzbereitschaft hoch zu halten. Wiederum eines der Probleme, die Demokratien in sich schwer bewältigen können.

Diplomatie in der Staatengemeinschaft
Erst nach dem Zweiten Weltkrieg, nach den verheerenden weltweiten militärischen Auseinandersetzungen, im Angesicht einer Bevölkerungsexplosion und mit den erkennbaren Grenzen ökologischer und geologischer Ressourcen, wurde schön langsam bewusst, dass es mit der autonomen Gestaltung eines Staates endgültig vorbei ist. Technologische Entwicklung und internationale Vernetzung haben einen Grad erreicht, der eine national-eigenstaatliche Entwicklung grundsätzlich ausschließt. Schon seit Mitte der Aufklärung haben sich – noch in getrennten Blöcken, die sich auch in kriegerischen Auseinandersetzungen verbunden fühlten – verschiedenartige Vernetzungen von Staaten entwickelt, teils aus handelspolitischen, teils aus machtpolitischen Überlegungen der jeweiligen Potentaten. Die westliche Welt, die dann später hochzivilisierten Staaten, haben gelernt möglichst friedlich miteinander auszukommen und können kraft ihres ökonomischen und militärischen Übergewichts auch eine relative Stabilität weltweit beeinflussen; wenn auch vielfach sowohl handelspolitisch wie auch militärisch, immer nach Gutdünken interessierter Gruppen, intervenierend.

Aus der sich nun in den letzten 20 Jahren so kulminierenden, so dichten Vernetzung der Menschheit, hebelt sich jede autonome, nur auf den eigenen Staat bezogene Maßnahme grundsätzlich aus. Jede nennenswerte Aktivität staatlicher Akteure verursacht in irgendeiner Form internationale Reaktion. Nachhaltigen Merkantilismus gibt es nicht mehr. Staatliche Strategie zwingt zu Gemeinsamkeiten und zur Kooperation, egal mit welchem Regierungssystem. Die Pflege internationaler Beziehungen erwartet einen anderen Stellenwert und erfordert zunehmend innerhalb des globalen Systems die Bereitstellung öffentlicher Leistungen. Je autoritärer, je autonomer Staaten regieren können – kraft ihrer wirtschaftlichen (und latent damit auch militärischen) Stärke –, umso effizienter können sie Veränderungen initiieren und auf Einflüsse reagieren. Liberale Demokratien sind alleine schon aus dem zähen Meinungsbildungsprozess zwangsläufig benachteiligt.

Die Welt steht – und zwar wieder ohne Erkenntnisse aus der Vergangenheit – vor völlig neuen Voraussetzungen. Soziologische Erfahrungen wie wir sie aus den zwischenmenschlichen Prozessen kennen, werden auch zwischen Staaten wirken, da schlussendlich die Erkenntnisse aus dem menschlichen Verhalten sich auch in staatlichen Entscheidungen niederschlagen. Sie müssen in strategischen Überlegungen – und die wären eine grundsätzliche Voraussetzung staatlicher Gestaltung – eine entscheidende Rolle spielen. Je kleiner, je autonomer, je professioneller die Entscheidungsstrukturen und je stringenter verbunden wirtschaftliche und machtpolitische Überlegungen in einem staatlichen System sind, desto effizienter ist der Staat verwaltet und desto wirtschaftlicher kann er sich im internationalen Machtgefüge positionieren. Liberale Demokratien haben so zwangsläufig gegenüber autoritären Regimes nicht nur strategischen, damit wirtschaftlichen, sondern auch einen machtpolitischen Nachteil. Und zwar so tief greifend, dass selbst die demokratischen Grundlagen aufgehoben werden könnten. Innerhalb einer Volksgemeinschaft bestimmt (noch) der Staat die Regeln des Zusammenlebens. In der Gemeinschaft der Staaten ist es mehr oder weniger nicht anders – es bestimmen ebenfalls die Machtverhältnisse. Gleichgewicht der Staaten untereinander besteht nur, wenn es Führung gibt, sei es durch eine mächtige Nation oder durch staatliche Gemeinschaften (bei individuellem Souveränitätsverzicht) oder aber auch – allerdings nur temporär – durch sich stabilisierende Blöcke (wie wir es nach den Weltkriegen erlebt haben), wobei auch sie innere Führung erfordern. Allerdings zeigt die Praxis, dass, wenn Wohlstand gesichert scheint, der Mensch saturiert ist, er nicht bereit ist Souveränität abzugeben (bis es zu spät ist). Es ist eben eine Frage der Reife, des Verhaltens im Sinne der Gemeinsamkeit, der Nachhaltigkeit – durchaus im „egoistischen" Sinne.

Je länger Gesellschaften in sich geschlossen leben, umso differenter entwickelt sich deren Kultur zu anderen Völkern. Was zwar kein Widerspruch zu demokratischem Verhalten ist, aber doch zu einem kulturell individuellen Demokratieverständnis führt. So sind Demokratien in sich – wie erwähnt – aus ihrer geschichtlichen Entwicklung geprägt. Und zwar so prägnant und nachhaltig, dass selbst über mehrere Generationen kaum Mentalitätsveränderungen festzustellen sind. Einige Beispiele:
- Japan: ein Land, das bis in jüngere Zeit sich über Jahrhunderte bewusst von der Außenwelt abgeschottet hat, auch besonders autoritär und hierarchisch geführt wurde. In Gemeinschaften lebte, in denen der Einzelne viel stärker als in westlichen Staaten als Teil des Ganzen gilt, sich dem Wohle seiner Gemeinschaft unterzuordnen hat. Es besteht hohe Konformität und eine straffe Hierarchie – es ist eine einseitig getrimmte Gesellschaft. Nicht nur vertikal, sondern auch horizontal werden Abweichungen über gesellschaftliche Ächtung sanktioniert, Individualität ist verpönt. So bestimmte über lange Zeiträume der Feudaladel die Geschicke, bei Unterwürfigkeit der breiten Bevölkerung, die

selbst die heutige Urbanisierung und hohe Bevölkerungsdichte nicht gänzlich aufheben konnte, die bis in die heutige Zeit reicht und demokratische Gegenströmungen aus breiten Bevölkerungsschichten kaum aufkommen lässt. Die Dynamik der Demokratie spiegelt sich in den Wahlergebnissen wider, die schlussendlich aber kaum zu Veränderungen im politischen Filz der uralten Clans und bürokratischen Verkrustungen führen, notwendige Reformen verhindern und zum Stillstand eines eigentlich überaus leistungsfähigen Volkes beitragen. Sollte sich eine tatsächliche demokratische Teilhabe, wie wir sie im Westen gewohnt sind, entwickeln, wird es Generationen dauern. Einstellungen und Verhalten bewirkten, dass sich das System – auf unserem eindimensionalen Modell – maximal nur bis zur Mitte (falls überhaupt) bewegt hat.

- USA: Puritanisch-protestantisches Denken beherrscht seit Beginn die Philosophie des Souveräns, wie es Max Weber so treffend formuliert hat. Das daraus abzuleitende Erfolgsdenken, kapitalistisches Verhalten, hat sich – dank der wirtschaftlichen Übermacht der USA und dem Niedergang der kommunistischen Staaten – weltweit wie ein Krake verbreitet, beherrscht (derzeit noch) weltweites Denken und Handeln. Selbst die nationale Borniertheit, mit der Freiheit des Einzelnen als Fundamentalphilosophie (was sich in einer seriösen, solidarischen, insbesondere demokratischen Gemeinschaft sowieso auf Dauer nicht halten lässt, s.o.), resultiert aus diesem Grundverhalten. Unvorstellbar, dass selbst in Generationen ein Nationen übergreifendes Solidaritätsgefühl, wie es sich in Europa entwickelt hat, in den USA in absehbarer Zeit möglich wäre.
- China: s. Kap 2.4.2., 6.2. und 6.5.
- Osteuropa: In Russland, wie insbesondere auch in seinen südlichen Anrainerstaaten, haben sich über Jahrhunderte Strukturen und Verhaltensweisen gebildet, verstärkt noch durch den alles überwachenden Sowjetstaat, die zwangsläufig auf Generationen hinaus eine „straffere" Führungskultur erfordern, als z.B. in den westeuropäischen Staaten. Das Chaos nach dem Zusammenbruch der Sowjetunion, mit der Verschleuderung des Volksvermögens an wenige, hat nicht nur auf Jahrhunderte die Vermögensverhältnisse vorbestimmt, sondern auch einen alles umfassenden Bürokratismus, mit dementsprechender Korruption, beibehalten. Versteht man die inhärenten Verhaltensmechanismen, so ist demokratisches Verhalten wie in Westeuropa – selbst bei kontinuierlicher Entwicklung – auf Generationen hinaus nicht vorstellbar.

Internationalität bedeutet immer auch Vergleich. Vergleich des Wirtschaftspotenzials, der militärischen Stärke, des Ansehens, der Größe, der Ressourcen, der Effizienz, besonders der Kultur, insbesondere aber auch des Verhaltens der Regierungssysteme. Ist zwar davon auszugehen, dass kein Regierungssystem dem anderen gleicht und jedes sich außerdem selbst laufend dynamisch verändert, ist es dennoch wesentliches Kriterium wie Regierende mit dem System, den Ressourcen und Menschen, tatsächlich umgehen – und zwar umso autonomer, je schwächer sie als Quasi-

Demokratie ist. Führende sind eben die entscheidenden Wirkungsfaktoren. Je kraftvoller, je mächtiger sie ihren Staat beeinflussen, desto stärker sind sie anerkannte Repräsentanten. Jahrzehntelang können sie Quasi-Demokratien repräsentieren, bis sie entweder friedlich abgewählt oder per innere Revolution abgeschossen werden. Die Beispiele sind Legion. Alle Zweifel innerhalb der mehr oder weniger befreundeten Staaten zu den „Despoten" sind so lange sekundär, solange einerseits eben deren Führungsanspruch besteht und andererseits bilaterale Beziehungen Nutzen sichern. Schlussendlich hängt es von der Diplomatie, von der Sensibilität (eigentlich vom Geheimdienst) „befreundeter" Staaten ab, ob sich die Beziehungen nach einem Führungswechsel eben verstärken oder im negativen Fall – fehlt eben diplomatisches Geschick – sogar abbrechen können, bis zu all den schwerwiegenden wirtschaftlichen und menschlichen Zusammenbrüchen.

Wohlstandsdiskrepanzen und Nachbarschaftshilfe
Es war immer so, mächtige Staaten haben schwächere ausgebeutet, übervorteilt. Allgemein haben Bevölkerungen dann einerseits gelitten, gehungert oder wurden ausgeblutet, und andererseits die Mächtigen, die Stärkeren, wenn auch intern unterschiedlich, durchaus profitiert. Es war eben, und ist es bis heute, ein ehernes Gesetz – der Schwächere wird übervorteilt. Gier beherrscht (nach wie vor noch) die Welt – wie zwischen Unternehmen und im Privaten, den Interessen innerhalb der Staaten. Aber warum, sollten wir uns fragen, sind die Lebensstandards zwischen den Staaten so unglaublich unterschiedlich? Naturbedingt oder selbstverschuldet? Die Geschichte hat uns gezeigt, Völker sind aufgetaucht, aber wieder vergangen. Wohlstand konnte lokal wachsen, aber genauso wieder vergehen. Viele Faktoren spielen zusammen. Vorerst ökologische, die aber nur nutzbar sind, wenn Menschen sich zusammentun und einer davon (verbunden dann mit mehreren) eben in der Lage ist werteschaffend zu führen, nachhaltig die (ureigensten) Ressourcen zu pflegen und zu sichern.

Einfacher ist es anderen etwas wegzunehmen, sie zu überfallen, Kriege zu führen (dann allerdings nimmt das Risiko alles zu verlieren, schon wieder zu). Ein bis dato weltweit praktiziertes Prinzip der ganzen Menschheit. Warum sind die (machtsichernden) Werte aber dann doch so unterschiedlich verteilt? Wir begnügen uns, etwas oberflächlich, mit dem Augenscheinlichen: Den fehlenden ökologischen Vorteilen, den mangelnden natürlichen Ressourcen, in heutiger Zeit noch dem fehlenden Kapital. Was aber nicht stimmen kann, gebe es eben nicht die offensichtlich menschliche Fähigkeit sich zusammenzutun unter einem der führt. War doch bis in die Aufklärung Kapital eher das Mittel zum Zweck, nämlich um Heere und Expeditionen zu rüsten, Handelsgesellschaften zu gründen, um eben interessante wirtschaftliche Ziele, d.h. mit Engagement und Gleichgesinnten, zu verfolgen, andere auszuplündern. Investoren bekamen dann schon ihr Geld zurück (oder auch nicht, wenn es in Chaos mündete; Risiko war allemal einkalkuliert). D.h., schlussendlich reduzierte sich der Erfolg eines Stamms, einer Nation, einer Unternehmung, auf die Ansammlung Gleichgesinnter mit entsprechenden Fähigkeiten (Ausbildung, Mut, technische Überlegenheit) unter einem, der diese Fähigkeiten sinnvoll koordinieren konnte. Kapital war dann immer schon da, bereit zu finanzieren, sofern das Risiko-Ertrags-Verhältnis persönlicher Intuition entsprach. Gehen wir in der Geschichte zurück, bestätigt sich dieser Zusammenhang vielfach – natürlich auch für Staaten. Wobei das Beispiel schon zeigt, dass sowohl demokratische Prozesse (die Wirksamkeit Gleichgesinnter), aber auch autoritäre Züge (die Unterordnung unter einem Führer) für den gemeinsamen Erfolg die entscheidende, aber eben gemeinsame Voraussetzung bildet.

Erkennen wir diese Zusammenhänge an, dann verstehen wir auch den Rückstand so vieler Länder, das Chaos, das durch Dürren, Überschwemmungen, durch korrupte, machtbesessene, gierige und unfähige Führer erst ausgelöst wird, ist es doch schon über Generationen latent in den (ökologischen) Strukturen vorhanden. Natürliche Katastrophen kehren doch immer wieder, sind geologisch und klimatisch bedingt. Wenn sie auch nicht beherrschbar sind, können sich Staaten, wie schon in Urzeiten die Stämme, darauf einstellen, vorsorgen. Keine Frage, auch in unserer modernen Zeit ist Hilfe in der Not eine Selbstverständlichkeit (Kap. 5.3.4.), allerdings als Hilfe zur Selbsthilfe. Unkoordinierte ausländische Hilfen, jahrzehntelange Versorgung hungernder Bevölkerungen, wenig Verständnis der Unterstützenden für die tatsächlichen geologischen, klimatischen und stammesgeschichtlichen Zusammenhänge und Kulturen, sind kontraproduktiv, und fördern keinesfalls Eigenständigkeit und nachhaltige Verbesserung. In vielen dieser Staaten herrscht primitives und korruptes Führungsverhalten (ähnlich wie bei uns im Mittelalter?), das sich ja nicht von heute auf morgen ändern wird.

Die Entwicklungshilfe eines halben Jahrhunderts ist gescheitert. Mitschuld tragen an den immer wieder periodisch auftauchenden Desastern – so paradox es klingt – die aus Mitleid unterstützenden Staaten. Und paradox ist ferner, dass es vorwiegend demokratische Staaten sind, die sich aus falsch verstandenen Solidarität auch falsch verhalten, statt den Ländern zu helfen, *ihren eigenen Weg zu finden*, wird, aus der Kurzsichtigkeit eines anderen Erfahrungshintergrundes, bevormundet (aus Sicht eigener Marktbedingungen und Ressourcenverwertung), wirkt so eben kontraproduktiv. Ungewollt unterstützen sie damit autoritäre Systeme – also genau das Gegenteil, als beabsichtigt, und anders, als öffentlich propagiert. Über Mittelsmänner und verschachtelte Eigentumsverhältnisse sichern sich die Machthaber nachhaltig Rohstoffressourcen und Ländereien, die ihnen über Jahrzehnte zu ungeheuerem Vermögen verhelfen. Was schlussendlich den „unterstützten" Staaten dann tatsächlich zugute kommt bleiben Brosamen: Der Bau ausgedehnter Infrastrukturen (als Verkehrsverbindungen zu den Minen der Investoren), die Gestaltung neuer Hafenanlagen (zum Abtransport der Erze und Nahrungsmittel), Gas- und Erdölleitungen (zur Versorgung des international gewaltigen Energiehungers), die Erweiterung der Eisenbahnnetze und die Modernisierung von Flughäfen (für den raschen Zugriff auf weitere Ressourcen) und öffentliche Bauten (als Imagepflege gegenüber der Öffentlichkeit, falls sie dann tatsächlich realisiert werden wie vorgesehen), etc. Alles urkapitalistisches Denken, nichts Bodenständiges zur Entwicklung und Förderung lokaler Kulturen, zu lokaler Selbstständigkeit.

Theoretisch könnte man sich durchaus vorstellen, dass jedes Land (und selbst das ärmste) der Erde in der Lage wäre, einen wertvollen Beitrag für die Weltgemeinschaft zu leisten (Schutz, Pflege und Genuss der Natur, Tourismus, Kultur, ökologische Voraussetzungen, Altersruhesitze, Gesundheit, aber auch Wissen, Dienstleistung, Nahrungsmittelproduktion, Energie, etc.); und so auch Wohlstand der einheimischen Bevölkerung – bei relevanter nachhaltiger Bildungsangleichung – mit durchaus vergleichbaren Lebensstandards sichern könnte. Und selbst ökonomisch wäre dieser Prozess für die „asssistierenden" Länder zu vertreten, unabhängig von der Regierungsform. Und welche Staatsformen bei den unterstützenden Ländern angestrebt werden sollen, muss genauso offen bleiben (jedenfalls bleibt es ein innerkultureller Vorgang). Gelingt es in den Ländern Eigendynamik, einen breit gefächerten unternehmerischen Geist zu initiieren, beginnt sich die weitere Entwicklung zu verselbstständigen. Hat der Prozess einmal begonnen, resultieren daraus schnell innovative Ableger und weitere Unternehmungen, wie wir es vielfach in der zivilisierten Welt schon gesehen haben (extrem z.B. um die Bay von San Francisco mit der Ansammlung innovativster und erfolgreichster Unternehmen, aber auch viele andere). Allerdings, Altruismus als finanzielle Unterstützung alleine reicht nicht, wie wir seit gut einem Jahrhundert gelernt haben sollten. Ist doch die (negative) Tugend der Gefolgsleute autoritär agierender Nationen, der lokalen Potentaten, die weit verbreitete Korruption, eine Begleiterscheinung stringent kapitalistischen Verhaltens. Eine Tugend, die uns eben schon seit Jahrtausenden schmerzlich begleitet, aber genau in unserer Zeit extreme Höhen erlebt. Die moderne Entwicklung, die angenehmen Begleiterscheinungen des Konsumerismus, dienen als Vorwand zur Plünderung anderer.

Verhalten, Ethik und Wissenschaft
Gedanken zur Ethik, mit ihren Ausprägungen, dem Verhalten, bestimmen, zumindest inhärent, jede philosophische Betrachtung seit Urzeiten. Menschliches ist eben Grundlage aller unserer Gedanken, unseres Verhaltens. Je „kultivierter" das gesellschaftliche Klima sich zeigt, desto moralischer gestalten sich die zwischenmenschlichen Beziehungen – jedenfalls als allgemeine und intuitive Meinung. Ob es tatsächlich so ist, ist nicht zu beweisen, eventuell ist „Amoralisches" nur verdeckt (z.B. in den extremen Auswirkungen marktwirtschaftlicher Prozesse).

Jedenfalls nimmt auch (unterstützt durch internationale Organisationen) die Bedeutung z.B. der „Menschenwürde" weltweit zu und im lokalen Rahmen spiegelt sich Moralisches durchaus in den Gesetzeswerken und Gewohnheiten des Zusammenlebens wider. Selbst in den Unternehmen hält es als Compliance-Regel immer stärker Einzug, auch wenn die Dinge manchmal übertrieben werden. Trotzdem ist nicht zu verhindern: Findige finden eben immer Ansätze für lukrative Geschäftsmodelle auf Kosten anderer. Z.B. die USA – kraft ihrer Position und ihres Potenzials –, die schon mal einseitige Vorgaben initiieren und durchsetzen, um selbst ausländische Unternehmen in Haftung zu nehmen, falls sie US-Interessen tangieren. Heere von Anwälten finden lukrative Geschäftsfelder und international operierende Unternehmen sind gezwungen hohe Kosten zur Verteidigung aufzuwenden. Selbst Androhungen der US-Staatsanwaltschaften führen zu Kompromissen mit Bußgeldern, was die Sinnhaftigkeit (ethischer Grundsätze) schon wieder infrage stellt. Was treibt denn Personen und spezifische gesellschaftliche Gruppen an andere auszunützen, zu betrügen, kriminell zu schädigen?

Wohlstandsgesellschaften, unsere Demokratien, tendieren zu einer Aufblähung von Gesetzen und Regeln (mit zunehmenden Überschneidungen), bei Steigerung der Kosten (paradoxerweise im BIP als Leistung ausgewiesen), einer Verstarrung gesellschaftlichen Lebens und Hemmung der Leistungsbereitschaft. Darüber hinaus bevorzugen sie Privilegierte, als weiteres Indiz der Aushöhlung grundsätzlich demokratischen Verständnisses – eigentlich nichts Neues, nur immer wieder verdrängt. Schon Papst Benedikt XVI. hat Ende September 2011 in einer Rede über die Grundlagen der Politik verlangt, Werte dürften nicht von der Wissenschaft [Anm.: kapitalistisch unterwandert] verdrängt werden. Das Hineinhören in die Gesellschaft sei so wichtig wie das Regeln: „Politik braucht ein hörendes Herz."

Verhalten und Ethik jedenfalls sind ein Resultat unserer Soziologisierung, oder besser unserer Bildung; und nach der Lesart des letzten Jahrhunderts, von Wissenschaft und Forschung, diese aber als Konglomerat vielfältiger Zersplitterung von Fachthemen. Waren die großen Denker, bis Beginn der Aufklärung, noch in universellen Gebieten zu Hause, je nach individueller Neigung und Umfeld, so zwang die zunehmende Komplexität in den einzelnen Wissensgebieten zur Spezialisierung. Mit dem gravierenden Nachteil eines zunehmend und spürbaren Verlusts ursprünglicher, selbstverständlicher Universalität (vielleicht war das doch gerade die Grundlage überragender, Jahrhunderte überdauernder Erkenntnisse). Die Überzeugung nimmt zu, dass – z.B. in den Wirtschaftswissenschaften, über schmerzvoll erfahrene Krisen – mathematisch-rationales Denken alleine, bei Weitem nicht reicht, um eben die vielfältigen Einflüsse besser zu verstehen, dass eben Soziologie und Psychologie, wie viele andere geisteswissenschaftliche Themen, in die Modelle mit einzubeziehen wären.

Regularien und ethische Werte des Zusammenlebens haben, seit Menschen sich in ersten Ansammlungen zusammenfanden, immer die Gemeinsamkeit gesichert, Über lange Zeiträume – je nach tragender Kultur – wurden sie verfeinert, angepasst, teils rationaler, teils stärker religiöser Natur, je nach Staatssystem mehr oder weniger different. In einer multikulturellen Gesellschaft überschneiden sich allerdings sowohl Einsichten wie auch Gesetze. Assimilieren sich ethnische Gruppen nicht, bilden sich Parallelgesellschaften, überschneiden sich unterschiedliche Einstellungen und Auslegungen. Neben den komplexen (mehr oder weniger rationalen?), auf Basis einer Verfassung beruhenden Gesetzeswerken, regulieren ethnische Gruppen dann ihre Zwistigkeiten nach religiöser oder kultureller Überlieferung und kommen so mit den lokal kulturellen Eigenheiten, dazu noch übergeordnet nationalen Gesetzen, in Konflikt. Ein weltweit allgemein ungelöstes Problem – in einer zunehmend vernetzten Welt.

Identität und Entwicklung der Gesellschaft
Eine Gesellschaft bestimmt sich über ihre Identität und der Staat sich daraus. Identität einigt und gibt das Gefühl der Gemeinsamkeit – das berühmte Wir-Gefühl. Je mehr identitätsstiftende Eigenschaften einem Staat zugeordnet werden, desto fester ist innere Bindung zu vermuten. Sie definiert sich ursprünglich aus der Familie, dem Stamm, der Rasse und der Sprache, in weiterer Folge der gemeinsam gelebten Kultur, als langfristige, über Generationen prägende Bindung. Sie bietet Zusammenhalt und vermittelt Sicherheit, das beruhigende Gefühl des Miteinanders, die Abgrenzung gegenüber anderen (als Keimzelle von Differenzen und Auseinandersetzungen). Kurzfristige Identitäten interessieren hier weniger, seien es die sich täglich bildende, sofort wieder in Vergessenheit geratende, momentanen oberflächlichen Interessensübereinstimmungen oder lose Verbindungen über Vereine und Arbeitsgruppen, sondern die nachhaltigen, jene über größere Gemeinschaften, die Gemeinden, Städte, etc. Diese fundamentalen, die staatenbildenden, überdauern Generationen. Denken wir nur daran wie große Reiche zerfallen, Teile aber dennoch immer wieder bestrebt sind sich auf Basis ihrer ursprünglichen Identität wieder neu zu gestalten. In Gebilden eben, die Identitäten wie Religion, Sprache und Rasse widerspiegeln. In Identitätshierarchien die, je fundamentaler, je länger sie in einer Gesellschaft existent waren, desto fester auch verankert sind. Sie bleiben – selbst wenn über Generationen unterdrückt – im soziologischen Gedächtnis einer Gesellschaft temporär erhalten, wenn auch verblassend, schemenhaft, weit entfernt. Dennoch – treten politische Umbrüche ein – bilden sie das gemeinsame Fundament, das Wir-Gefühl als Widerstand oder Entwicklungspotenzial, den psychologischen Halt als treibende Kraft.

Wohlstand und technologische Grundlagen der modernen Gesellschaft scheinen diese Identitäten aufzuweichen. Auch die damit offensichtlich einhergehend zunehmende

Säkularisierung dürfte den Prozess fördern. Die gesellschaftlichen Bindungskräfte zerfallen – langsam, unmerklich, schleichend. Mühsam geschaffene politische Unionen und große Staaten bleiben in ihrem politischen Gefüge nur latent stabil, mit Tendenzen – bei gravierenden Differenzen –, dass sich Sekundärgemeinschaften auf anderer Identitätsstufe wiederfinden, zusammenschließen. Je älter politische Strukturen sind, desto widerstandsfähiger scheinen sie gegen Zerfallsprozesse. Dass totalitäre Regimes alle ihnen technologisch zur Verfügung stehenden Mittel zur Stiftung eines Gemeinschaftssinnes anwenden, hat uns die jüngere Vergangenheit leidvoll gezeigt. Kriege sind eben nur über ein Höchstmaß an persönlicher Identität der Glieder zu führen. Fehlt sie, ist eine externe Auseinandersetzung von Haus aus schon verloren.

Die Religion ist vermutlich die am stärksten identitätsbildende Kraft, das religiöse Bedürfnis eine der stärksten Triebfedern des Menschen, und über Jahrtausende, über alle Religionen hinweg, als kriegsführendes Instrument missbraucht worden. Denken wir nur an die unglaubliche Wirkung welche die Ausrufung der Kreuzzüge durch Papst Urban (1095) verursachte und die Welt verändert hat (natürlich auch dank der katastrophalen wirtschaftlichen und Rechtsverhältnisse für die Massen). Andererseits sind Religionen, in denen die Güter der diesseitigen Welt nichtig sind und/oder die Vervollkommnung in einer anderen Welt angestrebt wird (Buddhismus, Islam), besonders anfällig für die Machtausübung Herrschender. Je tiefer die Religiosität in den Kulturen ist, je stringenter ihre Regeln für den Tagesablauf des Einzelnen, desto stärker sind die menschlichen Bindungen untereinander – insbesondere gegen Außenstehende. So haben Religionen die Weltgeschichte geprägt, aber auch ungeheures Kulturgut hinterlassen.

Die Gesellschaft ist ein morphologischer Komplex. Sie verändert sich ständig. Seit die Menschheit besteht, ist sie (mit Unterbrechungen wie verheerende Kriege, Seuchen, Naturkatastrophen) ständig nur gewachsen. Bis an die zehn Milliarden gegen 2050. Zum ersten Mal ist dann Schrumpfung angesagt. Aber vergegenwärtigen wir uns nur einmal, wie explosionshaft die Bevölkerung erst kürzlich wuchs: Hatte die Welt 1950 noch eine Bevölkerung von 2,5 Milliarden ist sie 2011 auf sieben Milliarden angewachsen. D.h., sie hat sich in 60 Jahren fast verdreifacht (!), mit den weiteren 30-40 Jahren wird sie sich vervierfachen. Daneben verändern sich die inneren Strukturen gewaltig: Die Alterspyramiden stehen fast Kopf, Eheschließungen nehmen rapide ab und der Kindersegen versiegt. Einerseits ist dieses exponentielle Wachstum das Resultat von Ernährungssicherheit, medizinischem Fortschritt und andererseits ein Wohlstandsresultat – auch dank der Emanzipation der Frau. Veränderungen mit so gravierenden Perspektiven, die teils mittels Generationen überspannender Planung für die Masse der Bevölkerung erträglicher gestaltet werden könnte. Plan- und steuerbar bleibt es allemal, allerdings – wie wir gesehen haben – mittels demokratischer Systeme, so wie wir sie bisher erfahren haben und verstehen, nicht. Neben einer Verhaltensänderung (s.o.), wären insbesondere die demokratischen Strukturen zu überdenken, Stärken und Schwächen aus unseren Erfahrungen abzuleiten, Zusammenhänge zu erforschen, neue Ansätze zu finden. Autoritäre Systeme haben zwar – kraft unwidersprochener Entscheidungsstrukturen – bessere Voraussetzungen, allerdings sind sie individuell von wenigen geprägt (selbst wenn ihnen alle Erkenntnisse, aber auch ethische Reife, offen stünde) und damit nachhaltig konträr zu Freiheit, Gleichheit und Gerechtigkeit, eben den (wenn auch schwierig fassbaren) demokratischen Grundlagen.

Parallel zu den Gesellschaften verändern sich auch die Umfeldbedingungen, wirken schlussendlich wieder auf sie zurück. Sie wirken in weiterer Folge auf das Verhalten von Personen, auf ganze Nationen. Und viele dieser Faktoren beschleunigen sich exponentiell, eben konform dem exponentiellen Wachstum der Menschheit. Diese Veränderungen vorherzusehen, gegenzusteuern und sie zu behandeln, ist Aufgabe der Staatsführung. In einer Zeit gereifter Wissenschaft und alles durchdringender Transparenz, stehen genügend Instrumente zur Verfügung, um nachhaltig die Entwicklung von Gesellschaften, den prognostizierten Veränderungen entsprechend, zu unterstützen. Es erfordert allerdings nachhaltiges, vorbehaltsloses, strategisches Denken und Verhalten – und ist systemunabhängig (Kap.8). Autoritäre Regimes hätten hier ihre Vorteile.

Fundamentale gesellschaftliche Prozesse
Schon bei den alten Griechen entwickelte sich die Überzeugung zur Notwendigkeit des Diskurses, will man Neues erfahren und erreichen; d.h. auf Augenhöhe unterschiedliche Erfahrungen und Einstellungen austauschen um Erkenntnisse zu schöpfen, Neues zu kreieren, um Verbesserungen zu erreichen. Ein doch so logischer Aha-Prozess, der zwar – von den Sophisten über Sokrates, weiter über Platon bis Aristoteles – so an die gut 200 Jahre reifen musste und selbst bis heute alles andere als Allgemeingut ist. Kann es auch nicht sein, da selbst in Hellas, genauso wie heute, sich dazu eben Gleichgesinnte, oder besser Personen mit gegenseitiger Anerkennung, d.h. auf relativ gemeinsamer gesellschaftlicher Basis und annähernd ähnlichem Ausbildungsniveau sowie sachbezogener Interessiertheit, treffen und bereit sein müssen – und das ist entscheidend – wertfrei und vorbehaltlos Themen zu diskutieren, Lösungen gemeinsam abzuleiten, und auch umzusetzen. Schon eine Menge Ingredienzien die notwendig sind, um Fruchtbares, gemeinsam erarbeitet, zu bewirken. Kein Wunder, dass es selbst nach mehr als 2.000 Jahren noch immer nicht klappt.

Eines hat sich jedoch grundsätzlich verändert. In Demokratien haben sich diese „Empfindungen" seit den revolutionären Umbrüchen Ende des 17. Jahrhunderts in breiten Bevölkerungsteilen, als eine hierarchie-unabhängiger Teilhabe an der

Gestaltung des Staates, durchgesetzt, wenn auch alles andere als praktikabel und in reiner Form geübt (was, wie wir gesehen haben, lupenrein ja auch nicht möglich ist). Selbst Autokratien kommen, allein aus ökonomischen Gründen, nicht umhin, zumindest teilweise, diese Prozesse zu fördern. Geht doch die wirtschaftliche und gesellschaftliche Prosperität der letzten beiden Jahrhunderte darauf zurück. Humankapital ist in einer hochentwickelten Volkswirtschaft die entscheidende Ressource. Ihre Pflege bestimmt die Zukunft: Wie eben die Menschheit miteinander umgeht, wie sie sich selbst in Ökonomie *und* Ökologie einbettet.

Ungeheuerliches hat sich seit dieser Zeit in Europa und Nordamerika entwickelt: Demokratien wurden vielfach geboren, weitgehende Gedankenfreiheit erreicht, Bildung über alle Bevölkerungsteile und persönliche Entfaltung ermöglicht und selbst Soziales in breiter Form initiiert. Das Letztere in Demokratien allerdings so ausufernd, dass die nachhaltige Gewährleistung aus Sicht stagnierender Zuwachsraten (s.o.), bereits problematisch erscheint. Jedenfalls ist es heute so fest in der Bevölkerung verankert, dass es als Selbstverständlichkeit gilt, als Teil des demokratischen Grundsatzes der „Gleichheit", subsidiär der „Gerechtigkeit". Es ist eben (wie oft) eine Frage der Verhältnismäßigkeit, der Relation, eingebettet in wirtschaftliche Leistungsfähigkeit, die – in erstarrten Gesellschaften – das Gesamtpotenzial negativ beeinflusst und demokratisch kaum mehr korrigierbar ist.

Werden zwar intuitiv diese Eigenschaften demokratischen Formen zugeschrieben, widersprechen sie sich nicht zwingend in der Autokratie. Allerdings ist in der Praxis auszuschließen, dass individueller Freiraum so weit gespannt werden kann, dass eine möglichst volle Entfaltung des summarischen Humankapitals einer Volkswirtschaft geschöpft wird. Das ist zwar auch in der Demokratie nicht gegeben, die Wahrscheinlichkeit und damit der Erfolg, ist jedoch tendenziell höher.

Ziel und Strategie
Schon das Familienoberhaupt hat seit Menschengedenken Sorge getragen, Sicherheit und Existenz seiner Familie, zumindest für die nächsten Tage, wenn nicht sogar Monate, zu gewährleisten. Und der Unternehmer hat schon immer auf Jahre planen müssen, um seine Investitionen, seine Personalauswahl und Marketingstrategie, in Abstimmung zum eingesetzten Kapital risikoschonend einzusetzen. So hat doch zumindest auch der Staat – insbesondere in der Komplexität heutiger weltweiter Zusammenhänge – auf Jahrzehnte seine Ressourcen auszuloten, seine Position und die Entwicklung im Wettbewerb mit anderen Staaten zu bestimmen und dann den bestmöglichen Einsatz seiner Mittel (finanzielle, technologische, natürliche Ressourcen, Kultur und Fähigkeit des Menschenpotenzials, inhärente Restriktionen und freie Potenziale, etc.) zum Wohle seiner Bevölkerung auf Jahrzehnte hinaus zu koordinieren. Soll er doch Stärken ausbauen, Schwächen reduzieren, d.h. die

inhärenten Kräfte der Nation zum Wohle der Bevölkerung nachhaltig bündeln und verstärken. Nichts Annäherndes treffen wir in den demokratischen Staaten. Umso mehr bleiben diese Themen offen, je „demokratischer" die Systeme gestaltet sind. Autoritäre Regimes hingegen unterliegen den internen mühsamen Abstimmungsrestriktionen nicht. Einige wenige können entscheiden, und zwar durchaus auch im Sinne des gesamtwirtschaftlichen nachhaltigen Erfolgs, auch wenn natürlich im Wesentlichen zur eigenen Sicherheit und eigenem Nutzen, auf die eigene Person bezogen.

Über Generationen, bis zu Jahrhunderten, haben Staaten hegemonial große Teile der Welt beherrscht. Es fehlt uns die Erkenntnis, ob Staaten (Regierungen und staatliche Verwaltungen) jemals strategisch gedacht haben, ihre Führer scheinen es jedenfalls getan zu haben, sofern sich die Nation erfolgreich entwickelte (falls die Führenden persönlichen motiviert waren). Gehen wir nur zum Beginn der Aufklärung zurück, hatten schon die Spanier das Zepter an die Portugiesen, die später an die Holländer abgegeben. Dann übernahm England als bedeutendste Macht die Führung, bis es selbst, im Zuge der beiden Weltkriege, von den USA abgelöst wurde. Nach dem dann aufstrebenden Japan sehen wir nun erschrocken die Entwicklung Chinas, dessen weltweiter Einfluss dank seiner ungeheuren Menschenmassen zwangsläufig auch wirkungsvoller sein kann, als wir es je in der Geschichte erfahren haben. In China (s.o.) jedenfalls, mit vielleicht sogar quasidemokratischen Strukturen in der obersten Etage, im elitären Bereich des inneren Zirkels des Zentralkomitees, wirken autoritäre Mechanismen bisher doch sehr erfolgreich (im Sinne der eigenen Nation), wie der Rest der Welt anerkennen muss.

Hegemonialität wäre zwar nicht das (demokratisch erwünschte) Ziel, aber jedenfalls scheint es eine Alternative für den Wohlstand der nationalen Bevölkerung zu sein. Im Übrigen ist der Begriff verwirrend. Im ständigen Wechselspiel wirtschaftlicher Vorteile können viele partizipieren, auch wenn man sich immer nach der Nummer eins richten wird (wie eben im letzten halben Jahrhundert nach den USA). Es bleibt eine Frage strategischen Denkens, dementsprechend diplomatischen Verhaltens und der bestmöglichen Positionierung im internationalen Wechselspiel – mit durchaus auch egoistisch-natürlicher Verhaltensweise, im Sinne der Verantwortung für die eigene Bevölkerung – und daher mit strategischem Denken als „zwingende Voraussetzung".

Strategisches Denken und Verhalten (Solidität) bedeuten jedoch nicht nur agieren nach der Definition eigener Potenziale und Schwächen sowie der strategischen Einbettung in den internationalen Wettbewerb, sondern auch die strategische Förderung staatsinhärenter Potenziale. Dazu gehört auch Wissen und Leistungsfähigkeit – im Sinne der nachhaltigen Entwicklung –, oder anders definiert, welche Wirtschaftszweige (durchaus mit sozialer Tangente) sollen, trotz aller freien Wirtschaftsentfaltung, im Einflussbereich der Nation verbleiben. Nicht (passiver) Merkantilismus zählt, sondern die aktive Gestaltung von Fähigkeiten und Ressourcen. Die bewusste Unterstützung wirtschaftlicher und damit auch weltweit wettbewerblich sinnvoller Branchen; selbst mit einem gewissen Grad an temporärer Autonomie, und so nachhaltiger Sicherung der Beschäftigung. Widrigenfalls bestimmen die weltweiten Finanzströme. Natürlich sollten Rentabilitätsgesichtspunkte wirksam bleiben (wie eben Adam Smiths-Hand), aber – wie er selbst als Moralphilosoph voraussetzte – die staatsinterne und zumeist über Jahrzehnte entwickelte soziale Kultur nicht negativ beeinflussen. Genau das aber schließen die weltweiten Finanzströme eben mit rein kapitalistischem, lokal unabhängigem Gedankengut, grundsätzlich aus. Ein Aspekt, der seit Jahrzehnten weltweit zu politischen Diskrepanzen führt und bei dem sich bis heute keine Lösungen abzeichnen. Nach wie vor spielt das Verhältnis von, besser die Differenz von Marktpreisen zu jeweils lokalen Arbeitskosten, die vorwiegend bestimmende Determinante. Es ist wie in der Hase-Igel-Fabel: Der Clevere, der Vorausschauende, der Gestaltende, der seine Ressourcen im Sinne des Volkes und in Abstimmung zum Wettbewerb konzertiert einsetzt, wird die Nase vorne haben, eben erfolgreich sein.

Ein ungelöstes, zumeist verdrängtes Problem ist ferner die Frage, was denn nun die Aufgaben eines Staates tatsächlich wären, welche hoheitlichen Aufgaben er zwingend abdecken muss, was seinen Kernkompetenzen zu entsprechen hat. Außer Frage steht natürlich, dass er als einziger Gewalt anwenden darf, eben über Rechtsprechung und deren Durchsetzung, der Verteidigung und Sicherheit. Problematisch wird es schon bei der Verwaltung (staatlich wie kommunal) und allen anderen mehr oder weniger verbundenen Fachgebiet, wie insbesondere dem im letzten Jahrzehnt finanziell explodierenden Sozialbereich. Dass der politische Wille (sei er demokratisch oder autoritär) bestimmt, ist ja keine Frage. Inwieweit er die Durchführung allerdings selbst übernimmt, eine durchaus berechtigte. Zeigen doch die letzten Jahrzehnte, dass die explodierenden Kosten, ohne jegliche wettbewerbliche Auseinandersetzung und ohne verantwortungsbewussten Einfluss, Volkswirtschaften ihre Belastungsgrenzen aufzeigen, nein, sogar in den absehbar kommenden Jahrzehnten die Finanzierbarkeit und damit staatliche Stabilität aushebeln werden. Selbst ein so gravierendes Beispiel wie der Zusammenbruch der sozialistischen Staaten (auch ein Prozess über mehrere Jahrzehnte), aber auch anderer wirtschaftlich irrational geführter Nationen, die sich selbst, offensichtlich sehenden Auges, in den Bankrott manövrierten, führen – jedenfalls in vorwiegend demokratisch ausgerichteten Nationen – zu keiner rationalen Gegensteuerung. Die mangelnde Reaktion ist zwar erstaunlich, aber durchaus menschlichem Verhalten inhärent (wie wir bereits oben gesehen haben, Kap. 5.3.4.). Verzetteln sich Staaten in weiterer Folge zu stark in privatwirtschaftliche Bereiche, verschwinden die Grenzen in Richtung Verstaatlichung. Dass hier nicht nur Wettbewerb ausgehebelt, sondern auch die fachliche Kompetenz mangels Wettbewerbs zwangsläufig nicht vorhanden sein kann, schädigt zusätzlich die gesamte volkswirtschaftliche, die innovative und gestaltende Leistung. Ein Kalkül, das für beide Systemarten gilt – in autoritären Strukturen allerdings praktikabler und effizienter gesteuert werden kann.

7.5. Trends zum optimalen Staat?

Versuchen wir zu beurteilen wie Staatssysteme sich entwickeln könnten – sowohl in Anlehnung an historische Erkenntnisse wie auch nach Tendenzen menschlichen Verhaltens –, so sind wir selbst einerseits durch das Umfeld, in dem wir aufwachsen und eingebettet sind, unbewusst bestimmt. Andererseits prägt uns die Kultur, unser näheres und weiteres Umfeld, viele Generationen zurückreichend. Dann erst wirken unsere „persönlichen" Einstellungen, sozusagen als Modifizierung, über die Ausbildung, eines mehr oder weniger analytischen Denkens, eines Abwägens, sich ständig verändernd. Anzunehmen ist ferner, dass alles was wir erfahren, als neue Erkenntnisse, als Innovationen vermuten, schon irgendwo durch irgendwen einmal durchdacht war (ausgenommen echte, fundamentale, grundlegend neue geistes- und naturwissenschaftliche Erkenntnisse, z.B. der Grundlagenforschung), aber eben nur selten selektiv von Einzelnen wieder aufgegriffen oder auch neu entdeckt wurde. Von der Überzeugung aus der Aufklärung, dass die Fortentwicklung des Wissens, als rational-logische, schrittweise Entwicklung zu neuen Weisheiten, zu gültigen, mathematisch formulierbaren Regeln führt, sowie Wohlstand und Wissen sich kontinuierlich vermehrt, werden wir wohl Abstand nehmen müssen.

So verfügt zwar die Menschheit über unendliches Wissen, über unendliche Erkenntnisse, kumuliert über Jahrtausende, allerdings nur minimal strukturiert, teils verschwindend überliefert, und in so einer Fülle, dass selbst Heerscharen nicht in der Lage wären alles Wissen konzentriert zu verarbeiten. Gleiches gilt natürlich für die jahrtausendealte Erfahrung der Gestaltung und Führung von Staaten. Anders wären die doch oft sich widersprechenden Gegensätze nicht zu verstehen. Nimmt man ferner an, dass geisteswissenschaftliches Wissen, und hier insbesondere philosophisches, auch soziologisches und psychologisches, seit nun mehr als einem Jahrhundert das Denken über menschliches Verhalten bestimmt (über die gesamte Menschheit), dabei sich über viele Generationen nur marginal änderte, d.h. auch für die folgenden Generationen Fundament bleiben wird, so wird sich zwangsläufig jede Prognose – sofern sie „annähernd richtig" sein soll und auf „Bisheriges" aufsetzt – dennoch auch verändern, wenn auch unendlich langsam. Und unter der Annahme, dass – trotz aller ökologischer, ökonomischer und soziologischer Probleme der Menschheit – der Mensch auch noch in den nächsten Jahrhunderten die Geschicke der Welt bestimmen wird (wenn auch „die Zivilisation mit ihren künstlichen Methoden des Schutzes der Schwachen zur Degeneration führte und sich daher letztlich selbst zerstört"[112]), haben wir eben fundamentales, menschliches Verhalten generell, und besonders bei jeder Diskussion über Staatssysteme, zu berücksichtigen.

---

[112] Popper Karl R., *Die offene Gesellschaft und ihre Feinde*, UTB 472, München 1980, 6. Auflage.

Können wir uns mit den Voraussetzungen der „epochalen Grundsätze" (Kap.7.4.) tolerant anfreunden, so tritt uns dennoch die Widersprüchlichkeit sowohl historischen wie aktuell politischen Geschehens entgegen mit der Frage: Lassen sich diese doch vielfach unterschiedlichen Strömungen verbinden, angleichen? Sind die Erkenntnisse und Weisheiten großer Geister in der Praxis machbar oder widersprechen sie doch menschlichem Verhalten, und das dazu noch in einer globalisierten Welt?

Versuchen wir, aus den diversen Deutungen politischer Strukturen, wesentliche Erkenntnisse nachzuvollziehen – so undeutlich, verschwommen oder missdeutet sie vielleicht auch sein mögen –, so deutlich verfestigen sich dennoch viele ihrer Überzeugungen im Zeitablauf; wobei doch, bei allem Bemühen zu wertfreier Auseinandersetzung, Erkenntnisse ihrer Vorgänger, bewusst oder unbewusst, vielfach in die jeweils eigenen Überlegungen mit einflossen. In der Folge als Versuch zeitgeschichtlich Überholtes zu vernachlässigen und an die allgemein herrschende Überzeugung anzupassen – selbst wenn, natürlich unbewusst, alles individuell gefärbt bleibt.

Erkenntnisse uralter Überlieferungen
„Die Aufgabe des Staates ist es, das Zusammenleben der Menschen in der Gemeinschaft bestmöglich zu ordnen, und die Bürger sollen dabei mit ihren jeweiligen Fähigkeiten zum Nutzen des Staates beitragen, wobei sowohl Bildung wie auch Reife zur Staatsführung notwendig sind." (Platon). So wird von ihm – und zwar unwidersprochen bis heute – ein Staat gefordert, der bestmöglich die Fähigkeiten seiner Bürger, und zwar zum Nutzen der Gemeinschaft, entfalten lassen sollte. Er nimmt an, dass die Fähigkeiten des Einzelnen Resultat seiner Individualität, seines Engagements sind und die „Ordnung" des Staates den dementsprechenden Rahmen beizustellen hat. Wissen wir bereits, dass Freiheit ein auch einschränkender Begriff ist, so gilt doch, dass die Definition seiner Grenzen (von Gerechtigkeit und Gleichheit) hoher Sensibilität bedarf, jedenfalls aber der Freiraum des Einzelnen eine wichtige, wenn nicht sogar einzig entscheidende, staatlich gesicherte „Tugend" sein muss, um ein Maximum an Nutzen für die Gemeinschaft zu erreichen (was bei Weitem nicht nur ökonomisch ausgelegt werden darf).

Genauso entspricht es unserer heutigen Überzeugung, dass Bildung, aber auch Reife zur Führung notwendig sind. D.h. Platon nimmt an, menschliche Reife sei Resultat der Lebenserfahrung, mit, in weiterer Folge, moralisch-ethischem, d.h. „gereiftem" Verhalten. Betrachten wir unter diesem Lichte die uns über die Medien doch so transparent vorgeführten Politiker (Regierungschefs, Minister, Abgeordnete, etc.), wachsen ernsthafte Zweifel. Insbesondere „Reife" ist in der Moderne ein heikler Punkt: Im Zuge der industriellen Revolution, seit Leistung und Zeit unverrückbar verbunden sind, ist Leistung ein Resultat von produktivem Ausstoß, von der erzeugten Menge in einer bestimmten Zeiteinheit. Zwei Begriffe, die sich erst in der modernen Dienstleistung langsam wieder zu trennen beginnen, aber immer noch in den Köpfen stecken und Entscheidungen bestimmen. Waren es doch von alters her immer die Weisen, der Ältestenrat, die Alten und Erfahrenen, die nicht nur um Rat gefragt wurden, sondern vielfach die Geschicke bestimmten, ausgeglichen und behutsam Entscheidungen fällten. Natürliche Voraussetzung der Führung war immer schon Weisheit (als Reife). Sie scheint uns im Industriezeitalter verloren gegangen zu sein, obwohl doch die Überzeugung in jedem von uns steckt. Und je größer Einheiten sind, desto „weiser" sollten sie beraten und geführt sein – und ganz besonders Staaten. Eigentlich ein "Axiom", das nur durch den neuen, im Zuge der industriellen Revolution sich entfaltenden Leistungsbegriff, einer egozentrischen Entwicklung, vergessen worden sein dürfte.

Dass schlussendlich die Demokratie die besten Voraussetzungen zur freien Entfaltung des Einzelnen bereitstellen könnte, ist zwar anzunehmen, aber nicht sicher (als eine vielleicht notwendige, aber doch nicht hinreichende Bedingung!). Interessant ist bei Platon noch der Hinweis, dass bei der Gestaltung des Regelwerks, der Gesetze, nicht zu stark ins Detail gegangen werden soll, es „nicht angemessen sei, rechten Männern darüber Befehle zu erteilen", als durchaus pragmatischer Hinweis zur wachsenden Regelungswut nachhaltig existierender Demokratien, mit eigentlich zunehmend hemmendem Entfaltungsfreiraum (eben widersprüchlich zu obiger Voraussetzung). Ist doch viel Logisch-Rationales bei einem Einzelnen, einem „Reifen" anzunehmen und wirken ferner noch ethisch anerkannte Gewohnheiten, wird seine Handlung vermutlich besser dem aktuell volkswirtschaftlichen Bedarf (und der weiteren Entwicklung) entsprechen, als jede noch so dezidierte Regelungswut. Problem dabei: Altruistisch und/oder ethisch konform? Eben nicht, als *das* fundamentale Problem unserer Gesellschaften.

Weitere Begrifflichkeiten verdanken wir Aristoteles: das „Gute" und „Gerechte". Kernthemen analytischer Ableitungen Platons (als Ideal, vielleicht als Utopie eines Staates) sind für Aristoteles nicht durch logisches Denken ableitbar, sondern Themen praktischer Rationalitäten, die sich durch Menschen im Austausch mit anderen und als Bildung, einer Erziehung, verändern. So sind die Tugenden Staatsziel, letztendlich sei daraus das edle Leben zu fördern. Die Definition des Guten bzw. Gerechten unterliegt somit der Veränderung, ist Resultat des gedanklichen und auch praktischen Austauschs der Menschen innerhalb einer Gemeinschaft – über Kommunikation. Er nimmt offensichtlich auch an, dass über die Fülle der Kommunikationsbeziehungen innerhalb einer „Polis" ein sich „nivellierender" Austausch erfolgt, der schlussendlich zu einer allgemein akzeptierten Einstellung des Guten und Gerechten führt. Er, wie Platon, setzt eine hohe Bildung für die Gemeinschaft voraus. Schafft doch Ethik Werte, geformt aus Bildung und Kommunikation. Insbesondere, da Politik, der Staat, ständiger Wandlung unterliegt. Das nationale Streben nach dem Guten und

Gerechten, als kommunikativer Austausch mit anderen, verändert so das Dasein, formt Alternativen. Schlussendlich bildet die „ethische Gemeinsamkeit" das Gute (das Gerechte, das Soziale?!), die Tugenden – als sittlicher und nachhaltiger Grundbegriff, als jeweils für die Allgemeinheit eines Staates gültige Regel, als eine gemeinsam gepflegte Ethik, für die es jedoch keine feststehenden Maßstäbe geben kann. Also, auch die Ethik – als Fundament einer Gesellschaft – unterliegt dem Wandel.

Der Staat sei (daher) eine Angelegenheit des Volkes, einer Gemeinschaft durch Übereinstimmung im Recht, einer Staatsverfassung, aber auch *nach den geistigen Anlagen* der Gemeinschaft, und sei für die Ewigkeit bestimmt, meint Cicero. Wobei die abgeleitete Macht mit Sittlichkeit in Einklang stehen muss, also sich ebenso aus dem Recht ableitet. Dennoch ist jedes einzelne Gemeinwesen so beschaffen wie das Wesen oder der Wille dessen, der es lenkt. Cicero befürwortet, in Anlehnung an Platon, ebenfalls den Philosophen. Aber praktikabler sei es, dass Staaten durch monarchische Machtbefugnis – d.h. durch einen Einzelnen, gewählt in freier Wahl, in öffentlicher Versammlung – dann besser gelenkt und regiert sein würden, wenn der Einfluss der Tüchtigsten, nämlich der Ältesten, der Optimaten, eines Staatsrates, als Vorläufer des Senats, sich mit jener absoluten Herrschergewalt verbinden würde. Gefragt waren also königliche Tüchtigkeit und Weisheit, Würde, Humanitas und Bildung, als notwendige ethische Voraussetzungen nachhaltiger und volksnaher Regierung. Cicero sieht zwar, der Zeit entsprechend, monarchische Strukturen, allerdings gewählt in öffentlicher Versammlung und erweitert um einen Ältestenrat, d.h. er federt intuitiv individuelle Auswüchse durch einen Einzelnen, über den Rat, einer Versammlung der „Edlen", ab und versucht so staatliche Aufgaben ethischen Grundsätzen unterzuordnen.

Der Zusammenbruch der Reiche begünstigte das Aufkommen der Religionen als staatstragende Macht und stellte sowohl Gott wie auch Ethik in den Mittelpunkt des Lebens. Herrschende haben, neben den Gesetzen, der „ewigen, natürlichen Ordnung", dem Naturrecht, Vernunft zu üben und den Willen Gottes zu befolgen – wie auch das Gewissen, als ethische Wahrheit (Augustinus). Demokratische Staatsformen waren nun kein Thema mehr, autoritäre Regimes, Monarchien, bestimmten die Staatsformen – sie seien gottgewollt. Augustinus prägt als bedeutendster Kirchenlehrer die Staatsform über gut ein Jahrtausend. Erst Thomas von Aquin zieht zum ersten Mal dann wieder eine klare Trennung zwischen wissenschaftlicher Lehre und Theologie – mit allerdings der Letzteren Vorrang – und leitet so den Übergang ein. Mit seiner Definition der Seele, der Ethik (Streben nach dem Guten, eben nach der jenseitigen Glückseligkeit), lehnt er sich stark an Aristoteles an und brachte so wieder griechisches Denken in Europa ein. Die klassischen Tugenden Gerechtigkeit, Klugheit, Tapferkeit, etc., ergänzt er mit den natürlichen Tugenden Glaube, Liebe und Hoffnung. Noch geprägt von seiner Zeit, zieht er den aristokratischen Staat zwar vor, wenn er auch demokratische Anteile nicht ablehnt, sie sich begrenzt vorstellen kann – aus dem historisch bedingten Widerspruch, herrschen mehrere, kommt es regelmäßig zu schädlichen Zwistigkeiten. Es bedarf eben einer Autorität – der Staat lenkt und der Einzelne hat zu gehorchen.

Der Einfluss der Aufklärung
Es ist die Zeit, in der man sich von der religiösen Umklammerung löst, alles infrage stellt und der Mensch zur Selbstverwirklichung drängt. Der Feudalismus beginnt sich aufzulösen. Noch wird es Jahrhunderte dauern, bis die (feudalen) Monarchien zusammenbrechen. Noch kämpfen Despoten rücksichtslos um Macht, Einfluss und Vermögen, bestimmen willkürlich alles in ihrem Einflussbereich. „Tugend und Herrschaft der Staatsführung unterliegen einem ständigen Wechsel und die Einflüsse sind schwer vorhersagbar, deshalb kann es sich der Herrscher nicht erlauben, sein politisches Handeln nur am Ideal der Tugend zu orientieren", definierte schon Macchiavelli. Entscheidet schlussendlich zwar immer der (politische) Erfolg, so ist für Macchiavelli dennoch das Gesamtwohl primär, da der Staat einzig und allein dafür da sei den Bürgern Schutz und Freiheit zu gewährleisten. Ein Prinzip, das dem Menschen, natürlich auch dem Despoten, evolutionär inhärent ist. In unserem modernen, kapitalistisch bestimmten Verhalten, werden zwar Menschen nicht willkürlich massakriert, aber die Rücksichtslosigkeit Geld zu verdienen, orientiert sich genauso wenig „am Ideal der Tugend". Sind zwar die Auswirkungen gegenüber den Schwächeren nicht so derb wie im Mittelalter, können sie doch unzähliges Leid, und selbst die Existenz kosten. Wer kann denn schon messen was für die Psyche des Einzelnen schwerwiegender wirkt – der ursprüngliche Despotismus oder der brutale Kapitalismus?

Einzig die Demokratie schien nun für Aufgeschlossene der Ausweg aus dem willkürlichen Despotismus – als offensichtlich logischer Schritt, in Anlehnung an die alten Denker. Allerdings, wie unten noch zu sehen ist, nicht zu Ende gedacht. Bleibt doch nach wie vor die „zerstörerische Wolfsnatur" des Menschen (Thomas Hobbes), die nur durch die (gottgewollte) Berufung des Monarchen, der auch der Bibel verpflichtet ist, begrenzt werden kann. Allerdings hat Hobbes das gleiche Problem wie schon Platon. Setzt er doch genauso, lange Erfahrung, Klugheit, breite Wissenschaft und Weisheit des Monarchen voraus, nämlich Reife, also Vernunft, als ansonsten zu deutlicher Mangel für die staatliche Wohlfahrt. Es sind für ihn die Naturgesetze, mit der Vernunft als Basis, abgeleitet dann in Gesetzen, Regeln also, welche die Vernunft lehrt, nach welchen keiner das unternehmen darf, was er selbst schädlich für sich selbst anerkennt, also dem Gewissen unterworfen ist. Daraus leitet er Gerechtigkeit ab – wieder aus der Goldenen Regel. Zwar habe der „Oberherr" noch uneingeschränkte Herrschaft, erworben durch Gewalt oder geerbt, aber dennoch entwickelt Hobbes bereits erste Grundlagen liberalen Denkens, mit dem Recht des

Einzelnen und einer „natürlichen" Gerechtigkeit für alle. Ferner ist er überzeugt, dass eine legitime politische Macht auf der Zustimmung des Volkes beruhen müsse – selbst wenn der Menschen von Natur aus kein „zoon politicon" sei. Den Schritt zur Demokratie allerdings macht er nicht, sei doch der Mensch egoistisch, strebe nach eigenem Vorteil. In der Demokratie regiere nicht Vernunft, sondern Emotionen – so fordert er konsequent den Staatsabsolutismus. Individuelle Freiheiten seien eben dem Wohle des Staates unterzuordnen. Wir sehen schon, wie weise vorausschauend Hobbes schon vor vier Jahrhunderten über die menschlichen Hemmnisse in einer Demokratie dachte. Dass Vernunft regiert, können wir bei Leibe nicht bestätigen, und dass persönliche Einstellungen, eben Emotionen, bedeutenden Einfluss haben, haben die letzten Kapitel deutlich gezeigt.

Erst nach ihm betonte dann John Locke die Freiheits- und Eigentumsrechte des Staatsbürgers gegenüber dem Staat wie auch die Unverletzlichkeit der Person, abgesichert durch eine Gewaltenteilung in Legislative und Exekutive. Würden die Rechte nicht gewährleistet, wirke der „Naturzustand" (der Kampf aller gegen alle, nach Hobbes). Durch „die Übereinkunft einer der Mehrheitsbildung fähigen Anzahl freier Menschen" ergebe sich, und einzig daraus, der „Anfang für jede rechtmäßige Regierung." Der natürliche Selbsterhaltungstrieb zwinge zu einem Gesellschaftsvertrag – als Basis aller politischen Theorien. Der Mensch erwirke durch seine Leistung, durch seine Arbeit, Eigentum (später auch betont bei Marx). Es sei dann der gesamtökonomische Vorteil, der sowohl zur Vernunft wie auch zur staatlichen Zusammenarbeit bewege. Allerdings mit der Logik von Verteilungskonflikten, als ein ständig wirkender Prozess, mit all den Fragen zur kontinuierlichen Steigerung der Lebensqualität. So hatte schon John Locke – bei der doch noch bescheidenen Erfahrung mit den demokratischen Ansätzen in England – eines der Kernprobleme der Demokratie vorweggenommen, das sich ja besonders in der modernen, der gerechten Wohlstandsverteilung bestätigt. Genießt doch der „gesamtökonomische Vorteil" bei unseren gewählten Vertretern – zulasten demokratieinhärenter Mechanismen – nicht annähernd den Stellenwert, den er zur nachhaltigen Sicherung der allgemeinen Lebensqualität haben müsste.

Ergänzend fordert Montesquieu eine Dreiteilung der Staatsgewalt in Legislative, Exekutive und Judikative, wenn auch (noch) unter der Oberhoheit eines vererbbaren Souveräns, eines Monarchen. Die Funktionen staatlicher Behörden jedoch seien zeitlich zu begrenzen, um Machtmissbrauch zu verhindern. Also der Versuch über die Gewaltenteilung *und* zeitlichen Limitierung der Machtbefugnisse, um menschlich negatives Verhalten in den staatlichen Strukturen möglichst auszuklammern; selbst wenn der Monarch bei ihm noch unangetastet blieb. Es ist eben das problematische Verhalten des Einzelnen, das im Staatsmechanismus verhindert werden sollte. Idealisierter sah es hingegen J.-J. Rousseau. Nicht der Verstand sei es, sondern das Gefühl das bestimme. Es gebe im Inneren der Seele ein angeborenes Prinzip der

Gerechtigkeit und Tugend, das Gewissen. Erst mit der Schaffung des Eigentums begönnen die Ungleichheiten, und Freiheit und Gleichheit seien der Zweck staatlicher Gesetzgebung. Die Souveränität, die legislative Gewalt, gehöre dem Volke, welches der Regierung die exekutive Gewalt verleiht. Das Entstehen des Eigentums jedoch spalte die Menschheit in Klassen und fördere Kriege. In diesem Zusammenhang offenbare sich das Eigentum als die Ursache des gesellschaftlichen Unglücks. Es ist die Zeit, wie wir sehen, des Durchbruchs der Demokratie nach unserem heutigen Denken. Aber Rousseau definierte auch bereits deutlich den Keim den es in sich trägt (der zwar latent immer vorhanden war), dann über Karl Marx ein ganzes Jahrhundert prägte, als die bis heute grundsätzliche Auseinandersetzung, nämlich der von Eigentum und Arbeit. Mit der inhärenten Unmöglichkeit gerecht und vorbehaltlos den „gesamtökonomischen Vorteil", im Sinne der Wohlfahrt des Individuums, als eine der Prämissen demokratischer Staatsführung, zu verteilen.

Aber warum ist diese vorbehaltlose (altruistische) Staatsführung in einer Demokratie nicht möglich (und in einer Autokratie könne man sie ja auch nicht ausschließen)? D. Hume meint dazu, dass Verstand und Vernunft von sich selber her keine Wahrheiten erfassen könnten. Also, da eine Demokratie von einer Mehrzahl von Individuen gestaltet werden würde, trifft vielfach unterschiedlicher Verstand auf vielfach unterschiedliche Vernunft, und beides geprägt von individuellem Verhalten. Vielfältige individuelle Ebenen, die – wie wir gesehen haben – ein „vorbehaltsloses" Urteil in sich ausschließen, was auch I. Kant ähnlich gesehen haben dürfte: „Ich bin also Vernunftwesen, als Individuum jedoch egozentrisch und egoistisch [...]." Was zwangsläufig auch zum Thema der Gerechtigkeit führt. Deren naturgesetzliche Grundlage greift auch Kant auf, allerdings vermutet er, dass die „natürlichen Gesetze" vorerst einer Definition der Moral, der Ethik bedürfen. Gerechtigkeit hat also moralische Grundsätze. Dennoch bleibt das Problem einer Vereinbarkeit von theoretischer Moral und praktischer Politik. Jedenfalls ist nicht – wie Platon meinte – der Philosoph, sein Experte, zuständig für die Gesetzgebung, sondern „die allgemeine Menschenvernunft, worin ein jeder seine Stimme hat". So entscheidet pragmatisch dann doch die (staatliche) Autorität und nicht die Wahrheit was gerecht ist. Gerechtigkeit bleibt schlussendlich Ergebnis staatlicher Gewalt.

D. Hume betont ferner noch eine klare Teilung der Macht im Staate (wie Montesquieu), eine Dezentralisierung. Ferner wären periodisch Wahlen abzuhalten (Anm.: schon, um „egoistisches" Verhalten zu reduzieren) und die Repräsentanten sollen unbezahlt bleiben (Anm.: um eben „altruistisches" der Dienstleistung an der Gemeinschaft in den Vordergrund zu stellen). Ein Ansatz, den wir schon bei Platon finden. Außerdem, dass Regierungsformen mit anderen Kulturen nicht unbedingt vergleichbar seien. Staats- und Regierungsformen sind eben nie endgültig.

Demokratie der Moderne
Nach den Erkenntnissen während des Aufbruchs der europäischen Demokratien, beginnt man nun – über Wissenschaft und Erfahrung – sowohl die menschlichen wie auch politischen Prozesse besser zu verstehen. Überall in Europa revolutionieren demokratische Bewegungen. Im Zuge der industriellen Revolution beginnen sich erste wirtschaftliche Konglomerate zu bilden – echte Gegengewichte zum Feudalismus. Aber es kommt anders. Die zunehmende Verelendung der Massen, losgelöst von der Scholle, eingebunden in die industrielle Produktion, trieb die politische Entwicklung voran und das Ende des Ersten Weltkriegs fegte die feudalen Systeme letztlich dann hinweg, förderte in vielen Ländern die Ausrufung von Republiken und die Bildung neuer Machtblöcke, die beinahe dann das ganze Jahrhundert dominierten.

Weil der Mensch ursprünglich ein wirtschaftendes Wesen sei, bestimmen ökonomische Verhältnisse und insbesondere die Produktivkräfte sein Dasein, dozierte Karl Marx. Und weiter, wie sich die ökonomischen Kräfte ändern, entwickele sich auch sein Bewusstsein und damit der „ideologische Überbau" (nämlich Staat, Gesetze, Moral, etc.), der die tatsächlichen Verhältnisse jedoch verschleiere. Für Marx ist die Geschichte eine Abfolge von Klassenkämpfen, und die bestimmen die jeweils wirtschaftlichen Verhältnisse, streng materialistisch, eben nach den ökonomischen Zuständen. Es kommt zu Zusammenballungen des Kapitals in den Händen weniger, zu einer wachsenden Verelendung der Massen und zunehmenden Arbeitslosigkeit – und nach seinen „unfehlbaren Gesetzen" müssen Revolutionen folgen. Marx irrte zwar, der historische Materialismus ist nicht alleinige Ursache, aber Parallelen zum heutigen Kapitalismus, zu einem Geldadel, lassen sich schon assoziieren. Wiederholt sich die Geschichte? Hat sich nur die Erscheinungsform der Autokraten geändert? Ganz zu bestreiten ist es jedenfalls nicht. Ob die Demokratien heute Revolutionen verhindern können, bleibt offen. Unterbinden sie nicht die wachsenden Verteilungsungerechtigkeiten, fördern sie nicht den Freiraum des Einzelnen und binden ihn stärker in die demokratischen Prozesse ein, ist es nicht auszuschließen (und die Prozesse seit Marx wiederholen sich dann).

Max Weber sieht eine andere Art gefährlicher Klassenentwicklung, in seiner Zeit des zunehmenden Durchbruchs der Demokratien. Eben, da neben den „überkommenen Typen der Herrschaften der legale Typus der Herrschaft, dessen [...] Spielart die bureaukratische Herrschaft war und ist, [...] den wichtigsten Typus dieser Herrschaftsstruktur dar(stellt)" – als Nebenprodukt sowohl bürgerlicher wie auch sozialistischer Systeme. Und die sittliche Qualifizierung des weltlichen Berufslebens war dann seiner Ansicht nach auch die Ursache der Anhäufung von Kapital, in weiterer Folge von Macht und Ansehen. Eine Philosophie, die weit über den kommerziellen Bereich hinaus bis in das persönliche Verhalten innerhalb der Gesellschaften reicht. Sieht er doch in weiterer Folge gerade hellseherisch (und das vor gut Hundert Jahren) unseren heutigen Kapitalismus par excellence voraus: „Bei

Vernachlässigung sozial-ethischer Grundlagen, mit der Gefahr einer Art Umverteilung zugunsten derer mit mehr Einfluss auf das öffentliche Geschehen." Also, zum ersten Mal gefährden nicht nur der Kapitalismus per se sowie die verfehlte Umverteilungspolitik, sondern auch die Verstarrung eines Bürokratismus mit wachsendem Einfluss auf die Gestaltung des Staates, die demokratischen Prozesse.

Auch Max Horkheimer betonte die materiellen Grundlagen als Basis unseres Lebens. Der Mensch verhalte sich nach ihm grundsätzlich egoistisch. Er meint, dass nur die Arbeiterklasse fähig wäre eine sozialistische Demokratie einzurichten. Das bürgerlich-kapitalistische System fördere seiner Ansicht nach privilegierte Gruppen innerhalb des Staates und stärke damit materielle Interessen bestimmter Gruppen. Im weiteren Prozess würde der liberale Staat zunehmend durch sie beherrscht, mit Tendenz bis zu autoritär. „Der Totalitarismus ist das unvermeidliche Schicksal der Menschheit. [...]. Profit ist ihr einziges Ziel." Der Lebensprozess der Menschen und der Gesellschaft vollziehe sich daher entscheidend nach ökonomischen, „materiellen" Kategorien und nicht nach psychologischen. Horkheimers Ansichten sind durchaus nachvollziehbar, lebte er doch in der Zeit des Aufbruchs der Arbeiterklasse bis zur Blüte der kommunistischen Systeme in den Sechzigerjahren. Des Menschen egoistische Einstellung ist zwar naturbedingt, ob zentriert auf „Materielles", bleibt dennoch offen (Kap. 5.3.5.). Auch der Klassenbezug ist epochenbedingt. Im 19./20. Jahrhundert war es die Arbeiterklasse im Gegensatz zu den „Kapitalisten". In anderen Zeiten die herrschende Klasse, die Adelsschicht, der Handel, die Zunft, die religiöse, etc., temporäre, zeitbedingte Pauschalierungen von Interessensgruppen, die sich dennoch im Zeithorizont wieder verwischen. Was allerdings bei Horkheimer wiederkehrt – als immer wieder in den Jahrtausenden aufkommende Erkenntnis –, sind die sich wandelnden Staatssysteme. Bei ihm von demokratisch zu autoritär. Und rational zu ergänzen wäre „et vice versa" – als offensichtlich, zumindest wie bisher, sich revolvierender Staatstrukturen.

Wie schon bei Adam Smith angeklungen, setzt sich erst in der zweiten Hälfte des 20. Jahrhunderts die Überzeugung der durchaus auch regulierenden Hand des Staates durch (und zwar zunehmend weltweit), mit besonderer Sicht „sozialer Gerechtigkeit" (Friedrich A. v. Hayek), was allerdings Ungleichbehandlungen nicht ausschließt und der Selbstbestimmung des Bürgers widerspricht. Diese Überzeugung Hayeks spiegelt sich nicht nur in den Erkenntnissen der letzten Jahrhunderte immer wider, sondern ergibt sich auch aus der Logik (Kap. 5.3.4.). „Die Gesamtheit der Marktteilnehmer ist immer wissender als irgendeine Steuerungsbehörde", meint Hayek dazu bestätigend, was zwangsläufig Dominanz der Majorität, daher Zwang gegenüber dem Rest entspricht. Allerdings, doziert er weiter, beeinflussen Transferzahlungen den Leistungsanreiz und führen im fortgeschrittenen Wohlfahrtsstaat zum „betreuten Menschen" – mit der Gefahr einer schleichenden Übernahme von Verantwortung durch den Staat, in weiterer Folge bis zum Totalitarismus. Auch bei ihm führen also demokratischen Prozesse, und zwar aus Sicht sozialen Verhaltens, zum autoritären Staat.

Ein Ausweg aus dem Dilemma, des so zwangsläufigen Zusammenbruchs der Demokratie, findet Karl Popper in der „offenen Gesellschaft". Einer Gesellschaft, die in ständigen Verbesserungsversuchen, bei liberaler, demokratisch fundierter Gesellschaftsordnung, sich evolutionär, menschenorientiert und gewaltlos verändert (im Gegensatz zur geschlossenen, in der Eliten herrschen). Und weil diese Verbesserungen nur evolutionär und eben nur in offen Gesellschaften stattfinden könnten, sind sie auch nicht planbar. Die positive Veränderung einer Gesellschaft sei Resultat vieler, nie enden wollender kleiner Schritte im demokratischen Umfeld. Eine tiefsinnige Erkenntnis, die – erkennen wir sie an – als Fundament nachhaltig bestehender Demokratien gelten müsste, d.h. Gesellschaften, in denen größtmögliche Freiheit besteht, die Mehrheit herrscht, in der Regierungen kritisiert werden dürfen und auch gewaltfrei abgelöst werden können (in Anlehnung an Popper). Ein existenzielles Problem bleibt dennoch ungelöst: Reicht diese liberale staatsinhärente Einstellung, die Summe „nie enden wollender kleiner Schritte" aus, um im (rücksichtslosen) internationalen Wettbewerb, einer quasi übergeordneten „offenen Gesellschaft" zu bestehen, so nachhaltig Wohlfahrt der eigenen Bevölkerung zu sichern?

Trends?
Zwischenzeitig – nach nun gut 200 Jahren und einem guten halben Jahrhundert demokratischer Erfahrung – hat uns die Realität wieder eingeholt. Zwar überzeugen n.w.v. in der Mehrzahl populistische Schlagworte die Stimmen der Massen beim Urnengang – heute medial vorbereitet –, aber genauso schnell setzt sich auch die Enttäuschung über die dann doch stark abweichende politische Praxis wieder durch. Prozesse, die sich paradoxerweise ständig wiederholen. Es entspricht eben individuellem Denkverhalten, dass hautnahes, aktuell persönliches Entscheiden bestimmt und die mediale Welt – als neutral vorausgesetzt, eigentlich in Summe als ein wertfreies Korrektiv – sich aus rein egoistischen Gründen genauso verhält, konform den Tendenzen der Massen (ihrer Kunden).

Jahrtausendealte Erfahrungen des Verhaltens des Menschen sind nun nicht ganz einfach mit demokratischen Philosophien vom Tisch zu fegen. Es sind eben Verhaltensmuster. Will man die demokratischen Grundlagen von Freiheit, Gleichheit und Gerechtigkeit tatsächlich, und für die Allgemeinheit (sic!) verbessern, müssen die Verhaltensmuster ihnen also auch entsprechen. Korrekturen in Richtung der ethischen Überzeugungen der alten Philosophen sind – so wünschenswert sie wären – weder umsetzbar noch praktikabel – zumindest für die kommenden Generationen.

Hier hat, für die heutige Zeit, Schopenhauer durchaus recht. Zwar ist der Staat nicht nur „eine bloße Schutzanstalt gegen [...] Angriffe [...]", er ist heute doch mehr, er hat soziale Aufgaben. Dennoch als „(ewig) unmündiger Souverän [...] muss der Einzelne eben der physischen Gewalt der Intelligenz, der geistigen Überlegenheit" unterworfen werden. Zur Teilhabe im Staat ist eben mehr notwendig, als nur das Postulat zum Souverän. Nach Schopenhauer muss eben „überall ein Wille herrschen, denn schon von Natur aus herrscht nicht das Recht, sondern die Gewalt auf Erden", stoßen wir doch heute noch in allen Bereichen des Lebens auf Gewalt. Kernproblem jeder Gemeinsamkeit: Teilhabe aller, dennoch soll (zielgerichtet) entschieden werden. Wünschenswerterweise zwar demokratisch, aber Konsens ist eben zeitaufwändig (mit schlussendlich doch nur Kompromissen!). Zu guter Letzt soll noch – in dringlichen Fällen – konsequent, aber selbst in demokratischen Prozessen (wie wir oben gesehen haben) auch charismatisch, das Wort geführt und entschieden werden.

Welche Grundlagen beeinflussen also das **Zusammenleben** einer größeren Menschenanzahl, einer Nation per se?
- Vorerst stellt sich die Frage: Welche grundsätzlichen Strömungen beeinflussen denn die Menschen? Paradoxerweise erleichtert uns die globalisierte Welt die Antwort. Im Vergleich zu den alten Zeiten, in denen kulturelle Entwicklungen individuelles Denken und Verhalten prägten (weitgehend abgegrenzt von entfernteren Länder), konzentrieren sich Strömungen – nach nun weltweiter Vernetzung – und nivellieren so ein globales Verhalten, bis es sich (vielleicht) irgendwann wieder, über Generationen, ändert. Heute herrscht n.w.v. kapitalistisches Gedankengut, mit all seinen, auch sozial negativen Auswüchsen – schon vor gut einem Jahrhundert durch Karl Marx (und andere) kritisiert. Weltweit hat es so die Politik gravierend geformt. Nun scheinen sich die Prozesse zu wiederholen, nur die Klassen heißen anders, die Darstellungsform hat sich geändert. Offensichtlich bestimmt nun doch „Materielles" vor psychologisch menschenorientiertem Verhalten, und damit praktikables Zusammenleben – und zwar unabhängig vom Entwicklungsstand eines Landes (wie es Horkheimer sieht).
- In dieses Denkverhalten eingebettet formten sich – außerhalb der beiden reinen Hauptvertreter der Staatssysteme (der Demokratie und des Totalitarismus) – eine Vielfalt von sich unscheinbar und langsam verändernden Regierungsformen, in denen zwar Tendenzen zur Demokratie überwiegen, aber dennoch die Kritik an der praktischen Regierungsausübung zunimmt, insbesondere aber die Identifikation mit dem politischen Geschehen nachlässt.
- Kamen im Altertum, bis ins späte Mittelalter, nur ausgewählte Kreise in den Genuss demokratischer Teilhabe am Staatsgeschehen, so ist in der überfüllten Welt von morgen, mit nahezu zehn Milliarden Menschen (und der nun überwältigenden kommunikativen Vernetzung) davon auszugehen, dass primär demokratisches Gedankengut alle Massen bewegen wird (zumindest solange

man nicht selbst an den Hebeln der Macht sitzt). Die Diktatur ist nun mal bestimmt durch das Verhältnis von wenigen zu vielen. Gelingt es den Wenigen ihre Interessen in einer Diktatur umzusetzen, wird immer die Unzufriedenheit der Vielen, wenn auch über lange Zeiträume nur latent, die Einstellung bestimmen und – wie die Geschichte zeigt – diese Mehrzahl der Vielen, demokratische Veränderung (irgendwann) erzwingen. So gesehen könnte die Demokratie als natürliche Basis menschlichen Zusammenlebens gelten (wie offensichtlich schon zu Beginn menschlicher Gemeinsamkeit); immer gefährdet durch totalitäre Auswüchse, aber schlussendlich wieder zurückpendelnd zu den demokratischen Ansätzen (und konform der meisten Philosophen).

- Ein ewig latentes Kernproblem demokratischer Strukturen bleibt die Gewaltenteilung und die schwer definierbare Philosophie der demokratischer Tugenden (Freiheit, Gleichheit und Gerechtigkeit, etc., Kap. 5.3.5.).
- Über allem jedoch, und grundsätzlich darin eingebettet, auch mathematisch nicht definierbar, gilt menschliches Verhalten sowie (individuelle) Rationalität, die uns nämlich bestimmt, steuert: Der individuelle, sich stets ändernde Wille, wie auch kulturelle und religiöse Neigungen und Überzeugungen, persönliche Beziehungen, wissenschaftliche Erkenntnisse und moralische Grenzen. Eben das Gemeinsame, das über allem stehende Maß, das Glück (Aristoteles). Oder wie es Blaise Pascal nennt: „Das Herz hat seine Gründe, die die Vernunft überhaupt nicht kennt." Es sind eben diese Gründe die bestimmen, die das Leben real widerspiegeln. Und unsicher bleibt, ob Modelle und Theorien, mathematische Formeln, überhaupt praktikabel wirken können und ob der Mensch mit seinen völlig individuellen, sich stets wandelnden Einstellungen und Verhalten, formaler Logik entsprechend handelt – zwar rational für ihn, zu einem bestimmten Zeitpunkt, vielfach jedoch irrational für seine Umwelt (Kap. 5.1.).
- Und dann stellt sich noch die Frage des Einflusses, der Stellung der Religion. Über Jahrtausende, und über alle kulturellen Verschiedenheiten hinweg, bewahrte sie das ethisch/moralische Fundament des Menschen – als die Macht des Glaubens. Die Weltreligionen sind somit die einzig wahren und nachhaltigen Instanzen ethischer Gemeinsamkeit – sofern Ethik und Moral, was anzunehmen ist, axiomatische Voraussetzung des Zusammenlebens von Menschen bleibt, im (imaginären) Einklang mit dem Naturrecht, als Basis und auch (als inhärenter) Anfang aller Gesetze und Regeln. Allerdings unterscheiden Religionen sich in ihren inneren Strukturen von den modernen Grundsätzen der Demokratie fundamental – nämlich in der Freiheit des Geistes. Straffe Hierarchien, jahrtausendealte, unverrückbare Offenbarungen, Regeln und Rituale, bestimmen religiöses und damit menschliches Verhalten. Und dennoch war es die Säkularisierung als Resultat der Aufklärung, die die gravierende Veränderung der Menschheit der letzten Jahrhunderte bestimmte – in der Loslösung des Geistes vom religiös geübten Zwang. Nur Reife, Bildung und Aufgeschlossenheit werden die beiden Gegensätze – demokratische Freiheit und religiöses Bewusstsein – in einer sich

gegenseitig beeinflussenden, aber die Gemeinsamkeit fördernden Waage halten können. Und ob sich ein „ethischer Kapitalismus", als leistungsfördernde Einstellung zur Gemeinschaft, evolutionär (nach Popper) positionieren kann, bleibt eine Frage der Ausgewogenheit (Kap. 4.5.3.). Zwar nach heutigem ökonomischem Denken ein „Sakrileg", aber dennoch – sehen wir nur die fundamentale Rolle der Religionen über Jahrtausende – bewahrten sie immer, und grundsätzlich, Stabilität, Ordnung und Orientierung.

- Trotz aller Globalisierung und Internationalisierung, einem Größenwahn dem die Menschheit seit dem 20. Jahrhundert unterliegt, spielt sich das Schicksal der Menschen überwiegend doch noch regional, im Familien-, Freundes-, Betriebs- und kommunalen Kreis ab. Die moderne Welt tendiert dz. stärker zum Individualismus, dem Loslösen von der Großfamilie – eigentlich als ein Versagen des Staates (Kap. 5.3.4.).
- Noch bestimmt die Politik, noch legt sie die Rahmenbedingungen fest wie sich Märkte zu verhalten haben. Allerdings nun in kooperativem Rahmen mit anderen Staaten – auch dies hat sich grundsätzlich zur Vergangenheit geändert. War es bisher möglich Auseinandersetzungen militärisch zu lösen, fällt diese Alternative aufgrund der wirtschaftlichen Vernetzungen, die jede autonome Handlungsfähigkeit der Politik begrenzen, weitgehend weg.
- Wie differenziert sind schlussendlich dann noch Rechtsverhältnisse zu gestalten? In den Demokratien der Neuzeit wuchern die Gesetzeswerke im Zeithorizont. Mit der Gefahr, dass einerseits die Regelwerke, besser die Verbote (unabhängig von Überschneidungen und der Professionalität des Rechtswesens), derart exzessiv ausgelegt werden, dass selbst der Freiraum immer mehr eingeschränkt wird und sich andererseits die grundlegende Philosophie, nämlich die Sanktion von Übertretungen, ins Gegenteil verkehrt, eben alles erlaubt, was nicht verboten ist, d.h. eine Verhaltenseinstellung fördert, die nicht Abweichungen abstraft, sondern selbst ethisch bedenkliche Spielräume eröffnet. Die Einfachheit der ursprünglichen Regelwerke, die die Tugenden und das Naturrecht widerspiegeln, öffnen nun einem instrumentalen, vom natürlichen, dem menschlichen Verhalten immer stärker abweichenden Koloss Tür und Tor; verdrängen den Untertan als den bestimmenden Souverän. Je komplexer die Gesetze sich entfalten, desto widersprüchlicher verhalten sie sich zur natürlichen Gerechtigkeit. Eine Frage, die die zunehmende Vernetzung der Staaten vor eine fast unlösbare Aufgabe internationaler Abstimmung stellt.

Und schlussendlich, wie sehen die **praktischen Verhältnisse**, die Entwicklungen aus aktuellem Geschehen aus?
- Sind Demokratien mal geboren, getragen von Euphorie und Erwartungen breiter Schichten, wirkt Aufbruchsstimmung, Dynamik und Engagement. Latente, versteckte Wünsche münden in Aktivitäten und intensivieren Kommunikationsbeziehungen, übertünchen Unerfahrenheit und fehlende Bildung auf beiden

Seiten (bei den Bürgern und dem „Staat"). Langsam bilden sich erste Strukturen, der Gesetzesrahmen beginnt zu wirken und wird gelebt. Erste Diskrepanzen tauchen auf, wenn sie sich nicht schon im vorhergehenden System manifestiert haben. Es beginnen sich Eigeninteressen, Vergleiche mit der Umgebung, immer stärker herauszuschälen, langsam aber sicher die ursprünglich unbegrenzte Dynamik zu überlagern. Der Sinn der Gemeinsamkeit, des Ganzen, beginnt zu verblassen. Interessensgruppen bilden sich wechselnd um Vorteile durchzusetzen – ohne nachhaltig inneren Zusammenhang. Eigennutz beginnt zu dominieren. Jeder versucht das Beste für sich herauszuholen. Die Demokratie verstarrt, verbürokratisiert sich (Kap. 6.1.).
- Mehrheiten bestimmen zwar – als Grundlage einer Demokratie –, Gruppierungen (politische und bürokratische) treffen hingegen die latenten Entscheidungen über die Verteilung des Wohlstands (je nach aktueller Frage) – und zwar nach dem kleinsten gemeinsamen Nenner. Die Sicherung von Mehrheiten fordert, dem Wähler nachhaltig Sicherheit und Einkommen zu vermitteln –, allerdings die nachhaltigen Leistungsmöglichkeiten des Staates bleiben vage, verdeckt und unsicher.
- Bestehen Demokratien über Generationen, wird paradoxerweise sowohl die leistungsbezogene wie auch die soziale Verteilung schleichend ausgehebelt, und zwar durch einen ganz natürlichen ökonomischen Prozess. Ist individuell (beim Einzelnen) Kapital vorhanden, kumuliert sich „arbeitsloses" Einkommen über Generationen, bewirkt die Einkommensspreizung. Die Kluft zwischen Arm und Reich wird immer größer, ist auch politisch nicht mehr schließbar (wenn man Enteignung – und der Schutz des Eigentums ist eine bestimmende Determinante in der Demokratie – vermeiden will). Da eine unendliche Vermehrung sich ausschließt, folgen schwerwiegende Korrekturen oder eben der Zusammenbruch (Kap. 6.5.).
- Dass die, durch eine wachsende und konsumorientierte Gesellschaft ausgelösten ökologischen Einflüsse über die nächsten Generationen in verschiedenen Szenarien ein Desaster auslösen werden, ist allgemein bekannt. Dennoch ist jede konzertierte Steuerung durch die Staaten, gemeinsame prioritätenorientierte Handlung, nicht möglich. Hinderlich ist einerseits egoistisches Denken, aber – paradoxerweise – eben auch die demokratischen Prozesse selbst, über die sie beeinflussenden Lobbys.
- Offensichtlich sind Demokratien nicht imstande notwendige Entscheidungen zur nachhaltigen Sicherung des Staates und des Wohls seiner Bürger, solange sie für das Publikum nicht hautnah zu spüren sind, demokratisch umzusetzen, z.B. zu Finanzwirtschaft und Verschuldung, der Wahrungsparitäten, zur Wettbewerbsverbesserung und damit gegen Arbeitslosigkeit, zur medizinischen und Altersversorgung, zu den demografischen Veränderungen, der internationalen

Spekulation, allgemein zur internationalen Zusammenarbeit, der Globalisierung, etc. (Kap. 6.2.), – trotz aller durchaus bekannten Folgen[113]. Ad-hoc-Reaktionen der Staaten – mangels nachhaltig strategischer Ausrichtung – verstärken die Probleme, bringen Regierungen in Zugzwang und höhlen so die wirtschaftliche Stabilität des Staates und damit auch des allgemeinen Wohlstands aus. Reaktionen zeichnen sich aus dem Zeitdruck ab, die dann selbst bewährte staatliche Gewaltenteilungen teilweise aufheben, demokratische Legitimationsprozesse untergraben.

Beim Lesen einschlägiger Werke der großen Philosophen bis ins 19. Jahrhundert, kann man sich des Eindrucks nicht erwehren, dass zwar durchaus menschenorientierte, aber dennoch technokratische, mathematische Modelle vorherrschen – nur mit Ansätzen unterschiedlicher Wertigkeit menschlicher Elemente (eben Freiheit, Gleichheit und Gerechtigkeit, ferner Macht und Tugenden). Erst ab dem 19. Jahrhundert, nach den Erfahrungen mit den modernen Demokratien, nehmen psychologische, ergänzend soziologische Erkenntnisse, mehr Raum ein und fördern das Verstehen inhärenter Zusammenhänge der Gesellschaften – ein Prozess, der noch in vollem Gange ist. Das Thema der Individualität nimmt zu. Nur über vertiefende Berücksichtigung dieser Eigenheiten und Wirkungen in den Gesellschaftsstrukturen, können die sich Mechanismen in einer menschenorientierten Gesellschaftsordnung verbessern, und zwar als ein Generationen dauernder Prozess – befinden wir uns nun doch in einer globalisierten Gesellschaft. Es werden die entscheidenden Herausforderungen dieses Jahrhunderts. Zwar hatte schon Augustinus den Menschen mit seiner Individualität stärker in den Mittelpunkt gestellt, allerdings dauerte es nochmals mehr als ein Jahrtausend, bis sich die Gesellschaft nun ernsthaft seinen Eigenschaften (psychologisch) und seinem Verhalten in der Gesellschaft (soziologisch) nähert. Es sind diese menschlichen Tugenden, unser Verhalten und unsere Einstellungen, die alles bestimmen. Vieles konnte erreicht, vieles reguliert werden (von der Gewaltenteilung nach Montesquieu, den moralischen Ansätze eines A. Smith, der internationalen Anerkennung der Menschenrechte, etc.), aber noch bleibt vieles offen, wie z.B. Fragen der Einkommensverteilung, der Ökologie, der Zuordnung der Ressourcen, die Umkehr der ständig steigenden Verschuldung in den demokratischen Staaten und schlussendlich Fragen der Tendenzen in der Entwicklung der Staatssysteme, nämlich die hinreichend notwendigen Bedingungen zur Bewegung in Richtung Demokratie, auf dem eindimensionalen Modell der beiden gegensätzlichen Systeme.

Alles Fragen, die nicht nur den Menschen in den Mittelpunkt jeder staatlichen Philosophie rücken, sondern auch die Verantwortlichkeit, das Bewusstsein der verpflichtenden Aufgabe von Verantwortlichen als „Staatsdiener", wenn zugleich

---

[113] Neuberg A., zu „Kollaps", in *Elitäre Parasiten*, 2010

aber auch als „Herrschende", nämlich eine gefühlt persönliche Verpflichtung, wie sie schon die alten Philosophen forderten. In der Antike war die Teilhabe an der Demokratie eine Frage des Standes, damit einer, wenn auch unbefriedigenden und unsicheren Selektion. Heute, bei der möglichen Teilhabe eines jeden am politischen Prozess, sollte doch, neben der fachlichen Qualifikation, besonders die menschliche bestimmen – als bis dato völlig vernachlässigtes Fakt.

7.6. Grenzen effizienter Staatssysteme

Rational wäre zu fragen: Effizient? Für wen? Aber pragmatisch – wie oben angenommen – natürlich für das Staatsvolk gesamt. Wobei „Effizienz" impliziert, dass die Standardabweichung der „Effizienz" vom Median – nämlich aller Bewohner einer Nation – gering bleibt oder maximal ein Maß erreichen darf, das den Wert einer von der überwiegenden Mehrheit des Volkes gerade noch akzeptierten Abweichung (was an sich selbst schon wieder unbestimmt genug ist) nicht überschreitet. D.h., sodass breite Akzeptanz über die politischen Prozesse herrscht. Völlig offen jedoch ist, was wir unter Effizienz verstehen, nicht nur Vermögen – wenn es auch bedeutend ist (eben als Mittel sich alles beschaffen zu können was das Herz begehrt). Sicherlich gehören Sicherheit und Perspektiven der Existenz dazu, weitgehende Freiheit und Unabhängigkeit der Person, medizinische und Altersvorsorge. Alles aber im Vergleich zu einem erweiterten Umfeld, misst sich doch jedermann mit dem anderen – erinnern wir uns an die „Gleichheit". Seit Menschengedenken wirkt z.B. noch „Prestige" als bedeutende (mentale) Kraft. Es ist das Sozialverhalten, das psychologische Moment einer ständig bestehenden, wenn auch oszillierenden „Bedürfnislücke", die jeden, und zwar in jeder Lebenslage, beherrscht. Ist ein Bedürfnis gedeckt, beginnt ein neues zu erwachen. Schon Maslow hat aus seinen Untersuchungen über die Bedürfnishierarchie nachgewiesen, dass, ist z.B. ein Grundbedürfnis gedeckt, kann das nächsthöhere folgen. Der weitergehende Gedanke ist logisch und die Erfahrung bestätigt es: Bedürfnisse bestehen immer. Sie folgen aus individuellem Verhalten und aus dem Vergleich mit der Umgebung und bewirken, über alle Bedürfnisstufen hinweg, eine ständige „Bedürfnislücke" – und zwar egal, welches Wohlstandsniveau gerade wirkt. Es ist die Triebfeder, der Motor, der uns zu immer mehr antreibt.

Ist uns erst einmal bewusst, dass – wenn sich auch ständig ändernd – Bedürfnisse (allein aus menschlich-individuellem Verhalten) nie endgültig abgedeckt werden können, sich ständig neue entfalten, so erkennen wir auch, dass aus volkswirtschaftlicher, aus politischer Sicht, vorwiegend ökonomische (aber auch andere, wie z.B. klimatische, kulturelle, soziale, etc.) Grenzen zu setzen wären, die sowohl praktisch-aktueller, als auch strategischer Logik entsprechen müssen, z.B. ständig wachsende Verschuldung, Ressourcenausbeutung, kriegerische Auseinandersetzungen und vieles andere mehr ausschließen. Schon aus der Diskussion des Staatszyklus war eine ständig wirkende, wenn auch wechselnde Dynamik abzuleiten, mit dem (inhärenten) Ziel kontinuierlicher Bedürfnisbefriedigung, als Entwicklungsmotor eines Staates – in Wechselwirkung mit dem Einzelnen. Aber genauso ist auch abzuleiten, dass es diese ständig bestehende, wenn auch schwankende „Bedürfnislücke" ist, die die Systeme schlussendlich überlastet und zur Katastrophe führt. Das Individuum lässt sich nicht ändern (und wenn, dann nur über viele Generationen, s.o.). Es gibt nur einen der regulierend (begrenzend) eingreifen könnte, der Staat. Dabei ist es, aus dieser Sicht, unerheblich, ob demokratisch oder autoritär regiert.

Entwickeln wir diesen Gedanken weiter, verstehen wir die unterschiedliche Einstellung des individuellen Engagements und zum Staat während der letzten drei Generationen auch besser. Aufbruchsstimmung – z.B. der ersten Generation in der neuen Demokratie Deutschlands nach dem Zweiten Weltkrieg – und unbegrenzte Möglichkeiten, ließen ein Erreichen der (hier noch ökonomischen) Bedürfnisse perspektivisch real erscheinen. Der nachfolgenden Generation „sollte es einmal besser gehen". In der dritten Generation tendieren die „Wachstumschancen" allerdings nun gegen null, Verteilungskämpfe nehmen logischerweise zu. Die Bedürfnislücke ist auf hohem Niveau angelangt und sowohl die technische Entwicklung wie auch natürliche Ressourcen und der weltweite Webwettbewerb ziehen Grenzen, und selbst der Staat weist weder Perspektiven auf, noch schränkt er die nun nach innen gerichtete Befriedigung der „Bedürfnislücke" ein, steuert die Nation in eine zweifelhafte Zukunft. Unsicherheit überträgt sich auf die Bevölkerung. Da – wie wir oben gesehen haben – demokratische Prozesse diese Entwicklung, die Stagnation auf hohem Niveau, nicht beeinflussen oder auflösen können, nimmt der Ruf nach einem korrigierenden Führer zu, hebelt die Demokratie sich so selbst aus. Gleiches gilt natürlich auch für alle anderen Ebenen staatlicher Hierarchie, für Länder, Kommunen, Gemeinden, Vereine.

Gesellschaftliches Verhalten, die Regeln des Zusammenlebens, waren primär – wie die Geschichte der Menschheit zeigt und wir bereits wissen – autoritär bestimmt. Selbst die sogenannten Demokratien bis Ende des 17. Jahrhunderts waren Privilegierten vorbehalten und haben ja auch nicht überlebt, tendierten sie doch gegen Ende ihres Lebenszyklus immer wieder zu totalitären Systemen. Oder war es umgekehrt? Erst in den letzten beiden Jahrhunderten gelang den Demokratien, so wie wir sie heute verstehen – als (imaginäre) Teilhabe jedermanns –, der Durchbruch in vielen Staaten und reifte sie über Generationen. Mit der nun doch ernüchternden Erkenntnis, dass sie spätestens ab der dritten Generation zu stagnieren beginnen, erste Auflösungserscheinungen sich abzeichnen. Die Kritik nimmt zu, die persönliche Teilhabe am politischen Geschehen ab. Der Lebenszyklus neigt sich dem Ende zu – immer mit unbestimmtem Ausgang, alles andere jedoch als friedlich.

Wissenschaften, oder wie früher Philosophien, helfen immer weniger, je komplexer die Zusammenhänge werden. Eben diese Komplexität versperrt die Sicht des strategischen, des besonders in Demokratien so schwer bestimmbaren Ganzen. Die bisherigen Ansätze zeigen, dass die
- gesamtwirtschaftliche,
- ethisch-menschliche, jedenfalls aber die
- strategische Gesamtbeurteilung

zur Gestaltung und Lenkung eines Staates Voraussetzung wäre, und zwar nach diesen drei Ebenen, in sich selbst hierarchisch gegliedert, z.B. für die Welt (ökologisch, menschlich), die Länder und Unionen (kulturell, wirtschaftlich), die Ethnien und Kommunen, usw.

Prämissen
Aus den vielfältigen Ansätzen sind, sowohl aus historischer Entwicklung der Staaten, der philosophischen Betrachtungen der Zusammenhänge sowie der kulturellen, technischen und geisteswissenschaftlichen Entwicklung, durchaus allgemein gültige Prämissen – Vollständigkeit natürlich nicht gewährleistet – abzuleiten:
- Systeme ändern sich zwar – nach den hypothetischen Ansätzen eines Staatszyklus – in Wechselwirkung von autoritär zu demokratisch, wobei der Prozess der Aufklärung Letztere tendenziell verstärkt. Dennoch bleiben Staatssysteme in ihrem inneren „Verhalten" kulturabhängig, aber auch labil.
- Gesellschaftssysteme, wie z.B. die Feudalherrschaft, schaffen sich in langen Zeithorizonten – mangels menschlich inhärenter Inflexibilität – von selbst ab.
- „Menschliches" geht vor Rationalität und beides entfaltet sich auf dem Boden des Wirtschaftlichen (im Extrem: des Überlebens). Sicherung von Wohlstand und ausgeglichener sozialer Gefüge ist immer auch eine Funktion wirtschaftlich erfolgreicher und vernünftiger Führung von Staaten, was – paradoxerweise – besonders Demokratien weniger gelingt als autoritären Gesellschaften.
- In Anlehnung an den Staatszyklus und die jeweils herrschenden Umfeldbedingungen, haben beide Systeme (das demokratische und das autoritäre) sowohl Vor- wie Nachteile. Verstärken sich die Nachteile, tendiert das System zum Umbruch. Also haben beide Systeme – je nach Entwicklungsphase – ihre Berechtigung (und zwar unabhängig von gerade aktuell gesellschaftlichem Denken). So hat sich zwar formal die Zahl der demokratischen Staaten weltweit erhöht, doch in der Praxis wandeln sich immer mehr zu heimlichen Autokratien.
- Demokratien scheinen, je länger sie bestehen, stärker wuchernden Organisationsprozessen ausgesetzt zu sein als autoritäre Systeme, in denen ja – per definitionem – wenige politisch entscheiden, daher zwangsläufig auch die Komplexität einen niederen Stellenwert hat. In demokratischen Prozessen beschleunigen sich diese Prozesse im Zeithorizont unbestimmt und sind nicht mehr umkehrbar.
- Mit steigender Staatsquote (als ein offensichtlich ebenfalls unumkehrbar inhärenter Prozess in Demokratien) nehmen Regulierungen zu – über Gesetze, Verordnungen und Anweisungen –, mit der Gefahr individuelle Freiheiten schleichend, kaum erkennbar, einzudämmen. Bei einer Staatsquote um die 50 % ergibt sich dann eine ernsthafte Akzeptanzhürde, die der Staat mit immer diffizileren Anwendungen zu umgehen versucht und damit langsam aber sicher die Wettbewerbsfähigkeit der Nation abwürgt. Daraus folgt, nach der Euphorie-

phase der Staatengründung, der langsame Abstieg gereifter Wohlstandsgesellschaften.
- Die Messbarkeit nationaler Leistung (das BIP) verliert durch „Bürokratisierung" und Regulierung ihre Aussagekraft. Die Werte des staatlichen „Controllings" weichen zunehmend vom gefühlten Wohlstand ab. Im Werteausweis verliert die reale Wirtschaftsleistung ihre Bedeutung.
- Im Zuge der zunehmenden Verschuldung der Staaten löst sich die ursprünglich eherne Bindung zwischen Wirtschaftsleistung und Geldvolumen. Die Währungen akzelerieren sich in ausufernder Geldschöpfung, Korrekturen sind demokratisch nicht durchzusetzen. Die Finanzsysteme fahren an die Wand.
- Im Lebenszyklus einer Demokratie bilden sich neue Klassen, von „Geldadel" und Masse. Vermögen vermehrt sich kraft Einsatz im Wirtschaftsgeschehen und wirkt konträr zu jenen, die nur ihre Arbeitsleistung anbieten können. Mangels ausreichenden Arbeitsangebots kommen die Arbeitseinkommen unter Druck. Die Vermögen driften immer stärker auseinander – als Treibsatz für den kommenden Umbruch. Über Jahrtausende erfolgte immer wieder der Ausgleich zunehmend unsozialer Verhältnisse über Kriege und Revolten, um einerseits die Misswirtschaft von Staaten zu egalisieren und andererseits die über Jahrzehnte zunehmende Vermögensspreizung wieder annähernd auszugleichen.
- Problem ist die schwer definierbare Qualität der Staatsführung. Wahlen bilden zwar ein Korrektiv, aber die gewählten Vertreter gewinnen über kurzfristig wirkendes, oft nur scheinbar nachhaltig sinnvolles, jedenfalls populistisches Auftreten ihr Mandat. Eine völlig unzureichende Messlatte der Qualität einer Staatsführung in wettbewerbsdichter Zeit – im Prozess der Globalisierung. Eine Kontrolle durch Abwahl ist zwar vielfach in den Demokratien vorgesehen, jedoch wenig wirkungsvoll. Und Verantwortlichkeit – ohne persönliche Haftung – bleibt eine leere Hülse.
- Trotz zunehmender Kontrollgremien sind demokratische Staaten nicht gefeit in wirtschaftlichen Bankrott oder in die Autokratie abzugleiten. Relevante Instrumente und Institutionen sind nicht ausreichend. Offen bleibt ferner, wie Staaten ihre Ressourcen nachhaltig, d.h. strategisch orientiert, zum Wohle ihrer Bürger (wie der Unternehmen) im internationalen Wettbewerb systematisch und konzentriert fördern und unterstützen sollen, ist doch der allgemeine gefühlte Wohlstand ein hoher Stabilitätsfaktor, egal, um welches System es sich schlussendlich handelt.

Ergänzend zu diesen „mechanischen" Prämissen wirken – zumindest gleichwertig – die menschlichen. Gefordert ist ein dem kulturellen und ethischen Rahmen entsprechendes Verhalten der gewählten Vertreter, diplomatisch wertfrei kommuniziert über die modernen Medien. Zugegebenermaßen für heutige Gewohnheiten eine fast übermenschliche Anforderung. Aber genau diese modernen Medien wären es, die den

Dialog, die „öffentliche Rede", wieder fördern könnten. Der räumliche und persönliche Abstand von dem in die Millionen gehenden Wahlvolk zu seinen Vertretern, ist eben die offene Flanke einer nachhaltigen Demokratie.

Es sind diese gewaltigen, Unsicherheiten verursachenden Veränderungen, die die Menschen beunruhigen. Fragen die nur der Staat versuchen kann zu lösen, besser vorzuleben. Bleibt doch der Mensch ansonst für sich alleine; sucht er Halt, findet er ihn entweder im Übernatürlichen – und wenn er Glück hat auch noch in familiärer Umgebung. Das Religiöse ist latent immer vorhanden, egal wie laizistisch die Gesellschaft gestaltet ist. Oder alternativ vorhanden im Egoismus, zur bestmöglichen Sicherung seiner Existenz – losgelöst von den gemeinsamen Werten.

Die demokratische Illusion
Über einen mühsamen Entwicklungsprozess haben sich die Demokratien im letzten Jahrhundert, über die Gewaltenteilung nach Montesquieu, einer praktikablen Organisation nach Wahlperioden, eine Übersetzung individueller Volksmeinungen über Parteien und einer Meinungsbildung über eine freie Medienlandschaft, bei zunehmend weltweitem Durchbruch demokratischen Gedankens, wenn auch mit sehr unterschiedlichen Strukturen, entwickelt. Nicht als Endzustand, aber doch bisher befriedigend (als die ersten beiden Phasen unseres Staatszyklus). Aber nun nimmt eben auch die Kritik entwicklungsbedingt zu. Bisheriges zeigt, wie nachhaltig unbefriedigend die demokratischen Prozesse bleiben:
- Die Gewaltenteilung ist, je nach Staat und Kultur, unterschiedlich ausgeprägt und damit wieder abhängig von der Qualität, dem Charisma von Personen, in weiterer Folge dann Institutionen – eben von (individuell geprägten) Menschen; demokratische Philosophien hin oder her.
- Abgesehen von der schwierigen individuellen Meinungsfindung zum Wahlzeitpunkt, sind zwangsläufig arbeitsfähige Wahlperioden eine Voraussetzung, um gewählte Institutionen wirken zu lassen. Hat man Glück, wirken sie wie erwartet. Allerdings überwiegt zwar nicht das Gegenteil, aber dennoch frustrierende Abweichungen (eigentlich Stagnation, als das Gefährlichste im internationalen Wettbewerb) – und ein Ausstieg innerhalb der Periode ist mühsam und vor allem ökonomisch problematisch, und alles andere als auch wertfrei. Im Gegenteil, Emotionales nimmt dann zu. Und mit der Kürze der Wahlperiode (üblicherweise vier bis sechs Jahre) nimmt verhältnismäßig der Anteil rationaler und effizienter Führung ab, dank Inkubationszeit nach der Wahl und (Wahl-)Vorbereitung der nächsten.
- Die Konsolidierung der unterschiedlichen Interessenslagen der Bevölkerung über die Parteien, bleibt rudimentär und von der jeweiligen Aktualität, besonders aber von prägenden Individualitäten (mehr oder weniger charismatischer Parteiführer) abhängig. Je stärker ein (gerade jetzt und aktuell wirkendes) Bedürfnis

dem Status quo widerspricht, umso stärker wirkt es bei der Stimmabgabe. Je ferner (strategischer) die zu entscheidende Handlung liegt, desto unbedeutender ist sie bei der Wahl – konträr der so eminent wichtigen strategischen Orientierung. Jedes demokratische System ist so einem autoritären – das zwangsläufig zur Selbsterhaltung strategischer denken muss – unterlegen.
- Und dass freie Meinungsbildung eine Funktion der Unabhängigkeit der Medienlandschaft sein soll, die sich jedoch – im Zuge der Demokratieentwicklung – immer stärker auf wenige Meinungsbildner konzentriert, d.h. zunehmend von Interessen gesteuert wird, haben wir ausreichend diskutiert.

Also, alles in allem eine eigentlich jedem bewusst unbefriedigende Situation im Sinne demokratischen Denkens. Bleiben diese Grundfragen ungelöst, bleiben auch Demokratien für die Masse unbefriedigend. Und auch die vielen Versuche direkter Demokratie, nämlich offene Themen über Volksbefragung zu entscheiden (in Anlehnung an die „volonté générale" nach J. J. Rousseau) verschärfen die Probleme eher, als dass sie sich in Richtung echter Demokratie bewegen (wie diskutiert und vielfach in der Literatur nachgewiesen). Abgesehen von der fehlenden Praktikabilität, beschleunigen sie nur die vier oben angeführten Illusionen.

Fairerweise muss man anerkennen, dass der Staat selbst, eigentlich an all den Problemen unschuldig ist. Das Kernproblem formt sich aus den (mehr oder weniger demokratischen) Parteien. Als Bindeglied zwischen Bürger und Staat, in den demokratischen Prozess eingeschoben – unvorhergesehen in den Philosophien bis Beginn des 20. Jahrhunderts –, verschärfen sie nicht nur die Probleme der Demokratie sondern entwickelten intern auch selbst ein stark autoritäres Verhalten, und so eine Meinungskonzentration, die alles andere als die demokratischen Bedürfnisse der Bevölkerung widerspiegeln. Sie sind zwar logisches Resultat aus dem exponentiellem Wachstum der Menschheit, haben jedoch bis heute nicht gelernt tatsächlich echtes demokratisches und gestaltetes Bindeglied zu sein. Sind sie an der (staatlichen) Macht, versuchen ihre mehr oder weniger charismatischem Führer – rudimentär, nach irgendwelchen intuitiven Philosophien oder über Minimalkonsens mehrerer Parteien – ihre populistischen Ideen weitest möglich umzusetzen, um ja nur wieder gewählt zu werden. Als der eben menschlich ganz natürliche innere Antrieb zur Mehrheit, zur Sicherung von Prestige, überdurchschnittlichem Einkommen bis zum Lebensende und sonstiger Benefizien. Und als besondere Motivation: Alles ohne persönliche Haftung und Risiko! Allen hehren uralten Philosophien zum Trotz.

Und die Parteien selbst, sie bestehen über Generationen, sichern dem loyalen Parteigänger – sofern er sich mit der gerade jetzt herrschenden Philosophie lautstark und engagiert beweist und sich den internen Machtspielen diplomatisch anpasst – Karriere, ein tragendes Netzwerk und Sicherheit. Sie sind das eigentliche demokratische Problem. Oder vermeinen wir tatsächlich, in ihnen altruistische

Interessensvertretung ihrer Wähler zu erkennen?[114] Selbst der Berufshintergrund der Abgeordneten repräsentiert nicht annähernd die fachliche und Interessensverteilung in der Bevölkerung. Sie rekrutieren sich vorwiegend aus Beamten und öffentlichen Angestellten (Lehrer, Juristen, Verbandsfunktionäre, etc.), und zunehmend als Berufspolitiker.

Demokratischer Schlussakkord
Ab dem dritten bis vierten Quadranten des Lebenszyklus, in der Phase weit weg vom dynamischen Aufbruch in eine hoffnungsvolle Zukunft mit Freiheit, etc., eben den demokratischen Leuchttürmen, in einer Zeit, in der Individualismus das Gemeinsame ablöst, bilden sich nur mehr ad hoc latent bestehende Interessensgruppierungen zur Nutzung wirtschaftlicher Gelegenheiten, losgelöst von sozialem, ethischem und nationalem Verantwortungsbewusstsein.

Das Individuelle – oder wenn man so will das Egoistische, jedenfalls nicht Gemeinsame – findet, je nach persönlicher Möglichkeit (Fähigkeiten, Netzwerke und Vermögen) immer Nischen, in denen persönliche Vorteile realisiert werden können. Der Unterschied zum Gemeinsamen: Im Dialog, im Wechselspiel von potenzierten Fähigkeiten und gefilterten Schwächen, generiert sich gemeinsame Wohlfahrt und bildet das Soziale. Nun löst sich in der stagnierenden Volkswirtschaft eben das „Volkswirtschaftliche" auf, es verliert sich die innere Bindung der Menschen, schlussendlich zum wirtschaftlichen Nachteil der Gemeinschaft. Prozesse, die sich in stabilen Systemen über Generationen entwickeln. Der gemeinsame Antrieb lässt nach, die gemeinsame Perspektive verschwindet im Dunst der Vergangenheit und vielfältige, zersplitterte Interessen gehen ihre eigenen Wege, verlieren die gemeinsame Richtung. Demokratien tendieren gegen Ende ihres Lebenszyklus zu autoritären Regimes bis zum Totalitarismus (selbst westeuropäische Demokratien, aber auch die USA, vor allem Quasi-Demokratien).

So paradox es klingt, Wohlstand fördert diesen Prozess. Er fördert aber auch eine neue Klassengesellschaft. So waren z.B. vor einigen Generationen noch gut 60 % der arbeitsfähigen Bevölkerung in der Landwirtschaft beschäftigt (und trotzdem waren Hunger und Nahrungsmittelknappheit vorherrschend) – heute keine 2 %. Die überwiegende Masse wurde von der industriellen Revolution aufgesogen. Vor gut einer Generation splitterte sich dann der Dienstleistungssektor ab, der heute bereits den produktiven Anteil übertrifft. Und dennoch, trotz all dieser unglaublichen Leistungsgewinne, stagniert das reale Einkommen der Masse der Bevölkerung seit

---

[114] Ein russischer Oligarch nach dem Zusammenbruch der Sowjetunion: „Egal, welche Partei wir auch gründen, es kommt immer wieder die sowjetische Kommunistische Partei heraus."

Jahrzehnten. Die Vermögensverhältnisse der Klassen driften auseinander. Irgendwann fordern sie Korrekturen, Korrekturen, die demokratisch jedoch nicht mehr zu lösen sind.

7.6.1. Tendenzen

Unsicherheiten und wirtschaftliche Zwänge in den (noch) wohlhabenden, vorwiegend demokratischen Staaten, bewirken Tendenzen nach mehr „Gerechtigkeit". Wäre ethisch-moralischer Kapitalismus Grundlage wirtschaftlichen Handelns? Ist er überhaupt aus Sicht des menschlichen Habitus denkbar? Schließt sich doch Rationalität, insbesondere im Sinne einer „Gemeinsamkeit", in der Entscheidung des Einzelnen vielfach aus, was Ökonomen seit Jahrhunderten sträflich vernachlässigt haben. Wird doch der Wille, und in weiterer Folge die Entscheidung, durch persönliche Faktoren nicht nur modifiziert, sondern häufig genug überlagert. Zusätzlich verliert sich noch die Priorität einer (egal wie rationalen) Erkenntnis im Zeithorizont und ist darüber hinaus noch von der persönlich empfundenen Motivation abhängig. Wir erkennen schon, dass Rationalität des „Homo oeconomicus" nur eines der vielen Vehikel der Entscheidungsfindung ist, doch eher von einer Reihe anderer persönlicher Faktoren verändert, abgeschwächt vielleicht sogar ausgesetzt wird. Die bisher die Welt dominierenden ökonomischen Modelle gelten eben nur unter sehr eingeschränkten Bedingungen.

Den rational-politischen Entscheidungsprozess, für Wohlstand und Wohlfahrt der Nation, durch vernünftige und wissenschaftlich rationale Erkenntnisse zu unterstützen, zählt spätestens seit dem Aufkommen der Massenmedien nicht mehr. Werbespots und Entertainments, Einflüsse mächtiger Interessensverbände, hebeln die „originäre" Volkseinstellung aus, beeinflussen sie in ihrem Sinne. Nicht mehr der erfahrene Politiker, der sorgfältig erarbeitete politische Konsens ist entscheidend, getragen vom Gewissen der Verantwortlichkeit, sondern machtvolle Interessen, verwirklicht über publikumswirksame Medien.

Die Entwicklung des Bildungsstands (von Ethik und Kultur) sowie die ökologischen Einflüsse, bleiben dennoch der Humus weiterer Entwicklung der Menschheit. Das Bildungsniveau stagniert gefühlt in den Industrieländern. Ist dies in reifen Demokratien demokratiehemmend, oder besser, führt es zur Degenerierung? Wir wissen es nicht, aber die Prozesse der Ökologie sind real. Bis vor wenigen Jahrzehnten konnten die Staaten für sich durchaus autonom – sowohl politisch, wirtschaftlich wie auch ökologisch – entscheiden und reagieren. Die Natur kennt, wie bekannt, keine Grenzen und die Umwelteinflüsse natürlich auch nicht. So erforderten die vergangenen Jahrtausende Menschheitsgeschichte keine „ökologische Reifung" menschlichen Verhaltens. Der Mensch lebte von der Überfülle der Natur, sie zog keine abrupten Grenzen. Ökologische Veränderungen spielen sich in Jahrhunderte zählenden Zeitrahmen ab und bewirken schleichende, kaum nennenswert ins Bewusstsein tretende, durchaus natürlich bedingte Korrekturen der Umwelt. Veränderungen, die den Stämmen, den Nationen, ausreichend Zeit boten, sich anzupassen oder eben neue Standorte zu suchen (was sich heute alleine schon durch die Dichte der Weltbevölkerung ausschließt). Unser politisches Denken und Verhalten bildete sich eben in den letzten, etwas mehr als zwei Jahrtausenden. Natur und Ökologie waren nie Entscheidungshemmnisse. Von Platon bis ins letzte Jahrhundert stand die Frage der Optimierung des Staates, mit welcher Regierungsform, mit welcher Organisationsform und in welchen Hierarchien er zu gestalten wäre, im Vordergrund – immer zum Wohle der Nation, mit mehr oder weniger Berücksichtigung der Individualität des Einzelnen. Jedenfalls hatte der Staat der Gesamtheit der Bevölkerung Sicherheit zu bieten, entweder im Hinblick eines mehr oder weniger aggressiven Nationenumfelds oder eben aus Eroberungsgelüsten. Beides wird sich im kommenden Jahrhundert ausschließen müssen, will die Menschheit als Ganzes überleben.

Die vielfältigen Facetten komplexer staatlicher Entwicklungen und Zusammenhänge des letzten Jahrhunderts zeigen jedoch auch – egal, ob Staatsformen demokratisch oder totalitär regiert werden –, dass Politik zunehmend die Gestaltungsmacht an andere Teilnehmer abzugeben beginnt. Zwei wesentliche Machtgruppierungen wirken nun in einer globalen Welt:
- nationale Grenzen überschreitende Wirtschaftsmächte (Konzerne, Finanzkonglomerate, aber auch NGOs) mit ihrem Einfluss über zielorientiertes Verhalten auf ausgewählte Bevölkerungsgruppen, mittels Kapitaleinsatz und eines durch sie gesteuerten Medienmix,
- und das jeweils gesellschaftspolitische Denken: Einstellungen und Verhalten, die über Generationen sich zwar auch verändern, aber dennoch über längere Zeiträume stabilisierend wirken, wie es sich nun in den letzten beiden Jahrzehnten, als kapitalistisch, zunehmend egoistisches Verhalten weltweit manifestierte.

Demokratien, mit ihrer heute geübten Praxis der kurzen Wahlzyklen (vier bis sechs Jahre), ohne nachhaltig strategisch langfristige Orientierung für die Gestaltung und Anpassung an die weltweiten Veränderungen (dazu noch vielfach im Egoismus eigenen Interessen verfangen), stellen sich alleine schon deswegen infrage.

Wie das letzte Jahrhundert zeigt, sind junge und aufstrebende Demokratien – besonders nach schwierigen wirtschaftlichen und politischen Verwerfungen –, aus dem Freiheits- und Erfolgsdrang der Beteiligten, nicht nur von hohem volkswirtschaftlichem Nutzen, sondern insbesondere auch für die Bürger selbst, aus nun dem neuen Freiraum für die persönliche Entfaltung. Kommen dann Demokratien, so nach zwei bis drei Generationen – in einem sich logischerweise ständig ändernden wirtschaftlichen Umfeld – zunehmend mit anderen Nationen unter Konkurrenzdruck, beginnen Wachstumsraten (die sich eben auf Konsum und nimmer endende Ansprüche beziehen) zu stagnieren, sich vielleicht sogar umzukehren. Dann scheinen die Demokratien, aus vielfältigen Aspekten, nicht mehr ausreichend fähig konform zu reagieren, sich den Gegebenheiten anzupassen. Was wirkt, was fehlt? Empirisch wie auch aus bisherigen Ausführungen zählen dazu:

- Fehlende persönliche und finanzielle Verantwortung: In der Politik ist sie eine Leerformel.
- Persönliche Interessen: Die sind einerseits nur bei Wiederwahl (auch im Gefolge eines Mächtigen oder der Partei) oder bei Übergang in eine andere politische oder wirtschaftliche Position gewährleistet (oder in der gesicherten Rente).
- Politische Apparate und Bürokratien blähen sich tendenziell auf, ziehen einen immer stärkeren volkswirtschaftlichen Leistungsanteil ab, verstarren dabei die Entscheidungsstrukturen und behindern die gesamtwirtschaftliche Leistungs- und Anpassungsfähigkeit.
- Die Berufung eines Volksvertreters reduziert sich auf den „Beruf" als Karriereziel, wobei damit auch der rückhaltlose Einsatz, im Sinne der Wohlfahrt der Volkswirtschaft, verloren geht.
- Der wertfreie öffentliche Diskurs wird durch populistisches, publikumswirksames Entertainment ersetzt.
- Die inhärente Anforderung an eine hohe Bildung, an interdisziplinäres Denken, wird ersetzt durch Präsentationsgeschick und Durchsetzungsfähigkeit – als nun generelle Voraussetzung öffentlich Verantwortlicher im Sinne ihrer Karriere (Macchiavelli: „Vor allem muss der Fürst ein Schauspieler sein.").
- Damit treten auch klassische Anforderungen an Tugenden und Charakter immer stärker in den Hintergrund und die Optimierung des persönlich wirtschaftlichen Erfolgs wirkt bestimmend.
- Die Komplexität der wachsenden Rechtsnormen (insbesondere in Demokratien) verhält sich gegenläufig zum natürlichen Rechtsempfinden des Bürgers, erhöht Unsicherheit, reduziert paradoxerweise so eine „inhärente Rechtsgerechtigkeit".
- Je reifer Demokratien sind, desto dominierender werden gesellschaftliche Interessen; benötigen doch Staaten beides zugleich: Gesellschaftliche und wirtschaftliche Parität.
- Tendenz jeglicher nachhaltiger demokratischer Staatsform ist, sich immer mehr Kompetenzen zuzuordnen. So unterhöhlt sie die Selbstständigkeit des Einzelnen, entmündigt ihn schrittweise – mit der Tendenz zu autokratischen Formen.

Wenig Ermutigendes, viel Hemmendes. Im wesentlichen eigentlich "demokratische" Mängel, latent zwar immer vorhanden, aber besonders ausgeprägt ab der dritten Phase des Staatszyklus. Eigeninteresse in autoritären Gesellschaften lassen zwangsläufig die Probleme früher und progressiver angehen.

7.6.2. Perspektiven

Das führt uns auch zu der Frage: Was ist denn die grundsätzliche Aufgabe der politischen Entscheidungsträger, der Regierung, die John Locke – und ich meine, damit stimmen wir weitestgehend überein – als „zur gegenseitigen Erhaltung ihres Lebens, ihrer Freiheiten und Güter" ganz allgemein Eigentum nennt? Also, der wahre Grund wäre daher „die Erhaltung des Eigentums"[115] und – sowohl abgeleitet wie auch von ihm so verstanden – mit all den Voraussetzungen die dafür notwendig sind. Heute erweitert sich die Aufgabe (hoffentlich, im Sinne alter Philosophien) mit sowohl sozialen Überlegungen (wie sie sich im letzten Jahrhundert manifestiert haben) und einer Verteilungsgerechtigkeit, die sich aus den Demokratiegrundsätzen erzwingt.

Trotz aller Kritik scheint weltweit die Einsicht zuzunehmen, dass die Menschheit mit ihrem Wachstum, den ökologischen Belastungen, den Grenzen der Natur und insbesondere aus den Unsicherheiten die aus dem globalen Wettlauf resultieren, nicht nur dringlichen Handlungsbedarf sieht, sondern selbst fordert. Menschen leiden unter der Duldung verbreitet sozialen Unrechts. Und intuitiv wird weltweit auch erwartet, dass der Staat, die Staaten, handeln. Die aber verhalten sich, weil eben auch Regierende Menschen sind, eben auch immer nur als Menschen – und leider ebenfalls unter dem Druck ihrer Mentalitäten, unter den Benefizien ihrer Position und Machtfülle, also „nutzenoptimiert" (insoweit haben mathematische Modelle doch recht, sic!). Eigentlich wären alle Voraussetzungen eines Wandels erfüllt, nur mit den althergebrachtem Führungsverhalten sind unsere Eliten nicht in der Lage zu reagieren. Und da der Mensch nicht von heute auf morgen zu ändern ist, sind die Strukturen zu überlegen. Zwar kein Optimum, aber ein Weg in die richtige Richtung.

Eigentlich stellen sich drei Fragen, oder drei Alternativen:
  - Vorab: Was sind denn die Kernaufgaben eines Staates in der nun so dramatisch geänderten Welt? Ein Zurückziehen auf seine Kernkompetenzen, mit möglichst hohem Freiraum des Einzelnen, unter Gestaltung der Rahmenbedingungen.

---

[115] In Anlehnung an Rifkin Jeremy, in: *Der europäische Traum*, Campus 2004.

Eingebettet in ein nachhaltiges strategisches Konzept (bei jederzeitiger Änderungsbereitschaft bei gravierenden Abweichungen), jedoch in Kontinuität der Kultur und Rückbesinnung auf die und Pflege der ethischen Werte.
- Wie ist die Staatsform zu gestalten, um sowohl international wettbewerbsfähig zu bleiben, soziale Sicherheit weitestgehend zu gewährleisten und dennoch hohe Einsatz- und Leistungsbereitschaft des Souveräns zu sichern?
- Und wie wären die Kräfte mit anderen Volkswirtschaften zu bündeln? Welche kämen dafür infrage? Mit welchen stimmen nachhaltige Interessen, Staatsphilosophie, Sicherheitsstreben und Verteidigungswille, ethische, ethnische und kulturelle Eigenheiten, Lebensstandards und soziales Denken, weitestgehend überein und wie ergänzen sich die wirtschaftlichen Potenziale und natürliche Ressourcen?

Alles logische und natürliche Fragen – und nicht neu, aber eben mit althergebrachtem Denken, oder abgeschwächt, mit althergebrachten Strukturen, ganz einfach nicht lösbar. „Regierungen und Verwaltungen regenerieren laufend Modelle, die durch strukturelle Entwicklungen ständig überholt sind" (Luhmann). Politik erhält sich selbst. Der einzige praktikable Ausweg, so scheint es, ist die Zusammenarbeit mit anderen Staaten – jeweils nach aktuellen, zumeist wirtschaftlichen, in Einzelfällen militärischen Fragen. Ein Ansatz, der ohne vernünftiges Resultat bleiben muss, da eben zuerst die Bereinigung der eigenen Probleme Voraussetzung einer starken Partnerschaft wäre. Wenn sich zwei Schwache, mit zwar jeweils unterschiedlichen, aber dennoch gravierenden internen Schwierigkeiten verbinden, können sich ihre Probleme zwangsläufig nur addieren, keinesfalls jedoch lösen. Dennoch wird es sowohl wissenschaftlich wie auch praktisch geübt.

Die Weltrepublik, der Weltstaat
Eigentlich wäre der Weltstaat – wenn auch nur aus logischer (allerdings blauäugiger) Vorstellung – sinnvolles Resultat weiterer politischer Entwicklung, und vorbestimmt als Demokratie, aus unserer persönlichen Disposition (damit in sich schon wertend). Eine Zusammenfassung aller Staaten, mit einem gemeinsamen Rechtswesen, ohne Grenzen, mit einheitlicher Währung, d.h. einem räumlich unbegrenzten Freiraum des Individuums, frei nach seinen Intentionen und Möglichkeiten. Denkbar? Praktikabel? Ersteres ja, Zweiteres nein.

Zeigen doch die rd. acht Jahrtausende Menschheitsgeschichte eindeutig eines (wie auch obiges), dass Staaten kommen und vergehen, Grenzen sich auflösen, neue Formen sich bilden, Pakte geschlossen werden, wieder verschwinden, Länder sich zu Unionen zusammenschließen, die aber auch nicht Bestand haben; kein Staatengefüge bleibt eben beständig. So haben wir auch gesehen, dass unsere, aus der Aufklärung geborene Überzeugung des Mach- und Gestaltbaren, seine Grenzen hat und insbesondere im Staatswesen die Dinge sich doch alles andere, als entscheidend veränderten. Es bleibt eben das „Menschliche", das so schwer Fass- und Regelbare. Dauerte es doch seit Mitte der Aufklärung gut zwei Jahrhunderte – bestimmt von naturwissenschaftlichen Erkenntnissen und abgeleiteten Mechanismen –, bis sich über die letzten Generationen die Überzeugung des eigentlich alles beeinflussenden Verhaltens des Menschen durchsetzte. Eben bestimmt durch seine persönlichen, ganz individuellen, psychologischen und soziologischen Eigenheiten, geprägt aus uraltem kulturellen Hintergrund und dem Umfeld in das er eingebettet ist. Verhalten, das ökonomische Modelle versuchen mit einigen wenigen empirischen (menschlichen) Fakten als Variable zu berücksichtigen, als dennoch nur vager Anhaltspunkt doch vielfältiger menschlicher Eigenheiten; eben als nur bescheidener Bruchteil, was aber dennoch das ganz persönliche Leben bestimmt.

Und genau dies sind die Elemente, welche die Kulminierung in einen Weltstaat ausschließen. Zu stark streben wir bei diesem Gedanken nach einer Vereinheitlichung. Einer Vereinheitlichung, die doch eigentlich diese persönlichen Individualitäten außer Acht lässt, die versucht, die Vielfalt unterschiedlicher Kulturen, unterschiedlicher Menschen, unterschiedlicher Einstellungen und Verhalten einem gemeinsamen Staat unterzuordnen, ihn gegen seine Natur in ein Schema hineinzwängen will. Vielleicht, aus Sicht der Stabilität, aus Sicht eines Weltfriedens, verständlich, aber unrealistisch; wird dabei doch völlig vergessen, dass genau diese emotionalen, diese persönlichen Kräfte, immer schon die treibenden Kräfte des Menschen waren, die Triebkräfte der menschlichen Entwicklung (so gut oder schlecht sie auch sein mögen, aber wir sind eben so!). Und jeder Hinweis, dass ein demokratischer Weltstaat diese Eigenheiten, und möge er noch so föderal gestaltet sein, berücksichtigen kann, geht ins Leere, weil die Individualität – und zwar als positives Konstrukt, als Fundament des Menschseins – sowohl aus ihm, seinem Umfeld und seinem kulturellen Hintergrund, dem entgegensteht, er sich entweder unterordnen muss (vereinheitlichen) oder revoltieren wird. Es wird immer, aus irgendwelcher Sicht, Interessensgruppierungen geben die sich nicht unterordnen wollen oder können. Selbst Kant äußert in seiner Geschichtsphilosophie: „Ein Weltstaat, der seine Aufgabe, eine globale Rechtsordnung, zuverlässig erfülle, beeinträchtigt den Weltstreit unter den Menschen so stark, dass die Kreativitätskräfte der Menschheit einzuschlafen drohen."[116]

Und sollte selbst ein Weltstaat einmal existieren, wird er an der Fülle seiner Komplexität und der menschlichen Individualitäten sehr schnell wieder zerbrechen, dann mehr Leid und Unheil hinterlassen, als seine Bildung vielleicht erwarten lässt. Selbst die Annäherung über kontinentale Zwischenstufen, über Staaten die möglicherweise Kontinente umfassen, hilft dabei nicht. Sie bleiben in sich zu unterschiedlich – eben genausowenig nachhaltig wie der Weltstaat, selbst als Vorstufe weder

---

[116] Kant, in: Höffe O., *Demokratie im Zeitalter der Globalisierung*.

lebensfähig noch ausreichend. Denken wir nur an die unterschiedlichsten Kulturen, die gerade das Leben so nachhaltig prägen und auch lebenswert machen, an die Vielfältigkeit der Sprachen, die in ihrer Variabilität und ihren jahrhundertealten Überlieferungen so wertvoll die Menschheit bereicherten, Gesinnung bildeten, den Menschen reiften. Denken wir an die unterschiedlichsten Lebensräume, denen sich die jeweiligen Gesellschaften anpassten, an die Vielfältigkeit der Religionen mit ihren unschätzbaren Bereicherungen an moralischen und ethischen Empfinden, mit ihren unendlichen Verzweigungen in Sekten, ihren vielfältigen menschlichen Einflüssen, an die unterschiedlichsten Mentalitäten und Rassen, ja geradezu als Motoren menschlicher Dynamik und gegenseitiger Befruchtung. Eine Vereinheitlichung – unabhängig davon, dass sie über Generationen auf unzählige Widerstände treffen würde – wird mehr nehmen, als den Menschen geben, und ist daher in sich nicht lebensfähig. Für jeden „spielt sich (ja) das Schicksal [...] regional, kommunal und ganz individuell ab."[117]

Die Effizienz, die Wirksamkeit einer reinen Demokratie ist umgekehrt proportional zur Größe der Bevölkerung. Genauso gilt daher, dass je kleiner ein in sich demokratisch gesteuerter Staat ist, desto weniger Einfluss hat er auf die Staatengemeinschaft. Er bleibt reaktiv, zunehmend abhängig. Und ferner, je stärker er sich mit anderen Staaten in einer übergeordneten Union verbindet, desto mehr Souveränitätsverlust muss er vorerst akzeptieren, mit der Problematik zunehmender organisatorischer Komplexität, der Vielschichtigkeit demokratischer Prozesse, daher weiterem Souveränitätsverlust des Einzelnen, bis zur Hemmung notwendiger Änderungen, als Antwort auf den ständigen Wandel. Die Intuition, und damit die Identifikation des Einzelnen, entfernt sich immer mehr von der Philosophie des Staates. Persönliches Engagement einzelner Verantwortlicher kann zwar Veränderungen bewirken, stellt jedoch den grundsätzlich demokratischen Prozess infrage. Und die Einführung einer praktikablen Mehrheit bei Entscheidungen, zwingt zur zunehmenden Vereinheitlichung in den verbundenen Staaten („eine Entmündigung der europäischen Bürger", Habermas). Über viele Jahre könnten zwar, mit persönlicher Überzeugung und Engagement, charismatische Führer – bei kontinuierlicher Entwicklung verbundener Staatssysteme (Unionen) – neue und wachsende Regularien als Hilfsmittel, als Vehikel zur Arbeitsfähigkeit übergeordneter Institutionen unterstützen und fördern (und zwar nur bei persönlich hoher Kommunikation und im Erfahrungsaustausch mit ähnlich oder gleich gelagerten Politikern und/oder neu installierenden Gremien), jedoch rein demokratische Grundsätze nicht ersetzen. Je größer die Staatengebilde sind, desto mehr ethischmoralische Minima müssen akzeptiert werden.

---

[117] Höffe O., *Demokratie im Zeitalter der Globalisierung.*

Vereinte Nationen
Selbst wenn fast alle Staaten der Erde Mitglied sind (ausgenommen dz. einige kleinere Staaten), bleibt die Realität des Instruments weit hinter den Erwartungen der Gründernationen. Zwar verpflichtet die Charta alle Staaten zur Achtung der Menschenrechte, der Würde und dem Wert der menschlichen Person, zur Gleichberechtigung von Mann und Frau sowie die aller Staaten, verpflichtet die Mitglieder „ihre internationalen Streitigkeiten mit friedlichen Mitteln" zu regeln und jede Gewaltanwendung zu unterlassen, allerdings stehen die Kompetenzen des Sicherheitsrates, des Kerngremiums der Vereinten Nationen, im Widerspruch zum demokratischen Prinzip der Gewaltenteilung, insbesondere durch die Sonderrechte der fünf ständigen Mitglieder in den Vereinten Nationen[118] – die sie auch weidlich, wie wir es seit Jahrzehnten erfahren, je nach ihren nationalen, gerade nützlichen Interessen, bar jeder ethischen Verpflichtung, egozentrisch nützen. Die Vereinten Nationen bleiben ein zahnloser Tiger mit schwerwiegenden demokratischen Mängeln, hat doch Macht (primär die der ständigen Mitglieder der Sicherheitsrates) Vorrang vor dem Recht, und die Urteile der Gremien beruhen auf freiwilliger Unterwerfung.[119]

Viele Empfehlungen und Hinweise, unzählige Literatur, weist auf Reorganisationsmöglichkeiten der unendlich zähen Entscheidungsprozesse hin. Praktikabel sind sie allesamt nicht. Wie auch eine weltweite Konvergenz auf ethische Grundwerte nicht angenommen werden kann. Realistisch gesehen, beherrscht eben nationalorientierter Pragmatismus unverrückbar das Geschehen. Seit Jahrzehnten war es unmöglich, selbst kleinste Korrekturen in den Entscheidungsgefügen umzusetzen. Durchaus sind zwar Erfolge zu verzeichnen, aber auch die Grenzen des politisch Machbaren genauso deutlich erkennbar. Der nationale Staat bleibt für sich allein und die hehren Ziele der Demokratie eine Leerformel, spiegeln sie sich doch gerade in den Staaten, die den Sicherheitsrat stellen (ausgenommen vielleicht Frankreich und Großbritannien) wider. Nur in Kooperation, in bilateraler Abstimmung, liegt die Chance des einzelnen Staates, um seine Vorteile im internationalen politischen Geschehen zu sichern – und die ist wieder ganz bedeutend abhängig von seiner wirtschaftlichen und/oder militärischen Stärke.

Europäische Union
Als der erstmalige Versuch viele, zwar ähnlich strukturierte, jedenfalls selbstständige Staaten, in einer Union zu vereinigen. Geboren aus der Überzeugung, nach jahrtausendelangen Auseinandersetzungen, Kriege ein für alle Mal zu verhindern und in stiller Hoffnung, die Länder auch irgendwann in einer politischen Union zu verschweißen. Ohne Zweifel, bisher eine Erfolgsgeschichte, forciert von Genera-

---
[118] In Anlehnung an Höffe O., *Demokratie im Zeitalter der Globalisierung.*
[119] Ebd.

tionen von Persönlichkeiten der wesentlichen Mitgliedstaaten. Erste Bremsspuren machen sich bemerkbar, selbst über Zerfallserscheinungen wird schon geunkt. Auslöser? Wirtschaftliche Divergenzen, sich aufschaukelnd durch das Fehlen einer Finanzunion (Kap. 6.5.), als logische Folge unterschiedlicher Leistungsentwicklung der Mitgliedstaaten und dem Fehlen variabler Wechselkurse zum Ausgleich.

Allerdings wären genau diese europäischen Staaten prädestiniert – dank ihrer demokratischen Grundstrukturen, verwobenen Geschichte vieler mittlerer und kleinerer Staaten, die sich sowohl wirtschaftlich wie räumlich gut ergänzen, insbesondere getragen von einer weitgehend gebildeten, aufgeschlossenen, niveauvollen Bevölkerung. Neben den akuten Problemen der ungelösten Finanzunion, sind es jedoch sowohl die zunehmenden Souveränitätsverluste die beunruhigen, aber auch die völlig ungelöste Problematik, wie denn in diesem Konglomerat demokratische Grundlagen nun zu verwirklichen wären.

Würde es reichen, die bisherigen Erkenntnisse demokratischer Strukturen nur zu multiplizieren, mit einer Ebene darüber noch zu ergänzen, nämlich mit einem weiteren Parlament und einer Bürokratie in Brüssel und Straßburg? Einem, wie wir aus den bisherigen Verwaltungen schon ablesen können, wachsenden Moloch, fern den unzähligen lokalen Bedürfnissen, den Anliegen der Bürger, den wachsenden überstaatlichen Kompetenzen selbst Staaten, Kommunen, Betriebe unterzuordnen? Damit die bestehenden Akzeptanzprobleme und Reibungsflächen lokaler Demokratien noch zu erhöhen? Alle Erfahrungen sträuben sich dagegen, so logisch es auch immer wieder vertreten wird. Wissen wir doch, sind solche gewaltige Institutionen einmal installiert, entgleiten sie der politische Steuerung, sind kaum mehr revidierbar (Kap. 6.1.). Allerdings eines haben wir bisher schon gelernt: Alles lässt sich trefflich argumentieren, wenn nur möglichst logisch vorgetragen, praktikabel war es überwiegend dennoch nicht. Neutral beobachtet, entfernen sich die Strukturen immer mehr von den theoretischen wie pragmatischen demokratischen Grundlagen, von der Akzeptanz des durchschnittlichen Bürgers. Schon heute ist zu erkennen, dass sich die vielfältigen Kulturen, damit die vielfältigen Interessenslagen, und insbesondere bei wirtschaftlichen Abweichungen, betonen. Und zwar losgelöst von den unbestreitbar bis heute realisierten Vorteilen, mit der Tendenz aber, sich wieder voneinander zu entfernen, als eben menschliches, als psychologisches Fakt. Schreiben wir dem Individualismus, als leistende Kraft des Kapitalismus, eben den ungeheuren Erfolg der letzten Jahrhunderte gut, vergessen wir es wieder mit der Gestaltung eines übergeordneten politischen Gebildes, einer weiteren Verstarrung.

Ähnlich dem Beginn des Staatszyklus, sind die Zusammenschlüsse von Euphorie getragen, geprägt aus historisch leidvoller Erfahrung. Die heutige dritte Generation, abgesichert und in Wohlstand, ohne historische Belastung, hat nun mal andere Einstellungen „sozialisiert", damit andere Interessen und andere Vorstellungen ihrer

Perspektiven, und erwartet damit auch einen anderen „demokratischen Beitrag". Wie eben immer in der Geschichte des Menschen, alles beginnt im Denken, und so nach den eigenen Erfahrungen – ganz von vorne. Ob sich eine politische Europäische Union, als ein politisches Staatenkonglomerat, je verwirklichen lässt, bleibt ein Resultat der jeweils wirkenden Generation und der sie prägenden Erfahrungen. Und die ursprüngliche Intention der Gründungsväter der Union, nämlich kriegerische Auseinandersetzungen zu verhindern, wird durch aktuelle Interessen verwischt und die bestimmen nun die politische Einstellung – lassen den ursprünglichen Gründungsgedanken im Dunst der Geschichte verschwinden.

Genau hier tauchen wieder die Fragen zur Staatsform auf. Mehr Demokratie? Und wie? Vor dieser grundsätzlichen Frage steht z.B. nun auch die Europäische Union. Unbestritten ist, dass ein (kleiner) Nationalstaat im nun weltwirtschaftlichen Gefüge, alleine zu schwach sein wird seine Interessen zu behaupten, sowohl wirtschaftlich wie auch militärisch zu überstehen. Zumindest Kooperationen erzwingen sich, wenn sich auch ein weiteres, ein großes Staatengebilde wie der Weltstaat (wie oben), jedenfalls in den konventionellen Strukturen, m.E. ausschließt, sich andere Ansätze erzwingen.

Europa, als „Wir-Gefühl", besteht bereits. Auch gibt es schon „Konsens über ethische Grundfragen", wie Experten feststellten. Sowohl Regierungen wie auch die Bevölkerung der europäischen Nationen tendieren – und zwar losgelöst von jeweils gerade aktuell belastenden Problemen – grundsätzlich zu einem Vereinten Europa; allerdings als Resultat „geübter" Gegebenheiten und kumulierend in medialem Konsens. Allerdings, haben sich doch die Nationen unterschiedlich entwickelt, sich unterschiedliche Verhalten, Kulturen und Ethik über Jahrhunderte manifestiert, so ist es nun politisch wie demokratisch unendlich schwierig Souveränität abzugeben, sich einem noch labilen Konstrukt unterzuordnen. Die Kernfrage ist: Wie sind die demokratischen Prozesse (Alternativen bis heute nicht diskutiert) zu gestalten und wie kann Bürokratismus verhindert, eine überzeugende Perspektive für Europa erreicht und Interessen mächtiger Gruppen ausgeklammert werden? (Geübte Lösungen, wie „Wenn's nicht passt, wird ein zweites Mal abgestimmt", sind eben nicht vertrauensbildend). Selbst „Wie finanziert sich Europa?", „Wie föderal sollte das System sein?", umreißt gerade nur Aktuelles – und bleibt im Denken alter Strukturen, nur um Hierarchien vermehrt, stecken. Vieles bleibt offen: Föderaler Wettbewerb, Verteidigungspolitik, internationale Positionierung, lokale Konzentration auf Kernkompetenzen, nachhaltige ökologische Fragen, gemeinsame Verfassung und oberste (Verfassungs-?)Gerichtsbarkeit, etc.

Verfassungsgerichte, wie z.B. in Deutschland, schützten bisher erfolgreich die ursprünglichen Ideen der Verfassungsgründer, die politische Gremien gerne – im Zuge politisch hektischen Geschehens – vernachlässigen, Tendenzen von Aufweichung der Verfassung gerne andeuten. Allerdings bergen Verfassungsgerichte auch eine inhärente Gefahr, eben die Verstarrung der Verfassung, verhindern jede im Zeithorizont durchaus sinnvolle Anpassung an Entwicklungen des Umfelds, selbst an den sich durchaus verändernden politischen Willen des Volkes. Über Jahrzehnte zwar bewährt, bleibt die Inflexibilität (die nur über qualifizierte Mehrheiten – jedoch verhinderter demokratischer Grundlagen – ausgehebelt werden kann).

Kein rationaler Ansatz ist allgemein daher zu erkennen, der nicht die Konzentration auf die Optimierung der eigenen Nation, ihrer bestmöglichen Steuerung im Sinne der Wohlfahrt der Bevölkerung, in den Mittelpunkt stellt. Internationale Parallelorganisationen (Konglomerate, Finanzinstitutionen, NGOs, u.a.) zwingen zwar zur Kooperation mit anderen Staaten, lösen jedoch nicht das Problem der politischen und wirtschaftlichen Eigenverantwortung. Sie hat im Mittelpunkt zu stehen, und mit ihr, nach Geschichte, Kultur, Potenzialen und Ethik, die Form des genau auf die Nation abgestimmten Regierungssystems – ob eher demokratisch oder totalitär, bleibt noch offen.

8. Konsequenzen

Ganz anders als die Geschichte lehrt, zwingt uns eine radikal verändernde Welt, bisher durchaus bewährte Regeln des Zusammenlebens auf den Prüfstand zu stellen. Nie gab es Vergleichbares an Menschendichte, lückenloser Vernetzung, ökologischen Restriktionen, elektronischer Transparenz (selbst über das Individuum), Grenzen der natürlichen Ressourcen und vor allem an weltweiter Bildungsexplosion. Der gegen Ende des letzten Jahrhunderts sich radikal ankündigende Wechsel von der Führung durch wenige, einer verschwindenden, mehr oder weniger gut ausgebildeten Elite, verlangt nun nicht nur Führung, sondern plötzlich Einbezug der Millionen Aufgeklärten und Gebildeten, oder besser deren Koordination, über aufgeschlossenen Diskurs. Niemals, wie in den letzten Jahrzehnten, verschwimmen Einschätzungen und Beurteilungen politischer und volkswirtschaftlicher Prozesse nun über die gesamte Bevölkerung, bleiben nicht mehr einer kleinen, vielfach vererbten Elite vorbehalten. Und so stellt die Entwicklung des 20. Jahrhunderts die jahrtausendealte Staatskunst, und mit ihr auch die Staatsform infrage. Der weltweite Trend zur Demokratie ist eine der Auswirkungen – mangels anderer menschenorientierter Alternativen. Offensichtlich aber auch nur als Zwischenstufe, die gerade erst zu reifen begonnen hat (betrifft es doch nur den kleineren Teil der Weltbevölkerung, den der industrialisierten Gesellschaften). Gefordert ist nun der möglichst breite Einbezug einer gebildeten und aufgeklärten Bevölkerung. Sie kann sowohl Stabilität des Staates wie auch Identifikation des Einzelnen fördern und entspräche heutig gesellschaftlichem Denken.

Autoritäre Staatssysteme sind offensichtlich reaktionsfähiger – soweit bisher analysiert –, also umfassender wirksam, was komplexe Zusammenhänge eines Staatssystems erfordern. Sie sind in ihren Entscheidungen, in der Umsetzung des Willens, konsequenter – jedoch eben nach dem Willen weniger Privilegierter und Mächtiger. Die Erfahrung ist dennoch Legion, dass sie allesamt in einem Desaster mündeten (was allerdings, bleibt man wertneutral, bei Demokratien ja auch nicht auszuschließen ist), wenn es auch Beispiele genug gibt, dass führende verantwortliche und menschenorientierte Staatenlenker, und wirken sie über längere Zeit, ebenso nachhaltige und erfolgreiche Entwicklungen großer Gemeinschaften ermöglichen könnten. Allerdings setzen sich eben ihre Entscheidungen über Teile der Bevölkerung, auch über Mehrheiten hinweg, bleiben also diktatorisch, wenn vielleicht auch effizient. Bleibt wieder die Frage: Effizient für wen? Für eine kleine Elite oder die Volkswirtschaft allgemein? Temporär oder nachhaltig? Im Sinne einer Saldierung (einem Ausgleich positiver und negativer „Empfindungen") der Wohlfahrtsentwicklung der gesamten Nation, oder ...? Eines gelingt in autoritären Staaten jedoch mit Sicherheit nicht, über die breite Masse der Bürger hinweg nachhaltig hohe Einsatzbereitschaft zu initiieren. Es bleibt – trotz all denkbarem Freiraum – immer das Empfinden angetasteter demokratischer Grundrechte. Anders (vielleicht) die Demokratie. Sie ist – zumindest in der Gründungs- und Wachstumsphase – menschenorientierter und in der Lage Leistungsbereitschaft auf breiter Basis freizusetzen. Die Konsensgebundenheit der Entscheidungen ist jedoch zeitaufwändig und zäh, es bleiben immer Kompromisse. Und Kompromiss bedeutet weniger Effizienz, kein Optimum, vielfach faule und wackelige Vereinbarungen, wie die jahrzehntelange Praxis zeigt, die in sich selbst wieder Korrekturen auslösen und jedenfalls – besteht genügend politische Kraft – Gegensteuerung erfordern (ganz unabhängig von den bereits diskutierten Hemmnissen).

Der Einbezug der Milliarden in die Entscheidungsprozesse schließt sich nach obigen Argumenten m.E. aus. Damit bleibt die Nation (selbst divergent genug) – mit eben sich wandelndem Charakter und Struktur – die höchste Form einer Lebensgemeinschaft. Und sie als Nation – als die Entwicklung eminent beeinflussende Erscheinung – begleitet der internationale, politische wie wirtschaftliche Wettbewerb. Spekulationen über einen Weltstaat sind sowohl irreal wie naiv, dem menschlichen Verhalten entsprechend wie auch durch die Geschichte bestätigt, nicht praktikabel, sie bleiben eine Utopie. Was allerdings überregionale Kooperationen mit durchaus tief bindendem Charakter nicht ausschließt.

Beide Teile unseres Wissenshintergrundes jedoch, geschichtliche Entwicklungen und aktuelle Erfahrungen – nun reduziert auf die Nation –, verbrämt mit dem Einbezug des Menschen, wie es sich ja auch weltweit zu manifestieren beginnt, bieten Alternativen und erfordern Korrekturen. Wobei die in der Praxis sich widersprechenden Elemente, Kontinuitäten der Entwicklung im Sinne allgemeinen Wohlstands (besser Wohlbefindens) sowie diffuse, egozentrisch geprägte Entscheidungsfindungen und chaotische Einstellungstendenzen „demokratischer" Massen, möglichst harmonisch zu verbinden wären, um eben staatliche Stabilität nachhaltig zu sichern.

Schlussendlich reduziert sich alles auf die Formel: Führen Fähige und Weise die staatlichen Geschicke, nachhaltig im Sinne gesamtvolkswirtschaftlicher Entwicklung, sozial gerecht (entsprechend den Bedürfnissen moderner Demokratien), menschenorientiert, wertfrei, verantwortungsbewusst und weitgehend altruistisch sowie international wettbewerbsorientiert, dann wäre es theoretisch doch egal, welches System nun besteht, erfolgt nur ausreichende Kommunikation mit einer auf annähernd ähnlichem Niveau gebildeten Bevölkerung – bei genügend Bodenhaftung, um Veränderungstendenzen zeitnah zu erspüren. Und genau *das* bleibt nun das ewige Problem. Anforderungen, die eben – alleine aus der Wahrscheinlichkeit (wobei immer noch vieles offen bleibt) – nicht praktikabel sind, sich daher pragmatisch ausschließen. Es ist eben nicht möglich, es zu *jeder Zeit* einer *Mehrheit recht* zu machen, und das selbst bei *weiser Voraussicht* – obwohl Strategisches wie auch die Entwicklung des wettbewerblichen Umfelds genau jenes bedingen.

Zwar ist also ein Optimum eines Staatssystems nie zu erreichen, jedoch Näherungen denkbar:
- Die Sicherung einer maximalen, aus Sicht des Einzelnen jederzeit möglichen Teilhabe am gesellschaftlichen Prozess – eben eingebettet in eine reife Demokratie (als offene Gesellschaft, s.o.), sowohl für seine Leistungsbereitschaft im Sinne des Gemeinwohls wie auch seine persönliche Entfaltung. Eine autokratische Struktur schließt sich so aus, aber auch die Größe des Staates wie die der Bevölkerung, wird – soll weitgehend Identifikation gesichert sein – eine nach Geschichte und Erfahrung kritische Grenze nicht überschreiten dürfen. Nur sie sichert Identifikation, die Gemeinsamkeit (das Wir-Gefühl) und ist darüber hinaus einzig möglicher Garant (sippen-)spezifischen (ethischen) Verhaltens – als Voraussetzung der Staatenbildung und des Staatenerhalts –, nämlich über eine eigene Kultur, ihre Religion, ethnische Besonderheiten zu pflegen, zu erhalten und zu verfeinern.
- Die Pflege einer strategischen Orientierung des Staates im Sinne des Wettbewerbs innerhalb der Staatengemeinschaft – und zwar durchaus als konstruktiver Beitrag zur Weltgemeinschaft –, bei einerseits konsequenter und zielgerichteter Gestaltung, aber auch andererseits jederzeitiger Korrekturbereitschaft, wenn sich eben weltpolitische Faktoren ändern.
- Eine mit dem Staat (oder den Staaten) streng verbundene Währungspolitik. Die eigene Währung ist der einzige Gradmesser staatsinhärenter Leistungsfähigkeit und darf daher niemals verwässert werden. Versteht die wirtschaftlich agierende Weltbevölkerung diese stringente Zuordnung – und damit die Bewertung des eigenen Risikos bei Arbeits- und Leistungseinsatz, Kreditvergabe und Investitionen –, dann wirken eben tatsächlich die Mechanismen einer freien Marktwirtschaft regulierend. Und innerhalb eines überschaubaren, geschichtlich gewachsenen Staates, sind dann auch föderale Strukturen wirtschaftlich überschaubar und korrigieren über ihre Transparenz wirtschaftlich notwendige Mechanismen.
- Sicherung der auch in Zukunft sich ändernden Definition des menschlichen Zusammenseins: Der Freiheit, der Gleichheit und der Gerechtigkeit. Als Basis einer Verfassung, die sich nur auf die entscheidenden Grundannahmen der

Menschenwürde konzentriert, dafür jahrtausendealtes ethisches Verhalten impliziert, die den von der Allgemeinheit verstandenen Kern des Zusammenlebens bildet und Basis aller abgeleiteten Regularien bleibt. Und selbst die abgeleiteten Gesetze sind von Ballast zu befreien, nur in Ausnahmefällen zu korrigieren (s. Gesetz der unvorhergesehenen Ereignisse) und sollten somit dem Einzelnen, nach seinen Fähigkeiten und Intentionen, den möglichst sinnvollen Beitrag zur Gemeinschaft, seinen Freiraum, sowohl fördern wie auch sichern. Also eine sich über Generationen verändernde (gesteuerte?!) Verhaltenskorrektur des Miteinander, einer geübten Ethik – als „pflegende" Voraussetzung.

Allerdings kommen nun, und das ist neu in der Menschheitsgeschichte, bisher nie gekannte neue Gegebenheiten, Veränderungen und Voraussetzungen hinzu:
- Zum ersten Mal ist Wachstum, zumindest so wie wir es bis jetzt gekannt haben, kein Thema mehr. Die bisherigen Bedürfnisse, vorwiegend als materielle Nachfrage, werden sich gravierend ändern (müssen) und neue Impulse in der Weltwirtschaft setzen. Vorerst jedoch wird die Mehrheit der Weltbevölkerung versuchen ihre Ansprüche nachzuholen, westliches Niveau zu erreichen (mit all den menschlichen und ökologischen Belastungen). Der überwiegende Teil der Menschheit will nun auch den Wohlstand des Westens, egal der ökonomischen und ökologischen Konsequenzen.
- Die Ökologie, die Natur, setzt zum ersten Mal spürbare Grenzen gegenüber weiterem sowohl materiellem wie auch menschlichem Wachstum.
- Die Oberfläche der Erde ist nun aufgeteilt und, soweit es klimatisch möglich ist, voll besiedelt. Der wesentliche wirtschaftliche Motor der Aufklärung, die Kolonialisierung und Annexion freier Flächen, fällt weg. Jede räumliche Ausweitung stößt auf vehementen Widerstand Etablierter.
- Die Menschheit wächst zwar noch weiter, aber die Nahrungsmittelressourcen setzen eine Grenze – mit einem Verteilungskampf als zwingende Folge. Vorerst über die Preise, später über politische Auseinandersetzungen und Verfügungsrechte, schlussendlich über militärische Konflikte.
- Die Welt ist erst seit wenigen Jahren für alle offen, für Mobilität und Informationen, für Einflüsse und Investitionen. Es gibt keine Grenzen. Versuche zu regulieren, wirken nur temporär. Die zunehmend durch den Menschen belastete Natur wird überregional Konflikte anheizen, Wanderungen großer Gruppen initiieren.
- Das natürlich-egoistische Verhalten, der Lebenserhaltungstrieb, das (derzeit) vorherrschend stringent-kapitalistische Denken, wird – unterstützt durch Kommunikationstechnologien und grenzenlose Mobilität – sich weltweit (legal oder illegal) seine Bedarfsdeckung suchen, und das von einer Menschheit, die die Zehn-Milliarden-Grenze erreicht.

- Der Terminus „exponentiell" reicht für die Informationskulminierung und Bildungsexplosion selbst nicht mehr aus. Bildung ist doch nun – seit wenigen Jahrzehnten – für alle weltweit zugänglich. Sind auch die Auswirkungen auf das menschliche Zusammensein und die technologischen Entwicklungen nicht annähernd absehbar, kündigen sich dennoch gravierende wirtschaftliche Verschiebungen an. Aber auch die Führung der Gemeinschaften, mit nun Teilhabe vieler, wird anderes Verhalten, andere Politik erfordern. Alleine die weltweite Vernetzung übers Internet, mit sich ständig bildenden neuen Netzwerken, ist in der Lage Massen kurzfristig in Bewegung zu setzen, mit dem Potenzial ganze Regierungen zu stürzen.
- Völkerwanderungen werden ein explodierendes Ausmaß annehmen, und zwar zweigeteilt: Einerseits strömen die Menschen in jene Regionen, wo sie bessere Lebensbedingungen und mehr Sicherheit vermuten, grenzüberschreitend, und andererseits werden sich durch die zunehmende Spaltung in Arm und Reich, die Wohlhabenden, dank Vermögen und Einfluss, die sichersten und schönsten Plätze sichern wollen.
- Durch die dichte Vernetzung steigt die Gefahr von Pandemien (durch Bevölkerungswachstum, zunehmende Armut), aber auch bei (Nutz-)Tieren und Pflanzen aufgrund höherer Anfälligkeit durch medikamentöse Präventionen, Monokulturen und Reduzierung relevanter speziesnaher Alternativen, verstärkt durch Probleme des schon ausgehenden 20. Jahrhunderts: Klimaveränderung, Knappheit an sauberem Wasser, differenzierte Nahrungsmittelversorgung, Grenzen natürlicher Ressourcen, Übervölkerung und Völkerwanderungen, Einkommensverschiebungen und unterschiedliche Geburtenraten, etc. Die Vorsorge wird auf internationaler Basis zunehmen müssen.
- Terroristische und kriminelle Vereinigungen bekommen immer mehr Macht, sogar Einfluss auf Massenvernichtungswaffen. Selbst die Transparenz von und die möglichen Verknüpfungen aller Handlungen über moderne Kommunikationstechniken gehören – aus demokratischer Sicht – hier hinzu.

Und sicher weitere Einflussfaktoren – und alle beeinflussen, beschleunigen sich gegenseitig. Oder sehen wir generell auch nur die leisesten Ansätze, ernsthaft diese Themen auf nationaler, geschweige internationaler Basis in Griff zu bekommen?

Es sind Veränderungen, die an die nationale wie insbesondere internationale Politik nie gekannte Herausforderungen stellen, Politik neu bestimmen werden. Wobei „international" ein gern gebrauchter pauschalierender Begriff ist, der – versucht man die inneren Zusammenhänge und Komplexitäten zu verstehen – alleine schon jeden Ansatz internationalen Konsens aushebelt. „Internationalität" ist der Begriff, der horizontale oder vertikale Kooperationen und Zusammenschlüsse von Staaten (oder Unternehmen) umschreibt – eben, als übergeordneter Terminus der Fülle von bilateralen, kooperativen, multinationalen Vereinbarungen zwischen Staaten (und

Unternehmen). Und es werden jene Staaten ihre Vorteile, und damit (vielleicht) interne Stabilität (wenn auch nur temporär) sichern können, die weitestgehend aufgeschlossen, strategisch professionell und konstruktiv, und außerdem mit internem Konsens reagieren (können). Besonders Demokratien haben aber hier ihre Nachteile. Tendenzen zu autoritären Regimes leiten sich auch daraus ab.

8.1. Ära nach der Aufklärung

Alle diese Fragen waren bis vor wenigen Jahrzehnten nicht annähernd Thema. Sie haben so gravierenden Einfluss auf unser menschliches Zusammensein, dass selbst nach vielfältigen Ansätzen demokratischer Entwicklungen gegen Ende der Aufklärung, sich nicht nur alle demokratischen Strukturen die sich im Laufe der Zeit entwickelt haben – selbst mit Ansätzen zurückgehend bis in die Antike – infrage stellen, sondern unter den stringenten Anforderungen einer globalisierten, überfüllten und mit ökologischen Problemen konfrontiert Welt Alternativen erfordern. Neue Ansätze, die dem Konsum- und Bildungshunger, dem Niveau wie den egozentrischen Bestrebungen einer Zehn-Milliarden-Bevölkerung entsprechen könnten, besser noch, den Einzelnen mitnehmen und einbinden.

Eigentlich, und das ist das Erstaunliche, kommt man am Ende der Analyse auf uralte Erkenntnisse zurück, die schlussendlich in den Eigenschaften des Menschen münden, in seinem Verhalten, seinen Einstellungen und seinem Willen. Eigenschaften, die schon die Religionen aufgenommen haben, die sich über die Naturgesetze, die Goldene Regel, Ethik und Gewissen, widerspiegeln. Haben doch die unzähligen Versuche sie in öffentliche Regeln, in Gesetze und Verwaltungsanleitungen zu pressen, sich eher ins Gegenteil verkehrt. Zwingen sie doch zur Überwachung und zu Sanktionen, die ihrerseits doch wieder genau auf den individuell geübten Freiraum dieser Instanzen zurückgreifen müssen. Betont es doch zunehmend: „Alles, was nicht geregelt ist, ist frei." Was zwangsläufig in sich birgt: „Moralische oder religiöse Motive sind keine verlässliche Kontrollinstanzen" (Höffe). Also, dass die immer stärkere gesetzliche „Verregelung" des Miteinanders, dem Freiraum des Menschen entgegenwirkt, natürliche menschliche Eigenschaften eher unterhöhlt.

Die Trennung von Staat und Religion, als ursprünglich europäische Bewegung, hat Unendliches bewirkt, die geistliche Verstarrung aufgelöst und so erst die Freiheit des Geistes über alle Bevölkerungsteile gefördert. Dennoch sind starre Hierarchien geblieben, nur waren sie dann feudal und nun – nach revolvierenden Entwicklungsphasen – quasi-demokratisch. Doch wieder beginnen sich Hierarchien und Klassen zu bilden die eine demokratische Teilhabe gefährden. Statt menschlich zu reifen, tendieren Demokratien zur Degenerierung.

Es sind eben die (negativen) Tugenden, die die Wege bestimmen. Vom Oberherrn bis zum Untertan. Und der Untertan wird sich im vorgegebenen Rahmen bewegen, sich „sozialisieren", wie eben der Oberherr sich verhält. Sein Verhalten, seine Vorbildwirkung ist entscheidend. Und wie stellen sich heute Politiker, Führungskräfte und Eliten in der Öffentlichkeit dar? Hat doch schon Platon im Mammon das Übel gesehen und Vermögenslosigkeit gefordert. Die Überzeugung überliefert, dass die

Weisesten und Reifsten den Staat lenken sollten, nachhaltige Bildung die Voraussetzung ist, der Diskurs unumgänglich für das Wohl des Staates bleiben muss und so, und nur so, demokratiebildend für die Bürger wirkt. Dass eben jene in den höchsten Regierungsfunktionen sich möglichst wertfrei zu verhalten haben, aber deswegen auch frei von Vermögen und Existenzängsten, von persönlicher Gier und Machtgehabe sein sollen (müssten).

Nicht bei der Masse ist also anzusetzen, sondern beim „Oberherrn", kann es doch von der Masse (noch) nicht verlangt werden – und Vorbild bleibt er allemal. Nicht der Einzelne, das Individuum ist das Ziel, sondern die Wohlfahrt der Gesellschaft. „Für den alten Griechen oder Römer bedeutete das Individuum nichts und die Öffentlichkeit alles. Für die modernen Menschen ist in zu vielen Völkern Europas das Individuum alles und die Öffentlichkeit nichts" (Adam Ferguson).[120] Dennoch muss auch das Individuelle wirken und sich entfalten können. Es ist eben ein Mittelweg zu finden, fördert doch Individualität kulturelle, ethnische, religiöse und sprachliche Eigenheiten und Werte, ist Garant für Initiative, Innovation und Engagement.

Liegt die Demokratie zwar dem Menschen näher als die Diktatur – dank seiner Individualität –, wird sie nie ein Optimum erreichen. Sie bleibt im beständigen Wandel, gesteuert über Probleme und Fehler. Nicht *die* Demokratie gilt es zu suchen, sondern die für die Bevölkerung sinnvollen Tendenzen ihrer Entwicklung, so das Vertrauen in den Staat zu verbessern und durchaus eine Streitkultur zu fördern, jedoch – als struktureller Hintergrund – sich angleichend auf rationaler und wertfreier Basis.

---

[120] Adam Ferguson, *Geschichte der bürgerlichen Gesellschaft*, 1767, in: ZIVILGesellschaft.

8.2. Steuerung des Wandels

Es ist nun einmal so – und dies verstärkt durch die Komplexitäten der Einflüsse und das Wachstum der Menschheit –, demokratische Prozesse kommen bei den sich durch externe Veränderungen beschleunigenden Wettbewerbsbedingungen in Entscheidungsnotstand, wollen sie effizient reagieren. Die Mitnahme der Millionen bei politischen Entscheidungen ist – bei selbst höchst professionellem Diskurs (den es ja aus den gleichen Faktoren nicht geben kann) –, nicht praktikabel und bewirkt die Verwässerung professionell richtiger Entscheidungen. Die demokratischen Mechanismen haben sich eben auf diese, insbesondere im letzten Jahrhunderte gravierend verändernden gesellschaftlichen Prozesse einzustellen. Immer jedoch auf dem Fundament demokratischer Grundlagen. Es wird zu einem Veränderungsprozess in Richtung einer dritte Art von Demokratie kommen (müssen). Bisher bestimmen Erfahrungen und Einstellungen aus der Vergangenheit die Entscheidungen und – gegebenenfalls – einige wenige (individuelle) Überlegungen der kurzfristigen Zukunft. Entscheidungen nach einem Informationsspektrum also, das völlig unzureichend die aktuellen Herausforderungen der Menschheit widerspiegeln, die zunehmend Expertensystemen zuzuordnen wären. Sollten dazu noch die Perspektiven der menschlichen Gemeinsamkeit, des menschlichen Zusammenlebens, die Grundlage bilden, reichen selbst die Dialoge zwischen „Führenden" und „Geführten" nicht mehr aus (selbst wenn sie der "Wahrheit" nahe kommen). Wirken doch sowohl individuelle Färbungen durch die Rhetorik (Verkauf des Anscheins von Wahrheit und Wissen), eine Art von Überredung, gegenüber einer unendlichen Vielfalt differenter Meinungen, wie auch Blockaden politisch konsequenter Prozesse über die modernen Informationstechniken, als externer Einfluss.

Wohin strebt denn das für unsere Psyche so fundamentale Zusammenleben? Zur Demokratie als Staatssystem, als schlussendlich die wünschenswertere Konsequenz – sofern die Schaffung eines möglichst hohen Freiraums für den Menschen sowohl humanitäres wie auch gesellschaftliches Ziel sein sollte. Sie wird allerdings unter der Last ihrer (bisher) „geübten" demokratischen Grundsätze dazu nicht in der Lage sein (will sie sich nicht selbst in Gefahr bringen). Sie müsste schon einige fundamentale gesellschaftspolitische Probleme lösen:
- Die *einseitige Kumulierung von Kapital* bei wenigen: die Begrenzung der Anhäufung von Vermögen durch Verzinsung (und Gewinnakkumulierung) über lange Zeiträume, bei wachsender Differenz zwischen Arm und Reich und die Konzentration von Vermögen, als der primären Ursache von Brüchen der politischen Kontinuität.
- Der *wachsende Abstand eines Denkens und Verhaltens* auf zwei Ebenen staatspolitischer Fragen: des Problems der Vielfalt und Komplexität internationaler Zusammenhänge, vorbehalten einer gebildeten und/oder

vermögenden Schicht, jener mit mehr Einfluss auf die praktische Politik einerseits, in Opposition zu der breiten Masse andererseits, die populistischen Tendenzen ausgeliefert bleibt und sich zunehmend mental abgrenzt. „Mehrheiten" zwingen umgekehrt dann, per demokratischer Wahlarithmetik, die (wohlhabenden und gebildeten) „Minderheiten", die jedoch zunehmend erfolgreich via medialem Einfluss und über Netzwerke interessensorientiert gegenzusteuern versuchen – mit der Folge allgemein zunehmender Verhaltens- und Einstellungskluft, einer fallenden Identifikation.

- Vernachlässigung der *Pflege und Reifung moralischer und ethischer Werte*: Ein Staat ist Resultat gemeinsam gelebter Werte und Tugenden. Deren Qualitäten und Intensitäten schwächen sich im Verlauf des Staatslebenszyklus ab, die Meinungsverschiedenheiten und Einstellungen, des Denkens, nehmen hingegen zu, sie driften auseinander.

Themen, die sich seit Jahrtausenden durch alle Formen von Staatssystemen hinziehen. Themen, die logischerweise in autokratischen Strukturen, qua zentraler und selbstbestimmter Entscheidungsgewalt, für die Masse der Bevölkerung weniger Bedeutung haben, mehr oder weniger „statisch" vorgegeben sind, jedoch genauso zu Umstürzen führen können, aber selbst in Demokratien – als die nun angenommen wünschenswertere und humanitärere Staatsform – bis heute ungelöst bleiben.

Sowohl nach bisherigem Wissen wie auch bisheriger Erfahrung, sind Demokratien genauso in ihrer Existenz – in Anlehnung an ihren Lebenszyklus – schlussendlich zum Scheitern verurteilt. Pragmatische Erscheinungen der politischen Umwelt beweisen, dass auch Demokratien wieder in totalitäre Systeme münden können (z.B. Europa in der ersten Hälfte des 20. Jahrhunderts). Welche der beiden Spielarten – zumindest während ihrer Wirksamkeit im Staat – in der Summe mehr dem Wohl des Volkes nützt, bleibt eine offene Frage. Die Geschichte zeigt uns Beispiele genug, dass, je nach jeweils historischer und kultureller Entwicklung, der Übergang von einem totalitären in ein weiteres totalitäres System, durchaus der breiten Bevölkerung mehr Wohlstand bringen kann als das vorherige. Hautnahe Beispiele sind sowohl China, Russland und eine Reihe anderer afrikanischer, asiatischer und südamerikanischer Staaten. Dass in der Folge jedoch, bleibt der Abstand des Lebensstandards zu den freien Demokratien groß (oder nimmt zu), andere Wertmaßstäbe bei der jeweiligen Bevölkerung zu dominieren beginnen, ist ganz einfach subjektbezogen „pragmatisch", d.h. sowohl ein soziologisch wie psychologisch verständlicher und daher auch wirkender Prozess.

Und ob ein Übergang von einem totalitären zu einem demokratischen System gelingt, ist von einer Fülle kultureller, geschichtlicher, ökonomischer und anderer Faktoren abhängig, insbesondere aber von der Reife der Bevölkerung zur Demokratie. Hat es doch in Westeuropa an die zwei Jahrhunderte Reifung demokratischer Prozesse erfordert, bis der Status quo (das Ende der zweiten Phase des Lebenszyklus), eine im Rahmen organisatorisch effiziente, eine durch Sozialleistungen abgesicherte Wohlstandsgesellschaft erreicht wurde. Und selbst für die westlichen Demokratien bleibt die weitere Entwicklung offen, sowohl was den weiteren Wohlstand angeht wie auch was die Effizienz demokratischer Strukturen betrifft.

Nun fehlt schlussendlich noch, als bedeutende Prämisse – nach den häufig doch nach der Tagespolitik operierenden Regierungen –, die Sicherung der strategischen Ausrichtung und die Konsequenz einer nachhaltig wirtschaftlich wie menschlich stabilen Führung, im Sinne der Wohlfahrt der Bevölkerung. Zwar reagieren und handeln autokratische Strukturen schneller, vielleicht auch konsequenter (was jedenfalls individuellen, nicht beeinflussbaren und damit nicht wünschenswerten Einstellungen der Führung entspricht), aber auch im Resultat unabhängig zu den obigen Bedingungen.

Ist der Staat – von der Größe und den Strukturen – überschaubar, die interne Identifikation weitestgehend gewährleistet, hat sich die dreiteilige Gewaltenteilung (in Legislative, Exekutive und Judikative) durchaus bewährt, wenn auch die Verwaltungen in Demokratien zur Wucherung neigen, die Gesetzgebung nur dem gesellschaftlichen Trend nachläuft und die Rechtsprechung zunehmend überfordert wird und ansonsten auch in vielen Bereichen Stagnation eingetreten ist. Alles Faktoren, die Demokratien bisher nicht imstande waren zu lösen: Nämlich eine konsequente und nachhaltige Politik im Sinne der Sicherung von nachhaltigem Wohlstand und Wohlbefinden der Allgemeinheit sowie eine rationale und dennoch dienstleistungsorientierte Effizienz der Verwaltung.

Beide Strukturen, die Demokratie wie die Autokratie, haben ihre Vor- und Nachteile. Auch eine Gewichtung der Vor- und Nachteile, um schlussendlich eines der beiden Systeme vorzuziehen, hilft nicht weiter, da einerseits der Wandel allgegenwärtig bleibt und andererseits sich menschliche Einstellungen und Gruppierungen laufend ändern. Die beiden ungelösten Aspekte einer Demokratie, Konsequenz und Effizienz im Sinne der Bevölkerung, erfordern in sich – wie die jahrtausendelange Geschichte beweist – auch nicht-demokratische Entscheidungen und Durchsetzungskraft, was sich im bisherig demokratischen Denken ausschließt. Meinen wir, stimmt jedoch nicht! Die Ansätze, die Notwendigkeit, Konsequenz und Effizienz selbst in demokratischen Strukturen zu sichern, finden wir sowohl bei den antiken Philosophen wie auch bei den großen religiösen Geistern, bis zu den Philosophen der Aufklärung, aber auch in der Praxis. Die Frage ist nur: Wie wäre dieses Paradoxon innerhalb einer Demokratie zu lösen? Eigentlich ist es keines. Es scheint nur eine Frage der Organisation, vielleicht der Gewaltenteilung und des Verhaltens zu sein, sofern es gelingt, chaotische Verhaltensänderungen und persönliche Attitüden, die den nachhaltig inhärenten Willen des Volkes aushebeln, aus der Politik auszuklammern, aber auch eine nachhaltige Entwicklung – konform zu internationalem Geschehen – (versuchen) zu sichern. Bewährten sich im alltäglichen Leben die demokratischen Gesellschaften durchaus über einige Jahrzehnte, sind sie offensichtlich nicht planbaren, menschlichen und chaotischen Exzessen, aber auch Einflüssen anderer Mächte, hoffnungslos ausgeliefert. Implizieren doch selbst die Prozesse des Staatszyklus den Niedergang.

Rekapitulieren wir die oben zitierten uralten Formeln, die sich doch als inhärenter Konsens über die Jahrhunderte bei vielen Denkern wiederfinden: „Führen Fähige und Weise die staatlichen Geschicke, nachhaltig im Sinne gesamtvolkswirtschaftlicher Entwicklung, sozial gerecht [...]", so wäre dies doch ein offensichtlich vernünftiger Ansatz, so eine Art vierte Gewalt in der Demokratie. Nehmen wir z.B. an es gäbe einen Ältestenrat, der schon mal die Attitüden eines einzelnen „Weisen" ausgleicht, also der in der Lage wäre politisch unkalkulierbares Risiko schon mal abzufedern. Das deuteten schon Philosophen an, forderten es sogar (Platon) – Ältere, Erfahrene haben die Geschicke des Staates zu lenken. Sind es doch sie, die, dank reifem Alter und großer Lebensweisheit, mit mehr Abstand zu den persönlichen Dingen, sowohl Nachhaltigkeit (strategische Ausrichtung), Sicherheit wie auch Effizienz, also weisen, vorbehaltslosen Ratsschluss, aber auch „erfahrene Autorität" eher vermitteln könnten. Nicht limitiert durch Legislaturperioden, auf Lebenszeit gewählt, wären sie in der Lage mit zwar selten notwendiger, aber dann durchgreifender Entscheidungsmacht zu fundamentalen Ereignissen, konsequent und effizient, die Entwicklung des Staates im Sinne der Verfassung, im Sinne der Allgemeinheit und des internationalen Geschehens zu regulieren. Zugegebenerweise auch aus der Intention, dass ein „über den Dingen Stehender", ein (oder eine) im Leben Gereifter (Gereifte), den menschlichen Werten und Kulturen nähersteht – so auch die Vorbildfunktion übernimmt, ethisch beeinflusst – als jene, die erst im Leben lernen, reifen, ihre Existenz suchen, sich Vernetzungen erst „erdienen" müssen. Jene nämlich, die im Zuge ihres Karriereprozesses erst, mehr oder weniger gezwungen sind, ihre persönlichen und wirtschaftlichen Ziele zu finden, die also durchaus verständlich ihren „Nutzen zu maximieren" trachten. Sollen doch – wie gefordert – Abhängigkeiten vermieden, Ethik gefördert werden und schlussendlich Tugenden wirken. Sind es doch – wie wir in allen Kapiteln erfahren haben – die menschlichen Werte, die die Wohlfahrt einer Bevölkerung, einer Nation, bestimmen. Eine demokratische Wahl geht daran vorbei (wenn sie auch wirksam bleiben muss), ist Risiko, ist Zeit- und Effizienzverlust wie man immer wieder leidvoll erfährt. Risiko für eine ganze Nation, und genau das gilt es abzufedern, zu minimieren.

Dennoch reicht ein Einzelner, so weise, reif und ethisch er auch sein möge, nicht. Selbst wenn zu Beginn alles stimmt, den Anforderungen entspricht, ändert sich doch die Persönlichkeitsstruktur im Laufe der Zeit, kann dann durchaus einseitig wirken.

Ist doch der kontinuierliche „Dialog" selbst, im Sinne eines spezifischen Themas, horizonterweiternd – auch in der Fülle der Anforderungen. Also ergänzt sich der „einzelne Weise" nur in einem Rat der Alten – dessen Zusammensetzung sich im Zeithorizont verändert –, auch nach fachlichen Themen (jedoch nicht primär). Zur Erfahrung und dem Wissen der Regierenden definierte schon Edmund Burke (1729-1797): „Die wahre Staatskunst ist eine an sich so praktische, so ganz auf praktische Zwecke gerichtete Wissenschaft, dass sie Erfahrung und so viel Erfahrung erfordert, als der schärfste und unermüdlichste Beobachter im Laufe eines ganzen Lebens nicht erwerben kann. So sollte wohl niemand ohne unendliche Behutsamkeit ein Staatsgebäude niederzureißen wagen, das jahrhundertlang den Zwecken der gesellschaftlichen Verbindung auch nur leidlich entsprochen hat." Er also, insbesondere auch Kontinuität, aber mit gefühlvoller Veränderung, verlangt.

„Demokratisch" erfolgreich wäre es also nur, wenn weitgehend Emotionales, Persönliches, ausgeschlossen werden kann. Reifes Alter setzt einen konsequenten, intensiven und gediegenen Lebenslauf wie auch erfolgreiche Berufslaufbahn voraus, sinnvollerweise aus Wissenschaft und Führung, und lässt eher erwarten – in Anlehnung an Platon –, dass weitgehend altruistisch, im Sinne der Wohlfahrt der Nation entschieden wird; d.h. losgelöst von der Notwendigkeit (und dem ethischen Ballast) einer Einkommenssicherung und Vermögensmehrung, dafür mit hohem Ansehen. Als gesicherte, gehobene Existenz, aber mit innerer Einstellung der Verantwortung zur Gemeinschaft, als zwar nur moralische Verantwortung, aber mit hohem Stellenwert. Als Mitglied eines Ältestenrates, der sich selbst aus bedeutenden und „edlen" Frauen und Männern der Gesellschaft rekrutiert, verantwortlich bis zum Lebensende. Ein Rat, der – soll er tatsächlich als vierte Gewalt wirksam sein – nur aus einer kleinen Anzahl von Mitgliedern, einer arbeitsfähigen und in sich selbst überschaubaren Elite aus Wissenschaft, Unternehmen, Kultur und hoher Verwaltung bestehen darf. Selbst Irrationalitäten aus Wahlen, Dominanz von Interessensgruppen, Diskrepanzen aus übernationalen Interessen und Emotionen, selbst Währungskonflikte und Leistungsverwerfungen oder militärische Konfrontationen und Gefahren könnten, wenn auch einstimmig, durch Einfluss eines Ältestenrates reguliert werden. Stehen Altruismus, Ethik und Moral, die Wohlfahrt der Nation als Ganzes, eingebunden im internationalen Geschehen, als verfassungsgebundene Aufgabe im Vordergrund, bei Informationsdurchgriff auf alle Institutionen und mit Vetorecht bei den Handlungen der Regierung bei gravierenden verfassungsmäßigen, strategischen oder das Wohl der Nation ernsthaft gefährdenden Abweichungen wie auch bei Entwicklungen aus internationalen oder strategischen Prozessen, so ist anzunehmen, dass ausgewählte und reife Persönlichkeiten, nach einem arbeits- und erfolgreichen Leben (daher jenseits der 60), auch ethisch-moralische, über den Dingen stehende verantwortliche Kooperation und Entscheidungsfindung erwarten lassen und so ein Gremium in der Lage wäre, Kontinuität, Sicherheit und Vertrauen beizubringen, demokratische Grundzüge zu festigen und zu verfeinern.

Könnte ein Ältestenrat, als Resultat vieler historisch philosophischer Überlegungen und Erfahrungen, Bindeglied der doch nicht zu vereinbarenden Gegensätze von Demokratie und Diktatur sein? Undiskutabel ist, dass – und insbesondere an der Schwelle, an der die Menschheit nun stehen dürfte – sowohl Demokratien neue Impulse benötigen wie auch Diktaturen Tendenzen in diese Richtung durchaus sinnvoll finden könnten. Ist doch die Demokratie, als Resultat unserer Überlegungen, die tatsächlich für den Menschen „effizientere" (zumindest „gewünschtere") Staatsform – wie auch in bestimmten, jedoch nur sehr selektiven Problemen Autorität gefordert wäre, die dennoch demokratischen Grundlagen unterliegen muss. Vielfach ziehen sich in Philosophien und historischen Dokumentationen ähnliche Strukturen, und zwar offensichtlich sinnvoll hin. Ein Optimum ist nie zu erreichen, aber als gravierender Verbesserungsansatz verdient er den „Diskurs".

Zwar lässt sich das Problem eines individuellen Einflusses auf die Demokratie damit nicht generell ausschließen, jedenfalls scheint es durch mehrere Faktoren entscheidend abgefedert: reifes Alter, weitgehende Vermögenslosigkeit, einstimmiger Beschluss mehrerer, gereiftes Leben aus gehobener Bildung, anzunehmende auch ethische Reife und schlussendlich Verantwortlichkeit für die staatliche Kontinuität über mehrere Legislaturperioden und dennoch wechselnder (rollierender) fachlicher wie menschlicher Ergänzung und Zusammensetzung des Rates. Inwieweit so eine vierte Gewalt in eine demokratische Verfassung einzubinden wäre, ist eine andere Frage, benötigt daher – bei so weitgehendem Durchgriff auf aktuelle, wenn auch schwerwiegende Abweichungen der demokratischen, politischen oder wirtschaftlichen Entwicklung – dementsprechend hochwertige Kontrollinstanzen (z.B. Veto einer qualifizierten Mehrheit aus Parlament und Regierung, Volksentscheid, u.ä.). Sich daraus ergebende Fragen: Wer wählt wem aus, wie kann kontrollierend eingegriffen werden und wie wäre Missbrauch der „Veto"-Macht zu verhindern, sind, will man den nächsten Schritt wagen, sicher zu klären, und lösen auch generell das Problem autoritärer Machenschaften nicht, könnten sich jedoch einer Optimierung demokratischer Prozesse annähern. Ist doch primär demokratisches Ziel (aber auch Befürchtung), dass demokratische Fundamente wie Freiheit, Gerechtigkeit, u.a., niemals ausgehebelt werden sollen. Zwar will niemand „Es müsse ein Wille herrschen" (Schoppenhauer), aber dennoch sei Entscheidungsgewalt im Extremfall nicht auszuschließen, will man selbst die Freiheit nicht infrage stellen: „Eine wirksame Verteidigung der Freiheit muss daher notwendig unbeugsam, dogmatisch und doktrinär sein und darf keine Zugeständnisse an Zweckmäßigkeitserwägungen machen" (F.A. Hayek) – was Demokratien der zweiten Art bisher nicht leisten können.

Schließen sich Unionen zusammen, spräche nichts dagegen, wenn auch sie von einem Ältestenrat beaufsichtigt wären, der sich eben aus den Ältestenräten der Unionsmitglieder rekrutiert. Mit dann sogar den Möglichkeiten wuchernde, den Staaten übergeordnete Organisationen der zusammengeschlossenen Unionsgebilde, drastisch zu reduzieren und offene Fragen und Probleme auf bi- oder multilateraler Ebene fachbezogen (und limitiert) lösen zu lassen. So würden sowohl gewachsene demokratische (staatliche) Strukturen bestehen bleiben, mit all ihren über lange Zeiträume entwickelten kulturellen Erfahrungen und Usancen, und dennoch stringentere Kontinuität gesichert, schwerwiegende politische Hemmnisse und gravierende Auseinandersetzungen eingeschränkt werden. Als verfassungsgemäße Gewalt bleibt sie konsensgeleitet, wenn auch mit autoritärem Beschluss eines Ältestengremiums in „staatsgefährdenden" Ausnahmefällen; vielleicht auch nur mit tendenziell abgefederter Beratung, eben in eine nachhaltige Richtung. Entspräche es doch, in einer dreiteiligen Gewaltenteilung dem hierarchischen Bedürfnis einer Menschenansammlung, bei dennoch weitgehender Sicherung demokratischen Gedankenguts.

Als eine von sicherlich mehreren denkbaren Alternativen, die zwar viele Fragen zu Machtbefugnis, Entscheidungsfindung, Verfassungsposition aufwerfen wie auch zu Wahl und Abwahl, Qualität und Alter der Person, aber Lösungsansätze in Stagnationsphasen demokratischer Entwicklung bieten; besonders in einem sich so gravierend ändernden Umfeld. Ähnlich tendenzielle Prozesse gibt es doch bereits, wie z.B. der Verfassungsgerichtshof Deutschlands, korrigiert er doch immer stärker politisches Geschehen. Sein Nachteil: Die Verfassung, und nicht die weltpolitischen Veränderungen, geben die Richtung vor und er kann nur auf bestehender Verfassungsbasis korrigierend eingreifen. Und Verfassungsänderungen bleiben doch schlussendlich immer ein konsensorientierter Kuhhandel, ein fauler Kompromiss, ein Spiegelbild aller bisher ausreichend diskutierten staatlichen Strukturprobleme. Selbst die in Demokratien doch weitgehend ungeklärte Aufgaben- und Machtverteilung zwischen Regierungschef und Staatspräsident könnte sich aufheben, der eine für das operative und strategische Staatsgeschäft gewählt, der andere (die Weisen) in selektierter Wahl auf Lebenszeit als Kontrollinstanz mit speziellen Vollmachten – unabhängig von aktuell hoch geschaukelten Problemen (des Zeitgeistes).

Eine nachhaltig stabile demokratische Kraft - wenn auch in ihrer inneren Zusammensetzung über längere Zeiträume (individuell durch Rücktritt oder Ableben) und mit einer über Dekaden anzunehmenden Mitgliedschaft - wäre der einzige Garant nachhaltig kontinuierlicher Entwicklung im Sinne strategischer Ausrichtung eines Staates
– und zwar aus Sicht
   - des internationalen Wettbewerbes und der staatsinternen Leistungsstruktur,
   - der finanziellen Stabilität, im Sinne wirtschaftlicher Kontinuität und stabiler Finanzverhältnisse,

- der demoskopischen Entwicklung, mit ihren dramatischen Verschiebungen (räumlich, ethisch, sozial und ökonomisch),
- der ökologischen Probleme denen sich die Welt gegenübersieht,
- der Unterstützung demokratischer und wirtschaftlicher Entwicklungen weltweit,
- als ethisch und moralisches Vorbild,
- und schlussendlich als supranationales diplomatisches Gremium mit denkbar initiierendem Charakter für globale Fragen, die über bisherige demokratische Prozesse nachhaltig nicht zu lösen sind.

Und zwar als beratende Unterstützung der Regierung in Extremfällen, aber auch mit Entscheidungsgewalt bei demokratisch (und zeitgerecht) nicht lösbaren Themen und gravierenden internen und externen Einflüssen.

Scheint selbst dieser Ansatz diskussionswürdig und logisch, scheitert er mit hoher Wahrscheinlichkeit an der Umsetzung. Nicht notwendigerweise! Eigentlich gibt es nur zwei Möglichkeiten: Einerseits die wahrscheinlich kurzfristig wirksame, der revolutionäre Umbruch, oder andererseits die nachhaltig sich verändernde, die konsequente und professionelle Reorganisation, die wir eben aus den konventionellen demokratischen Prozessen nicht erwarten dürfen. Allerdings haben wir auch gesehen, dass Strukturen von Staaten sich nur ganz langsam, unscheinbar aber konsequent verändern – als eben genau das Problem nicht mehr lösbarer Komplexitäten von über viele Jahrzehnte sich verändernden Strukturen (und mit ihnen das allgemeine Verhalten). Wollen wir Ersteres logischerweise nicht, bleibt nur das Zweite. Und hier genügt es völlig – und zwar über Jahrzehnte – prioritäre Themen aufzugreifen und langsam, gediegen und konsequent zu versuchen sie lösen. Im Zuge der Zeit verketten sich dann die reorganisierten Problembereiche und beschleunigen die Gesamtreorganisation. Ein Prozess, den strategischen Zwang, z.B. auch ein Ältestenrat, fördern könnte. Haben sich eben Staaten über Jahrzehnte in Probleme hinein manövriert, ist auch jede radikale Änderung einzelner Puzzles in ihren Verkettungen risikobehaftet für den Gesamtzusammenhang, daher zu verhindern. Nur die kontinuierliche und konsequente, schrittweise Neuorientierung der Förderung der Wohlfahrt des Staates, im Vergleich zur Staatengemeinschaft, kann auch die eigene Nation erstarken lassen.

8.3. Staatsphilosophische Ansätze

Philosophische wie auch politikwissenschaftliche Annahmen gehen primär davon aus, dass für den Zusammenhalt eines Staatsgefüges die allgemeine Wohlfahrt, d.h. ein möglichst breiter Freiraum, die Gleichheit vor dem Gesetz und eine allgemein akzeptierte Gerechtigkeit die grundlegenden Voraussetzungen sind. Weiter verbreitern sich die Erkenntnisse und Überzeugungen, eben dieser imaginären Begriffe, sie bestmöglich zu gestalten, weiterzuentwickeln und zu halten. Eigentlich lösen sie sich damit von der Art der Staatsform, sie bleibt nur erstes Ordnungskriterium. Das demokratische (in unserer noch immer imaginären Vorstellung), als bis dato noch unreif geübtes System, stellt zwar (offiziell) das Individuum in den Mittelpunkt (wie doch auch die Autokratien), regelt aber die menschliche Unvollkommenheit eben über eine geschichtlich und kulturell, zumeist jedoch individuell präferierte, immer modifizierte Staatsform – sei sie mehr oder weniger autokratisch oder demokratisch organisiert. Schlussendlich ist es der Mensch selbst, mit seinem persönlichen Willen, seinen Einstellungen, Verhalten und Denken (d.h. psychologisch), der bestmöglich, und zwar in sinnvollen Zusammenleben, populistisch präsentiert zum Nutzen der Gemeinschaft mit anderen (d.h. soziologisch), agieren soll, jedoch, wie wir gesehen haben, von Interessen, von Individualitäten geprägt ist. Im Verständnis reifer „Diskursethik" unterscheiden sich Demokratien (besser sollten sich unterscheiden) von autoritären Gesellschaften, was sie aber in der Praxis bisher nicht leisten konnten. Haben es schon die alten Philosophen unisono gefordert, widerspricht es doch vielfach menschlicher Eigenschaft.

Mag demokratisches Denken in den archaischen Stämmen noch gewirkt haben, war es dennoch immer ein Mix von demokratischer Teilhabe und autoritärer Entscheidung; so kommt die Demokratie in einer multikulturellen, mit einer an die zehn Milliarden Menschen gehenden Gesellschaft, an ihre kapazitiv demokratischen Grenzen wie auch mit ihrer Hochtechnologie an eine ökologische Schwelle. Je größer Staaten werden, desto mehr Souveränitätsverlust muss der Einzelne hinnehmen. Hier wird vermutlich die Grenze zwischen einem Minimum an Souveränität in einer kulturellen Gemeinschaft einerseits, und die nun eingebettet in eine Weltwirtschaft andererseits, zu finden sein. Mit einem demokratischen Organisationskonzept das sich bemüht, demokratische Grundlagen mit wirtschaftlicher Kontinuität in Einklang zu bringen.

So bewegte sich die Geschichte von mehr oder weniger autoritären bis zu mehr oder weniger demokratischen Systemen – wechselhaft. Nie genügen die Systeme schlussendlich der Mehrheit einer Bevölkerung. Die ursprüngliche Gemeinsamkeit bei der Bildung eines Systems zerbricht im Zuge der politischen Entwicklung, da es eben immer Menschen sind, die zwangsläufig führen müssen. Es ist ihre

Individualität, die sich zunehmend von den Interessen der Mehrheit entfernt (oder zumindest zu entfernen scheint), und zwar offensichtlich unabhängig von der Art des Systems. Zeigen doch Praxis und Geschichte, dass sowohl autoritär wie auch demokratisch geführte Staaten prosperierende Zeiten mit allgemeinem Wohlstandszuwachs nachweisen wie aber auch zum Untergang verdammt sein können. Die überwiegende Menschheitsgeschichte ist von autoritären Strukturen bestimmt. Noch zu jung sind unsere demokratischen Erfahrungen, um Nachhaltigkeit, vielleicht sogar Vorteilhaftigkeit gegenüber autoritären Regimes ableiten zu können. In autoritären Systemen schlagen menschliche Schwächen genauso durch wie in demokratischen. Allerdings wirkt der persönliche Wille der Führenden stringenter, offensichtlicher und zunehmend direkter für die Masse, damit ablehnender, als „gefühlt negative" Tugenden, berechtigen eigentlich damit schon nicht zur Staatsführung (selbst wenn sie nachhaltig der Wohlfahrt der Nation nicht widersprechen, aber wer kann das schon beurteilen?). Selbst wenn sie sich „ethisch rein" verhalten, lassen sich mehrheitliche Gegenströmungen nicht verhindern, bergen also bereits den Systemwechsel in sich. Kontinuität von Staatssystemen ist daher grundsätzlich auszuschließen. Geschichte und Diskussionen reduzieren sich also auf wenige grundsätzliche Faktoren:
- Staatssysteme sind nie endgültig.
- Sie sind geprägt von menschlichen Werten und daher immer Veränderungen unterworfen.
- Je nach Entwicklung des eigenen Staates und der Umwelt sind sowohl „demokratische" wie auch „autoritäre" Entscheidungen, die aber für seltene, unvorhergesehene und gravierende Einflüsse, also staatsgefährdende Ausnahmen sinnvoll, sofern sie in „volkswirtschaftlicher Weisheit" und in möglichst Generationen überdauernde, übergeordnete demokratische Prozesse eingebunden sind.

Auch sozialpsychologisch bestätigt sich dieser Zusammenhang: Ist zwar aus menschenorientierter Sicht, als wünschenswert ethisch fundierte Gemeinsamkeit der Massen, und zwar im Sinne demokratischer Grundlagen, die Demokratie anzustreben, so unterliegt sie dennoch ständiger Gefahr der Auflösung aus sich immer wieder bildenden Interessensgruppen (aus Kapital, Bünden, mafioser Clans, Sekten, Ständen, etc.), die immer in Richtung Totalitarismus tendieren. Die Demokratie bleibt so eine Ausnahmeerscheinung, temporär wirksam, aber doch immer endlich. Totalitäre Bestrebungen können nur abgefedert, gebremst, nie gänzlich verhindert werden, sie sind eben dem menschlichen Verhalten inhärent. Die demokratischen Grundanforderungen sind so also autoritären Strukturen unterlegen; daher mit zwar demokratisch fundierten, aber in Ausnahmefällen dennoch autoritären Instrumenten zur nachhaltigen Sicherung der Demokratie zu erweitern.

Der nachhaltig reine demokratische Staat ist daher eine Utopie. Daran ändern auch die gewaltigen Umwälzungen, jetzt Ende des Industrie- und des aktuellen Kommunikationszeitalters, und im Umbruch in eine neue Epoche, nichts. Der Wettbewerb der Nationen bleibt die treibende Kraft der menschlichen Entwicklung, und innerhalb der Nationen der Wettbewerb der sich temporär bildenden Interessensgruppen, mit all den ökologischen Veränderungen und Begrenzungen, als zusätzliche Variable, und schlussendlich mit dem weltweiten Drang zu sich nivellierenden Lebensbedingungen, als unumstößliche Determinante. Sie werden die Prozesse der Systeme bestimmen (entweder ex ante, vorbestimmt, oder ex post, erzwungen).

Literaturverzeichnis

Altmann Jörn, Wirtschaftspolitik, Verlag UTB / Lucius & Lucius Stuttgart, ISBN 978-3-8282-0389-, 2007, 8. Auflage
Arnim v. Hans Herbert, Volksparteien ohne Volk, Das Versagen der Politik, Verlag Bertelsmann München, ISBN 978-3-570-10011-0, 2009
Aristoteles, Politik Staat der Athener, Verlag Patmos Düsseldorf, ISBN 3-7608-4120-1, 2006, Übersetzung Olaf Gigon
Aristoteles, Nikomachische Ethik, Verlag Anaconda Köln, ISBN 978-3-86647-366-9, 2009
Bordt Michael, Platon, Verlag Herder Freiburg i.Br., ISBN 3-926642-50-5, Meisterdenker
Brodocz Andre´, et al., Bedrohungen der Demokratie, VS Verlag für Sozialwissenschaften, ISBN 978-3-531-14409-2, 2008
Buchheim Thomas, Aristoteles, Verlag Herder Freiburg i.Br., ISBN 3-926642-49-1, Meisterdenker
Cicero Marcus Tullius, Vom höchsten Gut und vom größten Übel, Verlag Anaconda Köln, ISBN 978-3-86647-246-4, 2008, Übersetzung Otto Büchler
Cicero Marcus Tullius, Gespräche in Tuskulum, Verlag dtv München, ISBN 3-423-06130-8, 1952/1984, Übersetzung Karl Büchner
Cicero Marcus Tullius, Über den Staat, Verlag Reclam Stuttgart, ISBN 978-3-15-0007479-4, 1956, 2006, Übersetzung Walther Sontheimer
Danielmeyer Hans Günter, Zur Entwicklung der Industriegesellschaft und der Beschäftigung, Verlag Birkhäuser Berlin, ISBN 3-7643-5666-9, 1997, Vortrag in "Grenzen-los? Hrsg. Ernst-Ulrich von Weizsäcker
Diamond Jared, Kollaps, Warum Gesellschaften überleben oder untergehen, Verlag S. Fischer Frankfurt a.M., ISBN 3-10-013904-6, 2005, Übersetzung Sebastian Vogel
Dohnanyi v. Klaus, Im Joch des Profits? Eine deutsche Antwort auf die Globalisierung, Deutsche Verlagsanstalt Stuttgart, ISBN 3-421-95112-7, 1997
Endreß Gerhard, 1. Religionen der Welt, Die Welt der Religionen, Verlag Beck´sche Reihe München, ISBN 3-406-34062-9, 1991, Hrsg. Wehowsky Stephan
Feyerabend Paul K., Probleme des Empirismus I, Verlag Reclam Stuttgart, ISBN 3-15-018139-9, 1999/2002
Fleischer Margot, Schopenhauer, Verlag Herder Freiburg i.Br., ISBN 3-926642-33-5, Meisterdenker
Friedell Egon, 1.Religionen der Welt, Die Welt der Religionen, Verlag Beck´sche Reihe München, ISBN 3-406-34062-9, 199, Hrsg. Wehowsky Stephan
Fuhrmann Horst, 1. Religionen der Welt, Die Welt der Religionen, Verlag Beck´sche Reihe München, ISBN 3-406-34062-9, 1991, Hrsg. Wehowsky Stephan
Gil Christiane, Machiavelli, Die Biographie, Verlag Albatros Düsseldorf, ISBN 3-491-96004-5, 2000, Übersetzung Ursel Schäfer, et.al.
Haller Gret, Die Grenzen der Solidarität, Europa und die USA im Umgang mit Staat, Nation und Religion, Verlag Aufbau Berlin, ISBN 3-351-02537-8, 2003 , 4. Auflage
Han Feizijishi, Die Kunst der Staatsführung, Die Schriften des chinesischen Meisters Han Fei, Verlag Komet Köln, ISBN 978-3-89836-675-5, 1994, Übersetzung Wilmar Mögling

Hennecke Hans Jörg, Friedrich August von Hayek, Die Tradition der Freiheit, Verlag Wirtschaft und Finanzen Düsseldorf, ISBN 3-87881-145-4, 2000

Hirn Wolfgang, Der Kampf ums Brot, Warum die Lebensmittel immer knapper und teurer werden, Verlag S. Fischer Frankfurt a.m, ISBN 978-3-10-030412-4, 2009

Hobbes Thomas, Der Leviathan, Verlag Jokers Köln, ISBN 978-3-86647-347-8, 2009, Übersetzung Kai Kilian

Höffe Otfried, Demokratie im Zeitalter der Globalisierung, Verlag C.H.Beck München, ISBN 3-406-45425-, 1999

Jardin André, Alexis de Tocqueville, Leben und Werk, Verlag Campus Frankfurt a.M., ISBN 3-593-37752-7, 2005

Kant Immanuel, Zum ewigen Frieden, Klassiker Auslegen, Verlag Akademie Berlin, ISBN 3-05-004084-X, 2004, Hrsg. Otfried Höffe

Kant Immanuel, Die drei Kriterien Band I und II, Verlag Parkland Köln, ISBN 3-88059-963-7, 1999

Knowles Andrew, Augustinus und seine Welt, Verlag Herder Freiburg i.Br., ISBN 978-3-451-29266-8, 2004, Übersetzung Bernardin Schellenberger

Krugmann Paul, Die neue Weltwirtschaftskrise, Verlag Campus Frankfurt a.M., ISBN 978-593-38933-2, 1999/2009

Lammert Norbert, Verfassung Patriotismus Leitkultur, Was unsere Gesellschaft zusammenhält, Verlag Hoffmann & Campe Hamburg, ISBN 3-455-50005-6, 2006, Hrsg. Norbert Lammert

Le Bon Gustav, Psychologie der Massen, 1. Auflage 1895, Verlag Kröner Stuttgart, ISBN 3-520-09915-2, 1982, 15. Auflage 1922

Lietzmann Hans L., Politikwissenschaft in Deutschland, in Politikwissenschaft, Geschichte und Entwicklung, Verlag Oldenburg München, ISBN 3-486-23860-4, 1996, Hrsg. Dr. Mohr Arno

Lietzmann Hans J., et.al., Politikwissenschaft, Geschichte und Entwicklung in Deutschland und Europa, Verlag Oldenburg München, ISBN 3-486-23860-4, 1996

Llanque Marcus, Politische Ideengeschichte , Ein Gewebe politischer Diskurse, Verlag Oldenburg München, ISBN 978-3-486-58471-4, 2008

Mancur Olson, Logik kollektiven Handelns, Konzepte der Gesellschaftstheorie Band 3, Verlag Mohr Siebeck Tübingen, ISBN 3-16-146767-1, 1997, Hrsg. Ingo Pes und Martin Leschkie

Miegel Meinhard, Epochenwende, Gewinnt der Westen die Zukunft?, Verlag List Berlin, ISBN 978-3-548-60705-4, 2007

Miegel Meinhard, Die deformierte Gesellschaft, Wie die Deutschen ihre Wirklichkeit verdrängen, Verlag Ullstein Berlin, ISBN 3-548-36440-3, 2004, 3. Auflage

Mikl-Horke Gertraude, Soziologie, Historischer Kontext und soziologische Theorie-Entwürfe, Verlag Oldenburg München, ISBN 3-486-24074-9, 1997, 4. Auflage

Milton Friedmann, Geld regiert die Welt, Neue Provokationen vom Vordenker der modernen Wirtschaftspolitik, Verlag Capital / ECON Düsseldorf, ISBN 3-430-12985-0, 1992, Übersetzung Ursel Reineke

Milton Friedmann, Kapitalismus und Freiheit, Verlag Eichborn Köln, ISBN 3-396-0, 1962/2002

Morel Julius et.al., Soziologische Theorie, Abriss der Ansätze ihrer Hauptvertreter, Verlag Oldenburg München, ISBN 3-486-24967-3, 1999, 6. Auflage

Morris Ian, Wer regiert die Welt?, Warum Zivilisationen herrschen oder beherrscht werden, Verlag Campus Frankfurt a.M., EAN 9783593384061, 2011

Neuberg Andreas, Elitäre Parasiten, Wie Eliten unsere Zukunft verspielen! Zusammenbruch vorprogrammiert? , Verlag Schlosser Friedberg, ISBN 978-3-86937-050-7, 2010

Oetinger v. Bolko, et. al., Clausewitz, Strategie Denken, Verlag Hanser München, ISBN 3-446-21743-6, 2001, Hrsg. Oetinger v. Bolko, et.al., Boston Consulting Group

Oldag Andreas, et. al., Raumschiff Brüssel, Wie die Demokratie in Europa scheitert, Verlag Fischer Taschenbuch Frankfurt a.M., ISBN 3-596-15746-6, 2005

Ottnad Adrian, Steigende Abgaben - sinkende Leistung, Die Politik auf schmalem Grat, Verlag Olzog München, ISBN 3-7892-8181-6, 2006, Eine Studie des IWG Bonn

Platon, der Staat, Politeia,

Popper Karl R., Die offenen Gesellschaft und ihre Feinde, Verlag UTB – Francke München, ISBN 3-7720-1274-4, 1957/1980 Band 1 und 2., 6. Auflage, Übersetzung Dr.P.K.Feyerabend

Ratzinger Joseph Kardinal, Werte in Zeiten des Umbruchs, Die Herausforderungen der Zukunft, Verlag Herder Freiburg i.Br., ISBN 3-451-05592-9, 2005

Reclam, Was ist Religion? Texte von Cicero bis Luhmann, Verlag Reclam Stuttgart, ISBN 978-3-15-018785-2, 2010, Reclams Universalbibliothek

Rifkin Jeremy, Der Europäische Traum, Die Vision einer leisen Supermacht, Verlag Campus Frankfurt a.M., ISBN 3-593-37431-5, 2004, Übersetzung Hartmut Schickert

Rosen Zvi, Max Horkheimer, Denker, Verlag Beck'sche Reihe München, ISBN 3-406-34640-5, 1995

Rotteck Carl v., Zivilgesellschaft, Bürgerschaftliches Engagement von der Antike bis zur Gegenwart, Verlag rowohlts enzyklopädie Reinbek Hamburg, ISBN 978-3-499-55687-6, 2007

Russell Betrand, Denker des Abendlandes, Eine Geschichte der Philosophie, Verlag Gondrom Bindlach, ISBN 3-8112-2515-4, 2005

Russell Betrand, Philosophie des Abendlandes, Ihr Zusammenhang mit der politischen und der sozialen Entwicklung, Verlag Europa Zürich, ISBN 978-3-89340-080-5, 2007, Übersetzung Elisabeth Fischer-Wernecke, et. al.

Schirrmacher Frank, Minimum, Vom Vergehen und Neuentsehen unserer Gemeinschaft , Verlag Blessing München, ISBN 3-89667-291-6, 2006, 2. Auflage

Schmidt Jürgen, Zivilgesellschaft, Bürgerschaftliches Engagement von der Antike bis zur Gegenwart, Verlag rowohlts enzyklopädie Reinbek Hamburg, ISBN 978-3-499-55687-6, 2007

Schopenhauer Arthur, Die Welt als Wille und Vorstellung, Anaconda Köln, ISBN 978-3-86647-407-9, 2009

Schröder Peter, Niccoló Machiavelli, Verlag Campus Frankfurt a.M., ISBN 3-593-37571-0, 2004, Hrsg. Thorsten Bonacker, et.al.

Schweidler Walter, Der gute Staat, Politische Ethik von Platon bis zur Gegenwart, Verlag Reclam Stuttgart, ISBN 3-15-018289-1, 2004

Schweitzer Albert, 1. Religionen der Welt, Die Welt der Religionen, Verlag Beck'sche Reihe München, ISBN 3-406-34062-9, 1991, Hrsg. Wehowsky Stephan

Scruton Roger, Kant, Verlag Herder Freiburg i.Br., ISBN 3-926642-43-2, Meisterdenker, Übers. Martin Laube

Siedentop Larry, Demokratie in Europa, Verlag Klett-Kotta Stuttgart, ISBN 3-608-94041-3, 2002

Sinn Hans-Werner, Kasino-Kapitalismus, Verlag Econ Berlin, ISBN 978-3-430-20084-4, 2009

Spengler Oswald, Der Untergang des Abendlandes, Umrisse einer Morphologie der Weltgeschichte, Verlag Albatros/Patmos Düsseldorf, ISBN 978-3-491-96190-6, 2007

Steingart Gabor, Weltkrieg um Wohlstand, Wie Macht und Reichtum neu verteilt werden, Verlag Piper München, ISBN 978-3-492-25074-0, 2006, 3. Auflage

Stiglitz Joseph, Die Schatten der Globalisierung, Verlag Siedler Berlin/München, ISBN 3-88680-0753-3, 2002

Streit Manfred E., Theorie der Wirtschaftspolitik, Verlag UTB / Lucius & Lucius Stuttgart, ISBN 3-8282-4657-5, 2005 6. Auflage

Stubbe-da Luz Helmut, Montesquieu, Monographie, Rowolth Reinbek Hamburg, ISBN 3-499-50609-2, 1998

Tacitus, Agricola, Das Leben des Julius Agricola, Verlag Albatros Düsseldorf, ISBN 978-3-491-96259-0, 2009, gegen Ende 1./Beginn 2. Jahrhundert n.Chr.

Tocqueville Alexis de, Zivilgesellschaft, Bürgerschaftliches Engagement von der Antike bis zur Gegenwart, Verlag rowohlts enzyklopädie Reinbek Hamburg, ISBN 978-3 499-55687-6, 2007

Wagner Helmut, Einführung in die Weltwirtschaftpolitik, Verlag Oldenburg München, ISBN 3-486-23306-8, 1995, 3. Auflage

Weber Max, Die protestantische Ethik und der Geist des Kapitalismus, Verlag Area Berlin, ISBN 13-978-3-89996-428-8

Weber Max, Die protestantische Ethik I, Eine Aufsatzsammlung, Verlag GTB Gütersloher Gütersloh, ISBN 3-579-01433-1, 2000, Hrsg. Johannes Winckelmann.